内陆干旱草原区高效节水灌溉技术研究与集成应用

齐广平　康燕霞　银敏华　马彦麟　等著

黄河水利出版社
·郑州·

内 容 提 要

本书以天然草原生态恢复与草地生产力提升为目标,草原灌溉装备与技术研发紧跟国际前沿、水资源高效利用技术集成创新为思路,分别在河西走廊—祁连山沿线建立了高山退化草原生态恢复,绿洲-荒漠交错区天然草地生态恢复与人工草地节水灌溉技术 4 个研究基地,提出了“土-草系统”水分高效利用的灌溉理论和技术。

本书对草业科学、农业工程及相关学科的科研工作者具有一定的参考与借鉴意义。

图书在版编目(CIP)数据

内陆干旱草原区高效节水灌溉技术研究与集成应用/齐广平等著. —郑州:黄河水利出版社,2025. 5.

ISBN 978-7-5509-4096-3

Ⅰ. S540. 71

中国国家版本馆 CIP 数据核字第 2024JS1567 号

责任编辑	文云霞	责任校对	周 倩
封面设计	张心怡	责任监制	常红昕
出版发行	黄河水利出版社		
	地址:河南省郑州市顺河路 49 号 邮政编码:450003		
	网址:www. yrcp. com E-mail:hhslcbs@ 126. com		
	发行部电话:0371-66020550		
承印单位	河南新华印刷集团有限公司		
开 本	787 mm×1 092 mm 1/16		
印 张	36		
字 数	854 千字		
版次印次	2025 年 5 月第 1 版		2025 年 5 月第 1 次印刷
定 价	198.00 元		

前言

我国内陆干旱区地处昆仑山、祁连山脉以北，贺兰山、阴山以西，区内以降水与冰川积雪融水为主要水源，分布有高山冰川、森林、草原、平原、绿洲和戈壁沙漠。由于深居内陆，远离海洋，加之青藏高原的隆起，从太平洋、印度洋、大西洋和北冰洋带来的水汽不易到达，年降水量基本在 200 mm 以下(除较高山区外)。区内草原面积占全国国土面积的41%，是我国最大的陆地生态系统，具有防风固沙、保持水土、涵养水源、固氮储碳、净化空气、调节气候、维持生物多样性等生态功能，对于保障国家生态安全具有重要作用。随着社会经济的发展，人们食物结构中动物性食品比重大增，仅靠传统的天然牧草供给已不能满足社会需求，迫使草原农业生态系统功能由生态向生产大幅转变，草原载畜量超过其承载能力，导致草地农业生态系统遭到破坏并形成连锁循环破坏效应，加剧草原生态环境的进一步恶化。农牧交错区人工草地的建立，可实现草原牧区和农耕区的区域性系统耦合，既能减轻天然草原的载畜量和输出量，又能弥补天然草原土地资源约束导致的饲草料缺乏问题，使天然草原得以休养生息，实现其生态功能和生产功能的耦合。

西北内陆干旱草原区气候干旱且变化多端、水资源严重匮乏、蒸发量大，面临着土地资源和水资源的双重约束，加之受气候变化、极端气候以及过度开发、不合理利用等因素影响，草原退化、沙化、盐渍化等问题严重，生态环境十分脆弱，90%以上的天然草原出现了不同程度的退化，其中约 50%已严重退化，影响草原经济的可持续发展和草原生态安全屏障功能的发挥。面对水资源可供水量资源型约束和政策性约束趋紧、饲草料严重不足、生态系统退化的严峻形势，以“水-土-草-畜”生命共同体系统治理为核心，在协调水资源-草业产能-生态环境耦合关系的基础上，寻找草地生态系统、草地农业系统间的平衡关系，进而控制水资源、土地资源和草地资源开发利用在适宜阈值内，使其既满足社会经济发展的需求，又能维持草原生态环境良性发展尤为重要。因此，研究内陆干旱草原区高效节水灌溉技术与集成应用，对于促进水土草资源开发利用、社会经济发展与草原生态环境的协调可持续发展有着重要意义。

本书分别在祁连山沿线—河西走廊肃南裕固族自治县明花乡、永昌县水源镇、武威市王井寨镇建立了绿洲-荒漠交错区人工草地节水灌溉技术 3 个研究基地，在甘肃省武威市绿晟现代农业发展有限责任公司、甘肃省金昌市永昌县三杰牧草有限公司和酒泉市金塔鼎鑫镇新民村建立了 3 个示范基地。以多年生豆禾混播牧草或苜蓿为主要牧草材料，进行了内陆干旱草原区植被群落灌溉理论和制度、内陆干旱草原区植被群落灌溉模式和灌溉制度优化、内陆干旱草原区植被群落高效用水调控技术、内陆干旱草原区绿色高效节水灌溉装备引进及适用性和内陆干旱草原区高效节水灌溉系统技术集成与应用示范等内容的研究，分析了植被群落间的互馈机制及其对不同建植与管理模式的响应，明确了固定式喷灌、地下滴灌和分根交替地下滴灌条件下植被群落(苜蓿)土壤微生态环境的变化，以及水分、养分在 SPAC 系统中的运移、传输、转化、分配过程，阐明了水分、养分对植被群落(苜蓿)生长生理、产量、品质、水分利用效率的调控效应,确定了水分、养分与植被群落(苜蓿)生物量累积、营养高效富集、稳定性维持间的关系,建立了高产优质高效的用水调控系列技术,并将研发的系列技术与太阳能光伏发电系统、指针式喷灌机/固定式喷灌/地下滴灌系统进行集成,形成了内陆干旱草原区豆禾混播人工草地固定式喷灌综合节水技术集成模式、紫花苜蓿地下滴灌综合节水技术集成模式,并在甘肃绿洲-荒漠交错区进行示范应用。

本书是在国家重点研发计划"西部牧区高效节水灌溉技术与集成应用"课题六"内陆干旱草原区高效节水灌溉技术研究与集成应用"(2016YFC0400306)的资助下,由甘肃农业大学水利水电工程学院、甘肃农业大学草业学院、大禹节水集团股份有限公司、北京林业大学共同完成的。全书共包括7章内容。第1章介绍了内陆干旱草原区高效节水灌溉研究试验区概况;第2章研究了祁连山高山退化草原植被群落多样性、生产力及生态系统碳、氮库变化的生态学特征,分析了绿洲-荒漠交错区柽柳灌丛健康生存的养分供给与水盐胁迫平衡的关系,提出了祁连山中度退化草地的最佳近自然修复的技术措施和适宜人工柽柳灌丛草地构建技术;第3章研究了植被群落对建植与管理模式和水分调控的响应,提出了固定式喷灌、地下滴灌和分根交替滴灌的灌溉制度;第4章研究了植被群落水肥耦合生产效应,提出了固定式喷灌、地下滴灌植被群落水肥耦合的灌溉制度;第5章基于植被群落降雨变化特征、群落配置技术、水分调控技术、水肥耦合技术、田间管理技术,依据水分与产量、品质、水分利用效率的关系,提出固定式喷灌、地下滴灌和分根交替滴灌植被群落高效用水调控模式;第6章集成创新型高效节水装备——太阳能光伏供电系统、比例施肥机和牧区SPAC系统牧区信息管理与预警预报平台,开展了中心支轴式喷灌、固定式喷灌和地埋滴灌绿色高效智能控制灌溉系统的适用性研究;第7章分析了内陆干旱草原区自然条件变化状况,研究了高效节水灌溉系统技术集成体系构建,开展了大型指针式喷灌和地下滴灌高效节水灌溉系统技术应用示范。

参加本书撰写的人员有:甘肃农业大学齐广平、康燕霞、银敏华、马彦麟、曹文侠;北京林业大学苏德荣;大禹节水集团股份有限公司李文多、纪学伟;甘肃省农村饮水安全管理办公室曹喆。本书研究团队的研究生姜渊博、唐仲霞、汪爱霞、张宏斌、王尚文、王世林、王小军等参加了部分研究工作,鲁建栋、王明珠、朱嘉鹏、韩刚强、尚妤婕、陈金玺、罗崇芹、范相蓉、杨玉清、凌渼、常文静等承担了编排工作,做出了较大贡献。本书的研究和出版得到了国家重点研发计划课题"内陆干旱草原区高效节水灌溉技术研究与集成应用"(2016YFC0400306)的资助,在此一并表示感谢。

限于作者水平,本书定有不完善和欠妥之处,敬请同行批评指正。

作　者

2025年3月

目　录

第 1 章　内陆干旱草原区高效节水灌溉研究试验区概况

我国内陆干旱区地处昆仑山、祁连山脉以北,贺兰山、阴山以西,包括新疆大部、西藏西部、青海柴达木盆地、甘肃河西走廊、内蒙古西部和宁夏北部。甘肃省(92°13′E~108°46′E,32°11′N~42°57′N)位于青藏高原、黄土高原、蒙新高原的交会地带,省内亚热带、温带、寒温带气候齐全,多数地方日照充足,热量丰富、降水稀少、土地宽广,是除热带牧草外其他草种均能生产的气候地带。

陇东、陇南和陇中黄土高原地带土层深厚,气候温和,年降水量为 350~650 mm,最适合苜蓿生长,是我国苜蓿的重要生产基地,也是许多其他牧草如红豆草、小冠花、草木樨、百脉根、鹰嘴紫云英、毛苕子、箭筈豌豆、扁穗冰草、苇状羊茅、苏丹草等的理想产区。甘南和陇南阴湿山区,则是猫尾草、鸭茅、早熟禾、无芒雀麦、老芒麦、披碱草、垂穗披碱草、中华羊茅、燕麦的适宜生产区域。陇东、陇南一些水热条件较好的地区,还可发展红三叶、多年生黑麦草、一年生黑麦草和高羊茅等。河西走廊沿线光热资源丰富,地势平坦、土壤肥沃,是生产各种高质量温带牧草的理想之地,可大规模集约化经营、机械化作业;此外,还具备灌溉条件,尤其是随着喷灌、滴灌等高效节水灌溉技术的推广应用,牧草生产潜力巨大。沿线从东到西根据各地的自然资源禀赋和生产生态功能需求,已形成了以灌溉为主的高产商品草生产区、优质商品草生产区和兼顾生产生态的区域适应性牧草生产区。基于内陆干旱草原区高效节水灌溉技术与集成示范的研究需求,选择河西走廊—祁连山沿线的张掖市肃南裕固族自治县、金昌市永昌县和武威市凉州区作为本书人工草地的试验研究区;选择张掖市肃南裕固族自治县(绿洲—荒漠草原过渡区)和武威市天祝藏族自治县(退化高山草原)作为本书天然草原的试验研究区(见图 1-1)。

1.1　退化高山草原围封禁牧与生态恢复试验区

试验于 2016—2020 年在位于祁连山东端的天祝藏族自治县抓喜秀龙乡南泥沟村(102°46′E、37°11′N,海拔 2 960 m)开展。研究区属典型的青藏高原气候,全年大部分时间寒冷潮湿,空气稀薄,氧饱和度低,日照时间长,紫外线辐射强。多年平均气温为 0.13 ℃,1 月平均气温为-11.4 ℃,7 月平均气温为 11.2 ℃,多年平均降水量为 414.98 mm,降水主要发生在 7—9 月(乌鞘岭气象站 1951—2016 年气候资料)。该地区全年没有绝对无霜期,植物生长季为 5—9 月,大约为 120 d。土壤类型为高山黑钙土,草原类型为高山草地-草原。植被类型主要为垂穗披碱草、冷地早熟禾、矮嵩草、冷草等。

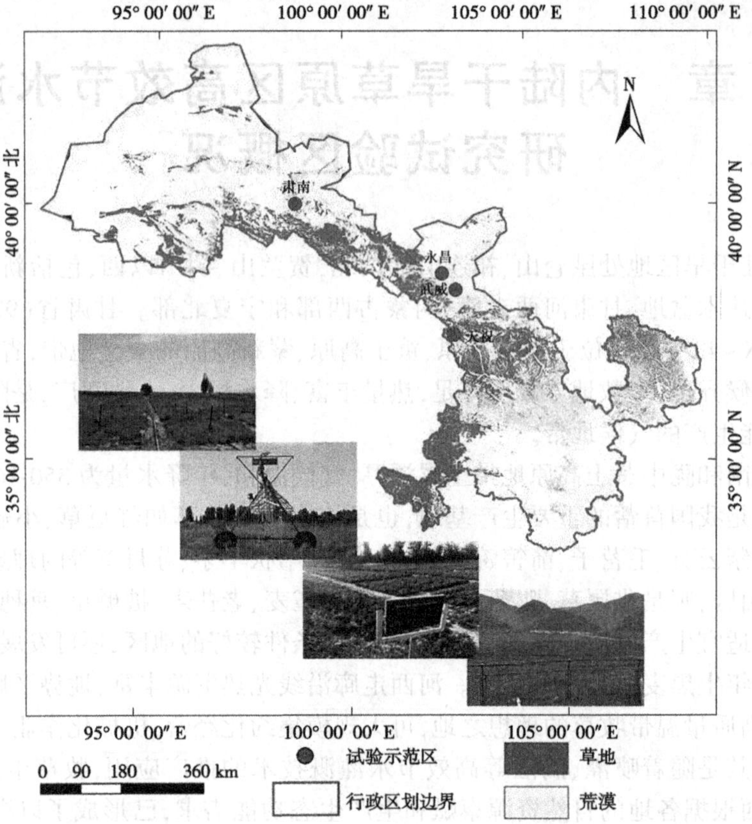

图 1-1　试验研究区地理位置

1.2　绿洲-荒漠草原区天然草地补播改良与生态恢复试验区

试验于 2017—2020 年在张掖市肃南裕固族自治县明花乡前滩村(39°40′3. 23″N、98°49′17. 80″E,海拔 1 385. 7 m)进行,属大陆性干旱气候,干燥寒冷,降水缺乏,年降水量 87. 7 mm,年平均蒸发量 2 140 mm,为年降水量的 24. 4 倍。年日照总时数≥3 300 h,日照百分率为 72%。平均风速为 2. 3 m/s,最大风速可达 26 m/s。年均气温 7. 3 ℃,昼夜温差大,全年≥0 ℃积温 3 461. 9 ℃,≥10 ℃积温 2 954. 4 ℃(王显国等,2005),无霜期 132 d,夏季干热而较短促,冬季寒冷而较漫长,但春季升温迅速。试验为荒漠盐碱滩地,受水分及盐碱条件限制,植被分布格局呈斑块状。群落结构简单,物种组成单一,有植物 13 科 31 属 38 种。柽柳为建群种,优势种为聚盐和泌盐的灌木或多年生草本植物,如多花柽柳、盐爪爪、小果白刺、黑果枸杞、芨芨草等。伴生种主要是聚盐、泌盐和避盐的一年生或多年生草本植物,如獐毛、赖草、刺儿菜、碱蓬、骆驼刺、芦苇和藜等。总体上植物群落结构简单,物种组成稀少,多样性较差且呈斑块状分布,灌丛草地为重要的植被类型。以天然和人工柽柳灌丛草地类型为对象,重点探讨天然草地群落互馈和稳定性维持机制。按照土壤盐碱化程度不同,进行了喷灌恢复、常规补播试验、去除表土盐碱层(0～20 cm)后的补播和围栏封育等4种草地恢复试验。

1.3　绿洲-荒漠草原区人工草地固定式喷灌试验区

试验于2017—2020年在张掖市肃南裕固族自治县明花乡前滩村进行，试验地气候、土壤、植被等条件同本章1.2节。2017年为草地建植年，试验地在牧草生育期间的总降水量为134.5 mm，最高气温为29.78 ℃，最低气温为3.23 ℃，平均气温为18.91 ℃[见图1-2(a)]；2018年牧草生育期间的总降水量为85.16 mm，其中有效降水量(大于5 mm)为35.70 mm，最高气温为37.1 ℃，最低气温为-1.57 ℃，平均气温为19.72 ℃[见图1-2(b)]；2019年牧草生育期间的总降水量为121 mm，其中有效降水量为79.71 mm，三茬牧草生育期内的有效降水量分别为17.26 mm、55.72 mm和6.73 mm，最高气温为37.42 ℃，最低气温为-2.63 ℃，平均气温为18.97 ℃[见图1-2(c)]；2020年牧草生育期间的总降水量为50.9 mm，最高气温为27.6 ℃，最低气温为2.6 ℃，平均气温为19.3 ℃[见图1-2(d)]）。

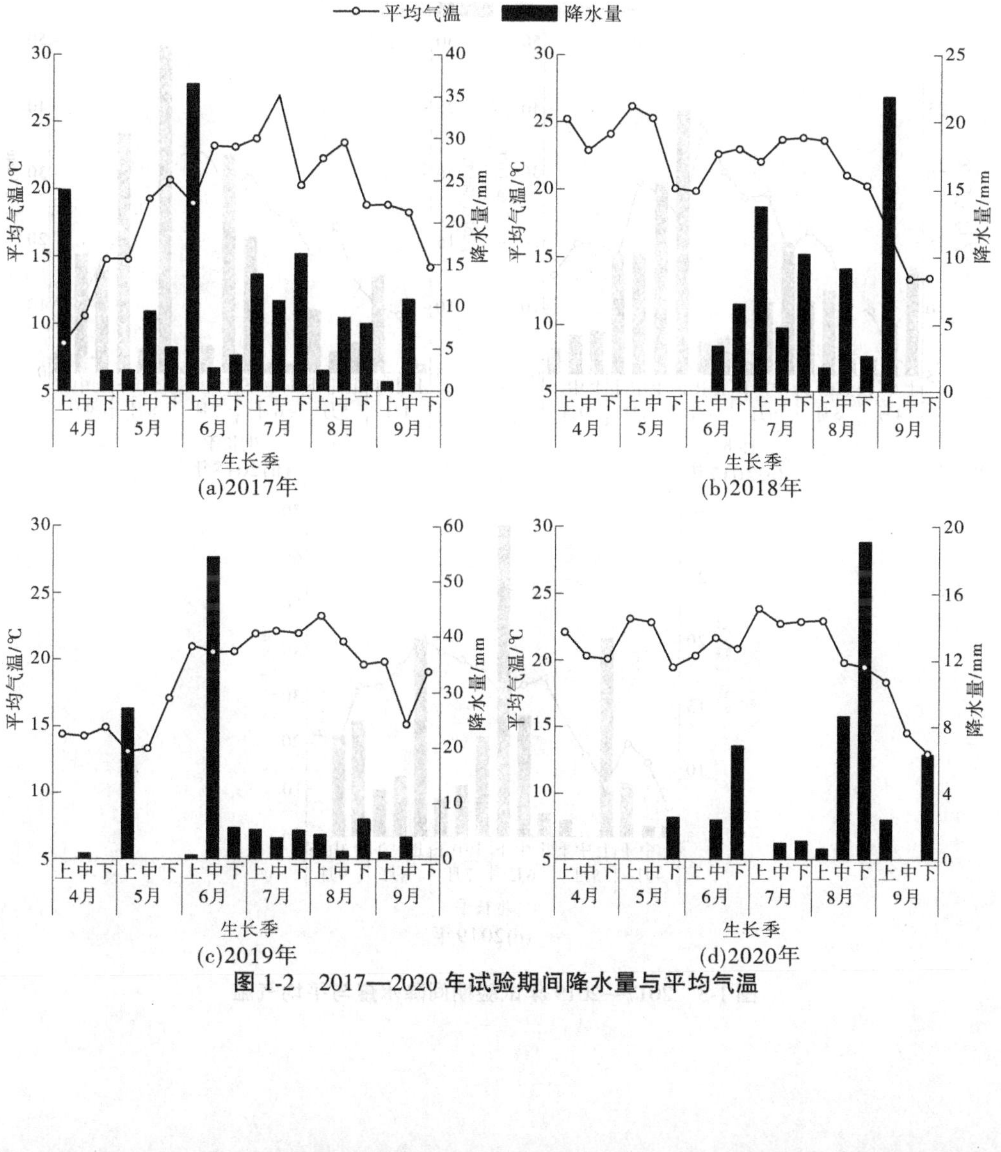

图1-2　2017—2020年试验期间降水量与平均气温

1.4 绿洲-荒漠草原区人工草地地下滴灌试验区

试验于2017—2019年在甘肃省金昌市永昌县水源镇杨柳青牧草饲料开发有限公司试验基地(102°30′E、38°12′N,海拔1 487 m)进行。该地区土壤贫瘠,多为盐碱荒漠地,植被面积少,风沙大,气候环境恶劣,属温带大陆性气候,是河西荒漠灌区主要典型区域之一。试验地平均年降水量为185.1 mm,降水多集中在6—9月,年际降水变化大,年均气温为7.8 ℃,无霜期为145 d,年均日照为2 884.2 h,日照率为65%,年蒸发量为2 000.6 mm。试验区处于石羊河流域,主要依托祁连山丰富的冰雪融水灌溉,试验地地面平坦。土壤类型为沙壤土,0~60 cm土层土壤平均土壤容重为1.60 g/cm³,田间最大持水量(field capacity ,FC)为25.2%,有机质含量和全氮含量分别为11.2 g/kg和0.25 g/kg,pH为8.2。地下水位埋深低(平均在100 m以下),地下水补给到作物根层的水量可忽略不计。

图1-3为试验期间的降水量与平均气温。2017年试验期间总降水量为123.7 mm,

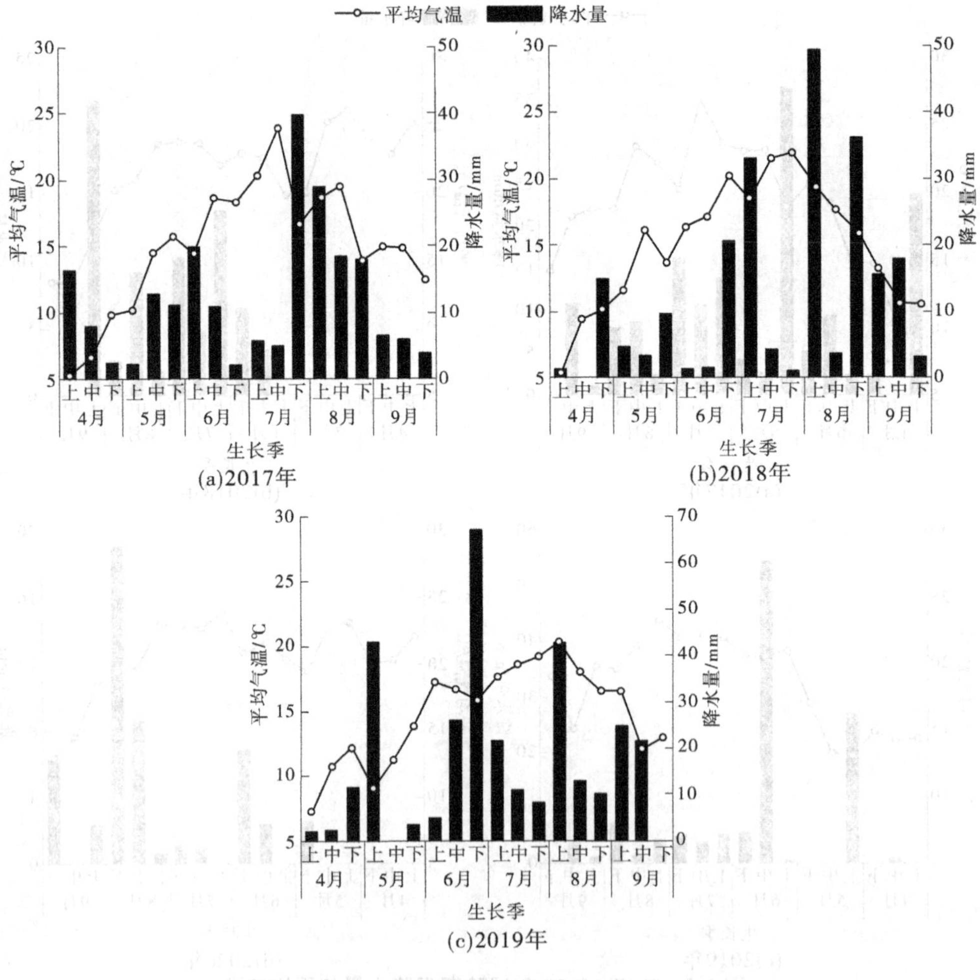

图1-3 2017—2019年试验期间降水量与平均气温

其中大于 5 mm 的有效降水量为 58.1 mm，在苜蓿第二茬生长期，降水量主要集中在现蕾期，且分枝期和现蕾期有效降水量分别为 0 和 27.7 mm，第三茬苜蓿分枝期和现蕾期的有效降水量分别为 0 和 6.3 mm；苜蓿生育期间的平均气温为 14.9 ℃。2018 年试验期间总降水量为 253.3 mm，其中最大降水量分布在第三茬，4 茬期间总降水量依次分别为 67.7 mm、55.1 mm、69.1 mm 和 61.4 mm；苜蓿生育期间的平均气温为 15.0 ℃。2019 年试验期间总降水量为 311.4 mm，其中降水主要分布在第二茬和第三茬；苜蓿生育期间的平均气温为 14.7 ℃。

1.5　绿洲-荒漠草原区人工草地分根交替灌溉试验区

试验于 2017—2018 年在甘肃省武威市中国农业大学石羊河生态节水试验站（102°50′E、37°52′N，海拔 1 581 m）进行。该地地处典型内陆沙漠气候区，年平均温度为 8 ℃，年平均降水量 164.4 mm，主要分布于 7—8 月，年水面蒸发量为 1 132~1 509 mm，年均日照时间大于 3 000 h，无霜期 150 d。地下水位于地表下 40~50 m。试验地土壤为沙壤土，0~160 cm 土层深度的平均土壤干容重为 1.52 g/cm^3，孔隙度 52%，田间持水量为 26.6%。

试验期间，由气象监测系统（HOBO, Campbell Scientific Inc., USA）自动记录 2.0 m 高度的净辐射、温度、相对湿度、风速和降水量，气象站距离试验场地 20 m。试验区 2017 年[见图 1-4(a)]和 2018 年[见图 1-4(b)]生长季的降水量分别为 109 mm 和 192 mm，主要集中在 7 月下旬和 8 月。

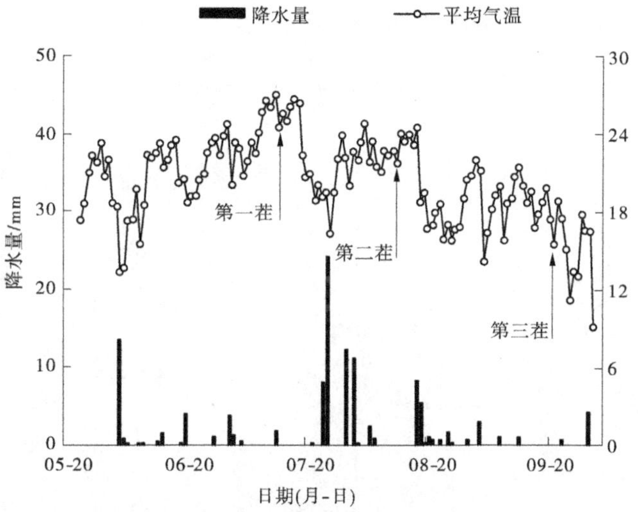

(a)2017年

图 1-4　试验期间降水量、平均气温及刈割时间

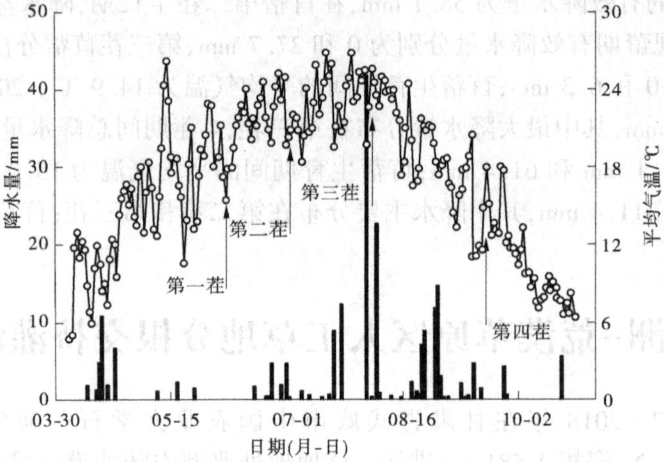

(b)2018年

续图 1-4

第 2 章 内陆干旱草原区天然草地生态恢复技术研究

2.1 试验目的、试验设计和指标测定

2.1.1 高山退化草原天然草地植被围封恢复研究

2003 年以前,试验区草地按照 Ma 等(2002)提出的高寒草地-草原退化标准选择了中度退化地(根据植被和土壤特征)。自 2003 年实施“退牧还草”国家生态工程以来,试验区大部分退化草地已被围栏隔离,禁止放牧。在 5 个不同的围栏封育期(5 个处理,每个重复 4 次,共 20 个小区)中随机选择了 4 个采样区(每个区域为 11~13 hm^2)。每个小区随机设置 10 个采样点,所有采样区域的距离均不小于 50 m。分别为连续 3 年(F3)、6 年(F6)、9 年(F9)和 11 年(F11)的 4 个围封处理和放牧地(CG),全年放牧密度为 7.0~8.0 头藏羊/hm^2。围牧小区面积为 0.64 hm^2(80 m×80 m),小区间距为 10~20 m。这 5 种处理方法被随机分配到 2 个采样区中的每一个。各试验田在地形、土壤类型和空间异质性上均无差异。围栏区全年完全不能放牧牲畜。

2016 年 9 月初,当高山植物生物量达到峰值时,在每个围栏和放牧的地块进行了实地调查。在每个放牧围篱小区,从边缘 1 m 处随机建立 10 个 1 m×1 m 的样方,调查每个样方的植物种类、盖度、高度、密度,以及地上、地下和凋落物生物量。物种在土壤表面切割地上生物量,在每个样方中收集所有凋落物。所有地上样品立即在 105 ℃下干燥 30 min,然后在 65 ℃下烘干至恒重。采集植株和凋落物后,用螺旋钻(内径 10 cm)在每个样方中采集 0~60 cm 土壤样本(6 层,每层 10 cm),测量根系生物量。然后,将根系与土壤样品分开,用 0.5 mm 的网袋清洗样品。根样品立即在 105 ℃下干燥 30 min,然后在 65 ℃下用烤箱干燥直到达到恒重。用直径 5 cm、高 5 cm 的割环测量每个收获样方的土壤容重(5 层,每层 10 cm)。同时,在每个收获样方中使用直径 3.5 cm 的螺旋钻获得 5 个随机土壤样品(深度 0~10 cm),并将其混合成单一复合样品。土壤样品经风干以测定其理化性质。

土壤颗粒含量采用 Malvern 颗粒分级仪测定,土壤水分在空气干燥前采用烘箱干燥法测定。用于化学分析的土壤样品通过 2 mm 的筛网进行筛分。用重铬酸盐氧化法测定有机碳含量,用凯氏定氮法测定总氮含量,采用 $HClO_4-H_2SO_4$ 法测定总磷含量,采用钼蓝法测定了有效磷(鲍士旦,2000)。

重要度值用 Lindsey 的方法计算;采用 Lindsey(1956)方法计算 Shannon-Wiener 多样性指数(H)、均匀度指数(J)和丰富度指数(S);用 Fang 等的方法计算了枝条中碳和氮的贮藏量;采用 Guo 等的方法计算土壤有机质 C、N 储量。生态系统的 C 和 N 储量分别计算

为芽、枯落物、根和土壤的碳及氮储量之和。

所有数据采用 SPSS 软件进行分析，采用单因素方差分析和 Tukey 多重比较检验（$P<0.05$ 显著性水平）比较不同封闭时间间的差异。考虑到地上生物量、生产力、生物密度和几种土壤理化性质之间的强相关性，使用主成分分析（PCA）来确定各变量之间的主协变轴。在主成分分析结果的基础上，采用结构方程模型（SEM），以地上生物量和密度、土壤物理性质和土壤化学性质为变量，确定直接和间接影响途径；采用 Amos 软件进行了 SEM 分析。利用 Origin 软件的线性回归来探讨凋落物生物量与土壤养分和生物多样性之间的关系。

2.1.2 柽柳灌丛火烧迹地的恢复与“资源岛”特征

2.1.2.1 柽柳灌丛的选择及大小划分

2014 年 3 月试验地发生火灾，地上植被严重损坏至几乎看不到活体植物。但是优势灌木柽柳遗留的“资源岛”土壤为植被快速恢复提供了适宜的土壤条件（Mihoč et al., 2016; Qu et al., 2018），同时优势物种柽柳等灌木的清除为其他植物，特别是冠下草本植物的繁荣提供了机会。试验地降水缺乏，柽柳枯立株几乎没有出现倒塌和腐烂现象，反而保存完好，以枯立株的冠幅和高度构建灌丛体量指数（shrub size index, SSI）准确并具有可操作性。2017 年 7 月对 500 m×500 m 火烧迹地进行植物群落特征调查，选择 20 株大小不同的柽柳枯立株作为试验对象，记录枯立株的高度、冠幅，被选择的 20 株柽柳灌丛周围 5 m 范围内均没有其他灌木。参考 Liu et al.（2017）对柠条锦鸡儿灌丛大小等级的划分，构建 $SSI=\pi C_1C_2H/4$（C_1 和 C_2 为枯立株冠幅，H 为枯立株株高），并进行大柽柳（SSI>40）、中柽柳（10≤SSI≤40）、小柽柳（SSI<10）灌丛的划分（见表 2-1）。

表 2-1 不同大小柽柳枯立株概况

项目	小灌丛				中灌丛					
	1	2	3	4	5	6	7	8	9	10
高度/m	1.07	1.24	1.63	2.21	2.26	2.24	2.21	2.38	2.51	2.71
冠幅/(m×m)	1.80×1.40	1.59×1.41	1.46×1.47	2.17×2.18	2.39×2.38	2.58×2.31	2.80×2.18	2.31×2.99	2.69×3.11	2.52×3.43
灌丛体量指数	2.12	2.18	2.75	8.21	10.08	10.48	10.59	12.91	16.49	18.40
项目	中灌丛				大灌丛					
	11	12	13	14	15	16	17	18	19	20
高度/m	2.83	2.78	2.97	3.69	3.35	3.46	3.39	3.42	3.21	3.34
冠幅/(m×m)	2.51×3.57	3.12×4.22	3.28×4.13	3.08×4.51	4.17×3.98	4.40×4.02	4.71×4.37	5.17×4.66	5.57×5.01	5.10×5.91
灌丛体量指数	19.92	28.75	31.60	40.26	43.67	48.11	54.80	64.71	70.35	79.14

2.1.2.2 样品采集

测定柽柳枯株根部的新生柽柳枝条数及其高度，并在枯株冠下和冠外 4 个方向上进行样方(0.5 m×0.5 m)调查[见图 2-1(a)],记录样方内物种数、株高、盖度、密度,然后齐地面剪掉样方内所有植物,称重并装入信封。随后,用直径 3.5 cm 的土钻分别在不同大小柽柳群落中按柽柳冠下、冠缘、冠外的 4 个方向分 8 层(0~10 cm、10~20 cm、20~30 cm、30~40 cm、40~50 cm、50~60 cm、60~80 cm、80~100 cm)取 1 m 深的土壤样品[见图 2-1(b)],相同深度土壤混合为一份样品。土样混合均匀并剔除植物根系和石块,用自封袋装取 0.5 kg 带回实验室,测土壤含水量,剩余土样自然风干测定土壤有机质(SOM)、全氮(TN)、全磷(TP)、全钾(TK)、碱解氮(AN)、速效磷(AP)和速效钾(AK)。所有植物样品均在 80 ℃下烘干至恒重,称重并计算地上植物量。

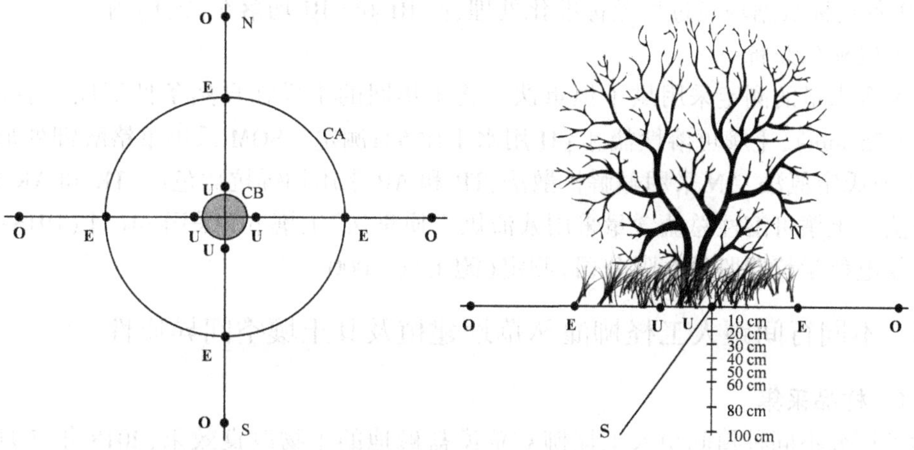

(a)俯视图 (b)正视图

CA—柽柳冠幅垂直投影;CB—柽柳冠基垂直投影;O—冠外采样点;E—冠缘采样点;U—冠下采样点。

图 2-1 单株柽柳灌丛周围采样点

2.1.2.3 分析方法

1. 冠下草本植物多样性测度

相对重要值(P)=(相对密度+相对高度+相对盖度+相对地上植物量)/4 (2-1)

(1) Margalef 丰富度指数: $R_m = (S-1)/\ln N$ (2-2)

(2) Simpson 优势度指数: $D = 1 - \sum_{i=1}^{S} P_i^2$ (2-3)

(3) Shannon-Wiener 多样性指数: $H = -\sum_{i=1}^{S} (P_i \ln P_i)$ (2-4)

(4) Pielou 均匀度指数: $E = -\sum_{i=1}^{S} (P_i \ln P_i)/\ln S$ (2-5)

式中:P_i 为种 i 的相对重要值;N 为样方中物种个体总数;S 为样方内物种数(Magurran, 1988;马克平,1994)。

2. 灌丛群落稳定性测度

柽柳作为庇护植物,对冠下草本植物的生长影响甚大(Mihoč et al., 2016)。在反映植被恢复、构建 CRI 和判断群落稳定性时,除了要关注草本植被的恢复,还要考虑柽柳灌木的恢复情况。柽柳根系发达,在火烧过后,其根部并没有完全死亡,自然恢复过程中枯立株的根部又长出新枝条。参考张继义和张哈林(2010;2011)对恢复力稳定性测度方法，结合实际情况，以火烧迹地柽柳新生枝条的数目及高度，冠下植被的密度、高度、盖度、地上植物量等6个指标经离差标准化后作为恢复力分指数（RI，resilience index），将RI的算术平均值作为恢复力综合指数（CRI，composite resilience index）。CRI是判断柽柳灌丛群落稳定性的指标，CRI越大则群落恢复力越大，稳定性越强。

RI＝火烧迹地植被调查指标（柽柳新生枝条数、高度，冠下植被密度、高度、盖度、地上植物量） (2-6)

$$\text{CRI} = \sum_{i=1}^{n} \text{RI}/n, \quad n = 6 \tag{2-7}$$

式中，RI各指标数据均经过离差标准化处理，使RI和CRI均落在[0,1]内。

3. 土壤理化分析

土壤含水量的测定采用烘干恒重法。将采集回的土样在自然条件下风干后过筛（1 mm和0.25 mm），土壤可溶性盐和pH用水土比5∶1测定。SOM采用重铬酸钾外加热法，TN采用凯氏定氮法，AN采用碱解扩散法，TP和AP采用钼锑抗比色法，TK和AK采用火焰光度法。土壤可溶性总盐含量采用残渣烘干质量法，土壤pH采用pH计（PHS-25，中国上海仪电科学仪器股份有限公司）测定（鲍士旦，2000）。

2.1.3 不同行间距人工柽柳灌丛草地建植及其土壤空间异质性

2.1.3.1 样品采集

为了探究不同种植间距人工柽柳对荒漠盐碱地的生物改良效果，2018年7月16日对2 m、4 m、6 m和8 m行间距人工柽柳林进行植被调查，分别记录柽柳的高度、冠幅和冠基。选择不同行间距的人工柽柳并排3株（1个重复），选取柽柳冠下和行间不同位置（O、E和U点）为采样点（见图2-2），人工柽柳林外区域作为对照（CK）。对各点进行样方（0.5 m×0.5 m）测定和土壤采集，记录样方内植物的高度、盖度和密度，然后齐地面剪断，烘干测其生物量。每个采集点分8层取1 m深的土壤样品（0~10 cm、10~20 cm、20~30 cm、30~40 cm、40~50 cm、50~60 cm、60~80 cm、80~100 cm），相同土层O、U、E点的土壤分别混合为一份样品，混合均匀并剔除石块和植物残体，用自封袋装取0.5 kg，测土壤含水量，其余土样自然风干后待测土壤养分、可溶性盐和离子。不同行间距和CK各4个重复，共416份土样。

2.1.3.2 实验室分析

冠下草本植物生物量均在80 ℃下烘干至恒重后测定。土壤含水量采用烘干恒重法，采集的土壤在自然条件下风干后过筛（1 mm和0.25 mm），土壤pH、盐分离子均采用水土比5∶1测定。SOM采用重铬酸钾外加热法，TN采用凯氏定氮法，AN采用碱解扩散法，TP和AP采用钼锑抗比色法，TK和AK采用火焰光度法，土壤pH采用pH计（PHS-25，中国上海仪电科学仪器股份有限公司）测定。K^+和Na^+采用火焰光度法、Ca^{2+}和Mg^{2+}采用EDTA络合滴定法、SO_4^{2-}采用EDTA间接络合滴定法、CO_3^{2-}和HCO_3^-采用双指示剂中和滴定法、Cl^-采用$AgNO_3$滴定法测定，将8种阴阳离子含量之和作为土壤可溶性盐含量（鲍士旦，2000）。

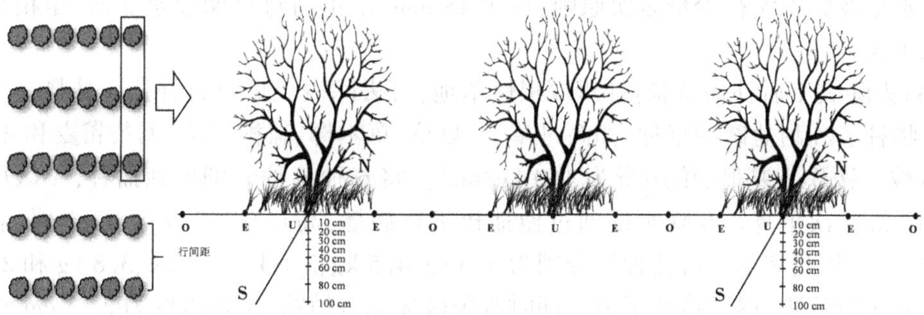

O—行间采样点；U—冠下采样点；E—OU 的中点。

图 2-2　人工柽柳林采样示意图

2.1.4　绿洲-荒漠草原区天然草地补播改良与生态恢复试验

调查盐碱地中天然耐盐植物生长情况，选取优势种芨芨草、芦苇、骆驼刺、柽柳，测定其生长环境下根际土壤指标。依据样点选择的代表性、典型性等原则，选择地势相对平坦、植物长势良好、分布相对均匀且具有该区一般特征的区域，布设共 34 个样点（芨芨草群落 7 个、芦苇群落 7 个、骆驼刺群落 7 个、柽柳群落 8 个，并以裸露盐碱地为对照，设置 5 个样点）进行根际土壤样品采集，每个样点 3 次重复。采样深度 0~80 cm，分 6 层（0~10 cm、10~20 cm、20~30 cm、30~40 cm、40~60 cm、60~80 cm），共计 612 个。将所取土样装入自封袋中带回实验室，自然风干后除去土壤样品中的枯枝残叶等杂质，研碎过 2 mm 筛备用。如表 2-2 所示，根据样地芨芨草草丛肥岛高度（指堆积的土堆最高处与水平地面的垂直距离）、基径、周长、形状，选取了大、中、小 3 种类型的草丛肥岛各 5 丛作为研究对象（张生楹等，2012）。

表 2-2　肥岛大小的分组

肥岛类型	周长/cm	基径/cm	高度/cm
大肥岛	280~320	(73~92)×(83~118)	17~24
中肥岛	150~190	(46~51)×(58~74)	13~16
小肥岛	80~110	(32~37)×(34~40)	8~10

对选取的每株草丛从草丛中心（指肥岛的几何中心位置），到距草丛边缘 0、20 cm、40 cm、60 cm 和 100 cm，分别用 YC（草丛中心）、Y0（草丛边缘）、Y1（距草丛 20 cm）、Y2（距草丛 40 cm）、Y3（距草丛 60 cm）来表示。4 个方位处按 0~10 cm、10~20 cm、20~40 cm、40~60 cm、60~80 cm、80~100 cm（6 层）深度采集土壤样品。然后将土样置于已标记好的塑料袋中，带回实验室进行土壤含水量、酸碱性与养分的测定。

（1）喷灌恢复：通过指针式喷灌，对天然草地进行喷灌，定期观测植被生长情况。5—9 月每月灌水 2 次，每次灌水 100 mm，试验地面积为 10 亩（1 亩 = 1/15 hm^2，全书同）。

（2）常规补播试验：在天然草地设置小区（面积为 2 m×2 m），分别种植苜蓿、红豆草、草木樨、扁蓿豆、高丹草、芨芨草、长穗偃麦草、碱茅、无芒雀麦，观察其发芽及幼苗生长情况。灌水量及频率实行少量多次原则，每次 45 mm，定植前每星期灌水 2 次，定植后每星期灌水 1 次。

（3）去除表土后补播试验：针对深根性草地，可去除表土后进行补播。选择当地原生草本植物种子和耐盐碱的草种，如高丹草、红豆草、草木樨、扁穗冰草、无芒雀麦和芨芨草。撒施磷酸二铵作为基肥，施用量为 150 kg/hm^2。将 6 种草种分别单独播种，小区面积为 10 m×10 m，3 次重复。在降水前通过撒播机进行撒播，高丹草、红豆草、草木犀、扁穗冰草、无芒雀麦和芨芨草每亩播种量分别为 5.0 kg、4.5 kg、3.0 kg、4.2 kg、3.8 kg 和 2.4 kg。使用铁耙进行浅耙，尽量将种子覆盖同时避免破坏原有植物，覆种深度为 2~3 cm，然后镇压 2 次。用指针式喷灌机每次灌水 600 m^3/hm^2，每周灌水 2~3 次，定植后每周灌水 1 次。

（4）多草种组合混合补播试验：在补播前进行土壤含盐量测定，根据测定结果将土地按土壤含盐量划分为两类，分别为轻度、中度盐渍化土壤（土壤含盐量 0.2%~0.4%），强度盐渍化土壤及盐土（土壤含盐量 0.5%~1.0%），在两类盐渍土地中分别划小区进行种植，各小区面积均为 4 m×5 m，每种方案设置 3 次重复（见表 2-3）。

表 2-3 不同盐渍化程度种植方案

土地	补播方案	补播草种
轻度、中度盐渍化土壤（土壤含盐量 0.2%~0.4%）	实施方案一	冰草+草木樨+无芒雀麦
	实施方案二	无芒雀麦+红豆草+紫花苜蓿
	实施方案三	芨芨草+紫花苜蓿+碱茅
	实施方案四	芨芨草+沙打旺+羊草
	实施方案五	芨芨草+草木樨+碱茅
强度盐渍化土壤及盐土（土壤含盐量 0.5%~1.0%）	实施方案一	沙打旺+碱茅+草木樨
	实施方案二	芨芨草+沙打旺+羊草
	实施方案三	芨芨草+草木樨+碱茅
	实施方案四	芨芨草（植苗种植）

在以上种植方案中，除强度盐渍化土壤及盐土中的实施方案四芨芨草种植采用植苗种植的方式外，其他实施方案均采用播种种植方式，行距为 20 cm，芨芨草植苗种植，株行距为 30 cm。播种量以两种同一科牧草按各自单播量的 50%，另一不同科的播种量按其单播量的 80%的标准计算（伍翼鑫，2016）。种植前先整地，将待种植区域深耕 20 cm，将土壤中残留植物根系以及直径大于 10 cm 的石块清理干净，将大块板结土破碎后平整土地，并起垄。种植后漫灌 1 次，浸湿深度以 15~20 cm 为宜，苗期采用少量多次原则，6~8 d 浇水 1 次，种植后 1 个月根据生长情况可将灌水次数改为 1 月 2 次。

2.2 祁连山退化草地围栏封育与禁牧恢复研究

试验区草地按照 Ma 等（2002）提出的高寒草地–草原退化标准选择了中度退化地（根

据植被和土壤特征）。自 2003 年实施“退牧还草”国家生态工程以来，试验区大部分退化草地已被围栏隔离，禁止放牧。在 5 个不同的围栏封育期（5 个处理，每个重复 4 次，共 20 个小区）中随机选择了 4 个采样区（每个区域 11～13 hm^2）。每个小区随机设置 10 个采样点，所有采样区域的距离均不小于 50 m。分别为连续 3 年（F3）、6 年（F6）、9 年（F9）和 11 年（F11）的 4 个围封处理和放牧地（CG），全年放牧密度，为 7.0～8.0 头藏羊/hm^2。围牧小区面积为 0.64 hm^2（80 m×80 m），小区间距为 10～20 m。这 5 种处理方法被随机分配到 4 个采样区中的每一个。各试验田在地形、土壤类型和空间异质性上均无差异。围栏区全年完全不能放牧牲畜。

2016 年 9 月初，当高山植物生物量达到峰值时，在每个围栏和放牧的地块进行了实地调查。在每个放牧围篱小区，从边缘 1 m 处随机建立 10 个 1 m×1 m 的样方，调查每个样方的植物种类、盖度、高度、密度，以及地上生物量、地下生物量和凋落物生物量。物种在土壤表面切割地上生物量，在每个样方中收集所有凋落物。所有地上样品立即在 105 ℃下干燥 30 min，然后在 65 ℃下烘干至恒重。采集植株和凋落物后，用螺旋钻（内径 10 cm）在每个样方中采集 0～60 cm 土壤样本（6 层，每层 10 cm），测量根系生物量，然后将根系与土壤样品分开，用 0.5 mm 的网袋清洗样品。根样品立即在 105 ℃下干燥 30 min，然后在 65 ℃下用烤箱干燥直到达到恒重。用直径 5 cm、高 5 cm 的割环测量每个收获样方的土壤容重（5 层，每层 10 cm）。同时，在每个收获样方中使用直径 3.5 cm 的螺旋钻获得 5 个随机土壤样品（深度 0～10 cm），并将其混合成单一复合样品。土壤样品经风干以测定其理化性质。

2.2.1　植被特征

围封显著降低了群落多样性和均匀度指数，而围封 6 年样地群落的多样性和均匀度指数在围封后达到峰值。围封样地的植物密度和覆盖度均显著提高。地上生物量和地下生物量随放牧持续时间的延长呈驼峰状，其阈值为 6 年（见表 2-4、表 2-5）。与连续放牧相比，围封 3 年、6 年、9 年和 11 年地上生物量分别增长 4.6 倍、9.0 倍、8.3 倍和 5.6 倍，地下生物量分别增长 81.3%、162.3%、136.4% 和 136.2%。围栏禁牧提高了禾本科生物量比例，降低了莎草科和豆科生物量比例。但围封 3 年显著增加了非禾本科草生物量比例，而围封 9 年和 11 年显著降低了非禾本科草生物量比例（见图 2-3）。凋落物生物量随围封时间的增加而增大。与连续放牧小区相比，围封 3 年、6 年、9 年和 11 年凋落物生物量分别增加了 12.8 倍、23.1 倍、26.5 倍和 33.0 倍。这些数值表明，除 6 年放牧的高寒草地外，不仅地上生物量显著增加，而且植物群落的生物多样性保持在较高水平。

表 2-4　不同围栏禁牧年限对草地植物的影响

植物种	生活型	功能群	重要值				
			CG	F3	F6	F9	F11
垂穗披碱草	P	GG		0.607	0.853	0.964	0.984
冷地早熟禾	P	GG		0.529	0.601	0.413	0.515
赖草	P	GG		0.114	0.394	0.309	0.479

续表 2-4

植物种	生活型	功能群	重要值				
			CG	F3	F6	F9	F11
洽草	P	GG		0.238	0.281		0.102
异针茅	P	GG		0.247			
无芒雀麦	P	GG				0.249	
矮嵩草	P	SG	0.557	0.311	0.385		
黑褐苔草	P	SG			0.462		
青海苜蓿	P	LG	0.081	0.211	0.152	0.252	0.179
球花蒿	P	FG	0.192	0.334	0.214	0.187	0.146
高山唐松草	P	FG	0.053	0.085	0.115	0.062	0.076
二裂委陵菜	P	FG		0.105	0.121	0.111	0.145
蒲公英	P	FG		0.152	0.202	0.207	0.238
高山韭	P	FG		0.301	0.314	0.284	0.315
黄花棘豆	P	NG	0.104	0.101	0.188	0.180	
鹅绒委陵菜	P	FG	0.194	0.127	0.037		
珠芽蓼	P	FG			0.351	0.143	0.177
矮火绒草	P	FG	0.091				
草地老鹳草	P	FG			0.235		
迷果芹	P	FG			0.127		
多裂委陵菜	P	FG			0.105		
阿尔泰狗娃花	P	FG			0.155		
小米草	A	FG			0.152		
麻花艽	P	NG		0.107	0.221		
狼毒花	P	NG	0.262				
醉马草	P	NG	0.628				
总数			9	15	21	12	11

注：P：多年生草本；A：一年生草本；GG：禾本科草；LG：豆科草；FG：杂类草；NG：毒害草；CG、F3、F6、F9 和 F11 分别代表连续放牧及不同的禁牧年限 3 年、6 年、9 年和 11 年。

表 2-5　不同围栏禁牧年限对草地植物群落的影响

禁牧年限	地上生物量/(g/m²)	地下生物量/(g/m²)	凋落物生物量/(g/m²)	盖度/%	密度/(株/m²)	多样性指数 H	均匀度指数 J	丰富度指数 S
CG	62. 06±5. 29c	2 027. 0±69. 31d	12. 69±0. 42e	31. 74±1. 44d	547. 50±11. 21e	1. 33±0. 02a	0. 60±0. 01a	8. 50±0. 43c
F3	349. 02±20. 17b	3 674. 64±71. 67c	168. 11±5. 99d	90. 52±3. 18a	890. 17±14. 5c	0. 97±0. 01c	0. 38±0. 01b	13. 67±0. 76b
F6	619. 55±35. 91a	5 317. 05±128. 53a	324. 27±6. 21c	100. 00±0. 00a	1 340. 00±46. 84a	1. 13±0. 01b	0. 39±0. 01b	18. 67±0. 67a
F9	578. 96±9. 07a	4 792. 10±99. 7b	349. 53±5. 96b	100. 00±0. 00a	960. 50±11. 62b	0. 76±0. 01d	0. 36±0. 01c	9. 33±0. 56c
F11	408. 65±12. 55b	4 786. 91±79. 38b	447. 52±6. 62a	100. 00±0. 00a	763. 50±12. 09d	0. 74±0. 01d	0. 32±0. 01d	9. 00±0. 45c

注:1. CG、F3、F6、F9 和 F11 分别代表连续放牧、3 年、6 年、9 年和 11 年禁牧围栏封育样地。

2. 表中小写字母表示不同禁牧年限处理指标之间差异显著。

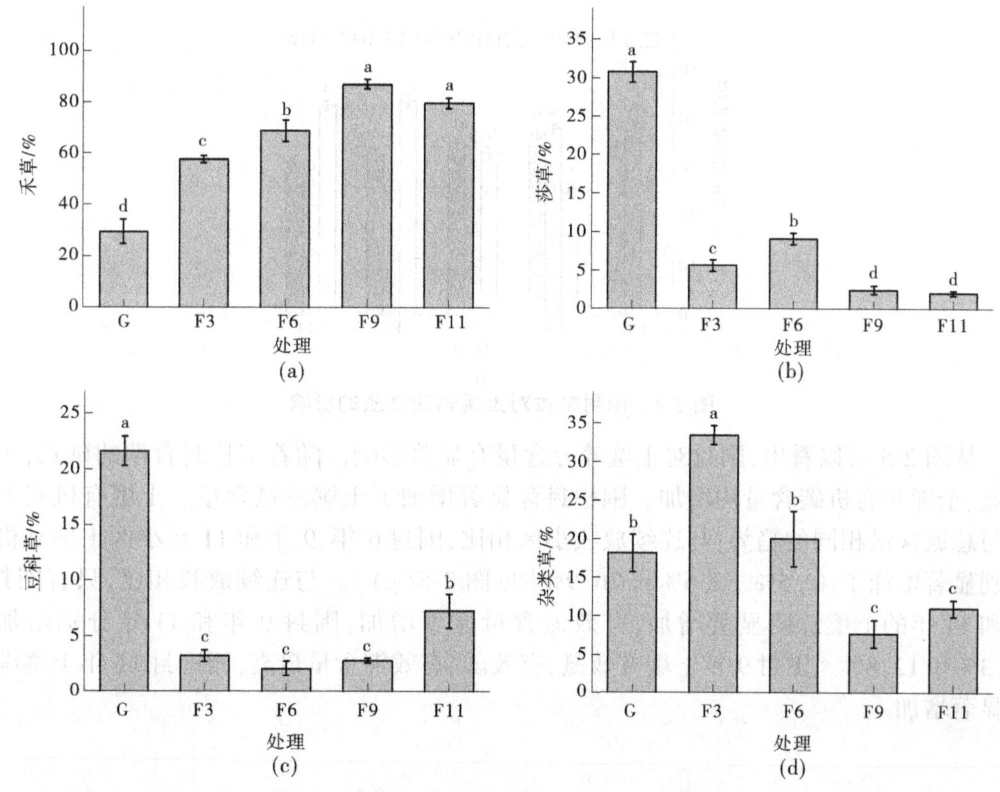

图 2-3　禁牧围栏封育对牧草功能群组成的影响

2.2.2 土壤理化性质

如图 2-4(a)所示,围封禁牧显著降低了土壤容重。与持续放牧相比,围封 6 年、9 年和 11 年土壤容重分别下降了 31.3%、41.9%和 50.7%[见图 2-4(a)],但围封 6 年、9 年和 11 年显著增加了土壤含水量[见图 2-4(b)]。围封 6 年、9 年和 11 年土壤含水量分别比持续放牧小区高 66.0%、118.7%和 135.4%。围封显著增加了除围封 3 年小区外的大团聚体含量,但显著降低了除围封 3 年小区外的微团聚体含量[见图 2-4(c)]。围封 6 年、9 年和 11 年小区的微团聚体含量较连续放牧小区分别下降了 17.3%、37.6%和 31.6%。除围封 11 年小区外,围封对土壤粉粒和黏粒含量无显著影响。

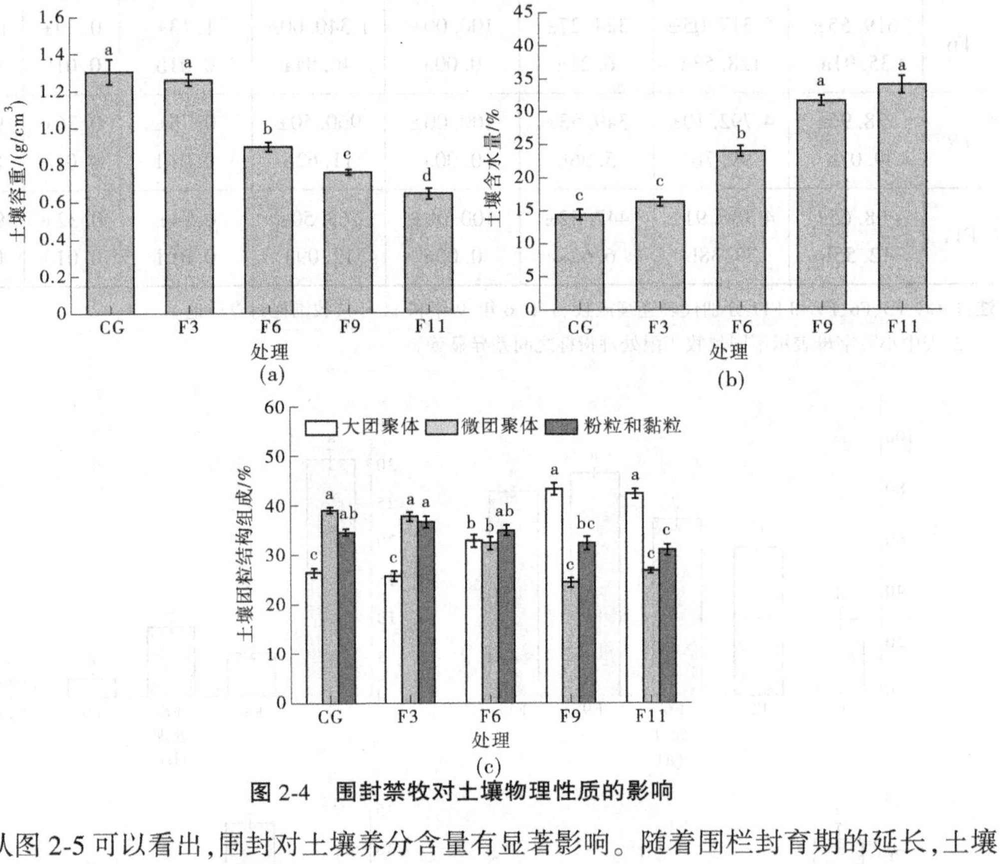

图 2-4 围封禁牧对土壤物理性质的影响

从图 2-5 可以看出,围封对土壤养分含量有显著影响。随着围栏封育期的延长,土壤全氮、全钾和有机碳含量均增加。围栏封育显著增加了土壤总氮含量。土壤有机碳表现出与总氮含量相同的趋势,与连续放牧小区相比,围封 6 年、9 年和 11 年小区土壤有机碳分别显著增加了 40.5%、53.6%和 76.9%[见图 2-5(g)]。与连续放牧相比,只有围封 9 年和 11 年的土壤总磷显著增加,有效氮含量显著增加,围封 9 年和 11 年分别增加了 20.3%和 12.8%。围封 9 年土壤有效氮、有效磷、有效钾含量最高,而围封 11 年土壤碳氮比显著增加。

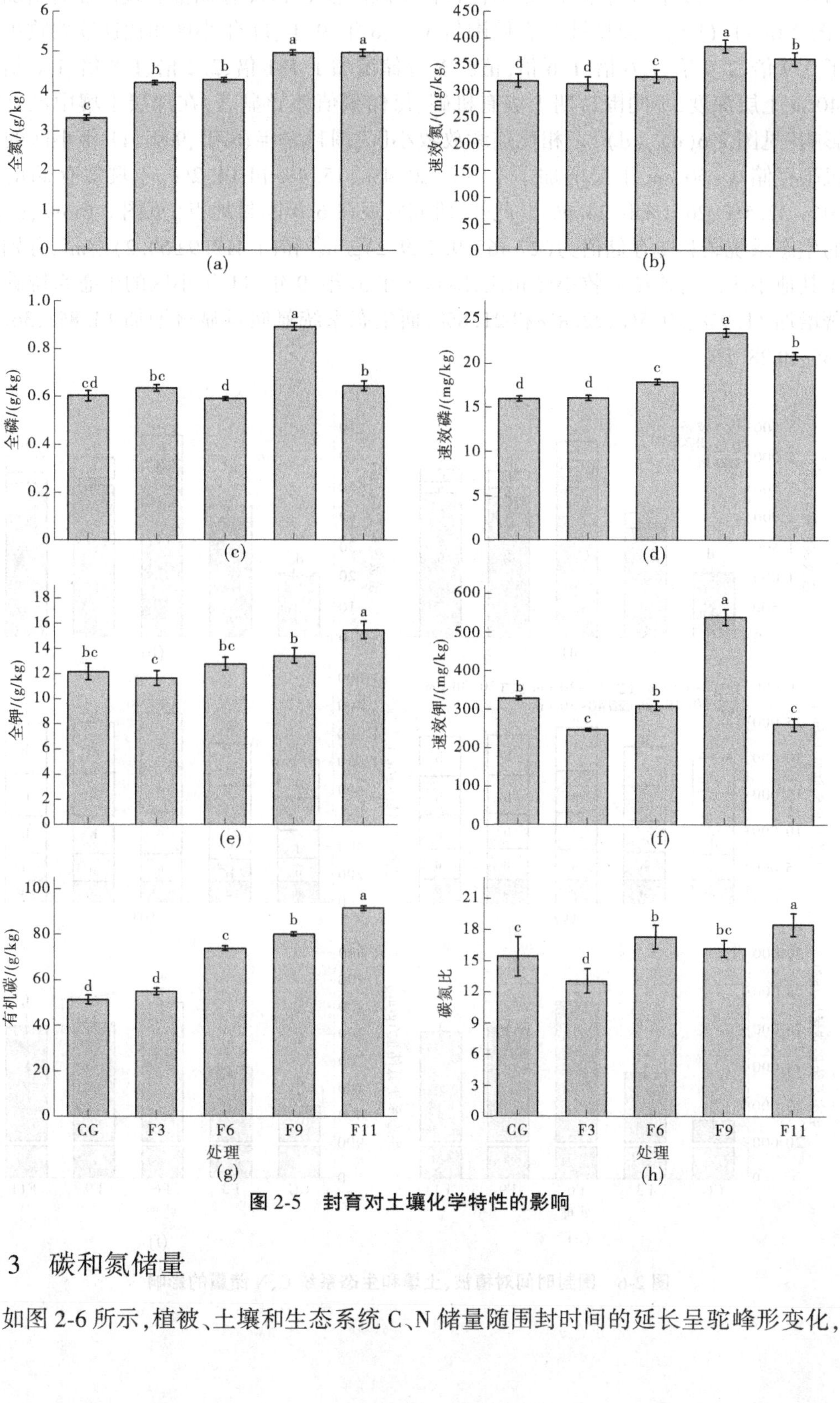

图 2-5　封育对土壤化学特性的影响

2.2.3　碳和氮储量

如图 2-6 所示，植被、土壤和生态系统 C、N 储量随围封时间的延长呈驼峰形变化，阈值为 6 年。3 年、6 年、9 年和 11 年围栏封育小区内根 C 和 N 存储都表现出显著增加趋势[见图 2-6(a)、(b)]。总植被 C 存储围封 3 年、6 年、9 年、11 年小区相比连续放牧小区增加了 0.9 倍、2.0 倍、1.6 倍、1.6 倍,植被 N 存储增加了 1.1 倍、2.2 倍、1.8 倍、1.8 倍。在 0~40 m 土层深度,不同围封期土壤有机碳、氮储藏值差异显著;在深层土壤中没有显著的影响[见图 2-6(c)、(d)]。相比连续放牧小区,围封 3 年、6 年、9 年、11 年小区的土壤有机碳存储 0~50 cm 土层增加了 7.5%、20.4%、15.4%和 14.2%,土壤氮存储增加了 11.9%、32.5%、26.1%和 24.9%。此外,研究发现在 6 年围封地点[见图 2-6(e)、(f)]最高的生态系统碳和氮存储值为(27 469.9±229.2)g/m^2 和(1 412.9±60.2)g/m^2,分别明显高于其他小区。与连续放牧小区相比,围封 3 年、6 年、9 年、11 年小区的生态系统碳储量显著增加 11.9%、29.5%、22.8%和 21.8%,而生态系统氮储量显著增加 13.8%、36.2%、29.3%和 28.1%。

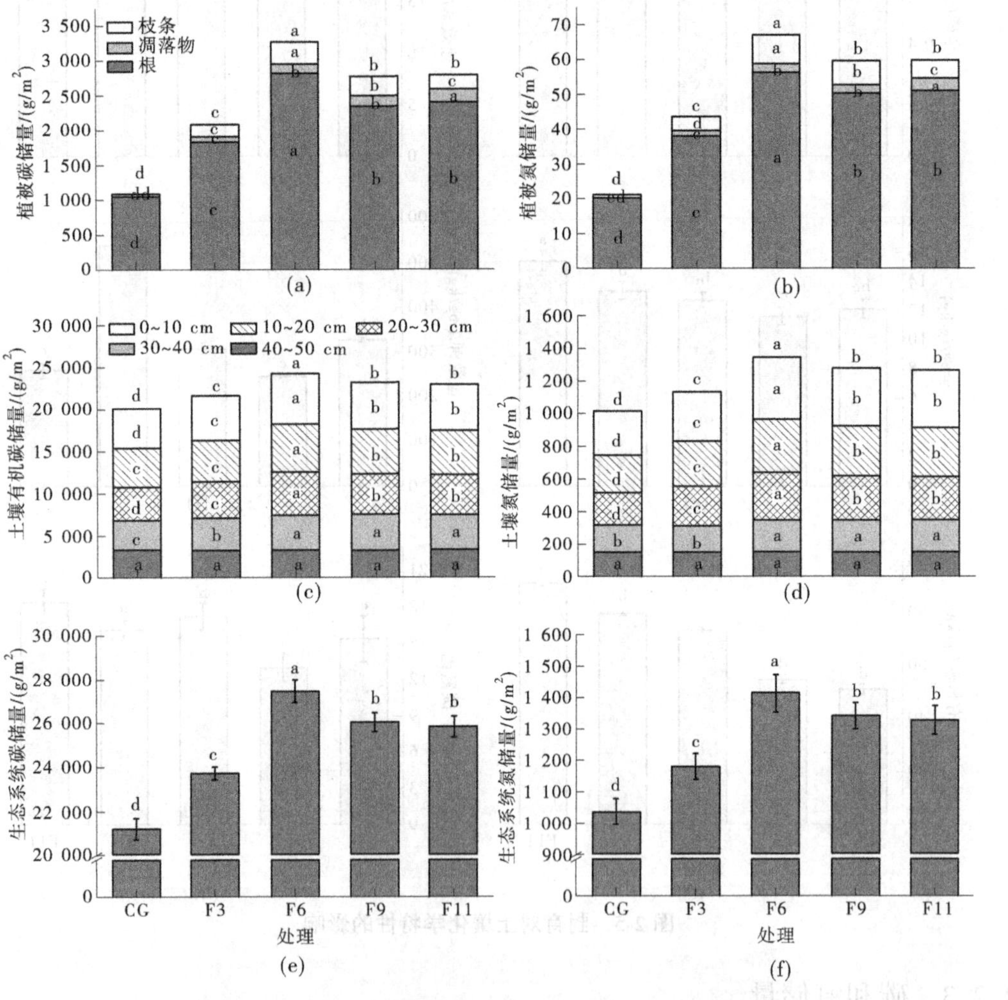

图 2-6 围封时间对植被、土壤和生态系统 C、N 储量的影响

2.2.4　土壤特性与地上生物量和植物多样性的关系

使用主成分分析(PCA)来确定地上生物量、生物多样性和土壤理化性质之间的相关性(见图 2-7)。对于地上生物量,第一轴和第二轴分别解释了标准化方差的 63.22%和 18.23%。有效氮、微团聚体、容重、有效磷、总氮、粉粒、黏粒和土壤湿度对地上生物量有显著影响。同时,生物多样性第一轴和第二轴解释了标准化方差的 65.39%和 18.06%。有效磷、有效氮、总氮、土壤水分、容重、大团聚体、微团聚体和土壤有机碳对生物多样性的影响显著。

在主成分分析结果的基础上(见图 2-7),利用 SEM 分析探究了土壤理化性质对地上生物量和生物多样性的影响(见图 2-8),结果很好地解释了变化(地上生物量 GFI 为 0.847,PCA = 16.17,P = 0.19;生物多样性 GFI 为 0.805,PCA = 10.06,P = 0.27)。扫描电镜分析表明,土壤性质和土壤化学性质直接改变了地表生物量和生物多样性。土壤物理性质直接解释了地上生物量总变异量的 62%和生物多样性总变异量的 22%。同样,土壤化学性质直接解释了地上生物量总方差的 29%和生物多样性总方差的 59%。此外,化学性质对地上生物量的影响不显著(P>0.05),但土壤物理性质对地上生物量的影响显著(P<0.001)。土壤物理性质对生物多样性的影响不显著(P>0.05),但土壤化学性质对生物多样性的影响显著(P<0.001)。

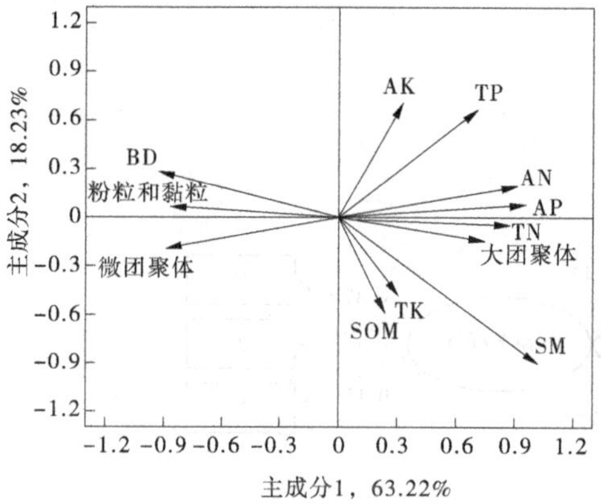

(a)地上生物量

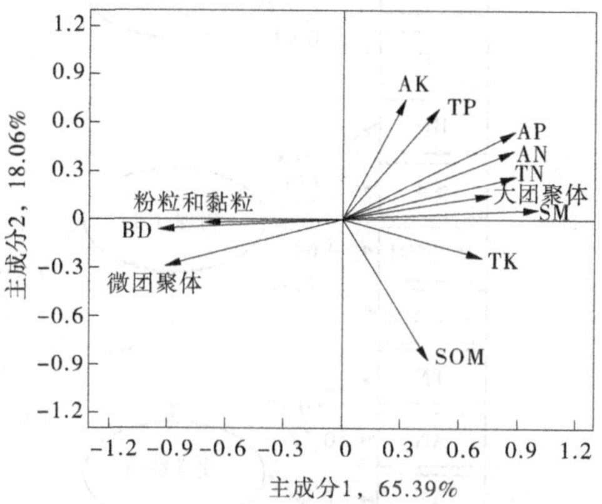

(b)生物多样性

TN—全氮;TP—全磷;TK—全钾;AN—速效氮;

AP—速效磷;AK—速效钾;SOM—土壤有机质;BD—土壤容重,SM—土壤水分。

图 2-7　地上生物量、生物多样性和土壤理化性质的主成分分析(PCA)

2.2.5　凋落物生物量与土壤养分及植物多样性的关系

如图 2-9 所示,0~10 cm 土层土壤有机碳、全氮、有效氮和有效磷含量与凋落物生物量呈较强相关性。土壤有机碳、总氮、有效氮和有效磷随凋落物生物量线性增加(P<0.01)(见图 2-9)。同时,凋落物多样性和均匀度指数与凋落物生物量呈负相关(P<0.01)[见图 2-10(a)、(b)],而凋落物生物量与丰富度指数无相关性[见图 2-10(c)]。

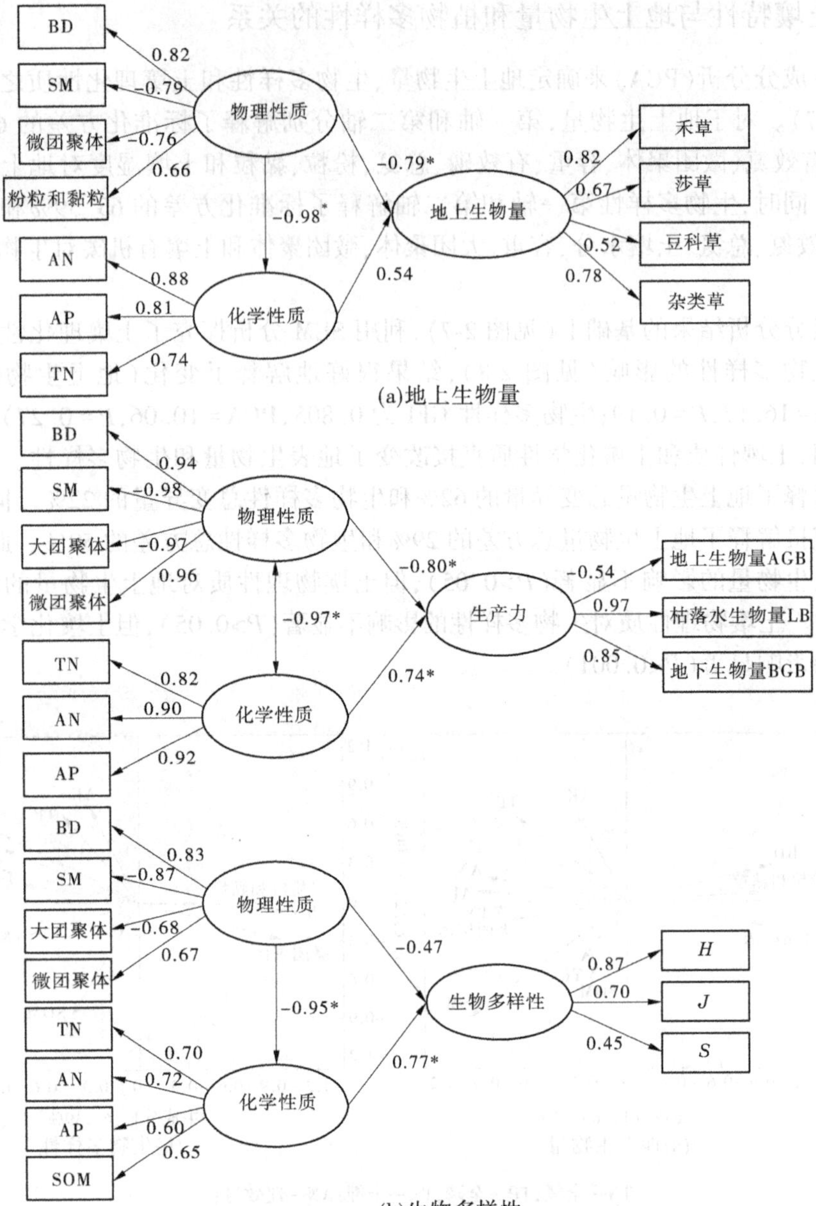

(a)地上生物量

(b)生物多样性

TN—全氮；TP—全磷；TK—全钾；AN—速效氮；AP—速效磷；AK—速效钾；SOM—土壤有机质；BD—土壤容重；SM—土壤水分；*H*—Shannon-Wiener 多样性指数；*J*—均匀度指数；*S*—丰富度指数。

图 2-8　土壤理化性质对地上生物量和生物多样性的结构方程模型

2.2.6　土壤呼吸与有机碳、氮储量及其与土壤温度和水分的关系分析

选取主成分分析中载荷值>0.90 的变量，以及土壤温度和含水量建立结构方程模型，探讨有机碳氮储量、土壤温度和水分对生长季土壤呼吸特征的影响[见图 2-11]。结果表明，有机碳储量对生长季土壤呼吸具有显著影响，而氮储量和土壤水分对土壤呼吸无显著

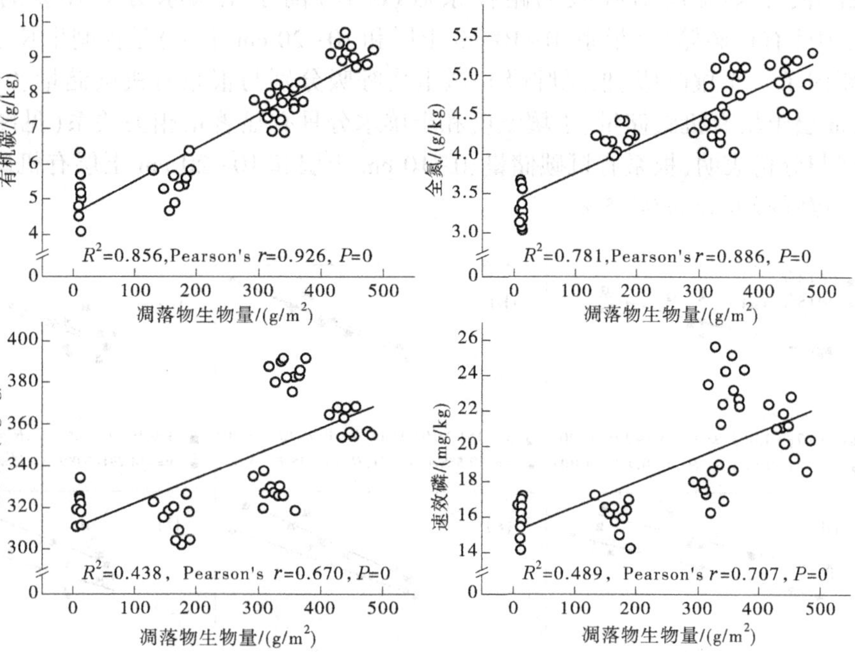

图 2-9　凋落物生物量与土壤化学性状的关系

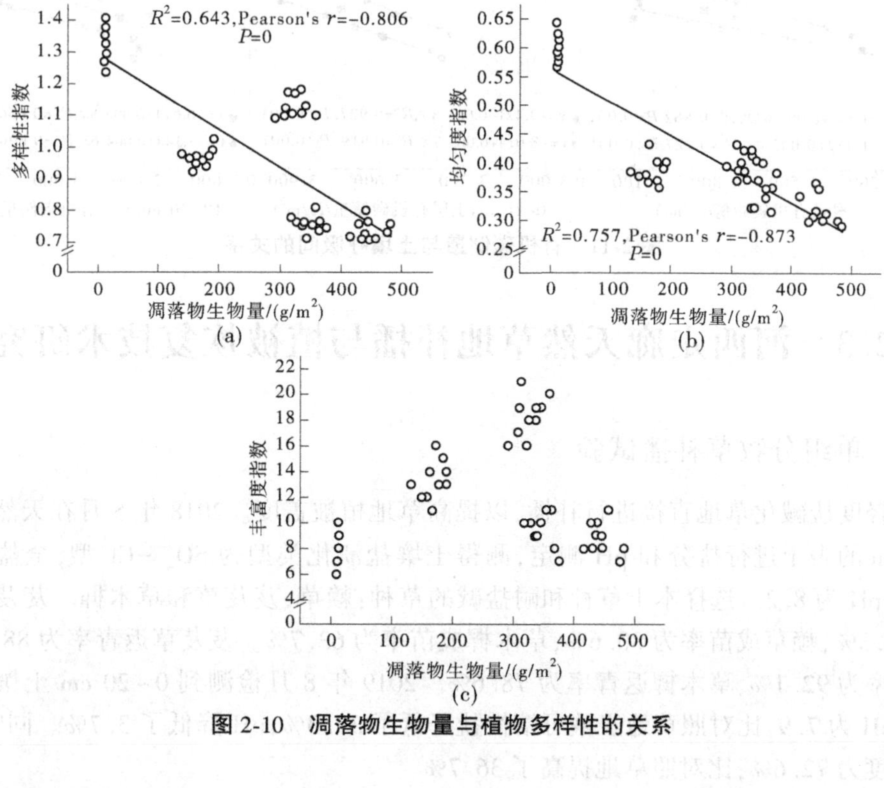

图 2-10　凋落物生物量与植物多样性的关系

影响。此外，土壤温度对呼吸的路径系数(0.42)高于土壤水分对呼吸的路径系数(0.36)，因此有机碳储量(根系、0～10 cm 土层和 10～20 cm 土层)是控制生长季土壤呼吸的最主要因子。土壤呼吸、根系呼吸和微生物呼吸分别与根系有机碳储量、0～10 cm 和 10～20 cm 层土壤有机碳储量、土壤温度和土壤水分具有显著正相关关系(见图 2-11)，多元线性回归分析表明，根系有机碳储量、0～10 cm 土层和 10～20 cm 土层有机碳储量共同解释了土壤呼吸变异的 94.5%。

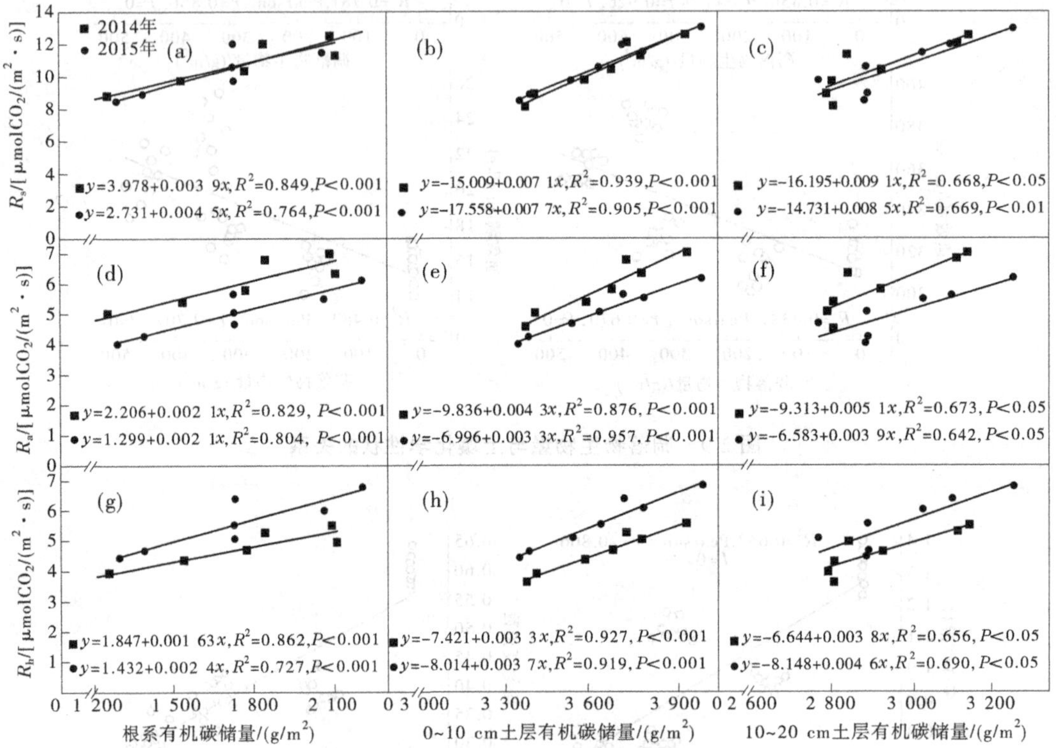

图 2-11 有机碳储量与土壤呼吸间的关系

2.3 河西走廊天然草地补播与植被恢复技术研究

2.3.1 单组分牧草补播试验

对轻度盐碱化草地直接进行补播，以提高草地植被盖度。2018 年 5 月在天然草地取 0～20 cm 的表土进行盐分和 pH 测定，测得土壤盐渍化类型为 SO_4^{2-}-Cl^-型，全盐含量为 0.28%，pH 为 8.2。选择本土草种和耐盐碱的草种：赖草、芨芨草和草木樨。芨芨草成苗率为 71.3%，赖草成苗率为 80.6%，草木樨成苗率为 63.7%。芨芨草返青率为 88.6%，赖草返青率为 92.1%，草木樨返青率为 78.6%。2019 年 8 月检测到 0～20 cm 土壤全盐为 1.2%，pH 为 7.9，比对照草地土壤可溶性盐降低了 33.3%，pH 降低了 3.7%。同时，测定植物盖度为 72.6%，比对照草地提高了 36.7%。

2.3.2　多组分牧草补播试验

芨芨草草地类型、骆驼刺草地为近单一物种群落，而芦苇草地类型还有伴生种赖草、盐爪爪，其盖度分别为 8%、3%，柽柳灌丛草地除优势种芨芨草外，还有伴生种芦苇、冰草、白刺，其盖度分别为 5%、7%、3%。

从图 2-12 可以看出，芨芨草草地类型的草层高度及盖度明显高于骆驼刺、芦苇和柽柳灌丛草地。但芦苇的密度明显高于其他草地的密度。骆驼刺的生物量明显高于芦苇、芨芨草以及柽柳灌丛草地的生物量。

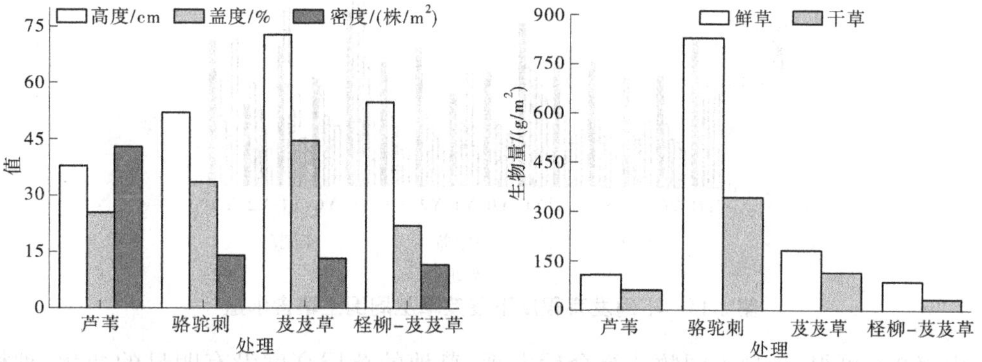

图 2-12　不同优势群落草地生长状况

如图 2-13 所示，随着土壤深度的增加，不同耐盐植物的草地土壤含水量也逐渐增加，均在 40~80 cm 的深度达到最大。在 0~10 cm 土层中，裸地的土壤含水量高于其他草地；10~20 cm 的土层中，芨芨草草地的土壤含水量明显高于芦苇、骆驼刺、柽柳及裸地的土壤含水量；20~30 cm 的土层中，芦苇和骆驼刺的草地土壤含水量明显低于其他三种草地类型的土壤含水量；在 30~80 cm 的土层中，裸地的土壤含水量均高于其他草地类型的土壤含水量。

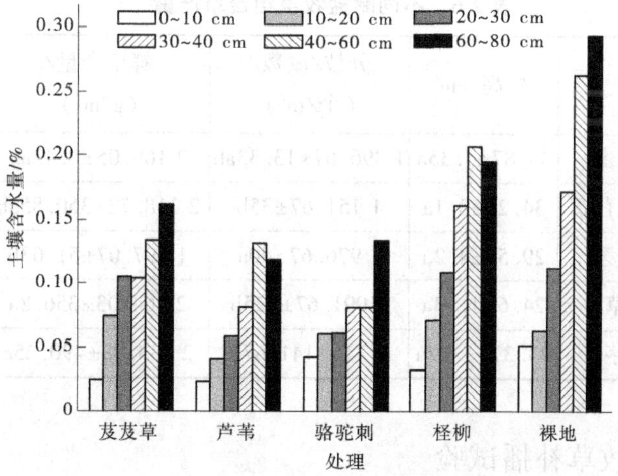

图 2-13　不同耐盐植物根际土壤含水量

由图 2-14 可知,随着土层深度的增加,土壤含水量大致呈增加趋势。在 0~10 cm 的土层中,大肥岛的土壤含水量变化不大,小肥岛的土壤含水量明显高于大肥岛和中肥岛的土壤含水量;随着草丛中心从 YC 到 Y3,土壤含水量呈现出逐渐降低趋势。

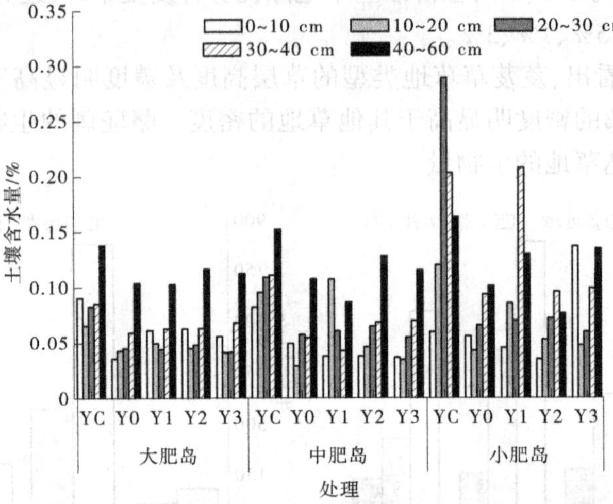

图 2-14 不同发育程度下芨芨草丛周围土壤含水量

由表 2-6 可得,种植不同牧草组合后发现,草地的草层高度没有明显的变化,种植无芒雀麦+红豆草+紫花苜蓿的草地的草层高度略高于其他方案的处理,但差异不显著;种植芨芨草+紫花苜蓿+碱茅后,草地的总体枝条数明显大于种植无芒雀麦+红豆草+紫花苜蓿、芨芨草+沙打旺+羊草和芨芨草+草木樨的草地,且差异显著,与方案一没有显著性差异;种植芨芨草+沙打旺+羊草和芨芨草+草木樨+碱茅的草地鲜草产量最高,均显著高于种植芨芨草+紫花苜蓿+碱茅的草地,与其他方案相比,差异不显著;种植芨芨草+沙打旺+羊草的草地干草产量显著高于种植芨芨草+紫花苜蓿+碱茅的草地,与其他方案差异不显著。

表 2-6 不同耐盐牧草组合草产量

不同耐盐牧草组合	株高/cm	分枝/蘖数/(个/m²)	鲜草产量/(g/m²)	干草产量(g/m²)
冰草+草木樨+无芒雀麦	33. 87±5. 33a	1 396. 67±13. 33ab	2 169. 05±0. 42ab	650. 98±4. 51ab
无芒雀麦+红豆草+紫花苜蓿	34. 23±3. 1a	1 151. 67±35b	2 118. 72±350. 85ab	639. 53±86. 87ab
芨芨草+紫花苜蓿+碱茅	29. 53±4. 2a	1 976. 67±40a	1 197. 07±51. 63b	414. 37±8. 43b
芨芨草+沙打旺+羊草	24. 6±1. 93a	1 091. 67±325b	2 464. 03±356. 8a	796. 88±188. 38a
芨芨草+草木樨+碱茅	23. 37±1. 77a	1 315±141. 67b	2 433. 98±490. 25a	764. 13±27. 3ab

2. 3. 3 去除表土牧草补播试验

2018 年 5 月,在天然草地取 0~20 cm 的表土进行盐分和 pH 测定,测得土壤盐渍化类

型为 $SO_4^{2-}-Cl^-$ 型，全盐含量为 1.46%，pH 为 8.7。去除表土后土壤全盐含量为 0.38%，pH 为 8.2。植被盖度为 32.18%，草地植被盖度分别为芦苇 16.62%、赖草 8.12%、盐爪爪 4.81%、西伯利亚白刺 0.42%、鸦葱 0.21%、黑果枸杞 1.85%、蓼子朴 0.12%，属于深根型草地。2018 年 9 月测定植被恢复和土壤水分及盐分(见表 2-7)，说明去除表土(0~20 cm)后，再通过灌溉管理明显降低了土壤盐分，提高了土壤含水量。其中，扁穗冰草和无芒雀麦的出苗成活率是最大的，适合该地区补播。

表 2-7　去除表土后补播恢复效果

植物名	出苗成活率/%	植被盖度/%	高度/cm	密度/(株/m^2)	土壤含水量/%	可溶性总盐/%
高丹草	22.05	54.25	10.18	124	19.23	0.59
草木樨	62.76	58.71	2.82	310	18.48	0.43
红豆草	5.64	52.13	3.85	38	18.91	0.51
扁穗冰草	71.60	64.22	6.18	362	22.29	0.49
无芒雀麦	75.23	67.18	5.63	398	20.90	0.44
芨芨草	43.11	54.92	1.90	180	19.54	0.47

2.4　绿洲-荒漠区天然草地植被补灌恢复技术研究

天然草地植物主要有柽柳、芨芨草、披针叶黄华、苦马豆、鸦葱、鹅绒藤、芦苇、刺儿菜、苦苣菜、蒙山莴苣、赖草、黑果枸杞、獐茅、盐爪爪、臭蒿、蓼子朴、西伯利亚白刺、珍珠猪毛菜、宽叶独行菜、沙碱蓬、反枝苋、虎尾草、雾冰藜、骆驼蓬、巴天酸模等 25 种。2017 年 8 月草地植被总盖度为 36.73%，2018 年 9 月草地植被情况总盖度为 32.18%，其中优势草种的高度与盖度如表 2-8 所示。

表 2-8　天然草地植被盖度总体情况

植物名	2017 年 8 月		2018 年 9 月	
	高度/cm	盖度/%	高度/cm	盖度/%
芦苇	20.08	15.44	30.05	11.26
盐爪爪	16.49	21.1	17.55	16.16
赖草	33.4	0.98	39.71	6.26
黑果枸杞	26.64	6.13	41.02	2.2
柽柳	58	0.87	58.4	0.56
鸦葱	11.17	0.25	14.12	0.44
西伯利亚白刺	13.28	0.21	10.08	0.3

喷灌区主要植物种类有藜、灰绿藜、反枝苋、柽柳、鸦葱、芨芨草、披针叶黄华、苦马豆、鹅绒藤、芦苇、刺儿菜、苦苣菜、蒙山莴苣、赖草、黑果枸杞、獐茅、盐爪爪、臭蒿、蓼子朴、西伯利亚白刺、珍珠猪毛菜、宽叶独行菜、沙碱蓬、反枝苋、虎尾草、雾冰藜、骆驼蓬、巴天酸模

等28种。2017年7月底,植被总盖度可达到54.79%,2018年9月初可达到67.64%(见表2-9)。说明通过连续的喷灌补水,对恢复天然草地植被可起到明显效果,能够显著提高植被覆盖度,并且能够提高群落多样性,但短期内主要以增加一年生草本等植物为主,草地的可持续性恢复,还需要更长时间的灌溉补水。

表 2-9　灌水后天然草地植被盖度总体情况

植物名	2017年7月		2018年9月	
	高度/cm	盖度/%	高度/cm	盖度/%
芦苇	33.64	23.61	55.34	28.78
盐爪爪	27.14	25.14	26.69	39.38
赖草	38.06	3.6	49.29	3.22
黑果枸杞	25	1.47	39.03	3.28
中亚滨藜	13.6	0.66	48.16	0.62
雾冰藜	23.33	0.27	29.63	3.4
鸦葱	14.67	0.41	12.15	1.26
灰绿藜	21.02	0.07	30.16	1.32
西伯利亚白刺	34.15	4.51	27.5	2.76
珍珠猪毛菜	—	—	15.13	0.24
总体		54.79%		67.64%

2.5　天然火烧迹地柽柳灌丛及其冠下植被的自然恢复研究

2.5.1　火烧迹地柽柳冠下植物群落多样性

火烧迹地自然恢复3年后对植被恢复情况进行调查,发现柽柳自身和其冠下植被均得到了很好的恢复。由图2-15(a)、(b)可知,大柽柳的新生枝条数及其高度明显高于小柽柳。由图2-15(c)、(f)可知,灌丛下方草本植物的恢复明显优于灌丛间地。大、中、小灌丛冠下植物的密度比冠外分别提高了34.26%、48.46%和44.03%,高度比冠外分别提高了126.32%、208.94%和321.84%,盖度比冠外分别提高了190.91%、210.36%和218.18%,地上植物量比冠外分别提高了467.77%、552.98%和636.20%,即冠下植物的高度、盖度、密度和地上植物量明显高于灌丛间地,且随着灌丛的增大而增大,但大、中、小灌丛之间差异不明显。

随着柽柳的发育,Simpson优势度指数、Shannon-Wiener多样性指数、Margalef丰富度指数和Pielou均匀度指数均具有类似的变化趋势,总体上呈现先降低后升高的趋势(见图2-16),这与CRI随SSI的变化截然相反。Simpson优势度指数和Shannon-Wiener多样性指数分别在0.45~0.78、0.65~1.56变化,当SSI分别为66.95和51.47时出现最小

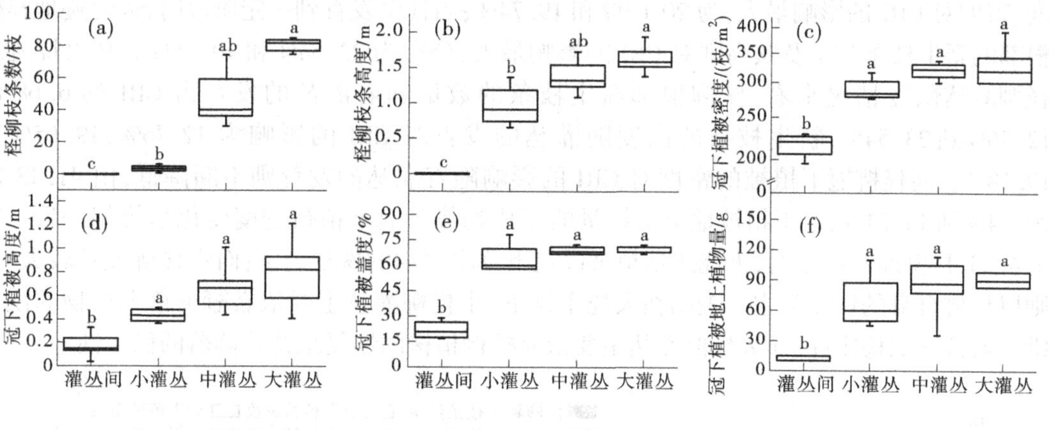

VUC 为冠下植被,(a)、(b)表示柽柳的恢复,(c)~(f)表示冠下植被的恢复,
不同小写字母表示灌丛间和大、中、小柽柳灌丛恢复特征差异显著($P<0.05$)。

图 2-15 不同大小柽柳灌丛群落恢复情况

值。Margalef 丰富度指数和 Pielou 均匀度指数分别在 0.25~0.99、0.91~0.98 变化,当 SSI 为 65.38 和 44.12 时出现最小值。说明在火烧迹地自然恢复 3 年后,柽柳及其冠下植被组成的群落结构仍极为简单,几乎为单优势群落,且灌丛间地的植物多样性最为丰富。

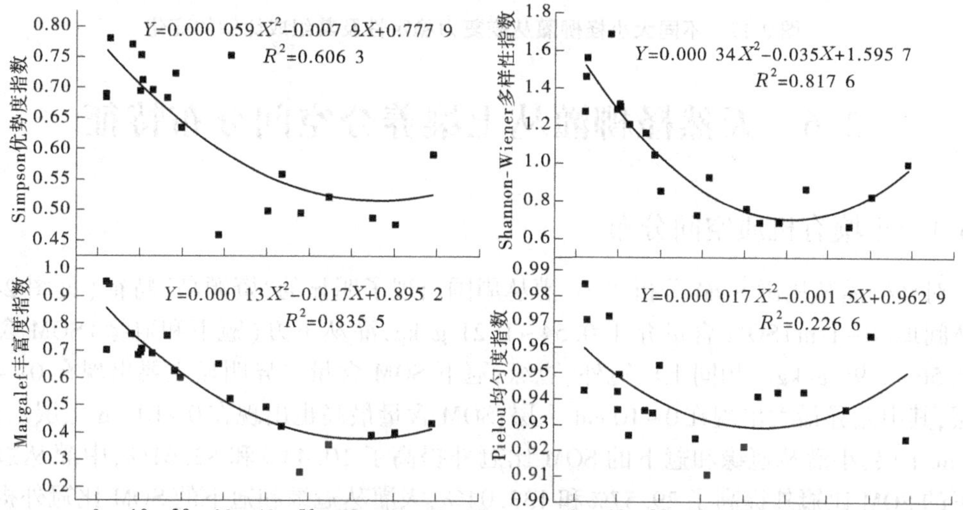

图 2-16 不同大小柽柳灌丛群落多样性指数

2.5.2 火烧迹地柽柳灌丛群落稳定性

CRI 随 SSI 呈单峰变化,灌丛间地的恢复力最弱,随着柽柳的增大,恢复力逐渐增强,当 SSI 为 52.17 时,CRI 出现最大值,随后恢复力逐渐减弱,但是在不同的发育阶段每个功能变量对群落稳定性的影响却不相同(见图 2-17)。当柽柳灌丛较小时,冠下草本植被的密度和地上植物量指标分别占 CRI 的 41.13%和 23.08%;随着柽柳灌丛的继续发育,冠下植被的密

度、盖度对 CRI 的影响最大,为 20.64%和 19.74%;当柽柳发育到一定阶段时,火烧迹地柽柳根部的新生枝条数量及其高度对 CRI 的影响最大,分别为 23.54%和 19.18%。从火烧迹地柽柳灌丛恢复情况来看,柽柳根部新生枝条的数量随着灌丛的发育占 CRI 的 6.68%、12.86%到 23.54%,新生枝条的高度随灌丛的发育对 CRI 的影响为 12.76%、19.05%到 19.18%。而柽柳冠下植被的密度对 CRI 的影响随着灌丛的发育则不断降低,由 41.13%、20.64%到 14.61%,冠下植被地上植物量的变化趋势与冠下植被密度变化趋势相一致。综上可知,柽柳灌丛较小时,火烧迹地植被以冠下草本植物的恢复为主;而当柽柳灌丛较大时,则以柽柳自身的恢复为主。表明在火烧干扰下,小柽柳灌丛主要依靠冠下草本植物的恢复维持着群落的稳定性,而大柽柳灌丛主要依靠柽柳植株的恢复维持着群落的稳定性。

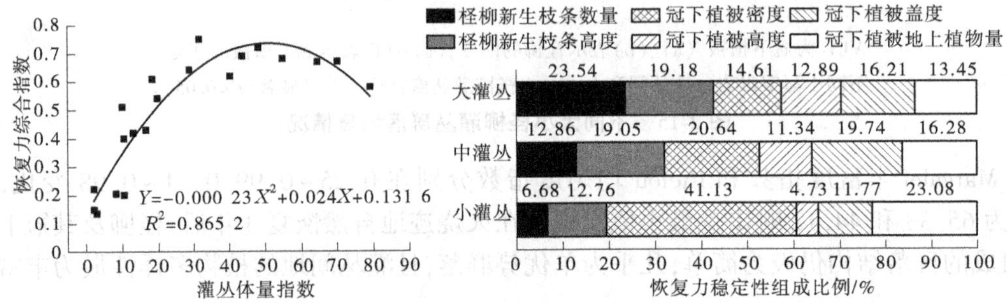

图 2-17 不同大小柽柳灌丛恢复力稳定性及其组成比例的变化

2.6 天然柽柳灌丛土壤养分空间分布特征

2.6.1 土壤有机质空间分布

对柽柳灌丛周围 SOM 分析可知,灌丛周围出现了明显的"资源岛"特征(见图 2-18)。灌丛间地(0~1 m)SOM 含量介于 0.54~1.21 g/kg,灌丛下方(冠下和冠缘)SOM 含量介于 0.56~2.95 g/kg。相同土层冠外、冠缘、冠下 SOM 含量差异明显主要出现在 0~40 cm 土层,其中差异最大出现在 0~10 cm 土层,SOM 含量最高也出现在 0~10 cm 土层。在 0~10 cm 土层,小灌丛冠缘和冠下的 SOM 比冠外提高了 10.43%和 82.61%,中灌丛冠缘和冠下的 SOM 比冠外提高了 29.57%和 133.04%,大灌丛冠缘和冠下的 SOM 比冠外提高了 13.91%和 82.52%,中灌丛冠下和边缘 0~10 cm SOM 大于小灌丛和大灌丛,这与恢复力稳定性的结果相一致。垂直方向上,SOM 含量随着土层的加深逐渐降低。

2.6.2 土壤全效养分空间分布

柽柳灌丛周围土壤全效养分的空间分布与 SOM 的分布相似,呈现明显的"资源岛"特征(见图 2-19)。总体上,相同土层越靠近灌丛,土壤 TN、TP 和 TK 的含量越高。随着

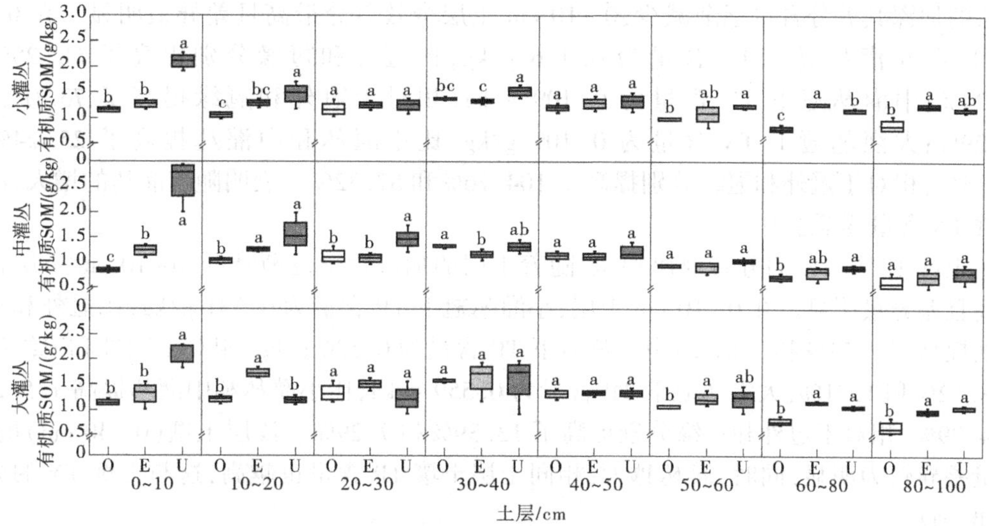

SOM—土壤有机质;O—冠外采样点;E—冠缘采样点;U—冠下采样点。

不同小写字母表示相同土层冠外、冠缘和冠下土壤有机质含量差异显著(P<0.05)。

图 2-18 不同大小柽柳灌丛周围土壤有机质空间分布

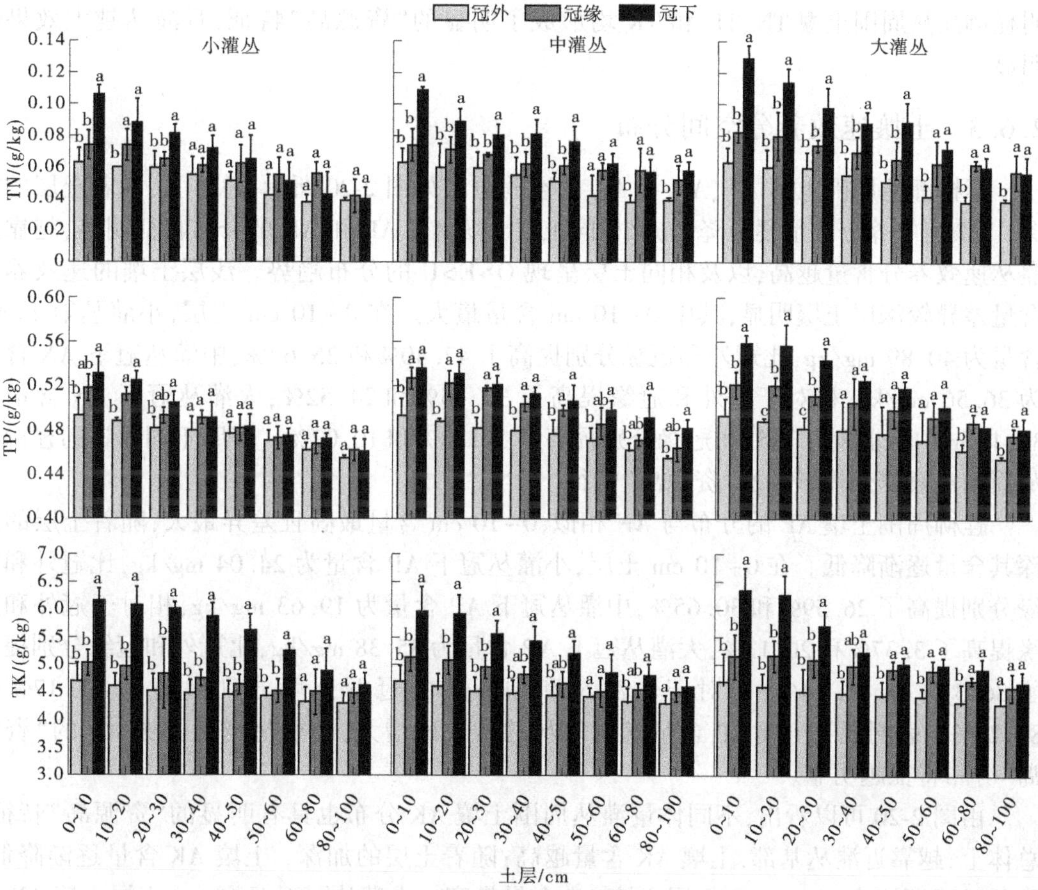

图 2-19 不同大小柽柳灌丛周围土壤全效养分空间分布

土层的加深其养分含量逐渐减少,0~10 cm 土层全效养分最高且差异最明显。在 0~10 cm 土层,小灌丛冠下 TN 含量为 0. 106 g/kg,比冠外和冠缘分别提高了 68. 25%和 43. 24%;中灌丛冠下 TN 含量为 0. 109 g/kg,相对于冠外和冠缘提高了 73. 02%和 47. 29%;大灌丛冠下 TN 含量为 0. 109 g/kg,比小灌丛和中灌丛提高了 25. 24%和 18. 35%,相对于冠外和冠缘分别提高了 104. 76%和 57. 32%。表明随着灌丛的增大,浅层土壤 TN 含量逐渐上升。

土壤 TP 与 TN 的分布规律相似,随着土层的加深含量逐渐降低,0~10 cm 土层含量最高且差异最明显。在 0~10 cm 土层,小灌丛冠下 TP 含量为 0. 531 g/kg,比冠外和冠缘分别提高了 7. 71%和 2. 51%;中灌丛冠下 TP 含量为 0. 536 g/kg,相对于冠外和冠缘提高了 8. 72%和 1. 71%;大灌丛冠下 TP 含量为 0. 559 g/kg,比小灌丛和中灌丛提高了 5. 27%和 4. 29%,相对于冠外和冠缘分别提高了 13. 39%和 7. 29%。浅层土壤(0~40 cm)的 TP 含量差异较为明显,同时,灌丛越大,相同土层土壤 TP 含量也越高,这与土壤 TN 的分布规律一致。

柽柳体量大小是影响柽柳灌丛周围的土壤 TK 分布的重要因素,由图 2-20 可以看出,大灌丛冠下 0~10 cm 土壤 TK 含量为 6. 34 g/kg,比小灌丛和中灌丛的冠下相同土层土壤 TK 分别提高了 26. 29%和 6. 38%,比冠外和冠缘相同土层提高了 35. 18%和 23. 11%。表明柽柳灌丛周围土壤 TN、TP 和 TK 均形成了明显的"资源岛"特征,且灌丛越大效果越明显。

2. 6. 3　土壤速效养分空间分布

柽柳灌丛周围土壤 AN、AP 和 AK 的空间分布如图 2-20 所示,总体上,随着土层的加深,土壤速效养分含量逐渐降低,但相同土层土壤 AN、AP 和 AK 的分布特征明显,越靠近灌丛速效养分含量越高,以及相同土层呈现 O>E>U 的分布趋势。浅层土壤的速效养分含量差异较深层土壤明显,其中 0~10 cm 含量最大。在 0~10 cm 土层,小灌丛冠下 AN 含量为 40. 89 mg/kg,比冠外和冠缘分别提高了 47. 40%和 25. 69%;中灌丛冠下 AN 含量为 36. 56 mg/kg,相对于冠外和冠缘提高了 32. 65%和 24. 52%;大灌丛冠下 AN 含量为 38. 15 mg/kg,相对于冠外和冠缘分别提高了 30. 38%和 10. 07%。表明不同体量的柽柳灌丛周围速效养分均形成了"资源岛"特征。

柽柳周围土壤 AP 的分布与 AN 相似,0~10 cm 含量最高且差异最大,随着土层的加深其含量逐渐降低。在 0~10 cm 土层,小灌丛冠下 AP 含量为 24. 04 mg/kg,比冠外和冠缘分别提高了 26. 59%和 30. 65%,中灌丛冠下 AP 含量为 19. 63 mg/kg,相对于冠外和冠缘提高了 3. 37%和 20. 13%,大灌丛冠下 AP 含量为 35. 38 mg/kg,比冠外和冠缘分别提高了 86. 31%和 46. 14%,相对于小灌丛和中灌丛的冠下土壤分别提高了 47. 17%和 80. 23%。表明冠下土壤 AP 含量随着灌丛的增大而增大,即灌丛越大土壤 AP 的"资源岛"分布特征越明显。

由图 2-20 可以看出,不同体量灌丛周围土壤 AK 分布也具有明显的"资源岛"特征。总体上,越靠近灌丛基部,土壤 AK 含量越高;随着土层的加深, 土壤 AK 含量逐渐降低,且差异逐渐缩小,0~10 cm 土层土壤 AK 含量最高。小灌丛冠下至 10 cm 土层土壤 AK 含

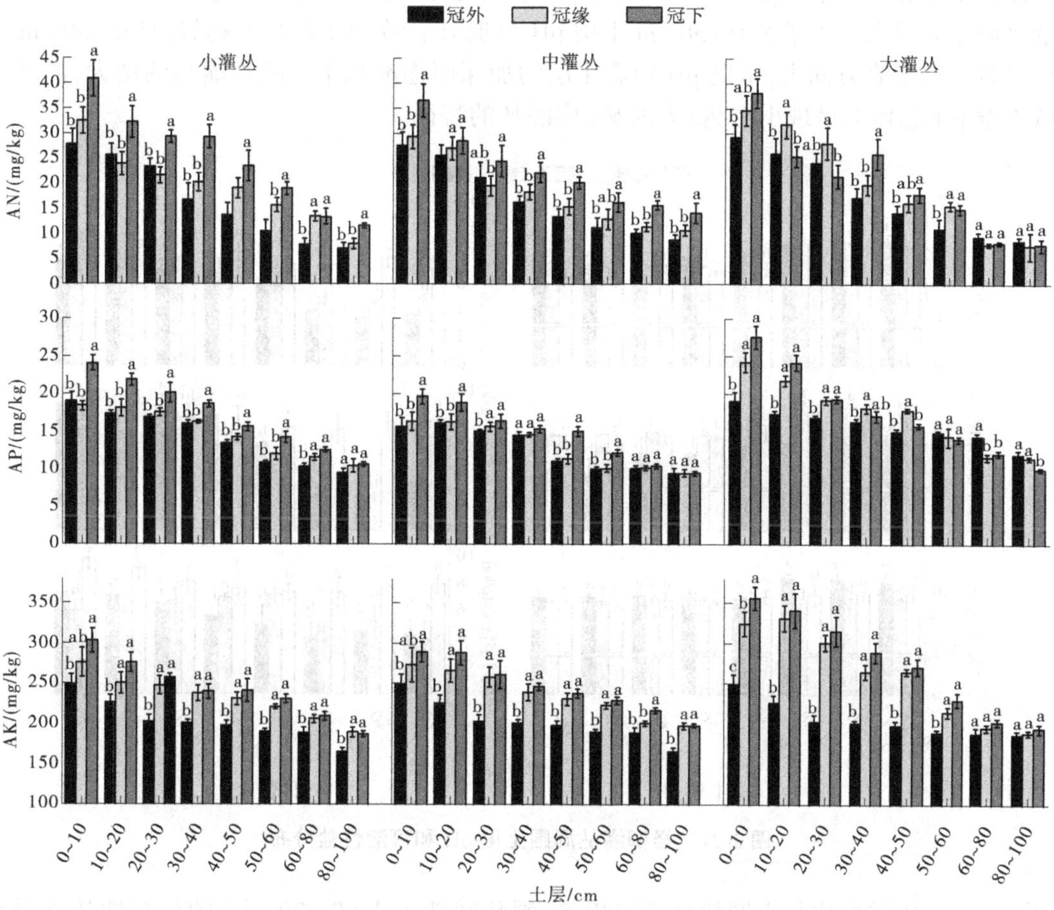

图 2-20　不同大小柽柳灌丛周围土壤速效养分空间分布

量为 303.25 mg/kg,比冠外和冠缘分别提高了 21.69%和 9.78%;中灌丛冠下 AK 含量为 289.56 mg/kg,相对于冠外和冠缘提高了 16.06%和 5.86%;大灌丛冠下 AK 含量为 356.29 mg/kg,比冠外和冠缘分别提高了 17.49%和 23.61%,相对于小灌丛和中灌丛的冠下土壤分别提高了 42.97%和 9.88%。这与冠下草本植物的生物量调查结果一致,说明灌丛周围土壤 SOM、全效养分和速效养分均形成了明显的"岛"状分布特征。

2.7　天然柽柳灌丛草地土壤盐碱化空间异质性

土壤盐分是植物生长的消极因素,对火烧迹地柽柳灌丛周围土壤的盐分和 pH 分析可知,灌丛周围的土壤盐分和 pH 出现了明显的空间异质性分布。灌丛间地表土(0~20 cm)的 pH 介于 7.96~8.01,而灌丛区域表土(0~20 cm)的 pH 介于 7.91~8.19[见图 2-21(a)]。小灌丛冠下和冠缘 0~50 cm 土壤 pH 显著高于冠外,呈现明显的"岛"状特征,但冠缘和冠下相同土层土壤 pH 差异不明显,50~100 cm 土壤也呈"岛"状分布,但差异不明显。中灌丛 0~100 cm 土壤 pH 呈现冠缘>冠外>冠下的趋势，且 0~40 cm 土壤之间差异显著。大灌丛 0~50 cm 土壤 pH 呈现冠下>冠外>冠缘的趋势，且 0~30 cm 差异显著。在垂直方向上，土壤 pH 随着土层的加深而逐渐减小。随着灌丛的增大，灌丛区域土壤 pH 总体上呈现小灌丛>大灌丛>中灌丛的特征。

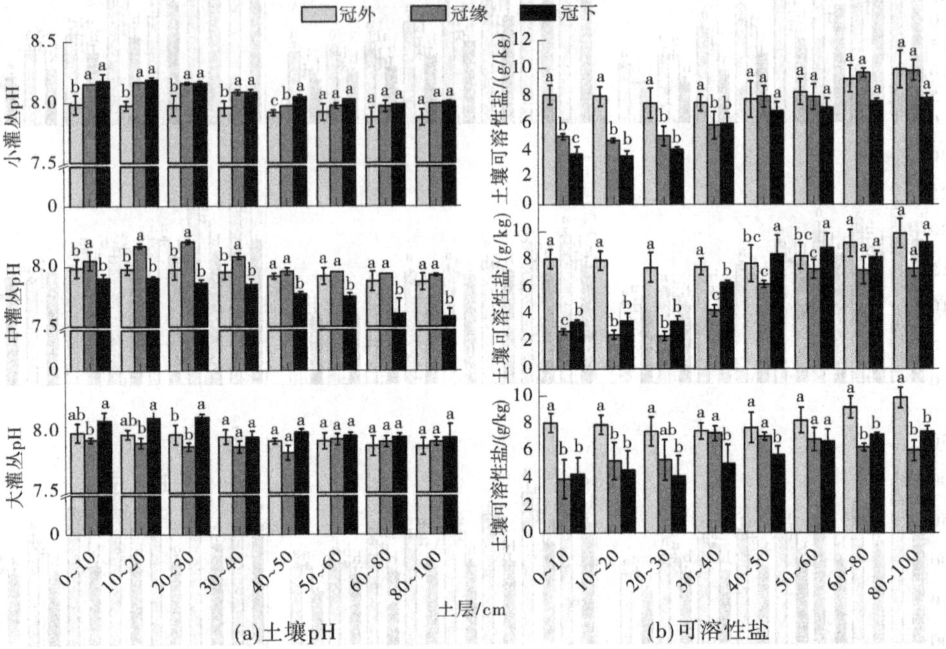

图 2-21　柽柳灌丛周围土壤 pH 和可溶性盐分布

土壤 pH 的变化与土壤盐分密切相关，灌丛间地表土（0~20 cm）的可溶性盐含量介于 7.92~8.03 g/kg，灌丛区域表土（0~20 cm）的可溶性盐含量介于 2.47~5.25 g/kg[见图 2-21(b)]。柽柳周围土壤（0~100 cm）可溶性盐含量与土壤 pH 呈现迥然不同的分布结果，大、中、小柽柳灌丛周围土壤可溶性盐分布呈现盐谷现象，且 0~40 cm 土层显著差异，0~10 cm 差异最大。在 0~10 cm 土层，小灌丛冠缘和冠下的可溶性盐比冠外降低了 37.98%和 53.55%，中灌丛冠缘和冠下的可溶性盐比冠外降低了 65.88%和 57.53%，大灌丛冠缘和冠下的可溶性盐比冠外降低了 49.16%和 46.70%，且在 0~30 cm 土壤可溶性盐出现中灌丛<小灌丛<大灌丛的趋势。水平方向上，小灌丛在 0~40 cm 土壤可溶性盐冠下大于冠缘，在 50~100 cm 则是冠缘大于冠下；中灌丛则是冠下大于冠缘；大灌丛在 0~60 cm 为冠缘大于冠下，在 60~100 cm 则是冠下大于冠缘，表明土壤可溶性盐含量的变化随灌丛大小的变化而变化。垂直方向上，土壤可溶性盐出现底聚现象，这与土壤 pH 的变化截然相反。

2.8　人工柽柳林灌丛草地及冠下植物群落特征

柽柳的株型与种植间距有关，如表 2-10 所示，4 m 和 6 m 行间距柽柳的高度大于 2 m

和 8 m 行间距柽柳的高度,并且 6 m 行间距柽柳的冠幅显著大于其他行间距柽柳的冠幅,相对于 2 m、4 m 和 8 m 行间距柽柳分别提高了 27.05%、17.66%和 22.48%,同时,冠下草本植物的生长也具有类似特征(见表 2-11)。总体上,不同行间距的草本植物的高度、盖度、密度和生物量从 O 点到 U 点逐渐增大,即越靠近灌丛下方,草本植物的长势越佳。不同行间距柽柳冠下草本植物群落特征比较,在 O 点和 E 点,6 m 行间距冠下草本植物的高度是最大的,分别比 2 m 行间距冠下草本植物提高了 86.12%和 121.49%,比 4 m 行间距冠下草本植物提高了 53.53%和 42.86%,比 8 m 行间距冠下草本提高了 9.81%和 36.05%,在 U 点 6 m 行间距冠下草本植物群落的盖度大于其他行间距,比 2 m、4 m 和 8 m 分别提高了 9.58%、31.38%和 16.85%,冠下植物群落密度在 O 点、E 点和 U 点最大值对应的行间距分别为 4 m、2 m 和 2 m,但在 U 点 6 m 行间距冠下植物生物量最大,比 2 m、4 m 和 8 m 分别提高了 101.36%、25.26%和 2.76%。

表 2-10　不同行间距柽柳概况

项目	行间距/m			
	2	4	6	8
高度/cm	280.02±26.46b	326.67±15.28a	293.35±15.28ab	178.56±25.44b
冠幅/cm	231.67±7.64c	250.15±5.42b	294.33±15.04a	237.67±2.52bc
冠基/cm	67.67±2.52c	99.67±5.03a	73.13±7.60c	85.02±5.02b

注:同列不同小写字母表示不同行间距之间差异显著($P<0.05$)。

表 2-11　柽柳冠下和行间草本植被群落特征

柽柳行间距/m		高度/cm	盖度/%	密度/(株/m²)	生物量/g
对照 CK		18.23±4.37ef	23.56±2.37f	178.72±16.83d	11.28±1.53c
O	2	15.77±0.88f	18.67±1.21f	315.56±11.43d	12.15±0.69c
	4	22.10±2.36e	38.67±1.76e	317.24±20.23c	43.37±2.67bc
	6	33.93±0.88d	20.33±2.33f	183.22±5.57d	28.05±0.83bc
	8	30.93±0.93de	18.34±1.46f	201.34±11.72d	15.63±1.03c
E	2	21.91±1.31e	39.12±3.22e	362.67±8.65d	19.20±1.22b
	4	33.97±4.27d	47.33±2.03d	353.45±11.16c	40.25±2.16bc
	6	48.53±0.41bc	45.33±1.46de	303.14±18.65c	43.59±2.97b
	8	35.67±1.43d	55.15±4.48c	351.67±16.60c	60.24±1.53bc

续表 2-11

柽柳行间距/m		高度/cm	盖度/%	密度/(株/m^2)	生物量/g
U	2	45.12±1.82c	72.33±2.61b	455.67±18.28c	49.96±1.70a
	4	56.67±1.65a	60.33±2.88c	417.34±16.34b	80.29±2.13a
	6	51.37±1.14b	79.26±2.34a	420.33±19.20a	100.57±3.15a
	8	51.10±1.37b	67.83±1.89b	452.28±23.48ab	97.87±7.99a

注:CK—对照;O—行间采样点;U—冠下采样点;E—OU 的中点。同列不同小写字母表示不同行间距不同采样点之间差异显著($P<0.05$)。

2.9 人工柽柳林灌丛草地土壤含水量分布特征

土壤水分是制约荒漠地区植物生长的重要因素,由柽柳冠下到行间不同位置(O 点、E 点、U 点)1 m 深土壤水分分布特征(见表 2-12)可知,不同行间距柽柳灌丛下方土壤含水量均大于未种植柽柳对照区(CK)的土壤含水量,表明种植柽柳能够提高土壤含水量,但不同行间距柽柳冠下土壤含水量差异显著。总体上,土壤含水量水平方向从行间到冠下明显增大,垂直方向随着土层的加深也逐渐增大。而且土壤含水量在浅层随着土层的加深差异逐渐缩小,在 U 点和 E 点,行间距 6 m 柽柳冠下土壤 0~40 cm 土层土壤含水量最高,介于 5.05%~15.05%,显著大于其他行间距;在 O 点,行间距 6 m 柽柳冠下 0~30 cm 土层土壤含水量最高。表明 6 m 行间距柽柳冠下和行间浅层土壤含水量均大于其他行间距,这与柽柳株型大小的调查结果一致。

2.10 人工柽柳林灌丛草地土壤养分空间异质性

2.10.1 土壤有机质空间分布

不同行间距柽柳周围 SOM 的分布具有明显的空间分布规律。由表 2-13 可以看出,总体上,离灌丛越近,SOM 含量越高,即相同土层 SOM 含量呈 U 点>E 点>O 点分布,且人工柽柳林土壤 SOM 明显高于林外相同土层,说明种植柽柳能够提高土壤 SOM 含量。垂直方向上,随着土层的加深,SOM 含量逐渐降低,含量最高为 0~10 cm 土层,且不同行间距浅层土壤(0~50 cm)的 SOM 含量差异明显。在 O 点浅层土壤中,8 m 行间距 SOM 含量最高,0~10 cm 土层 SOM 含量为 2.37 g/kg,比 2 m、4 m 和 6 m 行间距分别提高了 24.08%、17.91%和 11.79%,比林外提高了 68.09%,但与 6 m 行间距差异不显著。在 E 点,6 m 行间距 0~10 cm 土层 SOM 含量最高,为 3.35 g/kg,比 2 m、4 m、8 m 和林外相同土层提高了 16.72%、65.84%、17.54%和 137.59%,且差异显著。在 O 点,6 m 行间距 0~10 cm 土层 SOM 含量最高,为 3.62 g/kg,比 2 m、4 m 和 8 m 相同土层提高了 36.60%、12.73%和 10.70%,比林外土壤相同土层 SOM 含量提高了 156.74%。

表 2-12　不同行间距柽柳周围土壤水分空间分布

%

柽柳行间距/m		土层深度/cm								平均
		0~10	10~20	20~30	30~40	40~50	50~60	60~80	80~100	
对照 CK		4. 96±0. 41cd	5. 64±0. 31gh	8. 13±0. 60f	12. 87±0. 33e	18. 72±0. 81h	19. 02±0. 27d	19. 85±0. 21b	21. 30±0. 22b	13. 84±0. 39
O	2	3. 41±0. 05d	5. 01±0. 12h	6. 95±0. 27g	12. 46±0. 12ef	15. 89±0. 08i	17. 04±0. 67f	19. 21±0. 23c	20. 13±0. 09b	12. 51±0. 20
	4	3. 47±0. 08d	5. 14±0. 15h	6. 92±0. 12g	14. 05±0. 24d	15. 33±0. 08f	18. 12±0. 24f	19. 09±0. 02b	21. 03±0. 07b	12. 90±0. 24
	6	5. 05±0. 71cd	6. 12±0. 14g	9. 71±1. 04d	13. 66±0. 42ef	15. 8±0. 48g	16. 78±0. 28g	19. 03±0. 17b	20. 79±0. 13b	13. 38±0. 31
	8	3. 94±0. 07d	5. 21±0. 15h	6. 87±0. 34g	12. 95±0. 18ef	16. 12±0. 42ef	18. 43±0. 37ef	19. 42±0. 27b	21. 37±0. 10b	13. 04±0. 33
E	2	5. 24±0. 04cd	6. 30±0. 08g	8. 51±0. 33e	13. 41±0. 15e	17. 94±0. 18h	18. 25±0. 09ef	19. 38±0. 24b	20. 42±0. 12b	13. 68±0. 38
	4	8. 04±0. 06bc	9. 22±0. 15d	7. 76±0. 34f	14. 95±0. 42cd	15. 98±0. 28c	19. 17±0. 19d	20. 72±0. 14b	21. 14±0. 17b	14. 62±0. 58
	6	8. 95±0. 08ab	12. 37±0. 15b	13. 94±0. 25b	15. 05±0. 08bc	16. 5±0. 42ef	18. 76±0. 47e	18. 76±0. 08b	18. 76±0. 09c	16. 02±0. 63
	8	7. 03±0. 06bd	7. 45±0. 12f	9. 45±0. 24d	13. 9±0. 61de	17. 12±0. 24d	19. 17±0. 27d	20. 42±0. 16b	23. 91±0. 31ab	14. 82±0. 56
U	2	7. 06±0. 13bc	8. 47±0. 42e	9. 06±0. 28e	15. 12±0. 61b	19. 47±0. 58g	20. 15±0. 07c	21. 09±0. 05b	21. 10±0. 35b	15. 19±0. 41
	4	10. 56±0. 28a	10. 16±0. 14c	11. 77±0. 42c	15. 95±0. 03a	16. 29±0. 27a	19. 45±0. 08d	20. 43±0. 14b	21. 05±0. 19b	15. 71±0. 62
	6	10. 88±0. 11ab	13. 34±0. 24a	14. 82±0. 29a	16. 42±0. 07a	18. 43±0. 41d	20. 91±0. 37b	24. 53±0. 27b	26. 58±0. 05a	18. 24±0. 47
	8	8. 49±0. 21ab	9. 24±0. 17d	13. 84±0. 21b	15. 12±0. 41ab	16. 48±0. 11b	21. 74±0. 53a	24. 95±0. 44a	25. 37±0. 19a	16. 87±0. 49

注：同列不同小写字母表示不同行间距不同采样点之间土壤含水量差异显著（$P<0.05$）。

表 2-13　不同行间距柽柳周围土壤有机质空间分布

单位：g/kg

行间距/m		土层/cm								平均
		0~10	10~20	20~30	30~40	40~50	50~60	60~80	80~100	
CK		1.41±0.14f	1.36±0.10g	1.13±0.21g	1.08±0.15d	0.91±0.14f	0.82±0.12c	0.72±0.08bc	0.68±0.08cd	1.01±0.14
O	2	1.91±0.11e	1.87±0.12fg	1.80±0.13cd	1.74±0.09b	1.45±0.26abc	0.98±0.11ab	0.81±0.15ab	0.72±0.07bcd	1.41±0.15
	4	2.01±0.08de	1.95±0.40def	1.81±0.06cd	1.72±0.07b	1.36±0.08bcd	1.11±0.06ab	0.98±0.11a	0.75±0.08bcd	1.46±0.09
	6	2.12±0.06de	2.05±0.41def	1.81±0.06cd	1.60±0.21bc	1.25±0.12bcde	0.94±0.09bc	0.68±0.11c	0.59±0.09cd	1.38±0.12
	8	2.37±0.15cd	1.84±0.06ef	1.62±0.06cde	1.38±0.15cd	1.16±0.12def	1.02±0.08ab	0.94±0.06a	0.85±0.08ab	1.40±0.13
E	2	2.87±0.14b	2.73±0.11bc	2.46±0.18b	2.23±0.11a	1.69±0.14ab	1.09±0.05ab	0.95±0.09a	0.78±0.08bc	1.85±0.18
	4	2.02±0.92de	2.12±0.93def	1.23±0.12fg	1.24±0.13d	0.97±0.09ef	0.91±0.04bc	0.63±0.08c	0.96±0.08a	1.26±0.12
	6	3.35±0.12a	2.94±0.78ab	1.45±0.09edg	1.06±0.17d	1.08±0.09cdef	1.20±0.11ab	0.94±0.06a	0.84±0.06ab	1.61±0.15
	8	2.85±0.20b	2.48±0.11cde	2.01±0.17c	1.68±0.07b	1.42±0.09abc	1.10±0.09ab	0.97±0.10a	0.86±0.05ab	1.68±0.14
U	2	2.65±0.12bc	2.05±0.68def	1.61±0.15de	1.39±0.12cd	1.20±0.05cdef	1.12±0.08ab	0.67±0.10c	0.61±0.6d	1.41±0.17
	4	3.21±0.14a	2.56±0.62cd	1.57±0.17def	1.36±0.09cd	1.12±0.14cdef	0.98±0.07ab	0.87±0.10ab	0.82±0.12ab	1.56±0.14
	6	3.62±0.10a	3.24±0.12a	2.65±0.12a	2.12±0.12a	1.64±0.10a	1.21±0.10a	0.98±0.04a	0.89±0.04ab	2.01±0.17
	8	3.27±0.14a	3.02±0.12bc	2.71±0.21a	2.23±0.18a	1.26±0.11bcde	1.12±0.11ab	1.00±0.07a	0.81±0.04ab	1.93±0.17

注：同列不同小写字母表示不同行间距不同采样点之间差异显著（$P<0.05$）。

2.10.2　土壤全效养分空间分布

不同行间距柽柳周围土壤全效养分具有明显的分布规律。如图 2-22、图 2-23 所示，总体上，人工柽柳林土壤全效养分大于林外，说明种植人工柽柳能够提高土壤全效养分。随着土层的加深，土壤 TN、TP 和 TK 含量逐渐降低且差异逐渐减小，0~10 cm 土层土壤 TN、TP 和 TK 含量最大，2 m、4 m、6 m 和 8 m 行间距冠下 TN 含量分别为 0.19 g/kg、0.20 g/kg、0.23 g/kg 和 0.23 g/kg，比冠外相同土层 TN 含量分别提高了 117.78%、118.89%、148.35%和 153.33%，不同行间距柽柳冠下土壤 TN 明显高于 CK。在 O 点 0~10 cm 土层，4 m 和 6 m 行间距柽柳的土壤 TN 含量较高，分别为 0.145 g/kg/和 0.146 g/kg，6 m 行间距土壤 TN 比 2m 和 8 m 行间距分别提高了 3.55%和 18.70%。在 E 点，6 m 行间距 0~10 cm 土层土壤 TN 含量为 0.164 g/kg，比 2 m、4 m 和 8 m 行间距相同土层提高了 10.81%、0.61%和 21.48%，比 CK 提高了 80.22%。在 U 点，8 m 柽柳行间距 0~10 cm 土层土壤 TN 含量为 0.228 g/kg，比 2 m、4 m 和 6 m 行间距提高了 16.33%、15.15%和 0.88%，但与 6 m 行间距差异不明显。同时，6 m 行间距冠下 0~10 cm 土层土壤 TN 比 O 点和 E 点分别提高了 54.79%和 37.80%，其他行间距也具有相同的规律，说明不同行间距柽柳周围土壤 TN 形成了“脊”状分布，即 U>E>O。

由图 2-22 可以看出，人工柽柳林浅层土壤 TP 明显低于林外，表明种植人工柽柳提高了土壤 TP 含量，但不同行间距柽柳冠下土壤 TP 含量差异明显。土壤 TP 含量随着土层的加深而逐渐降低，浅层土壤(0~40 cm)的 TP 含量较高，其中最大值出现在 0~10 cm 土层。在 O 点 0~10 cm 土层，2 m 行间距柽柳冠下土壤 TP 含量最高，为 8.15 g/kg，比 4 m、6 m 和 8 m 行间距分别提高了 9.36%、30.61%和 30.12%，比人工柽柳林外相同土层提高了 38.84%。在 E 点 0~10 cm 土层中，2 m 行间距柽柳冠下的土壤 TP 含量也是最高的，为 8.01 g/kg，比 4 m、6 m 和 8 m 行间距分别提高了 8.57%、26.94%和 24.53%，比林外相同土层提高了 36.45%。在 U 点 0~10 cm 土层，6 m 行间距柽柳冠下土壤 TP 含量最高，为 8.76 g/kg，比 2 m、4 m 和 8 m 行间距分别提高了 5.04%、7.53%和 2.41%，比人工柽柳林外相同土层提高了 49.23%。

人工柽柳林土壤 TK 空间分布与 TN、TP 相同，相同土层冠下土壤 TK 含量大于行间，即 U>E>O，但不同行间距的土壤 TK 含量差异明显，主要体现在浅层土壤(0~40 cm)。其中，0~10 cm 土层含量最大。如图 2-23 所示，在 O 点 0~10 cm 土层，2 m 行间距柽柳冠下土壤 TK 含量最高，为 8.03 g/kg，比 4 m、6 m 和 8 m 行间距分别提高了 4.42%、27.41%和 28.52%，比人工柽柳林外相同土层提高了 55.02%。在 E 点 0~10 cm 土层中 2 m 行间距柽柳冠下的土壤 TP 含量也是最高的，为 7.46 g/kg，比 4 m、6 m 和 8 m 行间距分别提高了 1.50%、18.22%和 20.23%，比林外相同土层提高了 27.09%。在 U 点 0~10 cm 土层，6 m 行间距柽柳冠下土壤 TP 含量最高，为 9.25 g/kg，比 2 m、4 m 和 8 m 行间距分别提高了 13.50%、11.31%和 2.21%，比人工柽柳林外相同土层提高了 57.58%。柽柳冠下土壤全效养分大于行间，且明显高于林外，说明种植柽柳可提高土壤的全效养分，特别是对浅层土壤的积肥效果明显。

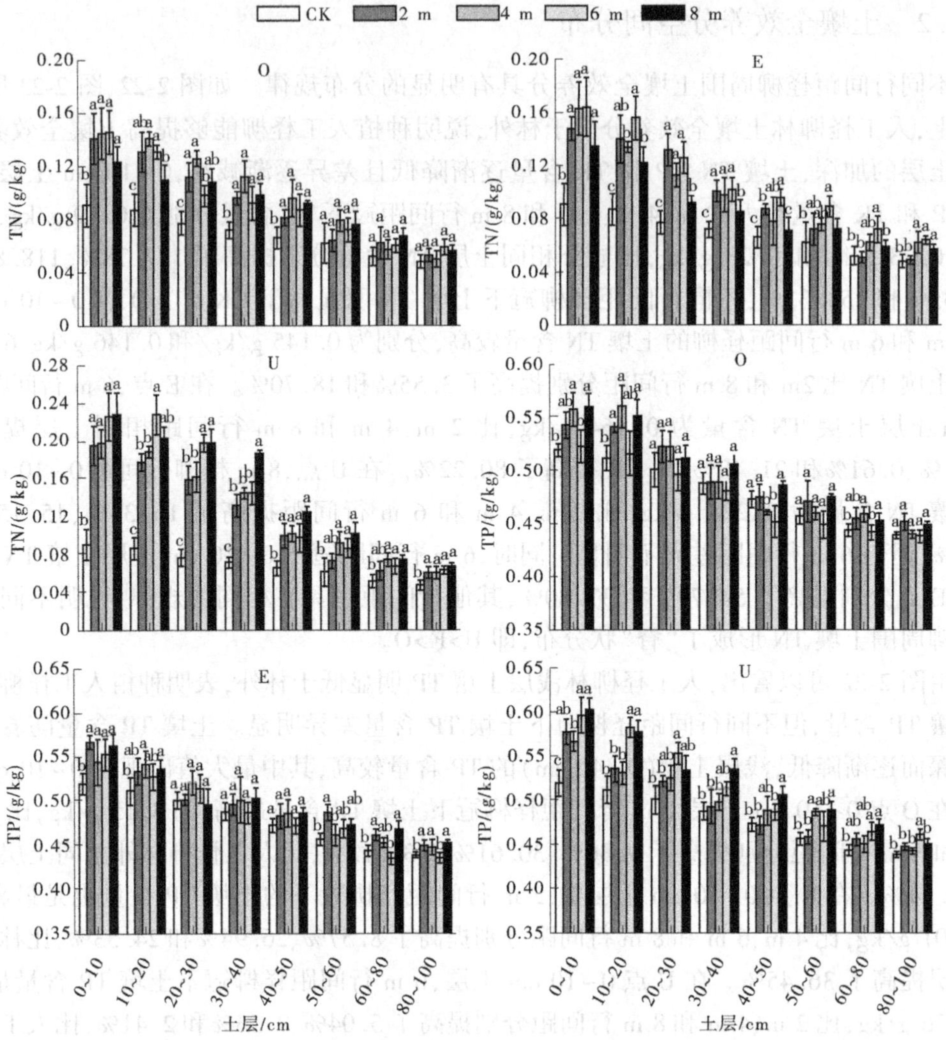

不同小写字母表示相同土层冠外、冠缘和冠下土壤含水量差异显著($P<0.05$),下同。

图 2-22 不同行间距柽柳周围土壤 TN 和 TP 的空间分布

2.10.3 土壤速效养分空间分布

行间距是土壤速效养分空间异质性的重要影响因素,不同行间距柽柳灌林速效养分和全效养分具有类似的空间分布规律。如图 2-24 和 2-25 所示,人工柽柳林 0~50 cm 土层土壤 AN、AP 和 AK 明显高于林外,随着土层的加深,其含量也逐渐降低,差异性也协同缩小。林外 0~10 cm 土层土壤 AN 含量为 20.12 mg/kg,相同土层 2 m 行间距柽柳 O 点的土壤 AN 含量最高,为 32.26 mg/kg,比 4 m、6 m 和 8 m 行间距分别提高了 5.53%、11.26%和 11.55%,比林外相同土层提高了 60.34%。在 E 点 0~10 cm 土层中,6 m 行间距柽柳冠下的土壤 AN 含量也是最高的,为 33.87 mg/kg,比 2 m、4 m 和 8 m 行间距分别提高了 15.01%、1.23%和 1.35%,比林外相同土层提高了 68.34%。在 U 点 0~10 cm 土

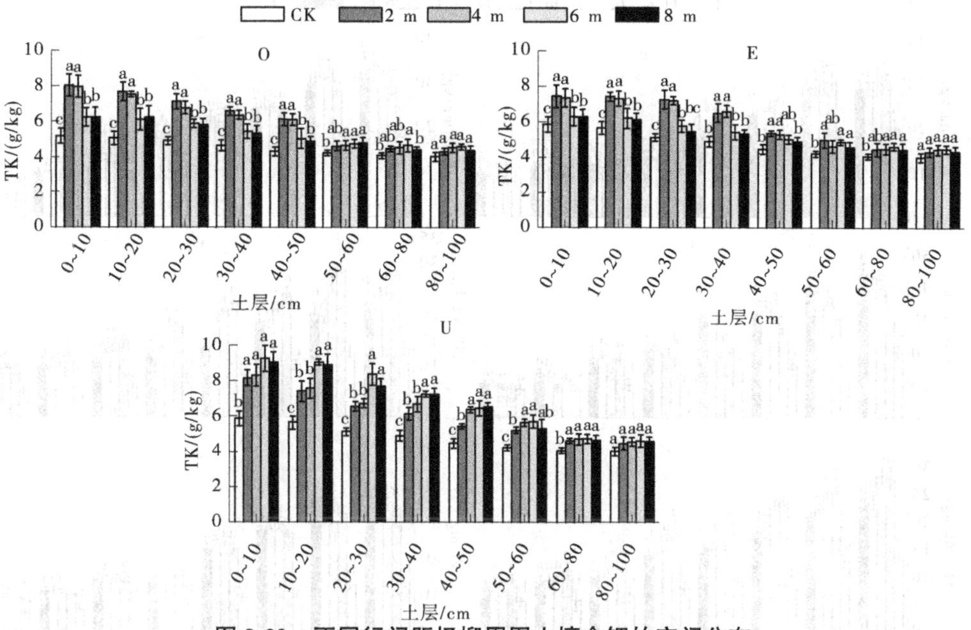

图 2-23　不同行间距柽柳周围土壤全钾的空间分布

层,6 m 和 8 m 行间距柽柳冠下土壤 AN 含量分别为 43.45 mg/kg 和 44.26 mg/kg,高于 2 m 和 4 m、8 m 行间距,比人工柽柳林外相同土层分别提高了 115.59%和 120.92%。这表明人种植柽柳能够提高土壤 AN 含量。

人工柽柳林土壤 AP 也随着土层的加深而逐渐降低,由图 2-24 可知,林外 0~1 m 土壤 AP 含量为 5.18~13.39 mg/kg,0~10 cm 土层土壤 AP 含量最高,与柽柳林土壤空间异质性变化趋势相同。不同行间距柽柳林土壤 AP 含量差异主要集中在表层土壤(0~50 cm),在 O 点 0~10 cm 土层,2 m 行间距柽柳冠下的土壤 AP 含量也是最高的,为 28.45 mg/kg,比 4 m、6 m 和 8 m 行间距分别提高了 7.68%、34.01%和 26.89%,比林外相同土层提高了 112.47%。在 E 点 0~10 cm 土层,2 m 和 4 m 行间距柽柳冠下的土壤 AP 含量也较高,分别为 27.95 mg/kg 和 28.23 mg/kg,比 6 m 行间距分别提高了 19.47%和 20.54%,比 8 m 行间距分别提高了 22.21%和 23.43%,比林外相同土层分别提高了 108.73%和 110.82%。冠下 0~10 cm 土层,6 m 和 8 m 行间距柽柳冠下的土壤 AP 含量较高,分别为 40.32 mg/kg 和 38.87 mg/kg,比 2 m 行间距分别提高了 18.17%和 13.92%,比 4 m 行间距分别提高了 18.17%和 10.38%,比林外相同土层分别提高了 130.26%和 112.19%。表明柽柳冠下土壤 AP 含量显著高于行间,且 6 m 和 8 m 行间距冠下相同土层大于 2 m 和 4 m 行间距。

如图 2-25 所示,柽柳林土壤 AK 的空间分布与 AN 和 AP 具有类似特点。行间距 0~40 cm 土层土壤 AK 含量明显高于林外土壤,但不同行间距之间差异性不显著。其中,AK 含量最大为 0~10 cm 土层,林外 0~10 cm 土层土壤 AK 含量为 192.53 mg/kg,在 O 点,2 m、4 m、6 m 和 8 m 行间距相同土层土壤 AK 含量比 CK 提高了 35.42%、36.45%、30.72%和 28.46%,在 E 点 2 m、4 m、6 m 和 8 m 行间距 0~10 cm 土层土壤 AK 含量比 CK 提高了 48.94%、42.40%、33.15%和 29.43%。说明在 O 点和 E 点,2 m 和 4 m 行间距表层土壤 AK

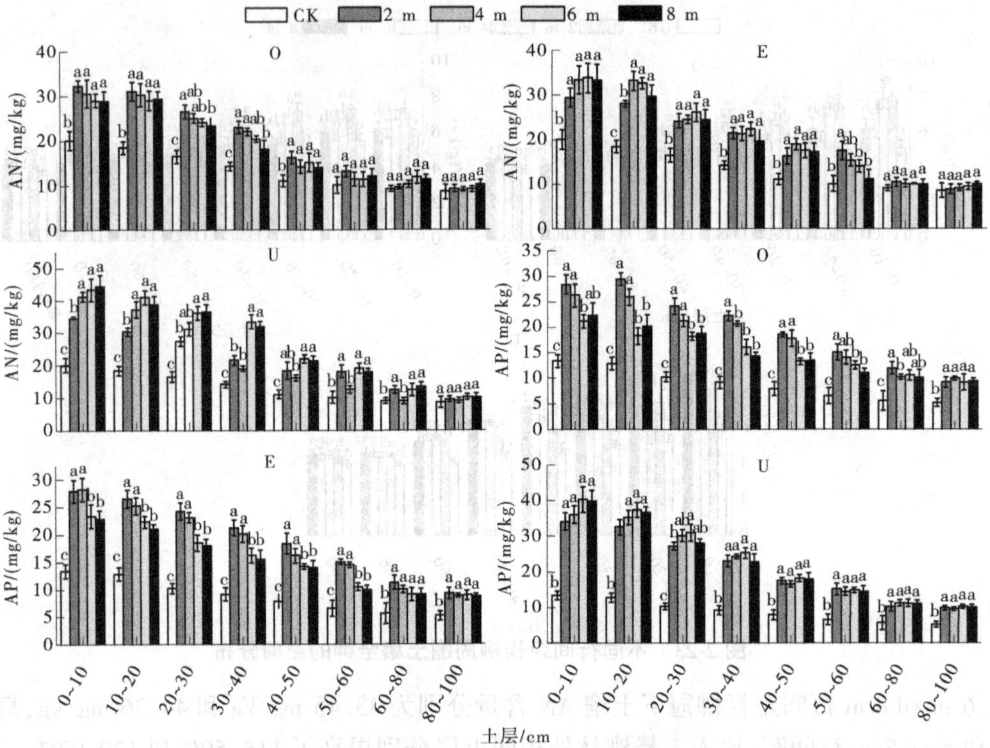

图 2-24　不同行间距柽柳周围土壤碱解氮和速效磷的空间分布

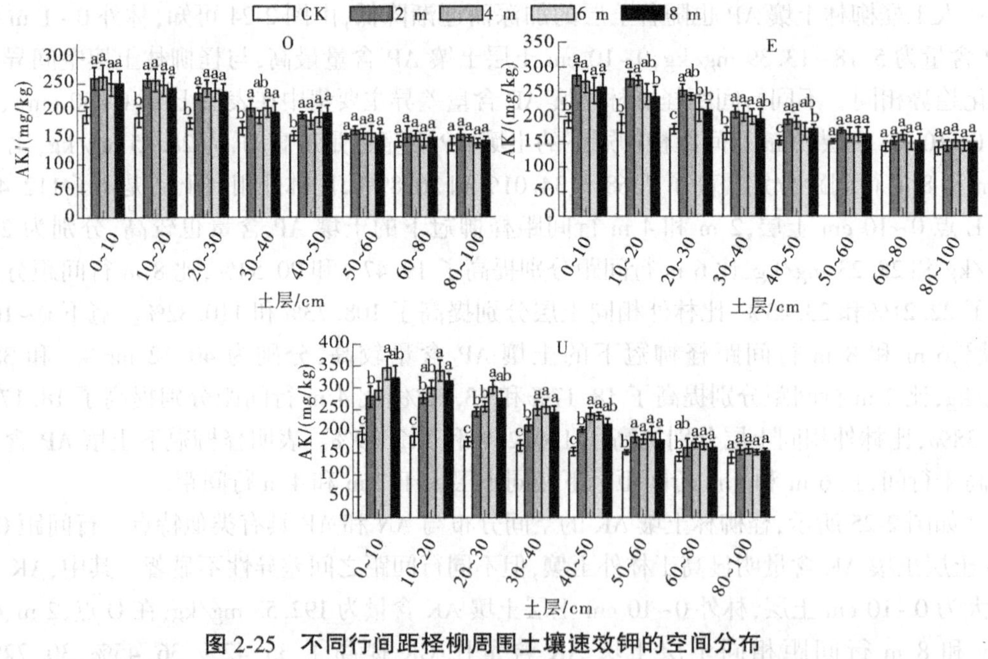

图 2-25　不同行间距柽柳周围土壤速效钾的空间分布

含量比 6 m 和 8 m 高，但在 U 点相同土层 6 m 和 8 m 行间距土壤 AK 含量大于 2 m 和 4 m 行间距，为 345. 13 mg/kg 和 321. 71 mg/kg。6 m 和 8 m 行间距柽柳冠下 0~10 cm 上层土壤

AK 相较于林外提高了 79.68%和 38.75%。

2.11　人工柽柳灌丛草地土壤 pH 与可溶性盐离子空间分布特征

由表 2-14 可知,不同行间距人工柽柳冠下相同土层 pH 大于林外土壤(CK)。总体上,土壤 pH 值随着土层的加深而逐渐减小,且差异也随着土层的加深也逐渐缩小。0~10 cm 土层 pH 介于 8.06~8.25,属重度碱化土壤。6 m 行间距柽柳 O 点和 U 点的 pH 小于其他行间距,分别介于 7.91~8.06 和 7.92~8.09,2 m 和 8 m 行间距柽柳冠下土壤 pH 大于行间,呈“脊”状分布,而 4 m 行间距冠下土壤 pH 小于行间,呈“谷”状分布。6 m 行间距柽柳周围土壤 pH 变化为 E>U>O。

土壤可溶性盐测定结果(见图 2-26)表明,人工柽柳林 0~50 cm 土壤可溶性盐明显低于林外土壤(CK)。总体上,柽柳林外土壤可溶性盐含量随着土层的加深逐渐降低,呈表聚现象,而人工柽柳林土壤却无明显的表聚特征。从盐分离子含量上看,人工柽柳林土壤可溶性盐中阳离子含量表现为 $Ca^{2+}>Mg^{2+}>Na^{+}>K^{+}$,阴离子含量表现为 $SO_4^{2-}>Cl^{-}>HCO_3^{-}$,而 CO_3^{2-} 未检测到。相对于 CK,人工柽柳林 0~50 cm 土壤中 Cl^{-} 含量明显减少。不同行间距柽柳周围土壤可溶性盐分布是不同的,差异主要表现在浅层土壤,特别是 0~10 cm 土层。在 O 点,4 m 和 6 m 行间距 0~10 cm 土壤可溶性盐明显低于 2 m 和 8 m 行间距的土壤可溶性盐。在 E 点,0~10 cm 土层中 4 m 行间距的盐分是最低的,而 10~100 cm 土层盐分含量表现为 2 m<4 m<6 m<8 m。柽柳冠下 0~10 cm 土层中,6 m 行间距盐分含量是最少的,这与冠下植物群落盖度和生物量的结果一致。

土壤阳离子之间的比值关系如图 2-27 所示,阳离子间的比值并不是随着土层的加深而逐渐增大或降低的。总体上,冠缘和冠下土壤阳离子比值呈现先增大后降低的趋势,最大值一般出现在 30~50 cm 土层,表明阳离子在 30~50 cm 土层有明显的富集现象。而不同行间距人工柽柳的富集效果也差异明显,对于行间距 6 m 柽柳土壤阳离子,从行间 O 点到冠下 U 点,Ca^{2+}/Mg^{2+} 和 Na^{+}/K^{+} 升高,而 Ca^{2+}/K^{+}、Ca^{2+}/Na^{+}、Mg^{2+}/K^{+} 和 Mg^{2+}/Na^{+} 降低,说明在柽柳周围的阳离子富集程度表现为 $Na^{+}>K^{+}>Ca^{2+}>Mg^{2+}$。同理可得,在行间距 2 m 柽柳周围阳离子的富集程度表现为 $Ca^{2+}\approx K^{+}>Na^{+}>Mg^{2+}$,行间距 4 m 柽柳周围阳离子的富集程度表现为 $Ca^{2+}>Mg^{2+}>Na^{+}>K^{+}$,不同阳离子分布差异主要表现在 0~60 cm 土层。行间距 8 m 柽柳周围阳离子的富集程度表现为 $Ca^{2+}>Mg^{2+}>Na^{+}\approx K^{+}$。由曲线变化范围及陡峭程度可知,行间距越大,土壤阳离子在柽柳周围的富集差异越小。

阴离子的富集程度也因行间距的不同而差异甚大,2 m 和 4 m 行间距人工柽柳周围阴离子富集差异不明显,而对于 6 m 和 8 m 行间距,阴离子富集差异显著。从行间 O 点到冠下 U 点,SO_4^{2-}/Cl^{-} 和 SO_4^{2-}/HCO_3^{-} 降低,Cl^{-}/HCO_3^{-} 升高,表明 $Cl^{-}>HCO_3^{-}>SO_4^{2-}$。8 m 行间距柽柳周围阴离子富集程度表现为 $Cl^{-}<HCO_3^{-}<SO_4^{2-}$(见图 2-28)。

表 2-14　不同行间距柽柳周围土壤 pH 变化

柽柳行间距/m		土层深度/cm								平均
		0~10	10~20	20~30	30~40	40~50	50~60	60~80	80~100	
对照 CK		8.07±0.05ef	8.05±0.08f	8.03±0.03e	8.01±0.04b	7.98±0.03d	7.90±0.03c	7.87±0.05g	7.88±0.03e	7.97±0.04
O	2	8.12±0.04c	8.11±0.06bc	8.05±0.03e	8.02±0.03b	8.00±0.04c	7.97±0.02b	7.97±0.03de	7.96±0.05c	8.03±0.03
	4	8.25±0.11a	8.17±0.05a	8.11±0.04a	8.06±0.04a	8.05±0.03a	8.02±0.06a	8.00±0.04c	7.98±0.05c	8.08±0.06
	6	8.06±0.05f	8.02±0.05g	7.99±0.03f	7.98±0.06c	7.96±0.05ef	7.93±0.03c	7.91±0.03f	7.91±0.06d	7.97±0.08
	8	8.08±0.03de	8.07±0.05e	8.03±0.07e	8.01±0.06b	7.98±0.04de	7.91±0.04c	7.92±0.04e	7.91±0.05c	7.99±0.05
E	2	8.12±0.03c	8.10±0.06cd	8.08±0.03c	8.07±0.05a	8.05±0.04a	8.03±0.03a	8.02±0.02ab	8.02±0.03b	8.06±0.04
	4	8.09±0.05d	8.09±0.03d	8.03±0.03e	8.01±0.05b	7.99±0.03d	7.96±0.06b	7.96±0.03d	7.97±0.04c	8.01±0.04
	6	8.13±0.06c	8.13±0.03b	8.11±0.04a	8.05±0.04a	8.02±0.06b	8.01±0.06ab	8.01±0.03c	8.00±0.04b	8.06±0.03
	8	8.06±0.03f	8.06±0.04ef	8.04±0.04e	8.00±0.06b	7.97±0.05f	7.96±0.06b	8.03±0.03a	8.04±0.05a	8.02±0.05
U	2	8.14±0.07b	8.11±0.05bc	8.09±0.05b	8.03±0.04ab	7.97±0.05f	8.01±0.03ab	8.01±0.05bc	8.03±0.03ab	8.05±0.05
	4	8.12±0.07c	8.06±0.03ef	8.05±0.04d	8.03±0.05ab	8.01±0.03c	8.01±0.03ab	8.00±0.05c	8.01±0.06b	8.04±0.03
	6	8.09±0.05d	8.09±0.05d	8.03±0.06e	7.93±0.05d	7.92±0.03f	7.92±0.07c	7.94±0.03e	8.03±0.05ab	7.99±0.03
	8	8.15±0.09b	8.16±0.07a	8.07±0.05c	8.03±0.05ab	8.01±0.03c	7.98±0.05b	7.97±0.06d	8.01±0.06b	8.05±0.03

注：同列不同小写字母表示不同行间距、不同采样点之间土壤 pH 差异显著。

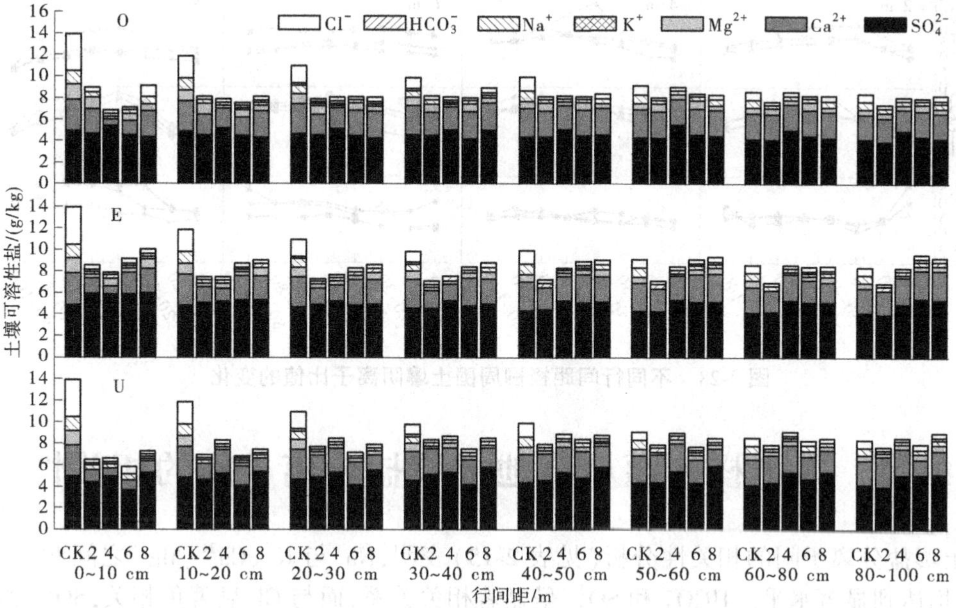

图 2-26　不同行间距柽柳周围土壤盐分离子组成及含量

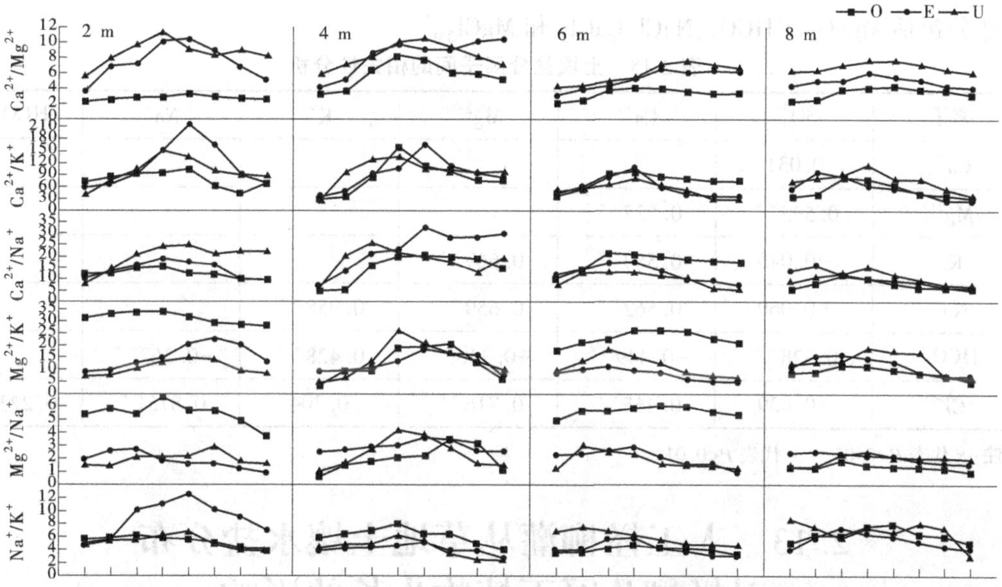

图 2-27　不同行间距柽柳周围土壤阳离子比值的变化

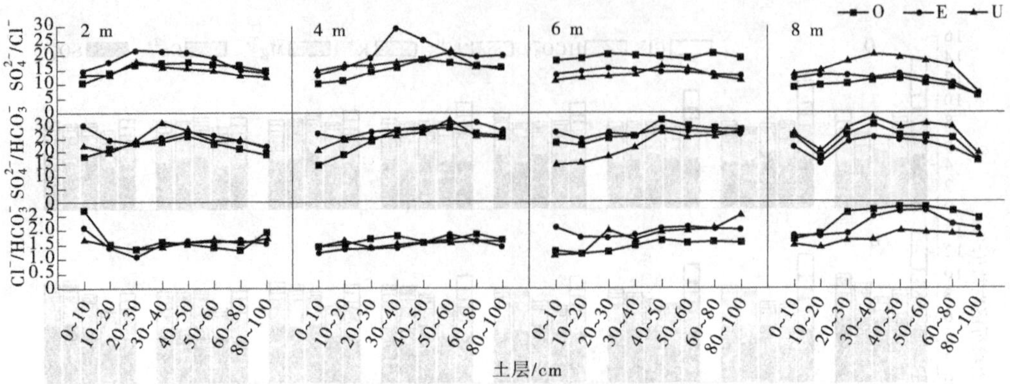

图 2-28 不同行间距柽柳周围土壤阴离子比值的变化

2.12 人工柽柳灌丛草地土壤盐分离子间的相关性

土壤盐分离子间的相关性分析(见表 2-15)表明,Na^+与 K^+、Ca^{2+}、Mg^{2+}之间两两正相关,且均达到显著水平。HCO_3^- 和 SO_4^{2-} 呈显著相关关系,而与 Cl^-显著负相关,SO_4^{2-} 和 Cl^-则相关性不显著。阴阳离子之间的相关性显示,SO_4^{2-} 与 Mg^{2+}之间显著正相关,而与其他 3 种阳离子之间相关性未达到显著水平。HCO_3^- 与 4 种阳离子之间的相关性达到显著水平,但只与 K^+正相关。Cl^-与 4 种阳离子均呈正相关关系,但与 K^+关系不显著。这表明土壤盐分包括 $MgSO_4$、$KHCO_3$、NaCl、$CaCl_2$ 和 $MgCl_2$。

表 2-15 土壤盐分离子间的相关性分析

离子	SO_4^{2-}	Ca^{2+}	Mg^{2+}	K^+	Na^+	HCO_3^-
Ca^{2+}	0.031					
Mg^{2+}	0.595**	0.527**				
K^+	-0.045	0.589**	0.669**			
Na^+	-0.069	0.562**	0.659**	0.958**		
HCO_3^-	0.328**	-0.449**	-0.348**	0.428**	-0.367**	
Cl^-	-0.039	0.465**	0.716**	0.204	0.875**	-0.223**

注:*代表 $P<0.05$,**代表 $P<0.01$。

2.13 人工柽柳灌丛草地土壤水盐分布对柽柳及冠下植物生长的影响

为了构建 SEM 量化土壤养分和水盐对植物生长的影响程度,对 0~10 cm、10~20 cm、20~30 cm、30~40 cm、40~50 cm、50~60 cm、60~80 cm、80~100 cm 土壤进行主成分分析,提取到 2 个成分,累积方差贡献率达到 97.398%,且成分 1 的方差贡献率为 91.74%(见表 2-16),完成了降维目标。对 8 层土壤在提取的二维坐标中进行可视化(见图 2-29),结果表明，在 30～40 cm 土层的水盐分布在 8 层土壤中最能够代表 1 m 深土壤养分和水盐的分布情况。

表 2-16　主成分分析初始特征值

项目	土层深度/cm							
	0～10	10～20	20～30	30～40	40～50	50～60	60～80	80～100
合计	7. 339	0. 453	0. 082	0. 051	0. 045	0. 018	0. 008	0. 005
方差贡献率/%	91. 74	5. 658	1. 029	0. 631	0. 557	0. 222	0. 099	0. 065
累积方差贡献率/%	91. 74	97. 398	98. 426	99. 058	99. 614	99. 836	99. 935	100. 000

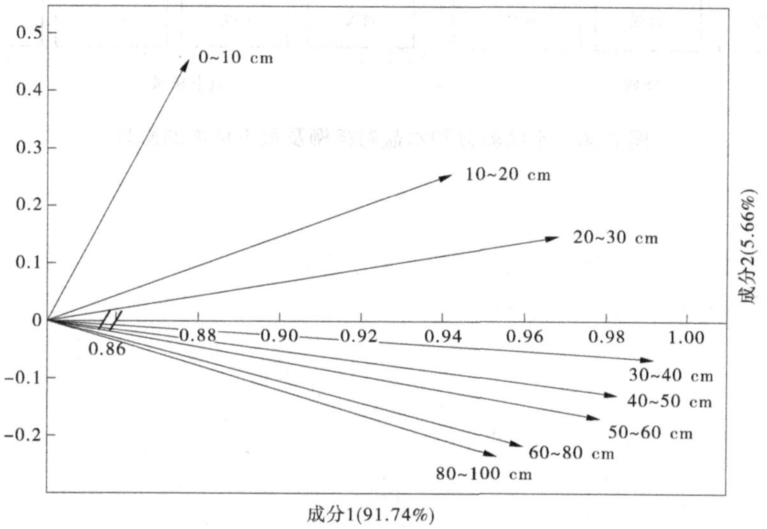

图 2-29　不同土层的主成分分析

以 30～40 cm 土壤离子、养分、水分和 pH 为自变量，土壤离子和养分为外生潜在变量，8 种阴阳离子为土壤离子的观测变量，SOM、AN、AP 和 AK 为土壤养分的观测变量，柽柳和冠下植被特征为因变量构建一阶 SEM（见图 2-30），模型的拟合度指数良好（CMIN/DF＝3. 12<5，RMSAE＝0. 062<0. 08，AGFI、GFI、CFI、NFI>0. 8），可以真实可靠地反映各变量之间的关系。结果表明，土壤含水量和养分是植物生长的正向影响因素，而土壤盐分是植物生长的负向影响因素。土壤含水量、离子、pH 和养分对植物均有显著影响（$P<0.01$），影响系数分别为 0. 82、0. 42、0. 33 和 0. 21，基于影响系数，它们的权重分别为

$$W_{\text{ions}} = 0.82/(0.82 + 0.42 + 0.33 + 0.21) \times 100\% = 46.07\%$$

$$W_{\text{moisture}} = 0.42/(0.82 + 0.42 + 0.33 + 0.21) \times 100\% = 23.60\%$$

$$W_{\text{pH}} = 0.33/(0.82 + 0.42 + 0.33 + 0.21) \times 100\% = 18.54\%$$

$$W_{\text{nutrient}} = 0.21/(0.82 + 0.42 + 0.33 + 0.21) \times 100\% = 11.79\%$$

因此，土壤水盐中对柽柳及草本植物生长影响最大的是土壤水分，其次是土壤盐分和 pH，最后是土壤养分。

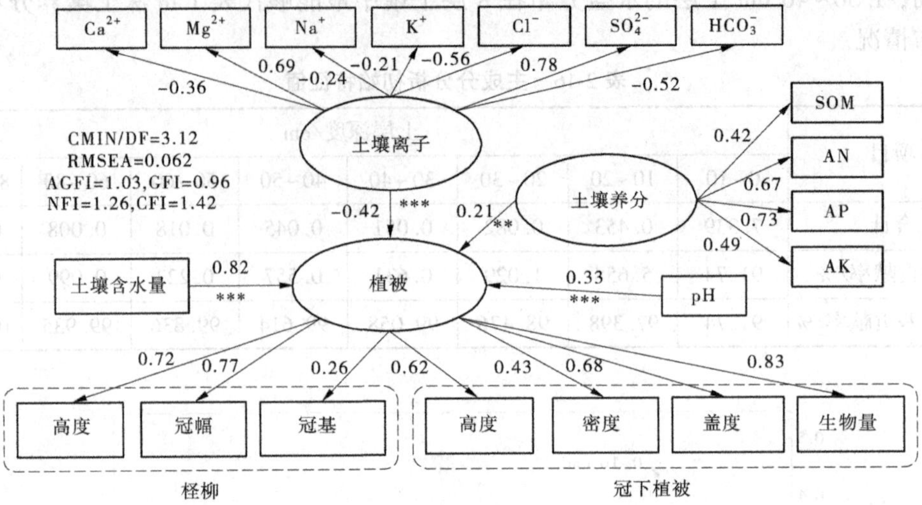

图 2-30 土壤养分和水盐对柽柳及冠下植被的影响

第 3 章　内陆干旱草原区植被群落灌溉理论和制度研究

3.1　固定式喷灌植被群落互馈机制研究

3.1.1　试验目的、试验设计和指标测定

3.1.1.1　试验目的

（1）为建植适合于内陆干旱草原区的优质放牧及割草兼用型多年生豆禾混播人工草地，本书进行几种多年生豆科和禾本科牧草草种的适应性试验，筛选出河西绿洲荒漠草原区建植混播多年生人工草地的适宜草种。备试禾本科草种有无芒雀麦、草地早熟禾、长穗偃麦草；豆科牧草有紫花苜蓿（品种为清水紫花苜蓿）、红豆草（品种为甘肃红豆草）、扁蓿豆。

（2）在适应性草种筛选基础上，以 2 种豆科牧草（清水紫花苜蓿、红豆草）和 2 种禾本科牧草（无芒雀麦、长穗偃麦草）的不同混播组合及混播配置比例为重点研究内容，研究不同混播组合下的牧草的产量和品质，通过综合评价，筛选出适合于内陆干旱草原区建植的放牧及割草兼用型人工草地豆禾混播组合。

（3）通过连续三年的动态监测与评价，系统研究草地建植初期的牧草的生长特性，分析影响混播草地成功建植的出苗、成苗、越冬及杂草抑制效果；研究不同混播组合下牧草的产量和品质随播种年限的变化规律，明确固定式喷灌条件下，不同豆禾混播组合牧草群落竞争性及稳定性，进一步探讨动态变化特征与稳定机制，为该区域多年生豆禾混播人工草地的建植提供理论依据和实践参考，对内陆干旱草原区生态治理及草畜产业发展具有十分重要的意义。

3.1.1.2　试验设计

试验地翻耕深度为 30 cm，喷枪进水管道深度为 40 cm。单播选择 6 个草种，无芒雀麦、草地早熟禾、长穗偃麦草，豆科牧草有紫花苜蓿（品种为清水紫花苜蓿）、红豆草（品种为甘肃红豆草）、扁蓿豆；混播试验共有 5 个播种处理，单播为对照；共 4 个区组，均为 4 个重复，小区随机区组设计，试验小区面积为 5 m×5 m。混播草种设计原则为不同株丛类型搭配（高—高搭配，低—高搭配）原则，不同的混播处理 5 种组合分别为：无芒雀麦+清水紫花苜蓿、无芒雀麦+红豆草、清水紫花苜蓿+无芒雀麦+长穗偃麦草、红豆草+无芒雀麦+长穗偃麦草、清水紫花苜蓿+红豆草+无芒雀麦+长穗偃麦草，各混播组分采用等比混播，单播为对照（见表 3-1），混播筛选每个区组 11 个小区，共 44 个小区。播前施底肥：尿素（总氮≥46.4%），磷酸二铵（18N-46P）。施肥量为 150 kg/hm^2。灌溉采用播前漫灌（以充分浸湿 0~30 cm 土壤为宜），播后喷灌（土壤含水量下降至田间持水量的 30%时开始喷

灌,灌溉量约为 600 m^3/hm^2)。除杂草发生的观测试验小区外,对其他试验小区在建植初对杂草进行拔除,新建草地全年禁牧。

表 3-1　播种组合及混播比例

混播组合	组合	播种比例
无芒雀麦+清水紫花苜蓿	BM	1:1
无芒雀麦+红豆草	BO	1:1
清水紫花苜蓿+无芒雀麦+长穗偃麦草	MBE	1:1:1
红豆草+无芒雀麦+长穗偃麦草	OBE	1:1:1
清水紫花苜蓿+红豆草+无芒雀麦+长穗偃麦草	MOBE	1:1:1:1

3.1.1.3　取样与指标测定方法

(1)出苗率、存活率、越冬率。

从牧草出苗(以豆科牧草子叶和禾本科牧草胚芽出土为基准)开始,每个小区随机选取 3 个 1 m 长条播样段并做标记。播种后第 10 天开始,前 1 个月(2017 年 5 月)每隔 5 d,后 3 个月(2017 年 6—8 月)每隔 15 d 分别在各标记处观测并详细记录各牧草的幼苗数和存活数;第 2 年以各牧草返青幼苗出土为基准,每隔 5 d 分别在上述标记处观测并详细记录各牧草的返青和越冬情况。

(2)株高、分蘖数、叶面积指数及草产量。

每个播种处理选取长势一样且具有代表性的播种小区 3 个,每个小区随机选取 3 个 0.5 m×0.5 m 样方(距小区边缘 0.5 m),在样方内分别测量每一种牧草的密度、高度、盖度;然后以留茬高度为 3 cm 剪掉样方内地上部分,按照分种测定牧草鲜重,装入信封带回实验室,在 105 ℃下杀青 30 min 后转入 65 ℃烘干至恒重,称其干重。另外,将烘干的草样粉碎分别装入自封袋带回实验室测量其品质。

每个播种处理选取具有代表性的播种小区 3 个,在每个小区内随机选取播种行 50 cm 长度(距小区边缘 0.5 m),分别测量每种牧草的株数,计算其出苗率。每个播种处理选取长势均匀且具有代表性的小区 3 个,每个小区随机选取 3 个 0.5 m×0.5 m 样方,分别计数样方内每种牧草的株数,计算其存活率;然后在样方内分别随机选取 15 株牧草,连根挖出(确保根系完整,根系不完整的舍弃重挖),分别数其分蘖数/分枝数、叶片数;测量其株高、根长;用游标卡尺测量其叶长、叶宽、叶厚;分别称量牧草的根、茎、叶的质量。

$$叶面积校正系数(K) = 叶片实际叶面积(叶面积仪所测叶面积) / (叶长 \times 叶宽) \tag{3-1}$$

$$待测叶叶面积 = 待测叶叶长 \times 待测叶叶宽 \times 叶面积校正系数(K) \tag{3-2}$$

$$叶面积指数(LAI) = 叶片总面积 / 土地面积 \tag{3-3}$$

(3)草品质。

将上述烘干草样置于粉样机中粉碎,测定牧草品质。测定指标有粗蛋白(CP)、粗脂肪、粗灰分、酸性洗涤纤维和中性洗涤纤维。粗蛋白(CP)用凯式半微量定氮法测定;粗脂肪(EE)用索氏萃取法测定;粗灰分(Ash)用干灰化法测定;牧草酸性洗涤纤维测定

(ADF)、牧草中性洗涤纤维测定(NDF):范氏(Van Soest)洗涤纤维分析法。

(4)产量稳定性与可持续产量指数:

$$YTS = Y/\sigma \tag{3-4}$$

式中:Y 和 σ 分别为豆禾混播群落各茬次,实测禾豆总产量平均值和标准差,YTS 为混播群落产量稳定性。

YTS 值越大,表明产量的波动越小,该组合稳定性越好。当产量为同一年份不同组合的产量时,表示混播群落产量的混播组合稳定性;当产量为同一组合不同年份的产量时,表示混播群落产量的时间稳定性。

$$SYI = (Y - \sigma)/Y_{max} \tag{3-5}$$

式中:Y_{max} 为一年中产量的最大值;Y、σ 分别为混播组合的群落禾豆总产量平均值与标准差。

可持续产量指数越高,则说明该混播群落的产量具有更高的稳定性和良好的可持续性。

(5)土地当量比:

$$LER = Y_{ij}/Y_{ii} + Y_{ji}/Y_{jj} \tag{3-6}$$

式中:Y_{ij} 为种 i 同种 j 混播时种 i 的产量;Y_{ji} 为种 j 同种 i 混播时种 j 的产量;Y_{ii} 为种 i 的单播产量;Y_{jj} 为种 j 的单播产量。

LER 值越大混播效果越好,当 $LER>1$ 时,表示混播种植模式具有产量优势和更好的资源利用优势;当 $LER<1$ 时,则无相应的优势。

(6)牧草发芽率及成苗率。

牧草出苗率及成苗率、越冬率的计算公式如下:

牧草田间出苗率 = 单位面积牧草出苗株数 / 单位面积播种牧草种子数　(3-7)

牧草成苗率 = 单位面积牧草成活株数 / 单位面积牧草出苗株数　(3-8)

牧草越冬率 = 单位面积牧草越冬株数 / 单位面积牧草成活株数　(3-9)

(7)相对密度的计算。

相对密度(relative density,RD)是指某一物种在混播条件下的种群密度与其在单播条件下的种群密度的比值。RD 的值可以理解为是群落各组成结构对资源的潜在占有能力。

禾本科牧草相对密度:　$RD_g = D_{gl}/pD_g$　(3-10)

豆科牧草相对密度:　$RD_l = D_{ll}/qD_l$　(3-11)

式中:D_{gl} 为在混播条件下禾草分蘖数;D_g 为单播条件下禾草的分蘖数;p 为禾本科牧草在混播组合中的比例;D_{ll} 为混播条件下豆科牧草的分枝数;D_l 为单播条件下豆科牧草的分枝数;q 为豆科牧草在混播组合中的比例。

$RD_g>1$,说明禾本科牧草在与豆科牧草混播时扩大了自己的种群;

$RD_g=1$,说明种内竞争和与豆科牧草的种间竞争对禾本科牧草种群影响相似;

$RD_g<1$,说明豆科牧草的存在限制了禾本科牧草种群数量的扩大;

RD_l 值含义同 RD_g(Wang et al., 2009)。

(8)相对产量及相对产量总值:

$$RY_g = Y_{gl}/pY_g \tag{3-12}$$

$$RY_l = Y_{lg}/qY_l \tag{3-13}$$

式中：RY_g 和 RY_l 分别为禾本科牧草和豆科牧草的相对产量；Y_{gl} 和 Y_{lg} 分别为混播条件下禾本科牧草和豆科牧草的单位面积产量；Y_g 和 Y_l 分别为单播条件下禾本科牧草和豆科牧草的单位面积产量；p 和 q 分别为禾本科牧草和豆科牧草在混播地中的混播比例。

$$RYT = Y_{gl}/Y_{gg} + Y_{lg}/Y_{ll} \tag{3-14}$$

式中：RYT 为混播组合内牧草的相对产量总和；Y_{gl} 为混播组合内禾本科牧草的草产量；Y_{gg} 为禾本科牧草单播时的草产量；Y_{lg} 为种混播组合内豆科牧草的草产量；Y_{ll} 为豆科牧草单播时的草产量。

$RYT>1$，说明在该组分下种间干扰小于种内干扰，各个竞争种可能有某种程度的生态位分化，此时组分共同利用资源比它们各自单独利用资源更有效；

$RYT=1$，说明在该组分下种间干扰和种内干扰相等；

$RYT<1$，说明在该组分下种间干扰大于种内干扰，环境资源没有得到充分利用（张永亮，2005）。

（9）绝对生长率。

生物量的净积累需用生物量的生长率表示。绝对生长率（AGR）表示单位面积单位时间内生物量的净积累，计算公式如下：

$$AGR = (W_2 - W_1)/(t_2 - t_1) \tag{3-15}$$

式中：AGR 为平均绝对生长率，$g/(m^2 \cdot d)$（张永亮等，2007）。

（10）各个物种综合优势度（SDR）计算公式：

$$SDR = (H' + D' + C' + B')/4 \tag{3-16}$$

式中：H'、D'、C'和 B'分别为相对高度、相对密度、相对盖度和相对生物量，相对值为一个种的测定值与群落中物种最高测定值的比值。

（11）水分利用效率。

$$ET_a = R + I + CR - (W_1 - W_2) - OF - P \tag{3-17}$$

式中：ET_a 为耗水量，mm；R 为降水量，mm；I 为灌水量，mm；CR 为地下水向上补给量，mm；W_1 为生育期初土壤储水量，mm；W_2 为生育期末土壤储水量；mm；OF 为径流量，mm；P 为深层渗漏量，mm。

因试验区地形平坦，地下水较深，故 CR、OF 和 P 可忽略不计，则

$$WUE_{DM} = DM/ET_a \tag{3-18}$$

式中：WUE_{DM} 为干物质水分利用效率；DM 为牧草干物质产量。

（12）TOPSIS 分析方法。

计算被评价混播组合与正理想解和负理想解之间的欧式距离，从而确定被评价混播组合与理想混播组合的贴近程度，最后选择最贴近理想解的混播组合作为最优决策。为了消除各评价指标不同量纲对决策方案的影响，将决策矩阵进行标准化处理，标准化矩阵 $\boldsymbol{R} = (r_{ij})_{n \times m}$。

其中，对于越大越优的收益型指标：

$$r_{ij} = \frac{y_{ij} - \min y_{ij}}{\max y_{ij} - \min y_{ij}} \tag{3-19}$$

对于越小越优的成本型指标：

$$r_{ij} = \frac{\max y_{ij} - y_{ij}}{\max y_{ij} - \min y_{ij}} \tag{3-20}$$

利用公式计算出各指标的权重 ω_j。将标准化决策矩阵与各指标权重相乘，得到加权标准化决策矩阵 $\mathbf{Z}_{ij}$。对于效益型属性，正理想解 $X^+ = \max Z_{ij}$，负理想解 $X^- = \min Z_{ij}$；对于成本性属性，正理想解 $X^+ = \max Z_{ij}$，负理想解 $X^- = \max Z_{ij}$。

计算各方案分别与正理想解和负理想解的欧式距离。其中，

$$di^+ = \sqrt{\sum_{j=1}^{m} (Z_{ij} - X_i^{\ +})^2} \quad di^- = \sqrt{\sum_{j=1}^{m} (Z_{ij} - X_i^{\ -})^2} \tag{3-21}$$

计算各方案与最优方案的贴合度 Si，贴合度 Si 的取值范围为 0～1，Si 最大者优，其中：

$$Si = \frac{di^-}{di^+ + di^-} \tag{3-22}$$

利用 TOPSIS 模型对不同的豆禾混播草地牧草产量及品质的影响进行综合评价分析，最后选择最贴近理想解的刈割施肥组合作为最优决策。

3.1.2 多年生混播草地的适宜草种筛选

3.1.2.1 几种多年生牧草的出苗、成苗与越冬特性

2017 年，对 6 种牧草（3 种豆科牧草，3 种禾本科牧草）进行播种和筛选，重点对其出苗率、成苗率、越冬率进行调查统计和分析（见表 3-2）。豆科牧草中，清水紫花苜蓿和红豆草的出苗率和成苗率均显著高于扁蓿豆，扁蓿豆的越冬率最差。在禾本科牧草中，无芒雀麦和长穗偃麦草的成苗率与越冬率显著高于草地早熟禾，草地早熟禾的出苗率最低。因此，在对 6 种牧草的出苗、成苗和越冬情况进行调查统计后发现，清水紫花苜蓿、红豆草、无芒雀麦、长穗偃麦草的表现显著优于扁蓿豆和草地早熟禾。

表 3-2 几种多年生草种的出苗率、成苗率与越冬率比较

牧草	牧草品种	出苗率	成苗率	越冬率
豆科	清水紫花苜蓿	70.7±2.6a	75.1±3.3b	78.7±2.7b
	红豆草	27.4±1.7a	78.7±1.1b	79.2±0.9b
	扁蓿豆	1.4±0.8c	60.3±2.1c	77.2±1.9b
禾本科	无芒雀麦	74.2±3.1b	73.1±4.8b	75.0±2.2b
	长穗偃麦草	76.1±2.9b	74.9±2.3a	83.2±4.1a
	草地早熟禾	65.3±4.1b	51.2±3.3d	53.2±2.9c

3.1.2.2 多年生牧草种的产草量及产量构成因素

由于各科牧草的特性不同，仅对不同科的牧草进行产量、株高、分枝数（分蘖数）、营养物质产量及营养物质含量的比较。

通过对 2017—2019 年 3 年间不同牧草的单播产量［见图 3-1（a）］测定发现：在 3 年

时间里，清水紫花苜蓿、红豆草、无芒雀麦和长穗偃麦草这 4 种牧草均能稳定形成产量，而扁蓿豆和草地早熟禾分别在 2018 年和 2019 年无法形成有效产量，且这 2 种牧草在其形成产量的年份里均显著低于其余 2 种同科牧草。这说明扁蓿豆与草地早熟禾无法在河西走廊的酒泉地区长期生长并应用于生产。

在种植 3 年后，3 种豆科牧草的叶面积指数[见图 3-1(b)]均为清水紫花苜蓿 > 红豆草 > 扁蓿豆，3 种禾本科牧草的叶面积指数均为无芒雀麦 > 长穗偃麦草 > 草地早熟禾。豆科牧草清水紫花苜蓿、红豆草适应性较好；禾本科牧草无芒雀麦、长穗偃麦草对该地区气候、土壤有较好的适应，可获得较大产量，是混播草地建植的备选草种。扁蓿豆和草地早熟禾在该地区种植，不能获得较高的叶面积，进而降低草产量，不适合在酒泉荒漠盐碱地建植多年生人工草地。

各年份中，豆科牧草中红豆草的株高显著高于紫花苜蓿、扁蓿豆[见图 3-1(c)]。禾本科牧草的株高，依然为无芒雀麦显著高于长穗偃麦草，并显著高于草地早熟禾。

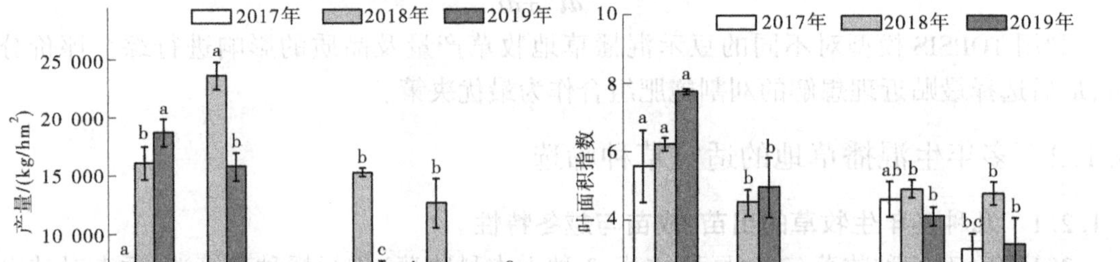

图 3-1　几种牧草的产量与产量构成因素

通过对 6 种牧草的分枝数[见图 3-1(d)]的测定发现，在同科牧草中，扁蓿豆和草地早熟禾的分枝数在播种后的 3 年里，均低于相同时期的其他两种牧草。

3.1.2.3　几种多年生牧草种的营养价值

通过对 2017—2019 年 6 种牧草的粗蛋白含量测定，并结合其产量进行换算[见图 3-2

(a)]。在豆科牧草中,清水紫花苜蓿和红豆草的蛋白产量具有较优秀的表现,而扁蓿豆则仅在 2017 年形成了产量,且蛋白产量远远低于清水紫花苜蓿和红豆草。在禾本科牧草中,无芒雀麦和长穗偃麦草的蛋白产量均显著高于草地早熟禾。

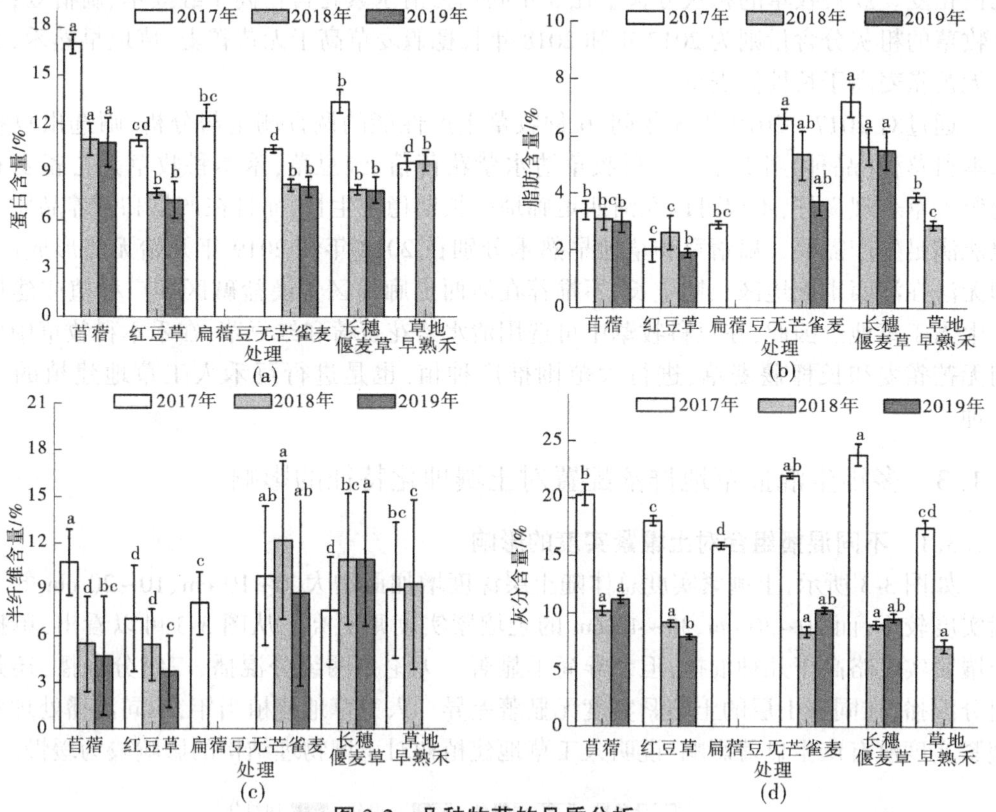

图 3-2　几种牧草的品质分析

6 种牧草的脂肪产量与蛋白产量均表现出相同的规律[见图 3-2(a)、(b)],各年份中扁蓿豆和草地早熟禾的脂肪产量显著低于其他两种同科牧草。6 种牧草的半纤维产量变化规律则与之前两种营养物质产量有所不同[见图 3-2(c)]。在 2017 年,扁蓿豆和草地早熟禾的半纤维产量分别高于红豆草和长穗偃麦草,但仍然低于清水紫花苜蓿和无芒雀麦。其余 2 年的半纤维产量均低于其余 2 种同科牧草。3 年间 6 种牧草灰分产量的变化规律仍然为扁蓿豆显著低于清水紫花苜蓿和红豆草,草地早熟禾显著低于无芒雀麦和长穗偃麦草[见图 3-2(d)]。

牧草的营养物质含量一直是衡量牧草生产性能高低的重要标准。粗蛋白产量更是牧草营养品质中最重要的一部分,在 2017 年,扁蓿豆的粗蛋白含量高于红豆草,居于豆科牧草中的第二位,草地早熟禾低于全部两种其余禾本科牧草;在 2018 年,草地早熟禾的粗蛋白含量高于无芒雀麦和长穗偃麦草,居于禾本科牧草的第一位。

在 2017 年,扁蓿蓿豆的粗脂肪含量高于红豆草,但低于清水紫花苜蓿;2018 年和 2019 年,清水紫花苜蓿的粗脂肪含量均高于红豆草,而禾本科牧草的粗脂肪含量在 3 年间,均为长穗偃麦草高于无芒雀麦、草地早熟禾。

在豆科牧草的半纤维含量中,除 2017 年扁蓿豆高于红豆草外,其余 2 年均为清水紫花苜蓿高于红豆草。禾本科牧草则发生较大变化:2017 年为无芒雀麦高于草地早熟禾、长穗偃麦草,2018 年为无芒雀麦高于长穗偃麦草、草地早熟禾,2019 年为长穗偃麦草高于无芒雀麦。豆科牧草的粗灰分含量在 3 年间均为清水紫花苜蓿高于红豆草、扁蓿豆;禾本科牧草的粗灰分含量则为 2017 年和 2018 年长穗偃麦草高于无芒雀麦、草地早熟禾,2019 年无芒雀麦高于长穗偃麦草。

通过对 2017—2019 年 3 年间,6 种牧草生产性能的调查测定与分析,筛选出豆科和禾本科草种(品种)各 2 个。豆科牧草清水紫花苜蓿、红豆草,禾本科牧草无芒雀麦和长穗偃麦草表现良好,不仅可以在河西走廊地区长期稳定生长,而且在产量和营养品质方面也能满足生产需要。扁蓿豆和草地早熟禾分别在 2018 年和 2019 年开始无法形成产量,即无法在河西走廊地区长期生长,不推荐在河西走廊地区荒漠盐碱区推广种植或建植多年生人工草地。因此,在豆科牧草中可选用清水紫花苜蓿和红豆草,在禾本科牧草中可选用无芒雀麦和长穗偃麦草,进行大范围推广种植,也是进行豆禾人工草地建植的主要草种。

3.1.3 多年生混播草地群落配置对土壤理化特征的影响

3.1.3.1 不同混播组合对土壤紧实度的影响

如图 3-3 所示,土壤紧实度总体随土层深度增加而增大,0~10 cm、10~20 cm 的土壤紧实度较小,而 20~30 cm、30~40 cm 的土壤紧实度则更高。从图 3-3 可以看出,单播的土壤紧实度略高于几种混播,但差异尚不显著。无论是两组分混播、三组分混播,还是四组分混播,在同一土层的土壤紧实度无显著差异。人工草地建植当年,不同混播处理对土壤紧实度没有产生显著影响,说明人工草地建植初对土壤物理结构的影响较为缓慢。

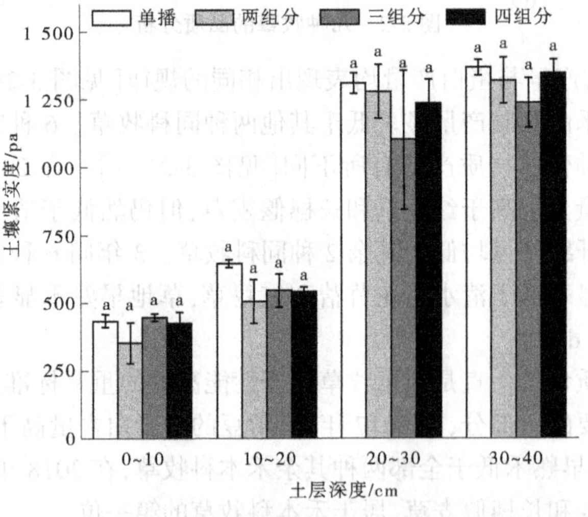

注:图中小写字母表示不同混播处理之间差异显著。

图 3-3 人工草地建植当年不同混播处理下的土壤紧实度

3.1.3.2　不同混播组合对土壤养分的影响

土壤碱解氮含量总体随土层深度而下降。不同播种组合对同一土层土壤碱解氮含量的影响差异不显著(见表 3-3)。不同播种组合对土壤速效磷有不同程度的影响(见表 3-4),混播较单播显著提高了 0~10 cm 土层土壤速效磷含量。混播对于同一土层土壤速效钾均无显著影响(见表 3-5)。红豆草两组分、三组分混播较单播的土壤有机质含量有不同程度的提高(见表 3-6)。但混播草地建植第一、第二年,不同组合的混播对土壤养分的影响多无显著差异。

表 3-3　内陆干旱草原区不同混播草地土壤碱解氮　单位:mg/kg

组合	0~10 cm	10~20 cm	20~30 cm	30~40 cm
苜	35. 31±0. 51abc	29. 04±0. 29a	35. 72±0. 3388a	21. 02±0. 3ab
红	42. 15±0. 47ab	38. 22±0. 61a	25. 26±0. 46ab	17. 96±0. 68ab
早	42. 30±0. 91ab	41. 31±0. 40a	27. 57±0. 75ab	18. 47±0. 99ab
无	34. 44±0. 75bc	39. 29±0. 53a	17. 84±0. 43b	16. 13±0. 81ab
长	44. 66±0. 99ab	30. 50±0. 17a	21. 35±0. 33ab	24. 53±0. 77a
无+苜	48. 81±0. 58a	39. 72±0. 31a	30. 087±0. 67ab	23. 54±0. 11ab
无+红	34. 09±0. 54bc	36. 18±0. 42a	23. 13±0. 97ab	14. 68±0. 86b
苜+无+长	36. 23±0. 47abc	28. 12±0. 71a	22. 32±0. 97ab	17. 29±0. 82ab
红+无+长	27. 83±0. 02c	39. 16±0. 53a	22. 59±0. 63ab	21. 56±0. 19ab
苜+无+长+早	43. 38±0. 55ab	35. 90±0. 68a	24. 16±0. 91ab	16. 69±0. 13ab
苜+红+无+长	40. 82±0. 89abc	36. 08±0. 92a	20. 68±0. 97ab	23. 15±0. 43ab

注:穗=长穗偃麦草;早=草地早熟禾;红=红豆草;无=无芒雀麦;苜=苜蓿;全书同。

表 3-4　内陆干旱草原区不同混播草地土壤速效磷　单位:mg/kg

组合	0~10 cm	10~20 cm	20~30 cm	30~40 cm
苜	4. 34±0. 39bc	2. 54±0. 65b	3. 90±0. 40ab	2. 91±0. 46ab
红	10. 49±0. 46a	6. 36±0. 43a	2. 53±0. 55abc	2. 61±0. 74ab
早	10. 59±0. 61a	6. 14±0. 90a	2. 07±0. 48bc	1. 27±0. 45bc
无	4. 51±0. 53bc	4. 12±0. 82ab	1. 46±0. 18c	2. 03±0. 31abc
长	8. 16±0. 65ab	3. 81±2. 31ab	1. 91±0. 55bc	2. 35±0. 53ab
无+苜	3. 68±0. 61c	2. 89±0. 12b	2. 37±0. 44bc	1. 91±0. 27abc
无+红	4. 57±0. 22bc	2. 45±0. 25b	2. 65±0. 61abc	0. 48±0. 02c
苜+无+长	5. 71±0. 98bc	2. 95±0. 08b	2. 20±0. 21bc	1. 96±0. 44abc
红+无+长	3. 93±0. 18bc	4. 31±0. 45ab	2. 29±0. 35bc	1. 63±0. 40abc
苜+无+长+早	5. 19±0. 94bc	4. 95±0. 23ab	2. 80±0. 20abc	1. 43±0. 16bc
苜+红+无+长	10. 28±0. 49a	5. 82±0. 79a	4. 58±0. 79a	3. 23±0. 58a

表 3-5　内陆干旱草原区不同混播草地土壤速效钾　单位:mg/kg

组合	0~10 cm	10~20 cm	20~30 cm	30~40 cm
苜	13.85±1.17ab	11.03±0.93a	10.12±0.17ab	10.80±0.38abc
红	13.37±1.90ab	11.91±2.21a	7.91±0.75b	9.67±0.19bc
旱	15.22±1.95ab	13.73±3.25a	11.48±0.53ab	9.71±0.59abc
无	10.37±0.99b	9.50±1.30a	7.26±0.85b	10.90±0.73abc
长	11.95±0.14ab	11.01±1.87a	9.59±0.38ab	12.05±0.49abc
无+苜	14.49±0.15ab	14.74±1.57a	12.49±0.53a	14.76±0.99a
无+红	12.84±1.65ab	12.41±1.36a	10.21±0.92ab	9.55±0.72bc
苜+无+长	21.15±0.99a	11.60±0.20a	11.33±0.75ab	10.38±0.41abc
红+无+长	18.38±0.63ab	14.20±1.28a	10.01±0.96ab	7.82±0.47c
苜+无+长+旱	17.75±0.05ab	13.23±1.53a	11.69±0.86ab	13.03±0.33ab
苜+红+无+长	9.01±1.60b	9.27±1.41a	11.47±0.25ab	10.81±0.11abc

表 3-6　内陆干旱草原区不同混播草地间土壤有机质　单位:g/kg

组合	0~10 cm	10~20 cm	20~30 cm	30~40 cm
苜	3.59±0.19b	3.56±0.17abc	2.83±0.14ab	2.33±0.44a
红	4.24±0.12ab	4.17±0.11ab	2.06±0.16abc	1.54±0.33ab
旱	4.63±0.27a	4.37±0.22a	2.96±0.31ab	1.92±0.45ab
无	3.81±0.28ab	4.00±0.29abc	1.62±0.16c	1.74±0.11ab
长	3.89±0.19ab	3.38±0.23bc	1.59±0.16c	1.70±0.18ab
无+苜	3.84±0.06ab	3.73±0.17abc	2.63±0.50ab	1.41±0.17ab
无+红	3.65±0.13b	3.99±0.29abc	2.02±0.26bc	1.28±0.23b
苜+无+长	3.58±0.52b	3.46±0.31abc	2.43±0.22abc	1.13±0.11b
红+无+长	3.49±0.36b	4.33±0.17a	2.71±0.43ab	1.63±0.25ab
苜+无+长+旱	4.11±0.19ab	3.66±0.55abc	2.71±0.34ab	1.41±0.23ab
苜+红+无+长	3.42±0.15b	3.12±0.17c	1.95±0.09bc	2.17±0.33ab

3.1.4　多年生混播草地群落配置对人工草地建植的影响

3.1.4.1　不同混播组合对牧草出苗率、存活率和越冬率的影响

如表 3-7 所示,牧草混播的出苗率、成苗率和越冬率分别较单播提高了 1.3%~18.7%、7.5%~14.0%和 2.5%~15.5%。其中,混播使禾本科牧草的出苗率提高显著,而使豆科牧草的成苗率和越冬率增加显著。在几个混播组合中,“无芒雀麦+清水紫花苜蓿”“清水紫花苜蓿+无芒雀麦+长穗偃麦草”混播组合对几种混播牧草的出苗率、成苗率和越冬率提高更为显著,这 2 个组合混播草地的建植效果和表现更为突出。

表 3-7　豆禾混播对各牧草的出苗率、成苗率和越冬率的影响

处理		出苗率/%	成苗率/%	越冬率/%
M	M	70.7±2.6a	75.1±3.3b	78.7±2.7b
	BM	69.5±3.7a	78.4±1.9ab	82.2±1.7a
	MBE	69.1±6.7a	85.6±1.7a	84.7±0.7a
	MOBE	71.6±1.9a	80.2±1.3ab	81.7±1.5ab
O	O	27.4±1.7a	78.7±1.1b	79.2±0.9b
	BO	26.2±2.5a	83.1±1.7a	87.8±1.8a
	OBE	29.1±3.2a	84.6±1.6a	85.9±2.8a
	MOBE	23.3±1.7b	83.7±2.9a	85.5±1.4a
B	B	74.2±3.1b	73.1±4.8b	75.0±2.2b
	BM	87.2±1.4a	81.6±0.6a	82.5±1.1a
	BO	84.5±2.1a	66.3±4.1c	75.6±2.1b
	MBE	88.1±1.6a	78.3±2.8ab	86.6±1.7a
	OBE	83.8±2.8a	81.5±0.6a	74.7±2.1b
	MOBE	83.3±1.9a	68.6±2.9c	75.8±2.7b
E	E	76.1±2.9b	74.9±2.3a	83.2±4.1a
	MBE	85.2±1.5a	65.1±2.5b	85.3±2.1a
	OBE	83.9±1.7a	64.5±1.5b	82.3±3.1a
	MOBE	84.7±2.9a	64.6±3.1b	84.2±2.2a

注：M、O、B、E 分别代表清水紫花苜蓿、红豆草、无芒雀麦、长穗偃麦草。同列不同小写字母代表各处理差异显著，下同。

3.1.4.2　不同混播群落组分对杂草的影响

如图 3-4 所示，人工草地建植第一年，三组分混播处理对杂草生长抑制能力最大，混播显著降低了杂草密度；三组分混播草地的杂草高度显著低于单播、两组分混播和四组分混播；混播组分的草地对杂草的盖度和生物量的影响不显著。

与单播相比，两组分混播、三组分混播和四组分混播，杂草的密度降低了 45.8%、48.2%和 42.0%；而三组分混播草地的杂草高度较单播、两组分混播和四组分混播显著降低了 20.1%、5.9%和 23.25%。但不同混播组合数对杂草本身的高度影响不大。

在杂草密度、高度、盖度及生物量分析中，“清水紫花苜蓿+无芒雀麦+长穗偃麦草”混播组合对杂草生长的抑制能力高于其他播种处理（见图 3-5）。在杂草的密度中，“清水紫花苜蓿+无芒雀麦+长穗偃麦草”混播组合和无芒雀麦单播在数据上显著低于其他播种处理，但只与清水紫花苜蓿单播达到显著差异（$P<0.05$）；“清水紫花苜蓿+无芒雀麦+长穗偃麦草”混播比清水紫花苜蓿单播显著降低了 202.41%。在杂草高度中，“清水紫花苜蓿+无芒雀麦+长穗偃麦草”混播组合在数据上最低，但同样只与“红豆草+无芒雀麦+长

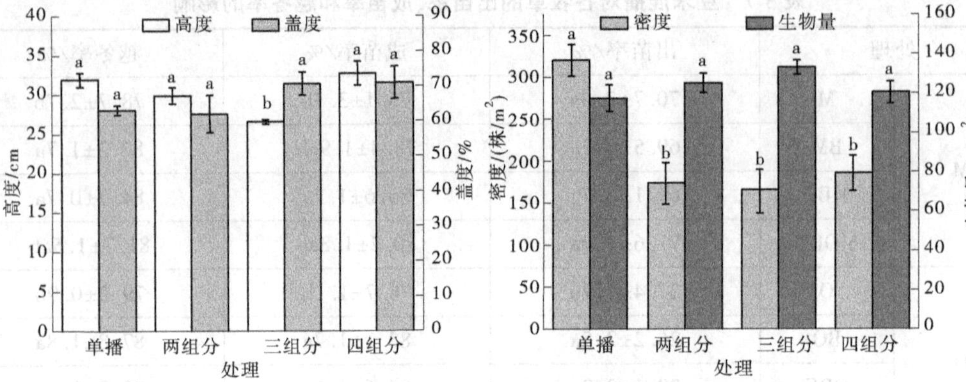

图 3-4　不同混播组分杂草的高度、盖度、密度及生物量

穗偃麦草”混播处理达到显著差异($P<0.05$)；“清水紫花苜蓿+无芒雀麦+长穗偃麦草”混播比“红豆草+无芒雀麦+长穗偃麦草”混播显著降低了 61.0%。在杂草盖度中，各混播处理无显著差异($P<0.05$)。

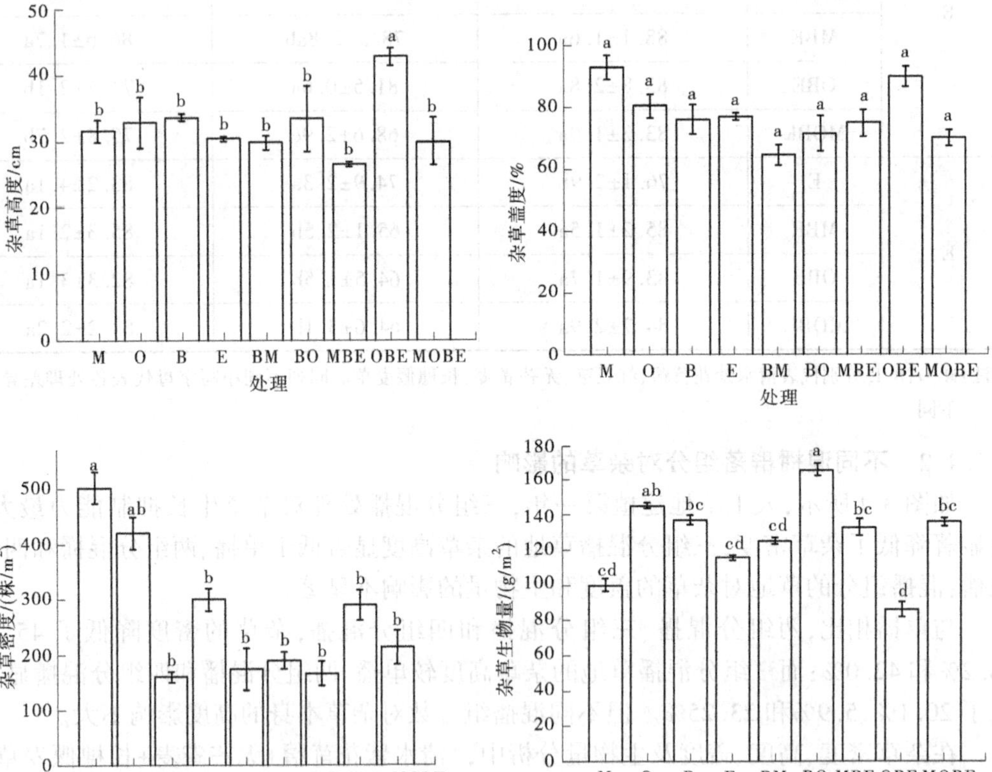

图 3-5　不同组合混播草地群落的杂草高度、盖度、密度、生物量影响

3.1.5　多年生混播草地群落配置对草产量构成因素的影响

混播对不同草地群落高度和盖度有不同程度的影响。在牧草高度中，“无芒雀麦+清水紫花苜蓿”“清水紫花苜蓿+无芒雀麦+长穗偃麦草”“红豆草+无芒雀麦+长穗偃麦草”“清水紫花苜蓿+红豆草+无芒雀麦+长穗偃麦草”混播，其混播草地植物群落高度，较无芒雀麦单播显著升高了 89.26%、150.55%、76.61%、115.39%（见图 3-6）。在牧草盖度中，“清水紫花苜蓿+无芒雀麦”和“清水紫花苜蓿+红豆草+无芒雀麦+长穗偃麦草”混播组合的群落总盖度，较清水紫花苜蓿单播增加了 271.43%和 380.95%。在牧草生物量中，除清水紫花苜蓿生物量较大外，其他混播组合的生物量总体高于其他几个单播草地。

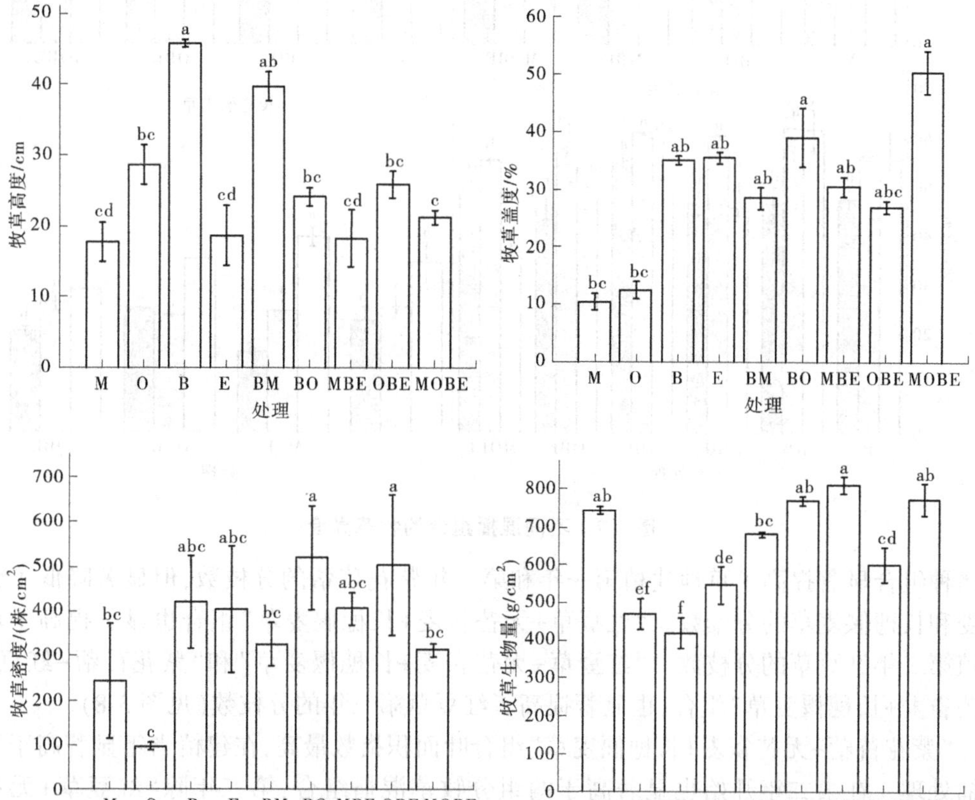

图 3-6　不同混播组合草地对牧草高度、盖度、密度、生物量的影响

如图 3-7 所示，不同牧草混播后的高度表现出较大差异。几种混播组合对紫花苜蓿和红豆草的牧草高度无显著影响，但“紫花苜蓿+无芒雀麦+长穗偃麦草”组合中提高了草地建植第二年和第三年的无芒雀麦高度，长穗偃麦草的高度从第三年开始出现降低。与单播相比，“紫花苜蓿+无芒雀麦+长穗偃麦草”组合第二年和第三年的无芒雀麦高度分别显著提高了 8.83%和 38.58%。

“无芒雀麦+紫花苜蓿”和“紫花苜蓿+红豆草+无芒雀麦+长穗偃麦草”组合分别较其

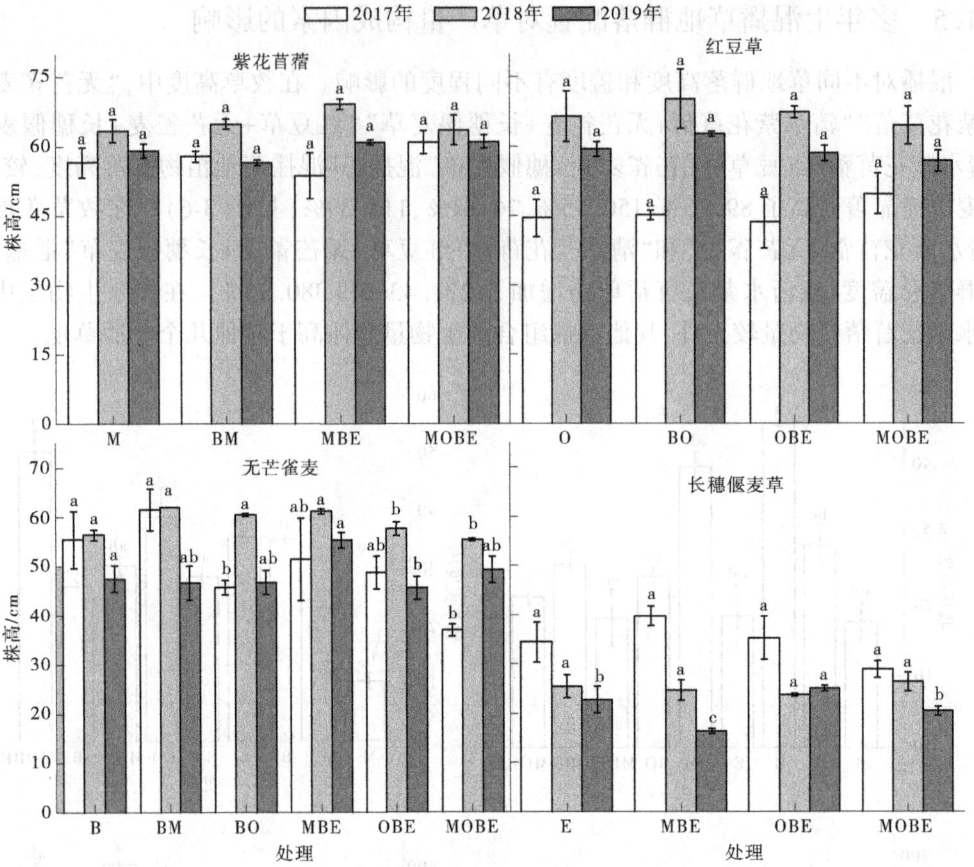

图 3-7　不同混播组合的牧草高度

他播种组合显著提高了草地建植第一年和第三年紫花苜蓿的分枝数，但显著降低了无芒雀麦和长穗偃麦草的分蘖数。“红豆草+无芒雀麦+长穗偃麦草”组合也显著提高了草地建植第二年红豆草的分枝数。“红豆草+无芒雀麦+长穗偃麦草”和“紫花苜蓿+红豆草+无芒雀麦+长穗偃麦草”组合，也显著提高了红豆草第三年的分枝数（见图 3-8）。

“紫花苜蓿+无芒雀麦+长穗偃麦草”组合叶面积指数最高，在建植当年显著高于所有单播处理。在第二年开始也显著高于两组分牧草混播组合，第三年除“红豆草+无芒雀麦+长穗偃麦草”组合外，显著高于其他所有混播组合。随着混播组分的增加，牧草群落叶面积指数呈先增后降的单峰型变化趋势，且在“紫花苜蓿+无芒雀麦+长穗偃麦草”组合中，叶面积指数达到最大值。在草地建植当年，该混播组合较其他播种处理叶面积指数提高了 19.3%～286.3%，在第二年提高了 3.4%～409.1%，在第三年提高了 12.7%～172.8%（见图 3-9）。

3.1.6　多年生混播草地群落配置对混播草地饲草品质的影响

3.1.6.1　不同混播组合的牧草粗蛋白含量与粗蛋白产量

3 年数据显示，“紫花苜蓿+无芒雀麦+长穗偃麦草”组合的紫花苜蓿蛋白含量均最

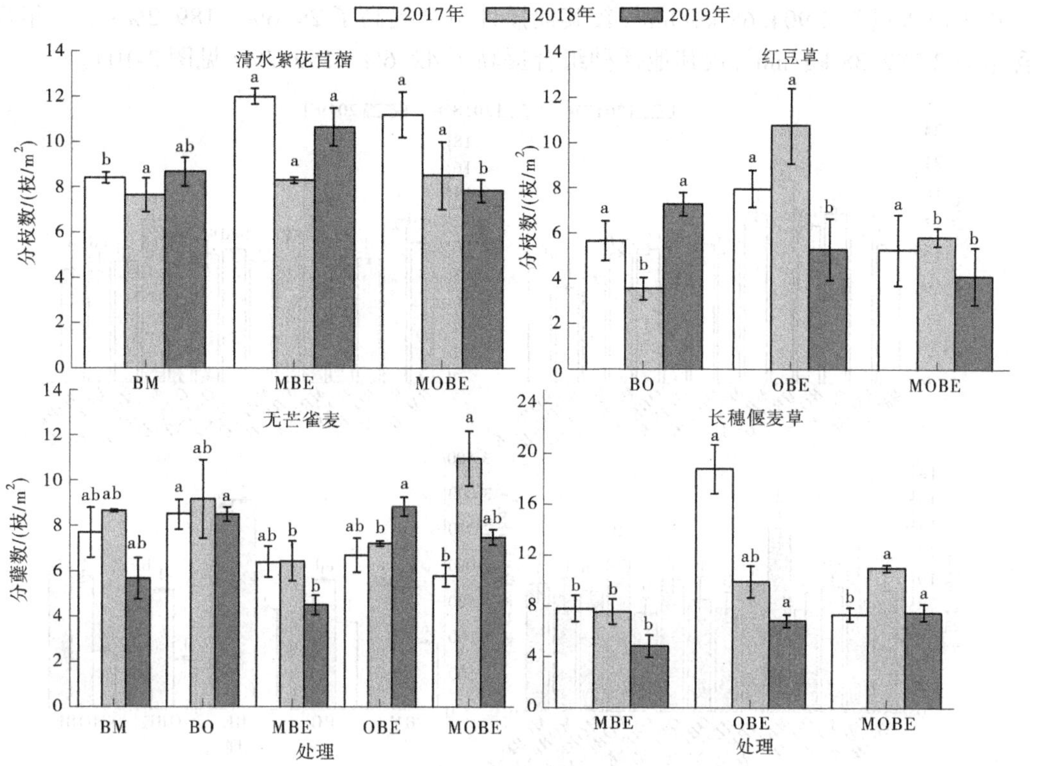

图 3-8　不同混播组合的牧草分枝数/分蘖数

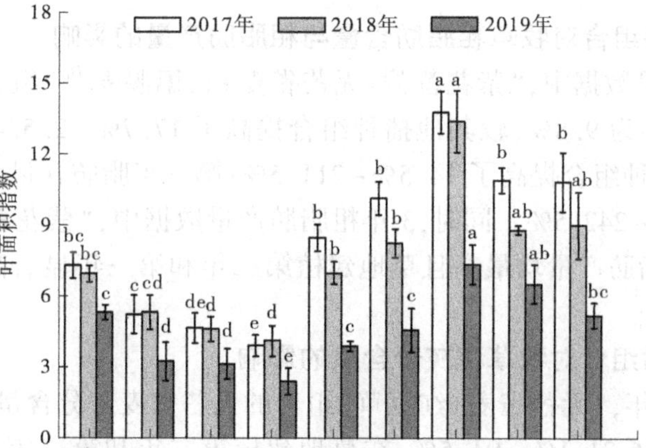

图 3-9　不同混播组合的牧草叶面积指数

高，第一年为19.2%，较其他播种组合提高了36.9%~56.2%；第二年蛋白含量为15.1%，较其他播种组合提高了22.1%~37.1%；第三年蛋白含量为13.9%，较其他播种组合提高了21.1%~50.9%。在几个组合中，“紫花苜蓿+无芒雀麦+长穗偃麦草”组合的紫花苜蓿蛋白产量也最高，第一年为 1 383.48 kg/hm²，较其他播种组合提高了 15.1%～215.9%；第二年蛋白含量为 2 904.68 kg/hm²，较其他播种组合提高了 29.6%～189.2%；第三年蛋白含量为 2 782.38 kg/hm²，较其他播种组合提高了 42.6%～169.7%（见图 3-10）。

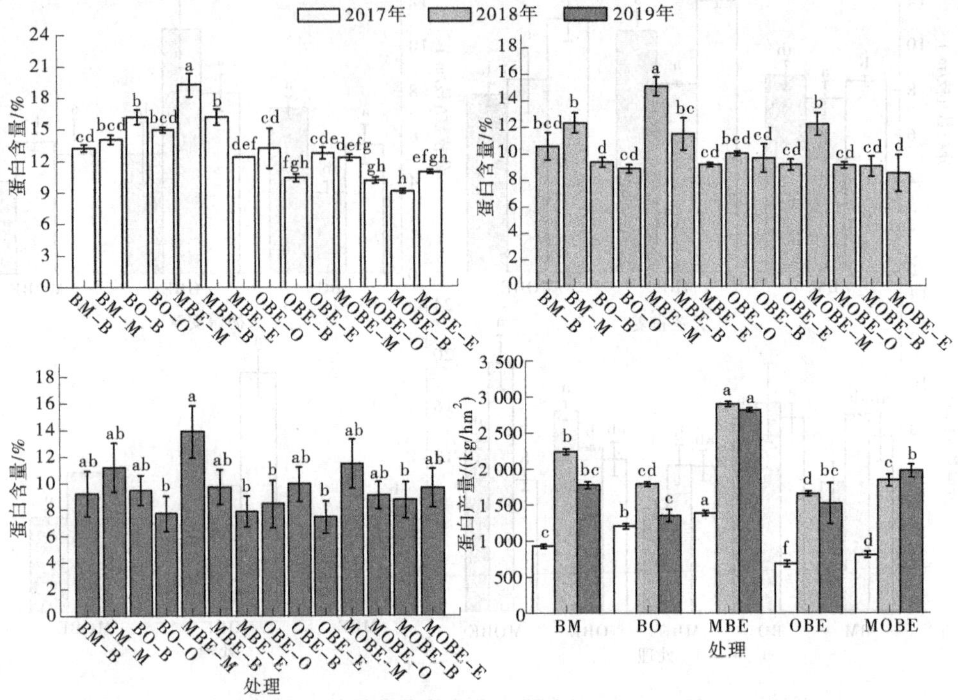

图 3-10　不同混播组合的粗蛋白含量与粗蛋白产量

3.1.6.2　不同混播组合对牧草粗脂肪含量与粗脂肪产量的影响

3 年粗脂肪含量数据中，“紫花苜蓿+无芒雀麦+长穗偃麦草”组合的长穗偃麦草脂肪含量均最高，第一年为 9.8%，较其他播种组合提高了 17.7%～255.4%；第二年脂肪含量为 9.9%，较其他播种组合提高了 14.5%～211.5%；第三年脂肪含量为 8.5%，较其他播种组合提高了 19.5%～242.5%。同时，3 年粗脂肪产量数据中，“紫花苜蓿+无芒雀麦+长穗偃麦草”组合的粗脂肪产量均最高且草地建植第二年和第三年显著高于其他所有混播组合（见图 3-11）。

3.1.6.3　不同混播组合对牧草粗灰分含量的影响

在草地建植当年，“无芒雀麦+红豆草”组合的无芒雀麦灰分含量最高，为 31.23%，较其他播种组合提高了 21.1%～91.5%；在草地建植第二年和第三年，“紫花苜蓿+无芒雀麦+长穗偃麦草”组合的紫花苜蓿灰分含量均最高，第二年为 13.4%，较其他播种组合提高了 4.8%～67.4%；第三年灰分含量为 13.3%，较其他播种组合提高了 9.4%～73.9%。3 年灰分产量数据显示，在草地建植第二年和第三年“紫花苜蓿+无芒雀麦+长穗偃麦草”组合的灰分产量最高，第二年灰分产量为 2 793.42 kg/hm²，较其他播种组合提高了 40.9%～147.7%；第三年灰分产量为 2 581.16 kg/hm²，较其他播种组合提高了 38.3%～439.4%（见图 3-12）。

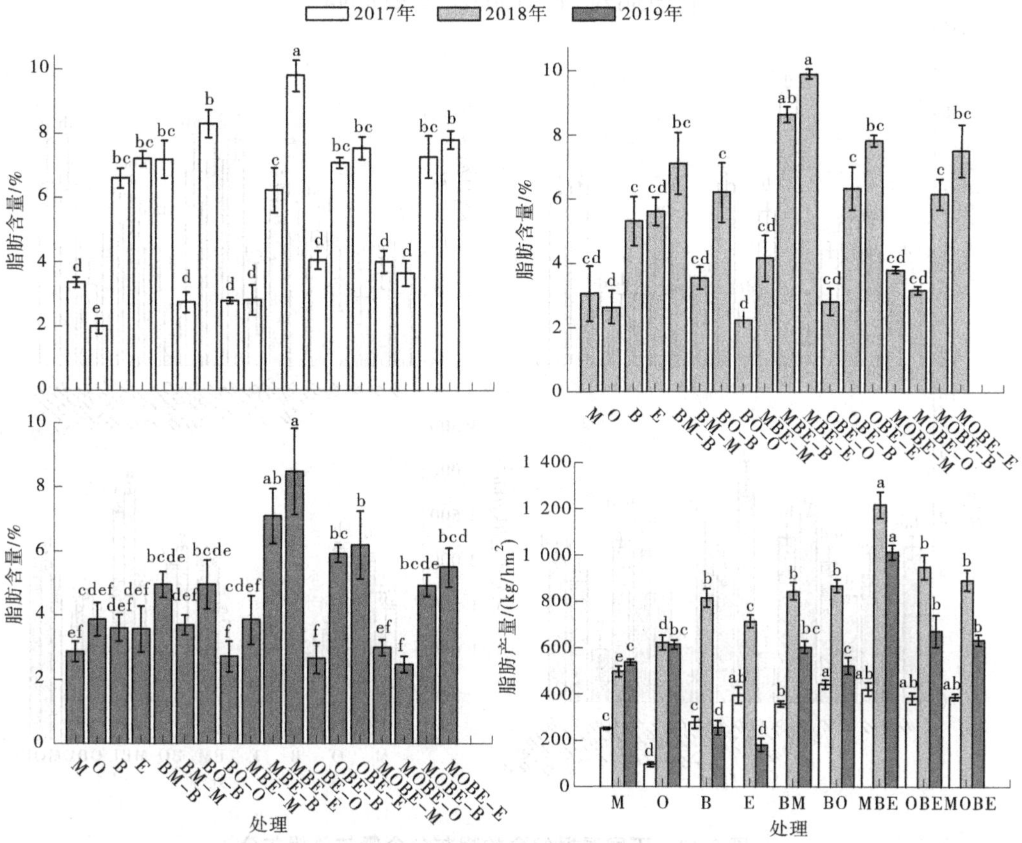

图 3-11　不同混播组合的粗脂肪含量与粗脂肪产量

3.1.6.4　不同混播组合对牧草粗纤维含量的影响

如图 3-13 所示，草地建植第二年和第三年，禾本科牧草的半纤维含量均高于豆科牧草；在草地建植第一年和第三年，混播一定程度上提高了禾本科牧草的半纤维含量。同时，“紫花苜蓿+无芒雀麦+长穗偃麦草”组合的半纤维产量最高，该组合第一年半纤维产量为 972. 56 kg/hm²，较其他组合提高了 30. 2%~131. 9%，第三年半纤维产量为 1 617. 52 kg/hm²，较其他组合提高了 1.0%~114. 9%。

3.1.7　多年生混播草地群落配置对水分利用特征的影响

除了清水紫花苜蓿，几种单播草种的水分利用效率均较低，混播显著增加了混播群落的水分利用效率。“紫花苜蓿+无芒雀麦”“紫花苜蓿+无芒雀麦+长穗偃麦草”“紫花苜蓿+红豆草+无芒雀麦+长穗偃麦草”水分利用效率高于其他 2 个混播组合。在所有混播组合中，以“紫花苜蓿+无芒雀麦+长穗偃麦草”水分利用效率最高，建植当年为 4. 79 kg/(hm² · mm)，建植第二年提高到了 5. 66 kg/(hm² · mm)，第三年水分利用效率为 5. 65 kg/(hm² · mm)。部体上看，随着草地的建成年限增加，草地的水分利用效率得到提升(见图 3-14)。

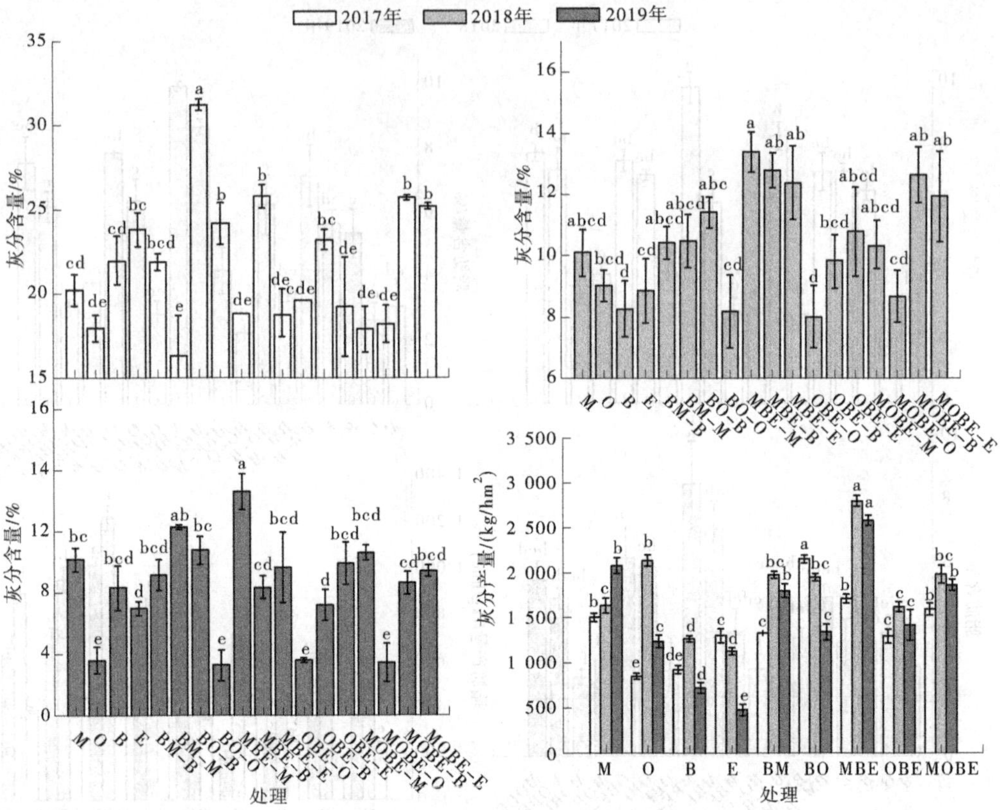

图 3-12　不同混播组合的粗灰分含量与总粗灰分

3.1.8　多年生混播草地群落配置对群落多样性和稳定性的影响

3.1.8.1　不同混播组合对草产量稳定性、可持续性及土地当量比的影响

由图 3-15 可知，建植 3 年的年总产量在“紫花苜蓿+无芒雀麦+长穗偃麦草”组合均最高，建植当年为 5 938.67 kg/hm^2，第二年达 9 519.76 kg/hm^2，第三年达 20 819.64 kg/hm^2。建植第二年和第三年的产草量显著高于其他处理(紫花苜蓿单播除外)。建植第一年“紫花苜蓿+无芒雀麦+长穗偃麦草”组合较其他播种组合产量提高了 4.8%～92.5%，第二年提高了 7.9%～134.9%，第三年提高了 11.0%～313.6%。

如图 3-16 所示，草地建植当年，2 种牧草混播的牧草产量稳定性大于 3 种牧草混播和 4 种牧草混播；草地建植第二年，“红豆草+无芒雀麦+长穗偃麦草”组合牧草产量稳定性和牧草可持续产量指数最高。在草地建植的第三年，“紫花苜蓿+无芒雀麦+长穗偃麦草”组合牧草产量稳定性和牧草可持续产量指数均大于其他所有混播组合。随着播种年份的增加，“紫花苜蓿+无芒雀麦+长穗偃麦草”组合的牧草产量稳定性相对逐渐提高，产量逐渐趋于稳定。

在草地建植当年，“无芒雀麦+红豆草”组合的土地当量比最高，但在草地建植第二年与第三年，“紫花苜蓿+无芒雀麦+长穗偃麦草”组合的土地当量比最高。随着时间的增

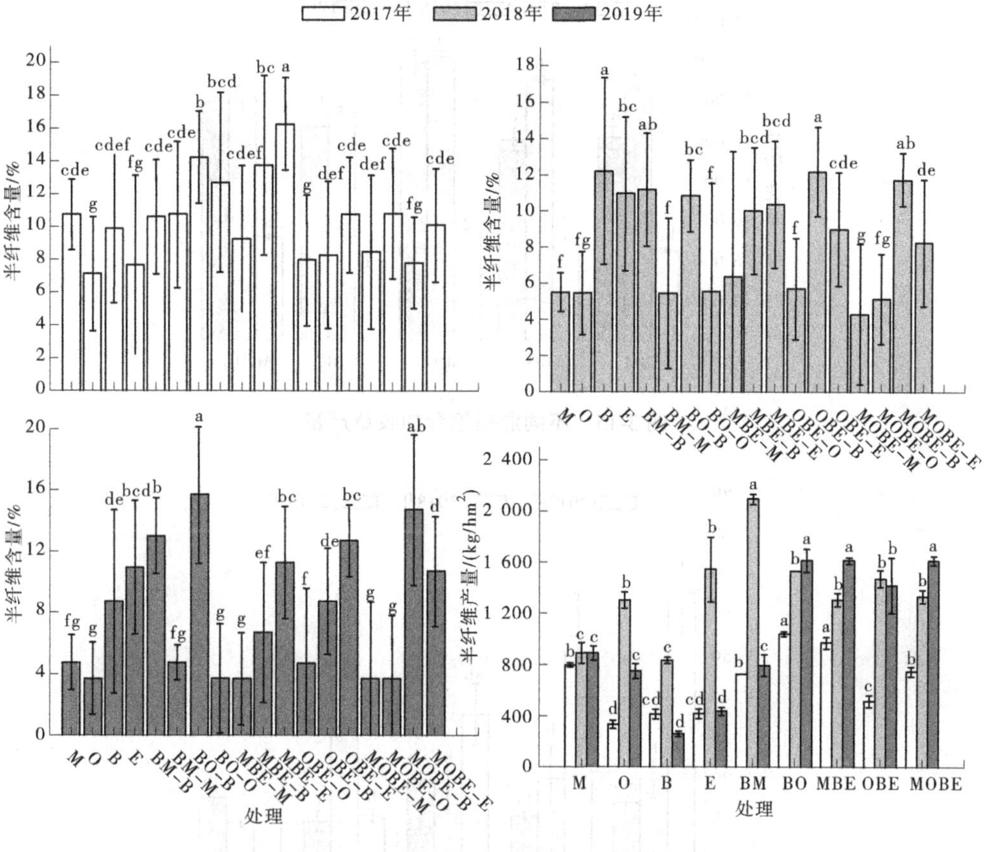

图 3-13　不同混播组合的半纤维含量与半纤维总量

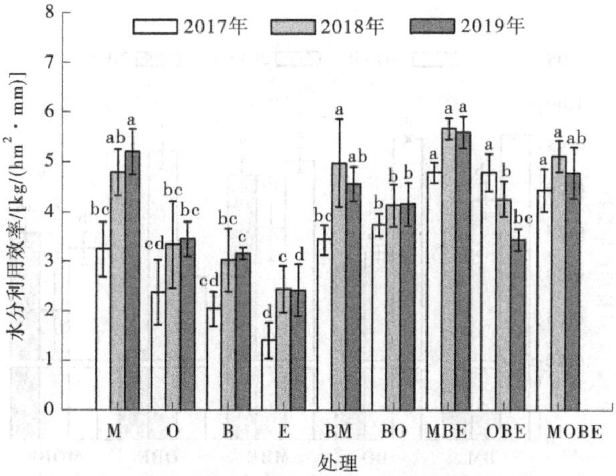

图 3-14　不同混播组合对水分利用特征的影响

加,“紫花苜蓿+无芒雀麦+长穗偃麦草”组合的土地当量比逐渐增大。说明随着时间的增加,“紫花苜蓿+无芒雀麦+长穗偃麦草”组合的土地利用效率逐渐提高,达到 1.6 以上,其他几个混播组合的土地当量比在第三年也达到了较高水平,对自然资源的利用效能逐渐

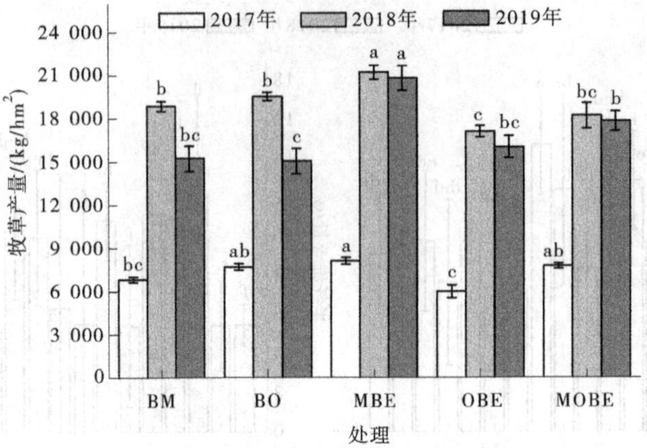

图 3-15　不同混播组合的牧草产量

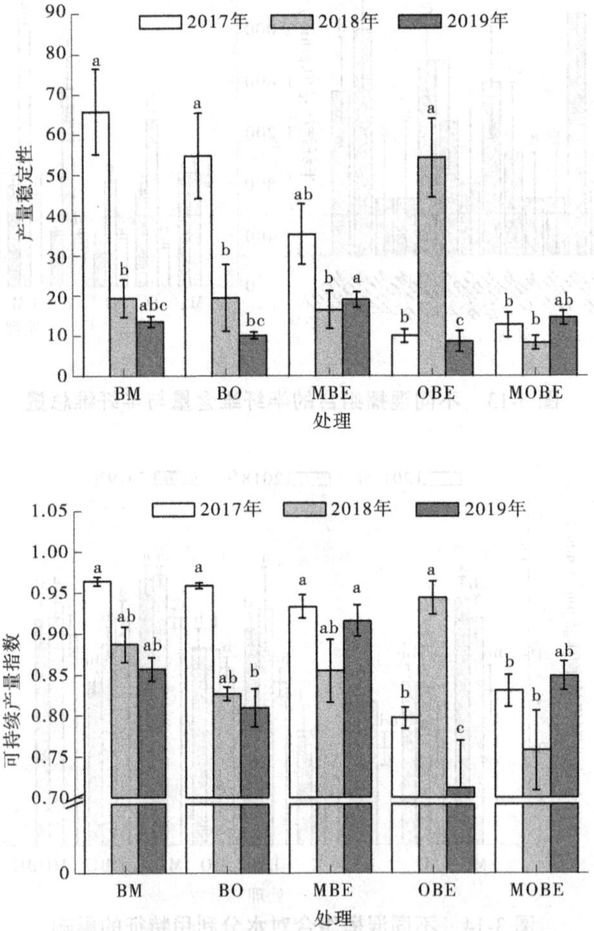

图 3-16　不同混播组合的产量稳定性与可持续产量指数

增大(见图 3-17)。

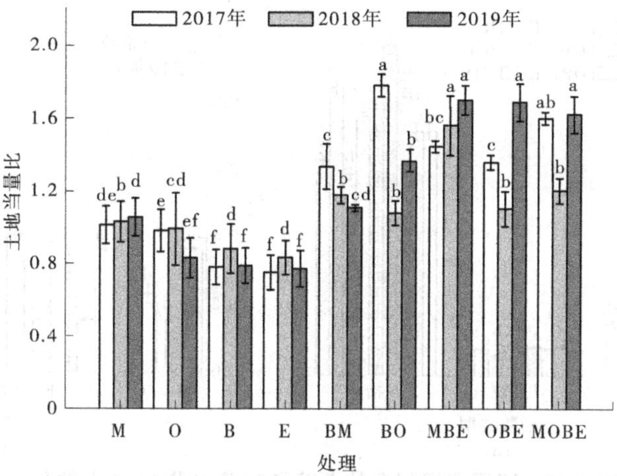

图 3-17　不同混播组合的土地当量比

3.1.8.2　不同混播组合草地群落杂草与饲草多样性和均匀度的影响

如图 3-18(a)所示,在每个播种处理下杂草的多样性指数(H 指数)、均匀度指数(J 指数)以及丰富度指数(S 指数)的分析中,"清水紫花苜蓿+无芒雀麦+长穗偃麦草"混播组合比其他播种处理对杂草的抑制能力更强。在杂草 H 指数中,"清水紫花苜蓿+无芒雀麦+长穗偃麦草"混播组合,比无芒雀麦和长穗偃麦草单播降低了 30.85%和 41.54%($P<0.05$);在杂草 J 指数中,"清水紫花苜蓿+无芒雀麦+长穗偃麦草"混播组合比无芒雀麦和长穗偃麦草单播显著降低了 30.84%和 41.53%;在杂草 S 指数中,"清水紫花苜蓿+无芒雀麦+长穗偃麦草"和"清水紫花苜蓿+红豆草+无芒雀麦+长穗偃麦草"混播组合比长穗偃麦草单播显著降低了 64.28%和 53.33%。

如图 3-18(b)所示,"清水紫花苜蓿+无芒雀麦+长穗偃麦草"和"清水紫花苜蓿+红豆草+无芒雀麦+长穗偃麦草"混播组合在混播草地建植当年牧草的 S 指数和 P 指数显著高于其他混播组合,S 指数较其他混播组合显著提高了 16%~63%,P 指数较其他混播组合显著提高了 22%~49%,说明该组合有较高的草种间平衡与稳定性,也说明"清水紫花苜蓿+无芒雀麦+长穗偃麦草"和"清水紫花苜蓿+红豆草+无芒雀麦+长穗偃麦草"混播组合对杂草具有较强的抑制能力。在人工草地建植当年,在当地几种常见优势杂草的干扰下,种植的牧草如何最大效率利用环境资源,抑制杂草入侵定居,对有效成功建植多年生混播草地尤其重要。

3.1.9　多年生混播草地群落互馈过程影响因素研究

3.1.9.1　不同混播组合牧草组分相对产量(RY)与相对总产量(RYT)

如表 3-8 所示,混播草地建植当年所有混播组合中无芒雀麦的竞争力最强,在各混播组合中其 RY 均大于 1,其群落竞争模式主要体现为种间竞争;其次是红豆草、清水紫花苜蓿;混播群落中竞争力最差的为长穗偃麦草。在所有混播组合中,互利共生最好的混播组合为"无芒雀麦+红豆草",这两种牧草 RY 均大于 1。从表 3-8 可以看出,混播草地建植第二年,豆科牧草的竞争力显著上升,且以清水紫花苜蓿的竞争力最强,其次是无芒雀麦、红

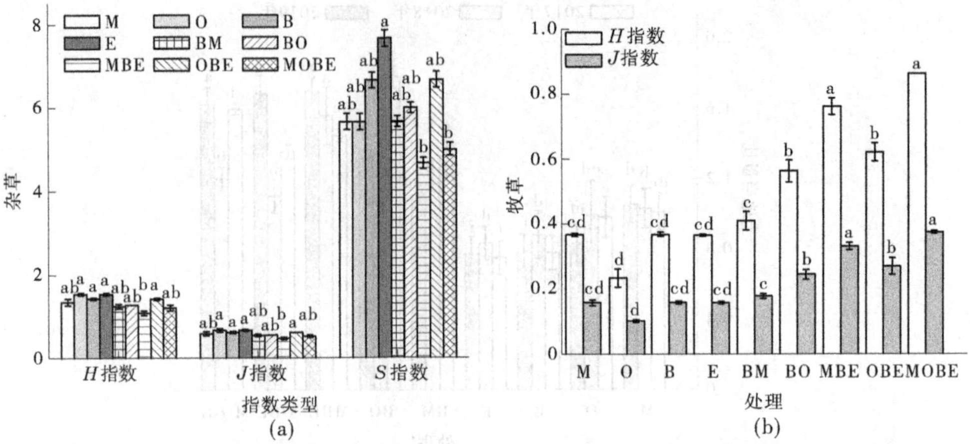

图 3-18　不同混播组合的杂草和牧草 *H* 指数、*J* 指数和 *S* 指数

豆草,竞争力最差的仍为长穗偃麦草。此外,在增加刈割次数后,长穗偃麦草 *RY* 值逐渐增大,说明刈割可以有效控制弱竞争力的豆科牧草的竞争能力。至建植第三年,除 BM 组合中 B、MBE 组合中 E 外,其余牧草 *RY* 仍大于 1,但相较于第二年,强竞争力牧草的 *RY* 值有所下降,弱竞争力牧草的 *RY* 值有所上升,说明随着混播年限的增加,混播群落牧草稳定性逐渐增强。

表 3-8　不同播种混播组合对牧草相对产量(*RY*)的影响

RY		2017 年	2018 年	2019 年
BM	B	1. 87±0. 28bc	0. 49±0. 07eg	0. 9±0. 02g
	M	0. 8±0. 03ef	1. 81±0. 13b	1. 29±0. 01f
BO	B	2. 02±0. 32bc	1. 55±0. 17bc	1. 41±0. 01ef
	O	1. 54±0. 21cd	0. 7±0. 14efg	1. 28±0. 04f
MBE	M	1. 6±0. 08cd	2. 65±0. 31a	2. 35±0. 05b
	B	1. 95±0. 13bc	0. 71±0. 05efg	2. 24±0. 07b
	E	0. 79±0. 14ef	0. 39±0. 01g	0. 53±0. 01i
OBE	O	1. 02±0. 26def	1±0. 24def	1. 65±0. 05d
	B	2. 51±0. 4b	1. 96±0. 23b	2. 07±0. 01c
	E	0. 55±0. 22f	0. 96±0. 23def	1. 49±0. 11de
MOBE	M	0. 79±0. 1ef	1. 3±0. 16cd	2. 02±0. 1c
	O	1. 33±0. 25cde	0. 55±0. 02fg	0. 7±0. 02h
	B	3. 43±0. 01a	1. 1±0. 14cde	2. 63±0. 05a
	E	0. 84±0. 26ef	0. 74±0. 06efg	0. 8±0. 07gh

如表 3-9 所示,混播草地建植当年,*RYT* 均大于 1,除组合 MOBE 在第二年出现 *RYT*<1

外,其余组合均大于 1。所有混播组合中,*RYT* 值最大的为"无芒雀麦+红豆草",是互利共生最好的混播组合。建植第三年,"清水紫花苜蓿+无芒雀麦+长穗偃麦草"(MBE)、"红豆草+无芒雀麦+长穗偃麦草"(OBE)牧草相对产量总值(*RYT*)增至 1.7 以上,说明随着混播年限的增加,较单播及其他组合,该 2 个混播群落牧草生产力逐渐增强,且较为稳定。

表 3-9 不同混播组合对牧草相对产量总值(*RYT*)的影响

RYT	2017 年	2018 年	2019 年
BM	1. 34±0. 12c	1. 15±0. 07ab	1. 09±0. 01d
BO	1. 78±0. 06a	1. 13±0. 05ab	1. 34±0. 02c
MBE	1. 44±0. 03bc	1. 25±0. 11a	1. 71±0. 04a
OBE	1. 36±0. 04c	1. 3±0. 08a	1. 74±0. 06a
MOBE	1. 6±0. 03ab	0. 92±0. 01b	1. 54±0. 05b

3. 1. 9. 2 不同混播组合草地的牧草相对密度(*RD*)

如表 3-10 所示,栽培草地建植当年,所有混播组合下各牧草的 *RD* 值均大于 1,环境资源潜力较为丰富,禾本科牧草、豆科牧草均在混播条件下扩大自己的种群,其各牧草的种间竞争大于种内竞争。在混播草地建植第二年和第三年,紫花苜蓿的 *RD* 值仍大于 1,清水紫花苜蓿的竞争力的优势突出。3 年数据显示,其牧草竞争力大小排序为:清水紫花苜蓿>无芒雀麦>红豆草>长穗偃麦草。

表 3-10 不同播种混播组合对牧草相对密度(*RD*)的影响

RD		2017 年	2018 年	2019 年
BM	B	1. 14±0. 1de	0. 84±0. 01ef	0. 64±0. 12def
	M	1. 24±0. 16de	1. 45±0. 06de	1. 03±0. 1bcdef
BO	B	1. 33±0. 11de	1. 68±0. 27cd	1. 01±0. 25bcde
	O	2. 13±0. 38abcd	0. 73±0. 18ef	1. 25±0. 28abc
MBE	M	1. 5±0. 07cde	2. 04±0. 21bc	1. 12±0. 17bcd
	B	1. 97±0. 08cde	1. 75±0. 29cd	0. 73±0. 08cdef
	E	2. 44±0. 72abc	0. 5±0. 08g	0. 11±0. 01g
OBE	O	1. 63±0. 19cde	1. 14±0. 12ef	1. 08±0. 1bcd
	B	1. 46±0. 16cde	2. 29±0. 13b	1. 48±0. 02ab
	E	2. 45±0. 41abc	0. 57±0. 07g	0. 53±0. 16efg
MOBE	M	0. 99±0. 07e	1. 73±0. 11cd	1. 13±0. 06bcd
	O	1. 54±0. 14cde	0. 57±0. 04g	0. 46±0. 07fg
	B	2. 73±0. 26ab	2. 08±0. 24a	1. 74±1. 13a
	E	3. 16±0. 7a	0. 83±0. 01ef	0. 82±0. 36cdef

3.1.9.3 不同混播组合对几种牧草的平均绝对生长率(*AGR*)的影响

如图 3-19 所示,不同混播组合的平均绝对生长率(*AGR*)差异较大,总体来看,建植第二、第三年显著高于建植第一年。与单播相比,几种牧草混播后在一定程度上降低了各组分牧草的平均绝对生长率,进而影响着混播草地的总体生物量积累。随着生长年限的增长,豆科牧草的清水紫花苜蓿、红豆草的平均绝对生长率增加显著,竞争力有所增强,禾本科牧草的综合优势度有一定下降。

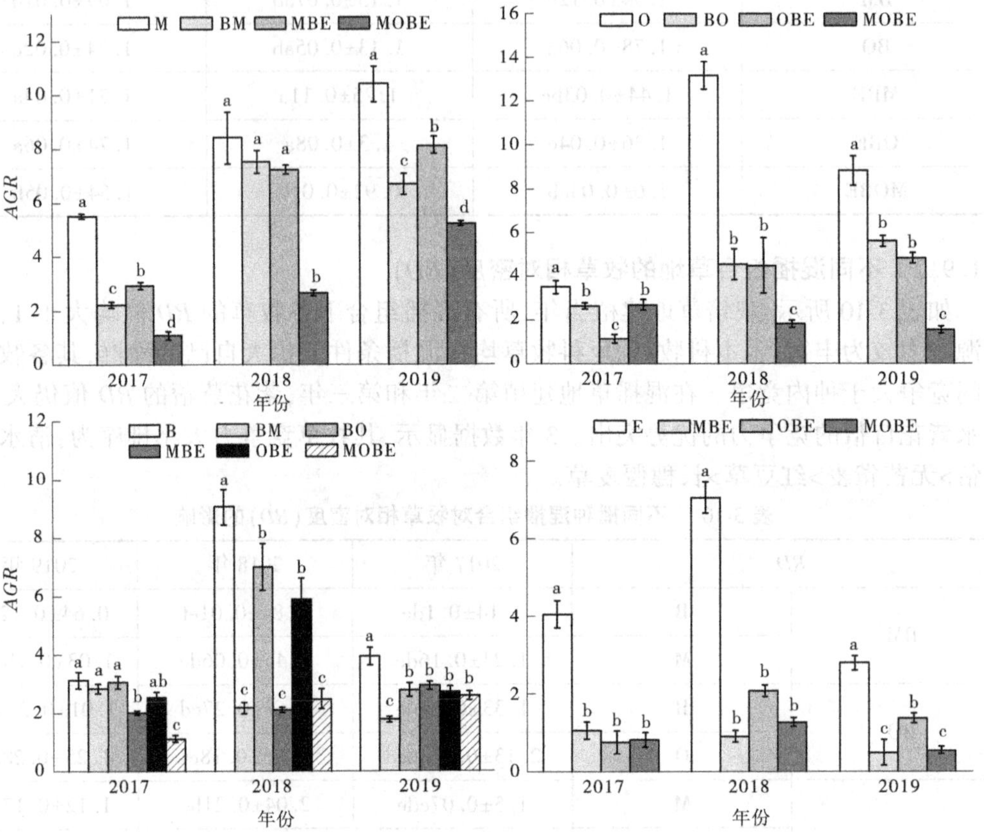

图 3-19　不同播种混播组合对牧草平均绝对生长率(*AGR*)的影响

3.1.9.4 不同混播组合对几种牧草综合优势度(*SDR*)的影响

如图 3-20 所示,混播在一定程度上降低了各牧草草种的综合优势度。通常,豆禾混播草地中的豆科牧草的竞争力越强,禾本科牧草的综合优势度降低越明显。混播后清水紫花苜蓿单播较混播综合优势度显著提高 49.9%~68.4%;红豆草单播较混播综合优势度显著提高 23.4%~86.3%;无芒雀麦单播较混播综合优势度显著提高 63.8%~72.6%;长穗偃麦草单播较混播综合优势度显著提高 79.7%~82.5%。

3.1.10 多年生混播草地群落生产性能的综合评价与产量构成因子分析

3.1.10.1 牧草群落产量特征的主成分分析(PCA)

PCA 分析表明:前两个 PCA 轴的累计解释率均达到 65%以上且特征根值大于 1,说

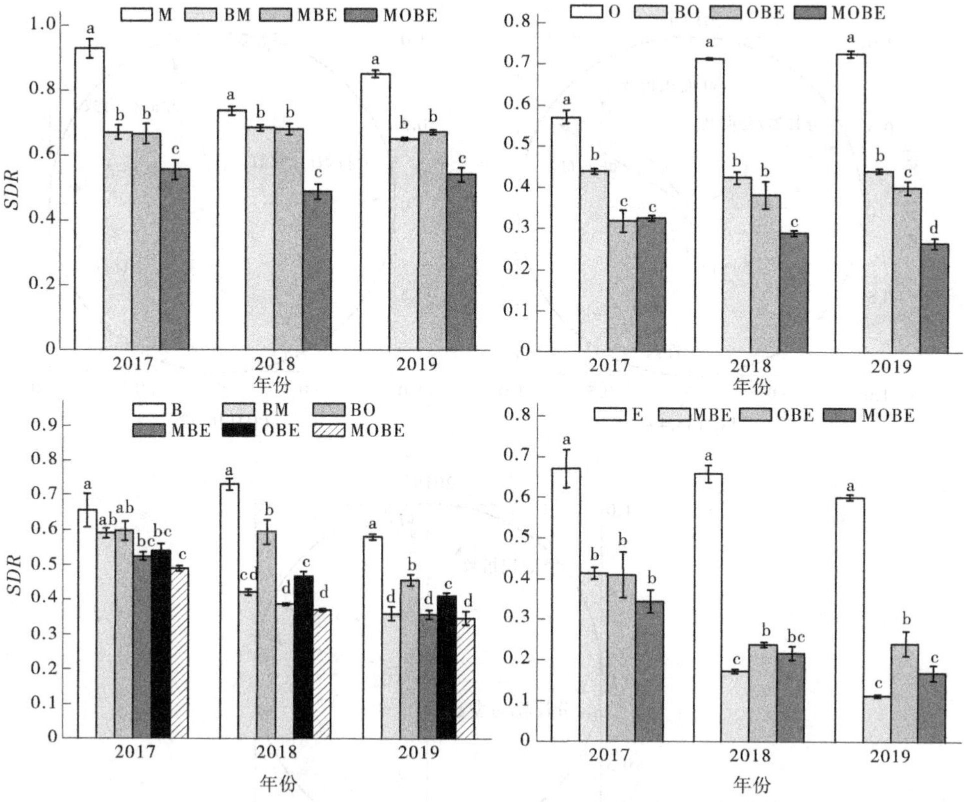

图 3-20　不同播种混播组合对牧草综合优势度(*SDR*)的影响

明不同播种组合牧草群落产量特征在前两个排序轴的载荷值较高(见图 3-21),研究提取 PCA 分析前两轴为下步数据服务。

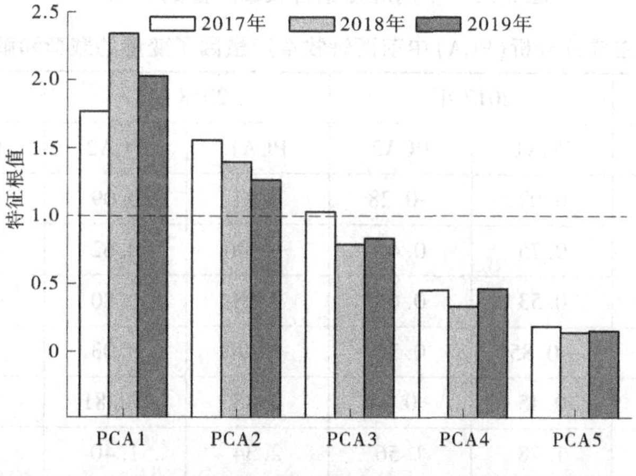

图 3-21　不同混播处理牧草产量的 PCA 分析的特征根值

多年生豆禾混播草地建植过程中,对牧草总产量贡献最大的指标为牧草分蘖数/分枝数和牧草株高(见图 3-22、表 3-11),说明多年生豆禾混播草地牧草分蘖数/分枝数和牧草株高是主导牧草产量的主要因素。

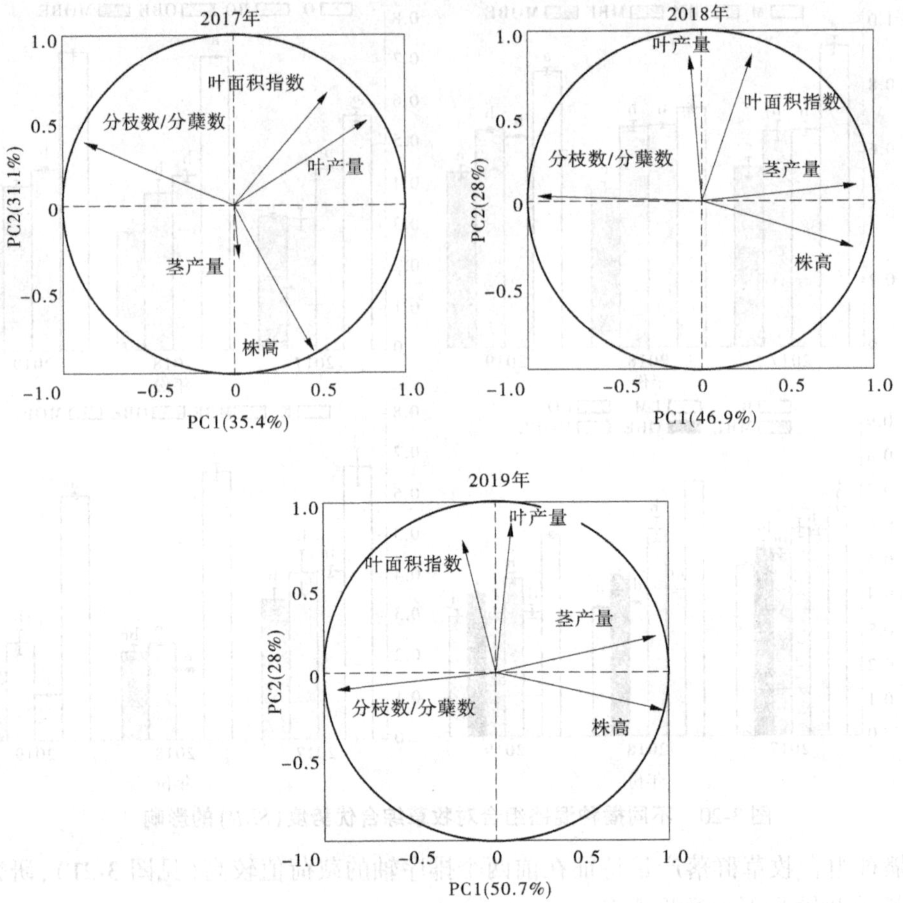

图 3-22　不同混播组合牧草产量的 PCA

表 3-11　主成分分析(PCA)中前两轴牧草产量因子变量的载荷和解释方差

项目	2017 年		2018 年		2019 年	
牧草产量因子	PCA1	PCA2	PCA1	PCA2	PCA1	PCA2
茎产量	0.02	−0.28	0.84	0.09	0.89	0.20
叶产量	0.75	0.47	−0.06	0.62	0.09	0.85
叶面积指数	0.53	0.64	0.28	0.80	−0.18	0.76
分枝数/分蘖数	−0.85	0.36	−0.90	0.03	−0.90	−0.09
株高	0.45	−0.84	0.85	−0.81	0.95	0.21
特征根	1.78	1.56	2.34	1.40	2.53	1.40
解释率	35.44	31.14	46.85	27.96	50.70	28.00
累计解释率	35.44	66.58	46.85	74.81	50.70	78.70

以分蘖数、株高这 2 个因素 3 年的产量方程进行了拟合。人工草地建植当年的产量

方程为 $y=5.04x_1+4.28x_2-35.17$，建植第二年的产量方程为 $y=696.59x_1+246.17x_2-11\,102.42$，建植第三年的产量方程为 $y=220.41x_1+113.29x_2-2\,034.15$（见表 3-12）。

表 3-12 牧草干物质产量与牧草分蘖数/分枝数和株高的拟合方程

年份	方程	R^2	P
2017	$y=5.04x_1+4.28x_2-35.17$	0.63	< 0.05
2018	$y=696.59x_1+246.17x_2-11\,102.42$	0.77	<0.05
2019	$y=220.41x_1+113.29x_2-2\,034.15$	0.80	<0.05

注：y、x_1 和 x_2 分别代表牧草产量、分蘖数/分枝数和株高。

3.1.10.2 人工草地群落生产性能的 TOPSIS 评价

通过熵权法建立 TOPSIS 模型对不同混播组合下牧草产量和品质的多个指标（是否考虑生态指标）进行综合分析评价得出，不同混播组合的贴近度 *Si* 由高到低排序为“清水紫花苜蓿+无芒雀麦+长穗偃麦草”（0.67）>“无芒雀麦+紫花苜蓿”（0.62）>“无芒雀麦+红豆草”（0.51）>“紫花苜蓿+红豆草+无芒雀麦+长穗偃麦草”（0.41）>“红豆草+无芒雀麦+长穗偃麦草”（0.27）。说明“紫花苜蓿+无芒雀麦+长穗偃麦草”优于其他混播组合，是河西走廊荒漠绿洲区建植的理想混播组合（见表 3-13）。

表 3-13 不同混播组合的贴近度 *Si*

混播组合	BM	BO	MBE	OBE	MOBE
贴近度 *Si*	0.619 88	0.506 78	0.675 38	0.273 07	0.411 88

3.2 固定式喷灌人工混播草地对不同建植与管理模式的响应

3.2.1 试验目的、试验设计和指标测定

3.2.1.1 试验目的

本书选取 3 种多年牧草，1 种豆科牧草（清水紫花苜蓿）和 2 种禾本科牧草（无芒雀麦、长穗偃麦草），进行不同混播组合（同行混播、异行混播）及不同播种比例（豆：禾）对混播草地群落特征、产草量、牧草营养品质及草地土壤、水分利用效率的影响；研究筛选出该生态区建植放牧割草兼用型人工草地的适宜豆禾混播草种组合、最佳混播比例及混播方式。通过不同留茬高度以及不同氮磷配施管理与调控，以提高混播草地产量，土壤肥力改良，为适用于内陆干旱地区绿洲荒漠过渡区喷灌混播草地的建植与管理提供参考。

3.2.1.2 试验设计

1. 无芒雀麦+清水紫花苜蓿混播草不同混播比例及混作模式人工草地研究

平地整地后，用中型耕地机翻耕，翻耕深度为 30 cm。两组分的混播试验于 2017 年 7 月 27—29 日（秋播）建植，试验共设 8 个处理，各处理 4 个重复。各处理播种模式与播种

比例如表 3-14 所示。采用随机区组试验设计，3 个区组，每个区组 8 个小区，共 24 个小区，小区面积为 5 m×5 m，小区间距为 1 m。三组分(清水紫花苜蓿+无芒雀麦+长穗偃麦草)不同比例与播种方式的试验于 2018 年 4 月(春播)进行建植(见表 3-14)。混播的播种方式为人工开沟条播，播深为 3 cm，行距为 20 cm。播种前进行种子的筛选和发芽试验，测定发芽率均在 90%以上。各区组四周均设保护行(1.5 m 宽，条播清水紫花苜蓿)。播前底肥选用磷酸二铵(18%N，46%P)，施肥量为 150 kg/hm^2。灌溉采用播前浸灌(以充分浸湿 0~30 cm 土壤为宜)，播后喷灌(土壤含水量下降至田间持水量的 30%时开始喷灌，灌溉量约为 600 m^3/hm^2)。对其他试验小区建植初期，对杂草进行拔除，新建草地全年禁牧。

表 3-14　豆禾混播组合、比例及混播模式试验设计

组合	播种比例	混播方式
无芒雀麦+长穗偃麦草	1:1	同行播种
		异行播种
无芒雀麦+清水紫花苜蓿	1:1	同行播种
		异行播种
	2:1	同行播种
		异行播种
	1:2	同行播种
		异行播种
清水紫花苜蓿+无芒雀麦+长穗偃麦草	1:1:1	同行播种
		异行播种
	2:1:1	同行播种
		异行播种
	3:1:1	同行播种
		异行播种

2. 不同刈割留茬高度与施肥模式研究

2019 年进行刈割留茬高度与施肥模式试验。施肥试验对象为 2017 年 4 月建植的豆禾混播草地，豆科牧草为清水紫花苜蓿，禾本科牧草为无芒雀麦和长穗偃麦草，混播比例为 1:1:1，播种方式为条播。

本次试验采用裂区试验设计，主区为留茬高度(A1:5 cm;A2:8 cm;A3:11 cm)，副区为施肥模式(B1:不施肥 CK;B2:单施磷肥 150 kg P_2O_5/hm^2;B3:低氮高磷 75 kg N/hm^2+225 kg P_2O_5/hm^2;B4:氮磷相同 150 kg N/hm^2+150 kg P_2O_5/hm^2;B5:单施氮肥 150 kg N/hm^2;B6 高氮低磷 225 kg N/hm^2+75 kg P_2O_5/hm^2)。每个处理 4 个重复，共 72 个小区，小区面积为 5 m×5 m，小区间隔行为 1 m。

试验小区统一于豆科牧草初花期(群落中 20%紫花苜蓿植株开花，下同)按照试验处理所设置的留茬高度进行刈割，全年刈割3次，分别为2019年6月上旬、7月下旬及9月下旬。在最后一次刈割前采集土壤样品（每10 cm进行一次取样，每个重复取0~40 cm土样）。第一茬刈割后进行施肥处理，施肥方式为开沟深施，深度为10 cm。本试验所选用氮肥均为尿素（N≥46%），磷肥均为过磷酸钙（P_2O_5≥16%）。

3.2.1.3　指标测定与方法

1. 株高、密度

从牧草出苗（以豆科牧草子叶和禾本科牧草胚芽出土为基准）开始，每个小区随机选取3个1 m长条播样段，并做标记。每次刈割前，在上述各小区标记处随机选取各牧草10株，测定株高，然后刈割并分种测量、记录其密度。

2. 草产量及品质

产草量及品质见3.1节。

3. 相对饲用价值计算

$$RFV = \frac{DMI \times DDM}{1.29} \tag{3-23}$$

$$DMI = \frac{120}{NDF} \tag{3-24}$$

$$DDM = 88.9 - 0.779 \times ADF \tag{3-25}$$

式中：*RFV* 为相对饲用价值；*DMI* 为干物质采食量，%BW，其含义为占体重的百分比；*DDM* 为可消化干物质，%DM，其含义为占干物质的百分比；*NDF* 为牧草中性洗涤纤维，%DM；*ADF* 为牧草酸性洗涤纤维。

NDF 和 *ADF* 采用范氏中性洗涤纤维法和酸性洗涤纤维法测定。

3.2.2　无芒雀麦+紫花苜蓿草地不同混播比例及混作模式研究

3.2.2.1　不同混作模式对两组分混播草种的株高和密度的影响

混播在一定程度上提高了无芒雀麦的高度，且同行播种较异行播种提高程度更为显著。此外，随着混播比例增加，相应组合的株高增加较为显著。当降低了紫花苜蓿的播种比例后，在一定程度上抑制了紫花苜蓿的株高优势。

同样，随着紫花苜蓿播种比例的降低，牧草群落密度也逐渐降低，异行混播在一定程度降低了无芒雀麦的密度，且对无芒雀麦的影响大于紫花苜蓿（见图3-23）。

3.2.2.2　不同混作模式对三组分混播草种的株高和密度的影响

如图3-24所示，2018年，“紫花苜蓿+无芒雀麦+长穗偃麦草1∶1∶1”混播，无芒雀麦的株高显著大于“紫花苜蓿+无芒雀麦+长穗偃麦草2∶1∶1”和“紫花苜蓿+无芒雀麦+长穗偃麦草3∶1∶1”混播。但在2019年的同行混播中，“紫花苜蓿+无芒雀麦+长穗偃麦草2∶1∶1”和“紫花苜蓿+无芒雀麦+长穗偃麦草3∶1∶1”混播，无芒雀麦和长穗偃麦草的株高显著大于“紫花苜蓿+无芒雀麦+长穗偃麦草1∶1∶1”同行混播。在2019年，异行混播无芒雀麦和长穗偃麦草的株高均大于同行混播，但均小于单播。随着紫花苜蓿播种比例的增加，无芒雀麦和长穗偃麦草的密度逐渐降低。

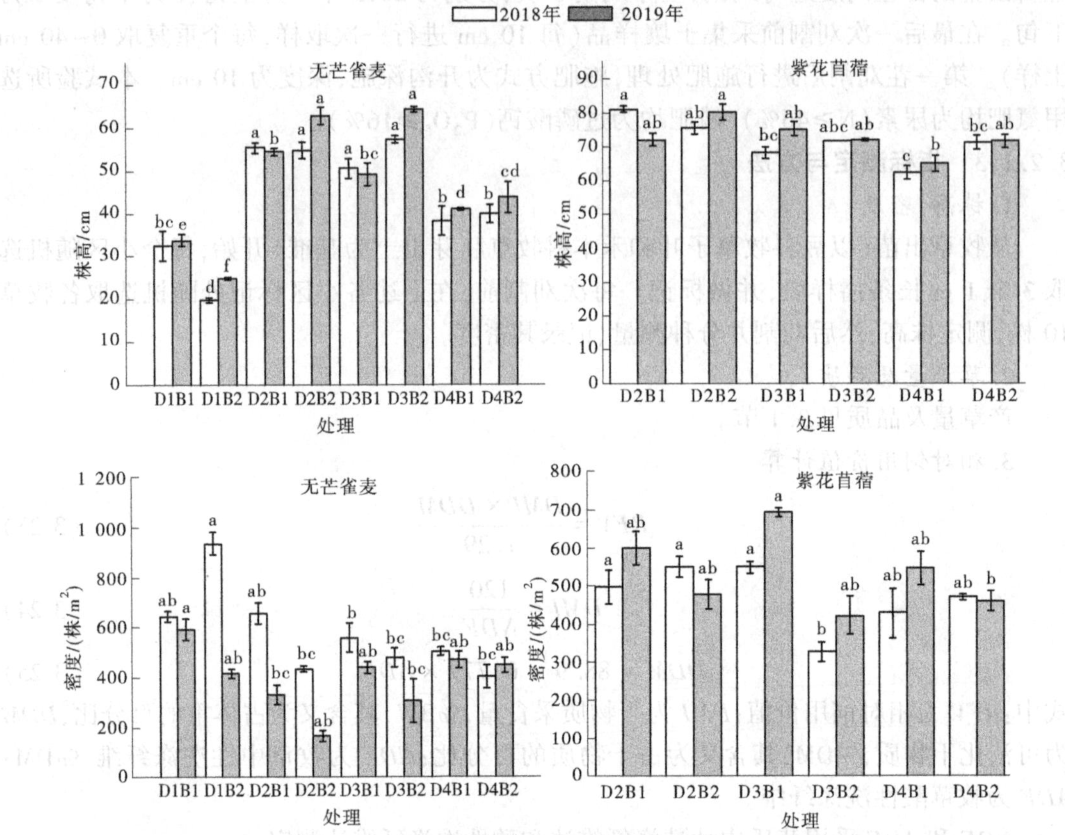

注：D1 代表“无芒雀麦+长穗偃麦草 1∶1”，D2 代表“无芒雀麦+紫花苜蓿 2∶1”，D3 代表“无芒雀麦+紫花苜蓿 1∶1”，D4 代表“无芒雀麦+紫花苜蓿 1∶2”；B1 代表同行播种，B2 代表异行播种，后同。

图 3-23　播种对不同混播组合株高和密度的影响

3.2.2.3　不同混作模式对混播草地草产量的影响

如图 3-25 所示，豆-禾混播牧草产量显著高于禾-禾混播，且以“无芒雀麦+紫花苜蓿 2∶1”同行播种最高（2018 年为 18 314.15 kg/hm²，2019 年为 17 996.22 kg/hm²）。随着紫花苜蓿播种比例的降低，牧草产量逐渐降低。

如图 3-26 所示，豆-禾混播牧草产量显著高于禾本科单播，且同行播种牧草产量均高于异行播种，且以紫花苜蓿单播最高（2018 年为 15 639.11 kg/hm²，2019 年为 17 899.44 kg/hm²）。随着紫花苜蓿播种比例的增加，牧草产量逐渐增高。

3.2.2.4　不同混作模式对混播草地牧草营养品质的影响

如图 3-27 所示，豆-禾混播在一定程度上提高了无芒雀麦的蛋白含量（对紫花苜蓿无显著影响），且以“无芒雀麦+紫花苜蓿 2∶1”同行播种最高，2018 年为 12.33%，2019 年为 12.15%。

如图 3-28 所示，豆-禾混播在一定程度上提高了无芒雀麦和长穗偃麦草的蛋白含量（对紫花苜蓿无显著影响），同行播种增加了蛋白质的含量，且以“紫花苜蓿+无芒雀麦+长

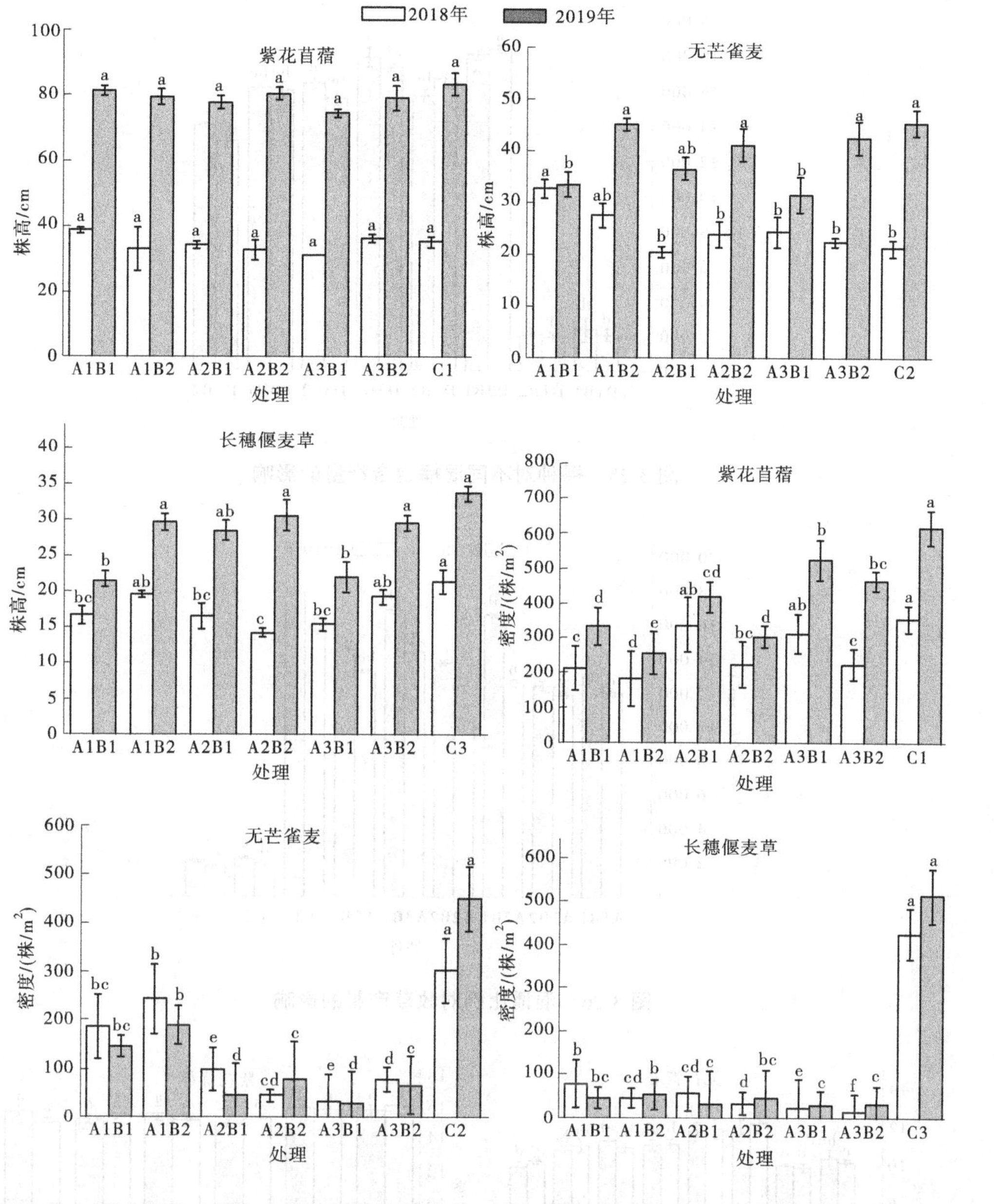

注：A1 代表“紫花苜蓿+无芒雀麦+长穗偃麦草 1:1:1”，A2 代表“紫花苜蓿+无芒雀麦+长穗偃麦草 2:1:1”，A3 代表“紫花苜蓿+无芒雀麦+长穗偃麦草 3:1:1”。

图 3-24　不同混播比例对植株高和密度的影响

穗偃麦 3:1:1”同行播种最高。无芒雀麦蛋白含量 2018 年为 12.06%，2019 年为 12.01%。长穗偃麦草蛋白含量 2018 年为 11.99%，2019 年为 12.22%。

3.2.2.5　不同混作模式对混播草地水分利用特征的影响

随着紫花苜蓿混播比例的增加，混播群落水分利用效率逐渐增强，所有混播组合中以“无芒雀麦+紫花苜蓿 3:1”同行播种水分利用效率最高，2018 年为 4.61 kg/(hm^2 · mm)，

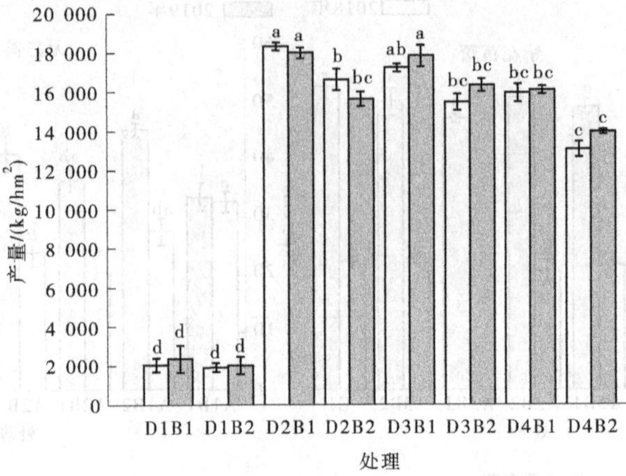

图 3-25　播种对不同混播组合产量的影响

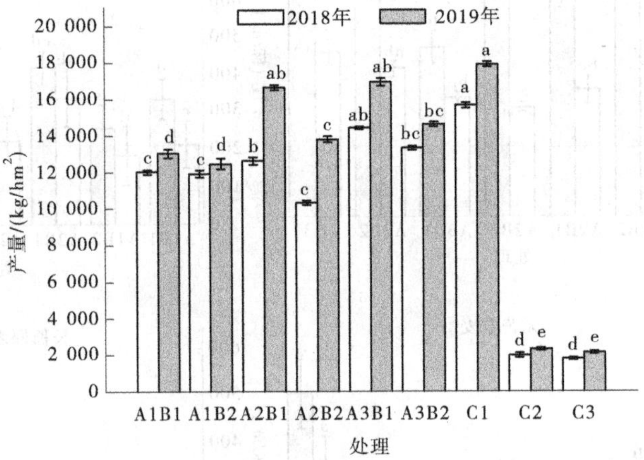

图 3-26　混播比例对牧草产量的影响

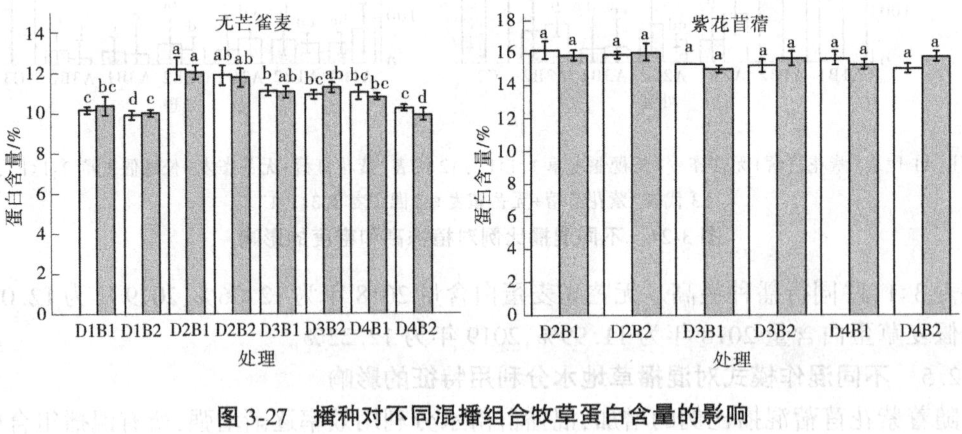

图 3-27　播种对不同混播组合牧草蛋白含量的影响

2019 年为 5. 56 kg/(hm^2 · mm)(见图 3-29)。

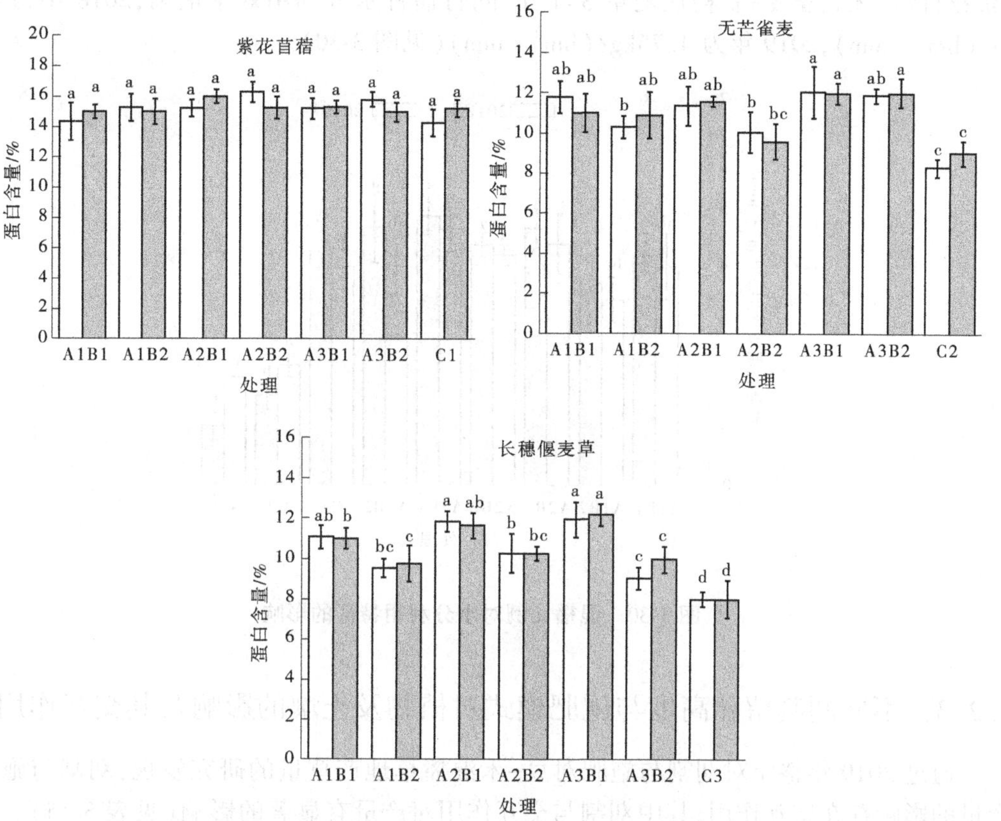

图 3-28　混播比例对牧草蛋白含量的影响

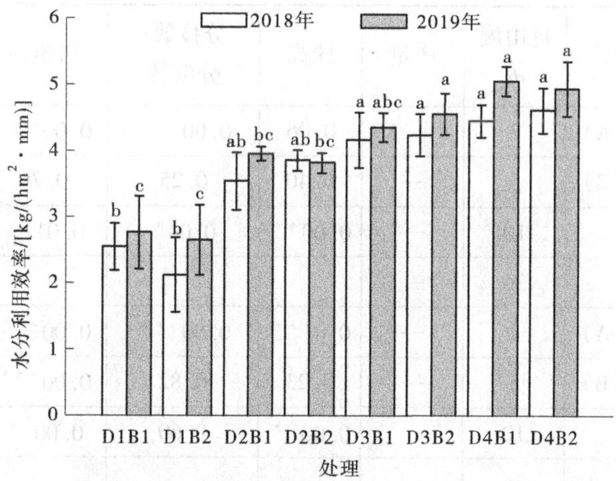

图 3-29　秋播对不同组合水分利用特征的影响

随着紫花苜蓿混播比例的增加，混播群落水分利用效率逐渐增强，所有混播组合中以"紫花苜蓿+无芒雀麦+长穗偃麦草 3∶1∶1"同行播种水分利用效率最高，2018 年为 4.61 kg/(hm^2·mm)，2019 年为 4.75kg/(hm^2·mm)(见图 3-30)。

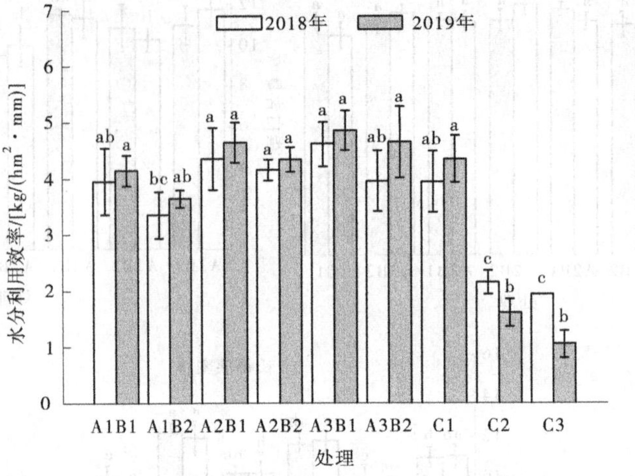

图 3-30　混播比例对水分利用特征的影响

3.2.3　不同刈割留茬高度与施肥模式对植物及土壤的影响及其交互作用

通过 2019 年整年对刈割与施肥对豆-禾混播草地产草量的研究发现，刈割与施肥对产量的影响存在交互作用，其中刈割与交互作用对产量有显著的影响(见表 3-15)。同时就刈割与施肥对豆-禾混播草地，以及清水紫花苜蓿、无芒雀麦和长穗偃麦草的产量、株高、分枝数/分蘖数、牧草营养品质等的不同影响分别进行阐述。

表 3-15　主效应和交互作用对混播草地产量及牧草品质的显著性分析

牧草品种	变异来源	自由度 *df*	产量	株高	分枝数/分蘖数	粗蛋白	粗脂肪	相对饲用价值 RFV
清水紫花苜蓿	刈割处理(A)	2	—	0.06	0.00***	0.00***	0.89	0.02*
	施肥处理(B)	5	—	0.40	0.25	0.76	0.00**	0.00**
	A×B	10	—	0.00**	0.04*	0.01**	0.02*	0.22
	误差	36	—					
无芒雀麦	刈割处理(A)	2	—	0.01**	0.00***	0.00***	0.27	0.00**
	施肥处理(B)	5	—	0.23	0.82	0.00***	0.18	0.000**
	A×B	10	—	0.00**	0.60	0.00**	0.00**	0.01**
	误差	36	—					

续表 3-15

牧草品种	变异来源	自由度 df	产量	株高	分枝数/分蘖数	粗蛋白	粗脂肪	相对饲用价值 RFV
长穗偃麦草	刈割处理(A)	2	—	0.08	0.50	0.01*	0.02*	0.09
	施肥处理(B)	5	—	0.03*	0.26	0.08	0.53	0.01**
	A×B	10	—	0.04*	0.02*	0.01*	0.00***	0.44
	误差	36	—	—	—	—	—	—
豆-禾混播草地	刈割处理(A)	2	0.05*	—	—	—	—	—
	施肥处理(B)	5	0.18	—	—	—	—	—
	A×B	10	0.00**	—	—	—	—	—
	误差	36	—	—	—	—	—	—

注:"*"表示在 0.05 水平差异显著($P<0.05$),"**"表示在 0.01 水平差异显著($P<0.01$),"***"表示在 0.001 水平差异显著($P<0.001$),全书同。

3.2.4　不同刈割与施肥处理对草地豆禾混播组分株高和分蘖数的影响

3.2.4.1　不同刈割与施肥处理对混播草地牧草株高的影响

通过对 3 种混播牧草株高的双因素方差分析发现,刈割对无芒雀麦的株高有极显著影响,对清水紫花苜蓿及长穗偃麦草的影响不显著,而施肥仅对长穗偃麦草的株高产生了显著影响。这二者的交互作用则对清水紫花苜蓿和无芒雀麦株高的影响均达到了极显著水平,对长穗偃麦草的株高也有显著影响(见表 3-16)。

表 3-16　不同处理下的牧草株高　单位:cm

牧草种类	施肥处理	刈割处理		
		A1	A2	A3
清水紫花苜蓿	不施肥 CK	56.96±1.01Ba	56.30±0.02Bc	64.70±0.79Aa
	单施磷肥	61.83±0.85Aa	62.69±0.37Aab	59.24±0.56Bbc
	低氮高磷	60.47±1.73Aa	65.17±2.06Aa	61.05±0.13Aab
	氮磷平衡	60.83±0.18Aa	64.93±0.42Aa	54.13±2.42Bc
	单施氮肥	64.28±4.11Aa	58.27±1.37Abc	58.89±0.25Abc
	高氮低磷	61.05±2.49Aa	61.80±3.19Aab	55.93±3.16Abc
无芒雀麦	不施肥 CK	45.49±1.26Bb	46.87±1.35Bb	57.83±0.71Aa
	单施磷肥	45.33±0.43Cb	56.73±1.39Aa	52.83±0.90Ba
	低氮高磷	49.89±0.29Aab	52.87±1.62Aab	53.27±3.69Aa
	氮磷平衡	53.28±0.15Aa	48.70±0.92Aab	53.90±3.06Aa
	单施氮肥	54.47±2.35Aa	52.29±4.16Aab	55.49±0.48Aa
	高氮低磷	52.25±2.45Aa	56.47±3.27Aa	51.47±0.73Aa

续表 3-16

牧草种类	施肥处理	刈割处理		
		A_1	A_2	A_3
长穗偃麦草	不施肥 CK	18. 82±0. 87Acd	23. 31±1. 36Aa	24. 63±3. 25Aab
	单施磷肥	13. 55±2. 97Ad	19. 55±0. 38Aa	18. 67±3. 29Abc
	低氮高磷	16. 43±0. 52Ccd	23. 53±0. 23Ba	27. 97±1. 06Aa
	氮磷平衡	24. 35±2. 41Aab	27. 26±7. 09Aa	15. 22±0. 63Ac
	单施氮肥	26. 67±0. 58Aa	23. 54±5. 87Aa	27. 36±1. 14Aa
	高氮低磷	20. 24±1. 18Abc	25. 93±2. 69Aa	19. 53±3. 12Abc

注：三个留茬高度：A1(5 cm)、A2(8 cm)、A3(11 cm)；6 个施肥模式：B1(CK，不施肥)，B2(单施磷肥：150 kg P_2O_5/hm^2)，B3(低氮高磷：75 kg N/hm^2+225 kg P_2O_5/hm^2)，B4 氮磷平衡：150 kg N/hm^2+150 kg P_2O_5/hm^2)，B5(单施氮肥：150 kg N/hm^2)，B6(高氮低磷：225 kg N/hm^2+75 kg P_2O_5/hm^2)，全书同。

当留茬高度为 5 cm 时，紫花苜蓿的株高并没有随着施肥模式的变化而发生显著变化，而无芒雀麦和长穗偃麦草的株高发生了显著的变化。随着氮肥施用量的增加，无芒雀麦的株高呈现出上升的趋势，但差异并不显著。长穗偃麦草在不施肥、单施磷肥和低氮高磷施肥处理下(施磷、无氮或低氮肥)的株高无显著差异；氮磷平衡和单施氮肥处理下(低磷、高氮)的株高显著高于以上 3 个处理；高氮低磷处理下的株高显著高于单施磷肥处理，低于单施氮肥处理，与不施肥、低氮高磷、氮磷平衡处理无显著差异(见表 3-17)。

当留茬高度为 8 cm 时，紫花苜蓿的株高以不施肥、单施氮肥处理下较低，均显著低于低氮高磷、氮磷平衡处理，不施肥处理还显著低于单施磷肥、高氮低磷处理；无芒雀麦的株高则为单施磷肥、高氮低磷处理显著高于不施肥处理，但与其余 3 个施肥处理之间并无显著差异；各施肥处理对长穗偃麦草的株高无显著影响。

当留茬高度为 11 cm 时，紫花苜蓿的株高以不施肥处理下最高，氮磷平衡处理下最低，二者之间差异显著，此外单施磷肥、低氮高磷处理显著高于氮磷平衡处理，单施磷肥、单施氮肥、高氮低磷处理显著低于不施肥处理。各施肥处理下无芒雀麦的株高没有显著变化。长穗偃麦草的株高也以氮磷平衡处理下最低，显著低于不施肥、低氮高磷和单施氮肥处理，低氮高磷、单施氮肥处理下的株高最高，且显著高于单施磷肥、氮磷平衡、高氮低磷处理。

当草地处于同一施肥处理时，紫花苜蓿的株高仅在不施肥处理下，A3 显著高于 A1 和 A2，单施磷肥处理下 A1 显著高于 A3；无芒雀麦的株高在不施肥处理下为 A3 显著高于 A1 和 A2，在单施磷肥处理下则为 A2>A3>A1，其余处理无显著差异；长穗偃麦草的株高仅在低氮高磷时 A3>A2>A1，其余处理间差异不显著。

3.2.4.2　不同刈割与施肥处理对混播草地牧草分枝数/分蘖数的影响

通过对牧草分枝数/分蘖数进行双因素方差分析发现，紫花苜蓿的分枝数受刈割与交互作用的影响较为显著，无芒雀麦的分蘖数仅受刈割的影响较为显著。长穗偃麦草的分蘖数受其交互作用的影响较为显著，其余因素对各混播组分的分枝数/分蘖数没有显著影响(见表 3-15)。

对不同刈割处理下紫花苜蓿分枝数和无芒雀麦分蘖数变化的分析发现(见图 3-31),随着留茬高度的增加,紫花苜蓿的分枝数呈下降的态势,其中单施磷肥和单施氮肥处理为 A1 显著高于 A3,高氮低磷处理为 A1 显著高于 A2、A3,说明低氮或低磷时,低茬刈割可能促进分蘖数的增加。

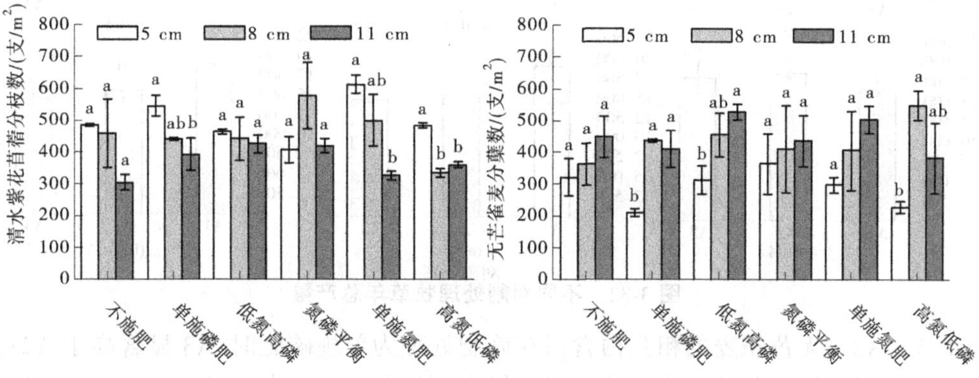

图 3-31　不同刈割处理下清水紫花苜蓿和无芒雀麦分枝数/分蘖数的变化

与紫花苜蓿相反,无芒雀麦的分蘖数会随着留茬高度的增加而增加,其中以单施磷肥、低氮高磷、高氮低磷处理下分蘖数的变化最为显著,显著性关系分别为单施磷肥处理下 A1 显著低于 A2、A3,低氮高磷处理下 A1 显著低于 A3,高氮低磷处理下 A1 显著低于 A2。

3.2.5　不同刈割与施肥处理对豆-禾混播草地草产量的影响

通过 2019 年整年对刈割与施肥对豆-禾混播草地产草量的研究发现,刈割与施肥对产量的影响存在交互作用,其中刈割与交互作用对产量有显著的影响(见表 3-15)。

图 3-32 表示的是在相同的施肥条件下,不同的留茬高度对产量的影响。可以看出,在不施肥、氮磷平衡处理下留茬高度对产量没有显著影响,但是在单施磷肥、单施氮肥下,A1 的产草量分别高出 A2 和 A3 22.22%～34.20%和 28.33%～30.70%;高氮低磷处理下,A1 显著高出 A3 32.08%,在低氮高磷处理下,A3 显著高出 A1 30.95%。当留茬高度为 11 cm 时,混播草地产量会随着磷肥施用量的增加而逐渐增高,于 225 kg P_2O_5/hm^2 时达到最大值。这说明较低刈割的同时,增加氮磷肥后,可提高产量。

3.2.6　不同刈割与施肥处理对牧草品质的影响

3.2.6.1　不同刈割与施肥处理对混播草地牧草粗蛋白含量的影响

刈割以及交互作用对 3 种混播牧草的粗蛋白含量均具有显著影响,施肥仅对无芒雀麦的粗蛋白含量产生显著影响(见表 3-15)。

根据图 3-33,紫花苜蓿的粗蛋白含量在不施肥处理下随着留茬高度的提高而下降,A1 显著高于 A3;在低氮高磷处理下随着留茬高度的增加,粗蛋白含量先增加后降低,A2 显著高于 A1、A3;在氮磷平衡处理下粗蛋白含量也随着留茬高度的提高而下降,且 A3 显

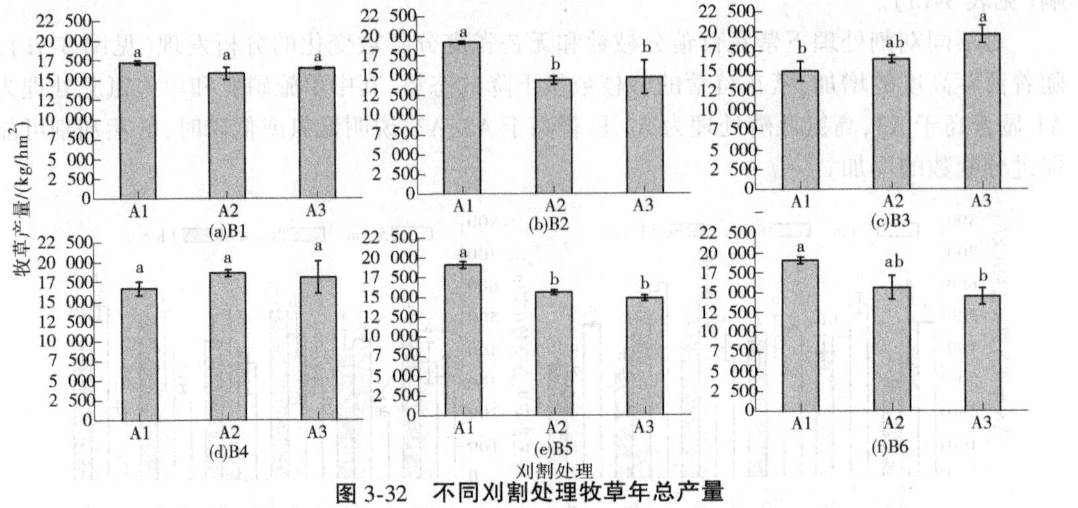

图 3-32　不同刈割处理牧草年总产量

著低于 A1、A2。无芒雀麦的粗蛋白含量在施肥处理为单施磷肥时，A3 显著高于 A2；在低氮高磷处理下粗蛋白含量随着留茬高度的提高而增加，A3 显著高于 A1、A2；在单施氮肥处理下，粗蛋白的变化趋势与低氮高磷处理下相同，不同的是 A1 显著低于 A2、A3；在高氮低磷处理下，无芒雀麦的粗蛋白含量变化为 A1 高于 A3、A2。长穗偃麦草的粗蛋白含量仅在单施磷肥、氮磷平衡处理下随着留茬高度的变化发生了显著变化，其中在单施磷肥处理下 A1 显著高于 A3；在氮磷平衡处理下 A3 显著低于 A1、A2。

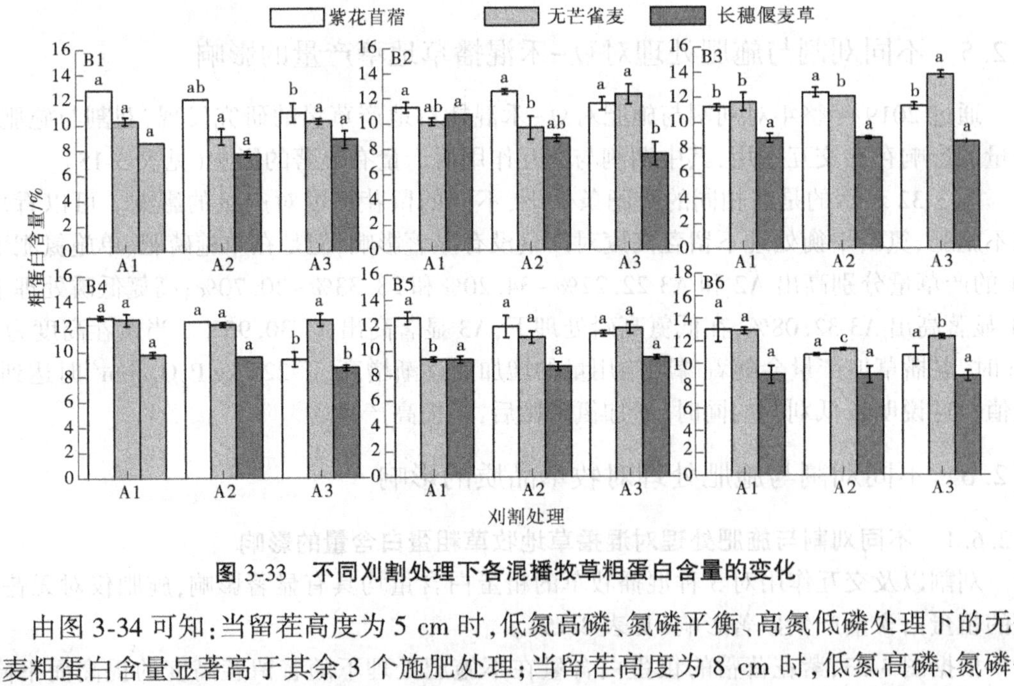

图 3-33　不同刈割处理下各混播牧草粗蛋白含量的变化

由图 3-34 可知：当留茬高度为 5 cm 时，低氮高磷、氮磷平衡、高氮低磷处理下的无芒雀麦粗蛋白含量显著高于其余 3 个施肥处理；当留茬高度为 8 cm 时，低氮高磷、氮磷平衡、高氮低磷处理显著高于不施肥、单施磷肥处理，单施氮肥处理显著高于不施肥处理；当留茬高度为 11 cm 时，低氮高磷处理显著高于不施肥、单施磷肥、单施氮肥、高氮低磷处理,此外单施磷肥、氮磷平衡、单施氮肥、高氮低磷处理也显著高于不施肥处理。各刈割处理下无芒雀麦的粗蛋白含量随着磷肥施用量的增加而增加,于低氮高磷时达到最大值,各刈割处理相比不施肥处理分别提高 13.06%、32.93%和 34.71%。

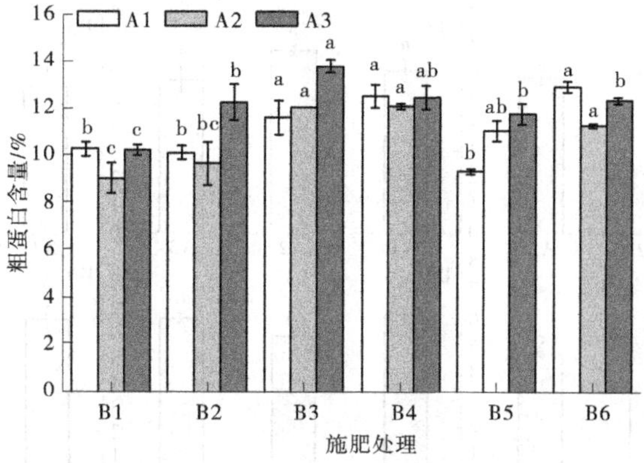

图 3-34　不同施肥处理无芒雀麦粗蛋白含量的变化

3.2.6.2　不同刈割与施肥处理对混播草地牧草粗脂肪含量的影响

刈割和施肥分别对长穗偃麦草和清水紫花苜蓿的粗脂肪含量产生显著影响,二者对无芒雀麦则没有显著的影响。此外,交互作用对 3 种混播牧草的粗脂肪含量均产生显著影响(见表 3-15)。

当留茬高度为 5 cm 时,单施磷肥处理下的紫花苜蓿粗脂肪含量显著高于其余 5 个施肥处理,较不施肥处理提高 47.81%;当留茬高度为 8 cm 时,仅为不施肥处理和单施氮肥处理显著高于高氮低磷处理,其余处理间并没有显著差异;当留茬高度为 11 cm 时,单施氮肥处理下的紫花苜蓿粗脂肪含量显著高于低氮高磷、高氮低磷处理,较不施肥处理高出 20.29%(见图 3-35)。

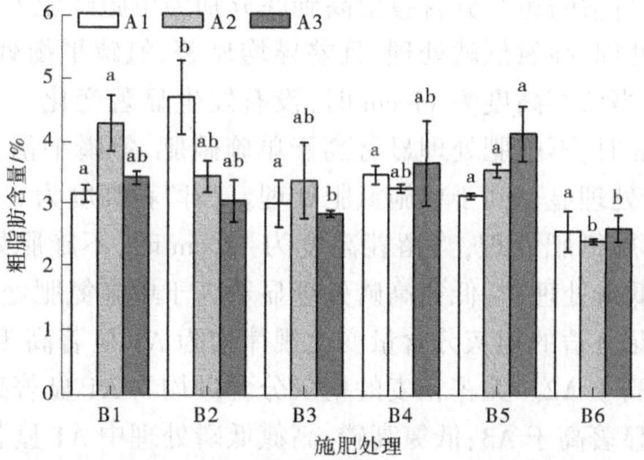

图 3-35　不同施肥处理紫花苜蓿粗脂肪含量的变化

分析不同的刈割处理对长穗偃麦草粗脂肪含量的影响后得出图 3-36。在不施肥和单施磷肥处理下,3 种留茬高度处理下混播草地中的长穗偃麦草粗脂肪含量并没有发生显著变化;当施肥处理为低氮高磷时,A2 的粗脂肪含量最高,且显著高于 A1 和 A3;当施肥处理为氮磷平衡时，随着留茬高度的增加，长穗偃麦草的粗脂肪含量随之下降并均具有显著差异；当施肥处理为单施氮肥、高氮低磷时，粗脂肪变化趋势相同，均为先降低后升高，且 A1 显著高于 A2(见图 3-36)。

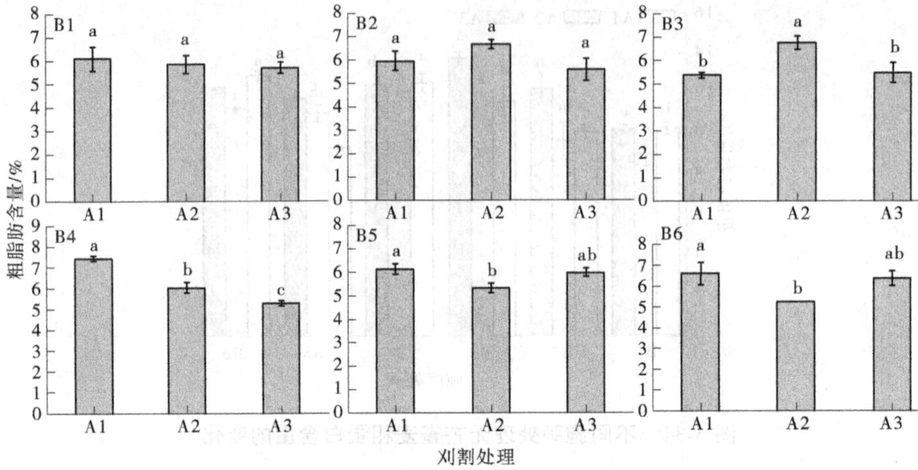

图 3-36　不同刈割处理下长穗偃麦草粗脂肪含量的变化

3.2.6.3　不同刈割与施肥处理对混播草地牧草粗灰分的影响

刈割对 3 种牧草的粗灰分含量均具有显著影响；施肥对紫花苜蓿和无芒雀麦具有显著影响；交互作用对紫花苜蓿和长穗偃麦草具有显著影响(见表 3-15)。

由图 3-37、图 3-38 可知，紫花苜蓿的粗灰分含量会随着氮肥和磷肥施用量的增加而先增加后降低。当留茬高度为 5 cm 时，不施肥处理显著高于低氮高磷、高氮低磷处理；单施磷肥处理显著高于不施肥处理、低氮高磷处理、单施氮肥处理、高氮低磷处理。当留茬高度为 8 cm 时，紫花苜蓿的粗灰分含量由高到底分别为单施磷肥处理、不施肥处理、单施氮肥处理、低氮高磷处理、高氮低磷处理，且差异均显著，氮磷平衡处理与不施肥、单施磷肥处理无显著差异。当留茬高度为 11 cm 时，没有发生显著变化。无芒雀麦的粗灰分含量在留茬高度为 5 cm 时，不施肥处理显著高于单施磷肥、氮磷平衡、单施氮肥处理；低氮高磷处理和高氮低磷处理显著高于单施氮肥处理。当留茬高度为 8 cm 时，不施肥和单施磷肥处理显著高于单施氮肥处理；当留茬高度为 11 cm 时，不施肥处理显著高于单施磷肥、单施氮肥和高氮低磷处理，且低氮高磷处理显著高于单施氮肥处理和高氮低磷处理。

根据图 3-39，紫花苜蓿的粗灰分含量变化规律均为 A1 显著高于 A2 和 A3，其中低氮高磷处理中 A3 显著高于 A2。无芒雀麦的粗灰分含量均为 A1 显著高于 A2，其中不施肥、单施磷肥处理中 A2 显著高于 A3；低氮高磷、高氮低磷处理中 A1 显著高于 A3。长穗偃麦草的粗灰分含量均为 A1 显著高于 A2，其中在不施肥、单施磷肥和高氮低磷处理中 A2、A3 无显著差异，低氮高磷和氮磷平衡处理中 A3 显著高于 A_2 但低于 A1。

3.2.6.4　不同刈割与施肥处理对混播草地牧草相对饲用价值的影响

通过对牧草中性洗涤纤维含量和酸性洗涤纤维含量的测定计算出牧草相对饲用价

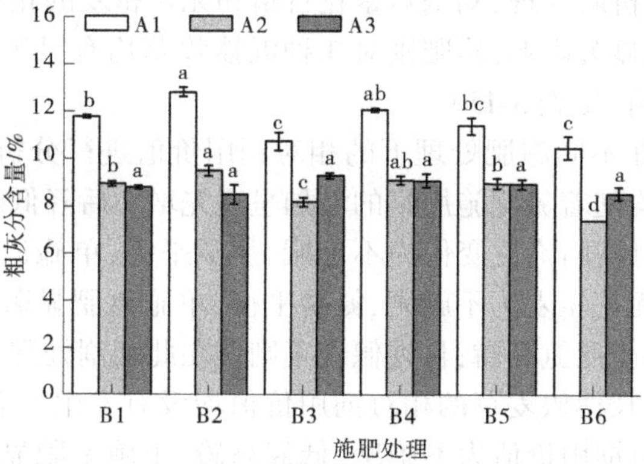

图 3-37　不同施肥处理紫花苜蓿粗灰分含量的变化

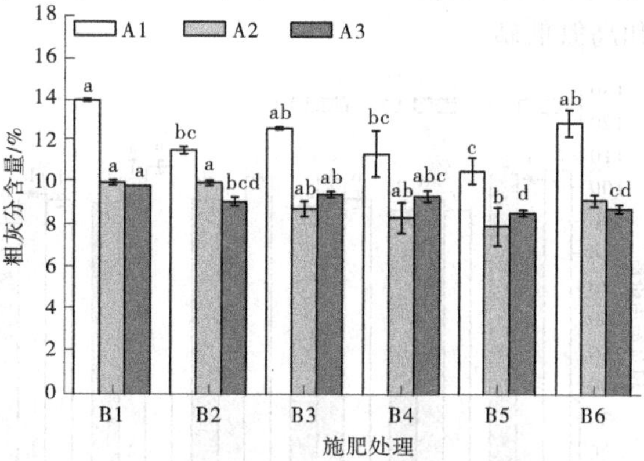

图 3-38　不同施肥处理无芒雀麦粗灰分含量的变化

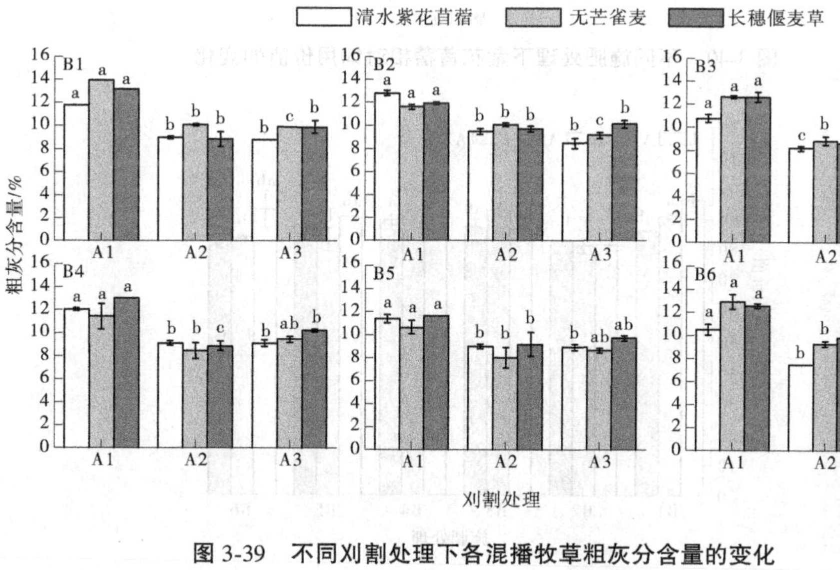

图 3-39　不同刈割处理下各混播牧草粗灰分含量的变化

值,进行双因素方差分析后发现,刈割对紫花苜蓿和无芒雀麦的相对饲用价值具有显著影响,对长穗偃麦草则无显著影响;施肥则对 3 种混播牧草均有显著影响;二者的交互作用仅对无芒雀麦产生影响(见表 3-15)。

对 3 种混播牧草在不同施肥处理下的相对饲用价值进行分析得出图 3-40～图 3-42,牧草的相对饲用价值均随着氮肥施用量的增加呈现先增加后降低的趋势。当刈割处理为 A1 时,紫花苜蓿的相对饲用价值变化为不施肥、氮磷平衡、单施氮肥显著高于单施磷肥、低氮高磷、高氮低磷;无芒雀麦为不施肥、氮磷平衡、单施氮肥显著高于单施磷肥,其中不施肥、氮磷平衡显著高于低氮高磷;长穗偃麦草则仅在此刈割处理下不施肥显著高于单施氮肥,其余留茬高度下长穗偃麦草的相对饲用价值均没有发生显著变化。当刈割处理为 A2 时,紫花苜蓿的相对饲用价值为不施肥、低氮高磷、单施氮肥显著高于氮磷平衡;无芒雀麦为不施肥、低氮高磷、氮磷平衡显著高于单施磷肥、单施氮肥、高氮低磷。当刈割处理为 A3 时,紫花苜蓿的相对饲用价值仅有不施肥显著高于高氮低磷;无芒雀麦仅为氮磷平衡显著高于单施磷肥和高氮低磷。

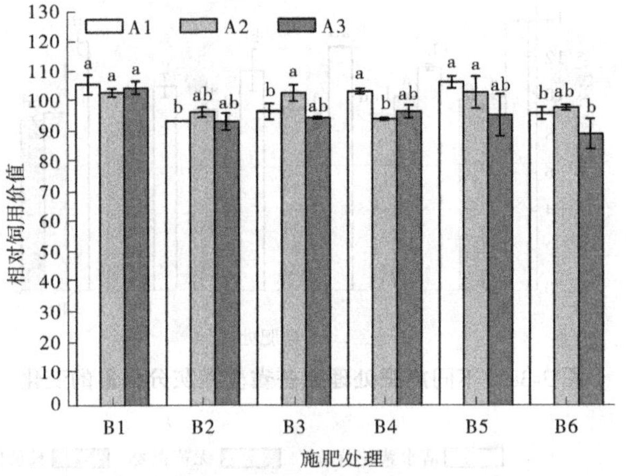

图 3-40　不同施肥处理下紫花苜蓿相对饲用价值的变化

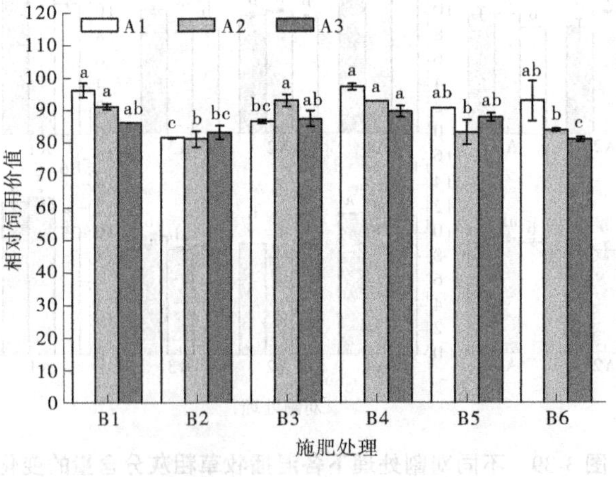

图 3-41　不同施肥处理下无芒雀麦相对饲用价值的变化

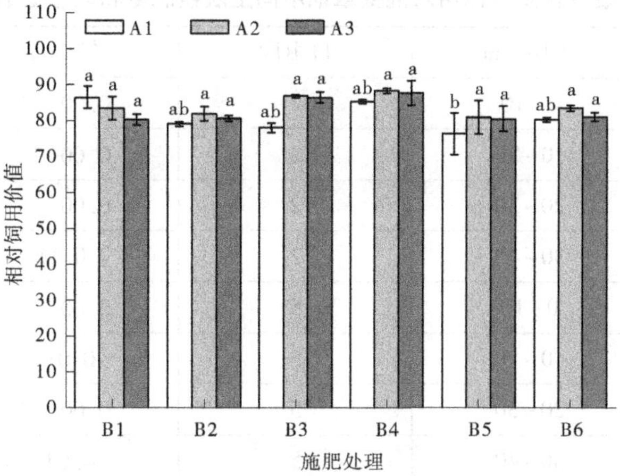

图 3-42　不同施肥处理下长穗偃麦草相对饲用价值的变化

对紫花苜蓿和无芒雀麦在不同留茬高度下的相对饲用价值进行分析得出图 3-43，当施肥处理发生改变时，紫花苜蓿仅在低氮高磷和氮磷平衡处理下的相对饲用价值发生了显著改变，其中低氮高磷处理下 A2 显著高于 A3；氮磷平衡处理下 A1 显著高于 A2 和 A3。无芒雀麦则仅在不施肥和氮磷平衡发生变化，其中不施肥处理下相对饲用价值随着留茬高度的增加而逐渐降低，且相互间差异显著；氮磷平衡处理下的变化趋势与不施肥相同，不同的是，A2 与 A3 之间并没有显著差异。

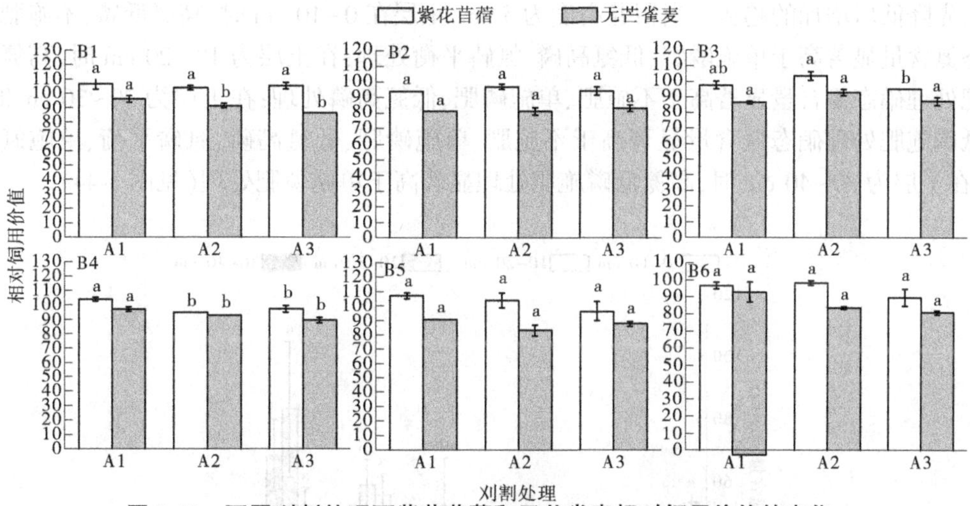

图 3-43　不同刈割处理下紫花苜蓿和无芒雀麦相对饲用价值的变化

3.2.7　刈割与施肥对土壤理化特征的影响

根据表 3-17 所示的显著性分析可知：刈割处理对 0~30 cm 土层的铵态氮具有较显著的影响；施肥处理对 0~40 cm 土层的铵态氮、硝态氮均具有显著影响；二者的交互作用则仅对土层的硝态氮产生显著影响。

表 3-17　主效应和交互作用对混播草地不同土层铵态氮和硝态氮的显著性分析

变异来源	土层/cm	自由度	铵态氮	硝态氮
刈割处理	0~10	2	0.00***	0.06
	10~20	2	0.00***	0.38
	20~30	2	0.00***	0.19
	30~40	2	0.11	0.31
施肥处理	0~10	5	0.00***	0.02*
	10~20	5	0.01*	0.00***
	20~30	5	0.00***	0.00***
	30~40	5	0.03*	0.00***
交互作用	0~10	10	0.18	0.01*
	10~20	10	0.10	0.05*
	20~30	10	0.62	0.30
	30~40	10	0.07	0.30
误差		36		

由图 3-44 可知,在不同施肥处理下,随着氮肥施用量的增加,土壤各土层硝态氮含量呈现出先降低后增加的趋势。当留茬高度为 5 cm,土层在 0~10 cm 时,高氮低磷、不施肥处理硝态氮含量显著高于单施磷肥、低氮高磷、氮磷平衡处理;在土层为 10~20 cm 时,高氮低磷施肥处理硝态氮含量显著高于不施肥、单施磷肥、低氮高磷处理;在土层为 20~30 cm 时,高氮低磷施肥处理硝态氮含量显著高于不施肥、单施磷肥、低氮高磷、氮磷平衡、单施氮肥处理;在土层为 30~40 cm 时,高氮低磷施肥处理显著高于单施磷肥处理(见图 3-44)。

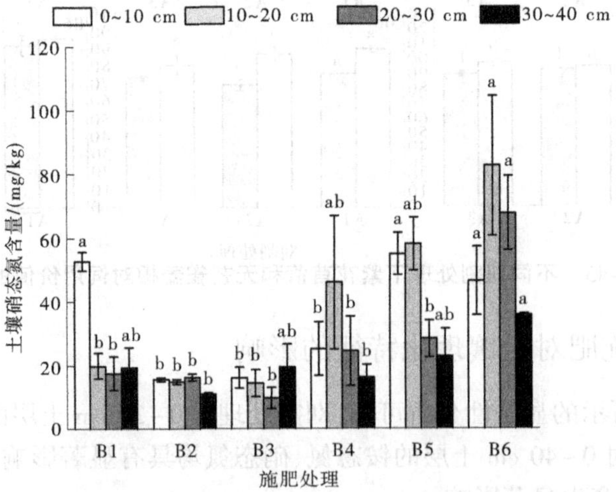

图 3-44　留茬高度 5 cm 不同施肥处理下土壤硝态氮含量的变化

当留茬高度为 8 cm，土层在 0～10 cm 时，高氮低磷处理硝态氮显著高于不施肥、单施磷肥、低氮高磷、单施氮肥、氮磷平衡处理，其中不施肥、低氮高磷处理硝态氮含量显著高于氮磷平衡处理；土层在 10～20 cm 时，高氮低磷处理硝态氮含量显著高于不施肥、低氮高磷、单施磷肥、氮磷平衡、单施氮肥处理，其中不施肥处理硝态氮含量显著高于单施磷肥、氮磷平衡处理；土层在 20～30 cm 时，高氮低磷处理硝态氮含量显著高于不施肥、低氮高磷、单施磷肥、氮磷平衡、单施氮肥处理，其中不施肥处理硝态氮含量显著高于氮磷平衡处理；土层为 30～40 cm 时，高氮低磷施肥处理硝态氮含量显著高于低氮高磷、单施磷肥、氮磷平衡处理（见图 3-45）。

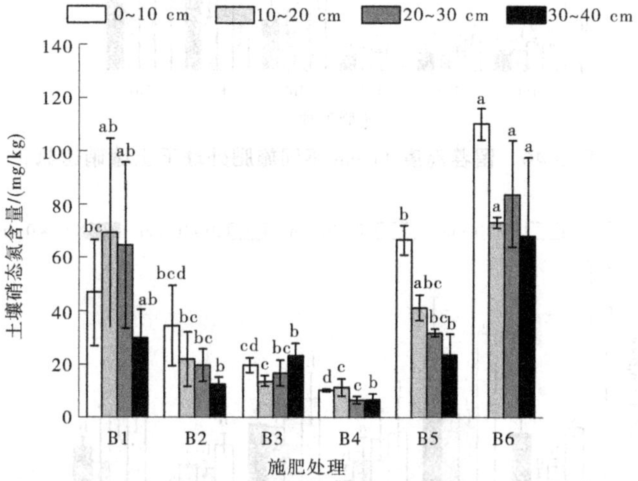

图 3-45　留茬高度 8 cm 不同施肥处理下土壤硝态氮含量的变化

当留茬高度为 11 cm，土层在 0～10 cm 时，高氮低磷处理硝态氮含量显著高于不施肥、低氮高磷、单施磷肥、氮磷平衡、单施氮肥处理，其中氮磷平衡、单施氮肥处理硝态氮含量显著高于不施肥、低氮高磷、单施磷肥处理；土层在 10～20 cm 时，高氮低磷处理硝态氮含量显著高于不施肥、低氮高磷、单施磷肥、氮磷平衡、单施氮肥处理，其中单施氮肥处理硝态氮含量显著高于不施肥、低氮高磷、单施磷肥处理；土层在 20～30 cm 时，高氮低磷处理硝态氮含量显著高于不施肥、低氮高磷、单施磷肥、氮磷平衡、单施氮肥处理；土层在 30～40 cm 时，高氮低磷处理硝态氮含量显著高于不施肥、低氮高磷、单施磷肥、氮磷平衡、单施氮肥处理，其中单施氮肥处理硝态氮含量显著高于不施肥、单施磷肥、低氮高磷处理（见图 3-46）。

由图 3-47 知，刈割处理 A1 时，土层为 0～10 cm，各施肥处理间含量均不显著；土层为 10～20 cm 时，施肥处理单施氮肥铵态氮含量显著高于不施肥、单施磷肥、低氮高磷、氮磷平衡、高氮低磷；土层为 20～30 cm 时，单施氮肥施肥处理铵态氮含量显著高于不施肥、单施磷肥、低氮高磷、氮磷平衡，此外施肥处理单施磷肥、低氮高磷、高氮低磷铵态氮含量显著高于不施肥；土层为 30～40 cm 时，施肥处理单施氮肥铵态氮含量显著高于不施肥、单施磷肥、低氮高磷、氮磷平衡，此外施肥处理不施肥、低氮高磷、高氮低磷铵态氮含量显著高于单施磷肥。

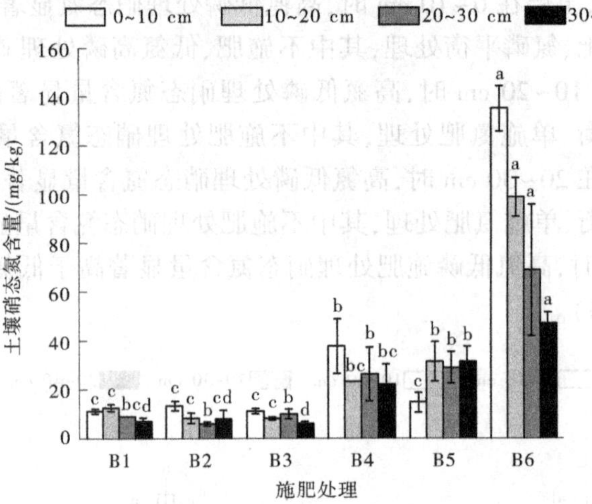

图 3-46 留茬高度 11 cm 不同施肥处理下土壤硝态氮

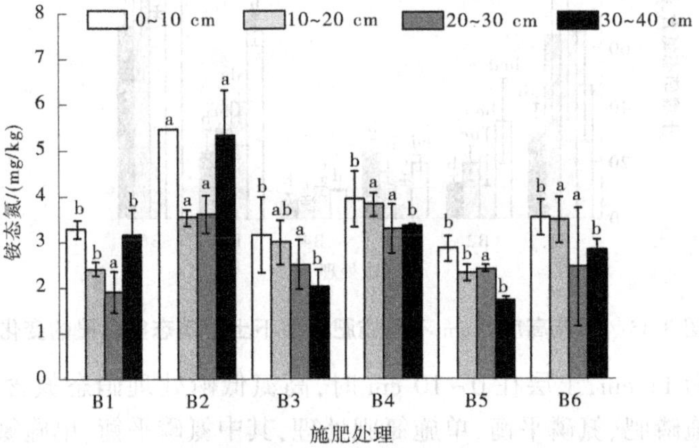

图 3-47 留茬高度 5 cm 不同施肥处理土壤铵态氮

由图 3-48 可知，刈割处理 A2 时，土层为 0~10 cm 中，施肥处理单施磷肥、低氮高磷、高氮低磷铵态氮含量显著高于单施氮肥；土层为 10~20 cm 时，各施肥处理间铵态氮含量不显著；土层为 20~30 cm 时，施肥处理单施磷肥、低氮高磷铵态氮含量显著高于不施肥、氮磷平衡；土层为 30~40 cm 时，各施肥处理间铵态氮含量不显著，如图 3-49 所示。

3.2.8 多准则决策模型-TOPSIS 评价

通过熵权法建立 TOPSIS 模型对河西走廊豆-禾混播草地不同刈割与施肥处理下的草地产草量以及各混播牧草品质的多个指标进行综合分析评价。由图 3-50 可知，不同处理间的贴近度由高到低的排序分别为 A2B4>A2B1>A3B5>A1B3>A1B1>A1B4>A1B5>A1B2>A2B6>A3B3>A1B6>A3B6>A3B2>A2B3>A2B5>A3B1 >A2B2>A3B4。A2B4 处理组合（留茬 8 cm，150 kg N/hm^2+150 kg P_2O_5/hm^2）优于其他组合，理想贴近度 *Si* 为 0.57，A_3B_4 处理组合（留茬 11 cm，150 kg N/hm^2+150 kg P_2O_5/hm^2）理想贴合度 *Si* 最低为 0.33。因此可以说明，

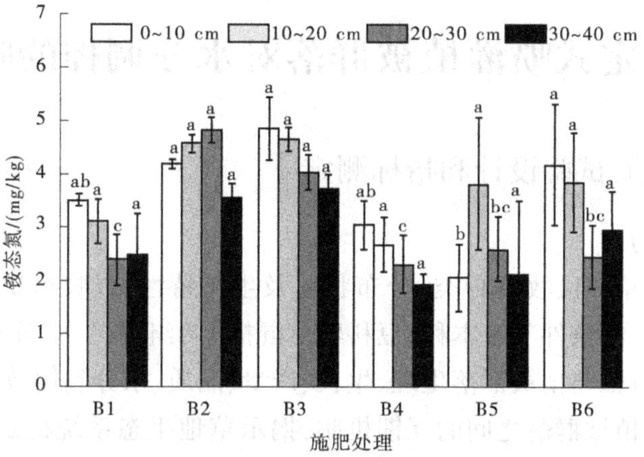

图 3-48　留茬高度 8 cm 不同施肥处理土壤铵态氮

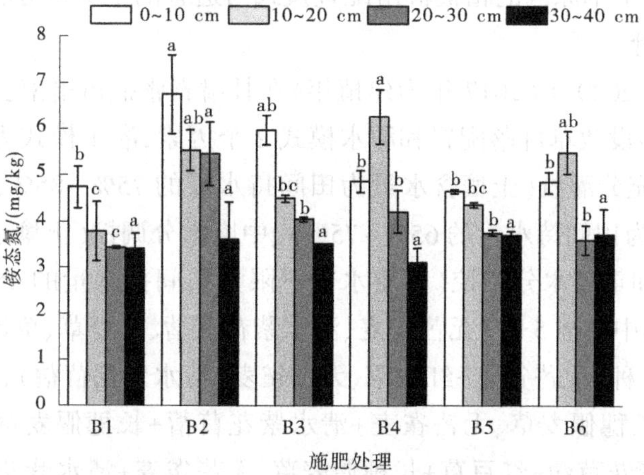

图 3-49　留茬高度 11 cm 不同施肥处理下土壤铵态氮

8 cm 的留茬高度以及 150 kg N/hm^2+150 kg P_2O_5/hm^2 的施肥量的组合是适用于河西走廊地区紫花苜蓿+无芒雀麦+长穗偃麦草豆-禾混播草地的田间管理措施。

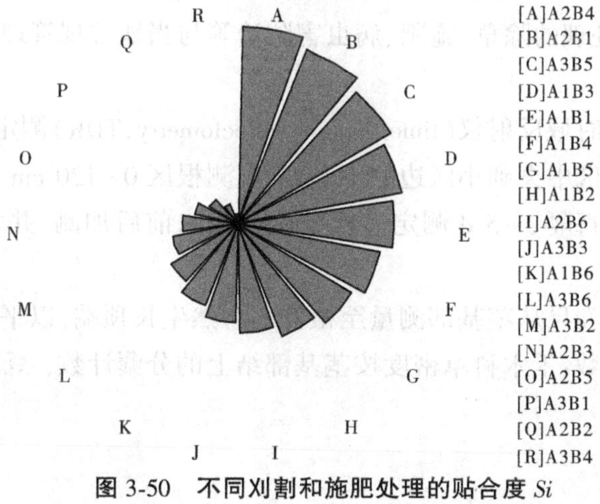

图 3-50　不同刈割和施肥处理的贴合度 *Si*

3.3 固定式喷灌植被群落对水分调控的响应研究

3.3.1 试验目的、试验设计和指标测定

3.3.1.1 研究目的

根据内陆干旱草原区牧草种类、分布状况及生长特性，以牧草单播和充分灌水为对照，探究不同水分亏缺条件下禾本科、豆科牧草混播（两组分、三组分和四组分）对土壤理化性状、草地耗水特征与植被群落生理、生长、产量、品质、水分利用效率、多样性和稳定性的影响。旨在厘清植被群落之间的互馈机制，揭示草地生态系统稳定性维持规律及其对土壤水分环境的响应过程，阐明水分利用效率与水分状况、牧草类型、种植方式间的关系，筛选出适合内陆干旱草原区的植被群落配置模式与适宜的土壤水分状况。

3.3.1.2 试验设计

试验于2017—2020年（2017年为建植年）在甘肃省张掖市肃南县明花乡前滩村进行（见1.3节）。试验设牧草群落配置和灌水模式2个因素，灌水模式为在牧草生育期间设置4种水分梯度：充分灌溉（土壤含水量为田间持水量的75%~85%，对照）、轻度水分调控（土壤水分下限为田间持水量的65%~75%）、中度水分调控（土壤水分下限为田间持水量的55%~65%）和重度水分调控（土壤水分下限为田间持水量的45%~55%）。牧草群落配置为11种，其中单播5种（无芒雀麦、清水紫花苜蓿、红豆草、草地早熟禾和长穗偃麦草），两组分混播2种（无芒雀麦+红豆草、无芒雀麦+清水紫花苜蓿），三组分混播2种（无芒雀麦+红豆草+长穗偃麦草、无芒雀麦+清水紫花苜蓿+长穗偃麦草），四组分混播2种（无芒雀麦+清水紫花苜蓿+红豆草+长穗偃麦草、无芒雀麦+清水紫花苜蓿+草地早熟禾+长穗偃麦草）。共计44个处理（具体试验处理见表3-18），每个处理重复3次，小区面积为5 m×5 m，小区之间设1 m的保护带。试验采用喷灌，喷头喷射半径2~4 m，布设在小区正中心。牧草于2018年5月8日播种，播种量为30 kg/hm^2，人工条播，播深2 cm，行距30 cm。试验期间，各处理的除草、施肥、病虫害防治等与当地常规管理保持一致。

3.3.1.3 指标测定

土壤含水量：采用时域反射仪（time domain reflectometry，TDR）测定。每个小区布设1个测点，测管布置于小区中央到小区边的中心处，观测根区0~120 cm土层的土壤体积含水量，从播种到初花期每隔3~5 d测定一次，降水、灌水前后加测，并定期采用土钻法对测定结果进行校正。

牧草株高：使用钢卷尺从茎基部测量至植株的自然生长顶端，以平均值计测。

牧草分枝数/分蘖数：禾木科草密度按茎基部结上的分蘖计数，豆科牧草密度按主茎上的一级分枝计数。

表 3-18　试验处理设计

处理序号	灌水模式	群落配置	播种量/(kg/hm²)
1	充分灌水	红豆草	30
2		无芒雀麦	30
3		长穗偃麦草	30
4		草地早熟禾	30
5		清水紫花苜蓿	30
6		无芒雀麦+红豆草	15:15
7		无芒雀麦+清水紫花苜蓿	15:15
8		无芒雀麦+红豆草+长穗偃麦草	10:10:10
9		无芒雀麦+清水紫花苜蓿+长穗偃麦草	10:10:10
10		无芒雀麦+清水紫花苜蓿+红豆草+长穗偃麦草	7.5:7.5:7.5:7.5
11		无芒雀麦+清水紫花苜蓿+草地早熟禾+长穗偃麦草	7.5:7.5:7.5:7.5
12	轻度水分亏缺	红豆草	30
13		无芒雀麦	30
14		草地早熟禾	30
15		长穗偃麦草	30
16		清水紫花苜蓿	30
17		无芒雀麦+红豆草	15:15
18		无芒雀麦+清水紫花苜蓿	15:15
19		无芒雀麦+红豆草+长穗偃麦草	10:10:10
20		无芒雀麦+清水紫花苜蓿+长穗偃麦草	10:10:10
21		无芒雀麦+清水紫花苜蓿+红豆草+长穗偃麦草	7.5:7.5:7.5:7.5
22		无芒雀麦+清水紫花苜蓿+草地早熟禾+长穗偃麦草	7.5:7.5:7.5:7.5
23	中度水分亏缺	红豆草	30
24		无芒雀麦	30
25		草地早熟禾	30
26		长穗偃麦草	30
27		清水紫花苜蓿	30
28		无芒雀麦+红豆草	15:15
29		无芒雀麦+清水紫花苜蓿	15:15
30		无芒雀麦+红豆草+长穗偃麦草	10:10:10
31		无芒雀麦+清水紫花苜蓿+长穗偃麦草	10:10:10
32		无芒雀麦+清水紫花苜蓿+红豆草+长穗偃麦草	7.5:7.5:7.5:7.5
33		无芒雀麦+清水紫花苜蓿+草地早熟禾+长穗偃麦草	7.5:7.5:7.5:7.5

续表 3-18

处理序号	灌水模式	群落配置	播种量/(kg/hm²)
34	重度水分亏缺	红豆草	30
35		无芒雀麦	30
36		草地早熟禾	30
37		长穗偃麦草	30
38		清水紫花苜蓿	30
39		无芒雀麦+红豆草	15:15
40		无芒雀麦+清水紫花苜蓿	15:15
41		无芒雀麦+红豆草+长穗偃麦草	10:10:10
42		无芒雀麦+清水紫花苜蓿+长穗偃麦草	10:10:10
43		无芒雀麦+清水紫花苜蓿+红豆草+长穗偃麦草	7.5:7.5:7.5:7.5
44		无芒雀麦+清水紫花苜蓿+草地早熟禾+长穗偃麦草	7.5:7.5:7.5:7.5

牧草叶面积:利用长宽系数法测定叶面积。其中,叶宽叶长的测定为:每个材料随机测定10株植株,测定无芒雀麦从上向下数第三片成熟叶片的叶长和叶宽,其中叶长使用钢卷尺测定,叶宽使用游标卡尺测定;对于清水紫花苜蓿,使用游标卡尺测定干枝从上向下数第五片顶生小叶的长度和宽度。

牧草茎粗:在测定植株高度的同时用亮色标记物标记植株用来测定茎粗,以保证每次测定茎粗的植株一致,利用数显游标卡尺距离地面5 cm处测定茎粗,取平均值,记录每个生育时期植株茎粗。

牧草干草产量:将样方内各植物刈割后剔除杂草,刈割留茬2 cm,然后按牧草种类分离,在105 ℃烘箱中杀青30 min,然后调至65 ℃烘至恒重,称重测定干物质重量(精度为0.01)。

土壤养分的测定:土壤速效氮采用碱解扩散法,利用标准酸滴定扩散皿中的NH_3计算速效氮含量;速效磷采用0.5 mol/L $NaHCO_3$浸提有效磷,再使用分光光度计(TU-1810紫外可见分光光度计)测定;速效钾使用NH_4OAc浸提有效钾,再采用火焰光度计法(FP640)测定;水溶性总盐通过烘干5:1水土比浸出液残渣,称取残留质量测定。

牧草营养品质:采用Van Soest法测定牧草酸性洗涤纤维含量和中性洗涤纤维含量;利用凯氏定氮法测定牧草粗蛋白含量。

3.3.2 水分调控对植被群落土壤养分含量的影响

3.3.2.1 2018年生长季

1. 土壤有机质

不同群落配置与水分调控下草地0~30 cm土层土壤有机质含量如表3-19所示。由表3-19分析可知,单播和混播牧草的土壤有机质含量均表现为充分灌水>轻度亏水>中度亏水,且随土层深度的增加呈降低趋势。在充分灌水条件下,苜蓿单播、无芒雀麦单播和苜蓿与无芒雀麦混播的土壤有机质含量分别为 4. 24～4. 87 g/kg、4. 77～5. 14 g/kg 和 4. 85～5. 44 g/kg；在轻度水分亏缺条件下，苜蓿单播、无芒雀麦单播和苜蓿与无芒雀麦混播的土壤有机质含量分别为 4. 21～4. 56 g/kg、3. 83～5. 04 g/kg 和 4. 80～5. 26 g/kg；在中度水分亏缺条件下，苜蓿单播、无芒雀麦单播和苜蓿与无芒雀麦混播的土壤有机质含量分别为 4. 17～4. 41 g/kg、3. 73～4. 87 g/kg 和 4. 76～4. 97 g/kg。可见，与单播相比，混播可提高草地耕层土壤有机质含量。

表 3-19　2018 年生长季不同群落配置与水分调控下草地 0～30 cm 土层土壤有机质含量

土层/cm	群落配置	水分处理/(g/kg)		
		充分灌水	轻度亏水	中度亏水
0～10	苜蓿	4. 87±0. 39a	4. 47±0. 47a	4. 21±0. 23a
	苜蓿+无芒雀麦	5. 44±0. 31a	5. 26±0. 21ab	4. 97±0. 24b
	无芒雀麦	5. 14±0. 49a	5. 04±0. 51a	4. 87±0. 32a
10～20	苜蓿	4. 63±0. 35a	4. 56±0. 34a	4. 41±0. 45a
	苜蓿+无芒雀麦	4. 85±0. 38a	4. 80±0. 25a	4. 79±0. 47a
	无芒雀麦	5. 02±0. 25a	4. 31±0. 47b	4. 29±0. 32b
20～30	苜蓿	4. 24±0. 27a	4. 21±0. 26a	4. 17±0. 22a
	苜蓿+无芒雀麦	4. 97±0. 42a	4. 90±0. 33a	4. 76±0. 33a
	无芒雀麦	4. 77±0. 49a	3. 83±0. 33b	3. 73±0. 27b

2. 土壤速效氮

不同群落配置与水分调控下草地 0～30 cm 土层土壤速效氮含量如表 3-20 所示。由表 3-20 分析可知，单播和混播牧草的土壤速效氮含量整体表现为充分灌水>轻度亏水>中度亏水，且随土层深度的增加呈降低趋势。在充分灌水条件下，苜蓿单播、无芒雀麦单播和苜蓿与无芒雀麦混播的土壤速效氮含量分别为 34. 19～48. 35 g/kg、27. 06～45. 45 g/kg 和 28. 11～55. 69 g/kg；在轻度水分亏缺条件下，苜蓿单播、无芒雀麦单播和苜蓿与无芒雀麦混播的土壤速效氮含量分别为 32. 30～51. 41 g/kg、19. 93～34. 09 g/kg 和 32. 11～50. 29 g/kg；在中度水分亏缺条件下，苜蓿单播、无芒雀麦单播和苜蓿与无芒雀麦混播的土壤速效氮含量分别为 19. 96～46. 69 g/kg、22. 35～32. 63 g/kg 和 27. 57～38. 92 g/kg。

表 3-20　2018 年生长季不同群落配置与水分调控下草地 0～30 cm 土层土壤速效氮含量

土层/cm	群落配置	水分处理/(g/kg)		
		充分灌水	轻度亏水	中度亏水
0～10	苜蓿	48. 35±4. 48a	51. 41±4. 03a	46. 69±2. 14a
	苜蓿+无芒雀麦	55. 69±3. 12a	50. 29±5. 3a	38. 92±6. 23b
	无芒雀麦	45. 45±3. 01a	34. 09±5. 43b	32. 63±3. 58b

续表 3-20

土层/cm	群落配置	水分处理/(g/kg)		
		充分灌水	轻度亏水	中度亏水
10~20	苜蓿	41.32±6.58a	37.53±3.06a	27.92±2.5b
	苜蓿+无芒雀麦	48.30±5.66a	41.29±6.45a	34.24±6.81a
	无芒雀麦	27.06±5.74a	25.84±4.72a	25.80±4.99b
20~30	苜蓿	34.19±5.75a	32.30±2.95a	19.96±5.67b
	苜蓿+无芒雀麦	28.11±4.58a	32.11±4.22a	27.54±3.54a
	无芒雀麦	27.06±6.47a	19.93±3.22b	22.35±6.99b

3. 土壤速效磷

不同群落配置与水分调控下草地 0~30 cm 土层土壤速效磷含量如表 3-21 所示。由表 3-21 分析可知,单播和混播牧草的土壤速效磷含量整体表现为充分灌水>轻度亏水>中度亏水,且随土层深度的增加呈降低趋势。在充分灌水条件下,苜蓿单播、无芒雀麦单播和苜蓿与无芒雀麦混播的土壤速效磷含量分别为 19.90~25.69 g/kg、20.87~25.00 g/kg 和 23.14~28.56 g/kg;在轻度水分亏缺条件下,苜蓿单播、无芒雀麦单播和苜蓿与无芒雀麦混播的土壤速效磷含量分别为 19.72~22.53 g/kg、18.40~22.38 g/kg 和 25.95~31.06 g/kg;在中度水分亏缺条件下,苜蓿单播、无芒雀麦单播和苜蓿与无芒雀麦混播的土壤速效磷含量分别为 18.81~21.07 g/kg、18.02~20.21 g/kg 和 18.28~27.08 g/kg。可见,与单播相比,混播的耕层土壤速效磷含量较高。

表 3-21　2018 年生长季不同群落配置与水分调控下草地 0~30 cm 土层土壤速效磷含量

土层/cm	群落配置	水分处理/(g/kg)		
		充分灌水	轻度亏水	中度亏水
0~10	苜蓿	25.69±2.55a	22.53±1.51ab	21.07±1.43b
	苜蓿+无芒雀麦	28.56±2.66ab	31.06±2.17a	27.08±1.04b
	无芒雀麦	25.00±2.83a	22.38±1.76ab	20.21±2.53b
10~20	苜蓿	20.75±1.18a	19.84±1.81a	19.57±1.27a
	苜蓿+无芒雀麦	23.84±2.49b	27.60±2.74a	23.50±2.27b
	无芒雀麦	21.67±2.25a	19.40±2.25a	19.26±2.53a
20~30	苜蓿	19.90±1.36a	19.72±1.53a	18.81±2.58a
	苜蓿+无芒雀麦	23.14±2.81ab	25.95±1.63a	18.28±1.47b
	无芒雀麦	20.87±2.68a	18.40±1.83a	18.02±1.43a

4. 土壤速效钾

不同群落配置与水分调控下草地 0~30 cm 土层土壤速效钾含量如表 3-22 所示。由表 3-22 分析可知，单播和混播牧草的土壤速效钾含量整体表现为充分灌水>轻度亏水>中度亏水，且随土层深度的增加呈降低趋势。在充分灌水条件下，苜蓿单播、无芒雀麦单播和苜蓿与无芒雀麦混播的土壤速效钾含量分别为 54. 50~73. 55 g/kg、60. 40~82. 65 g/kg 和 71. 50~98. 00 g/kg；在轻度水分亏缺条件下，苜蓿单播、无芒雀麦单播和苜蓿与无芒雀麦混播的土壤速效钾含量分别为 53. 00~71. 90 g/kg、43. 35~84. 30 g/kg 和 70. 80~95. 85 g/kg；在中度水分亏缺条件下，苜蓿单播、无芒雀麦单播和苜蓿与无芒雀麦混播的土壤速效钾含量分别为 41. 55~69. 30 g/kg、34. 90~75. 45 g/kg 和 55. 55~87. 15 g/kg。可见，与单播相比，混播的耕层土壤速效钾含量较高。

表 3-22　2018 年生长季不同群落配置与水分调控下草地 0~30 cm 土层土壤速效钾含量

土层/cm	群落配置	水分处理/(g/kg)		
		充分灌水	轻度亏水	中度亏水
0~10	苜蓿	73. 55±1. 27a	71. 90±1. 89a	69. 30±2. 77a
	苜蓿+无芒雀麦	98. 00±1. 88a	95. 85±1. 95ab	87. 15±1. 66b
	无芒雀麦	82. 65±1. 04a	84. 30±2. 99a	75. 45±1. 33b
10~20	苜蓿	62. 95±2. 97a	62. 05±2. 07a	60. 60±2. 21a
	苜蓿+无芒雀麦	79. 25±2. 06a	77. 10±1. 66ab	70. 25±1. 51b
	无芒雀麦	70. 45±1. 95ab	76. 60±2. 91a	59. 35±2. 94b
20~30	苜蓿	54. 50±2. 59a	53. 00±1. 96a	41. 55±2. 96b
	苜蓿+无芒雀麦	71. 50±1. 79a	70. 80±2. 17a	55. 55±1. 63b
	无芒雀麦	60. 40±1. 14a	43. 35±2. 46b	34. 90±1. 04b

5. 土壤水溶性总盐

不同群落配置与水分调控下草地 0~30 cm 土层土壤水溶性总盐含量如表 3-23 所示。由表 3-23 分析可知，单播和混播牧草的土壤水溶性总盐含量整体表现为充分灌水<轻度亏水<中度亏水，且随土层深度的增加呈升高趋势。在充分灌水条件下，苜蓿单播、无芒雀麦单播和苜蓿与无芒雀麦混播的土壤水溶性总盐含量分别为 5. 10~5. 65 g/kg、3. 36~4. 11 g/kg 和 3. 50~5. 28 g/kg；在轻度水分亏缺条件下，苜蓿单播、无芒雀麦单播和苜蓿与无芒雀麦混播的土壤水溶性总盐含量分别为 5. 30~5. 96 g/kg、3. 40~4. 74 g/kg 和 5. 04~5. 54 g/kg；在中度水分亏缺条件下，苜蓿单播、无芒雀麦单播和苜蓿与无芒雀麦混播的土壤水溶性总盐含量分别为 5. 59~6. 43 g/kg、3. 43~5. 72 g/kg 和 4. 66~6. 46 g/kg。可见，与单播相比，混播的耕层土壤水溶性总盐含量较高。

表 3-23　2018 年生长季不同群落配置与水分调控下草地 0~30 cm 土层土壤水溶性总盐含量

土层/cm	群落配置	水分处理/(g/kg)		
		充分灌水	轻度亏水	中度亏水
0~10	苜蓿	5.10±1.3a	5.30±1.35a	5.59±1.57a
	苜蓿+无芒雀麦	3.50±0.2b	5.04±1.44a	4.66±1.85a
	无芒雀麦	3.36±1.47b	3.4±1.72ab	4.34±0.49a
10~20	苜蓿	5.51±1.15a	5.59±0.77a	5.95±0.61a
	苜蓿+无芒雀麦	4.35±1.77b	5.39±1.44ab	5.80±1.05a
	无芒雀麦	3.91±1.97b	4.52±1.84ab	4.88±0.8a
20~30	苜蓿	5.65±1.27a	5.96±0.52a	6.43±0.31a
	苜蓿+无芒雀麦	5.28±0.82b	5.54±1.22ab	6.46±1.14a
	无芒雀麦	4.11±0.27b	4.74±1.94ab	5.72±0.34a

3.3.2.2　2020 年生长季

1. 土壤有机质

由表 3-24 分析可知,与试验开始前相比,试验结束后不同群落配置与水分调控的草地土壤有机质含量基本呈增加趋势,且增加程度随土壤深度的加深呈减小趋势。同一水分调控水平下,苜蓿+无芒雀麦的土壤有机质增加量最高,其中在 0~20 cm、20~40 cm 和 40~60 cm 土层的增加量分别为 4.14~5.17 g/kg、2.30~3.93 g/kg 和 0.70~1.29 g/kg;单播苜蓿的土壤有机质增加量次之;单播无芒雀麦的土壤有机质增加量最低。在同一种植模式下,土壤有机质增加量随灌水亏缺程度的加剧呈先增加后减少的趋势,在轻度亏水条件下基本达到最高值(0.33~5.85 g/kg)。

2. 土壤硝态氮

由表 3-25 分析可知,试验开始前各处理的土壤硝态氮含量随土层深度呈递减趋势,0~20 cm、20~40 cm 和 40~60 cm 土层的的土壤硝态氮平均含量分别为 4.59 mg/kg、3.58 mg/kg 和 2.55 mg/kg。试验结束后,无芒雀麦+苜蓿的 0~60 cm 土层土壤硝态氮变化量最小(平均为 0.59 mg/kg),分别较紫花苜蓿单播和无芒雀麦单播降低 3.66%和 13.73%。与苜蓿单播和苜蓿与无芒雀麦混播相比,无芒雀麦单播在充分灌水条件下 0~60 cm 土层的硝态氮消耗量最大;3 种种植模式均在轻度亏水条件下土壤硝态氮消耗量最低,尤其在 0~20 cm 土层内。

表 3-24　不同群落配置与水分调控下草地土壤有机质含量的变化

土层/cm	群落配置	水分调控	有机质含量/(g/kg)		
			试验开始前	试验结束后	变化量
0~20	无芒雀麦	充分灌水	6. 19±0. 58	7. 71±0. 97	1. 53
		轻度亏水	5. 23±0. 39	8. 61±0. 96	3. 38
		中度亏水	5. 83±0. 15	8. 06±0. 39	2. 22
		重度亏水	6. 54±0. 33	7. 63±0. 37	1. 09
	苜蓿	充分灌水	2. 83±0. 18	6. 30±0. 86	4. 47
		轻度亏水	2. 64±0. 47	7. 49±0. 55	5. 85
		中度亏水	2. 60±0. 77	6. 49±0. 71	4. 89
		重度亏水	3. 58±1. 08	7. 37±1. 46	4. 78
	苜蓿+无芒雀麦	充分灌水	4. 19±0. 42	9. 36±0. 28	5. 17
		轻度亏水	3. 64±0. 58	8. 01±0. 74	4. 37
		中度亏水	3. 02±0. 20	7. 43±0. 16	4. 41
		重度亏水	2. 69±0. 72	6. 83±0. 78	4. 14
20~40	无芒雀麦	充分灌水	5. 54±0. 41	6. 06±0. 68	0. 52
		轻度亏水	5. 98±0. 29	7. 30±0. 78	1. 33
		中度亏水	5. 59±0. 31	5. 22±0. 24	-0. 37
		重度亏水	3. 88±0. 33	3. 77±0. 17	-0. 11
	苜蓿	充分灌水	1. 81±0. 22	3. 87±0. 46	2. 07
		轻度亏水	1. 80±0. 38	4. 16±0. 27	2. 36
		中度亏水	1. 10±0. 38	2. 69±0. 40	1. 59
		重度亏水	0. 11±0. 33	1. 13±0. 19	1. 01
	苜蓿+无芒雀麦	充分灌水	3. 96±0. 57	7. 09±1. 04	3. 13
		轻度亏水	5. 40±0. 54	9. 33±0. 44	3. 93
		中度亏水	5. 77±0. 37	8. 07±0. 63	2. 30
		重度亏水	5. 06±0. 53	8. 12±0. 81	3. 06

续表 3-24

土层/cm	群落配置	水分调控	有机质含量/(g/kg)		
			试验开始前	试验结束后	变化量
40~60	无芒雀麦	充分灌水	3.34±0.43	5.61±0.92	1.28
		轻度亏水	3.88±0.30	4.22±0.60	0.33
		中度亏水	3.12±0.32	3.29±0.46	0.17
		重度亏水	3.99±0.49	3.24±0.53	-0.75
	苜蓿	充分灌水	0.87±0.30	1.77±0.70	0.90
		轻度亏水	0.93±0.73	3.19±1.13	2.26
		中度亏水	0.84±0.99	3.36±1.42	2.52
		重度亏水	0.83±0.67	1.16±0.64	0.33
	苜蓿+无芒雀麦	充分灌水	2.47±1.08	3.56±1.67	1.09
		轻度亏水	2.25±0.63	3.96±0.89	1.71
		中度亏水	0.83±0.59	1.53±0.39	0.70
		重度亏水	0.17±0.37	1.45±0.55	1.29

表 3-25 不同群落配置与水分调控下草地土壤硝态氮含量的变化

土层/cm	群落配置	水分调控	硝态氮含量/(mg/kg)		
			试验开始前	试验结束后	变化量
0~20	无芒雀麦	充分灌水	4.43±0.10	3.66±0.10	0.77a
		轻度亏水	4.42±0.18	3.68±0.18	0.73bc
		中度亏水	4.11±0.07	3.34±0.07	0.76ab
		重度亏水	4.69±0.04	3.95±0.02	0.74ab
	苜蓿	充分灌水	4.89±0.06	4.19±0.07	0.70cd
		轻度亏水	4.39±0.05	3.96±0.04	0.43g
		中度亏水	4.59±0.13	3.91±0.14	0.68d
		重度亏水	4.62±0.05	3.91±0.03	0.70cd
	苜蓿+无芒雀麦	充分灌水	4.53±0.06	3.91±0.08	0.61e
		轻度亏水	4.64±0.07	4.11±0.05	0.53f
		中度亏水	4.67±0.06	3.92±0.05	0.75ab
		重度亏水	5.10±0.10	4.34±0.13	0.76ab

续表 3-25

土层/cm	群落配置	水分调控	硝态氮含量/(mg/kg)		
			试验开始前	试验结束后	变化量
20~40	无芒雀麦	充分灌水	3.73±0.07	2.55±0.05	1.18a
		轻度亏水	3.14±0.09	2.25±0.12	0.89cde
		中度亏水	3.41±0.35	2.50±0.32	0.91cd
		重度亏水	3.61±0.07	2.72±0.03	0.89cde
	紫花苜蓿	充分灌水	3.31±0.03	2.27±0.05	1.03b
		轻度亏水	3.79±0.07	2.93±0.06	0.86cde
		中度亏水	3.41±0.03	2.52±0.02	0.89cde
		重度亏水	3.94±0.05	3.01±0.04	0.92c
	苜蓿+无芒雀麦	充分灌水	3.74±0.09	2.74±0.12	0.99b
		轻度亏水	3.52±0.04	2.69±0.04	0.82e
		中度亏水	3.71±0.04	2.86±0.07	0.84de
		重度亏水	3.71±0.02	2.85±0.02	0.86cde
40~60	无芒雀麦	充分灌水	2.18±0.04	1.77±0.04	0.40a
		轻度亏水	2.31±0.07	1.99±0.08	0.33b
		中度亏水	3.27±0.53	2.91±0.55	0.36b
		重度亏水	2.22±0.09	1.89±0.10	0.33b
	苜蓿	充分灌水	2.29±0.07	1.96±0.07	0.33b
		轻度亏水	2.92±0.06	2.70±0.07	0.23cd
		中度亏水	2.39±0.03	2.15±0.01	0.24c
		重度亏水	3.19±0.05	2.95±0.04	0.24c
	苜蓿+无芒雀麦	充分灌水	2.48±0.07	2.26±0.09	0.22cd
		轻度亏水	2.48±0.04	2.29±0.03	0.19d
		中度亏水	2.21±0.04	1.98±0.04	0.23c
		重度亏水	2.70±0.06	2.35±0.06	0.36b

3. 土壤铵态氮

由表 3-26 分析可知，试验开始前各处理的土壤硝态氮含量随土层深度呈递减趋势试验结束后，无芒雀麦+苜蓿的 0~60 cm 土层土壤硝态氮变化量最小(平均为 0.59 mg/kg)，分别较紫花苜蓿单播和无芒雀麦单播降低 3.66%和 13.73%。与苜蓿单播和苜蓿与无芒雀麦混播相比，无芒雀麦单播在充分灌水条件下 0~60 cm 土层的硝态氮消耗量最大；3 种种植模式均在轻度亏水条件下土壤硝态氮消耗量最低，尤其在 0~20 cm 土层内。

表 3-26 不同群落配置与水分调控下草地土壤铵态氮含量的变化

土层/cm	群落配置	水分调控	铵态氮含量/(mg/kg)		
			试验开始前	试验结束后	变化量
0~20	无芒雀麦	充分灌水	3.17±0.22	1.24±0.07	1.92a
		轻度亏水	2.44±0.11	1.54±0.08	0.91bcde
		中度亏水	2.82±0.08	1.56±0.05	1.26bc
		重度亏水	2.33±0.27	1.72±0.18	0.61def
	苜蓿	充分灌水	3.01±0.13	1.65±0.07	1.36b
		轻度亏水	2.43±0.19	1.74±0.10	0.69cdef
		中度亏水	2.79±0.13	1.80±0.10	0.99bcde
		重度亏水	2.74±0.12	1.68±0.06	1.07bcd
	苜蓿+无芒雀麦	充分灌水	2.34±0.43	1.90±0.05	0.44ef
		轻度亏水	2.65±0.09	1.41±0.18	1.24bc
		中度亏水	2.45±0.26	1.28±0.14	1.17bcd
		重度亏水	2.16±0.08	2.00±0.67	0.16f
20~40	无芒雀麦	充分灌水	2.30±0.27	1.32±0.05	0.99a
		轻度亏水	1.77±0.12	1.48±0.07	0.29de
		中度亏水	2.00±0.05	1.36±0.10	0.64bc
		重度亏水	1.77±0.05	1.32±0.27	0.45cde
	苜蓿	充分灌水	1.74±0.10	1.47±0.09	0.27de
		轻度亏水	1.78±0.14	1.23±0.04	0.55bcd
		中度亏水	1.76±0.12	1.37±0.04	0.39cde
		重度亏水	1.98±0.07	1.44±0.09	0.54bcd
	苜蓿+无芒雀麦	充分灌水	1.83±0.07	1.35±0.07	0.48bcd
		轻度亏水	1.67±0.07	1.51±0.11	0.16e
		中度亏水	1.89±0.04	1.13±0.10	0.76ab
		重度亏水	1.78±0.07	1.16±0.09	0.62bc

续表 3-26

土层/cm	群落配置	水分调控	铵态氮含量/(mg/kg)		
			试验开始前	试验结束后	变化量
40~60	无芒雀麦	充分灌水	1.69±0.04	0.61±0.03	1.09a
		轻度亏水	1.57±0.07	0.96±0.06	0.61b
		中度亏水	1.79±0.06	0.99±0.18	0.80b
		重度亏水	1.56±0.07	0.87±0.09	0.69b
	紫花苜蓿	充分灌水	1.87±0.05	1.15±0.08	0.73b
		轻度亏水	1.60±0.26	1.52±0.05	0.09cde
		中度亏水	1.58±0.14	1.61±0.06	-0.03e
		重度亏水	1.56±0.07	1.50±0.09	0.06de
	苜蓿+无芒雀麦	充分灌水	1.59±0.08	1.31±0.03	0.29cd
		轻度亏水	1.64±0.03	1.31±0.06	0.34c
		中度亏水	1.70±0.12	1.42±0.05	0.28cd
		重度亏水	1.45±0.12	1.51±0.09	-0.06e

试验结束后，土壤铵态氮平均消耗量随土层深度的增加呈逐渐减少的规律。0~20 cm、20~40 cm 和 40~60 cm 土层的平均消耗量分别为 0.98 mg/kg、0.51 mg/kg 和 0.40 mg/kg。无芒雀麦与苜蓿混播的土壤铵态氮消耗量最低（平均为 0.49 mg/kg），分别较无芒雀麦单播和紫花苜蓿单播减少 42.29% 和 12.37%。同一种植模式下，无芒雀麦单播 0~60 cm 土层的铵态氮累计消耗量表现为充分灌水>中度亏水>重度亏水>轻度亏水；紫花苜蓿单播 0~60 cm 土层的铵态氮累计消耗量在轻度亏水条件下最低（平均为 0.44 mg/kg）；无芒雀麦与苜蓿混播的 0~60 cm 土层铵态氮累计消耗量在重度亏水条件下最低（平均为 0.24 mg/kg）。

3.3.3　水分调控对植被群落耗水特性的影响

3.3.3.1　2019 年生长季

表 3-27 为 2019 年生长季不同水分调控与群落配置下牧草生育期耗水量变化规律。从表 3-27 分析可知，在充分灌水模式下，不同群落配置第一茬、第二茬、第三茬耗水量和总耗水量分别为 222.93~2 289.15 mm、213.55~279.67 mm、200.64~245.11 mm 和 655.31~766.58 mm；在轻度水分亏缺模式下，不同群落配置第一茬、第二茬、第三茬耗水量和总耗水量分别为 187.95~248.57 mm、172.25~221.68 mm、184.30~234.97 mm 和 544.50~692.85 mm；在中度水分亏缺模式下，不同群落配置第一茬、第二茬、第三茬耗水量和总耗水量分别为 176.97~230.83 mm、156.07~214.49 mm、161.24~210.06 mm 和

512. 73～642. 07 mm；在重度水分亏缺模式下，不同群落配置第一茬、第二茬、第三茬耗水量和总耗水量分别为 135. 74～226. 69 mm、141. 37～180. 57 mm、129. 42～189. 34 mm 和 438. 92～585. 62 mm。可见，同一水分调控下，混播牧草的耗水量整体高于单播；与充分灌水相比，不同程度的水分亏缺可大幅度减少牧草耗水量。

表 3-27　2019 年生长季不同水分调控与群落配置下牧草生育期耗水量　　单位：mm

水分调控	群落配置	第一茬耗水量	第二茬耗水量	第三茬耗水量	总耗水量
充分灌水	无	232. 14±5. 48g	222. 52±3. 48d	200. 64±3. 8h	655. 31±5. 72e
	苜	250. 00±1. 32e	236. 29±9. 64c	220. 39±4. 01f	706. 68±13. 88d
	红	259. 83±4. 10cd	243. 95±2. 75b	209. 61±4. 34g	713. 39±6. 09cd
	穗	274. 74±2. 05b	243. 82±0. 30b	224. 06±0. 63ef	742. 62±2. 72b
	早	222. 93±2. 70h	213. 55±0. 57e	230. 93±0. 49de	667. 42±3. 18e
	无+苜	271. 53±4. 57b	235. 66±4. 27c	238. 95±4. 06abc	746. 14±9. 13b
	无+红	253. 33±4. 51de	279. 67±4. 04a	233. 58±10. 85bcd	766. 58±13. 65a
	苜+无+穗	275. 13±2. 38b	215. 87±1. 55e	232. 06±0. 50cd	723. 06±3. 43c
	红+无+穗	240. 35±4. 21f	225. 72±0. 66d	240. 57±4. 25ab	706. 65±3. 61d
	苜+红+无+穗	289. 15±8. 06a	226. 28±1. 95d	245. 11±1. 92a	760. 54±7. 10a
	苜+无+穗+早	261. 36±3. 55c	223. 81±1. 64d	226. 84±0. 27def	712. 00±3. 12cd
轻度水分亏缺	无	187. 95±6. 32g	172. 25±3. 71f	184. 30±4. 02f	544. 50±13. 81h
	苜	217. 66±3. 65f	182. 81±3. 22e	190. 07±5. 52e	590. 54±6. 15g
	红	237. 38±1. 19b	193. 58±3. 03d	219. 95±3. 26b	650. 91±5. 34bc
	穗	228. 50±1. 97cd	208. 62±0. 28c	215. 10±1. 42b	652. 22±1. 84bc
	早	226. 86±2. 09de	214. 73±0. 34b	198. 59±0. 10d	640. 17±1. 90def
	无+苜	219. 02±3. 01f	220. 19±5. 51a	191. 15±3. 36e	630. 36±9. 15f
	无+红	233. 00±3. 61bc	209. 61±2. 05c	207. 00±3. 37c	649. 61±1. 60cd
	苜+无+穗	222. 22±1. 39ef	196. 77±1. 19d	219. 24±0. 33b	638. 23±1. 01ef
	红+无+穗	236. 21±1. 66b	221. 68±0. 55a	234. 97±1. 95a	692. 86±3. 90a
	苜+红+无+穗	248. 57±2. 50a	192. 85±2. 21d	219. 13±1. 93b	660. 55±2. 38b
	苜+无+穗+早	245. 55±0. 97a	205. 51±0. 89c	194. 64±0. 09de	645. 71±1. 94cde

续表 3-27

水分调控	群落配置	第一茬耗水量	第二茬耗水量	第三茬耗水量	总耗水量
中度水分亏缺	无	180.46±0.78e	156.07±3.57g	176.20±6.09f	512.73±1.75h
	苜	208.56±2.27c	171.75±3.04f	174.78±2.10f	555.09±4.49f
	红	176.97±5.56e	178.49±2.79e	184.00±4.93d	539.46±12.93g
	穗	217.04±0.9b	208.27±0.31b	192.00±0.46c	617.30±0.99c
	旱	215.01±0.52b	184.85±0.34d	178.19±0.50ef	578.05±0.72e
	无+苜	188.86±3.37d	208.92±1.93b	209.04±4.73a	606.82±3.86d
	无+红	180.08±3.64e	176.70±1.41e	161.24±4.53g	518.02±2.22h
	苜+无+穗	230.83±0.46a	199.74±0.55c	194.40±0.27c	624.96±0.90b
	红+无+穗	217.53±1.19b	214.49±0.45a	210.06±0.51a	642.07±1.26a
	苜+红+无+穗	218.53±1.00b	179.63±1.15e	201.19±0.60b	599.35±1.18d
	苜+无+穗+旱	206.85±1.07c	186.61±0.47d	182.95±1.06de	576.41±2.58e
重度水分亏缺	无	150.23±2.32f	141.37±1.39f	148.74±2.59e	440.34±3.42i
	苜	199.49±2.58d	152.17±2.92e	150.96±2.92e	502.62±5.64e
	红	173.66±3.04e	169.24±5.44c	147.55±4.33e	490.45±5.80f
	穗	172.60±1.84e	155.33±0.15e	133.40±2.43f	461.33±4.13g
	旱	135.74±1.32g	154.40±0.52e	148.77±0.82e	438.92±0.97i
	无+苜	173.56±4.64e	176.02±8.08ab	165.19±2.20c	514.77±10.56d
	无+红	169.33±3.51e	151.26±2.52e	129.42±2.11g	450.02±7.41h
	苜+无+穗	207.30±1.46c	162.46±0.48d	162.86±0.23c	532.62±1.27c
	红+无+穗	215.70±1.10b	180.57±0.43a	189.34±1.10a	585.62±0.94a
	苜+红+无+穗	226.69±1.07a	177.05±1.81a	169.62±2.46b	573.36±3.03b
	苜+无+穗+旱	202.45±1.51d	170.90±1.30bc	158.51±0.30d	531.87±0.60c

3.3.3.2　2020 年生长季

1. 耗水量

2020 年生长季不同水分调控与群落配置下牧草生育期耗水量变化规律与 2019 年生长季基本一致(见表 3-28)。从表 3-28 分析可知,在充分灌水模式下,不同群落配置第一茬、第二茬、第三茬耗水量和总耗水量分别为 237.04~290.00 mm、220.80~280.67 mm、196.33~320.47 mm 和 654.17~884.00 mm;在轻度水分亏缺模式下,不同群落配置第一茬、第二茬、第三茬耗水量和总耗水量分别为 185.67~254.21 mm、172.35~230.22 mm、180.49~220.00 mm 和 546.02~665.98 mm;在中度水分亏缺模式下,不同群落配置第一茬、第二茬、第三茬耗水量和总耗水量分别为 173.33~229.82 mm、152.15~198.21 mm、163.97~221.76 mm 和 516.05~609.42 mm;在重度水分亏缺模式下,不同群落配置第一茬、第二茬、第三茬耗水量和总耗水量分别为 130.65~227.67 mm、135.75~174.00 mm、

124.80~180.29 mm 和 432.05~549.97 mm。可见,与充分灌水相比,不同程度的水分亏缺可大幅度减少牧草耗水量,三茬的耗水量表现为:第一茬>第二茬>第三茬。同一水分调控下,混播牧草的耗水量整体高于单播,在单播中,无芒雀麦的耗水量相对较少;在混播中,各处理之间无明显变化规律。

表 3-28　2020 年生长季不同水分调控与群落配置下牧草生育期耗水量　　单位:mm

水分调控	群落配置	第一茬耗水量	第二茬耗水量	第三茬耗水量	总耗水量
充分灌水	无	237.04±1.13f	220.80±0.92g	196.33±7.15g	654.17±6.18g
	苜	252.00±1.25e	228.33±7.63f	220.00±1.73e	700.33±6.65f
	红	258.33±0.78d	246.00±7.21de	205.00±5.02f	709.33±4.93ef
	穗	274.39±4.34b	260.44±1.49c	196.83±1.05g	731.66±5.61e
	早	235.46±9.64f	258.47±0.86c	231.52±1.26g	725.45±9.34e
	无+苜	273.67±4.16b	241.91±3.57e	239.26±1.41c	754.84±4.91cd
	无+红	261.00±1.63cd	280.67±5.50a	221.97±3.57e	763.64±4.90c
	苜+无+穗	272.00±1.12b	269.87±1.48b	245.67±1.40b	787.55±1.84b
	红+无+穗	240.91±1.86f	234.76±2.93f	238.20±2.31c	713.87±4.27f
	苜+红+无+穗	290.00±1.36a	273.53±3.82b	320.47±2.25a	884.00±5.01a
	苜+无+穗+早	265.00±1.05c	250.67±3.05d	231.56±2.98d	747.23±1.36d
轻度水分亏缺	无	185.67±9.29e	172.35±1.72g	220.00±1.73a	546.02±7.91h
	苜	216.00±3.61d	174.67±1.52ef	193.67±8.62ef	584.33±10.96g
	红	236.33±5.51b	190.00±3.00d	214.67±1.53abc	641.00±3.46cd
	穗	230.07±1.42bc	219.74±3.70b	209.31±1.03bcd	659.12±2.25ab
	早	227.90±0.79c	230.22±4.87a	208.20±1.56cd	665.98±3.71a
	无+苜	213.67±4.04d	217.11±7.53bc	187.68±4.71f	618.45±15.64ef
	无+红	231.33±3.51bc	210.73±4.51c	206.76±6.01d	648.82±5.02bc
	苜+无+穗	219.43±1.52d	167.97±2.53g	219.59±0.98a	606.98±2.15f
	红+无+穗	233.61±3.15bc	211.31±7.06c	195.49±3.28e	640.41±11.51cd
	苜+红+无+穗	254.21±4.31a	182.11±3.65e	215.35±2.54ab	651.66±8.51abc
	苜+无+穗+早	251.47±6.68a	194.93±4.46d	180.49±2.05g	626.88±6.33de

续表 3-28

水分调控	群落布置	第一茬耗水量	第二茬耗水量	第三茬耗水量	总耗水量
中度水分亏缺	无	181.33±5.68d	152.15±1.58e	189.43±6.57de	522.92±12.77e
	苜	214.67±1.52b	168.33±3.51cd	177.67±4.73fg	560.67±6.66d
	红	173.33±6.65f	169.00±6.00cd	180.67±6.11fg	523.00±8.54e
	穗	215.50±1.44b	162.23±1.46d	196.82±1.34cd	574.55±2.65cd
	旱	213.56±5.31b	172.77±1.10bc	174.42±1.21g	562.75±3.14d
	无+苜	189.67±3.52c	198.21±11.08a	205.80±8.52b	593.68±20.23ab
	无+红	180.00±2.12d	172.26±4.02bc	163.79±5.29h	516.05±10.49e
	苜+无+穗	229.82±1.23a	171.53±0.73bc	196.89±1.02cd	598.24±2.84a
	红+无+穗	215.51±2.78b	165.73±3.15cd	198.23±2.36bc	579.47±2.73bc
	苜+红+无+穗	215.17±4.27b	172.71±2.53bc	185.45±2.22ef	573.33±5.84cd
	苜+无+穗+旱	209.67±3.52b	178.00±3.02b	221.76±2.23a	609.42±4.12a
重度水分亏缺	无	151.67±4.04g	140.88±0.36def	139.5±3.81e	432.05±6.85e
	苜	197.33±5.12d	149.33±6.51bcd	150.33±3.78e	497.00±11.13c
	红	180.67±4.93e	174.00±9.64a	146.67±4.04d	501.33±10.69c
	穗	173.10±1.12f	137.17±0.35ef	124.8±1.38g	435.07±1.61e
	旱	130.60±5.79h	166.70±1.67a	168.32±0.81b	465.62±4.56d
	无+苜	182.00±1.23e	156.04±9.23b	166.58±3.13b	504.62±9.73c
	无+红	171.33±3.51f	151.31±7.63bc	129.80±2.71f	452.45±10.15d
	苜+无+穗	207.77±1.82bc	145.85±1.14cde	151.67±1.56cd	505.29±1.89c
	红+无+穗	214.41±3.86b	135.75±3.62f	180.29±3.75a	530.44±10.90b
	苜+红+无+穗	227.67±2.52a	156.98±3.45b	165.32±3.49b	549.97±2.59a
	苜+无+穗+旱	204.40±6.50c	151.00±2.65bc	154.96±1.69c	510.36±10.61c

2. 耗水特性

表 3-29～表 3-31 分别为 2020 年生长季不同水分调控与群落配置下第一茬、第二茬和第三茬牧草生育期耗水特性。在第一茬(见表 3-29)中，充分灌水模式下，各群落配置在返青—分枝、分枝—现蕾和现蕾—初花的耗水占比分别为 18.41%～24.43%、28.27%～43.05%和 34.09%～53.32%；在轻度水分亏缺模式下，各群落配置在返青—分枝、分枝—现蕾和现蕾—初花的耗水占比分别为 21.46%～33.75%、36.16%～46.58%和 20.19%～42.37%；在中度水分亏缺模式下，各群落配置在返青—分枝、分枝—现蕾和现蕾—初花的耗水占比分别为 19.99%～27.63%、37.86%～47.73%和 28.07%～38.85%；在重度水分亏缺模式下，各群落配置在返青—分枝、分枝—现蕾和现蕾—初花的耗水占比分别为 16.17%～22.83%、29.35%～37.68%和 40.90%～53.92%。

在第二茬(见表 3-30)中，充分灌水模式下，各群落配置在返青—分枝、分枝—现蕾和现蕾—初花的耗水占比分别为 27. 20% ~ 35. 49%、29. 39% ~ 41. 84%和 23. 06% ~ 39. 50%；在轻度水分亏缺模式下，各群落配置在返青—分枝、分枝—现蕾和现蕾—初花的耗水占比分别为 24. 67% ~ 30. 96%、30. 03% ~ 43. 62%和 25. 68% ~ 43. 01%；在中度水分亏缺模式下，各群落配置在返青—分枝、分枝—现蕾和现蕾—初花的耗水占比分别为 21. 10% ~ 33. 90%、30. 63% ~ 37. 33%和 31. 51% ~ 47. 75%；在重度水分亏缺模式下，各群落配置在返青—分枝、分枝—现蕾和现蕾—初花的耗水占比分别为 22. 24% ~ 35. 64%、31. 96% ~ 38. 88%和 26. 38% ~ 45. 10%。

在第三茬（见表 3-31）中，充分灌水模式下，各群落配置在返青—分枝、分枝—现蕾和现蕾—初花的耗水占比分别为 19. 82% ~ 31. 54%、36. 72% ~ 46. 98%和 22. 39% ~ 41. 52%；在轻度水分亏缺模式下，各群落配置在返青—分枝、分枝—现蕾和现蕾—初花的耗水占比分别为 21. 82% ~ 28. 74%、38. 67% ~ 44. 62%和 28. 68% ~ 38. 38%；在中度水分亏缺模式下，各群落配置在返青—分枝、分枝—现蕾和现蕾—初花的耗水占比分别为 17. 73% ~ 24. 65%、35. 15% ~ 41. 70%和 36. 51% ~ 44. 54%；在重度水分亏缺模式下，各群落配置在返青—分枝、分枝—现蕾和现蕾—初花的耗水占比分别为 16. 18% ~ 22. 82%、35. 38% ~ 46. 22%和 32. 38% ~ 47. 06%。

可见，在三茬中，生育期耗水占比均表现为，返青—分枝<分枝—现蕾和现蕾—初花，但分枝—现蕾和现蕾—开花之间无明显变化特征。与单播相比，混播各处理的生育期耗水占比在不同生育期之间的差异较小。

表 3-29　2020 年生长季不同水分调控与群落配置下第一茬牧草生育期耗水特性

水分调控	群落配置	返青—分枝		分枝—现蕾		现蕾—初花	
		耗水量/mm	耗水占比/%	耗水量/mm	耗水占比/%	耗水量/mm	耗水占比/%
充分灌水	无	44. 78	18. 89	83. 30	35. 14	108. 97	45. 97
	苜	61. 31	24. 33	104. 78	41. 58	85. 91	34. 09
	红	57. 69	22. 33	107. 34	41. 55	93. 31	36. 12
	穗	60. 64	22. 10	117. 60	42. 86	96. 15	35. 04
	早	46. 10	19. 58	101. 37	43. 05	87. 99	37. 37
	无+苜	50. 38	18. 41	77. 37	28. 27	145. 92	53. 32
	无+红	59. 90	22. 95	88. 45	33. 89	112. 65	43. 16
	苜+无+穗	54. 51	20. 04	81. 87	30. 10	135. 62	49. 86
	红+无+穗	58. 85	24. 43	94. 97	39. 42	87. 09	36. 15
	苜+红+无+穗	59. 60	20. 55	112. 11	38. 66	118. 29	40. 79
	苜+无+穗+早	56. 39	21. 28	107. 86	40. 70	100. 75	38. 02

续表 3-29

水分调控	群落配置	返青—分枝		分枝—现蕾		现蕾—初花	
		耗水量/mm	耗水占比/%	耗水量/mm	耗水占比/%	耗水量/mm	耗水占比/%
轻度水分亏缺	无	42.93	23.12	67.14	36.16	75.60	40.72
	苜	62.92	29.13	86.92	40.24	66.16	30.63
	红	79.67	33.71	100.87	42.68	55.80	23.61
	穗	77.65	33.75	105.97	46.06	46.45	20.19
	早	55.27	24.25	104.15	45.70	68.48	30.05
	无+苜	70.11	32.81	89.96	42.10	53.61	25.09
	无+红	49.64	21.46	83.67	36.17	98.01	42.37
	苜+无+穗	61.07	27.83	102.21	46.58	56.15	25.59
	红+无+穗	60.69	25.98	93.30	39.94	79.61	34.08
	苜+红+无+穗	72.78	28.63	108.06	42.51	73.37	28.86
	苜+无+穗+早	78.71	31.30	103.05	40.98	69.71	27.72
中度水分亏缺	无	42.23	23.29	68.65	37.86	70.45	38.85
	苜	47.03	21.91	102.10	47.56	65.54	30.53
	红	38.81	22.39	79.11	45.64	55.41	31.97
	穗	46.27	21.47	95.08	44.12	74.15	34.41
	早	44.61	20.89	89.25	41.79	79.70	37.32
	无+苜	37.92	19.99	83.06	43.79	68.70	36.22
	无+红	41.58	23.10	71.37	39.65	67.05	37.25
	苜+无+穗	61.38	26.71	92.96	40.45	75.47	32.84
	红+无+穗	52.15	24.20	102.86	47.73	60.49	28.07
	苜+红+无+穗	42.90	19.94	100.72	46.81	71.54	33.25
	苜+无+穗+早	57.93	27.63	79.28	37.81	72.46	34.56
重度水分亏缺	无	24.53	16.17	49.55	32.67	77.59	51.16
	苜	33.01	16.73	57.92	29.35	106.40	53.92
	红	31.36	17.36	60.11	33.27	89.20	49.37
	穗	35.78	20.67	51.45	29.72	85.87	49.61
	早	23.68	18.13	39.64	30.35	67.29	51.52
	无+苜	34.05	18.71	68.23	37.49	79.72	43.80
	无+红	39.11	22.83	60.05	35.05	72.16	42.12
	苜+无+穗	39.83	19.17	73.45	35.35	94.49	45.48
	红+无+穗	37.93	17.69	77.34	36.07	99.14	46.24
	苜+红+无+穗	38.39	16.86	85.79	37.68	103.50	45.46
	苜+无+穗+早	45.89	22.45	74.91	36.65	83.60	40.90

表 3-30 2020 年生长季不同水分调控与群落配置下第二茬牧草生育期耗水特性

水分调控	群落配置	返青—分枝		分枝—现蕾		现蕾—初花	
		耗水量/mm	耗水占比/%	耗水量/mm	耗水占比/%	耗水量/mm	耗水占比/%
充分灌水	无	60.06	27.20	80.72	36.56	80.02	36.24
	苜	80.14	35.10	92.98	40.72	55.21	24.18
	红	86.86	35.31	102.41	41.63	56.73	23.06
	穗	77.06	29.59	98.03	37.64	85.35	32.77
	早	80.41	31.11	75.96	29.39	102.10	39.50
	无+苜	72.89	30.13	90.45	37.39	78.57	32.48
	无+红	80.02	28.51	95.37	33.98	105.28	37.51
	苜+无+穗	90.24	33.44	112.91	41.84	66.71	24.72
	红+无+穗	76.32	32.51	83.74	35.67	74.70	31.82
	苜+红+无+穗	97.08	35.49	107.50	39.30	68.96	25.21
	苜+无+穗+早	86.36	34.45	103.10	41.13	61.21	24.42
轻度水分亏缺	无	52.52	30.47	52.27	30.33	67.56	39.20
	苜	48.07	27.52	72.66	41.60	53.94	30.88
	红	58.33	30.70	82.88	43.62	48.79	25.68
	穗	54.21	24.67	86.53	39.38	79.00	35.95
	早	63.98	27.79	80.12	34.80	86.13	37.41
	无+苜	60.73	27.97	92.58	42.64	63.81	29.39
	无+红	59.43	28.20	74.60	35.40	76.71	36.40
	苜+无+穗	52.00	30.96	65.17	38.80	50.79	30.24
	红+无+穗	56.97	26.96	63.46	30.03	90.88	43.01
	苜+红+无+穗	48.46	26.61	56.96	31.28	76.69	42.11
	苜+无+穗+早	57.87	29.69	59.53	30.54	77.52	39.77

续表 3-30

水分调控	群落配置	返青—分枝		分枝—现蕾		现蕾—初花	
		耗水量/mm	耗水占比/%	耗水量/mm	耗水占比/%	耗水量/mm	耗水占比/%
中度水分亏缺	无	32.89	21.62	46.60	30.63	72.65	47.75
	苜	48.28	28.68	59.35	35.26	60.70	36.06
	红	35.66	21.10	63.09	37.33	70.25	41.57
	穗	41.81	25.77	51.56	31.78	68.87	42.45
	旱	55.06	31.87	59.19	34.26	58.52	33.87
	无+苜	59.74	30.14	68.32	34.47	70.15	35.39
	无+红	55.43	32.18	62.55	36.31	54.28	31.51
	苜+无+穗	58.15	33.90	56.69	33.05	56.69	33.05
	红+无+穗	43.37	26.17	61.65	37.20	60.71	36.63
	苜+红+无+穗	57.82	33.48	53.68	31.08	61.21	35.44
	苜+无+穗+旱	46.53	26.14	62.69	35.22	68.78	38.64
重度水分亏缺	无	42.00	29.81	50.66	35.96	48.22	34.23
	苜	36.51	24.45	48.17	32.26	64.64	43.29
	红	39.79	22.87	59.63	34.27	74.58	42.86
	穗	40.09	29.23	47.79	34.84	49.29	35.93
	旱	59.41	35.64	63.31	37.98	43.98	26.38
	无+苜	35.80	22.94	49.87	31.96	70.37	45.10
	无+红	33.65	22.24	50.54	33.40	67.12	44.36
	苜+无+穗	33.39	22.89	56.71	38.88	55.76	38.23
	红+无+穗	34.15	25.16	43.85	32.30	57.75	42.54
	苜+红+无+穗	46.89	29.87	53.14	33.85	56.95	36.28
	苜+无+穗+旱	48.11	31.86	50.21	33.25	52.68	34.89

表 3-31 2020 年生长季不同水分调控与群落配置下第三茬牧草生育期耗水特性

水分调控	群落配置	返青—分枝		分枝—现蕾		现蕾—初花	
		耗水量/mm	耗水占比/%	耗水量/mm	耗水占比/%	耗水量/mm	耗水占比/%
充分灌水	无	61.92	31.54	90.45	46.07	43.96	22.39
	苜	56.43	25.65	85.45	38.84	78.12	35.51
	红	43.77	21.35	93.95	45.83	67.28	32.82
	穗	46.92	23.84	79.85	40.57	70.05	35.59
	旱	50.38	21.76	85.01	36.72	96.13	41.52
	无+苜	47.42	19.82	112.40	46.98	79.43	33.20
	无+红	56.87	25.62	93.45	42.10	71.65	32.28
	苜+无+穗	69.89	28.45	95.05	38.69	80.73	32.86
	红+无+穗	63.22	26.54	109.19	45.84	65.79	27.62
	苜+红+无+穗	87.52	27.31	144.31	45.03	88.64	27.66
	苜+无+穗+旱	62.15	26.84	101.49	43.83	67.92	29.33
轻度水分亏缺	无	48.00	21.82	94.03	42.74	77.97	35.44
	苜	42.55	21.97	83.12	42.92	68.00	35.11
	红	61.70	28.74	87.74	40.87	65.24	30.39
	穗	58.19	27.80	82.70	39.51	68.42	32.69
	旱	55.59	26.70	92.90	44.62	59.71	28.68
	无+苜	52.53	27.99	72.58	38.67	62.57	33.34
	无+红	54.52	26.37	84.17	40.71	68.07	32.92
	苜+无+穗	50.02	22.78	92.60	42.17	76.97	35.05
	红+无+穗	42.75	21.87	85.10	43.53	67.64	34.60
	苜+红+无+穗	48.04	22.31	84.65	39.31	82.65	38.38
	苜+无+穗+旱	41.10	22.77	71.17	39.43	68.23	37.80

续表 3-31

水分调控	群落配置	返青—分枝		分枝—现蕾		现蕾—初花	
		耗水量/mm	耗水占比/%	耗水量/mm	耗水占比/%	耗水量/mm	耗水占比/%
中度水分亏缺	无	42.56	22.47	70.16	37.04	76.70	40.49
	苜	37.28	20.98	62.66	35.27	77.73	43.75
	红	37.58	20.80	66.56	36.84	76.53	42.36
	穗	34.90	17.73	79.75	40.52	82.17	41.75
	早	32.22	18.47	69.92	40.09	72.28	41.44
	无+苜	42.44	20.62	85.82	41.70	77.55	37.68
	无+红	35.13	21.45	58.74	35.86	69.92	42.69
	苜+无+穗	39.73	20.18	79.15	40.20	78.01	39.62
	红+无+穗	40.12	20.24	69.82	35.22	88.29	44.54
	苜+红+无+穗	44.73	24.12	73.01	39.37	67.71	36.51
	苜+无+穗+早	54.66	24.65	77.95	35.15	89.15	40.20
重度水分亏缺	无	28.08	20.13	53.78	38.55	57.64	41.32
	苜	24.32	16.18	55.26	36.76	70.75	47.06
	红	28.18	19.21	57.57	39.25	60.93	41.54
	穗	26.71	21.40	57.68	46.22	40.41	32.38
	早	33.83	20.10	73.72	43.80	60.76	36.10
	无+苜	33.05	19.84	68.21	40.95	65.32	39.21
	无+红	28.44	21.91	45.92	35.38	55.44	42.71
	苜+无+穗	27.16	17.91	69.25	45.66	55.25	36.43
	红+无+穗	41.14	22.82	64.26	35.64	74.89	41.54
	苜+红+无+穗	31.21	18.88	74.29	44.94	59.81	36.18
	苜+无+穗+早	26.06	16.82	61.60	39.75	67.30	43.43

3.3.4　水分调控对植被群落生长指标的影响

3.3.4.1　2018 年生长季

1. 株高

由 2018 年生长季不同水分调控与种植方式下第一茬牧草株高结果(见图 3-51)可

知，分枝期苜蓿株高随水分亏缺程度的增加呈递减趋势，且中度水分亏缺处理显著低于充分灌水处理；现蕾期苜蓿株高表现为中度水分亏缺显著低于轻度水分亏缺和充分灌水处理。同一水分条件下，与单播相比，混播苜蓿的株高有所增加。单播无芒雀麦株高表现为FW>LW>MW，且FW处理与LW处理无显著差异；说明中度水分胁迫会抑制单播无芒雀麦株高生长。与苜蓿类似，同一水分条件下，混播无芒雀麦的株高也较单播有所增加。不同灌水条件下第二茬牧草株高的变化趋势与第一茬基本类似（见图3-52），但整体低于第一茬。

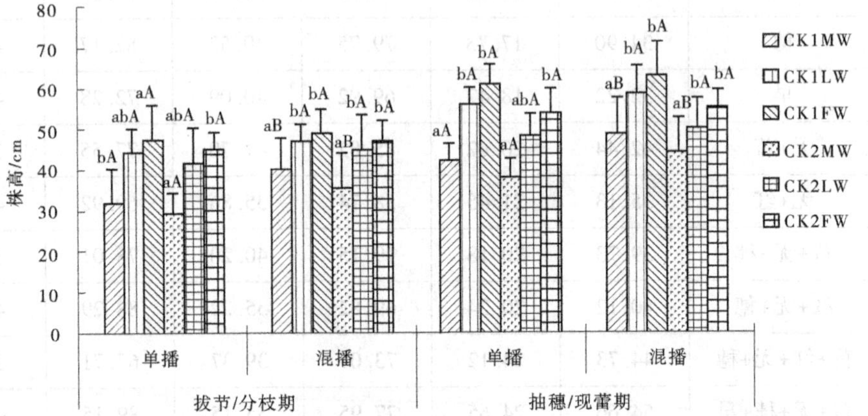

注：CK1代表苜蓿，CK2代表无芒雀麦，AB代表苜蓿与无芒雀麦混播，FW代表充分灌水，LW代表轻度水分亏缺，MW代表中度水分亏缺，后同。

图3-51　2018年生长季不同灌水模式下第一茬牧草的株高

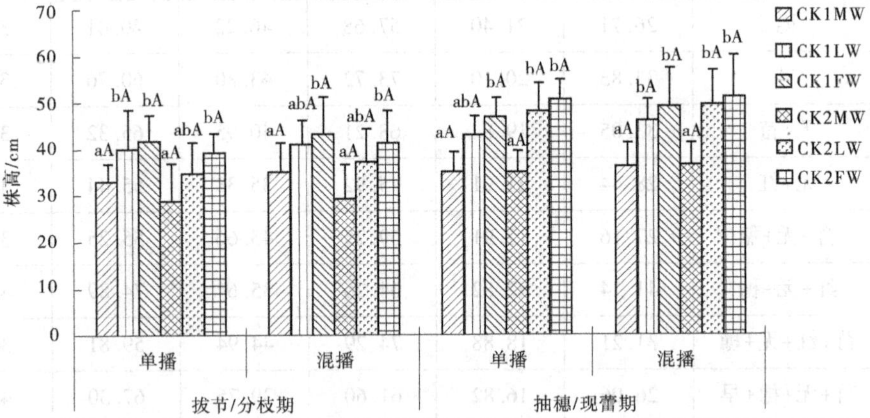

图3-52　2018年生长季不同灌水模式下第二茬牧草的株高

2. 叶面积

1）苜蓿

图3-53为2018年生长季不同水分调控与种植方式下第一茬苜蓿的叶面积变化。在单播条件下，FW与LW处理的苜蓿叶面积显著大于MW处理，但FW处理与LW处理间

无显著差异。混播条件下苜蓿叶面积也表现为 FW>LW>MW。在一定灌水条件下,混播苜蓿的叶面积略小于单播,但两者之间无显著差异。整体来看,从分枝期至现蕾期,苜蓿叶面积呈增加趋势。不同灌水条件下第二茬苜蓿叶面积的变化规律与第一茬基本类似(见图 3-54),但整体低于第一茬。

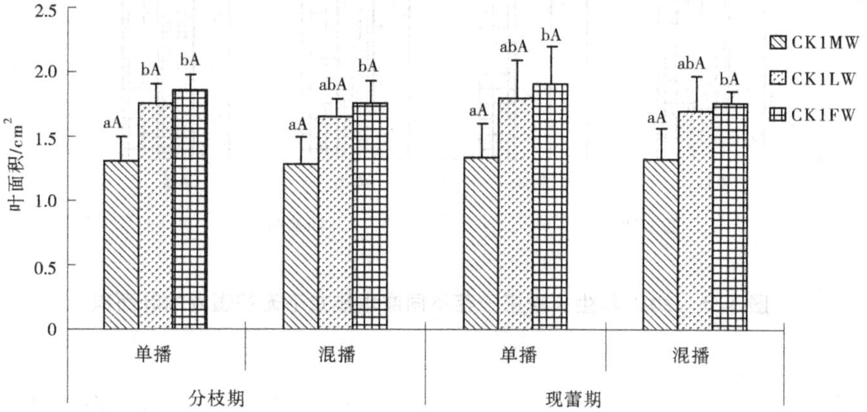

图 3-53　2018 年生长季第一茬不同灌水模式下苜蓿的叶面积

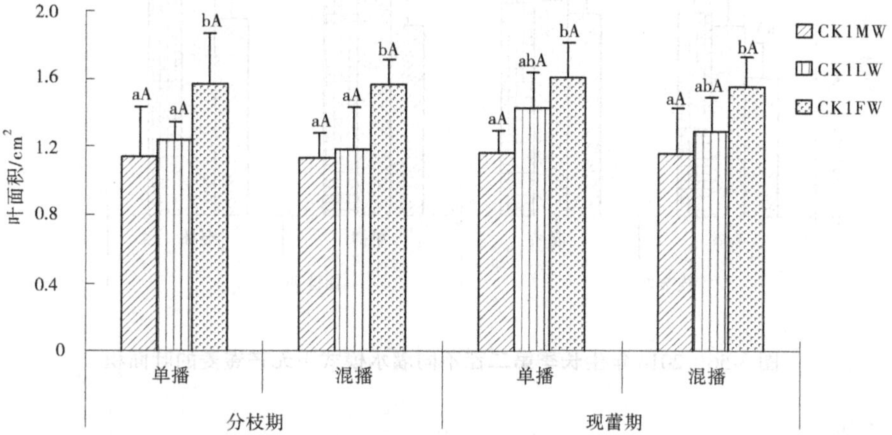

图 3-54　2018 年生长季第二茬不同灌水模式下苜蓿的叶面积

2)无芒雀麦

与苜蓿不同,相同种植条件下无芒雀麦叶面积对水分胁迫的响应较为一致(见图 3-55)。随着水分胁迫程度的增大,拔节期无芒雀麦叶面积呈下降趋势,且不同水分处理间无显著差异。抽穗期不同水分处理的无芒雀麦叶面积存在显著差异,单播时 FW 处理较 LW 与 MW 处理提高 0.71%和 19.78%,混播时 FW 处理较 LW 与 MW 处理提高 2.14%和 20.17%。同一水分处理下,各生育期的无芒雀麦叶面积均表现为混播大于单播,但两者之间无显著差异。不同灌水条件下第二茬无芒雀麦叶面积的变化规律与第一茬基本类似(见图 3-56),但整体低于第一茬。

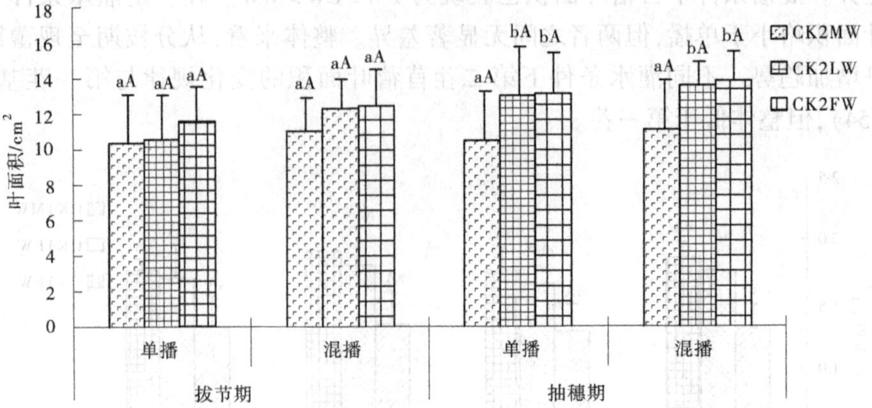

图 3-55　2018 年生长季第一茬不同灌水模式下无芒雀麦的叶面积

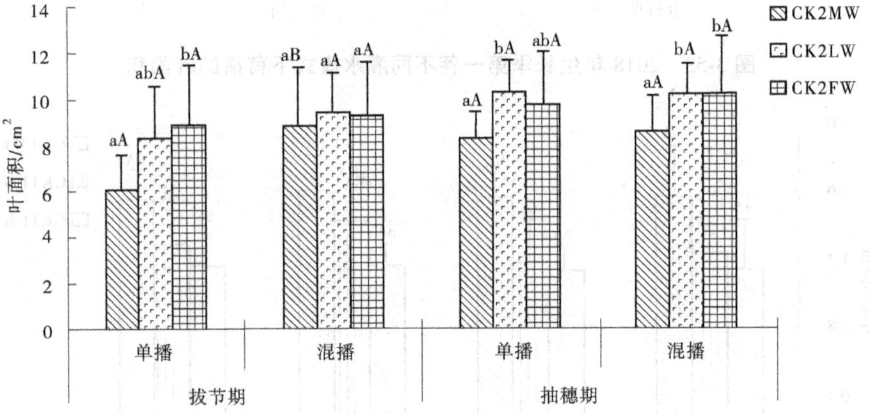

图 3-56　2018 年生长季第二茬不同灌水模式下无芒雀麦的叶面积

3. 茎粗

图 3-57 为 2018 年生长季不同水分调控与种植方式下第一茬牧草茎粗的变化。分枝期牧草茎粗随水分亏缺程度的增加呈递减趋势，其中单播条件下处理 FW 较处理 LW 和 MW 提高 0. 19 mm 和 0. 05 mm；混播条件下，处理 FW 较处理 LW 和 MW 提高 0. 04 mm 和 0. 06 mm，但三者差异均不显著。与分枝期不同，相同种植条件下现蕾期苜蓿茎粗随水分变化存在明显差异。拔节期不同水分调控下无芒雀麦茎粗表现为 FW>LW>MW，且处理 FW 与 LW 显著高于 MW 处理。抽穗期不同水分调亏下无芒雀麦茎粗表现为，单播时处理 MW 显著低于处理 FW，但与处理 LW 差异不显著。混播时，处理 FW 与 LW 分别较处理 MW 提高 0. 89 mm 和 0. 71 mm，且差异显著。不同灌水条件下第二茬牧草茎粗的变化规律与第一茬基本类似（见图 3-58）。

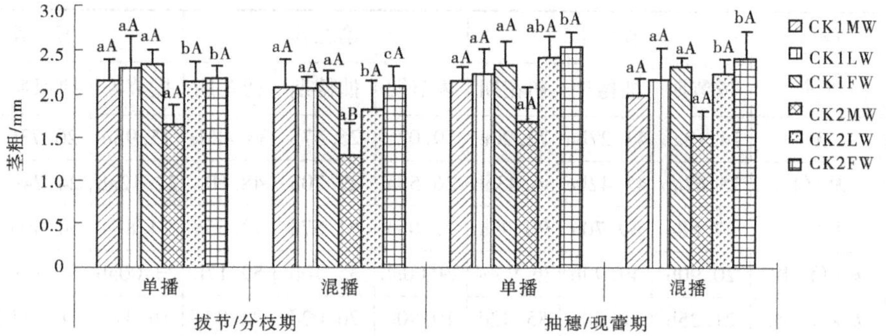

图 3-57　2018 年生长季第一茬不同灌水模式下牧草的茎粗

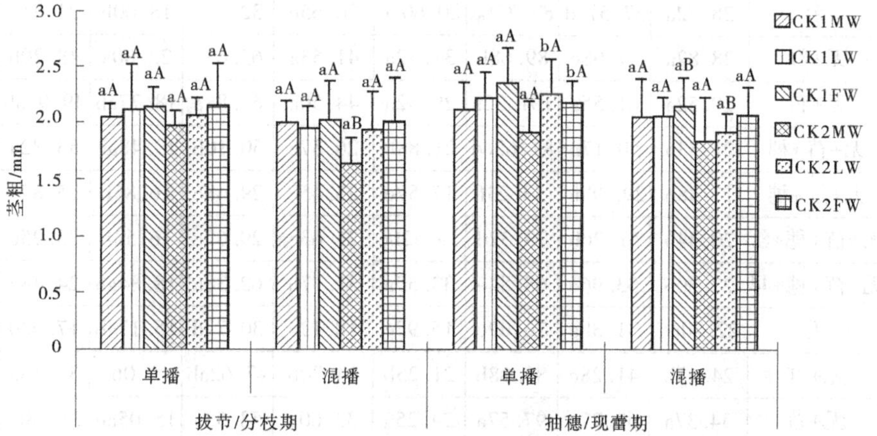

图 3-58　2018 年生长季第二茬不同灌水模式下牧草的茎粗

3.3.4.2　2020 年生长季

1. 株高

1) 无芒雀麦

2020 年生长季不同灌水模式与群落配置条件下无芒雀麦在三茬主要生育期的株高如表 3-32 所示。由表 3-32 分析可知，单播和混播的无芒雀麦株高均表现为随生育期推进逐渐增加，且收获时的株高由大到小为第一茬、第二茬、第三茬。在充分灌水条件下，无芒雀麦在三茬中的株高分别为 20.90~90.95 cm、19.02~73.55 cm 和 15.98~84.52 cm。在轻度水分亏缺条件下，无芒雀麦在三茬中的株高分别为 17.48~101.32 cm、17.57~65.88 cm 和 16.53~69.46 cm。在中度水分亏缺条件下，无芒雀麦在三茬中的株高分别为 17.47~97.57 cm、14.10~53.53 cm 和 11.74~69.43 cm。在重度水分亏缺条件下，无芒雀麦在三茬中的株高分别为 17.82~97.57 cm、11.93~56.08 cm 和 11.05~75.52 cm。在 4 种水分条件下，无芒雀麦株高均表现为混播高于单播，且以无芒雀麦与苜蓿混播的株高最高，无芒雀麦与红豆草混播次之。群落配置一定时，轻度水分亏缺的无芒雀麦株高较高。

表 3-32　2020 年生长季不同灌水模式下无芒雀麦的株高　单位:cm

灌水模式	群落配置	第一茬			第二茬			第三茬		
		拔节期	抽穗期	初花期	拔节期	抽穗期	初花期	拔节期	抽穗期	初花期
充分灌水	无	24. 12ab	43. 27bc	72. 20c	19. 02c	25. 47b	33. 48de	15. 98c	20. 73f	29. 87d
	无+红	25. 67ab	43. 42bc	86. 43ab	26. 58a	29. 70b	48. 60c	22. 12ab	24. 74e	65. 68c
	无+苜	27. 88a	69. 70a	90. 95a	32. 05a	51. 57a	73. 55a	24. 87a	54. 40a	84. 52a
	无+苜+穗	20. 90b	49. 90b	76. 93bc	29. 00ab	35. 10b	59. 17b	23. 00ab	37. 15c	51. 08b
	无+红+穗	21. 25b	40. 58c	55. 42d	19. 80c	20. 02d	28. 82e	16. 47c	20. 88f	31. 10d
	无+苜+穗+红	23. 97ab	45. 28bc	76. 30bc	25. 37b	35. 87b	37. 88d	16. 38c	29. 27d	30. 95d
	无+苜+穗+早	21. 62b	45. 25bc	66. 62c	31. 80a	48. 37a	53. 18c	20. 63b	41. 33b	66. 07c
轻度亏水	无	28. 72a	37. 57cd	87. 33bc	20. 60bc	26. 65c	32. 72c	18. 00b	21. 85c	44. 07c
	无+红	28. 82a	41. 98c	89. 68b	31. 32a	41. 53a	63. 63a	22. 00a	48. 20b	64. 40b
	无+苜	29. 52a	61. 55a	101. 32a	29. 52a	44. 50a	65. 88a	18. 77ab	49. 98ab	69. 46a
	无+苜+穗	21. 33b	50. 17b	81. 62cd	21. 88b	26. 57c	50. 10b	19. 48ab	53. 82a	64. 53b
	无+红+穗	17. 48b	29. 98de	53. 23f	17. 57c	23. 45c	29. 48c	16. 85b	25. 87c	33. 98d
	无+苜+穗+红	20. 44b	51. 26b	73. 32d	19. 32bc	21. 63c	29. 62c	16. 53b	23. 25c	31. 43d
	无+苜+穗+早	22. 30b	33. 96e	68. 84e	33. 55a	31. 77b	62. 38a	18. 84ab	24. 48c	45. 35c
中度亏水	无	22. 30cd	31. 38a	76. 02c	15. 95c	18. 12c	30. 77d	15. 17ab	17. 02d	33. 13d
	无+红	24. 47b	41. 28c	85. 08b	21. 25b	24. 70b	47. 62ab	17. 06a	31. 18a	69. 22a
	无+苜	34. 37a	69. 77a	97. 57a	24. 25a	33. 60a	53. 53a	15. 05ab	25. 58bc	69. 43a
	无+苜+穗	21. 72bc	51. 85b	74. 82c	17. 02c	24. 55b	39. 40c	13. 17bc	25. 77bc	37. 88c
	无+红+穗	17. 47d	33. 30de	49. 55e	14. 10c	19. 32c	31. 18d	13. 90bc	21. 45cd	30. 73d
	无+苜+穗+红	18. 52cd	37. 28cd	62. 78d	20. 25b	24. 72b	41. 27bc	11. 74c	30. 18ab	58. 56b
	无+苜+穗+早	19. 18cd	49. 24b	71. 52c	21. 32b	26. 94b	48. 26a	13. 45bc	18. 52d	32. 60d
重度亏水	无	19. 82cd	40. 62c	71. 30a	13. 82ab	14. 38c	39. 77c	14. 60b	16. 50c	33. 17e
	无+红	21. 50cd	44. 00c	74. 00a	17. 03a	27. 00a	52. 42ab	15. 00b	29. 02a	62. 45b
	无+苜	26. 55a	55. 48a	97. 57a	15. 12ab	22. 92b	56. 08a	22. 12a	31. 62a	75. 52a
	无+苜+穗	23. 37bc	48. 38bc	71. 85a	11. 93b	16. 57c	32. 53d	12. 35b	19. 55bc	27. 60f
	无+红+穗	17. 82d	26. 02d	45. 70b	12. 28b	17. 53c	32. 88d	11. 92b	20. 08bc	38. 32d
	无+苜+穗+红	20. 10cd	53. 90ab	69. 76a	16. 46ab	21. 17b	39. 93c	11. 05b	23. 46b	38. 40d
	无+苜+穗+早	25. 98ab	47. 70bc	68. 20a	16. 88a	20. 68b	48. 72b	15. 20b	22. 68b	44. 48c

2) 苜蓿

2020 年生长季不同灌水模式与群落配置条件下苜蓿在三茬主要生育期的株高如表 3-33 所示。由表 3-33 分析可知,单播和混播的苜蓿株高均表现为随生育期推进逐渐增加,且收获时的株高整体为第一茬高于第二茬和第三茬。在充分灌水条件下,苜蓿在三茬中的株高分别为 21.03~104.13 cm、29.52~79.62 cm 和 34.05~82.47 cm。在轻度水分亏缺条件下,苜蓿在三茬中的株高分别为 21.25~104.70 cm、23.20~88.72 cm 和 30.00~87.97 cm。在中度水分亏缺条件下,苜蓿在三茬中的株高分别为 19.07~91.03 cm、28.62~75.13 cm 和 25.30~70.85 cm。在重度水分亏缺条件下,苜蓿在三茬中的株高分别为 23.68~77.42 cm、24.22~76.45 cm 和 23.35~82.40 cm。在 4 种水分条件下,苜蓿株高均表现为单播高于混播,在 4 种混播模式中以无芒雀麦与苜蓿混播的株高较高。群落配置一定时,轻度水分亏缺的苜蓿株高较高。

表 3-33　2020 年生长季不同灌水模式下苜蓿的株高　单位:cm

灌水模式	群落配置	第一茬			第二茬			第三茬		
		拔节期	抽穗期	初花期	拔节期	抽穗期	初花期	拔节期	抽穗期	初花期
充分灌水	苜	34.58a	71.55a	104.13a	37.23a	60.55a	79.62a	37.02a	61.23a	82.47a
	无+苜	26.53b	63.93b	98.93a	29.52b	59.25a	76.97a	37.48a	55.40b	81.97a
	无+苜+穗	21.03c	49.47c	73.95c	31.38b	54.52b	76.18a	34.62b	55.15b	83.42a
	无+苜+穗+红	22.40c	49.92c	82.22b	32.05b	55.68b	78.23a	34.05b	60.68a	78.23b
	无+苜+穗+早	23.47b	47.78c	82.92b	33.28b	53.10b	77.30a	35.98b	53.42b	79.48b
轻度亏水	苜	33.15a	66.70a	104.70a	33.57a	55.75a	88.72a	32.07a	54.40b	87.97a
	无+苜	26.80b	62.72a	105.58a	33.80a	54.68a	78.60b	33.52a	48.18c	76.13b
	无+苜+穗	23.98c	49.88b	81.10b	23.20b	51.08b	79.10b	30.93b	58.12a	79.02b
	无+苜+穗+红	23.52c	50.68b	80.45b	25.55b	51.10b	75.78b	30.00b	55.03b	81.97b
	无+苜+穗+早	21.25d	50.22b	81.90b	28.08b	51.88b	81.00b	30.22b	58.13a	81.15b
中度亏水	苜	32.42a	64.82a	91.03a	31.78a	54.05a	74.73a	38.85a	45.77b	70.85a
	无+苜	33.82a	68.82a	89.30a	30.40a	47.85b	75.13a	35.85a	44.57b	66.03b
	无+苜+穗	25.75b	52.50b	74.98c	29.35b	48.55b	74.88a	25.30c	51.45a	66.75b
	无+苜+穗+红	19.07c	39.98c	64.70d	28.63b	46.43b	68.08b	30.80b	49.17a	70.20a
	无+苜+穗+早	24.52b	50.33b	84.10b	28.62b	48.38b	70.67b	30.62b	53.22a	72.92a
重度亏水	苜	27.37b	65.72a	72.12a	30.87a	46.45a	76.45a	26.98b	45.05b	80.12a
	无+苜	32.03a	64.03a	68.72b	24.22b	39.13c	74.43a	28.65b	50.35a	82.40a
	无+苜+穗	26.83b	52.70b	74.03a	26.22b	48.77b	65.93b	32.43a	50.48a	67.17c
	无+苜+穗+红	23.68c	51.40b	68.37b	26.27b	44.78b	64.18b	23.35c	46.07b	61.55c
	无+苜+穗+早	23.82c	48.28b	77.42a	25.02b	40.78c	64.22b	24.45b	44.30b	71.03b

3) 红豆草

2020 年生长季不同灌水模式与群落配置条件下红豆草在三茬主要生育期的株高如表 3-34 所示。由表 3-34 分析可知,单播和混播的红豆草株高均表现为随生育期推进逐渐增加,且收获时的株高整体为第一茬高于第二茬和第三茬。在充分灌水条件下,红豆草在三茬中的株高分别为19.50~87.63 cm、21.45~75.73 cm和28.83~87.45 cm。在轻度水分亏缺条件下,红豆草在三茬中的株高分别为18.53~100.57 cm、24.33~90.27 cm和22.72~87.72 cm。在中度水分亏缺条件下,红豆草在三茬中的株高分别为18.32~94.87 cm、21.68~79.75 cm和22.13~73.87 cm。在重度水分亏缺条件下,红豆草在三茬中的株高分别为17.33~80.37 cm、16.77~74.17 cm和19.45~76.45 cm。在4种水分条件下,红豆草株高均表现为单播>两组分混播>三组分混播。群落配置一定时,轻度水分亏缺的无芒雀麦株高较高。可见,红豆草单播结合轻度水分亏缺有利于提高红豆草的株高。

表3-34　2020年生长季不同灌水模式下红豆草的株高　　单位:cm

灌水模式	群落配置	第一茬			第二茬			第三茬		
		拔节期	抽穗期	初花期	拔节期	抽穗期	初花期	拔节期	抽穗期	初花期
充分灌水	红	27.73a	55.15a	87.63a	27.83a	48.60a	75.73a	30.10a	56.15a	87.45a
	无+红	21.27b	44.85b	73.73b	24.72b	37.97b	65.22b	29.85a	52.72a	83.68b
	无+红+穗	19.50c	36.45c	68.12c	21.45c	32.92c	31.33c	28.83a	38.82b	67.02c
轻度亏水	红	30.43a	61.82a	100.57a	29.62a	50.48a	90.27a	31.20a	55.68a	87.72a
	无+红	28.08a	54.53b	89.77b	24.33b	49.07a	81.60a	22.72b	34.63c	67.72b
	无+红+穗	18.53b	40.62c	76.58c	29.42a	39.53b	58.47b	23.67b	45.45b	62.22b
中度亏水	红	29.48a	58.82a	85.37b	22.17b	47.72a	79.75a	23.80a	45.43a	73.87a
	无+红	29.23a	56.48a	94.87a	26.33a	35.83b	61.77b	22.48a	41.52b	68.47b
	无+红+穗	18.32b	41.47b	76.08c	21.68b	35.75b	62.73b	22.13a	42.92b	54.07c
重度亏水	红	22.73a	59.67a	76.30a	25.57a	47.12a	74.17a	27.00a	44.32a	76.45a
	无+红	21.18a	41.47b	80.37a	16.77b	28.47b	59.18b	19.45b	42.58b	72.85b
	无+红+穗	17.33b	39.12b	69.90b	24.27a	30.57b	55.93b	26.48a	40.85b	68.02c

4)长穗偃麦草

2020年生长季不同灌水模式与群落配置条件下长穗偃麦草在三茬主要生育期的株高如表3-35所示。由表3-35分析可知,单播和混播的长穗偃麦草株高均表现为随生育期推进逐渐增加,不同茬次在收获时的株高不明显变化特征。在充分灌水条件下,长穗偃麦草在三茬中的株高分别为9.12~29.13 cm、12.30~22.72 cm和10.13~24.92 cm。在轻度水分亏缺条件下,长穗偃麦草在三茬中的株高分别为9.75~21.73 cm、9.27~22.33 cm和9.92~24.90 cm。在中度水分亏缺条件下,长穗偃麦草在三茬中的株高分别为8.55~22.03 cm、10.80~31.95 cm和9.90~27.82 cm。在重度水分亏缺条件下,长穗偃麦草在三茬中的株高分别为12.98~18.45 cm、9.87~30.72 cm和11.28~22.70 cm。在4种水分条件下,红豆草株高均表现为单播>混播,不同组分混播之间无明显变化规律。群落配置一定时,中度水分亏缺的长穗偃麦草株高较高。可见,长穗偃麦草单播结合中度水分亏缺有利于提高长穗偃麦草的株高。

表 3-35　2020 年生长季不同灌水模式下长穗偃麦草的株高　单位:cm

灌水模式	群落配置	第一茬			第二茬			第三茬		
		拔节期	抽穗期	初花期	拔节期	抽穗期	初花期	拔节期	抽穗期	初花期
充分灌水	穗	12.43a	18.65a	24.92b	12.77a	17.02a	22.72a	10.57b	16.68a	24.92a
	无+苜+穗	13.03a	19.52a	29.13a	12.30a	16.20b	13.90c	14.10a	11.45c	15.65d
	无+红+穗	9.57b	18.73a	18.88c	14.57a	14.72c	18.68b	10.13b	13.27b	20.65b
	无+苜+穗+红	9.12b	17.15a	23.45b	12.93a	15.60bc	20.67a	14.00a	13.32b	15.32d
	无+苜+穗+早	10.95b	13.73b	19.13c	12.82a	11.75d	12.08c	10.62b	12.23bc	17.35c
轻度亏水	穗	16.95a	21.72a	31.73a	14.47a	20.92a	22.33a	16.95a	15.78a	24.90a
	无+苜+穗	12.70b	21.47a	20.27b	11.50c	13.02b	17.33b	12.97b	12.45b	14.85b
	无+红+穗	13.10b	19.05b	20.33b	12.12b	12.65b	12.05d	11.78b	15.25a	15.25b
	无+苜+穗+红	9.75c	15.93c	20.13b	10.75c	14.37b	15.42c	9.92c	12.27b	16.28b
	无+苜+穗+早	10.45c	14.45c	16.18c	9.27d	12.55b	17.53b	11.47b	13.07b	16.20b
中度亏水	穗	20.05a	18.03a	20.25ab	13.38a	15.00a	31.95a	11.95b	13.17a	27.82a
	无+苜+穗	12.93b	17.00b	22.03a	11.18bc	15.35a	18.40b	14.45a	13.37a	14.42b
	无+红+穗	13.10b	15.60c	17.22c	10.80c	14.52a	15.22c	12.97b	14.47a	14.82b
	无+苜+穗+红	9.20c	12.98d	18.35c	12.07b	14.48a	14.30c	12.12b	13.33a	15.37b
	无+苜+穗+早	8.55c	17.02b	19.80b	13.20a	15.43a	17.43b	9.90c	14.70a	12.97c
重度亏水	穗	15.27a	20.95a	17.63a	12.92a	11.25b	30.72a	12.05a	11.98b	22.70a
	无+苜+穗	12.98b	13.48d	14.75c	11.92b	10.43c	16.00b	12.93a	10.63b	14.48b
	无+红+穗	13.65b	16.32c	14.67c	11.42b	12.38b	11.62c	12.07a	12.40b	13.60b
	无+苜+穗+红	14.23ab	19.17b	16.30b	9.87c	14.57a	16.47b	11.28a	11.10b	14.47b
	无+苜+穗+早	13.95b	13.13d	18.45a	13.13a	15.57a	14.25b	13.13a	14.43a	14.62b

5)草地早熟禾

2020 年生长季不同灌水模式与群落配置条件下草地早熟禾在三茬主要生育期的株高如表 3-36 所示。由表 3-36 分析可知,混播模式中涉及草地早熟禾的处理仅为无芒雀麦、苜蓿、长穗偃麦草和草地早熟禾混播,但由于豆禾牧草之间的竞争,在 2020 年生长季该混播模式中已无草地早熟禾。单播的草地早熟禾株高表现为随生育期推进逐渐增加,不同茬次在收获时的株高具有不明显变化特征。在充分灌水条件下,草地早熟禾在三茬中的株高分别为 5.60~11.13 cm、8.33~15.90 cm 和 9.08~14.07 cm。在轻度水分亏缺条件下,草地早熟禾在三茬中的株高分别为 10.15~18.13 cm、11.72~20.82 cm 和 13.03~18.03 cm。在中度水分亏缺条件下,草地早熟禾在三茬中的株高分别为 10.10~15.80 cm、8.57~12.68 cm 和 8.78~16.68 cm。在重度水分亏缺条件下,草地早熟禾在三茬中的株高分别为 10.20~12.70 cm、6.80~11.87 cm 和 6.98~14.33 cm。在 4 种水分条件下,红豆草株高均表现为单播>两组分混播>三组分混播。与充分灌水相比,草地早熟禾单播在轻度和中度水分亏缺下均可获得较高的株高。

表 3-36　2020 年生长季不同灌水模式下草地早熟禾的株高　单位:cm

灌水模式	群落配置	第一茬			第二茬			第三茬		
		分枝期	现蕾期	初花期	分枝期	现蕾期	初花期	分枝期	现蕾期	初花期
充分灌水	早	5.60	8.33	11.13	8.33	9.53	15.90	9.08	8.97	14.07
	无+苜+穗+早	—	—	—	—	—	—	—	—	—
轻度亏水	早	10.15	15.23	18.13	11.72	11.88	20.82	13.03	11.58	18.03
	无+苜+穗+早	—	—	—	—	—	—	—	—	—
中度亏水	早	10.10	13.07	15.80	8.57	10.00	12.68	8.78	10.63	16.68
	无+苜+穗+早	—	—	—	—	—	—	—	—	—
重度亏水	早	10.20	11.88	12.70	6.80	7.78	11.87	6.98	8.02	14.33
	无+苜+穗+早	—	—	—	—	—	—	—	—	—

2. 叶面积指数

图 3-59 为 2020 年生长季不同水分调控与群落配置下第二茬牧草的叶面积指数。由图 3-59 分析可知,不同处理之间的牧草叶面积指数差异显著。在充分灌水条件下,各群落配置的叶面积指数为 0.80~5.47,其中苜蓿单播和苜蓿与无芒雀麦混播较高,无芒雀麦单播、长穗偃麦草单播和草地早熟禾单播较低;在轻度水分亏缺条件下,各群落配置的叶面积指数为 1.12~5.88,其中苜蓿单播,苜蓿与无芒雀麦混播,苜蓿、无芒雀麦与长穗偃麦草混播,苜蓿、无芒雀麦、长穗偃麦草与草地早熟禾混播和苜蓿、红豆草、无芒雀麦与长穗偃麦草混播较高;在中度水分亏缺条件下,各群落配置的叶面积指数为 0.99~4.13,其中苜蓿单播,苜蓿与无芒雀麦混播,苜蓿、无芒雀麦与长穗偃麦草混播和苜蓿、无芒雀麦、长穗偃麦草与草地早熟禾混播较高;在重度水分亏缺条件下,各群落配置的叶面积指数为 0.53~4.30,其中苜蓿单播,苜蓿与无芒雀麦混播和苜蓿、无芒雀麦与长穗偃麦草混播。可见,与其他群落配置相比,苜蓿单播,苜蓿与无芒雀麦混播,苜蓿、无芒雀麦与长穗偃麦

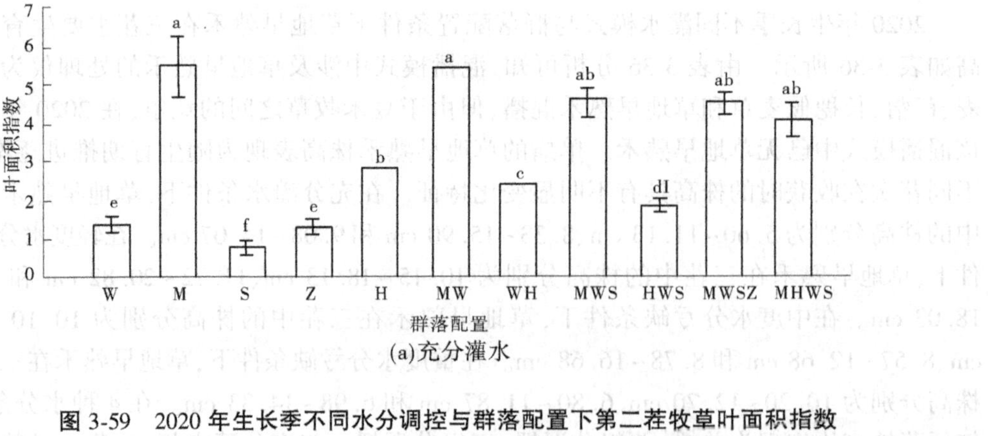

(a)充分灌水

图 3-59　2020 年生长季不同水分调控与群落配置下第二茬牧草叶面积指数

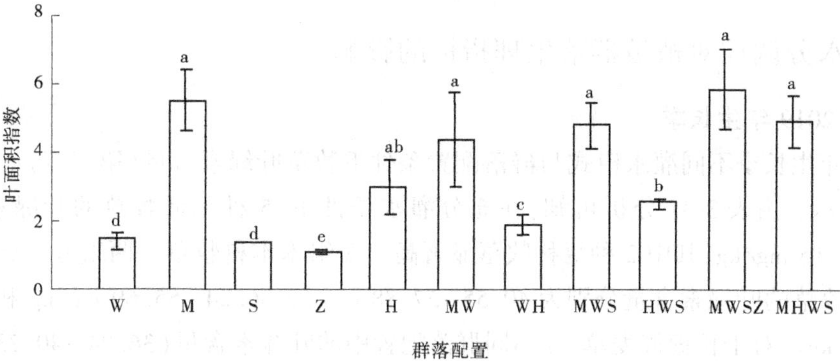

(b)轻度水分亏缺

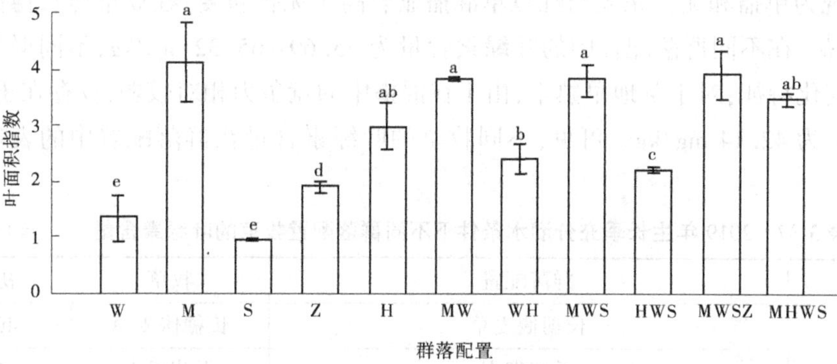

(c)中度水分亏缺

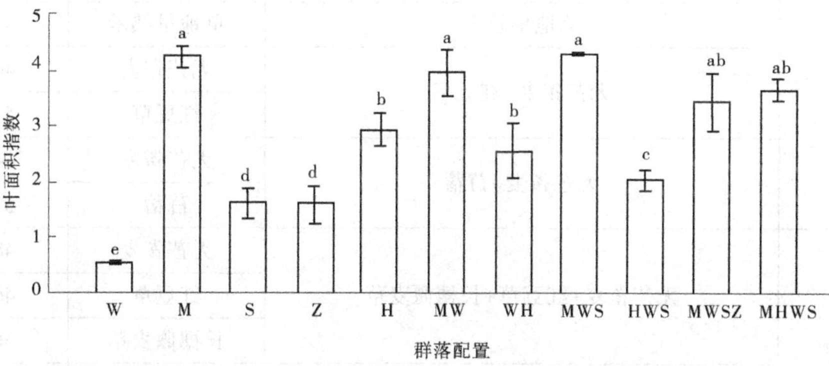

(d)重度水分亏缺

续图 3-59

草混播,苜蓿、无芒雀麦、长穗偃麦草与草地早熟禾混播和苜蓿、红豆草、无芒雀麦与长穗偃麦草混播的叶面积指数较高;与其他水分状况相比,轻度水分亏缺有利于提高牧草的叶面积指数。

3.3.5　水分调控对植被群落生理指标的影响

3.3.5.1　2019 年生长季

2019 年生长季不同灌水模式与群落配置条件下牧草叶绿素含量(第三茬)如表 3-37~表 3-40 所示。由表 3-37 分析可知,在充分灌水条件下,5 种单播牧草的叶绿素含量为 40.23~63.15 mg/kg,其中 2 种豆科牧草显著高于 3 组禾本科牧草。两组分、三组分和四组分混播牧草的叶绿素含量分别为 40.55~57.88 mg/kg、36.24~55.69 mg/kg 和 37.56~65.32 mg/kg。对于长穗偃麦草,在不同群落配置中的叶绿素含量(36.24~40.23 mg/kg)无显著差异;对于无芒雀麦,在不同群落配置中的叶绿素含量为 40.55~54.50 mg/kg,表现为混播显著高于单播;对于红豆草,在不同群落配置中的叶绿素含量为 46.30~57.88 mg/kg,表现为单播和无芒雀麦与红豆草混播显著高于无芒雀麦、红豆草与长穗偃麦草混播;对于苜蓿,在不同群落配置中的叶绿素含量为 55.69~65.32 mg/kg,不同群落配置之间无明显变化特征;对于草地早熟禾,由于在混播中的竞争力相对较弱,仅存在于单播中,叶绿素含量为 42.14 mg/kg。可见,不同牧草的叶绿素含量在群落配置中的表现存在较大差异。

表 3-37　2019 年生长季充分灌水条件下不同群落配置牧草的叶绿素含量　　单位:mg/kg

组分	群落配置	牧草	初花期
单组分	长穗偃麦草	长穗偃麦草	40.23c
	无芒雀麦	无芒雀麦	45.25c
	红豆草	红豆草	54.98b
	苜蓿	苜蓿	63.15a
	草地早熟禾	草地早熟禾	42.14c
两组分	无芒雀麦+红豆草	无芒雀麦	40.55b
		红豆草	57.88a
	无芒雀麦+苜蓿	无芒雀麦	54.50a
		苜蓿	57.37a
三组分	无芒雀麦+红豆草+长穗偃麦草	无芒雀麦	48.33b
		红豆草	46.30b
		长穗偃麦草	36.24c
	无芒雀麦+苜蓿+长穗偃麦草	无芒雀麦	53.62a
		苜蓿	55.69a
		长穗偃麦草	39.31c

续表 3-37

组分	群落配置	牧草	初花期
四组分	无芒雀麦+苜蓿+红豆草+长穗偃麦草	无芒雀麦	53.63b
		苜蓿	56.98b
		红豆草	—
		长穗偃麦草	37.56d
	无芒雀麦+苜蓿+草地早熟禾+长穗偃麦草	无芒雀麦	49.63c
		苜蓿	65.32a
		草地早熟禾	—
		长穗偃麦草	39.56d

由表 3-38 分析可知，与充分灌水相比，轻度水分亏缺条件下不同群落配置牧草的叶绿素含量整体较高，5 种单播牧草的叶绿素含量为 39.65～66.93 mg/kg，其中 2 种豆科牧草显著高于 3 组禾本科牧草。两组分、三组分和四组分混播牧草的叶绿素含量分别为 38.68～64.20 mg/kg、40.23～54.65 mg/kg 和 40.23～54.65 mg/kg。对于长穗偃麦草，在不同群落配置中的叶绿素含量为 35.86～42.05 mg/kg，不同群落配置之间无明显变化特征；对于无芒雀麦，在不同群落配置中的叶绿素含量为 38.68～53.85 mg/kg，其中无芒雀麦与苜蓿混播显著低于其他群落配置；对于红豆草，在不同群落配置中的叶绿素含量为 48.36～66.93 mg/kg，表现为单播和无芒雀麦与红豆草混播显著高于无芒雀麦、红豆草与长穗偃麦草混播；对于苜蓿，在不同群落配置中的叶绿素含量（54.65～64.20 mg/kg）无显著差异；单播草地早熟禾的叶绿素含量为 45.23 mg/kg。

表 3-38　2019 年生长季轻度亏水条件下不同群落配置牧草的叶绿素含量　单位：mg/kg

组分	群落配置	牧草	初花期
单组分	长穗偃麦草	长穗偃麦草	39.65b
	无芒雀麦	无芒雀麦	43.57b
	红豆草	红豆草	66.93a
	苜蓿	苜蓿	61.30a
	草地早熟禾	草地早熟禾	45.23b
双组分	无芒雀麦+红豆草	无芒雀麦	51.68c
		红豆草	57.62b
	无芒雀麦+苜蓿	无芒雀麦	38.68d
		苜蓿	64.20a

续表 3-38

组分	群落配置	牧草	初花期
三组分	无芒雀麦+红豆草+长穗偃麦草	无芒雀麦	46. 49b
		红豆草	48. 36b
		长穗偃麦草	40. 23c
	无芒雀麦+苜蓿+长穗偃麦草	无芒雀麦	47. 56b
		苜蓿	54. 65a
		长穗偃麦草	41. 23c
四组分	无芒雀麦+苜蓿+红豆草+长穗偃麦草	无芒雀麦	53. 85b
		苜蓿	58. 36a
		红豆草	—
		长穗偃麦草	35. 86d
	无芒雀麦+苜蓿+草地早熟禾+长穗偃麦草	无芒雀麦	51. 23b
		苜蓿	54. 65b
		草地早熟禾	—
		长穗偃麦草	42. 05c

由表 3-39、表 3-40 分析可知，与充分灌水和轻度水分亏缺相比，中度和重度水分亏缺条件下不同群落配置牧草的叶绿素含量整体偏低。在中度水分亏缺条件下，5 种单播牧草的叶绿素含量为 36. 23～47. 28 mg/kg。两组分、三组分和四组分混播牧草的叶绿素含量分别为 36. 85～46. 13 mg/kg、32. 70～48. 23 mg/kg 和 34. 63～50. 23 mg/kg。长穗偃麦草、无芒雀麦、红豆草、苜蓿和草地早熟禾在不同群落配置中的叶绿素含量分别为 32. 70～37. 54 mg/kg、36. 85～46. 24 mg/kg、42. 83～47. 28 mg/kg、45. 25～50. 23 mg/kg 和 40. 27 mg/kg。在重度水分亏缺条件下，5 种单播牧草的叶绿素含量为 33. 12～46. 36 mg/kg。两组分、三组分和四组分混播牧草的叶绿素含量分别为 34. 58～43. 83 mg/kg、35. 36～44. 44 mg/kg 和 34. 11～50. 23 mg/kg。长穗偃麦草、无芒雀麦、红豆草、苜蓿和草地早熟禾在不同群落配置中的叶绿素含量分别为 33. 12～40. 23 mg/kg、34. 58～44. 44 mg/kg、40. 25～43. 45 mg/kg、47. 43～50. 23 mg/kg 和 46. 36 mg/kg。可见，中度和重度水分亏缺会影响牧草生长，降低牧草叶绿素含量。

表3-39　2019年生长季中度亏水条件下不同群落配置牧草的叶绿素含量　单位:mg/kg

组分	群落配置	牧草	初花期
单组分	长穗偃麦草	长穗偃麦草	36.23b
	无芒雀麦	无芒雀麦	38.50b
	红豆草	红豆草	47.28a
	苜蓿	苜蓿	45.25a
	草地早熟禾	草地早熟禾	40.27b
双组分	无芒雀麦+红豆草	无芒雀麦	37.22b
		红豆草	42.83a
	无芒雀麦+苜蓿	无芒雀麦	36.85b
		苜蓿	46.13a
三组分	无芒雀麦+红豆草+长穗偃麦草	无芒雀麦	45.23a
		红豆草	43.22b
		长穗偃麦草	32.70d
	无芒雀麦+苜蓿+长穗偃麦草	无芒雀麦	43.56b
		苜蓿	48.23a
		长穗偃麦草	37.54c
四组分	无芒雀麦+苜蓿+红豆草+长穗偃麦草	无芒雀麦	43.98b
		苜蓿	50.23a
		红豆草	—
		长穗偃麦草	34.63c
	无芒雀麦+苜蓿+草地早熟禾+长穗偃麦草	无芒雀麦	46.24b
		苜蓿	47.63b
		草地早熟禾	—
		长穗偃麦草	34.94c

表3-40　2019年生长季重度亏水条件下不同群落配置牧草的叶绿素含量　单位:mg/kg

组分	群落配置	牧草	初花期
单组分	长穗偃麦草	长穗偃麦草	33.12c
	无芒雀麦	无芒雀麦	37.47b
	红豆草	红豆草	42.53a
	苜蓿	苜蓿	37.43b
	草地早熟禾	草地早熟禾	46.36b

续表 3-40

组分	群落配置	牧草	初花期
双组分	无芒雀麦+红豆草	无芒雀麦	36.75b
		红豆草	43.45a
	无芒雀麦+苜蓿	无芒雀麦	34.58b
		苜蓿	43.83b
三组分	无芒雀麦+红豆草+长穗偃麦草	无芒雀麦	38.23b
		红豆草	40.25b
		长穗偃麦草	37.23b
	无芒雀麦+苜蓿+长穗偃麦草	无芒雀麦	44.44a
		苜蓿	44.25a
		长穗偃麦草	35.36b
四组分	无芒雀麦+苜蓿+红豆草+长穗偃麦草	无芒雀麦	40.56c
		苜蓿	50.23a
		红豆草	—
		长穗偃麦草	34.11c
	无芒雀麦+苜蓿+草地早熟禾+长穗偃麦草	无芒雀麦	44.23a
		苜蓿	42.45b
		草地早熟禾	—
		长穗偃麦草	40.23c

3.3.5.2 2020 年生长季

1. 叶绿素含量

2020 年生长季不同灌水模式与群落配置条件下牧草叶绿素含量(第一茬)如表 3-41～表 3-44 所示。

1)牧草单播

由表 3-41 分析可知,同一水分条件和群落配置下,牧草生育期叶绿素含量无明显变化规律,分枝期为 36.59～60.03 mg/kg,现蕾期为 37.02～58.15 mg/kg,初花期为 30.51～61.28 mg/kg。对于长穗偃麦草,在 4 种水分调控下的叶绿素含量为 30.51～41.79 mg/kg,表现为水分亏缺高于充分灌水;对于无芒雀麦,在 4 种水分调控下的叶绿素含量为 44.51～54.53 mg/kg,表现为水分亏缺高于充分灌水;对于红豆草,在 4 种水分调控下的叶绿素含量为 48.03～58.95 mg/kg,表现为充分灌水较高;对于苜蓿,在 4 种水分调控下的叶绿素含量为 52.21～61.28 mg/kg,表现为水分亏缺较高;对于草地早熟禾,在 4 种水分调控下的叶绿素含量为 43.83～51.88 mg/kg,表现为水分亏缺较高。可见,一定程度的水分亏缺有利于牧草生长,提高叶片叶绿素含量。

表 3-41　2020 年生长季水分调控对单播牧草叶绿素含量的影响　单位：mg/kg

灌水模式	群落配置	分枝期	现蕾期	初花期
充分灌水	长穗偃麦草	36.59b	37.13b	30.51c
	无芒雀麦	46.96ab	44.51ab	45.78b
	红豆草	54.43a	54.21a	58.95a
	苜蓿	55.83a	54.23a	58.40a
	草地早熟禾	43.83ab	44.28ab	41.20b
轻度亏水	长穗偃麦草	39.38c	37.61c	36.89c
	无芒雀麦	54.53ab	55.13a	52.14a
	红豆草	48.03ab	55.15a	53.56ab
	苜蓿	60.03a	58.15a	59.83a
	草地早熟禾	46.36b	39.63bc	39.76c
中度亏水	长穗偃麦草	41.22d	39.71b	31.38d
	无芒雀麦	53.11b	47.40ab	50.68b
	红豆草	51.66bc	50.92a	54.59ab
	苜蓿	58.59a	54.02a	57.32a
	草地早熟禾	46.33cd	40.71b	43.13c
重度亏水	长穗偃麦草	41.79c	37.06b	32.44b
	无芒雀麦	51.53ab	49.28abc	49.77b
	红豆草	50.75b	54.25a	49.53a
	苜蓿	53.54a	52.21ab	61.28a
	草地早熟禾	47.22bc	37.02b	51.88a

2) 两组分牧草混播

由表 3-42 分析可知，2 种两组分混播均表现为豆科牧草的叶片叶绿素含量高于禾本科牧草，且随生育期推进呈降低趋势，不同水分调控之间无明显变化规律。对于无芒雀麦与红豆草混播，无芒雀麦的叶片叶绿素含量为 45.42~58.98 mg/kg，红豆草的叶片叶绿素含量为 46.95~58.71 mg/kg；对于无芒雀麦与苜蓿混播，无芒雀麦的叶片叶绿素含量为 44.50~55.82 mg/kg，苜蓿的叶片叶绿素含量为 50.80~61.46 mg/kg。

表 3-42　2020 年生长季水分调控对两组分混播牧草叶绿素含量的影响　单位：mg/kg

灌水模式	群落配置	牧草	分枝期	现蕾期	初花期
充分灌水	无芒雀麦+红豆草	无芒雀麦	52.78a	51.11b	51.78ab
		红豆草	52.53a	59.48a	58.45a
	无芒雀麦+苜蓿	无芒雀麦	50.38a	44.50c	47.18b
		苜蓿	52.49a	53.13ab	58.59a

续表 3-42

灌水模式	群落配置	牧草	分枝期	现蕾期	初花期
轻度亏水	无芒雀麦+红豆草	无芒雀麦	54.23a	50.78ab	52.13b
		红豆草	46.95a	54.54ab	58.71ab
	无芒雀麦+苜蓿	无芒雀麦	55.82a	49.31b	51.05b
		苜蓿	50.80a	56.32a	61.41a
中度亏水	无芒雀麦+红豆草	无芒雀麦	54.48a	58.98a	56.40ab
		红豆草	57.51a	55.42a	51.19bc
	无芒雀麦+苜蓿	无芒雀麦	55.03a	47.78a	46.47c
		苜蓿	55.85a	57.91a	60.06a
重度亏水	无芒雀麦+红豆草	无芒雀麦	52.77a	47.07a	45.42a
		红豆草	51.84a	53.57a	56.08a
	无芒雀麦+苜蓿	无芒雀麦	53.73a	46.78a	47.12a
		苜蓿	53.43a	57.68a	57.86a

3)三组分牧草混播

由表 3-43 分析可知,在同一灌溉模式和群落配置下,牧草在分枝期、现蕾期和初花期的生长数据也存在差异,牧草在不同生长阶段对水分和环境条件的需求不同。从充分灌水到重度亏水,不同牧草在各生长阶段的叶绿素含量呈现出不同程度的下降趋势。不同的混播在相同灌溉模式下,各牧草的叶绿素含量也有所不同,无芒雀麦、红豆草、长穗偃麦草混播中,无芒雀麦的叶片叶绿素含量为 42.42~54.17 mg/kg,红豆草的叶片叶绿素含量为 45.66~61.69 mg/kg,长穗偃麦草的叶片叶绿素含量为 31.62~39.73 mg/kg。无芒雀麦、苜蓿、长穗偃麦草混播中,无芒雀麦的叶片叶绿素含量为 43.81~59.35 mg/kg,苜蓿的叶片叶绿素含量为 50.86~63.97 mg/kg,长穗偃麦草的叶片叶绿素含量为 28.94~43.01 mg/kg。

表 3-43 2020 年生长季水分调控对三组分混播牧草叶绿素含量的影响 单位:mg/kg

灌水模式	群落配置	牧草	分枝期	现蕾期	初花期
充分灌水	无芒雀麦+红豆草+长穗偃麦草	无芒雀麦	50.99a	48.30a	54.17ab
		红豆草	45.66b	49.71a	52.46ab
		长穗偃麦草	36.24c	32.36b	35.88c
	无芒雀麦+苜蓿+长穗偃麦草	无芒雀麦	48.62a	43.81b	46.83bc
		苜蓿	50.86a	57.67a	63.30a
		长穗偃麦草	40.73b	31.93c	37.41c

续表 3-43

灌水模式	群落配置	牧草	分枝期	现蕾期	初花期
轻度亏水	无芒雀麦+红豆草+长穗偃麦草	无芒雀麦	51. 16b	48. 62b	48. 08cd
		红豆草	47. 39b	57. 61a	61. 69a
		长穗偃麦草	38. 48c	36. 99c	42. 78b
	无芒雀麦+苜蓿+长穗偃麦草	无芒雀麦	59. 35a	53. 36a	45. 83ab
		苜蓿	52. 73a	59. 50a	63. 05a
		长穗偃麦草	39. 31c	34. 81c	37. 57c
中度亏水	无芒雀麦+红豆草+长穗偃麦草	无芒雀麦	46. 49a	46. 03b	45. 63ab
		红豆草	48. 08abc	49. 12ab	57. 63ab
		长穗偃麦草	37. 70d	39. 73bc	31. 62e
	无芒雀麦+苜蓿+长穗偃麦草	无芒雀麦	47. 08bc	52. 08ab	52. 23bc
		苜蓿	55. 93a	56. 44a	61. 48a
		长穗偃麦草	41. 82cd	33. 18c	40. 86d
重度亏水	无芒雀麦+红豆草+长穗偃麦草	无芒雀麦	46. 56c	48. 94b	42. 42bc
		红豆草	45. 80cd	53. 21ab	61. 28a
		长穗偃麦草	39. 53d	31. 87c	31. 99d
	无芒雀麦+苜蓿+长穗偃麦草	无芒雀麦	53. 55b	51. 28a	49. 88b
		苜蓿	62. 30a	53. 39a	63. 97a
		长穗偃麦草	43. 01cd	28. 94c	39. 09cd

4）四组分牧草混播

由表 3-44 分析可知，在无芒雀麦、苜蓿、红豆草和长穗偃麦草混播中，群落间的长期竞争，使得红豆草已完全消失，其中无芒雀麦的叶片叶绿素含量为 40. 95～56. 48 mg/kg，长穗偃麦草的叶片叶绿素含量为 30. 32～42. 28 mg/kg，苜蓿的叶片叶绿素含量为 49. 24～65. 08 mg/kg；在无芒雀麦、苜蓿、草地早熟禾和长穗偃麦草混播中，群落间的长期竞争，使得草地早熟禾已完全消失，其中无芒雀麦的叶片叶绿素含量为 42. 11～53. 35 mg/kg，长穗偃麦草的叶片叶绿素含量为 30. 51～42. 30 mg/kg，苜蓿的叶片叶绿素含量为 47. 15～66. 39 mg/kg。

表 3-44　2020 年生长季水分调控对四组分混播牧草叶绿素含量的影响　　单位：mg/kg

灌水模式	群落配置	牧草	分枝期	现蕾期	初花期
充分灌水	无芒雀麦+苜蓿+红豆草+长穗偃麦草	无芒雀麦	54. 84a	48. 77a	45. 28b
		苜蓿	55. 73a	49. 87a	65. 08a
		红豆草	—	—	—
		长穗偃麦草	38. 82b	42. 18a	35. 48c
	无芒雀麦+苜蓿+草地早熟禾+长穗偃麦草	无芒雀麦	48. 53ab	44. 31a	46. 57b
		苜蓿	50. 93a	47. 15a	63. 20a
		草地早熟禾	—	—	—
		长穗偃麦草	39. 39b	42. 30a	30. 51c

续表 3-44

灌水模式	群落配置	牧草	分枝期	现蕾期	初花期
轻度亏水	无芒雀麦+苜蓿+红豆草+长穗偃麦草	无芒雀麦	54.76a	49.25ab	40.95b
		苜蓿	52.61a	54.26a	61.92a
		红豆草	—	—	—
		长穗偃麦草	35.86b	37.85b	34.13b
	无芒雀麦+苜蓿+草地早熟禾+长穗偃麦草	无芒雀麦	51.59a	49.62ab	44.48b
		苜蓿	51.03a	55.44a	66.23a
		草地早熟禾	—	—	—
		长穗偃麦草	42.05ab	39.66b	44.20b
中度亏水	无芒雀麦+苜蓿+红豆草+长穗偃麦草	无芒雀麦	56.48a	51.35ab	44.65b
		苜蓿	49.24a	62.62a	64.58a
		红豆草	—	—	—
		长穗偃麦草	39.95b	30.32c	40.26b
	无芒雀麦+苜蓿+草地早熟禾+长穗偃麦草	无芒雀麦	53.35a	42.11bc	45.48b
		苜蓿	55.57a	57.49a	62.32a
		草地早熟禾	—	—	—
		长穗偃麦草	39.94b	33.73c	35.48b
重度亏水	无芒雀麦+苜蓿+红豆草+长穗偃麦草	无芒雀麦	44.97bc	52.23ab	46.79b
		苜蓿	54.39ab	55.38ab	62.77a
		红豆草	—	—	—
		长穗偃麦草	42.28c	39.29cd	32.78c
	无芒雀麦+苜蓿+草地早熟禾+长穗偃麦草	无芒雀麦	53.32abc	46.96bc	47.21b
		苜蓿	57.17a	58.75a	66.39a
		草地早熟禾	—	—	—
		长穗偃麦草	42.08c	37.12d	40.13bc

2. 光合有效辐射

图 3-60 为 2020 年生长季不同水分调控与群落配置下第二茬牧草下冠层的光合有效辐射，其值越大，表明冠层透光率越高。冠层对地面的遮挡越小。由图 3-60 分析可知，不同处理之间的牧草光合有效辐射差异显著。在充分灌水条件下，各群落配置的光合有效辐射为 16.3~455.4 μmol/(m² · s)，其中红豆草、无芒雀麦与长穗偃麦草混播显著高于其他处理；在轻度水分亏缺条件下，各群落配置的光合有效辐射为 26.51~372.68 μmol/(m² · s)，其中红豆草与无芒雀麦混播显著高于其他处理；在中度水分亏缺条件下，各群落配置的光合有效辐射为 51.71~346.38 μmol/(m² · s)，其中长穗偃麦草单播和草地早熟禾单播显著高于其他处理；在重度水分亏缺条件下，各群落配置的光合有效辐射为

38.91～635.48 μmol/(m^2·s)，其中无芒雀麦单播显著高于其他处理。可见，轻度和中度水分亏缺有助于降低下冠层的光合有效辐射。

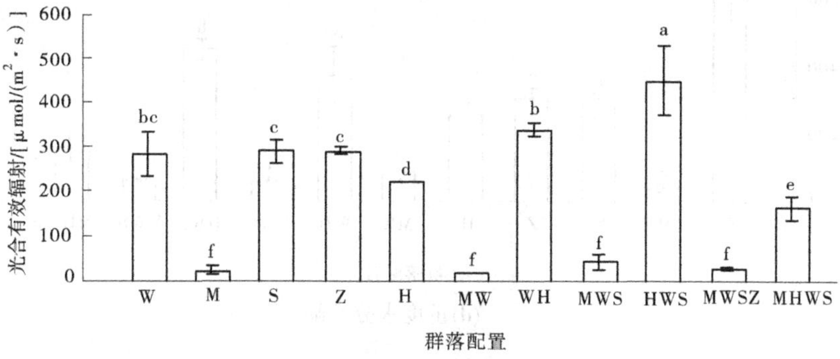

(a)充分灌水

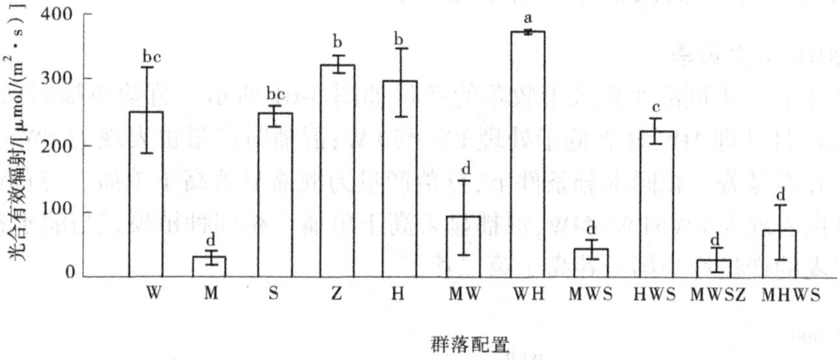

(b)轻度水分亏缺

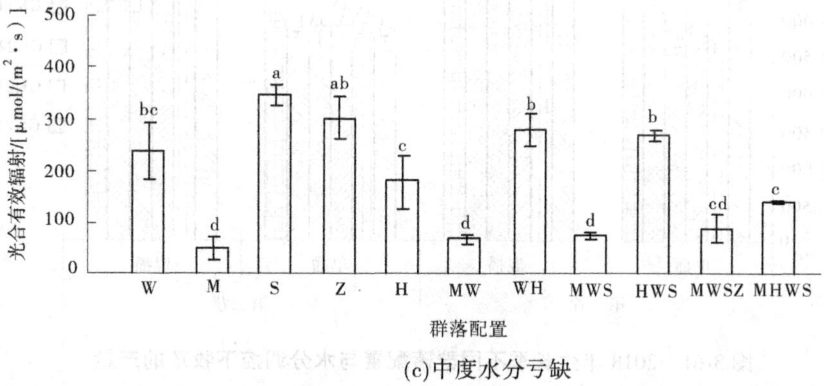

(c)中度水分亏缺

图 3-60　2020 年生长季不同水分调控与群落配置下第二茬牧草的光合有效辐射

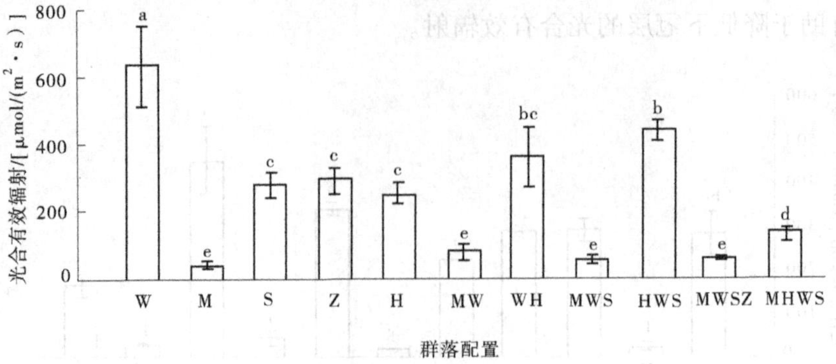

(d)重度水分亏缺

续图 3-60

3.3.6 水分调控对植被群落产量的影响

3.3.6.1 2018 年生长季

2018 年生长季不同灌水模式下牧草的产量如图 3-61 所示。苜蓿单播时产量表现为 FW>LW>MW,且处理 MW 显著低于处理 FW 与 LW;混播时产量也表现为 FW>LW>MW,但三者间差异不显著。相同水分条件下,苜蓿产量为混播显著高于单播。与苜蓿类似,无芒雀麦产量也表现为 FW>LW>MW,混播显著高于单播。相同种植模式与灌水条件下,苜蓿与无芒雀麦的产量均为第一茬高于第二茬。

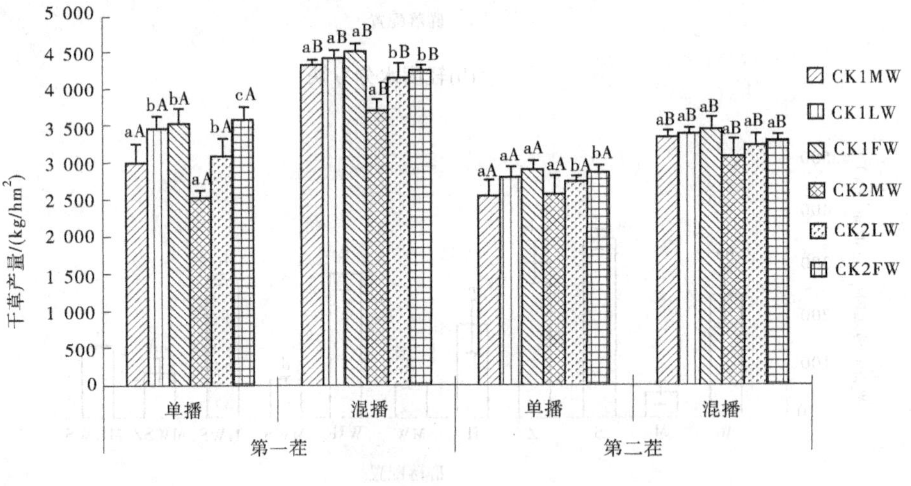

图 3-61 2018 年生长季不同群落配置与水分调控下牧草的产量

3.3.6.2 2019 年生长季

1. 牧草单播

2019 年生长季不同灌水模式下单播牧草的产量如表 3-45 所示。由表 3-45 分析可知,同一灌水模式下,禾本科牧草长穗偃麦草、草地早熟禾和无芒雀麦的各茬产量及年产量均显著低于豆科牧草红豆草和苜蓿。3 种禾本科牧草的产量表现为无芒雀麦>长穗偃麦草>草地早熟禾。豆科牧草红豆草和苜蓿的各茬产量及年产量无明显变化特征。同一类型牧草的产量整体表现为轻度亏水>充分灌水>中度亏水>重度亏水。同一类型牧草同一灌水模式下,各茬产量均为第一茬显著高于第二茬和第三茬。充分灌水条件下,5 种牧草的年产量为 1 961.4~12 136.3 kg/hm^2,其中红豆草较苜蓿提高 31.4%,无芒雀麦较长穗偃麦草和草地早熟禾分别提高 71.6%和 248.6%。轻度亏水条件下,5 种牧草的年产量为 2 384.6~16 441.1 kg/hm^2,其中红豆草与苜蓿无显著差异,无芒雀麦较长穗偃麦草和草地早熟禾分别提高 90.2%和 244.6%。中度亏水条件下,5 种牧草的年产量为 1 586.3~13 166.7 kg/hm^2,其中红豆草与苜蓿无显著差异,无芒雀麦较长穗偃麦草和草地早熟禾分别提高 83.4%和 249.4%。重度亏水条件下,5 种牧草的年产量为 1 241.9~13 065.1 kg/hm^2,其中苜蓿较红豆草提高 17.3%,无芒雀麦较长穗偃麦草和草地早熟禾分别提高 85.1%和 296.4%。可见,轻度水分亏缺有利于提高单播牧草的产量,禾本科和豆科牧草之间产量差异较大,且禾本科之间或豆科牧草之间的产量也存在较大差异。

表 3-45　2019 年生长季不同灌水模式下单播牧草的产量　单位:kg/hm^2

灌水模式	群落配置	第一茬	第二茬	第三茬	年产量
充分灌水	穗	1 067.2d	1 577.0d	1 340.7d	3 984.9d
	早	801.6e	606.2e	553.6e	1 961.4e
	红	6 541.2a	5 619.3a	3 786.7a	15 947.3a
	无	3 234.7c	1 988.7c	1 614.5c	6 837.8c
	苜	5 371.0b	3 638.3b	3 127.0b	12 136.3b
轻度亏水	穗	1 317.2d	1 708.2c	1 294.2d	4 319.6c
	早	888.8e	791.0d	704.8e	2 384.6d
	红	6 961.2a	5 646.3a	3 926.9b	16 534.5a
	无	3 916.7c	2 347.0b	1 954.2c	8 217.9b
	苜	5 816.7b	5 675.1a	4 949.3a	16 441.1a
中度亏水	穗	1 133.5d	980.5d	908.7d	3 022.6c
	早	682.8e	494.8	408.8e	1 586.3d
	红	5 479.1a	4 400.7b	3 202.3a	13 082.1a
	无	2 668.3c	1 638.0c	1 236.7c	5 543.0b
	苜	5 332.7b	4 657.3a	3 176.7b	13 166.7a
重度亏水	穗	949.9d	883.0d	827.1d	2 660.0d
	早	575.5e	353.5e	313.0e	1 241.9e
	红	4 451.3b	3 669.7b	3 018.0b	11 139.0b
	无	2 306.3c	1 574.0c	1 043.0c	4 923.3c
	苜	4 942.7a	4 074.0a	4 048.3a	13 065.0a

2. 两组分混播

2019 年生长季不同灌水模式下两组分混播的牧草产量如图 3-62、图 3-63 所示。由图 3-62、图 3-63 分析可知，在第二茬和第三茬中，无芒雀麦与红豆草混播的牧草产量均表现为随灌水亏缺程度的增加呈先增加后减少的趋势，且轻度水分亏缺条件下产量达到最大值，分别为 7 390.6 kg/hm² 和 4 795.6 kg/hm²。在无芒雀麦与苜蓿混播中，第一茬和第二茬产量表现为充分灌水与轻度水分亏缺无显著差异，第三茬产量表现为轻度水分亏缺显著高于充分灌水。可见，轻度水分亏缺有利于提高无芒雀麦与红豆草混播和无芒雀麦与苜蓿混播的牧草产量。

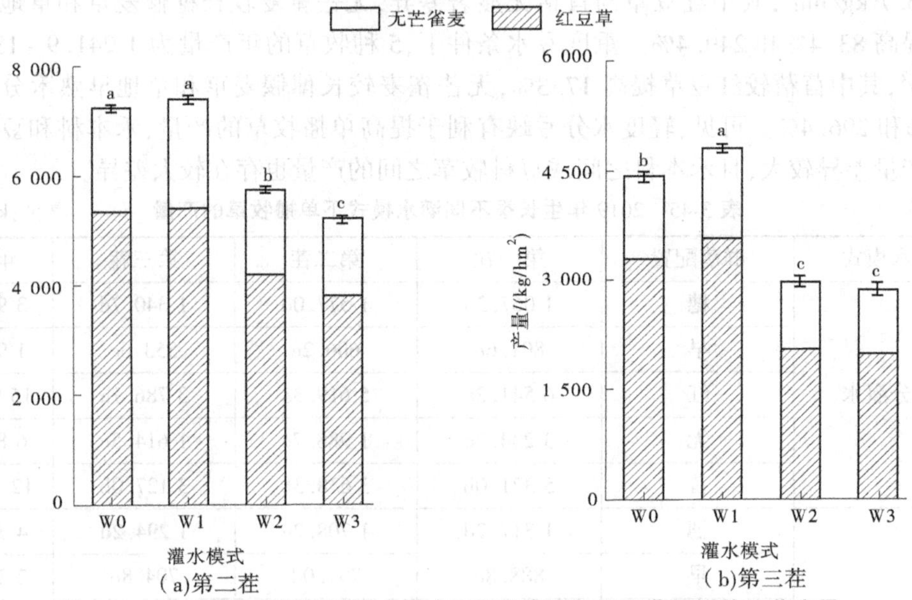

图 3-62　2019 年生长季不同灌水模式下无芒雀麦与红豆草混播的牧草产量

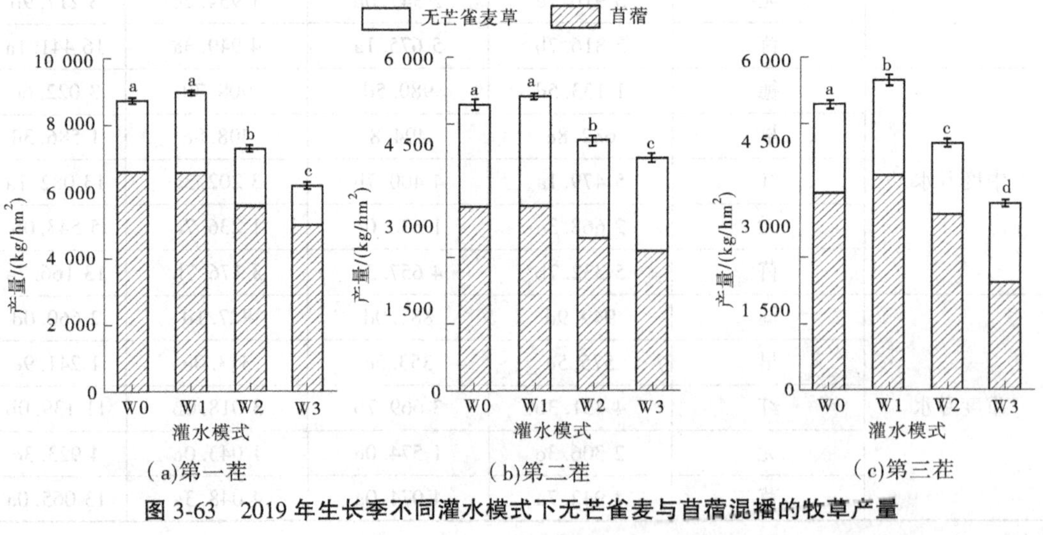

图 3-63　2019 年生长季不同灌水模式下无芒雀麦与苜蓿混播的牧草产量

3. 三组分混播

2019 年生长季不同灌水模式下三组分混播的牧草产量如图 3-64、图 3-65 所示。由图 3-64、图 3-65 分析可知,在无芒雀麦、长穗偃麦草与红豆草混播中,第二茬和第三茬的牧草产量均表现为随灌水亏缺程度的增加呈先增加后减少的趋势,且轻度水分亏缺条件下产量达到最大值,分别为 6 539. 3 kg/hm^2 和 5 390. 5 kg/hm^2。在无芒雀麦、长穗偃麦草与苜蓿混播中,第二茬产量表现为轻度水分亏缺显著高于充分灌水,第三茬产量表现为充分灌水与轻度水分亏缺无显著差异。可见,轻度水分亏缺有利于提高无芒雀麦、长穗偃麦草与红豆草混播和无芒雀麦、长穗偃麦草与苜蓿混播的牧草产量。

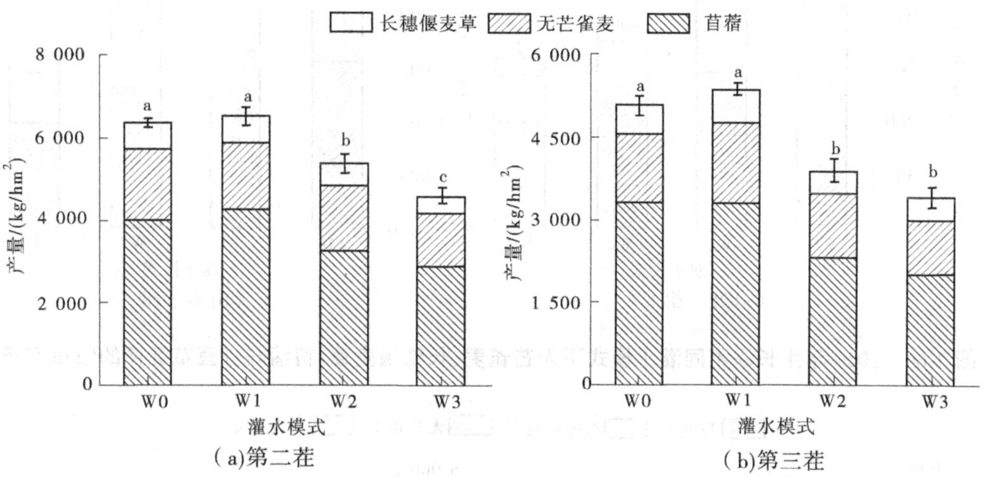

图 3-64　2019 年生长季不同灌水模式下无芒雀麦、长穗偃麦草与红豆草混播的牧草产量

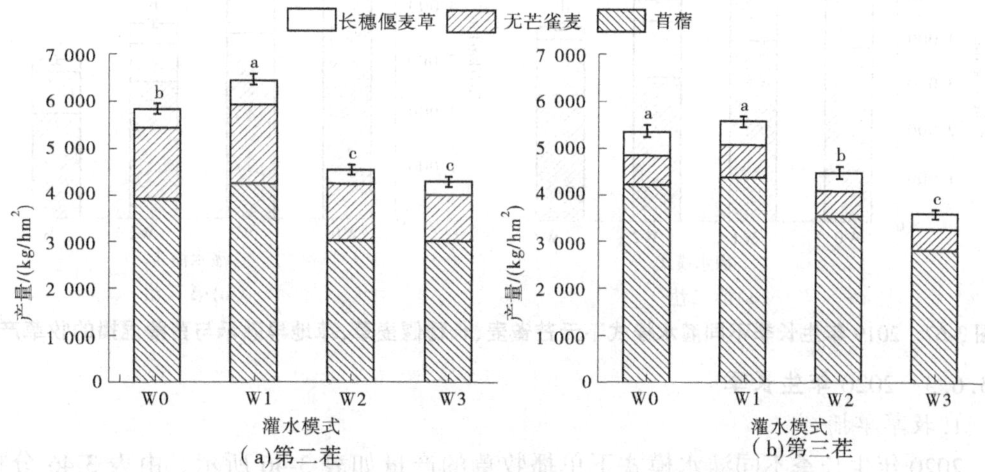

图 3-65　2019 年生长季不同灌水模式下无芒雀麦、长穗偃麦草与苜蓿混播的牧草产量

4. 四组分混播

2019 年生长季不同灌水模式下四组分混播的牧草产量如图 3-66、图 3-67 所示。由图 3-66、图 3-67 分析可知,在无芒雀麦、长穗偃麦草、苜蓿与红豆草混播中,第二茬和第三茬的牧草产量均在轻度水分亏缺条件下达到最大值,分别为 7 327.0 kg/hm² 和 5 400.8 kg/hm²。在无芒雀麦、长穗偃麦草、草地早熟禾与苜蓿混播中,第二茬和第三茬的牧草产量也均在轻度水分亏缺条件下达到最大值,分别为 6 165.9 kg/hm² 和 5 299.2 kg/hm²。可见,轻度水分亏缺有利于提高无芒雀麦、长穗偃麦草、苜蓿与红豆草混播和无芒雀麦、长穗偃麦草、草地早熟禾与苜蓿混播的牧草产量。

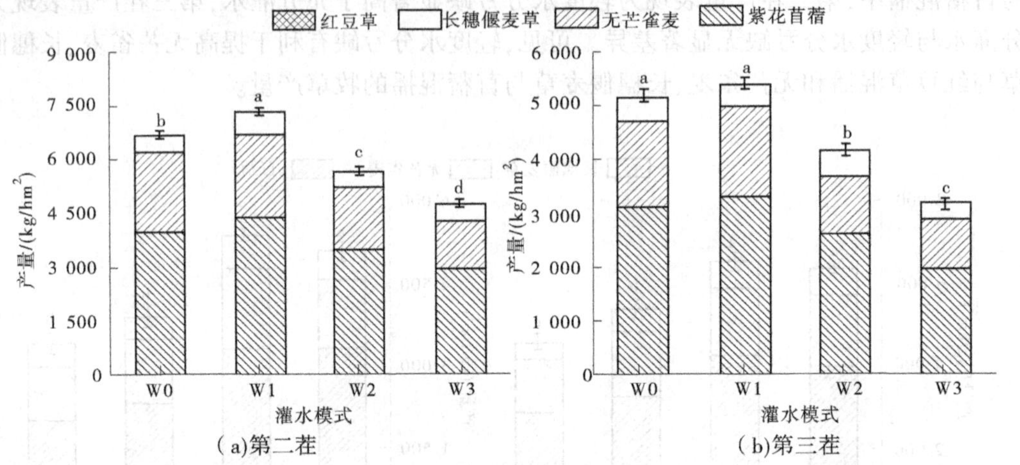

图 3-66 2019 年生长季不同灌水模式下无芒雀麦、长穗偃麦草、苜蓿与红豆草混播的牧草产量

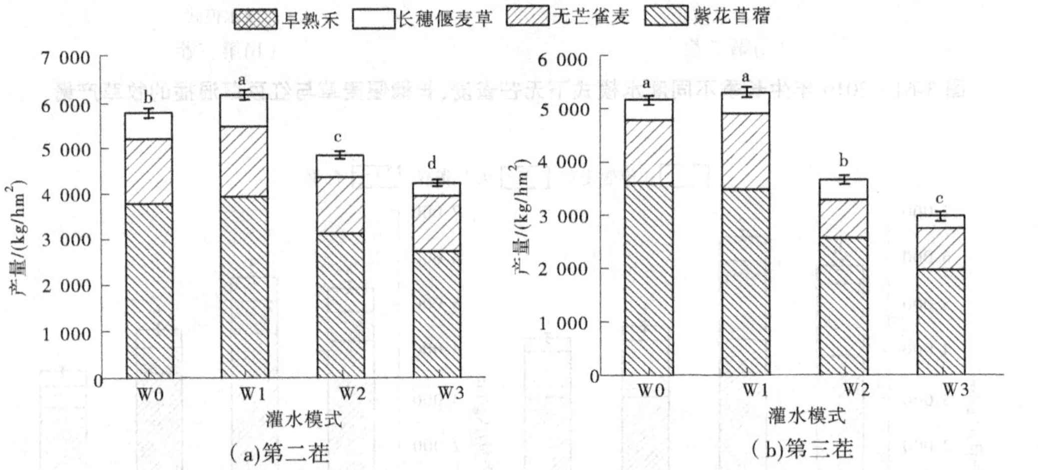

图 3-67 2019 年生长季不同灌水模式下无芒雀麦、长穗偃麦草、草地早熟禾与苜蓿混播的牧草产量

3.3.6.3 2020 年生长季

1. 牧草单播

2020 年生长季不同灌水模式下单播牧草的产量如表 3-46 所示。由表 3-46 分析可知,与 2019 生长季相比,2020 年生长季各处理的产量变化趋势基本一致,但产量整体有所降低。这可能与牧草的生长年限有关。各处理第一茬产量为 586.2~6 809.6 kg/hm²,占全年总产量的 32.1%~54.9%;第二茬产量为 397.1~5 671.9 kg/hm²,占全年总产量的 22.6%~37.7%;第三茬产量为 350.0~4 744.2 kg/hm²,占全年总产量的 21.8%~45.4%。

4 种灌水模式下，无芒雀麦的年产量为 5 331.4~7 849.7 kg/hm^2，其中轻度水分亏缺与充分灌水无显著差异，重度水分亏缺较充分灌水降低 32.1%；苜蓿的年产量为 10 983.2~15 960.1 kg/hm^2，其中轻度水分亏缺与充分灌水无显著差异，重度水分亏缺较充分灌水降低 31.2%；红豆草的年产量为 9 965.6~14 676.5 kg/hm^2，其中轻度水分亏缺与充分灌水无显著差异，重度水分亏缺较充分灌水降低 29.2%；长穗偃麦草的年产量为 2 276.1~3 083.7 kg/hm^2，其中轻度水分亏缺与充分灌水无显著差异，重度水分亏缺较充分灌水降低 26.2%；草地早熟禾的年产量为 1 340.0~2 254.4 kg/hm^2，其中轻度水分亏缺与充分灌水无显著差异，重度水分亏缺较充分灌水降低 40.6%。可见，轻度水分亏缺可在减少水分消耗的基础上维持产量，不同类型牧草产量对土壤水分条件的响应存在差异。

表 3-46 2020 年生长季不同灌水模式下单播牧草的产量 单位：kg/hm^2

灌水模式	群落配置	第一茬	第二茬	第三茬	年产量
充分灌水	无	3 846.10±46.52c	2 021.13±50.27c	1 982.43±84.98c	7 849.67±73.97c
	苜	6 809.60±83.15a	5 671.93±55.26a	3 478.53±46.84a	15 960.07±82.17a
	红	5 490.33±19.04b	4 881.13±54.31b	3 695.07±22.64b	14 066.53±72.73b
	穗	1 279.58±78.88d	1 038.66±45.73d	698.76±42.29d	3 083.66±57.02d
	早	938.83±53.24e	715.85±68.05e	653.1±48.72d	2 254.44±22.32e
轻度亏水	无	3 727.20±91.30c	2 079.4±83.09c	3 478.53±46.84c	7 659.7±217.89b
	苜	6 534.00±11.35a	5 000.33±61.93a	3 272.33±50.89a	14 806.67±54.07a
	红	5 846.40±20.43b	4 085.87±48.89b	4 744.2±59.62b	14 676.47±50.84a
	穗	1 227.89±52.55d	857.26±77.03d	872.38±56.04d	2 957.53±24.46c
	早	881.21±69.97e	684.24±64.67e	516.22±72.39e	2 021.67±38.41d
中度亏水	无	3 223.33±70.54c	1 617.77±24.84c	1 412.17±21.41c	6 253.27±63.68c
	苜	5 199.53±23.51a	4 975.73±55.46a	4 523.4±52.04a	14 698.67±53.68a
	红	3 988.00±25.46d	3 234±41.85b	4 144.2±37.93b	11 366.2±16.97b
	穗	1 137.27±74.46d	853.45±82.27d	888.83±44.02d	2 912.88±101.32d
	早	668.81±80.67e	545.46±49.96e	407.19±47.94e	1 594.79±28.03e
重度亏水	无	2 927.00±28.96c	1 204.67±91.51c	1 199.77±47.94c	5 331.43±71.45c
	苜	3 683.07±57.83a	4 136.07±44.49a	3 164.1±30.86a	10 983.23±82.96a
	红	3 197.27±11.22b	3 185.2±87.84b	3 583.13±17.06b	9 965.6±113.84b
	穗	903.30±48.61d	784.58±65.85d	544.83±28.72d	2 276.05±39.16d
	早	586.15±17.02e	397.13±63.51e	350.00±32.47e	1 339.95±26.87e

2. 两组分牧草混播

2020 年生长季不同灌水模式下无芒雀麦与红豆草混播的牧草产量如图 3-68 所示。由图 3-68 分析可知，在三茬中，不同灌水模式下无芒雀麦产量、红豆草产量和总产量的变化规律基本一致，表现为随灌水亏缺程度的加剧呈降低趋势，且充分灌水与轻度水分亏缺无显著差异。在第一茬中，牧草总产量为 4 429.2~5 897.9 kg/hm²，其中中度和重度水分亏缺分别较充分灌水降低 14.2%和 24.9%；在第二茬中，牧草总产量为 3 459.5~4 477.5 kg/hm²，其中中度和重度水分亏缺分别较充分灌水降低 21.1%和 22.7%；在第三茬中，牧草总产量为 5 451.1~9 122.3 kg/hm²，其中中度和重度水分亏缺分别较充分灌水降低 25.3%和 40.2%。可见，轻度水分亏缺有利于提高无芒雀麦与红豆草混播牧草的总产量。

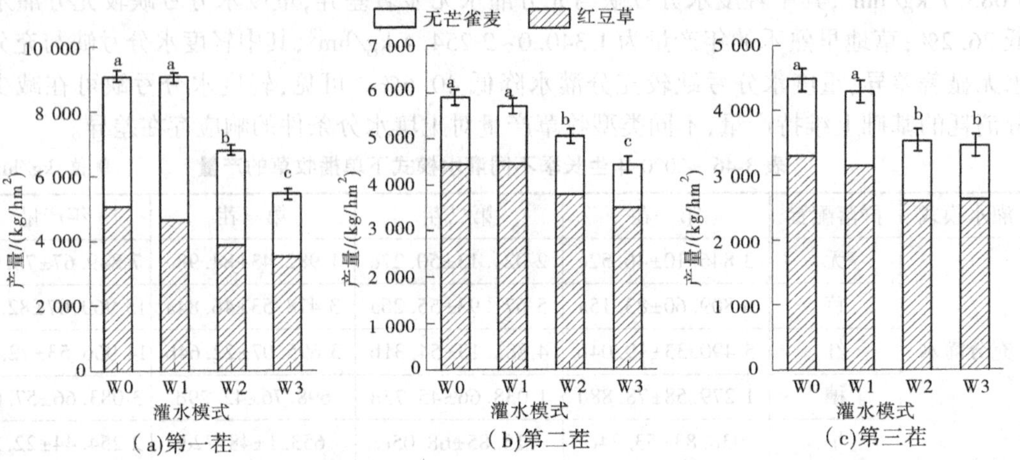

图 3-68　2020 年生长季不同灌水模式下无芒雀麦与红豆草混播的牧草产量

2020 年生长季不同灌水模式下无芒雀麦与苜蓿混播的牧草产量如图 3-69 所示。由图 3-69 分析可知，在三茬中，不同灌水模式下无芒雀麦产量、苜蓿产量和总产量的变化规律基本一致，表现为随灌水亏缺程度的加剧呈降低趋势，且充分灌水与轻度水分亏缺无显著差异(第一茬除外)。在第一茬中，牧草总产量为 6 229.3~8 581.3 kg/hm²，其中轻度、中度和重度水分亏缺分别较充分灌水降低 11.3%、23.4%和 27.4%；在第二茬中，牧草总产量为 3 631.2~5 210.0 kg/hm²，其中中度和重度水分亏缺分别较充分灌水降低 17.8%和 30.3%；在第三茬中，牧草总产量为 3 529.4~4 420.8 kg/hm²，其中中度和重度水分亏缺分别较充分灌水降低 14.5%和 20.2%。可见，轻度水分亏缺有利于提高无芒雀麦与苜蓿混播牧草的总产量。

3. 三组分牧草混播

2020 年生长季不同灌水模式下无芒雀麦、长穗偃麦草与红豆草混播的牧草产量如图 3-70 所示。由图 3-70 分析可知，在三茬中，不同灌水模式下无芒雀麦产量、长穗偃麦草产量、红豆草产量和总产量的变化规律基本一致，表现为随灌水亏缺程度的加剧呈降低趋势，且充分灌水与轻度水分亏缺无显著差异(第三茬除外)。在第一茬中，牧草总产量为 5 643.8~7 569.0 kg/hm²，其中中度和重度水分亏缺分别较充分灌水降低 17.7%和 25.4%；在第二茬中，牧草总产量为 3 762.7~5 227.0 kg/hm²，其中重度水分亏缺较充分灌水降低 28.0%；在第三茬中，牧草总产量为 3 724.0~4 440.9 kg/hm²，其中轻度、中度和重度水分亏缺分别较充分灌水降低 4.6%、7.8%和 16.1%。可见，轻度水分亏缺有利于提高无芒雀麦、长穗偃麦草与红豆草混播牧草的总产量。

2020 年生长季不同灌水模式下无芒雀麦、长穗偃麦草与苜蓿混播的牧草产量如

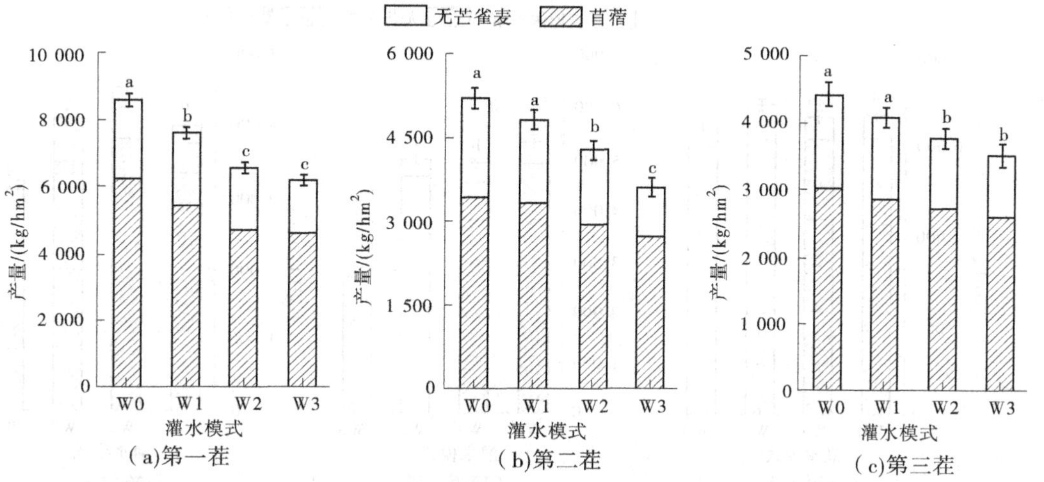

图 3-69　2020 年生长季不同灌水模式下无芒雀麦与苜蓿混播的牧草产量

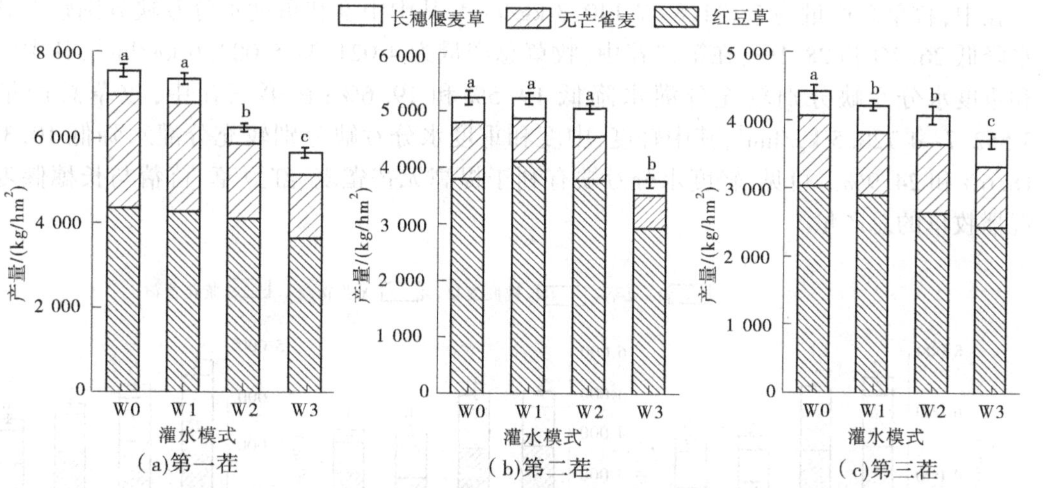

图 3-70　2020 年生长季不同灌水模式下无芒雀麦、长穗偃麦草与红豆草混播的牧草产量

图 3-71 所示。由图 3-71 分析可知，在第一茬中，牧草总产量为 6 421. 0~6 966. 2 kg/hm^2，其中中度水分亏缺与充分灌水、轻度水分亏缺无显著差异，但显著高于重度水分亏缺；在第二茬中，牧草总产量为 3 815. 0~5 324. 2 kg/hm^2，其中充分灌水显著高于其他处理，且轻度和中度水分亏缺无显著差异；在第三茬中，牧草总产量为 3 250. 2~4 553. 2 kg/hm^2，其中轻度水分亏缺显著高于其他处理，且充分灌水与中度水分亏缺无显著差异。可见，轻度或中度水分亏缺有利于提高无芒雀麦、长穗偃麦草与苜蓿混播牧草的总产量。

4. 四组分牧草混播

2020 年生长季不同灌水模式下无芒雀麦、红豆草(经竞争后已消失)、苜蓿与长穗偃麦草混播的牧草产量如图 3-72 所示。由图 3-72 分析可知，在三茬中，不同灌水模式下无芒雀麦产量、苜蓿产量、长穗偃麦草产量和总产量的变化规律基本一致，表现为随灌水亏缺程度的加剧呈降低趋势，且充分灌水与轻度水分亏缺无显著差异(第三茬除外)。在第

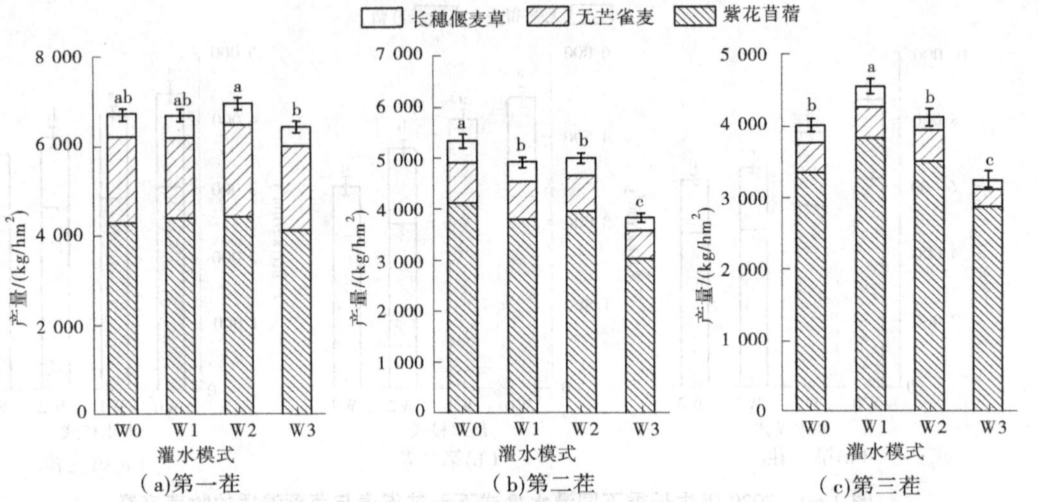

图 3-71　2020 年生长季不同灌水模式下无芒雀麦、长穗偃麦草与苜蓿混播的牧草产量

一茬中,牧草总产量为 5 131.8~7 140.3 kg/hm^2,其中中度和重度水分亏缺分别较充分灌水降低 26.7%和 28.1%;在第二茬中,牧草总产量为 4 021.3~5 002.6 kg/hm^2,其中中度和重度水分亏缺分别较充分灌水降低 19.5%和 19.6%;在第三茬中,牧草总产量为 3 552.7~4 728.5 kg/hm^2,其中轻度、中度和重度水分亏缺分别较充分灌水降低 10.3%、18.6%和 24.9%。可见,轻度水分亏缺有利于提高无芒雀麦、红豆草、苜蓿与长穗偃麦草混播牧草的总产量。

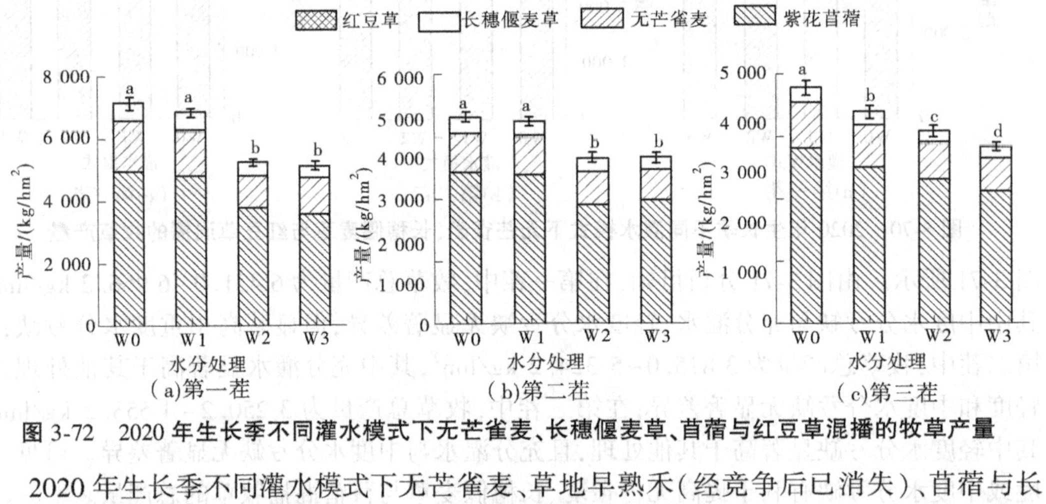

图 3-72　2020 年生长季不同灌水模式下无芒雀麦、长穗偃麦草、苜蓿与红豆草混播的牧草产量

2020 年生长季不同灌水模式下无芒雀麦、草地早熟禾(经竞争后已消失)、苜蓿与长穗偃麦草混播的牧草产量如图 3-73 所示。由图 3-73 分析可知,在三茬中,不同灌水模式下无芒雀麦产量、苜蓿产量、长穗偃麦草产量和总产量的变化规律基本一致,表现为随灌水亏缺程度的加剧呈降低趋势,且充分灌水与轻度水分亏缺无显著差异(第三茬除外)。在第一茬中,牧草总产量为 5 708.0~6 754.2 kg/hm^2,其中中度和重度水分亏缺分别较充分灌水降低 13.4%和 15.5%;在第二茬中,牧草总产量为 4510.1~5611.1 kg/hm^2,其中中

度和重度水分亏缺分别较充分灌水降低 14. 2%和 19. 6%；在第三茬中，牧草总产量为 3 929. 4~4 855. 7 kg/hm^2，其中轻度、中度和重度水分亏缺分别较充分灌水降低 6. 9%、13. 0%和 19. 1%。可见，轻度水分亏缺有利于提高无芒雀麦、草地早熟禾、苜蓿与长穗偃麦草混播牧草的总产量。

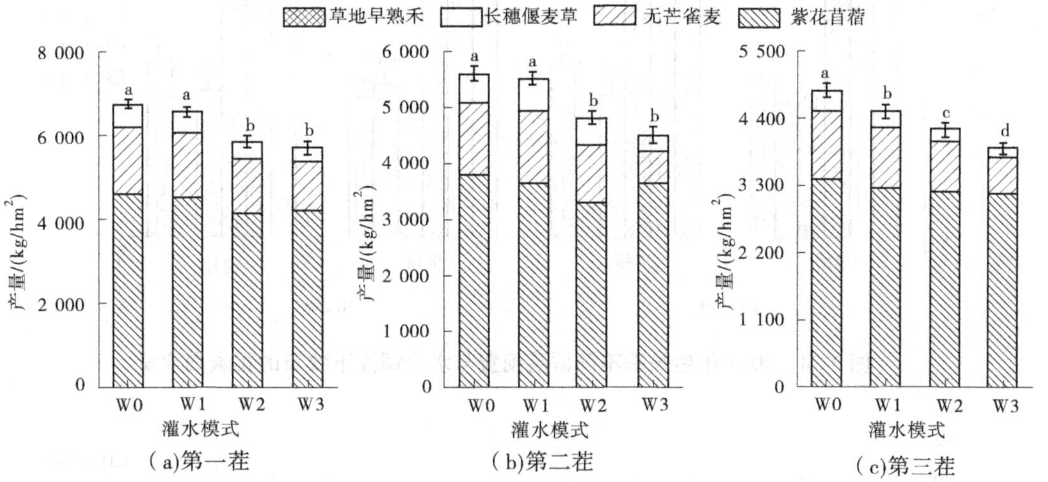

图 3-73　2020 年生长季不同灌水模式下无芒雀麦、长穗偃麦草、草地早熟禾与苜蓿混播的牧草产量

3. 3. 7　水分调控对植被群落品质的影响

3. 3. 7. 1　2018 年生长季

1. 粗蛋白含量

图 3-74 为 2018 年生长季不同水分调控与种植方式下牧草的粗蛋白含量。单播和混播条件下，苜蓿粗蛋白含量均表现为 LW>FW>MW。在 FW、LW 和 MW 水分条件下，混播苜蓿的粗蛋白含量分别较单播提高 5. 32%、10. 78%和 1. 1%，且处理 LW 下混播苜蓿的粗蛋白含量显著高于单播，而处理 FW 和 MW 下单混播之间无显著差异。不同处理下无芒雀麦粗蛋白含量也存在明显差异。处理 FW 下混播无芒雀麦粗蛋白含量显著高于单播，而处理 LW 与 MW 下混播与单播的无芒雀麦粗蛋白含量差异不显著。相同处理下，第二茬苜蓿与无芒雀麦的粗蛋白含量略有增加，但处理间的变化规律与第一茬基本类似。

2. 酸性洗涤纤维含量

图 3-75 为 2018 年生长季不同水分调控与种植方式下牧草的酸性洗涤纤维含量。单播时苜蓿的 ADF 含量表现为 MW>LW>FW，且处理 MW 与 LW 显著高于处理 FW；混播时苜蓿的 ADF 含量也表现为 MW>LW>FW，但三者间无显著差异；同一水分条件下，单播与混播的苜蓿 ADF 含量无显著差异。单播条件下，无芒雀麦的 ADF 含量表现为 MW (36. 93%)>LW(31. 18%)>FW(25. 62%)；混播条件下，处理 MW 与 LW 的 ADF 含量显著高于处理 FW。处理 LW 与 FW 下混播无芒雀麦的 ADF 含量与单播无显著差异，而处理 MW 下混播无芒雀麦的 ADF 含量显著低于单播。可见，充分灌水结合苜蓿与无芒雀麦混播有利于降低牧草的 ADF 含量。

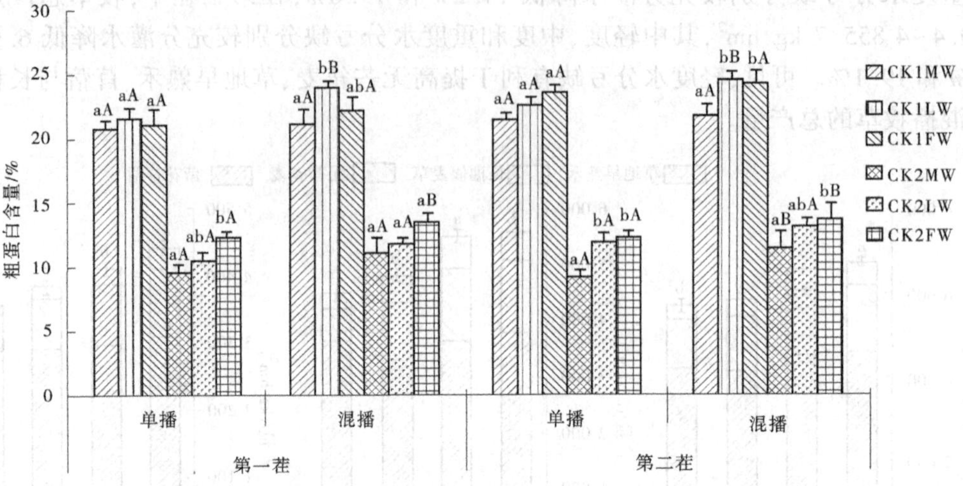

图 3-74　2018 年生长季不同群落配置与水分调控下牧草的粗蛋白含量

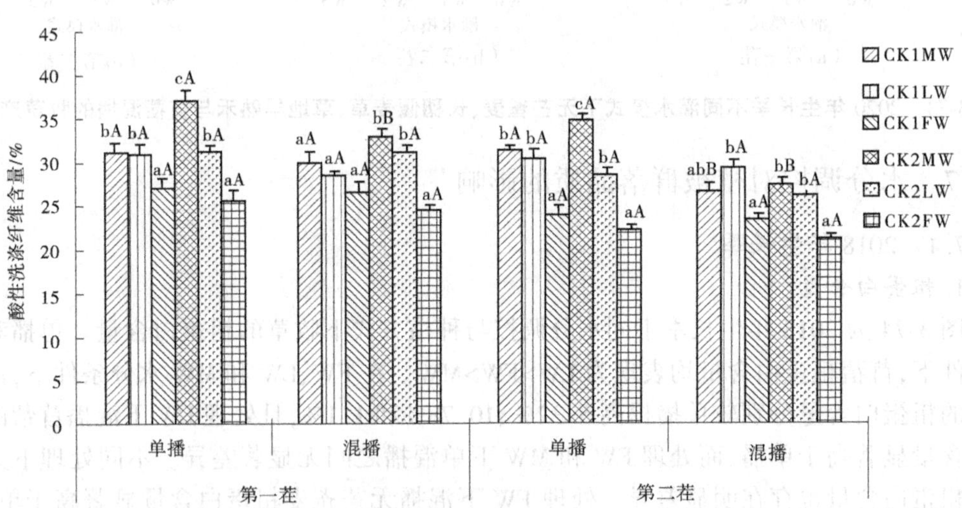

图 3-75　2018 年生长季不同群落配置与水分调控下牧草的酸性洗涤纤维含量

3. 中性洗涤纤维含量

图 3-76 为 2018 年生长季不同水分调控与种植方式下牧草的中性洗涤纤维含量。单播时苜蓿 NDF 含量表现为 MW>LW>FW，其中处理 MW 与 LW 显著高于处理 FW；混播时，处理 MW、LW 和 FW 之间的苜蓿 NDF 含量无显著差异。在 MW、LW 与 FW 条件下，混播苜蓿的 NDF 含量分别较单播降低 3. 11%、4. 58%和 8. 72%。无芒雀麦的 NDF 含量在单播和混播时均表现为 MW>FW>LW，且处理 MW 显著高于处理 FW，但与处理 LW 无显著差异。水分状况显著影响无芒雀麦的 NDF，在 FW 处理下，混播无芒雀麦的 NDF 含量与单播无显著差异，而 LW 与 MW 处理下，混播无芒雀麦的 NDF 含量显著低于单播。相同处理下，第二茬苜蓿与无芒雀麦的 NDF 含量略有降低，但处理间的变化规律与第一茬基本类似。

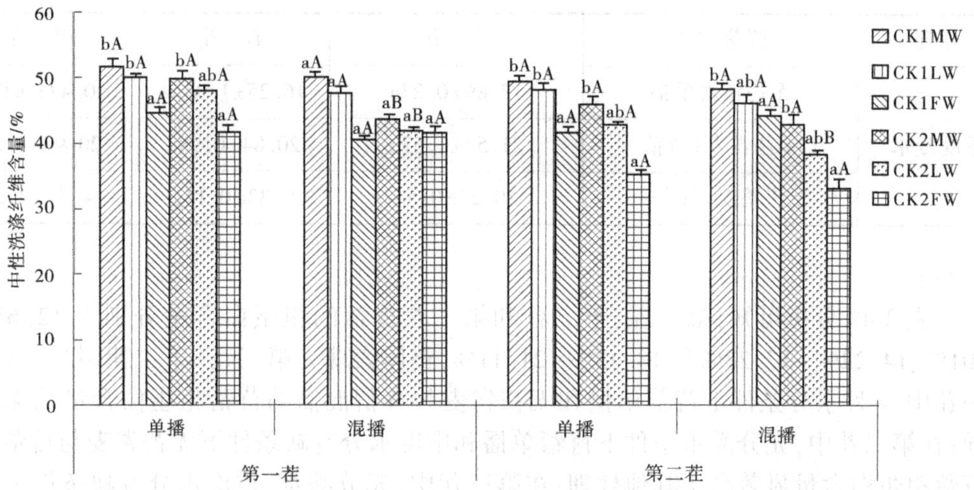

图 3-76　2018 年生长季不同群落配置与水分调控下牧草的中性洗涤纤维含量

3.3.7.2　2019 年生长季

1. 粗蛋白含量

1) 无芒雀麦

表 3-47 为 2019 年生长季不同群落配置与水分调控下无芒雀麦的粗蛋白含量。由表 3-47 分析可知，第一茬、第二茬和第三茬无芒雀麦的粗蛋白含量分别为 10.22%~21.85%、9.33%~20.84%和 14.52%~20.97%，整体表现为第三茬>第一茬>第二茬。在第一茬中，轻度和重度水分亏缺条件下无芒雀麦与苜蓿混播的无芒雀麦粗蛋白含量显著高于其他处理；在第二茬中，充分灌水和重度水分亏缺条件下无芒雀麦与苜蓿混播的无芒雀麦粗蛋白含量显著高于其他处理；在第三茬中，充分灌水、中度水分亏缺、重度水分亏缺条件下无芒雀麦与苜蓿混播和重度水分亏缺条件下无芒雀麦单播的无芒雀麦粗蛋白含量显著高于其他处理。此外，同一水分条件下，群落配置间的无芒雀麦粗蛋白含量表现为无芒雀麦+苜蓿>无芒雀麦单播>无芒雀麦+红豆草。可见，无芒雀麦与苜蓿混播和一定程度的水分亏缺均有利于提高无芒雀麦的粗蛋白含量。

表 3-47　2019 年生长季不同群落配置与水分调控下无芒雀麦的粗蛋白含量　%

处理	群落配置	第一茬	第二茬	第三茬
充分灌水	无芒雀麦单播	17.81±0.7c	15.66±0.62e	15.37±0.05ef
	无芒雀麦+苜蓿	19.93±1.76b	19.8±1.78ab	19.76±0.44ab
	无芒雀麦+红豆草	12.06±0.54d	17.01±1.2cde	15.98±0.57de
轻度亏水	无芒雀麦单播	18.06±0.81c	16.28±1.47de	17.34±0.4cd
	无芒雀麦+苜蓿	21.85±0.62a	18.27±0.08bcd	19.01±0.4b
	无芒雀麦+红豆草	10.64±1.2de	10.51±0.16g	18.51±0.14bc
中度亏水	无芒雀麦单播	17.28±0.03c	13.41±1.17f	16.54±0.29de
	无芒雀麦+苜蓿	19.55±0.12b	18.61±1.61bc	19.84±0.57ab
	无芒雀麦+红豆草	11.58±0.57de	9.39±0.16g	16.67±0.65de

续表 3-47

处理	群落配置	第一茬	第二茬	第三茬
重度亏水	无芒雀麦单播	17. 89±0. 27c	16. 25±1. 93de	20. 44±0. 05a
	无芒雀麦+苜蓿	21. 53±1. 52a	20. 84±0. 98a	20. 97±0. 5a
	无芒雀麦+红豆草	10. 22±0. 5e	9. 33±0. 14g	14. 52±2. 23f

2) 苜蓿

由表 3-48 分析可知,第一茬、第二茬和第三茬苜蓿的粗蛋白含量分别为 12. 65%~14. 01%、14. 22%~17. 27%和 18. 45%~21. 11%,整体表现为第三茬>第二茬>第一茬。在第一茬中,4 种水分条件下苜蓿单播和无芒雀麦与苜蓿混播的苜蓿粗蛋白含量均无显著差异;在第二茬中,充分灌水条件下苜蓿单播和中度水分亏缺条件下无芒雀麦与苜蓿混播的苜蓿粗蛋白含量显著高于其他处理;在第三茬中,充分灌水、重度水分亏缺条件下苜蓿单播和重度水分亏缺条件下无芒雀麦与苜蓿混播的苜蓿粗蛋白含量显著高于其他处理。此外,同一水分条件下,苜蓿单播和无芒雀麦与苜蓿混播的苜蓿粗蛋白含量无明显变化规律。可见,一定程度的水分亏缺均有利于提高苜蓿的粗蛋白含量。

表 3-48 2019 年生长季不同群落配置与水分调控下苜蓿的粗蛋白含量 %

处理	群落配置	第一茬	第二茬	第三茬
充分灌水	苜蓿单播	12. 9±1. 31a	17. 27±0. 36a	20. 5±0. 31ab
	无芒雀麦+苜蓿	12. 93±0. 71a	14. 31±0. 27d	18. 45±0. 41f
轻度亏水	苜蓿单播	14. 01±1. 81a	14. 68±0. 06d	19. 5±0. 08cde
	无芒雀麦+苜蓿	13. 26±0. 91a	14. 22±0. 01d	19. 11±0. 48def
中度亏水	苜蓿单播	13. 51±0. 86a	15. 53±0. 17c	18. 84±0. 18fe
	无芒雀麦+苜蓿	12. 65±0. 36a	16. 81±0. 72ab	19. 83±0. 36bcd
重度亏水	苜蓿单播	13. 34±0. 71a	15. 64±0. 65c	20. 28±0. 13abc
	无芒雀麦+苜蓿	13. 76±0. 18a	16. 36±0. 24b	21. 11±1. 12a

3) 红豆草

表 3-49 为 2019 年生长季不同群落配置与水分调控下红豆草的粗蛋白含量。由表 3-49 分析可知,第一茬、第二茬和第三茬红豆草的粗蛋白含量分别为 9. 33%~12. 60%、9. 23%~16. 73%和 12. 50%~18. 33%,整体表现为第三茬>第二茬>第一茬。在第一茬中,不同水分条件下无芒雀麦与红豆草混播和红豆草单播的红豆草粗蛋白含量差异较小;在第二茬中,轻度水分亏缺条件下无芒雀麦与红豆草混播的红豆草粗蛋白含量显著高于其他处理;在第三茬中,轻度水分亏缺条件下红豆草单播的红豆草粗蛋白含量显著高于其他处理。此外,同一水分条件下,红豆草的粗蛋白含量表现为无芒雀麦+红豆草混播>红豆草单播。可见,无芒雀麦与红豆草混播和一定程度的水分亏缺均有利于提高红豆草的粗蛋白含量。

表 3-49　2019 年生长季不同群落配置与水分调控下红豆草的粗蛋白含量　%

处理	群落配置	第一茬	第二茬	第三茬
充分灌水	红豆草单播	9. 58±0. 52b	11. 32±0. 22c	15. 57±0. 08e
	无芒雀麦+红豆草	12. 60±1. 33a	16. 73±0. 27a	16. 91±1. 27cd
轻度亏水	红豆草单播	10. 21±2. 14ab	13. 18±1. 28b	18. 33±0. 28a
	无芒雀麦+红豆草	10. 64±1. 2ab	10. 57±0. 08cd	18. 18±0. 1ab
中度亏水	红豆草单播	9. 33±1. 89b	10. 89±0. 08c	15. 96±0. 43de
	无芒雀麦+红豆草	11. 62±0. 55ab	9. 41±0. 15de	17. 13±1. 05bc
重度亏水	红豆草单播	10. 54±0. 75ab	14. 14±1. 49b	12. 50±0. 44f
	无芒雀麦+红豆草	10. 49±0. 12ab	9. 23±0. 21e	15. 21±0. 13e

2. 酸性洗涤纤维含量

1) 无芒雀麦

表 3-50 为 2019 年生长季不同群落配置与水分调控下无芒雀麦的酸性洗涤纤维含量。由表 3-50 分析可知,第一茬、第二茬和第三茬无芒雀麦的酸性洗涤纤维含量分别为 27. 19%～39. 63%、27. 45%～34. 06%和 22. 84%～31. 84%,整体表现为第一茬>第二茬>第三茬。在第一茬中,轻度和重度水分亏缺条件下无芒雀麦单播的无芒雀麦酸性洗涤纤维含量显著低于其他处理;在第二茬中,重度水分亏缺条件下无芒雀麦与红豆草混播的无芒雀麦酸性洗涤纤维含量显著低于其他处理;在第三茬中,充分灌水条件下无芒雀麦单播的无芒雀麦酸性洗涤纤维含量显著低于其他处理。此外,同一水分条件下,群落配置间的无芒雀麦酸性洗涤纤维含量表现为无芒雀麦+苜蓿混播和无芒雀麦+红豆草混播>无芒雀麦单播。可见,无芒雀麦单播和一定程度的水分亏缺均有利于降低无芒雀麦的酸性洗涤纤维含量。

表 3-50　2019 年生长季不同群落配置与水分调控下无芒雀麦的酸性洗涤纤维含量　%

处理	群落配置	第一茬	第二茬	第三茬
充分灌水	无芒雀麦单播	33. 33±2. 08de	32. 40±3. 29a	22. 84±2. 02d
	无芒雀麦+苜蓿	38. 63±1. 66ab	34. 06±3. 2a	27. 09±0. 76bc
	无芒雀麦+红豆草	39. 63±1. 76a	31. 03±1. 84ab	25. 15±1. 88bcd
轻度亏水	无芒雀麦单播	27. 19±0. 78h	32. 39±1. 86a	25. 88±0. 77bcd
	无芒雀麦+苜蓿	36. 97±0. 86abc	33. 85±0. 24a	31. 84±0. 56a
	无芒雀麦+红豆草	32. 85±2. 55ef	29. 37±1. 78ab	25. 14±2. 62bcd
中度亏水	无芒雀麦单播	30. 28±0. 94fg	30. 76±1. 68ab	23. 69±2. 97cd
	无芒雀麦+苜蓿	35. 79±1. 38bcde	33. 42±3. 75a	27. 03±2. 21bc
	无芒雀麦+红豆草	36. 24±1. 54bcd	33. 04±1. 98a	27. 88±0. 6b

续表 3-50

处理	群落配置	第一茬	第二茬	第三茬
重度亏水	无芒雀麦单播	28.59±1.91gh	32.35±3.81a	25.58±3.84bcd
	无芒雀麦+苜蓿	37.56±1.62abc	29.93±2.25ab	23.38±1.2cd
	无芒雀麦+红豆草	34.92±1.36cde	27.45±1.01b	25.78±2.61bcd

2)苜蓿

表 3-51 为 2019 年生长季不同群落配置与水分调控下苜蓿的酸性洗涤纤维含量。由表 3-51 分析可知,第一茬、第二茬和第三茬苜蓿的酸性洗涤纤维含量分别为 37.10%~44.51%、33.47%~41.44%和 23.57%~29.37%,整体表现为第一茬>第二茬>第三茬。在第一茬中,重度水分亏缺条件下无芒雀麦与苜蓿混播的苜蓿酸性洗涤纤维含量显著低于其他处理;在第二茬中,充分灌水、重度水分亏缺条件下无芒雀麦与苜蓿混播和重度水分亏缺条件下苜蓿混播的苜蓿酸性洗涤纤维含量显著低于其他处理;在第三茬中,除充分灌水条件下苜蓿单播和重度水分亏缺条件下无芒雀麦与苜蓿混播的苜蓿酸性洗涤纤维含量较高外,其余处理间均无显著差异。此外,同一水分条件下,苜蓿酸性洗涤纤维含量整体表现为无芒雀麦+苜蓿混播<苜蓿单播。可见,无芒雀麦与苜蓿混播有利于降低苜蓿的酸性洗涤纤维含量。

表 3-51 2019 年生长季不同群落配置与水分调控下苜蓿的酸性洗涤纤维含量 %

处理	群落配置	第一茬	第二茬	第三茬
充分灌水	苜蓿单播	39.69±3.7bc	38.94±4.04a	29.37±0.91a
	无芒雀麦+苜蓿	42.54±3.84ab	33.47±2.25c	25.19±0.94b
轻度亏水	苜蓿单播	44.51±2.11a	37.45±0.57abc	25.51±1.62b
	无芒雀麦+苜蓿	38.8±2.74bc	38.09±0.93ab	23.99±2.21b
中度亏水	苜蓿单播	41.04±1.36abc	41.44±2.62a	23.85±0.84b
	无芒雀麦+苜蓿	39.32±0.97bc	34.08±2.53bc	23.57±0.79b
重度亏水	苜蓿单播	42.65±1.03ab	33.61±0.97c	24.60±2.79b
	无芒雀麦+苜蓿	37.10±0.75c	33.52±1.62c	28.88±1.94a

3)红豆草

表 3-35 为 2019 年生长季不同群落配置与水分调控下红豆草的酸性洗涤纤维含量。由表 3-35 分析可知,第一茬、第二茬和第三茬红豆草的酸性洗涤纤维含量分别为 34.62%~45.29%、34.23%~41.74%和 21.69%~32.37%,整体表现为第一茬>第二茬>第三茬。在第一茬中,充分灌水条件下无芒雀麦与红豆草混播的红豆草酸性洗涤纤维含量显著低于其他处理;在第二茬中,轻度和重度水分亏缺条件下红豆草单播的红豆草酸性洗涤纤维含量显著低于其他处理;在第三茬中,轻度水分亏缺条件下红豆草单播的红豆草酸性洗涤纤维含量显著低于其他处理。此外,同一水分条件下,群落配置间的红豆草酸性洗

涤纤维含量表现为无芒雀麦+红豆草混播<红豆草单播。可见,无芒雀麦与红豆草混播有利于降低红豆草的酸性洗涤纤维含量。

表3-52 2019年生长季不同群落配置与水分调控下红豆草的酸性洗涤纤维含量 %

处理	群落配置	第一茬	第二茬	第三茬
充分灌水	红豆草单播	40.68±1.81ab	40.91±3.65ab	26.85±2.11b
	无芒雀麦+红豆草	34.62±1.87c	41.12±2.75ab	24.58±3.79bc
轻度亏水	红豆草单播	41.35±6.19ab	34.36±3.78c	21.69±0.7c
	无芒雀麦+红豆草	40.91±1.69ab	38.03±0.73abc	25.97±1.03b
中度亏水	红豆草单播	45.29±2.58a	41.74±1.71a	26.97±1.05b
	无芒雀麦+红豆草	38.97±2.6bc	38.62±4.53abc	31.69±1.43a
重度亏水	红豆草单播	36.1±1.39bc	34.23±2.6c	32.37±0.72a
	无芒雀麦+红豆草	36.5±3.3bc	35.95±0.75bc	27.85±2.45b

3. 中性洗涤纤维含量

1)无芒雀麦

表3-53为2019年生长季不同群落配置与水分调控下无芒雀麦的中性洗涤纤维含量。由表3-53分析可知,第一茬、第二茬和第三茬无芒雀麦的中性洗涤纤维含量分别为48.67%~72.00%、47.00%~70.67%和36.33%~54.00%,整体表现为第一茬>第二茬>第三茬。在第一茬中,重度水分亏缺条件下无芒雀麦单播的无芒雀麦中性洗涤纤维含量显著低于其他处理;在第二茬中,重度水分亏缺条件下无芒雀麦与红豆草混播和无芒雀麦单播的无芒雀麦中性洗涤纤维含量显著低于其他处理;在第三茬中,充分灌水条件下无芒雀麦单播、无芒雀麦与苜蓿混播和轻度水分亏缺条件下无芒雀麦单播的无芒雀麦中性洗涤纤维含量显著低于其他处理。此外,同一水分条件下,无芒雀麦中性洗涤纤维含量表现为无芒雀麦单播<无芒雀麦+苜蓿混播和无芒雀麦+红豆草混播。可见,无芒雀麦单播和一定程度的水分亏缺均有利于降低无芒雀麦的中性洗涤纤维含量。

表3-53 2019年生长季不同群落配置与水分调控下无芒雀麦的中性洗涤纤维含量 %

处理	群落配置	第一茬	第二茬	第三茬
充分灌水	无芒雀麦单播	56.67 ±2.08de	57.67 ±2.52bc	36.33 ±1.53c
	无芒雀麦+苜蓿	64.67 ±1.53bc	69.67 ±2.08a	36.67 ±1.53c
	无芒雀麦+红豆草	65.67 ±8.5bc	63.67 ±1.53ab	44 ±5.57b
轻度亏水	无芒雀麦单播	51.33 ±1.53ef	57.67 ±2.52bc	37.01 ±1c
	无芒雀麦+苜蓿	65.33 ±2.08bc	63.67 ±1.53ab	53.67 ±8.02a
	无芒雀麦+红豆草	59.67 ±1.53cd	70.67 ±2.52a	54.00 ±3a

续表 3-53

处理	群落配置	第一茬	第二茬	第三茬
中度亏水	无芒雀麦单播	53. 33 ±1. 53 ef	54. 33 ±1. 53 cd	42. 03 ±4 bc
	无芒雀麦+苜蓿	72. 00 ±1. 05 a	67. 33 ±29. 45 a	52. 67 ±1. 53 a
	无芒雀麦+红豆草	66. 00 ±4. 58 b	59. 33 ±3. 51 bc	54. 04 ±2 a
重度亏水	无芒雀麦单播	48. 67 ±2. 08 f	47. 00 ±4 d	50. 03 ±2 a
	无芒雀麦+苜蓿	66. 33 ±1. 53 b	56 ±23. 61 bc	50. 67 ±2. 52 a
	无芒雀麦+红豆草	61. 67 ±3. 51 bcd	47. 67 ±7. 51 d	51. 67 ±0. 58 a

2)苜蓿

表 3-54 为 2019 年生长季不同群落配置与水分调控下苜蓿的中性洗涤纤维含量。由表 3-54 分析可知,第一茬、第二茬和第三茬苜蓿的中性洗涤纤维含量分别为 53. 33%~58. 00%、42. 33%~62. 00%和 32. 00%~54. 67%,整体表现为第一茬>第二茬>第三茬。在第一茬中,不同水分条件下苜蓿单播和无芒雀麦与苜蓿混播的苜蓿中性洗涤纤维含量无显著差异;在第二茬中,重度水分亏缺条件下无芒雀麦与苜蓿混播的苜蓿中性洗涤纤维含量显著低于其他处理;在第三茬中,充分灌水条件下苜蓿与无芒雀麦混播的苜蓿中性洗涤纤维含量显著低于其他处理。此外,同一水分条件下,苜蓿单播和苜蓿与无芒雀麦混播的苜蓿中性洗涤纤维含量无明显变化特征。

表 3-54 2019 年生长季不同群落配置与水分调控下苜蓿的中性洗涤纤维含量 %

处理	群落配置	第一茬	第二茬	第三茬
充分灌水	苜蓿单播	54 ±2a	62 ±2. 65a	38. 33 ±5. 86d
	无芒雀麦+苜蓿	57. 67 ±3. 06a	49. 67 ±2. 08d	32 ±4. 58e
轻度亏水	苜蓿单播	53. 33 ±4. 04a	55 ±3bcd	45. 67 ±2. 52bc
	无芒雀麦+苜蓿	57 ±2. 65a	60. 33 ±4. 93ab	42. 67 ±4. 04cd
中度亏水	苜蓿单播	56. 33 ±2. 52a	53. 33 ±1. 53cd	50. 33 ±3. 06ab
	无芒雀麦+苜蓿	57. 67 ±3. 51a	59. 67 ±5. 51abc	54. 67 ±2. 08a
重度亏水	苜蓿单播	58 ±2a	50. 67 ±2. 52d	50 ±1ab
	无芒雀麦+苜蓿	54. 33 ±3. 06a	42. 33 ±4. 04e	45. 33 ±3. 06bc

3)红豆草

表 3-55 为 2019 年生长季不同群落配置与水分调控下红豆草的中性洗涤纤维含量。由表 3-55 分析可知,第一茬、第二茬和第三茬红豆草的中性洗涤纤维含量分别为 50. 00%~75. 33%、44. 00%~59. 00%和 37. 00%~50. 00%,整体表现为第一茬>第二茬>第三茬。在第一茬中,除轻度水分亏缺条件下无芒雀麦与红豆草混播的红豆草中性洗涤纤维含量较高外,其余处理之间均无显著差异;在第二茬中,中度和重度水分亏缺条件下红豆草单播和重度水分亏缺条件下红豆草与无芒雀麦混播的红豆草中性洗涤纤维含量显著

低于其他处理;在第三茬中,轻度水分亏缺条件下红豆草单播的红豆草中性洗涤纤维含量显著低于其他处理。此外,同一水分条件下,红豆草单播和红豆草与无芒雀麦混播的红豆草中性洗涤纤维含量无明显变化特征。

表 3-55　2019 年生长季不同群落配置与水分调控下红豆草的中性洗涤纤维含量　%

处理	群落配置	第一茬	第二茬	第三茬
充分灌水	红豆草单播	61 ±7ab	51 ±9. 17c	42. 33 ±8. 33c
	无芒雀麦+红豆草	54 ±5. 29b	57. 67 ±4. 51a	39. 33 ±13. 32cd
轻度亏水	红豆草单播	54. 67 ±6. 03b	54. 33 ±9. 45b	37 ±9. 54d
	无芒雀麦+红豆草	75. 33 ±2. 03a	59 ±14. 18a	49 ±2. 65a
中度亏水	红豆草单播	59. 67 ±6. 43b	44 ±2. 65d	48 ±2a
	无芒雀麦+红豆草	52. 33 ±1. 53b	55 ±6. 56b	50 ±1a
重度亏水	红豆草单播	54. 67 ±3. 79b	46. 67 ±1. 53d	46. 33 ±1. 53b
	无芒雀麦+红豆草	50 ±1. 73b	45. 67 ±3. 51d	44 ±2b

3. 3. 7. 3　2020 年生长季

1. 粗蛋白含量

1)无芒雀麦

表 3-56 为 2020 年生长季不同群落配置与水分调控下无芒雀麦的粗蛋白含量。由表 3-56 分析可知,第一茬、第二茬和第三茬无芒雀麦的粗蛋白含量分别为 9. 15%~14. 16%、9. 81%~13. 76%和 9. 97~14. 51%,整体表现为第三茬>第一茬>第二茬,且随着灌水亏缺程度的加剧,无芒雀麦的粗蛋白含量呈先增加后降低的趋势。此外,同一水分条件下,无芒雀麦粗蛋白含量表现为混播高于单播。可见,混播结合一定程度的水分亏缺有利于提高无芒雀麦的粗蛋白含量。

表 3-56　2020 年生长季不同群落配置与水分调控下无芒雀麦的粗蛋白含量　%

处理	群落配置	第一茬	第二茬	第三茬
充分灌水	无	11. 09±0. 23c	12. 19±0. 67b	12. 29±0. 09b
	无+苜	12. 97±0. 26ab	12. 27±0. 13ab	13. 15±0. 67ab
	无+红	12. 33±0. 6b	12. 99±0. 18ab	13. 3±0. 17ab
	苜+无+冰	12. 57±0. 44ab	13. 15±0. 69b	12. 89±0. 69ab
	红+无+冰	12. 66±0. 56ab	13. 74±0. 57a	12. 95±0. 58ab
	苜+红+无+冰	13. 5±0. 78a	12. 87±0. 69ab	13. 32±0. 5ab
	苜+无+冰+旱	13. 05±0. 5ab	13. 17±0. 62ab	13. 45±0. 72a

续表 3-56

处理	群落配置	第一茬	第二茬	第三茬
轻度亏水	无	12. 33±0. 76b	12. 73±0. 3b	12. 83±0. 64c
	无+苜	13. 48±0. 32a	12. 7±0. 57b	13. 9±0. 13ab
	无+红	13. 89±0. 88a	13. 76±0. 66a	12. 82±0. 24c
	苜+无+冰	13. 07±0. 49ab	12. 93±0. 36ab	14. 51±0. 64a
	红+无+冰	13. 83±0. 16a	13. 62±0. 29a	13. 44±0. 41bc
	苜+红+无+冰	13. 9±0. 56a	13. 56±0. 46ab	12. 97±0. 9bc
	苜+无+冰+早	14. 16±0. 68a	13. 76±0. 44a	13. 95±0. 42ab
中度亏水	无	11. 24±0. 36d	11. 62±0. 43b	12. 25±0. 28c
	无+苜	12. 72±0. 71bc	13. 68±0. 21a	12. 9±0. 62bc
	无+红	11. 11±0. 36d	12. 57±0. 77ab	11. 96±0. 16c
	苜+无+冰	13. 75±0. 18a	13. 54±1. 15a	14. 19±0. 63a
	红+无+冰	12. 03±0. 64cd	12. 94±0. 8a	12. 59±0. 12bc
	苜+红+无+冰	12. 05±0. 89cd	12. 57±0. 68ab	13. 37±0. 78ab
	苜+无+冰+早	13. 37±0. 36ab	13. 7±0. 14a	12. 86±0. 69bc
重度亏水	无	9. 15±0. 7c	9. 81±1b	9. 97±0. 58b
	无+苜	11. 7±0. 8a	11. 08±0. 58a	11. 07±0. 59ab
	无+红	10. 7±0. 9ab	11. 12±0. 66a	11. 08±0. 88ab
	苜+无+冰	11. 13±0. 95ab	11. 72±0. 32a	10. 98±0. 63ab
	红+无+冰	10. 85±0. 63ab	11. 19±0. 81a	11. 57±0. 62a
	苜+红+无+冰	11. 48±0. 63ab	10. 73±0. 42ab	11. 07±0. 63ab
	苜+无+冰+早	10. 18±0. 37bc	11. 41±0. 51a	11. 47±0. 68a

2) 苜蓿

表 3-57 为 2020 年生长季不同群落配置与水分调控下苜蓿的粗蛋白含量。由表 3-57 分析可知，第一茬、第二茬和第三茬苜蓿的粗蛋白含量分别为 17. 75%～23. 43%、18. 83～23. 21%和 18. 41～23. 24%，整体表现为第三茬和第二茬>第一茬。同一水分条件下，混播苜蓿的粗蛋白含量略高于单播苜蓿的粗蛋白含量；同一种植模式下，除重度水分亏缺外，其余三种水分调控间的苜蓿粗蛋白含量无显著差异。

3) 红豆草

表 3-58 为 2020 年生长季不同群落配置与水分调控下红豆草的粗蛋白含量。由表 3-58 分析可知，第一茬、第二茬和第三茬红豆草的粗蛋白含量分别为 12. 00%～15. 04%、11. 55%～15. 87%和 13. 52%～16. 08%，整体表现为第三茬>第二茬和第一茬，且随着灌水亏缺程度的加剧，呈先增加后降低的趋势。同一水分条件下，红豆草的粗蛋白含量表现为单播>混播。

表 3-57　2020 年生长季不同群落配置与水分调控下苜蓿的粗蛋白含量　%

处理	群落配置	第一茬	第二茬	第三茬
充分灌水	苜	20.06±0.73b	20.73±0.47b	20.56±0.7b
	苜+无	21.14±0.39a	22.29±0.81a	21.75±0.33ab
	苜+无+冰	20.39±0.19ab	22.02±0.64a	21.87±0.78a
	苜+红+无+冰	20.85±0.81ab	21.69±0.48ab	21.76±0.67b
	苜+无+冰+旱	21.41±0.22a	20.91±0.4b	21.98±0.77a
轻度亏水	苜	21.91±0.92ab	22.48±0.57ab	22.15±0.53ab
	苜+无	21.65±0.61ab	23.09±0.94a	21.88±0.59b
	苜+无+冰	21.06±0.21b	23.21±0.52a	23.24±0.59a
	苜+红+无+冰	22.37±0.98ab	21.85±0.89ab	21.10±0.68b
	苜+无+冰+旱	22.6±0.63a	21.71±0.45b	22.28±0.94ab
中度亏水	苜	20.77±0.75c	21.35±1.13b	20.97±0.91bc
	苜+无	21.81±0.55b	21.86±0.85ab	22.28±1.12ab
	苜+无+冰	22.57±0.27ab	22.03±0.58ab	20.76±0.93bc
	苜+红+无+冰	22.23±0.69b	23.09±0.53a	22.68±0.37a
	苜+无+冰+旱	23.43±0.41a	20.77±0.65b	20.65±0.57c
重度亏水	苜	17.75±0.49b	19.33±1.02ab	18.87±0.44ab
	苜+无	18.08±0.37ab	19.12±0.43ab	19.99±0.84a
	苜+无+冰	19.17±0.66a	20.33±0.72a	18.41±0.73b
	苜+红+无+冰	18.74±0.55ab	18.92±0.85b	19.91±0.78a
	苜+无+冰+旱	18.86±0.86ab	18.83±0.28b	19.38±0.69ab

表 3-58　2020 年生长季不同群落配置与水分调控下红豆草的粗蛋白含量　%

处理	群落配置	第一茬	第二茬	第三茬
充分灌水	红	12.86±0.30cd	14.00±0.38b	14.19±0.26cd
	无+红	12.00±0.30e	11.98±0.22de	13.52±0.20d
	红+无+冰	12.17±0.30de	12.11±0.86de	13.93±0.13cd
轻度亏水	红	15.04±0.24a	15.87±0.74a	16.08±0.18a
	无+红	12.66±0.52de	14.04±0.66b	14.80±0.23bc
	红+无+冰	13.70±0.41b	12.99±0.52cd	15.15±0.60b
中度亏水	红	14.09±0.76b	15.10±0.27a	14.36±0.34bcd
	无+红	12.93±0.47cd	12.67±0.56d	13.74±0.65d
	红+无+冰	13.57±0.53bc	11.55±0.37e	14.41±0.37bcd

续表 3-58

处理	群落配置	第一茬	第二茬	第三茬
重度亏水	红	13.84±0.16b	13.66±0.82bc	14.02±0.67cd
	无+红	12.46±0.31de	14.10±0.24b	13.81±0.31d
	红+无+冰	12.94±0.16cd	12.81±0.22cd	14.13±0.93cd

4）长穗偃麦草

表 3-59 为 2020 年生长季不同群落配置与水分调控下长穗偃麦草的粗蛋白含量。由表 3-59 分析可知，第一茬、第二茬和第三茬长穗偃麦草的粗蛋白含量分别为 8.10%～16.39%、13.22%～19.58%和 11.83%～16.68%，整体表现为第三茬和第二茬>第一茬，且与充分灌水相比，3 种亏水处理的长穗偃麦草粗蛋白含量均有所增加。同一水分条件下，长穗偃麦草的粗蛋白含量表现为混播>单播。

表 3-59　2020 年生长季不同群落配置与水分调控下长穗偃麦草的粗蛋白含量　　%

处理	群落配置	第一茬	第二茬	第三茬
充分灌水	冰	8.10±0.36c	13.22±0.47b	12.60±0.56c
	苜+无+冰	14.00±0.47a	13.75±0.47ab	14.84±0.53b
	红+无+冰	12.90±0.54b	15.10±0.88a	12.91±0.79c
	苜+红+无+冰	8.72±0.65c	13.87±0.77ab	12.81±0.45c
	苜+无+冰+旱	14.10±0.40a	14.37±1.13ab	16.68±1.25a
轻度亏水	冰	10.44±0.19c	13.77±0.65c	13.38±0.35b
	苜+无+冰	14.79±0.28a	15.02±0.59b	15.48±0.82a
	红+无+冰	13.45±0.54b	15.95±0.64b	13.33±0.59b
	苜+红+无+冰	10.74±0.28c	15.56±0.49b	14.24±1.23ab
	苜+无+冰+旱	13.48±0.25b	17.20±0.97a	15.62±0.13a
中度亏水	冰	9.96±0.51c	15.13±0.13bc	11.83±0.23b
	苜+无+冰	16.39±0.57a	19.58±0.71a	12.63±1.09ab
	红+无+冰	11.94±0.96b	14.98±1.36bc	12.23±0.54ab
	苜+红+无+冰	11.19±0.89bc	15.82±0.79b	12.56±0.34ab
	苜+无+冰+旱	10.80±0.63bc	13.64±0.62c	13.22±0.10a
重度亏水	冰	9.11±0.13d	14.07±1.16c	12.64±0.12b
	苜+无+冰	13.26±0.80b	18.07±0.42a	14.60±0.35a
	红+无+冰	11.23±0.27c	14.74±0.69bc	14.52±0.27a
	苜+红+无+冰	15.67±0.73a	16.24±1.03b	13.89±1.51ab
	苜+无+冰+旱	14.17±0.98b	15.54±0.41bc	14.79±0.52a

5) 草地早熟禾

经过 4 年的种间竞争,在无芒雀麦+清水紫花苜蓿+草地早熟禾+长穗偃麦草组合中,草地早熟禾已被竞争消失,仅剩草地早熟禾单播(见表 3-60)。由表 3-60 分析可知,草地早熟禾的粗蛋白含量整体表现为第一茬和第二茬>第三茬,且与充分灌水相比,轻度亏水处理的长穗偃麦草粗蛋白含量显著增加。

表 3-60 2020 年生长季不同群落配置与水分调控下草地早熟禾的粗蛋白含量 %

处理	群落配置	第一茬	第二茬	第三茬
充分灌水	草地早熟禾单播	17. 10±0. 56bc	15. 55±0. 58c	9. 58±0. 13b
轻度亏水	草地早熟禾单播	19. 54±0. 12a	20. 43±0. 96a	10. 61±0. 47a
中度亏水	草地早熟禾单播	17. 59±1. 04b	18. 46±0. 81b	10. 56±0. 26a
重度亏水	草地早熟禾单播	16. 07±0. 71c	15. 44±0. 64c	7. 83±0. 07c

2. 酸性洗涤纤维含量

1) 无芒雀麦

表 3-61 为 2020 年生长季不同群落配置与水分调控下无芒雀麦的酸性洗涤纤维含量。由表 3-61 分析可知,第一茬、第二茬和第三茬无芒雀麦的酸性洗涤纤维含量分别为 33. 42%~41. 03%、29. 75%~36. 79%和 23. 51%~33. 73%,整体表现为第一茬>第二茬>第三茬,且随着灌水亏缺程度的加剧呈降低趋势。同一水分条件下,混播无芒雀麦的酸性洗涤纤维含量整体低于单播。可见,无芒雀麦混播和一定程度的水分亏缺均有利于降低无芒雀麦的酸性洗涤纤维含量。

表 3-61 2020 年生长季不同群落配置与水分调控下无芒雀麦的酸性洗涤纤维含量 %

处理	群落配置	第一茬	第二茬	第三茬
充分灌水	无	41. 03±0. 24a	36. 79±0. 66a	33. 73±1. 46a
	无+苜	40. 08±0. 69ab	35. 92±0. 80ab	32. 24±1. 34a
	无+红	39. 87±0. 83ab	33. 84±0. 80d	28. 80±1. 04b
	苜+无+冰	37. 95±0. 80c	35. 98±0. 33ab	28. 41±0. 95b
	红+无+冰	38. 62±1. 29bc	34. 37±0. 85cd	29. 02±1. 21b
	苜+红+无+冰	39. 87±1. 49ab	35. 42±0. 96bc	29. 51±1. 15b
	苜+无+冰+早	39. 37±0. 95abc	36. 32±0. 32ab	30. 23±0. 53b

续表 3-61

处理	群落配置	第一茬	第二茬	第三茬
轻度亏水	无	39.86±0.95a	35.55±0.52a	31.84±1.44a
	无+苜	38.68±0.73ab	35.09±0.72a	27.31±1.22bc
	无+红	39.00±0.62ab	33.53±1.31b	28.75±0.49b
	苜+无+冰	37.96±0.20b	35.12±0.92a	27.89±0.78bc
	红+无+冰	37.98±1.20b	31.58±0.44c	27.30±0.69bc
	苜+红+无+冰	39.13±0.24ab	34.67±0.53ab	26.72±0.61c
	苜+无+冰+早	38.24±0.97b	35.06±0.99a	27.81±0.72bc
中度亏水	无	36.76±1.06ab	34.31±1.26a	27.86±0.50a
	无+苜	37.79±0.93a	34.14±0.76a	26.65±0.37b
	无+红	36.39±1.25ab	30.44±0.69b	26.97±0.53ab
	苜+无+冰	35.65±0.89b	34.22±0.58a	26.38±0.21b
	红+无+冰	35.88±0.56b	30.95±1.57b	26.31±0.82b
	苜+红+无+冰	36.91±0.14ab	33.90±0.57a	26.56±0.57b
	苜+无+冰+早	36.39±0.51ab	34.38±0.67a	26.71±1.03ab
重度亏水	无	35.15±0.74a	33.38±0.53ab	27.16±1.15a
	无+苜	35.90±0.92a	34.08±1.44a	25.78±0.68ab
	无+红	35.64±1.09a	31.36±0.75bc	25.52±0.56ab
	苜+无+冰	34.89±0.46ab	33.23±1.65ab	25.36±0.44b
	红+无+冰	33.42±1.36b	29.83±1.24c	24.67±1.21bc
	苜+红+无+冰	35.69±0.43a	29.75±1.21c	24.55±0.49bc
	苜+无+冰+早	34.45±0.91ab	32.68±0.79ab	23.51±1.46c

2)苜蓿

表 3-62 为 2020 年生长季不同群落配置与水分调控下苜蓿的酸性洗涤纤维含量。由表 3-62 分析可知,第一茬、第二茬和第三茬苜蓿的酸性洗涤纤维含量分别为 36.00%~40.67%、34.53%~40.29%和 23.85%~32.31%,整体表现为第一茬>第二茬>第三茬,且随着灌水亏缺程度的加剧呈降低趋势。同一水分条件下,苜蓿+红豆草+无芒雀麦+长穗偃麦草混播的苜蓿酸性洗涤纤维含量较低。

表 3-62　2020 年生长季不同群落配置与水分调控下苜蓿的酸性洗涤纤维含量　%

处理	群落配置	第一茬	第二茬	第三茬
充分灌水	苜	39.45±0.34ab	37.79±1.22bc	30.91±1.1ab
	苜+无	40.53±0.97a	39.36±1.31ab	31.4±0.86ab
	苜+无+冰	39.32±0.36ab	40.29±1.2a	29.95±1.13b
	苜+红+无+冰	38.58±0.61b	36.95±0.2c	32.31±0.17a
	苜+无+冰+早	40.67±1.7a	39.97±1.51ab	31.33±0.75ab
轻度亏水	苜	39.02±0.82b	35.4±0.32c	25.17±0.63b
	苜+无	40.31±1.14ab	37.29±1.15ab	26.57±0.98b
	苜+无+冰	39.11±0.47b	38.53±1.08a	28.73±1.51a
	苜+红+无+冰	36±0.2c	35.9±0.44bc	26.89±0.32b
	苜+无+冰+早	40.6±0.67a	38.1±0.71a	26.77±0.97b
中度亏水	苜	38.97±0.45ab	35.47±0.28ab	25.38±0.54cd
	苜+无	40.03±1.39a	35.01±0.74b	26.05±0.86bc
	苜+无+冰	38.29±1.25ab	36.49±0.25a	28.44±0.53a
	苜+红+无+冰	37.51±0.96b	36.32±0.6a	24.13±0.69d
	苜+无+冰+早	39.63±0.56a	36.31±0.75a	27.19±1.28ab
重度亏水	苜	37.77±0.25ab	34.53±0.34b	23.85±0.36b
	苜+无	38.78±0.52a	36.04±0.48a	25.26±0.44a
	苜+无+冰	38.32±1.24ab	35.8±0.62a	24.56±0.85ab
	苜+红+无+冰	37.21±0.31b	35.22±0.91ab	24.68±0.54ab
	苜+无+冰+早	38.09±0.93ab	35.32±0.69ab	24.72±0.6ab

3) 红豆草

表 3-63 为 2020 年生长季不同群落配置与水分调控下红豆草的酸性洗涤纤维含量。由表 3-63 分析可知，第一茬、第二茬和第三茬红豆草的酸性洗涤纤维含量分别为 33.10%~38.78%、32.67%~38.06%和 26.99%~37.26%，整体表现为第一茬和第二茬>第三茬。同一种植模式下，红豆草的酸性洗涤纤维含量表现为充分灌水与轻度亏缺差异不显著，但显著高于中度亏水和重度亏水。同一水分条件下，不同群落配置间的红豆草酸性洗涤纤维含量差异不显著。

表 3-63　2020 年生长季不同群落配置与水分调控下红豆草的酸性洗涤纤维含量　%

处理	群落配置	第一茬	第二茬	第三茬
充分灌水	红	37.75±0.56ab	36.78±0.68bcd	36.06±0.68bc
	无+红	37.76±0.57ab	38.06±0.65a	37.26±0.86a
	红+无+冰	38.78±0.42a	36.79±0.3bcd	36.99±0.44ab
轻度亏水	红	37.28±0.13b	36.6±0.4cd	35.91±0.56bc
	无+红	37.59±1.33ab	37.96±0.33ab	35.9±0.69bc
	红+无+冰	38.71±0.35a	37.34±0.38abc	34.9±0.75c
中度亏水	红	36.02±0.55c	36.32±1.09cd	32.92±0.92d
	无+红	36.87±0.19bc	36.79±0.73bcd	33.45±0.04d
	红+无+冰	37.28±0.61b	35.85±0.94d	32.65±0.69d
重度亏水	红	33.1±0.53d	32.67±0.82e	28.09±0.74e
	无+红	33.16±1.14d	33.51±0.54e	26.99±0.14e
	红+无+冰	33.2±0.71d	33.46±0.54e	27.16±0.6e

4) 长穗偃麦草

表 3-64 为 2020 年生长季不同群落配置与水分调控下长穗偃麦草的酸性洗涤纤维含量。由表 3-64 分析可知，第一茬、第二茬和第三茬长穗偃麦草的酸性洗涤纤维含量分别为 32.70%～38.16%、30.89%～36.71%和 26.45%～34.69%，整体表现为第一茬和第二茬>第三茬，且随着灌水亏缺程度的加剧呈降低趋势。同一水分条件下，不同种植模式间长穗偃麦草的酸性洗涤纤维含量无明显变化特征。

表 3-64　2020 年生长季不同群落配置与水分调控下长穗偃麦草的酸性洗涤纤维含量　%

处理	群落配置	第一茬	第二茬	第三茬
充分灌水	冰	38.16±0.62a	36.71±0.72a	34.06±0.28ab
	苜+无+冰	38.05±0.86a	36.34±1.11a	33.41±1ab
	红+无+冰	36.76±0.7b	36.03±0.25ab	32.64±0.74bc
	苜+红+无+冰	37.94±0.48ab	34.91±0.75b	31.46±1.1c
	苜+无+冰+早	37.46±0.43ab	36.61±0.56a	34.69±0.57a
轻度亏水	冰	37.01±0.3ab	36.41±0.89a	33.41±0.62a
	苜+无+冰	37.03±0.36ab	36.25±0.19a	32.23±0.75ab
	红+无+冰	36.13±0.79b	35.6±0.25ab	30.47±1.22c
	苜+红+无+冰	36.04±0.43b	34.69±0.76b	31.09±0.3bc
	苜+无+冰+早	37.24±0.78a	36.11±1.05a	32.48±1.34ab

续表 3-64

处理	群落配置	第一茬	第二茬	第三茬
中度亏水	冰	34.3±1b	33.79±0.56ab	31.32±1.01a
	苜+无+冰	35.91±0.73a	34.52±0.39a	30.21±0.33ab
	红+无+冰	35.46±0.68ab	32.91±0.56b	30.09±0.27ab
	苜+红+无+冰	35.54±0.55ab	33.63±0.77ab	29±0.8b
	苜+无+冰+早	36.31±0.21a	33.64±0.66ab	30.48±0.59a
重度亏水	冰	34±0.64ab	32.85±0.51a	29.74±1.02a
	苜+无+冰	32.7±0.62b	33.57±1.03a	27.67±1.85bc
	红+无+冰	34.47±1.3a	31±0.55b	26.45±0.43c
	苜+红+无+冰	33.94±0.41ab	33.32±0.81a	29±0.54ab
	苜+无+冰+早	35.04±0.09a	30.89±0.77b	26.87±0.16c

5)草地早熟禾

单播草地早熟禾的酸性洗涤纤维含量(见表3-65)表现为,第一茬(27.13%~34.00%)和第二茬(27.60%~33.01%)>第三茬(26.67%~32.46%),且与充分灌水相比,轻度亏水处理的长穗偃麦草酸性洗涤纤维含量差异不显著,但显著高于中度和重度水分亏缺处理。

表3-65　2020年生长季不同群落配置与水分调控下草地早熟禾的酸性洗涤纤维含量　%

处理	群落配置	第一茬	第二茬	第三茬
充分灌水	草地早熟禾单播	34.00±0.53a	32.57±1.36a	32.46±0.69a
轻度亏水	草地早熟禾单播	33.00±0.48a	33.01±0.72a	31.18±0.62ab
中度亏水	草地早熟禾单播	29.61±1.02b	31.43±1.18a	30.72±1b
重度亏水	草地早熟禾单播	27.13±1.04c	27.60±1.24b	26.67±0.96c

3.中性洗涤纤维含量

1)无芒雀麦

表3-66为2020年生长季不同群落配置与水分调控下无芒雀麦的中性洗涤纤维含量。由表3-66分析可知,第一茬、第二茬和第三茬无芒雀麦的中性洗涤纤维含量分别为45.98%~55.12%、44.75%~52.35%和43.69%~49.82%,整体表现为第一茬>第二茬>第三茬,且随着灌水亏缺程度的加剧呈降低趋势。同一水分条件下,无芒雀麦中性洗涤纤维含量整体表现为混播<单播。可见,无芒雀麦单播和一定程度的水分亏缺均有利于降低无芒雀麦的中性洗涤纤维含量。

表 3-66　2020 年生长季不同群落配置与水分调控下无芒雀麦的中性洗涤纤维含量　　%

处理	群落配置	第一茬	第二茬	第三茬
充分灌水	无	55.12±0.9a	52.35±0.22a	49.82±0.32a
	无+苜	54.19±0.1abc	50.98±0.75bc	49.57±0.72a
	无+红	52.96±0.3c	50.86±0.52c	49.2±0.87a
	苜+无+冰	54.5±0.54ab	51.83±0.89abc	48.84±0.29ab
	红+无+冰	53.65±0.96bc	51.97±0.6ab	47.86±0.33b
	苜+红+无+冰	53.92±0.84abc	52.12±0.39a	49.17±0.5a
	苜+无+冰+旱	53.66±0.88bc	51.32±0.25abc	49.25±0.62a
轻度亏水	无	54.63±0.41a	51.51±0.38a	48.93±0.84ab
	无+苜	53.75±0.76ab	50.16±0.47c	48.84±0.37ab
	无+红	52.57±0.55b	50.39±0.46bc	49.18±0.81ab
	苜+无+冰	54.12±0.87a	51.25±0.28ab	49.42±0.76a
	红+无+冰	53.38±0.45ab	50.58±0.77abc	46.87±0.25c
	苜+红+无+冰	54.02±0.27a	51.03±0.63abc	48.03±0.64b
	苜+无+冰+旱	53.46±1.04ab	50.55±0.56abc	48.73±0.63ab
中度亏水	无	49.75±0.6abc	48.7±0.3a	45.94±0.74ab
	无+苜	50.97±1.52a	48.23±0.97ab	44.27±0.68cd
	无+红	48.88±0.52c	48.07±0.92ab	46.1±0.26a
	苜+无+冰	48.72±0.37c	47.98±0.43ab	46.85±0.32a
	红+无+冰	50.4±0.84ab	48.59±1a	43.69±0.68d
	苜+红+无+冰	48.8±0.52c	46.06±0.36c	45.1±0.57bc
	苜+无+冰+旱	49.53±0.08bc	46.93±0.75bc	44.79±0.31c
重度亏水	无	48.66±1.11ab	47.18±0.28ab	44.41±0.52ab
	无+苜	48.63±0.94ab	48.08±0.8a	44.64±0.32ab
	无+红	47.03±0.47bc	46±0.17bc	45.17±0.79a
	苜+无+冰	46.99±0.93bc	46.02±0.77bc	43.79±0.27b
	红+无+冰	48.79±0.91a	47.67±0.54a	44.2±0.67ab
	苜+红+无+冰	48.3±1.09ab	45.81±1.03c	44.78±0.8ab
	苜+无+冰+旱	45.98±0.83c	44.75±0.79c	43.98±0.6b

2) 苜蓿

表 3-67 为 2020 年生长季不同群落配置与水分调控下苜蓿的中性洗涤纤维含量。由表 3-67 分析可知，第一茬、第二茬和第三茬苜蓿的中性洗涤纤维含量分别为 47.76%～53.20%、43.90%～51.46%和 43.29%～50.18%，整体表现为第一茬>第二茬和第三茬，且

随着水分亏缺程度的加剧呈降低趋势。同一水分条件下，苜蓿中性洗涤纤维含量在单播和混播间无明显变化规律。

表 3-67　2020 年生长季不同群落配置与水分调控下苜蓿的中性洗涤纤维含量　%

处理	群落配置	第一茬	第二茬	第三茬
充分灌水	苜	52±0.38b	49.86±0.98b	48.68±0.48b
	苜+无	52.17±0.67b	51.46±0.54a	49.71±0.67ab
	苜+无+冰	53.2±0.37a	50.55±0.73ab	50.18±0.69a
	苜+红+无+冰	51.68±0.73b	50.52±0.16ab	49.14±0.51ab
	苜+无+冰+早	52.65±0.34ab	51.05±0.72ab	50.15±0.47a
轻度亏水	苜	51.12±0.22b	49.07±0.81b	48.53±0.36b
	苜+无	51.64±0.76ab	49.81±0.3ab	48.97±0.54ab
	苜+无+冰	52.43±0.38a	49.85±0.73ab	49.81±1.02a
	苜+红+无+冰	51.37±0.34ab	50.02±0.91ab	49.47±0.4ab
	苜+无+冰+早	52.14±0.82ab	50.69±0.45a	49.53±0.5ab
中度亏水	苜	49±1.14b	46.87±0.77b	46.82±0.78ab
	苜+无	50.58±0.43a	47.51±0.44ab	47.62±0.98a
	苜+无+冰	50.34±0.15ab	48.15±0.79a	46.2±0.76b
	苜+红+无+冰	50.09±0.65ab	46.64±0.61b	45.93±0.21b
	苜+无+冰+早	50±0.72ab	48.14±0.5a	46.67±0.43ab
重度亏水	苜	48.9±0.8ab	45.19±1.1ab	44.15±0.45ab
	苜+无	48.97±0.32ab	45.18±0.71ab	44.04±0.7b
	苜+无+冰	49.05±0.72a	44.67±0.45ab	45.37±0.78a
	苜+红+无+冰	47.76±0.55b	43.9±0.41b	43.29±0.39b
	苜+无+冰+早	48.26±0.73ab	46.08±0.83a	44.52±0.9ab

3)红豆草

表 3-68 为 2020 年生长季不同群落配置与水分调控下红豆草的中性洗涤纤维含量。由表 3-68 分析可知，第一茬、第二茬和第三茬红豆草的中性洗涤纤维含量分别为 46.42%~52.27%、45.23%~51.75%和 43.10%~49.69%，整体表现为第一茬>第二茬>第三茬。同一种植模式下，充分灌水与轻度亏水的红豆草中性洗涤纤维含量差异不显著，但显著高于中度和重度水分亏缺处理。同一水分条件下，单播和混播的红豆草中性洗涤纤维含量无明显变化规律。

表 3-68 2020 年生长季不同群落配置与水分调控下红豆草的中性洗涤纤维含量 %

处理	群落配置	第一茬	第二茬	第三茬
充分灌水	红	51. 19±0. 94ab	51. 54±0. 53ab	49. 17±0. 49ab
	无+红	52. 27±0. 91a	51. 75±0. 75a	49. 69±0. 53a
	红+无+冰	50. 77±0. 48abc	51. 73±0. 63a	49. 19±0. 89ab
轻度亏水	红	51. 77±0. 74ab	50. 4±0. 32bc	48. 79±0. 6ab
	无+红	51. 56±1. 18ab	51. 2±0. 68ab	49. 61±0. 5a
	红+无+冰	50. 64±0. 61bc	50. 71±0. 41ab	49. 44±1. 11a
中度亏水	红	49. 5±0. 92c	49. 4±0. 56cd	48. 23±0. 47ab
	无+红	50. 21±0. 85bc	50. 61±0. 86ab	48. 95±0. 81ab
	红+无+冰	50. 93±0. 38abc	48. 83±0. 34d	47. 71±0. 63b
重度亏水	红	46. 42±1. 18e	45. 23±0. 83f	43. 83±1. 75cd
	无+红	48. 08±0. 65d	46. 78±0. 6e	44. 86±0. 6c
	红+无+冰	47. 54±0. 58de	47. 09±0. 92e	43. 1±0. 91d

4) 长穗偃麦草

表 3-69 为 2020 年生长季不同群落配置与水分调控下长穗偃麦草的中性洗涤纤维含量。由表 3-69 分析可知,第一茬、第二茬和第三茬长穗偃麦草的中性洗涤纤维含量分别为 45. 34%~52. 94%、44. 56%~52. 28%和 43. 57%~49. 91%,三茬之间差异较小,且与充分灌水相比,3 种亏水处理的长穗偃麦草中性洗涤纤维含量均有所降低。同一水分条件下,长穗偃麦草的中性洗涤纤维含量整体表现为单播>混播。

表 3-69 2020 年生长季不同群落配置与水分调控下长穗偃麦草的中性洗涤纤维含量 %

处理	群落配置	第一茬	第二茬	第三茬
充分灌水	冰	52. 61±0. 88ab	52. 28±0. 65a	49. 91±0. 32a
	苜+无+冰	51. 39±0. 49b	50. 54±0. 57b	49. 71±0. 23ab
	红+无+冰	52. 03±0. 88ab	51. 11±0. 53ab	48. 48±1. 42abc
	苜+红+无+冰	52. 94±0. 22a	50. 95±0. 82b	47. 95±0. 77c
	苜+无+冰+早	51. 35±0. 64b	50. 17±0. 82b	48. 25±0. 8bc
轻度亏水	冰	52. 49±0. 32a	50. 72±1. 06a	48. 51±0. 29ab
	苜+无+冰	50. 96±0. 66c	48. 53±1. 09b	48. 88±0. 8a
	红+无+冰	51. 93±0. 32ab	50. 35±0. 95a	47. 9±0. 78abc
	苜+红+无+冰	51. 82±0. 66abc	49. 53±0. 43ab	47. 03±0. 85bc
	苜+无+冰+早	51. 37±0. 41bc	49. 9±0. 57ab	46. 61±1. 1c

续表 3-69

处理	群落配置	第一茬	第二茬	第三茬
中度亏水	冰	49.93±0.72a	48.74±1.01ab	47.23±0.73ab
	苜+无+冰	48.99±0.84ab	48.48±0.49abc	47.68±0.55a
	红+无+冰	49.9±0.9a	49.8±0.54a	46.8±0.76ab
	苜+红+无+冰	48.98±0.32ab	47.46±1.13bc	46.26±0.62bc
	苜+无+冰+早	48.39±0.37b	47.16±0.1c	45.49±0.57c
重度亏水	冰	47.26±0.84a	45.95±0.62ab	45.08±0.92a
	苜+无+冰	46.27±0.62ab	45.17±0.79b	44.75±0.39ab
	红+无+冰	45.98±0.68ab	46.98±0.62a	44.66±0.81ab
	苜+红+无+冰	45.34±1.19b	45±0.84b	44.33±0.45ab
	苜+无+冰+早	46.47±0.41ab	44.56±1.22b	43.57±0.89b

5）草地早熟禾

单播草地早熟禾的中性洗涤纤维含量（见表 3-70）表现为，第一茬（46.95%～52.53%）和第二茬（45.93%～51.77%）>第三茬（44.13%～48.51%），且与充分灌水相比，轻度亏水处理的长穗偃麦草中性洗涤纤维含量差异不显著，但显著高于中度和重度水分亏缺处理。

表 3-70　2020 年生长季不同群落配置与水分调控下草地早熟禾的中性洗涤纤维含量　%

处理	群落配置	第一茬	第二茬	第三茬
充分灌水	草地早熟禾单播	52.53±0.45a	51.77±0.52a	48.51±1.41a
轻度亏水	草地早熟禾单播	52.23±0.45a	51.37±0.66a	47.16±0.95ab
中度亏水	草地早熟禾单播	49.01±0.64b	47.56±0.96b	46.02±0.57b
重度亏水	草地早熟禾单播	46.95±0.84c	45.93±0.72c	44.13±0.16c

3.3.8　水分调控对植被群落水分利用效率的影响

3.3.8.1　2019 年生长季

1. 第一茬

图 3-77 为 2019 年生长季不同群落配置与水分调控下第一茬牧草的水分利用效率。由图 3-77 分析可知，充分灌水、轻度和中度水分调控模式下，不同群落配置之间的水分利用效率变化规律基本一致，均表现为 3 种单播中，苜蓿显著高于红豆草和无芒雀麦，混播显著高于单播，其中无芒雀麦与红豆草混播最高；在重度水分亏缺条件下，无芒雀麦与苜

蓿混播的水分利用效率[35.02 kg/(hm^2 · mm)]显著高于其他处理。同一种植模式下，牧草在轻度或中度水分亏缺条件下可获得较高的水分利用效率。就单播而言，苜蓿在轻度水分亏缺条件下水分利用效率最高[27.83 kg/(hm^2 · mm)]，就混播而言，无芒雀麦与红豆草混播在轻度水分亏缺条件下水分利用效率最高[38.41 kg/(hm^2 · mm)]。

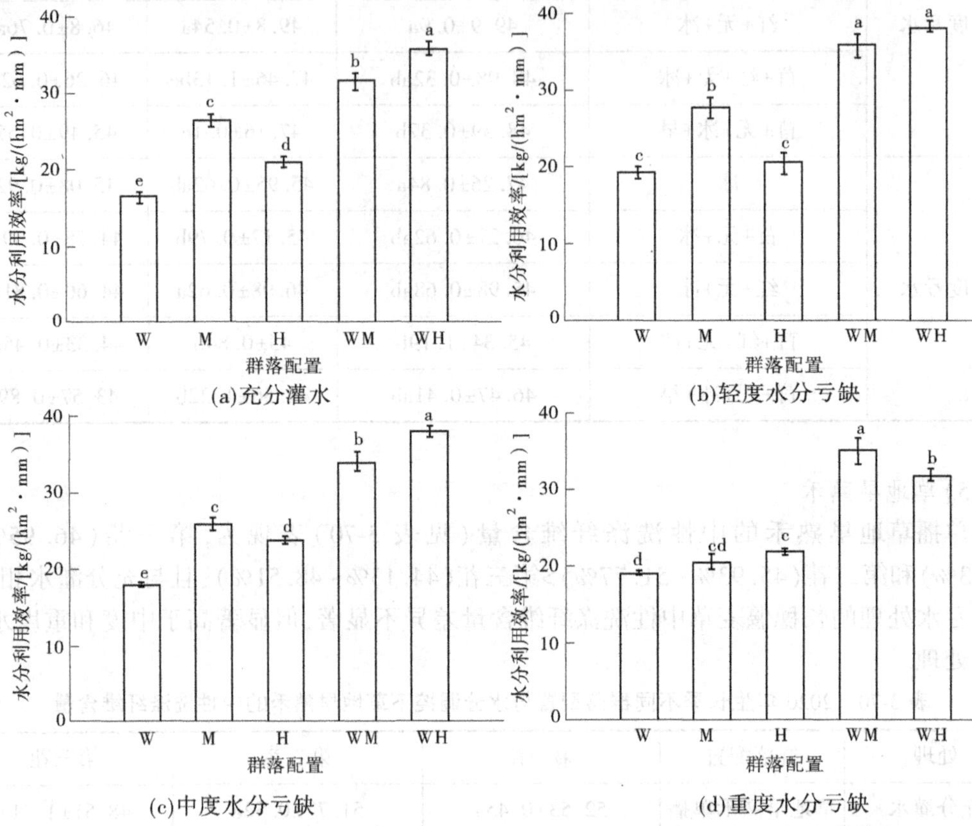

图 3-77　2019 年生长季不同群落配置与水分调控下第一茬牧草的水分利用效率

2. 第二茬

图 3-78 为 2019 年生长季不同群落配置与水分调控下第二茬牧草的水分利用效率。由图 3-78 分析可知，4 种水分调控模式下，不同群落配置之间的水分利用效率变化规律基本一致，均表现为 5 种单播中，苜蓿和红豆草显著高于无芒雀麦、草地早熟禾和长穗偃麦草，且苜蓿显著高于红豆草；6 种混播中，苜蓿、无芒雀麦与长穗偃麦草混播和红豆草、无芒雀麦与长穗偃麦草混播显著高于其他处理。同一群落配置下，轻度和中度水分亏缺处理的水分利用效率较高。

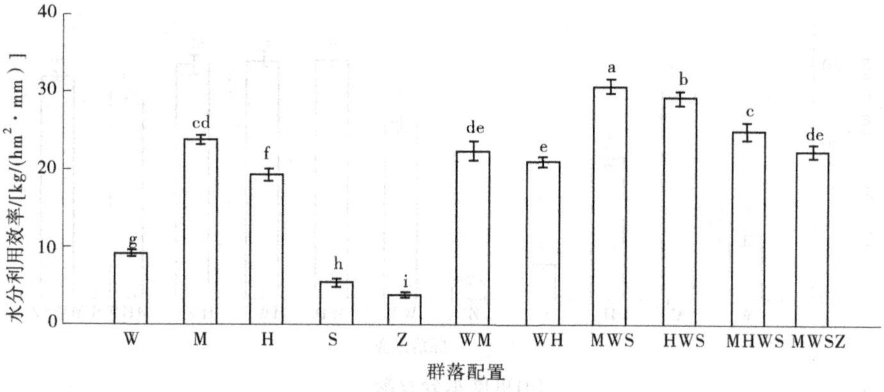

(a)充分灌水

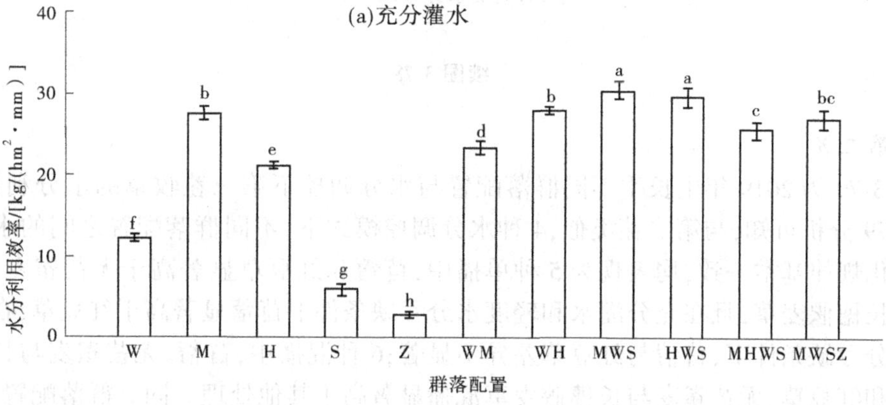

(b)轻度水分亏缺

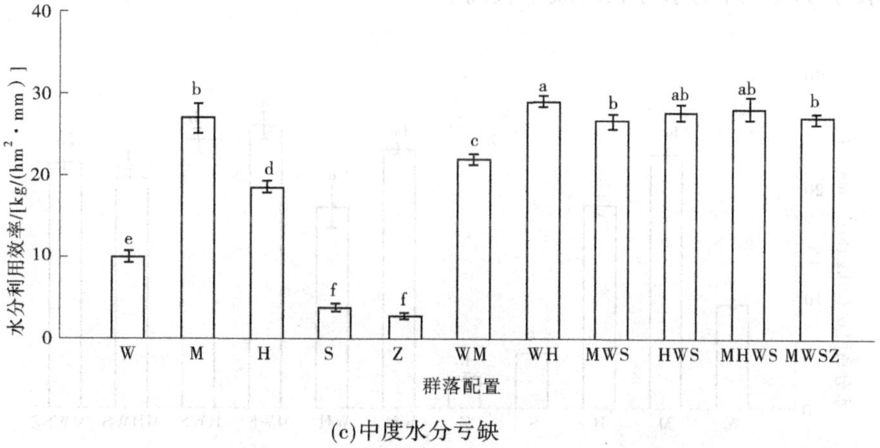

(c)中度水分亏缺

图 3-78　2019 年生长季不同群落配置与水分调控下第二茬牧草的水分利用效率

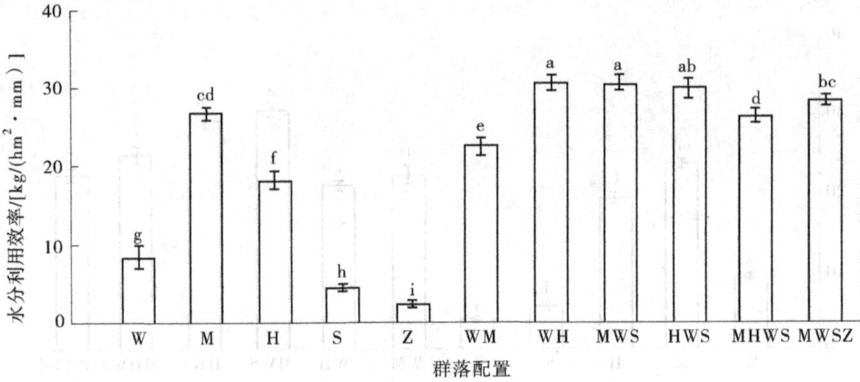

(d)重度水分亏缺

续图 3-78

3. 第三茬

图 3-79 为 2019 年生长季不同群落配置与水分调控下第三茬牧草的水分利用效率。由图 3-79 分析可知,与第二茬类似,4 种水分调控模式下,不同群落配置之间的水分利用效率变化规律基本一致,均表现为 5 种单播中,苜蓿和红豆草显著高于无芒雀麦、草地早熟禾和长穗偃麦草,且在充分灌水和轻度水分亏缺条件下苜蓿显著高于红豆草,在中度和重度水分亏缺条件下,苜蓿与红豆草差异不显著;6 种混播中,苜蓿、无芒雀麦与长穗偃麦草混播和红豆草、无芒雀麦与长穗偃麦草混播显著高于其他处理。同一群落配置下,轻度和中度水分亏缺处理的水分利用效率较高。

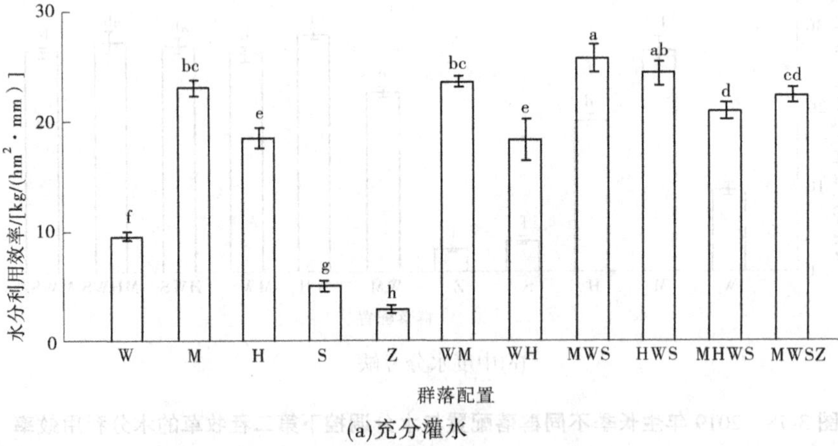

(a)充分灌水

图 3-79　2019 年生长季不同群落配置与水分调控下第三茬牧草的水分利用效率

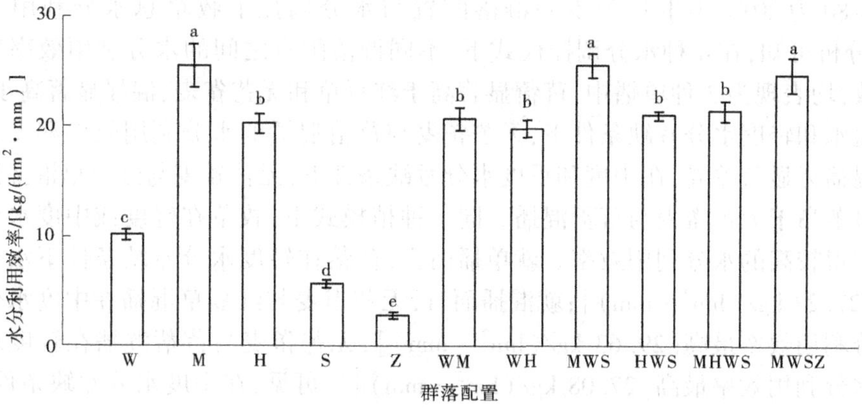

(b)轻度水分亏缺

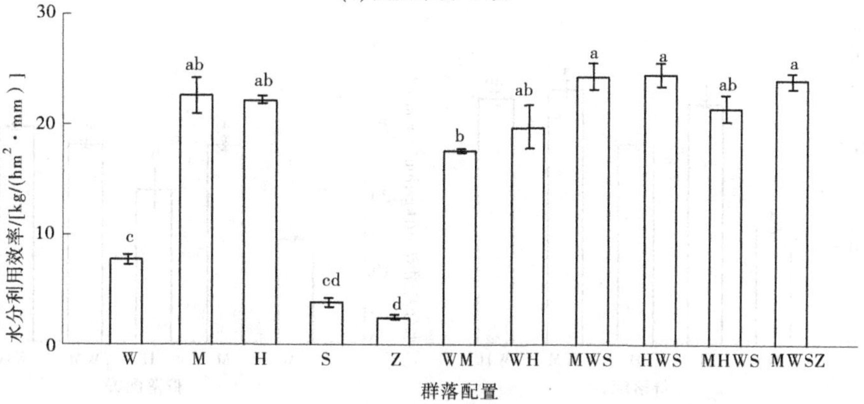

(c)中度水分亏缺

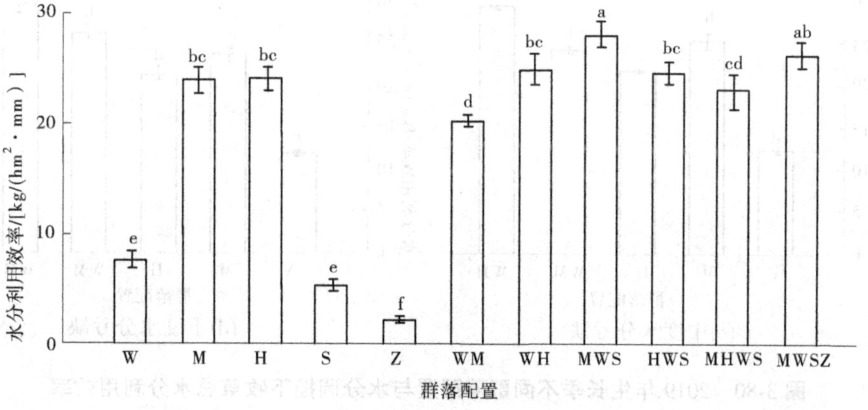

(d)重度水分亏缺

续图 3-79

4. 年度水分利用效率

图 3-80 为 2019 年生长季不同群落配置与水分调控下牧草总水分利用效率。由图 3-80 分析可知,在 4 种水分调控模式下,不同群落配置之间的水分利用效率变化规律基本一致,均表现为 3 种单播中,苜蓿显著高于红豆草和无芒雀麦,混播显著高于单播,其中充分灌水和轻度水分亏缺条件下,无芒雀麦与苜蓿混播的水分利用效率和无芒雀麦与红豆草混播无显著差异,在中度和重度水分亏缺条件下,无芒雀麦与红豆草混播的水分利用效率显著高于无芒雀麦与苜蓿混播。同一种植模式下,牧草在轻度或中度水分亏缺条件下可获得较高的水分利用效率。就单播而言,苜蓿在轻度水分亏缺条件下水分利用效率最高[27.22 kg/(hm^2 · mm)];就混播而言,无芒雀麦与红豆草混播在中度水分亏缺条件下水分利用效率最高[29.63 kg/(hm^2 · mm)],无芒雀麦与苜蓿混播在轻度水分亏缺条件下水分利用效率最高[27.08 kg/(hm^2 · mm)]。可见,在中度水分亏缺条件下,无芒雀麦与红豆草混播有利于提高草地年度水分利用效率。

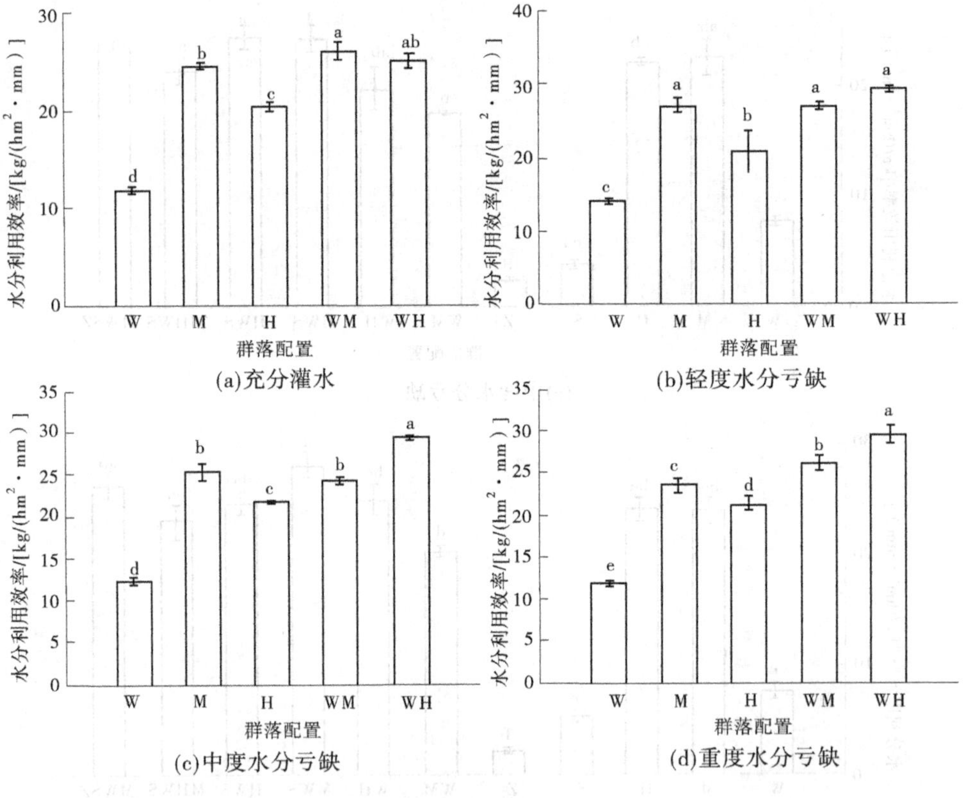

图 3-80　2019 年生长季不同群落配置与水分调控下牧草总水分利用效率

3.3.8.2　2020 年生长季

1. 第一茬

图 3-81 为 2020 年生长季不同群落配置与水分调控下第一茬牧草的水分利用效率。由图 3-81 分析可知,4 种水分调控模式下,不同群落配置之间的水分利用效率变化规律基本一致,均表现为 5 种单播中,苜蓿和红豆草显著高于无芒雀麦、草地早熟禾和长穗偃麦

草,且苜蓿显著高于红豆草,不同混播处理在不同水分调控中无明显变化规律。在充分灌水条件下,各处理的水分利用效率为 2.77~24.87 kg/(hm^2·mm),其中苜蓿单播显著高于其他处理;在轻度水分亏缺条件下,各处理的水分利用效率为 2.98~29.09 kg/(hm^2·mm),其中苜蓿单播,苜蓿、无芒雀麦与长穗偃麦草混播和苜蓿、无芒雀麦、长穗偃麦草和草地早熟禾混播显著高于其他处理;在中度水分亏缺条件下,各处理的水分利用效率为 3.16~30.41 kg/(hm^2·mm),其中苜蓿单播,无芒雀麦与红豆草混播和红豆草、无芒雀麦与长穗偃麦草混播显著高于其他处理;在重度水分亏缺条件下,各处理的水分利用效率为 2.38~29.87 kg/(hm^2·mm),其中无芒雀麦与红豆草混播和苜蓿、红豆草、草地早熟禾与长穗偃麦草混播显著高于其他处理。同一群落配置下,水分亏缺处理的水分利用效率显著高于充分灌水。

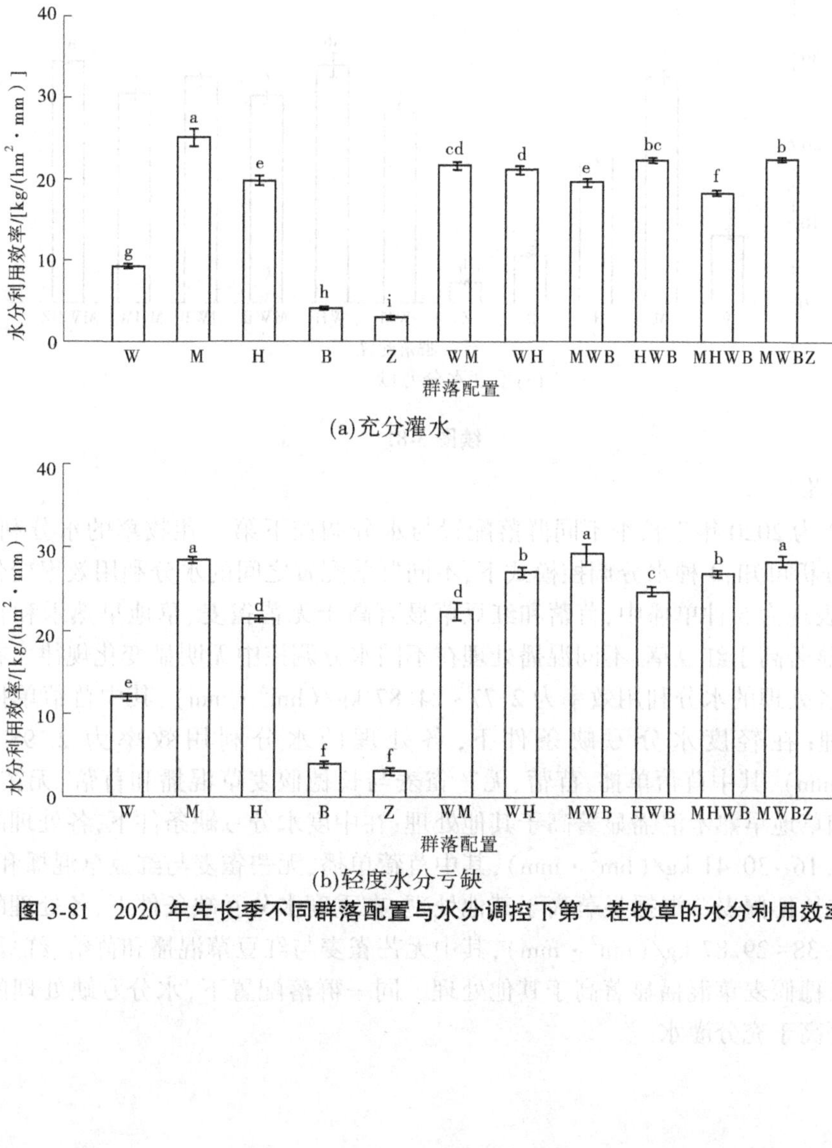

图 3-81　2020 年生长季不同群落配置与水分调控下第一茬牧草的水分利用效率

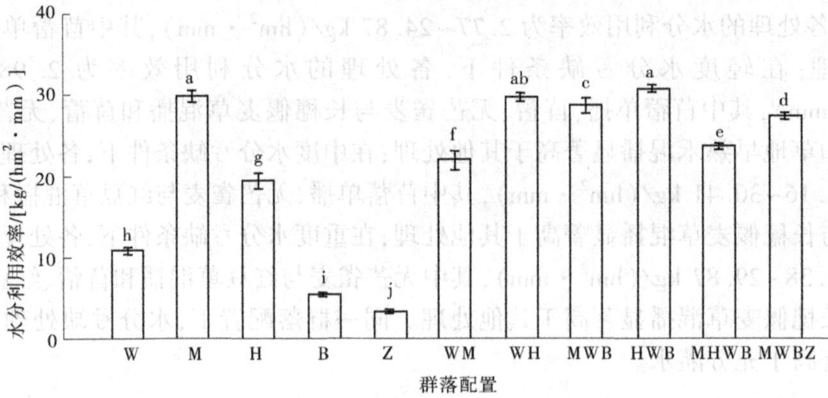

(c)中度水分亏缺

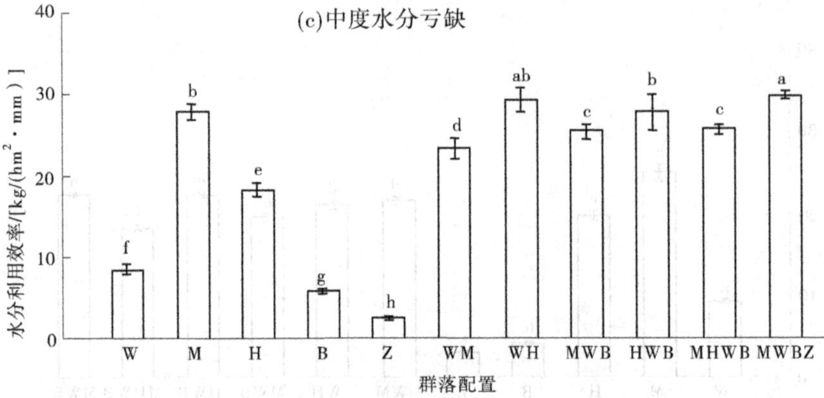

(d)重度水分亏缺

续图 3-81

2. 第二茬

图 3-82 为 2020 年生长季不同群落配置与水分调控下第二茬牧草的水分利用效率。由图 3-82 分析可知,4 种水分调控模式下,不同群落配置之间的水分利用效率变化规律基本一致,均表现为 5 种单播中,苜蓿和红豆草显著高于无芒雀麦、草地早熟禾和长穗偃麦草,且苜蓿显著高于红豆草,不同混播处理在不同水分调控中无明显变化规律。在充分灌水条件下,各处理的水分利用效率为 2.77~24.87 kg/(hm^2 · mm),其中苜蓿单播显著高于其他处理;在轻度水分亏缺条件下,各处理的水分利用效率为 2.98~29.09 kg/(hm^2 · mm),其中苜蓿单播,苜蓿、无芒雀麦与长穗偃麦草混播和苜蓿、无芒雀麦、长穗偃麦草和草地早熟禾混播显著高于其他处理;在中度水分亏缺条件下,各处理的水分利用效率为 3.16~30.41 kg/(hm^2 · mm),其中苜蓿单播,无芒雀麦与红豆草混播和红豆草、无芒雀麦与长穗偃麦草混播显著高于其他处理;在重度水分亏缺条件下,各处理的水分利用效率为 2.38~29.87 kg/(hm^2 · mm),其中无芒雀麦与红豆草混播和苜蓿、红豆草、草地早熟禾与长穗偃麦草混播显著高于其他处理。同一群落配置下,水分亏缺处理的水分利用效率显著高于充分灌水。

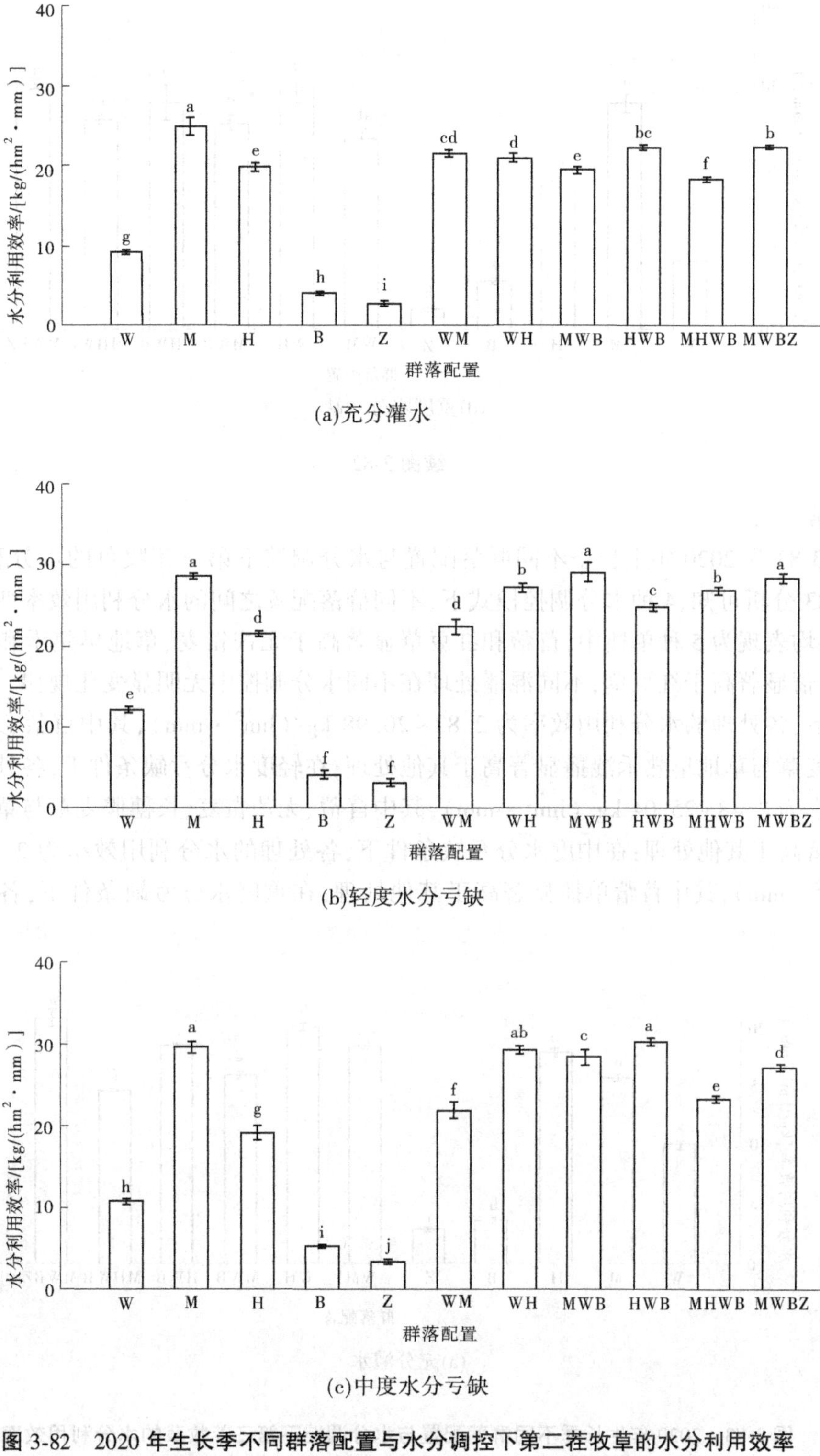

(a)充分灌水

(b)轻度水分亏缺

(c)中度水分亏缺

图 3-82　2020 年生长季不同群落配置与水分调控下第二茬牧草的水分利用效率

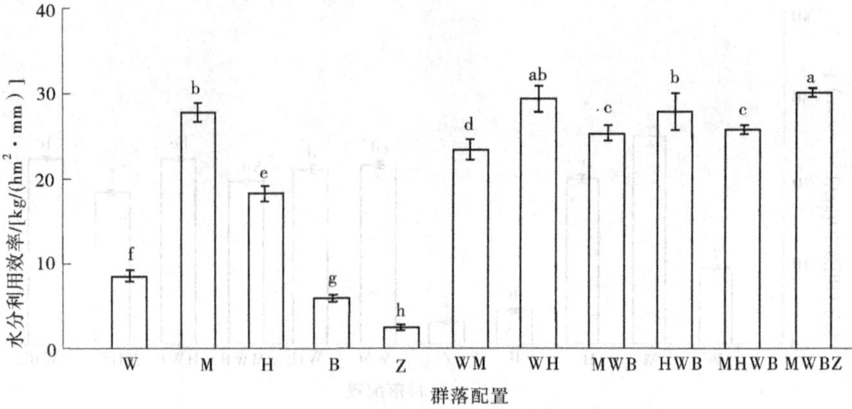

(d)重度水分亏缺

续图 3-82

3. 第三茬

图 3-83 为 2020 年生长季不同群落配置与水分调控下第三茬牧草的水分利用效率。由图 3-83 分析可知，4 种水分调控模式下，不同群落配置之间的水分利用效率变化规律基本一致，均表现为 5 种单播中，苜蓿和红豆草显著高于无芒雀麦、草地早熟禾和长穗偃麦草，且苜蓿显著高于红豆草，不同混播处理在不同水分调控中无明显变化规律。在充分灌水条件下，各处理的水分利用效率为 2.82~20.98 kg/(hm^2·mm)，其中苜蓿、无芒雀麦、长穗偃麦草与草地早熟禾混播显著高于其他处理；在轻度水分亏缺条件下，各处理的水分利用效率为 2.48~25.04 kg/(hm^2·mm)，其中苜蓿、无芒雀麦、长穗偃麦草与草地早熟禾混播显著高于其他处理；在中度水分亏缺条件下，各处理的水分利用效率为 2.34~25.47 kg/(hm^2·mm)，其中苜蓿单播显著高于其他处理；在重度水分亏缺条件下，各处理的水

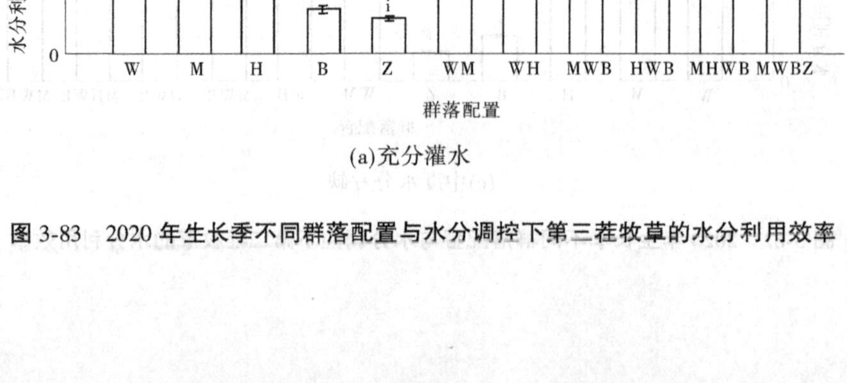

(a)充分灌水

图 3-83 2020 年生长季不同群落配置与水分调控下第三茬牧草的水分利用效率

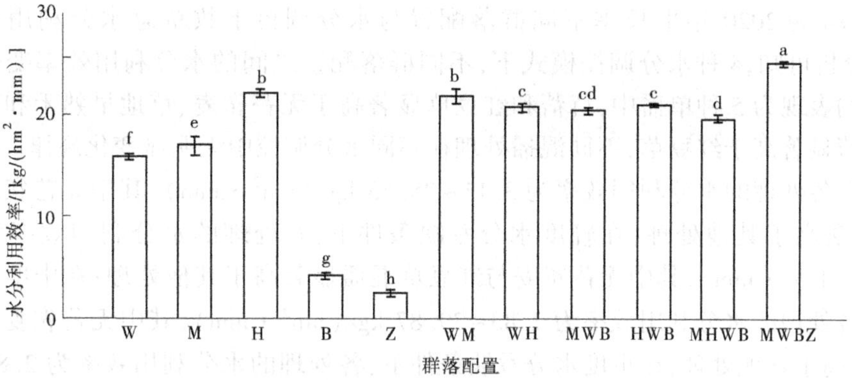

(b)轻度水分亏缺

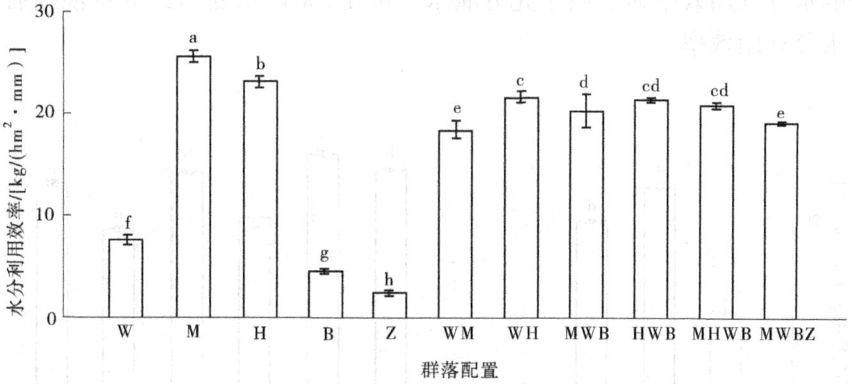

(c)中度水分亏缺

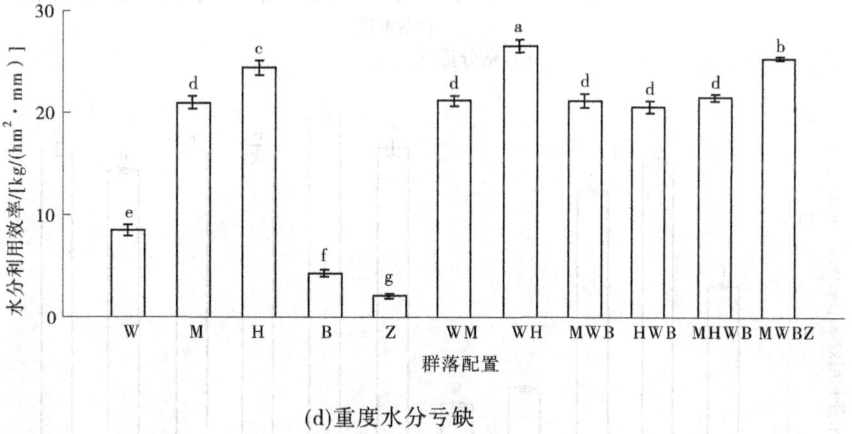

(d)重度水分亏缺

续图 3-83

分利用效率为 2.08~26.66 kg/(hm² · mm),其中无芒雀麦与红豆草混播显著高于其他处理。同一群落配置下,水分亏缺处理的水分利用效率显著高于充分灌水。

4. 年度水分利用效率

图 3-84 为 2020 年生长季不同群落配置与水分调控下牧草总水分利用效率。由图 3-84 分析可知,4 种水分调控模式下,不同群落配置之间的水分利用效率变化规律基本一致,均表现为 5 种单播中,苜蓿和红豆草显著高于无芒雀麦、草地早熟禾和长穗偃麦草,且苜蓿显著高于红豆草,不同混播处理在不同水分调控中无明显变化规律。在充分灌水条件下,各处理的水分利用效率为 3.11~25.53 kg/(hm^2 · mm),其中无芒雀麦与红豆草混播显著高于其他处理;在轻度水分亏缺条件下,各处理的水分利用效率为 3.04~29.36 kg/(hm^2 · mm),其中无芒雀麦与红豆草混播显著高于其他处理;在中度水分亏缺条件下,各处理的水分利用效率为 2.83~29.87 kg/(hm^2 · mm),其中无芒雀麦与红豆草混播显著高于其他处理;在重度水分亏缺条件下,各处理的水分利用效率为 2.88~29.49 kg/(hm^2 · mm),其中无芒雀麦与红豆草混播显著高于其他处理。同一群落配置下,水分亏缺处理的水分利用效率显著高于充分灌水。可见,无芒雀麦与红豆草混播有利于提高草地年度水分利用效率。

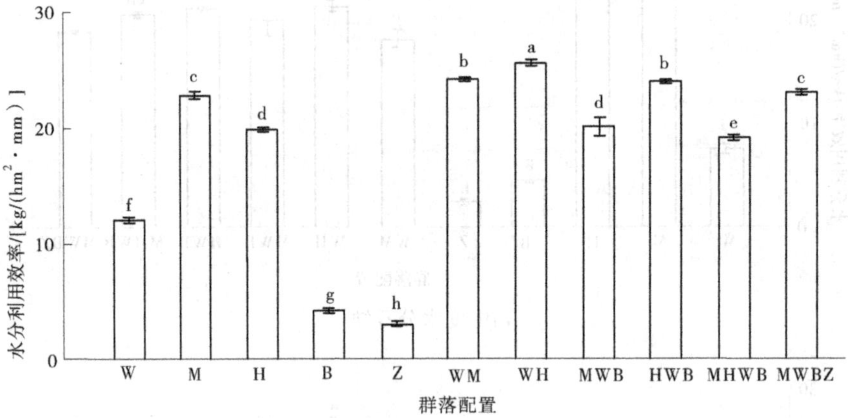

(a)充分灌水

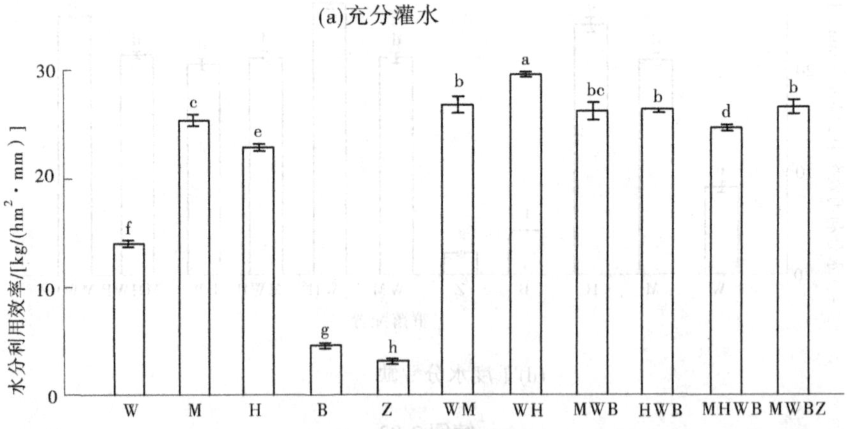

(b)轻度水分亏缺

图 3-84 2020 年生长季不同群落配置与水分调控下牧草总水分利用效率

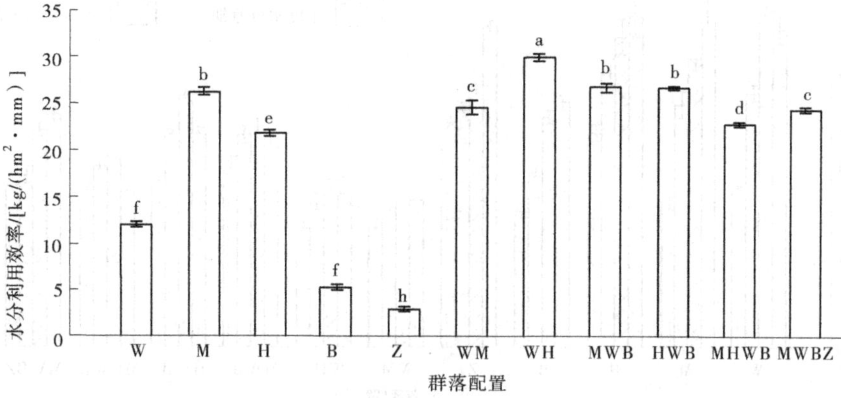

(c)中度水分亏缺

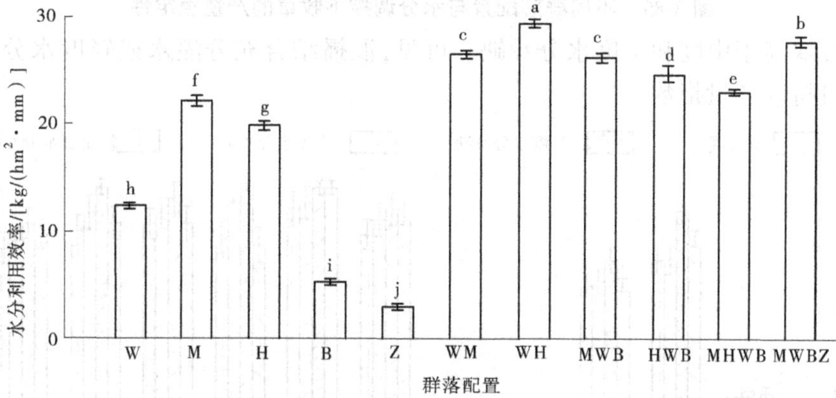

(d)重度水分亏缺

续图 3-84

3.3.9　水分调控对植被群落多样性、稳定性的影响

3.3.9.1　牧草产量稳定性

不同群落配置与水分调控下牧草的产量稳定性如图 3-85 所示，由图 3-85 分析可知，无芒雀麦、苜蓿、红豆草、长穗偃麦草和草地早熟禾 5 种单播模式的产量稳定性分别为 35.2~74.6、32.4~74.2、47.5~73.4、30.1~54.1 和 49.9~71.0，随灌水亏缺程度的提高均呈降低趋势。混播模式下，牧草产量稳定性整体表现为三组分高于两组分和四组分，且随灌水亏缺程度的提高呈先增加后降低的趋势，在轻度水分亏缺条件下达到最高值。可见，单播结合充分灌水与三组分混播结合轻度水分亏缺可获得较高的牧草产量稳定性。

3.3.9.2　可持续产量指数

不同群落配置与水分调控下牧草的可持续产量指数如图 3-86 所示，由图 3-86 分析可知，5 种单播模式中，苜蓿和红豆草的可持续产量指数显著高于无芒雀麦、长穗偃麦草和草地早熟禾，前者分别为 0.77~0.91 和 0.70~0.77，后者分别为 0.37~0.40、0.15~0.17 和 0.09~0.11。6 种混播模式的可持续产量指数整体高于单播，且不同混播模式之间差异较小。同一种植模式下，不同水分调控之间的可持续产量指数整体表现为充分灌水和

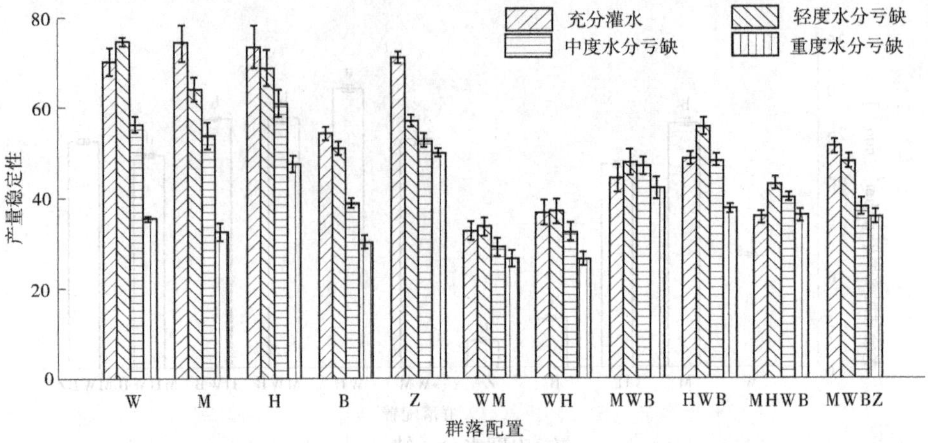

图 3-85　不同群落配置与水分调控下牧草的产量稳定性

轻度水分亏缺高于中度和重度水分亏缺。可见，混播结合充分灌水或轻度水分亏缺可获得较高的可持续产量指数。

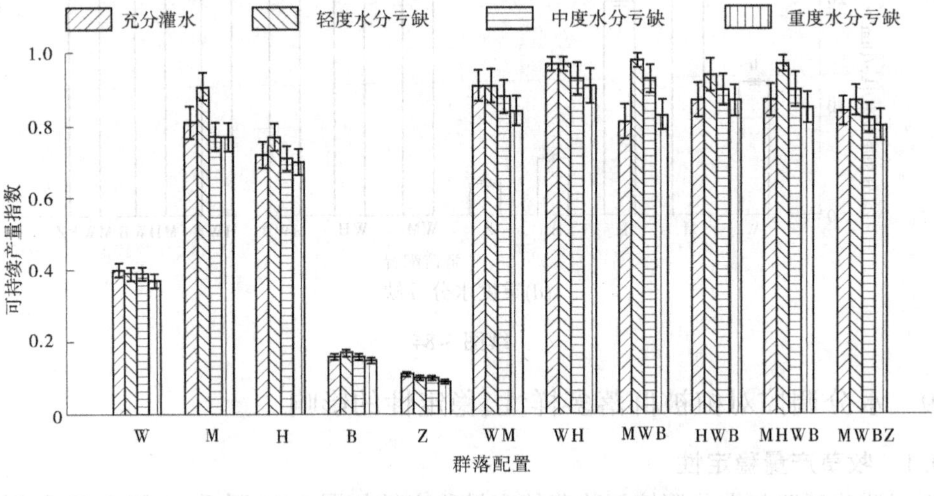

图 3-86　不同群落配置与水分调控下牧草的可持续产量指数

3.3.9.3　群落多样性

图 3-87～图 3-89 分别为不同群落配置与水分调控下牧草的丰富度指数、优势度指数和多样性指数。由图 3-87～图 3-89 分析可知，建植 3 年后，单组分、两组分和三组群落配置的牧草种类维持稳定，而四组分"苜蓿+红豆草+无芒雀麦+长穗偃麦草"中红豆草已被淘汰，"苜蓿+无芒雀麦+长穗偃麦草+草地早熟禾"中草地早熟禾已被淘汰。优势度指数表明，单播各处理整体高于混播各处理，其中苜蓿单播和无芒雀麦单播的优势度指数较高，无芒雀麦单播和长穗偃麦草次之，草地早熟禾最低；混播处理中，"苜蓿+无芒雀麦+长穗偃麦草+草地早熟禾"的优势度指数较低。多样性指数表明，混播各处理整体高于单播各处理，且三组分和四组分高于二组分。同一群落配置模式下，不同水分处理显著影响牧草的优势度指数和多样性指数，但无明显规律。可见，就植被群落的多样性而言，三组分

配置整体较优。

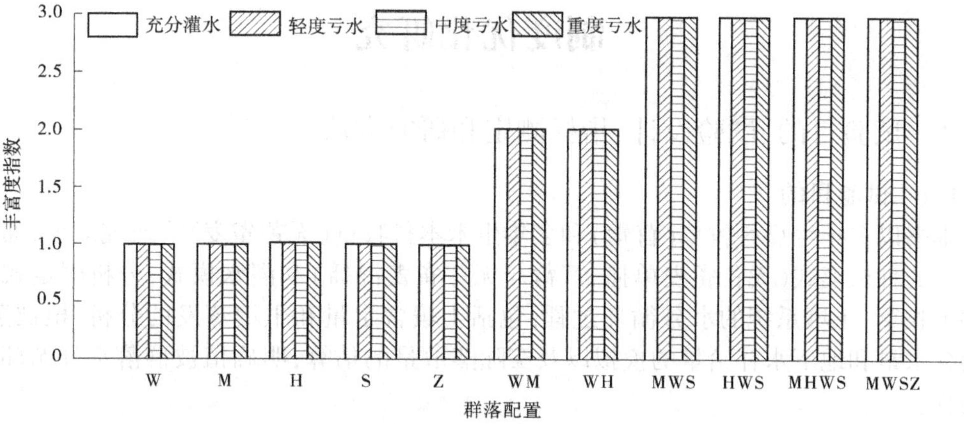

图 3-87　不同群落配置与水分调控下牧草的丰富度指数

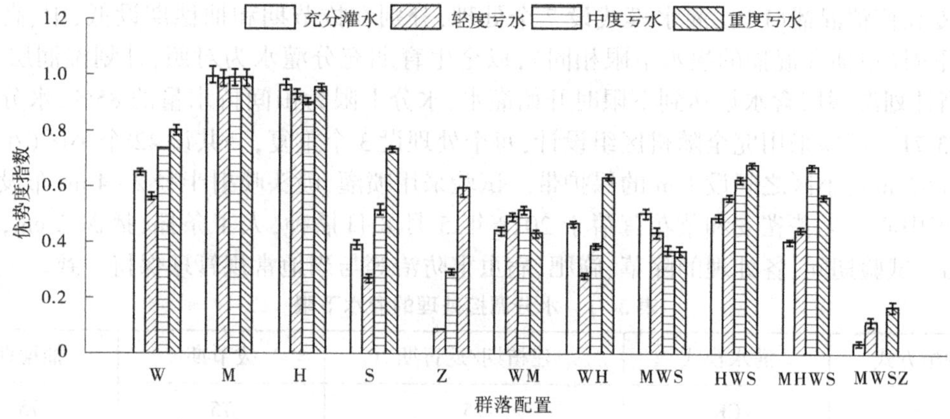

图 3-88　不同群落配置与水分调控下牧草的优势度指数

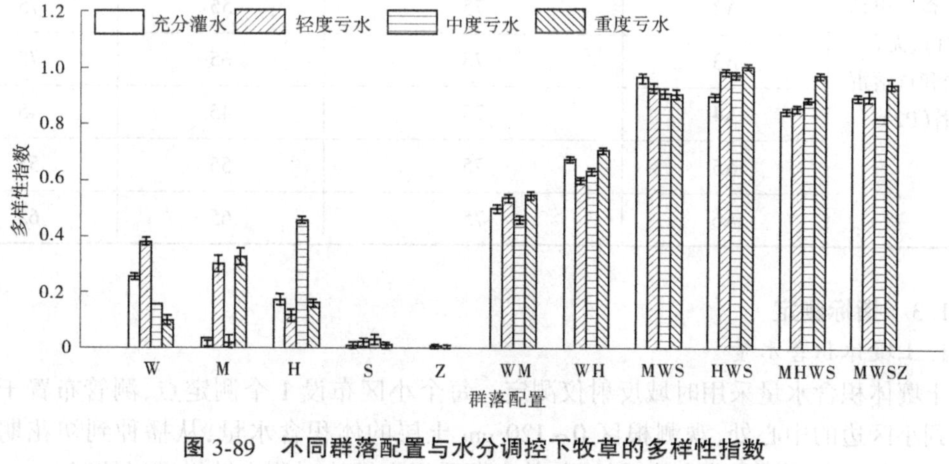

图 3-89　不同群落配置与水分调控下牧草的多样性指数

3.4 固定式喷灌植被群落水分循环过程及灌溉制度优化研究

3.4.1 试验目的、试验设计、指标测定和研究方法

3.4.1.1 试验目的

本书以多年生豆科牧草(苜蓿)和多年生禾本科牧草(无芒雀麦)为研究对象,通过设置不同的种植模式(无芒雀麦单播、苜蓿与无芒雀麦混播)和灌水模式,分析固定式喷灌条件下牧草-土壤系统的水分循环过程,包括土壤含水量和土壤蒸发的分析,植被蒸腾、土壤含水量和地下水补给量的模拟以及实际蒸散量的估算,明确植被群落水分循环与转化过程。

3.4.1.2 试验设计

大田试验设种植方式和灌水调控 2 个因素,其中种植方式设无芒雀麦单播(P1)、无芒雀麦和苜蓿混播(P2);灌水模式设 7 个处理,分别在拔节期和抽穗期设低、中、高 3 种灌水下限(单播和混播的灌水下限相同),以全生育期充分灌水为对照,计划湿润层为 60 cm,当计划湿润层含水量达到下限时开始灌水,水分上限为田间持水量的 85%,水分下限见表 3-71。试验采用完全随机区组设计,每个处理设 3 个重复,一共设 42 个小区(小区面积 5 m×5 m),小区之间设 1 m 的保护带。试验采用喷灌,喷头喷射半径 2~4 m,布设在小区的正中心。无芒雀麦和紫花苜蓿于 2018 年 5 月 8 日播种,人工条播,播深 2 cm,行距 30 cm。试验期间,各处理的除草、施肥、病虫害防治等与当地常规管理保持一致。

表 3-71 水分调控处理的灌水下限 %

种植方式	灌水模式	建植期/返青期	拔节期	抽穗期
无芒雀麦单播(P1)、无芒雀麦和苜蓿混播(P2)	CK	75	75	75
	A1	75	45	75
	A2	75	55	75
	A3	75	65	75
	A4	75	45	45
	A5	75	55	55
	A6	75	65	65

3.4.1.3 指标测定

1. 土壤体积含水量

土壤体积含水量采用时域反射仪测定。每个小区布设 1 个测定点,测管布置于小区中央到小区边的中心处,观测根区 0~120 cm 土层的体积含水量,从播种到初花期每隔 3~5 d 测定一次,降水、灌水前后加测,并定期采用土钻法对测定结果进行校正。

2. 土壤蒸发

采用 Micro-1ysimeter 进行监测，Micro-1ysimeter 是一种无扰动、封底、可移动的安装于土壤中的原状土柱，以监测水分散失的小型观测器皿。用 PVC 管制成，高 15 cm，内径 10 cm，表面积 78.5 cm^2，备有内径稍大、材料相同的外套固定于土壤中，以便将 Micro-1ysimeter 取出和放回时操作迅速方便。人为将 Micro-1ysimeter 从土壤表面按下，将其推入土壤至 0.5 cm 露出地面，然后取出盛有原状土柱的 Micro-1ysimeter，削去底部多余的土壤，用聚乙烯胶带封底，利用电子天平称重计算土壤蒸发量。

3.4.1.4　研究方法

1. 参考作物蒸散发模型

本书采用 FAO1998 年推荐的 Penman-Monteith(P-M)模型计算逐日参考作物蒸散发量(ET_0)，P-M 公式是在考虑了空气动力学参数和作物生理特征的基础上，加入能量平衡和水汽扩散理论，因而具有较充分的理论依据和较高的计算精度，具体公式为

$$ET_0 = \frac{0.408(R_n - G) + \gamma \frac{900}{T + 273} u_2 (e_s - e_a)}{\Delta + \gamma(1 + 0.34u_2)} \tag{3-26}$$

式中：ET_0 为每日参考作物蒸散发量，mm/d；R_n 为冠层表面净辐射，MJ/(m^2 · d)；G 为土壤热通量，MJ/(m^2 · d)；T 为平均温度，℃；,Δ 为 e_s 和 T 的曲线斜率，kPa/℃；u_2 为 2.0 m 高度处的风速，m/s；e_s 为饱和水汽压，kPa；e_a 为实际水汽压，kPa；γ 为湿度常数，kPa/℃。

2. 土壤蒸发模拟模型

土壤蒸发模拟采用 P-M 模型进行，其公式为

$$\lambda E = \frac{\Delta(R_{nf} - G) + \rho C_p (e_s - e_a)/r_a}{\Delta + \gamma(1 + r_s/r_a)} \tag{3-27}$$

式中：ρ 为空气密度，g/L；C_p 为空气定压比热，kg · K；r_s 为土壤表面阻抗；r_a 为空气动力学阻抗。

r_s 估算式如下：

$$r_s = \exp(8.2 - 4.225\theta/\theta_s) \tag{3-28}$$

式中：θ 为土壤体积含水量(%)；θ_s 为土壤饱和含水量(%)。

土壤热通量 G 的估算如下：

$$G = 0.315R_{nf} \tag{3-29}$$

3. 实际蒸散量的计算

根据 P-M 模型估算 ET_0，利用作物系数法计算无芒雀麦/紫花苜蓿单、混播草地全生育期的实际蒸散量：

$$ET = K_s \cdot K_c \cdot ET_0 \tag{3-30}$$

式中：ET 为实际蒸散量，mm；K_s 为土壤水分修正系数；K_c 为作物系数。

(1)土壤水分修正系数 K_s 估算式如下：

$$K_s = c \cdot \frac{(\theta - \theta_p)^d}{\theta_f - \theta_p} \tag{3-31}$$

式中：c 和 d 为由实测资料分析确定的经验系数；θ 为平均土壤体积含水量；θ_p、θ_f 分别为

凋萎系数和田间持水量。

(2)作物系数 K_c 确定:

无芒雀麦的作物系数依据FAO1998出版的《作物蒸散发指南和作物需水量计算》推荐的禾本科谷物作物的作物系数 $K_{c\ ini}=0.3$,$K_{c\ mid}=1.15$,$K_{c\ end}=0.79$。FAO-56中规定,当风速大于(或小于)2 m/s、相对湿度大于(或小于)45%时需利用式(3-26)对作物生长中期作物系数进行修正:

$$K_{c\ mid}=K_{c\ mid}(\text{推荐})+[0.04(u_2-2)-0.004(RH_{min}-45\%)]\cdot\left(\frac{h}{3}\right)^{0.3} \tag{3-32}$$

式中:$K_{c\ mid}$ 由联合国粮农组织灌溉与排水文件第56号(FAO-56)中查得;RH_{min} 为该生育阶段日最小相对湿度,$20\%\leqslant RH_{min}\leqslant 80\%$;$h$ 为作物生长中期的平均株高,m。

修正之后得到的作物系数 $K_{c\ ini}=0.3$,$K_{c\ mid}=1.13$。(初花期之后牧草进行刈割,即牧草没有后期生长,$K_{c\ end}=0$)

紫花苜蓿的推荐作物系数 $K_{c\ ini}=0.4$,$K_{c\ mid}=1.2$,$K_{c\ end}=1.15$,修正之后的作物系数 $K_{c\ ini}=0.4$,$K_{c\ mid}=1.17$。

混播草地作物种植比例为1:1,其作物系数为无芒雀麦和苜蓿作物系数的平均值,即 $K_{c\ ini}=0.35$,$K_{c\ mid}=1.15$(见表3-72)。

表3-72 作物系数

种植方式	作物	作物初期	快速生长期	作物中期
单播	无芒雀麦	0.30	0.87	1.13
混播	紫花苜蓿	0.40	0.94	1.17
	无芒雀麦	0.35	0.91	1.15

4. 土壤含水量模拟原理

土壤含水量根据水量平衡原理进行模拟,采用的水量平衡方程为

$$W_i=W_{i-1}+(P_i-RO_i)+I_i-ET_i-DP_i+GW_i \tag{3-33}$$

式中:W_i、W_{i-1} 为第i天、第 $i-1$ 天土壤含水量,mm;RO_i 为第 i 天的径流量,mm;P_i 为第 i 天的有效降水量,mm;ET_i 为第i天的作物实际蒸散量,mm,I_i 为第 i 天的净灌溉水量,mm;DP_i 和 GW_i 分别为第 i 天的深层渗漏量(mm)和地下水补给量(mm)。

不同情况下地下水补给量的计算公式如下:

$$\begin{cases} GW=GW_{max}(D_w,ET_m) & W<W_s \\ GW=GW_{max}(D_w,ET_m)\left(\dfrac{W_c-W}{W_c-W_s}\right) & W_s<W<W_c \\ GW=0 & W>W_c \end{cases} \tag{3-34}$$

式中:GW 为实际地下水补给量,mm/d;GW_{max} 为地下水最大补给量,mm/d;D_w 为实际地下水埋深,m;ET_m 为最大腾发量,mm/d;W 为土壤实际储水量,mm/m;W_c 为土壤临界储水量,mm/m。

地下水最大补给量采用的计算公式为

$$\begin{cases} GW_{\max} = k \cdot ET_{\mathrm{m}} & D_{\mathrm{w}} < D_{\mathrm{wc}} \\ GW_{\max} = a_4 \cdot D_{\mathrm{w}} - b_4 & D_{\mathrm{w}} > D_{\mathrm{wc}} \end{cases} \tag{3-35}$$

式中：对于粉土和粉壤土，a_4 取值为 4.6，b_4 取值为-0.65；k 值采用如下公式计算：

$$\begin{cases} k = 1 - \mathrm{e}^{-0.6LAI} & ET_{\mathrm{m}} \leqslant 4\ \mathrm{mm/d} \\ k = 38/ET_{\mathrm{m}} & ET_{\mathrm{m}} > 4\ \mathrm{mm/d} \end{cases} \tag{3-36}$$

式中：LAI 为作物的叶面积指数。

地下水埋深临界值的计算公式为

$$\begin{cases} D_{\mathrm{wc}} = a_3 \cdot ET_{\mathrm{m}} + b_3 & ET_{\mathrm{m}} \leqslant 4\ \mathrm{mm/d} \\ D_{\mathrm{wc}} = 1.4 & ET_{\mathrm{m}} > 4\ \mathrm{mm/d} \end{cases} \tag{3-37}$$

式中：对于粉土和粉壤土，a_3 取值为-1.3，b_3 取值为 6.7。

土壤临界储水量采用下式计算：

$$W_{\mathrm{c}} = a_1 \cdot D_{\mathrm{w}}^{b_1} \tag{3-38}$$

式中：a_1 取值为 1.0 m 深的田间持水量，mm；对于粉土和粉壤土，b_1 取值为-0.17。

土壤凋萎储水量的计算公式为

$$\begin{cases} W_{\mathrm{s}} = a_2 \cdot D_{\mathrm{w}}^{b_2} & D_{\mathrm{w}} \leqslant 3\ \mathrm{m} \\ W_{\mathrm{s}} = 240 & D_{\mathrm{w}} > 3\ \mathrm{m} \end{cases} \tag{3-39}$$

式中：对于粉土和粉壤土，b_2 取值为-0.27，a_2 取值为

$$a_2 = 1.1 \times \frac{W_{\mathrm{FC}} + W_{\mathrm{WP}}}{2} \tag{3-40}$$

式中：W_{FC} 为田间持水量，mm；W_{WP} 为调萎含水量，mm。

5. 线性趋势法

线性趋势法又称直线趋势预测法，是将长序列的时间数据表现为接近一条直线或近似直线上升和下降时采用的一种分析统计方法，通过建立 ET_0 与时间之间的一元线性回归，从而得到一条直线来表示该变量与时间的关系。利用趋势分析法对多年数据进行年际间分析，得出不同时间尺度 ET_0 的变化特征。

6. BP 神经网络模型

BP(back propagation)神经网络是一种按照误差反向传播的多层前馈神经网络，是目前应用最多的一种神经网络。BP 神经网络包含输入层、隐含层与输出层。算法的基本过程是由正向传播与反向传播两个部分构成。在学习正向传播时，输入值从输入层输入，到达隐含层进行数据处理，再传到输出层。如果在输出层反馈出来的结果与期望结果不一致，再进行反向传播。反向传导误差值是将输出值的误差通过隐含层向输入层逐层传入，从而使误差值分给各个单元，来获取每一层的误差信号。

(1)模型的建立。对给定时间序列内的数据进行分析和处理，将输入数据进行标准化处理，即将输入、输出数据进行标准化处理。本书选取的标准化处理为

$$X = \frac{X_i - X_{\min}}{X_{\max} - X_{\min}} \tag{3-41}$$

式中:X 为标准化后的序列;X_i 为原始序列;$X_{\min}$ 和 $X_{\max}$ 分别为原始序列的最小值和最大值。

(2)隐含层的选取。隐含层是通过试算法选取合适的节点数,其节点数必须大于输入层的节点数,其值采取经验公式来确定,即

$$L = \sqrt{M + N} + A \tag{3-42}$$

式中:M 为输入层节点数;N 为输出层节点数;A 为 0~10 之间的常数。

(3)预测值的输出。BP 神经网络输出的结果即为预测值,考虑到需要有检验样本和校准样本,且一般检验样本与校准样本的比值不应小于 1:5。

本书运用 BP 神经网络对参考作物蒸散量和土壤含水量进行模拟预测。

3.4.2　水分调控对植被群落土壤含水量的影响

3.4.2.1　气象要素特征分析

从图 3-90 可以看出,2018—2020 年牧草生长季内最低气温、平均气温和最高气温变化趋势相同,4 月最低,7 月达到最高,之后逐渐降低。2018—2020 年间最高气温为 19~30 ℃,最低气温为 1~18 ℃,平均气温为 10~23 ℃。三年内相对湿度差异较大,分别为 28%~47%、29%~50%和 28%~48%。随生育期的推进,风速呈逐渐降低的趋势,三年内变化范围为 2~3.5 m/s,2018 年和 2020 年在 4 月最大,2019 年在 5 月最大。月均 ET_0 在牧草生育期间呈先升高后降低的趋势,三年 ET_0 变幅分别为 73~167 mm、72~157 mm 和 72~185 mm。降水量表现为 2019 年较多,2018 年和 2020 年较少。

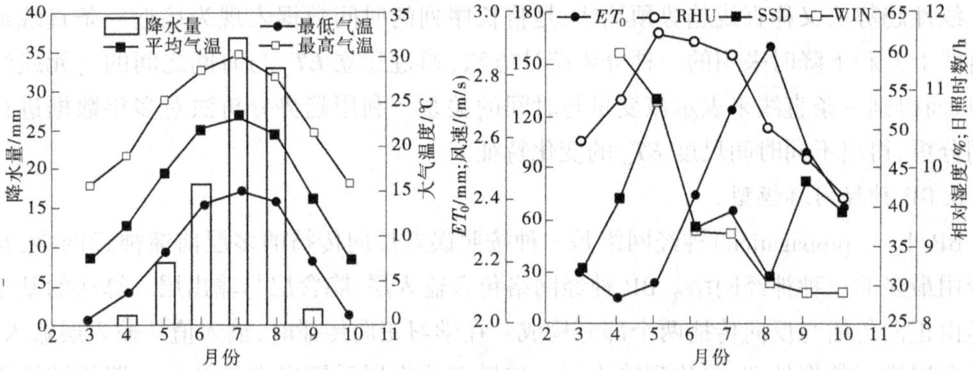

(a)2018年

图 3-90　2018—2020 年牧草生育期的气象数据

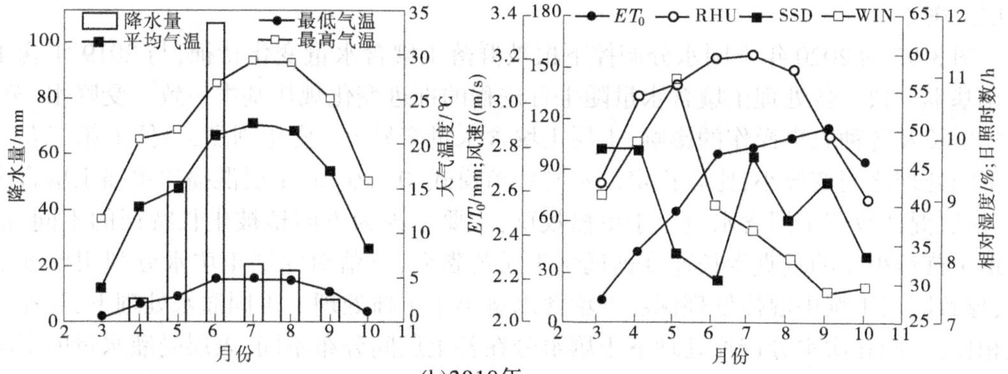

(b)2019年

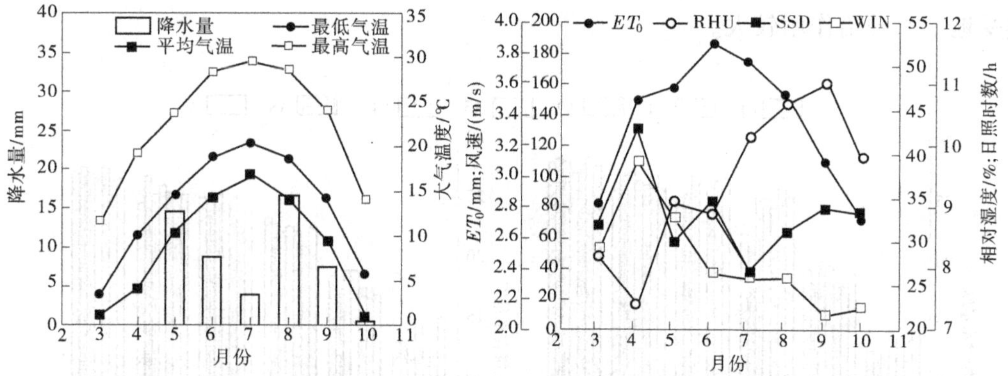

(c)2020年

续图 3-90

3.4.2.2　水分调控对土壤含水量的影响

图 3-91 为 2019 年不同水分调控下植被群落土壤含水量变化特征。土壤含水量与灌溉量呈正相关关系,且随土层深度逐渐增大。0~20 cm 土层地表受光照等气象条件的影响较大,蒸散发量大,而深层土壤含水量则受地下水的补给多。混播草地浅层(0~20 cm)土壤含水量略高于单播草地,深层(80~120 cm)混播牧草土壤含水量小于单播牧草。与充分灌溉相比,不同水分调控处理下土壤中水分在各土层间分布不同,其中灌水量对 0~60 cm 土层土壤含水量影响剧烈,对 60~120 cm 土层影响较小。随着生育期的推进,牧草根系不断生长,混播草地中苜蓿的根系的垂直生长速度远远快于无芒雀麦,苜蓿对深层土壤水分利用率逐渐增大,导致同层土壤中混播处理深层土壤含水量小于单播处理。三茬牧草中,土壤含水量随灌溉量的增大而逐渐增大,各处理在不同灌水下限时的含水量在 0~60 cm 土层中差异显著。第二茬拔节期各处理降水的影响较大,导致各处理之间土壤含水量差异不显著。随着牧草收割茬次,各处理深层土壤含水量较上一茬呈现降低趋势,2019 年各茬次牧草由于根系不断生长,根系更加茂密,无芒雀麦根系主要在 0~60 cm 土层内活动,其根系较浅,主要横向生长,导致草地中浅层土壤含水量变化较大,深层土壤含水量变化不大,这种变化在单播草地中尤为明显。可见,适度的水分胁迫有利于牧草根系

生长，能够更加充分利用土壤水分，减少无效的表面蒸发和深层渗漏，可以更加充分利用深层土壤水分。

图 3-92 为 2020 年不同水分调控下植被群落土壤含水量变化特征，与 2019 年含水量变化基本一致。各处理土壤含水量随生育进程的推进变化规律基本一致。受降水、蒸散、作物生长及各种农事操作的影响，土层土壤含水量变异大，变化剧烈，总体上第三茬含水量不同处理之间变异小，比较稳定。不同种植模式，0~20 cm 土层混播比单播土壤含水量高，深层混播牧草土层含水量小于单播牧草，主要是因为不同植被生长特征的不同，混播草地中苜蓿根系的垂直生长速度远远快于无芒雀麦，苜蓿对深层土壤水分利用率逐渐增大，导致同层土壤中混播处理深层土壤含水量小于单播处理。不同灌水处理下，与充分灌溉相比，不同茬次水分调控处理下土壤水分在各土层间分布不同，表层受灌水量的影响较大，各处理在深层土壤含水量之间无显著性差异，灌水量对深层土壤的影响较小，深层土壤受地下水补给作用较大。

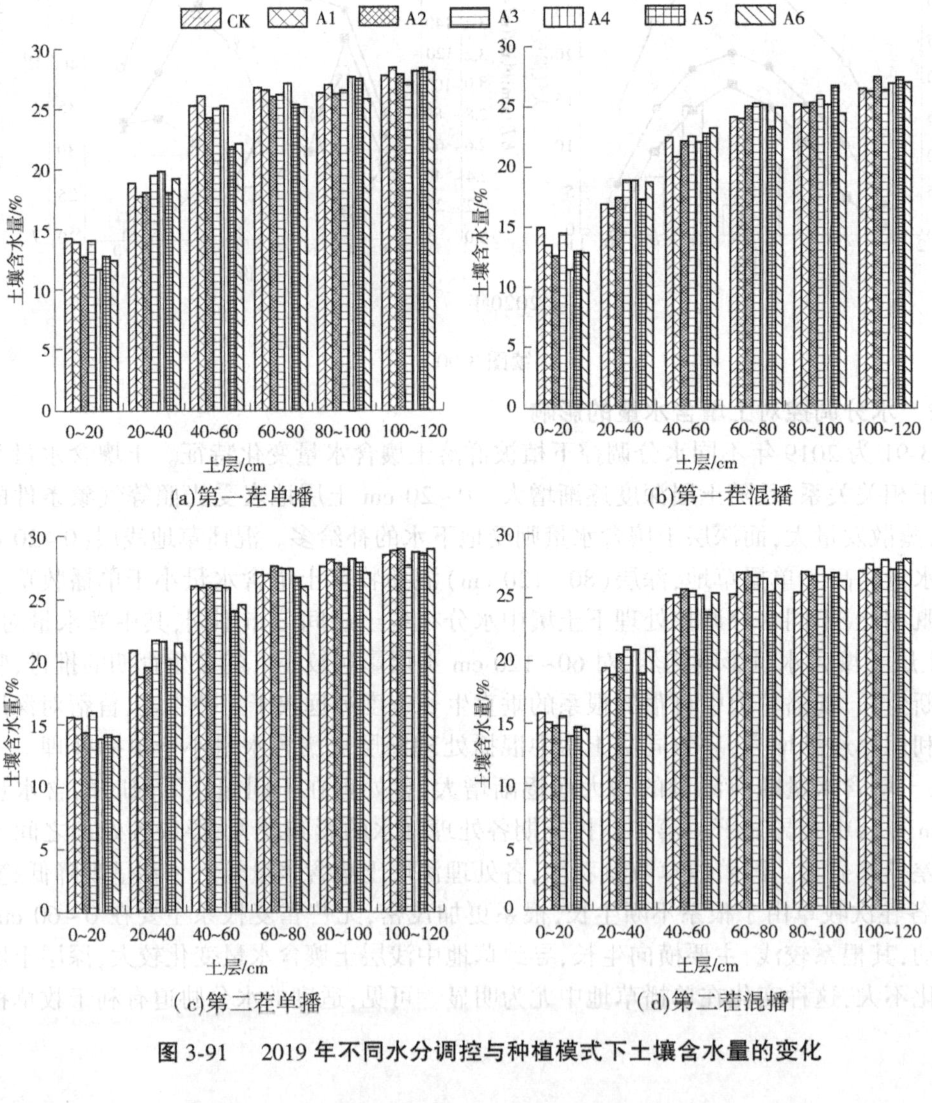

图 3-91　2019 年不同水分调控与种植模式下土壤含水量的变化

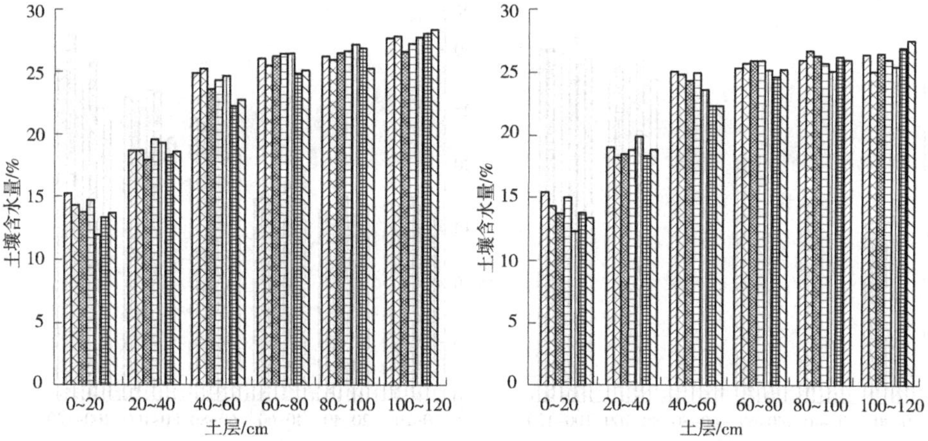

(e)第三茬单播　(f)第三茬混播

续图 3-91

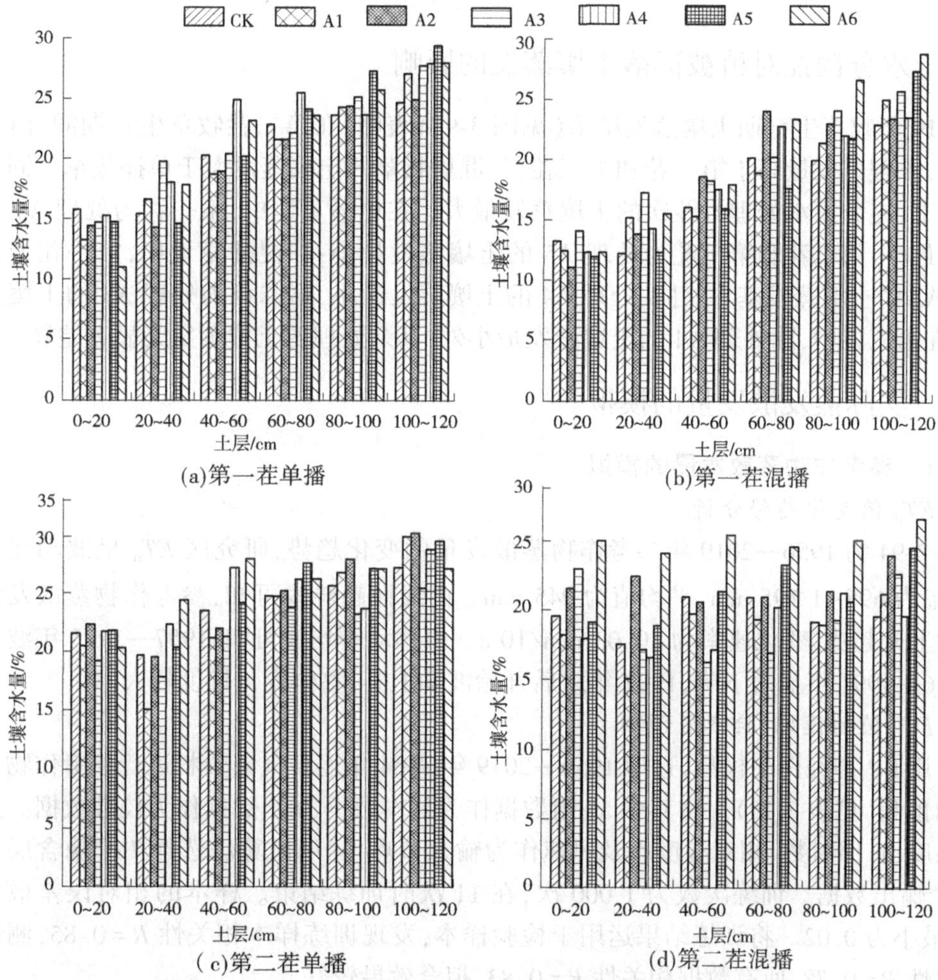

(a)第一茬单播　(b)第一茬混播

(c)第二茬单播　(d)第二茬混播

图 3-92　2020 年不同种植模式下不同茬次土壤含水量变化

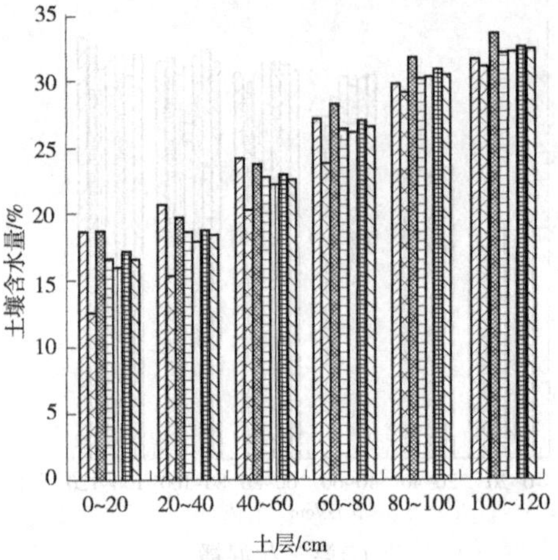

(e)第三茬单播

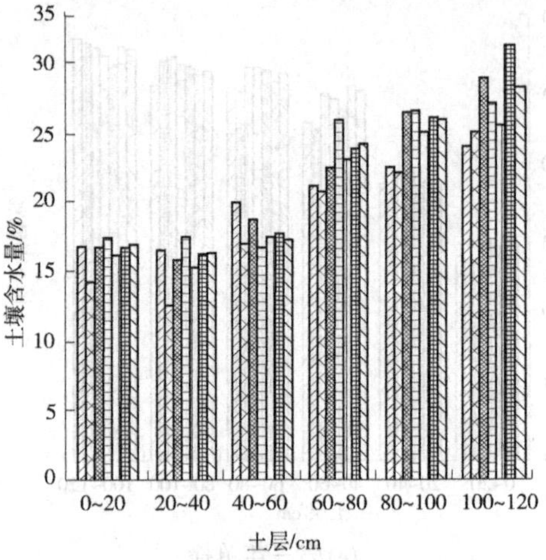

(f)第三茬混播

续图 3-92

3.4.3　水分调控对植被群落土壤蒸发的影响

2019 年牧草生育期土壤蒸发结果(见图 3-93)表明,在第二茬牧草生长期间,由于气温升高,土壤蒸发量高于第一茬和第三茬,且混播牧草的土壤蒸发大于单播牧草。同一种植模式下,充分灌水处理各茬次的土壤蒸发最大。在单播草地中,第一茬为处理 A4 的土壤蒸发最小,第二茬和第三茬为处理 A5 的土壤蒸发最小;在混播草地中,第一茬为处理 CK 和 A3 的土壤蒸发基本相同,处理 A4 的土壤蒸发最小,第二茬为处理 A3 的土壤蒸发最大,在第三茬中,除处理 A4 的土壤蒸发最小外,其余处理的土壤蒸发无显著差异。

3.4.4　实际蒸发散发量的模拟

3.4.4.1　参考作物蒸散发量的模拟

1. ET_0 值变化趋势分析

图 3-94 为 1956—2019 年参考作物蒸散发量的变化趋势,研究区 ET_0 呈波动变化特征,变幅为 695~1 195 mm,平均值为 945 mm。由线性趋势线可知,参考作物蒸散发量呈小幅度上升趋势,变化速率为 10.03 mm/10 a。由移动平均线可知,1957—1975 年波动上升,1976—1991 年显著下降,1992 年之后开始波动上升,整体变化幅度较大。

2. ET_0 值的模拟、验证与预测

运用 BP 神经网络模型,选取 1956—2019 年共 64 年逐日气象资料进行参考作物蒸散发量的预测(见表 3-73)。将其中 56 组数据作为样本数据,9 组数据作为校准数据。选取平均温度、日照时数、相对湿度以及风速作为输入节点,运用试算法选择 7 个隐含层节点数、1 个输出数据。训练次数为 1 000 次,在 11 次时训练结束。样本的相对误差最大为 0.06,最小为 0.02。将训练结果运用于检验样本,发现训练样本相关性 $R=0.85$,测试样本相关性 $R=0.78$,所有数据相关性 $R=0.83$,拟合效果较好。

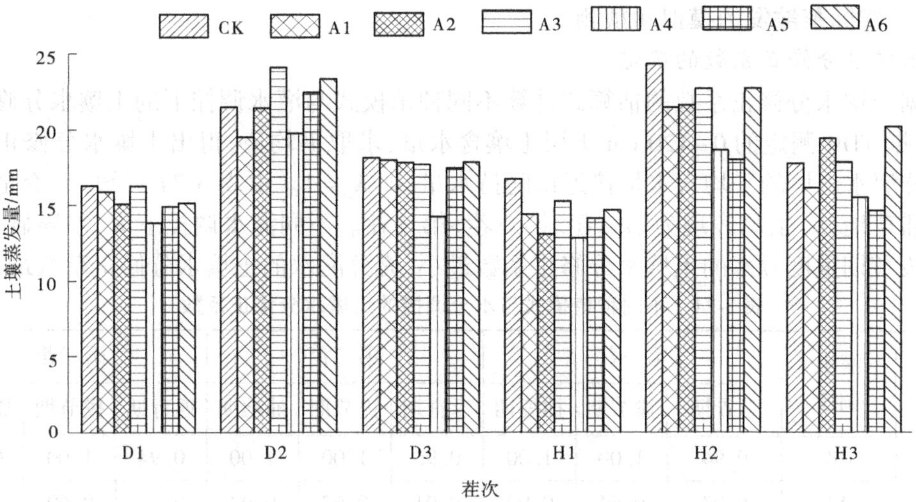

D1、D2、D3、H1、H2、H3 分别代表单播第一、二、三茬和混播第一、二、三茬。

图 3-93　2019 年牧草生育期土壤蒸发结果

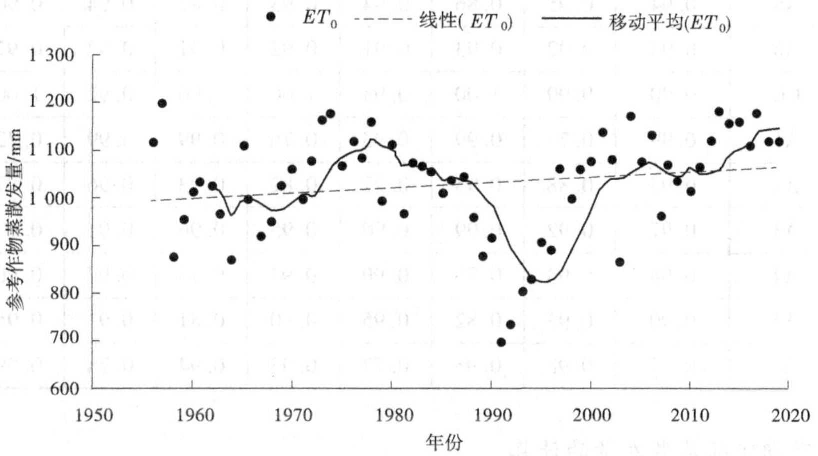

图 3-94　1956—2019 年参考作物蒸散发量的变化趋势

表 3-73　参考作物蒸散发量预测值

单位：mm

指标	1966 年	1967 年	1970 年	1973 年	1987 年	1988 年	2007 年	2009 年	2011 年
真实值	990.71	921.21	1 062.18	1 160.79	1 038.49	956.92	962.43	1 028.91	1 067.26
预测值	1 030.75	949.49	1 033.12	1 141.09	1 091.15	894.18	996.09	1 061.17	1 123.22
绝对误差	-40.04	-28.28	29.06	19.7	-52.66	62.74	-33.66	-32.23	-55.96
相对误差	-0.04	-0.03	-0.04	-0.03	-0.03	0.06	-0.03	-0.05	0.02

注：真实值即为 P-M 公式所计算得到的值，预测值为 BP 神经网络预测所得值。

3.4.4.2 实际蒸散发的模拟和预测

1. 土壤水分修正系数的确定

根据土壤水分修正系数的估算式计算不同种植模式与灌水调控下的土壤水分修正系数值，根据 TDR 测定的 0~120 cm 土层土壤含水量，求取平均值，得出土壤水分修正系数 K_s。充分灌水土壤的平均含水量接近田间持水量，即 $K_s = 1$。由表 3-74 可知，无论是单播还是混播草地，K_s 值均表现为第二茬>第三茬>第一茬。不同灌水调控下 K_s 差异显著，抽穗期和拔节期重度亏水的土壤水分修正系数最小，充分灌水的土壤水分修正系数最大。

表 3-74 不同种植模式与水分调控的土壤水分修正系数

种植模式	灌水调控	第一茬			第二茬			第三茬		
		返青期	拔节期	抽穗期	返青期	拔节期	抽穗期	返青期	拔节期	抽穗期
无芒雀麦单播	CK	0.94	1.00	1.00	0.96	1.00	1.00	0.94	1.00	0.94
	A1	0.93	0.64	0.99	0.91	0.67	0.92	0.91	0.69	0.96
	A2	0.94	0.72	0.92	0.94	0.74	0.95	0.93	0.73	0.82
	A3	0.96	0.91	0.94	0.93	0.91	0.94	0.89	0.90	0.93
	A4	0.92	0.93	0.77	0.95	0.96	0.77	0.90	0.92	0.76
	A5	0.94	0.95	0.86	0.94	0.93	0.82	0.94	0.90	0.86
	A6	0.93	0.92	0.93	0.91	0.92	0.91	0.92	0.97	0.93
无芒雀麦与苜蓿混播	CK	0.90	0.99	1.00	0.93	1.00	1.00	0.92	1.00	1.00
	A1	0.99	0.73	0.99	0.93	0.76	0.99	0.99	0.72	0.91
	A2	0.93	0.88	0.93	0.97	0.82	0.93	0.96	0.87	0.94
	A3	0.97	0.92	0.99	0.90	0.95	0.96	0.91	0.93	0.91
	A4	0.98	0.93	0.76	0.90	0.94	0.75	0.97	0.90	0.79
	A5	0.90	0.93	0.82	0.95	0.90	0.81	0.91	0.95	0.83
	A6	0.75	0.98	0.93	0.77	0.93	0.94	0.78	0.99	0.90

2. 全生育期实际蒸散发量的计算

利用作物系数法对 2019 年无芒雀麦单播和无芒雀麦与苜蓿混播草地的实际蒸散发量(见表 3-75)进行计算得出，充分灌溉处理的草地实际蒸散发量最大，单播和混播分别为 554.51 mm 和 583.16 mm；拔节期和抽穗期重度亏水处理的草地实际蒸散发量最小，单播和混播分别为 443.21 mm 和 472.67 mm，即混播草地的实际蒸散发量高于单播草地。

表 3-75 2019 年不同种植模式与水分调控的实际蒸散发量 单位：mm

种植模式	CK	A1	A2	A3	A4	A5	A6
单播	554.51	463.08	504.98	537.36	443.21	481.53	527.08
混播	583.16	491.74	530.42	563.91	472.67	509.45	550.34

利用作物系数法对 2020 年无芒雀麦单播和无芒雀麦与紫花苜蓿混播草地的实际蒸散发量(见表 3-76)进行计算,充分灌溉处理的草地实际蒸散发量最大,单播和混播分别为 548.74 mm 和 575.63 mm;拔节期和抽穗期重度亏水处理的草地实际蒸散发量最小,单播为 440.14 mm,混播为 466.60 mm。混播草地的实际蒸散发量高于单播草地。

表 3-76　2020 年不同种植模式与水分调控的实际蒸散发量　单位:mm

种植模式	CK	A1	A2	A3	A4	A5	A6
单播	548.74	492.39	515.88	532.88	440.14	491.39	514.79
混播	575.63	510.60	531.85	555.09	466.60	510.72	535.67

综上所述,利用作物系数法对实际蒸散发量进行模拟,得出混播草地的蒸散发量大于单播草地。充分灌溉草地的实际蒸散发量最大,抽穗期和拔节期重度亏水草地的实际蒸散发量最小。不同年份之间实际蒸散发量在很大程度上取决于参考作物蒸散发量的大小。

3.4.5　土壤蒸发的模拟

运用 P-M 改进模型对 2019 年不同种植模式与灌水调控草地的土壤蒸发进行模拟(见图 3-95、表 3-77)得出,在单播草地中,拔节期轻度亏水处理的绝对误差最大(3.14 mm),充分灌水处理的绝对误差最小(−0.23 mm);在混播草地中,拔节期轻度亏水处理的绝对误差同样最大(3.15 mm),拔节期和抽穗期轻度亏水处理的绝对误差最小(0.59 mm)。模型的相对误差<6%,且模拟值可以较好地反映各个处理之间土壤蒸发变化的规律。

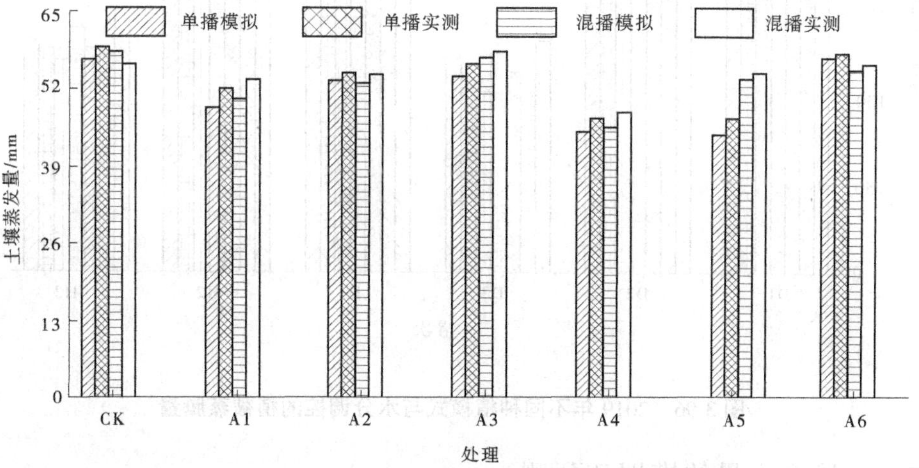

图 3-95　2019 年不同种植模式与水分调控的土壤蒸发模拟

表 3-77 模型误差

种植模式	误差	CK	A1	A2	A3	A4	A5	A6
单播	绝对误差/mm	-0.23	3.14	1.33	1.08	2.31	1.28	1.00
	相对误差/%	4	6	2	2	5	2	2
混播	绝对误差/mm	1.80	3.15	1.04	1.97	2.20	2.86	0.59
	相对误差/%	3	6	2	4	5	6	1

3.4.6 水分调控对植被蒸腾的影响

由图 3-96 可知,单播模式下的植被蒸腾量小于混播。在单播和混播条件下,最高植被蒸腾量在第二茬充分灌水时分别达 194.42 mm 和 214.60 mm,且均表现为第一茬和第二茬明显高于第三茬。同一种植模式下,充分灌水处理的蒸腾大,拔节期轻度水分亏水、拔节期和抽穗期轻度水分亏水、拔节期中度亏水、拔节期和抽穗期中度亏水、拔节期重度亏水、拔节期和抽穗期重度亏水处理的蒸腾量依次降低。

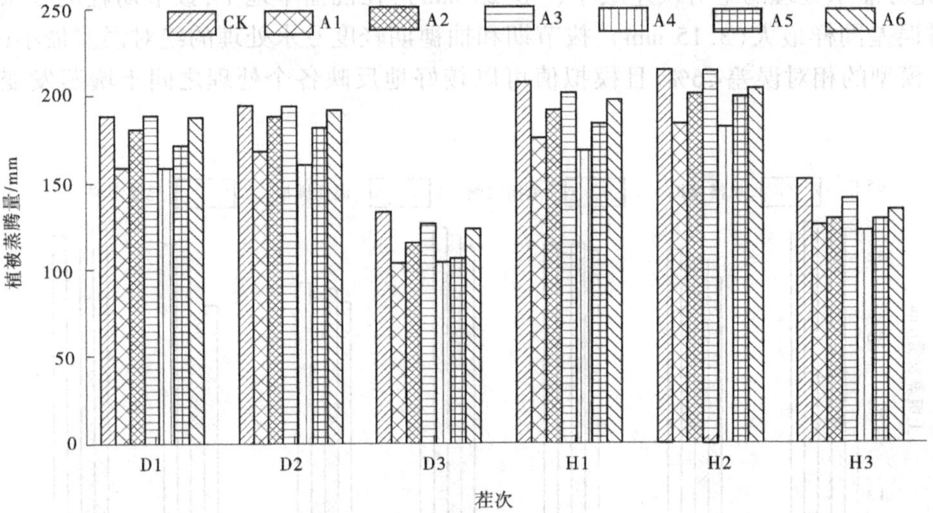

图 3-96 2019 年不同种植模式与水分调控的植被蒸腾量

3.4.7 土壤含水量的模拟和预测

3.4.7.1 水量平衡方程模拟

土壤含水量模拟结果(见表 3-78、表 3-79)表明,在无芒雀麦单播种植模式下,拔节期和抽穗期中度亏水时,实际值大于模拟值,其余处理均为模拟值大于实测值,且处理 CK

和A6的平均误差值最大(-1.47%),拔节期和抽穗期重度亏水处理的平均绝对误差最小(-0.78%)。由相对误差可知,拔节期和抽穗期轻度亏水处理下相对误差最大(-6.15%),抽穗期和拔节期重度亏水处理的相对误差最小(-3.97%)。由均方根误差可知,拔节期和抽穗期重度亏水处理的均方根误差最小(1.20%)。决定系数 R^2>0.89,即表明实测值和模拟值相关性较高。类似地,在无芒雀麦与紫花苜蓿混播种植模式下,决定系数 R^2>0.84。可见,运用水量平衡方程可以较好地模拟土壤含水量。

表3-78　无芒雀麦单播的土壤含水量模拟结果

处理	最大绝对误差/%	最小绝对误差/%	平均绝对误差/%	最大相对误差/%	最小相对误差/%	平均相对误差/%	均方根误差/%	决定系数
CK	-3.43	-0.03	-1.47	-16.68	-0.92	-5.93	1.91	0.89
A1	-3.59	0.15	-1.03	-15.63	0.57	-4.78	1.52	0.92
A2	-3.87	0.01	-1.15	-15.87	0.03	-4.84	1.56	0.96
A3	-3.99	0.01	-1.20	-14.96	0.05	-4.91	1.63	0.97
A4	-2.73	0.04	-0.78	-14.38	0.16	-3.97	1.20	0.91
A5	-2.81	-0.02	1.10	-13.36	-0.09	4.71	1.49	0.94
A6	-4.08	-0.15	-1.47	-16.34	-0.50	-6.51	2.06	0.91

表3-79　无芒雀麦与紫花苜蓿混播的土壤含水量模拟结果

处理	最大绝对误差/%	最小绝对误差/%	平均绝对误差/%	最大相对误差/%	最小相对误差/%	平均相对误差/%	均方根误差/%	决定系数
CK	-3.41	-0.50	-1.79	-13.37	-1.72	-7.18	1.96	0.95
A1	-3.51	0.14	-1.36	-14.68	0.67	-6.45	1.89	0.96
A2	-3.85	0.71	-1.15	-17.18	2.84	-5.17	2.17	0.84
A3	-3.14	-0.04	-1.08	-13.38	-0.16	-4.67	1.56	0.90
A4	-2.79	-0.27	-1.07	-14.56	-1.27	-5.71	1.47	0.99
A5	-2.80	-0.20	-1.38	-13.58	-1.00	-6.95	1.81	0.97
A6	-2.65	0.08	-1.19	-13.06	0.29	-5.09	1.44	0.93

3.4.7.2　BP神经网络模拟

1. 无芒雀麦草地土壤含水量模拟

2018—2020年共测得68组土壤含水量数据,为了满足BP网络检验数据与训练数据之比不小于1:5,选取前53组数据作为训练模型数据,后15组数据为检验数据,经过1 000次反复训练。最终的预测模型网络结构暂定为(i,j,1),其中i为输入节点数,对于不同的土层预测节点数不同。

表3-80为无芒雀麦单播的土壤含水量预测结果,预测精度随土壤深度逐渐升高,其中拔节期和抽穗期轻度亏水、重度亏水处理的预测效果优于其他处理。图3-97为充分灌溉条件下土壤含水量的期望值与预测值拟合过程,可以看出,60~80 cm、80~100 cm和

100～120 cm 土层的土壤含水量预测效果优于 0～20 cm、20～40 cm 和 40～60 cm 土层。这主要是由于气象因子对深层土壤的影响逐渐减弱。

表 3-80　无芒雀麦草地土壤含水量模拟

处理	土层/cm	最大绝对误差/%	最小绝对误差/%	平均绝对误差/%	最大相对误差/%	最小相对误差/%	平均相对误差/%	相关系数
CK	0～20	−4.19	−0.99	2.51	−21.73	6.18	14.47	0.882
	20～40	−4.45	0.34	2.16	−21.88	1.97	12.49	0.891
	40～60	5.61	0.25	2.14	21.73	1.05	4.92	0.904
	60～80	−3.43	0.29	2.07	−14.16	0.83	7.48	0.906
	80～100	4.73	−0.46	1.70	19.02	−1.66	6.02	0.839
	100～120	−2.87	−0.09	1.20	−12.47	−0.28	4.23	0.952
A1	0～20	−3.81	−0.32	1.77	−44.75	−3.15	−10.69	0.884
	20～40	3.18	0.10	1.59	−14.96	0.32	7.29	0.810
	40～60	−3.29	0.35	1.26	−14.28	0.48	4.60	0.796
	60～80	−1.74	0.10	0.75	−8.02	0.91	2.81	0.908
	80～100	−1.67	−0.01	0.51	−5.57	−0.02	1.75	0.905
	100～120	−0.83	−0.04	0.50	5.25	0.47	1.64	0.891
A2	0～20	−3.40	−0.05	1.26	−32.62	−0.23	8.81	0.880
	20～40	4.05	−0.04	2.02	33.75	−0.22	11.44	0.711
	40～60	−1.98	−0.01	0.82	−6.76	−0.03	3.08	0.927
	60～80	−2.55	0.10	0.78	−9.68	0.21	2.91	0.895
	80～100	−2.18	0.06	0.73	−8.24	−0.23	2.68	0.782
	100～120	3.54	0.14	1.67	12.13	0.48	5.80	0.952
A3	0～20	6.02	−0.22	2.12	−26.49	−1.27	11.74	0.762
	20～40	4.31	−0.24	1.81	−20.98	−1.10	7.71	0.768
	40～60	−2.81	−0.09	1.16	−11.93	−0.33	3.98	0.852
	60～80	−0.89	−0.01	0.41	−2.68	−0.02	1.25	0.956
	80～100	−1.16	−0.19	0.72	4.32	−0.54	2.16	0.937
	100～120	−1.01	0.01	0.56	−3.41	0.03	1.65	0.918
A4	0～20	2.59	0.30	1.18	−34.12	1.57	10.29	0.912
	20～40	−2.38	−0.08	1.15	−13.18	−0.47	5.81	0.833
	40～60	2.20	−0.07	0.94	−8.02	0.52	3.76	0.907
	60～80	−2.25	0.01	0.91	−9.68	0.03	3.78	0.851
	80～100	−1.53	0.02	0.53	−7.59	0.05	2.23	0.954
	100～120	0.96	−0.09	0.49	−3.06	0.66	1.71	0.970

续表 3-80

处理	土层/cm	最大绝对误差/%	最小绝对误差/%	平均绝对误差/%	最大相对误差/%	最小相对误差/%	平均相对误差/%	相关系数
A5	0~20	-7.44	-0.24	2.11	25.80	-1.27	10.74	0.758
	20~40	-3.00	0.09	1.95	-17.56	0.41	9.01	0.744
	40~60	2.25	-0.08	0.89	-7.28	-0.30	3.14	0.925
	60~80	-2.07	-0.02	0.85	-6.82	-0.06	2.86	0.928
	80~100	-1.95	0.10	0.78	-7.23	0.31	2.44	0.899
	100~120	0.91	0.01	0.42	2.39	0.02	1.22	0.905
A6	0~20	3.32	-0.04	1.12	-34.07	-0.28	10.46	0.863
	20~40	6.24	0.09	2.08	23.21	0.26	8.00	0.688
	40~60	2.98	-0.09	0.73	9.22	0.30	2.44	0.874
	60~80	-2.21	0.15	0.95	-9.87	0.68	3.51	0.842
	80~100	-3.10	-0.01	0.78	-12.67	-0.04	2.95	0.865
	100~120	1.56	-0.06	0.63	-5.22	-0.26	2.16	0.905

2. 无芒雀麦与紫花苜蓿草地土壤含水量模拟

混播与单播的预测条件、输入和输出节点数基本一致，预测精度结果（见表 3-81）表明，预测数据的相关性基本大于 0.88，相关性较好。随着土层深度的递增，各处理的绝对误差和相对误差均较小。气象因子对土壤含水量的影响随土层加深逐渐减弱，在 100~120 cm 土层范围内影响最小。各土层土壤含水量期望值与预测值的拟合曲线（见图 3-98）表明，充分灌溉条件下，60~80 cm 和 80~100 cm 土层的含水量预测效果较好。

表 3-81　无芒雀麦与紫花苜蓿草地土壤含水量模拟

处理	土层/cm	最大绝对误差/%	最小绝对误差/%	平均绝对误差/%	最大相对误差/%	最小相对误差/%	平均相对误差/%	相关系数
CK	0~20	4.23	-0.21	2.21	21.42	-1.34	12.06	0.883
	20~40	-3.60	0.48	2.05	-31.46	3.88	15.30	0.993
	40~60	-6.35	-0.01	2.44	-27.91	-0.04	13.41	0.864
	60~80	-5.03	-0.08	1.28	-31.66	0.37	7.24	0.907
	80~100	-4.00	-0.32	2.13	-14.65	-1.34	9.06	0.917
	100~120	-5.80	-0.09	2.48	-27.92	-0.36	10.18	0.954

续表 3-81

处理	土层/cm	最大绝对误差/%	最小绝对误差/%	平均绝对误差/%	最大相对误差/%	最小相对误差/%	平均相对误差/%	相关系数
A1	0~20	-3.27	-0.31	1.34	-20.365	-1.51	8.34	0.866
	20~40	3.09	-0.18	1.54	-12.52	-1.05	7.91	0.888
	40~60	2.84	-0.29	1.35	-10.62	-1.22	5.34	0.883
	60~80	-2.70	-0.05	0.96	-11.80	-0.18	3.75	0.916
	80~100	0.96	-0.03	0.84	-8.91	-0.12	3.25	0.881
	100~120	-1.28	0.04	0.54	-5.72	0.18	2.13	0.947
A2	0~20	-4.99	0.04	1.42	-39.25	0.25	9.34	0.854
	20~40	4.29	0.08	1.53	-16.31	0.31	7.96	0.864
	40~60	-3.05	-0.03	1.11	-17.89	-0.12	4.49	0.921
	60~80	-3.98	0.31	1.26	-19.77	1.00	5.02	0.889
	80~100	2.06	-0.07	0.95	-9.70	-0.23	4.08	0.907
	100~120	-4.47	-0.36	1.61	19.79	1.74	6.90	0.807
A3	0~20	-4.23	-0.18	1.69	-23.41	-1.77	10.48	0.843
	20~40	-4.15	0.09	1.51	-17.03	0.32	6.17	0.807
	40~60	-1.71	0.03	0.88	-6.91	0.10	3.57	0.909
	60~80	-2.05	0.27	0.69	9.65	-0.54	3.04	0.839
	80~100	1.61	-0.01	0.68	5.41	-0.02	2.66	0.854
	100~120	-1.03	0.04	0.40	-4.10	0.45	1.49	0.905
A4	0~20	3.70	-0.09	1.64	-38.04	-0.50	1.64	0.779
	20~40	4.15	-0.14	1.11	16.10	-0.58	1.11	0.874
	40~60	2.59	-0.16	1.03	-7.85	-0.61	1.03	0.884
	60~80	-1.81	-0.22	0.67	-6.97	0.79	0.67	0.885
	80~100	-1.41	-0.01	0.63	-6.66	-0.06	0.63	0.873
	100~120	0.67	-0.02	0.24	2.50	-0.07	0.24	0.960
A5	0~20	6.11	0.01	1.64	-30.20	0.05	9.67	0.761
	20~40	5.94	-0.18	1.51	25.71	1.35	8.52	0.688
	40~60	-6.44	0.20	1.72	19.58	0.85	9.35	0.873
	60~80	5.13	-0.19	2.22	-18.69	-0.80	9.63	0.755
	80~100	3.00	-0.47	1.01	12.19	-1.99	4.39	0.923
	100~120	2.07	-0.24	0.91	7.20	-0.76	3.36	0.937

续表 3-81

处理	土层/cm	最大绝对误差/%	最小绝对误差/%	平均绝对误差/%	最大相对误差/%	最小相对误差/%	平均相对误差/%	相关系数
A6	0~20	5.99	0.05	1.79	-31.72	0.25	13.92	0.826
	20~40	4.98	0.17	1.19	22.31	0.57	5.37	0.855
	40~60	-2.75	0.03	0.94	-12.72	0.15	3.54	0.904
	60~80	-1.92	0.36	1.09	-7.78	1.25	4.16	0.774
	80~100	1.78	0.01	0.81	-6.76	0.03	3.26	0.836
	100~120	-1.09	-0.02	0.47	-4.37	-0.06	1.94	0.948

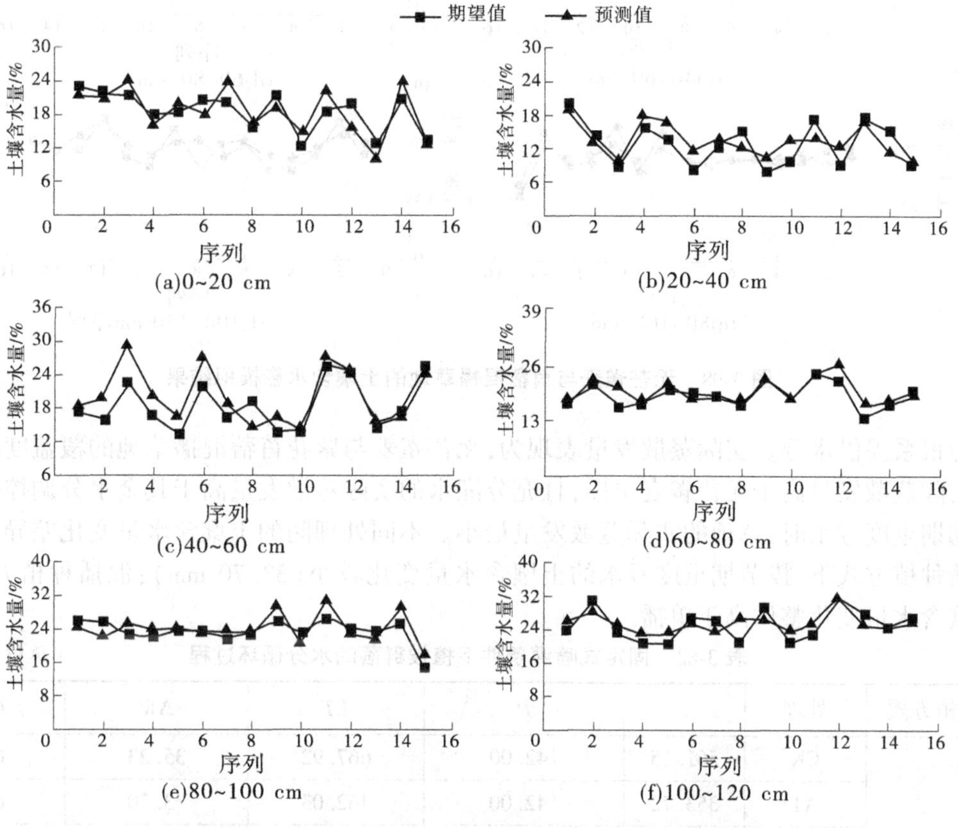

图 3-97　无芒雀麦单播草地的土壤含水量模拟结果

3.4.8　固定式喷灌植被群落水分循环过程

表 3-82 为固定式喷灌条件下植被群落的水分循环过程。无芒雀麦为浅根系，地下水无法补给根系，而在混播草地中，苜蓿根系长达 2~3 m，当土壤水分出现亏缺时，地下水可

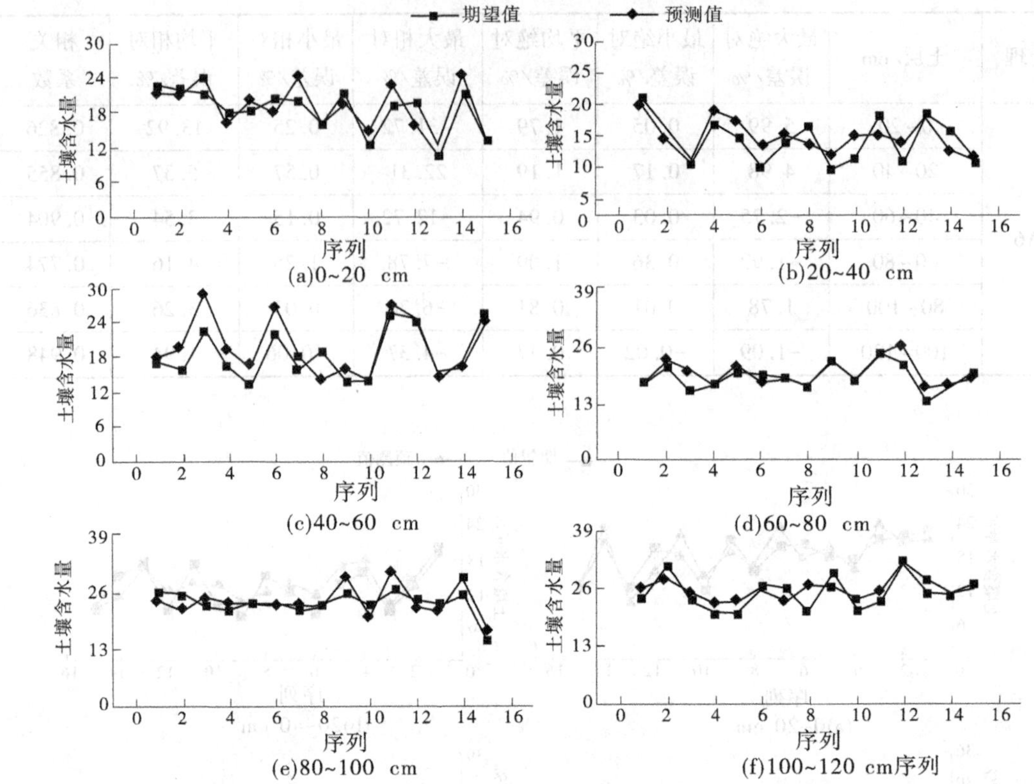

图 3-98　无芒雀麦与苜蓿混播草地的土壤含水量模拟结果

以为根系提供水分。实际蒸散发量表现为，无芒雀麦与紫花苜蓿混播草地的覆盖度较高，其实际蒸散发量高于无芒雀麦单播，且充分灌水的实际蒸散发量高于其余水分调控处理，抽穗期重度亏水时，草地的实际蒸散发量最小。不同处理间的土壤含水量变化差异显著。单播种植方式下，拔节期重度亏水的土壤含水量变化较小(33.70 mm)；混播种植方式下土壤含水量变化整体高于单播。

表 3-82　固定式喷灌条件下植被群落的水分循环过程　　单位：mm

种植方式	处理	I	P	ET	ΔW	G
无芒雀麦单播	CK	561.15	142.00	667.92	35.23	0
	A1	353.72	142.00	462.03	33.70	0
	A2	472.17	142.00	573.19	40.98	0
	A3	529.59	142.00	632.91	38.68	0
	A4	327.01	142.00	431.15	37.86	0
	A5	425.79	142.00	523.86	43.93	0
	A6	521.47	142.00	652.75	40.72	0

续表 3-82

种植方式	处理	*I*	*P*	*ET*	ΔW	*G*
无芒雀麦与苜蓿混播	CK	662.21	142.00	796.23	35.64	59.66
	A1	412.90	142.00	561.17	23.23	29.50
	A2	506.77	142.00	627.10	63.98	42.31
	A3	544.98	142.00	726.74	29.04	68.79
	A4	362.70	142.00	480.97	37.97	14.23
	A5	437.20	142.00	596.72	34.69	52.21
	A6	525.36	142.00	716.85	21.61	71.09

3.4.9　水分-饲草生产生态效益模型

3.4.9.1　牧草水分-产量模型

1. 水分-产量回归模型

1) 指标选取与模型构建

运用回归分析法，寻求单一指标最大时的灌水量。利用 IBM SPSS statistics 软件对 2018 年和 2019 年第一茬、第三茬无芒雀麦的灌水量与产量(见表 3-83)指标进行回归分析。

表 3-83　不同水分调控下无芒雀麦的灌水量与产量

处理	2018 年		2019 年第一茬		2019 年第三茬	
	灌水量/mm	产量/(kg/hm²)	灌水量/mm	产量/(kg/hm²)	灌水量/mm	产量/(kg/hm²)
CK	277.91	4 066.45	222.40	3 844.02	180.63	2 059.60
A1	171.91	3 476.62	141.22	3 070.90	80.94	1 390.92
A2	207.72	3 639.56	171.35	3 314.33	110.11	1 616.40
A3	256.32	3 787.81	195.68	3 617.05	151.12	1 917.57
A4	97.72	3 151.07	90.95	2 559.97	59.62	1 288.25
A5	153.95	3 388.18	122.36	3 041.28	100.93	1 494.40
A6	207.03	3 838.88	163.59	3 487.80	130.70	1 800.17

绘制散点图(见图 3-99)，根据数据的大致趋势，选择线性、对数、二次和三次函数对其进行拟合(见表 3-84)。

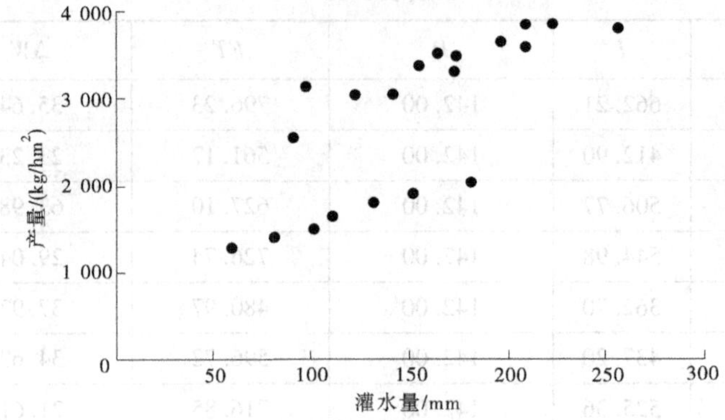

图 3-99 灌水量与产量间的散点图

表 3-84 模型摘要和参数估算值

方程	模型摘要					参数估算值			
	R^2	F	自由度 1	自由度 2	显著性	常量	b_1	b_2	b_3
线性	0.605	29.110	1	19	0	871.480	12.613		
对数	0.617	30.635	1	19	0	-6 412.839	1 858.187		
二次	0.621	14.737	2	18	0	112.260	23.016	-0.031	
三次	0.621	9.296	3	17	0.001	439.690	15.910	0.015	-9.025×10^{-5}

注：自变量为灌水量，因变量为产量。

由图 3-100 分析可知，拟合度较好的模型为二次方程和三次方程，且二者的 sig 值均小于显著性水平 0.05，其中二次方程的 sig 值更小，模拟效果更好。

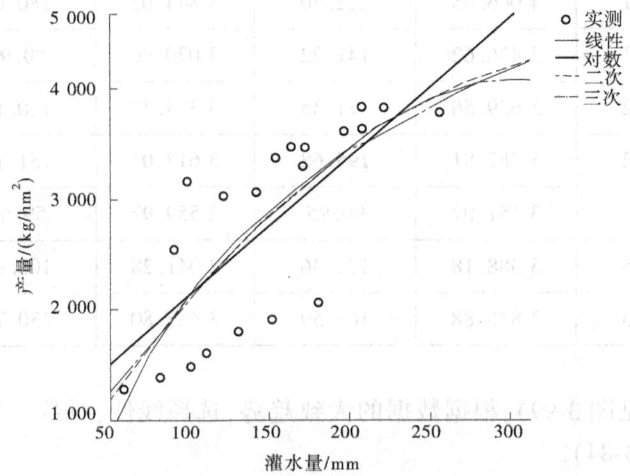

图 3-100 灌水量与产量的模拟

为了定量研究无芒雀麦产量与灌水量之间的关系，对灌水量与产量进行了回归分析，得出如下一元二次方程：

$$Y = -0.03x^2 + 23.02x + 112.26 \tag{3-43}$$

式中：x 为灌水量，mm；Y 为无芒雀麦的产量，kg/hm^2。

由图3-100可知，无芒雀麦的产量随灌水量的增加，呈先增大后减小的趋势。

2)模型率定

为了检验模型参数的可靠性，需要对模型参数进行验证。将大田试验实测的牧草产量与回归方程模拟的牧草产量进行对比，采用2019年第一茬无芒雀麦的实测资料进行参数率定，产量的实测值与模拟值见表3-85。

表3-85 2019年第一茬无芒雀麦产量实测值与模拟值

处理	灌水量/mm	产量/(kg/hm^2)	
		实测值	模拟值
CK	222.40	3 844.02	3 678.40
A1	141.22	3 070.90	2 736.57
A2	171.35	3 314.33	3 134.41
A3	195.68	3 617.05	3 414.08
A4	90.95	2 559.97	1 945.92
A5	122.36	3 041.28	2 458.53
A6	163.59	3 487.80	3 037.40

不同水分调控下，2019年第一茬无芒雀麦的产量均达到比较理想的结果，表明数据较为可靠，可以用于评价灌水量与牧草产量之间的关系。

3)模型评价与预测

将2019第二茬无芒雀麦灌水量与产量数据代入回归方程(3-40)进行检验，得到的预测值及其相对误差见表3-86。模型最大相对误差为29.94%，平均相对误差为4.16%，模拟精度较高。可见，该模型可较好地进行无芒雀麦产量的预测。

表3-86 2019年第二茬无芒雀麦干物质产量实测值与预测值

处理	灌水量/mm	产量/(kg/hm^2)		相对误差/%
		实测值	预测值	
CK	139.56	2 087.82	2 713.00	29.94
A1	55.34	1 461.80	1 289.84	-11.76
A2	79.94	1 719.07	1 751.57	1.89
A3	115.46	1 980.98	2 351.23	18.69
A4	40.23	1 309.52	987.39	-24.60
A5	69.25	1 563.70	1 555.59	-0.52
A6	101.45	1 839.45	2 124.17	15.48

2. 作物-水模型

作物-水模型是合理调控水分的重要依据，也是研究非充分灌溉的理论基础。针对不同的需要，国内外学者从不同角度入手，建立了各种形式的模型。概括起来有两大类：静态模型和动态模型。动态模型需要的数据多，其中有些数据难以测定，因而在应用上受到一定的限制；静态模型结构简单，计算方便，所需实测数据少，是目前应用较多的模型。静态模型是描述作物最终产量（干物质或籽粒产量）与水分的宏观关系，而不考虑作物生长发育过程中干物质是如何积累的微观机制。这类模型主要有两类：一是描述作物产量与全生育期总蒸发蒸腾量的关系；二是同时考虑供水时间和供水量两方面对产量影响的阶段作物水模型，即作物产量与各生育阶段蒸发蒸腾量的关系。本书从研究无芒雀麦产量与全生育期蒸发蒸腾量的关系出发，推求无芒雀麦全生育期的敏感系数，确定适宜当地的作物-水模型。

1）全生育期水分生产函数模型

（1）线性模型：

$$Y = a + b \cdot ET \tag{3-44}$$

（2）二次抛物线形模型：

$$Y = a + b \cdot ET + c \cdot ET^2 \tag{3-45}$$

（3）Stewart 模型：

$$1 - \frac{Y_a}{Y_m} = \beta\left(1 - \frac{ET_a}{ET_m}\right) \tag{3-46}$$

式中：β 为作物产量对水分亏缺反映的敏感系数（减产系数）；ET_a 和 ET_m 分别为作物全生育期实际蒸发蒸腾量和最大蒸发蒸腾量；a、b、c 为经验系数，与不同地区的气候与土壤因素有关；Y_a 和 Y_m 分别为作物全生育期内的实际产量和最大产量。

全生育期作物水模型一般只用于研究水分投入总量对产量的影响，或各种作物间的优化配水，它是确定经济用水定额、优化配水的基础，可由边际分析原理或投入产出模型确定，以宏观指导灌溉水的优化分配。该函数以作物全生育期总耗水量为自变量，反映其全生育期总耗水量与产量之间的函数关系。这种模型是经验半经验型，可以通过对非充分灌溉试验数据的回归分析来确定，适用于全生育期总水量亏缺的宏观规划预测和由水分亏缺造成的作物实际减产，用于预测不同水分亏缺引起的减产量。

2）生育阶段的水分生产函数模型

不同生育阶段缺水受旱对产量的影响不同。Hiler 和 Clark（1971）、Stewart（1972）等通过试验发现，水分亏缺时期比水分亏缺度对作物产量的影响更大，在生育阶段水分生产函数模型中，又有乘法模型和加法模型。典型的乘法模型有 Jensen（1968）模型等。

Jensen（1968）模型：

$$\frac{Y_a}{Y_m} = \prod_{i=1}^{n}\left(\frac{ET_a}{ET_m}\right)_i^{\lambda_i} \tag{3-47}$$

式中：λ_i 为生育阶段 i 作物对水分亏缺的敏感因子；n 为生育阶段数；Y_a 为作物 i 生育阶段的实际产量；Y_m 为作物 i 生育阶段的最大产量；ET_a 为作物 i 生育阶段的实际蒸发蒸腾量；ET_m 为作物 i 生育阶段的最大蒸发蒸腾量。

加法模型将各生育阶段缺水对产量的影响进行简单的叠加，没有考虑连旱的情况，根据这一建模假定，即使在某一阶段受旱致使作物死亡的情况下，仍能算出产量。因此，该模型较适合半干旱和半湿润地区的籽实产量计算，也适合干旱地区牧草和饲料作物的生物学产量计算。代表的加法模型有 Blank 等(1975)模型等。

Blank 等(1975)模型：

$$\frac{Y_a}{Y_m}=\sum_{i=1}^{n}K_i\left(\frac{ET_a}{ET_m}\right)_i \tag{3-48}$$

式中：K_i 为作物不同生育阶段缺水对产量的敏感系数；其他符号意义同前。

(1)无芒雀麦产量与全生育期蒸发蒸腾量的关系。

根据 2019 年无芒雀麦第一茬实测资料(见表 3-87)，绘制产量与全生育期蒸发蒸腾量之间的关系，发现两者间呈二次抛物线关系，拟合优度较好，其回归方程为

$$Y=-0.08x^2+58.34x-4\ 441.47\quad(R^2=0.948) \tag{3-49}$$

式中：x 为无芒雀麦全生育期蒸发蒸腾量，mm；Y 为无芒雀麦的产量，kg/hm^2。

表 3-87　实际蒸散量与牧草产量

处理	2019 年第一茬		2019 年全年	
	实际蒸散量/mm	产量/(kg/hm^2)	实际蒸散量/mm	产量/(kg/hm^2)
CK	188.27	3 844.02	615.67	7 991.44
A1	159.08	3 070.9	516.91	5 923.62
A2	172.48	3 314.33	563.08	6 649.8
A3	182.60	3 617.05	597.24	7 515.6
A4	152.67	2 559.97	492.73	5 157.74
A5	165.97	3 041.28	537.75	6 099.38
A6	180.01	3 487.8	586.32	7 127.42

由图 3-101 可以看出，无芒雀麦的产量随着蒸发蒸腾量的增加而增加，当蒸发蒸腾量达到一定程度时，产量缓慢增加，出现“报酬递减”现象。

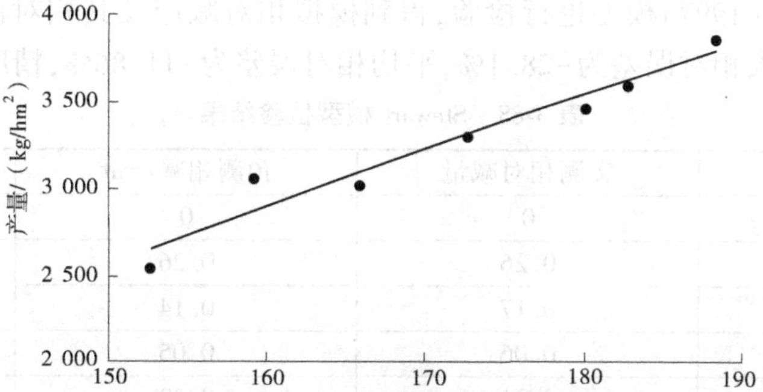

图 3-101　无芒雀麦产量与蒸发蒸腾量之间的关系

(2)牧草全生育期 Stewart 模型。

在供水不足造成减产的条件下,不同作物的减产量 $Y_D(1-Y_a/Y_m)$ 与腾发亏缺量($1-ET_a/ET_m$)的关系是确定合理灌溉制度与水量分配的重要依据。此关系最直接表达式即 Stewart 模型。

依据 2019 年实测第一茬无芒雀麦的产量 Y_a 和实际腾发量 ET_a,以充分灌溉处理的实测产量和实际腾发量为最高产量 Y_m 和最大腾发量 Y_a,分别与各试验处理的实际产量和实际腾发量组成相应的试验数据组,进行拟合(见图 3-102)。由图 3-102 分析可知,牧草相对减产量随相对亏水量的增大而增大。按 Stewart 模型进行一元线性回归得到,无芒雀麦的相对减产量 $1-Y_a/Y_m$ 和相对亏水量 $1-ET_a/ET_m$ 间的相关系数为 0.98。由于本书采用控制灌溉定额的非充分灌溉试验处理,牧草缺水主要发生在减少灌水量的生育阶段,生育期亏水量主要是由该生育阶段的亏水量造成的。由以上的回归分析可知,作物减产量并不随全生育期亏水量的变化严格按线性规律变化,这一结果表明,除缺水程度外,缺水发生时间对产量也有显著影响。

因此,Stewart 模型只能较粗略地反映牧草产量与生育期水分的关系。由回归分析得,无芒雀麦的敏感系数 β 为 1.63。

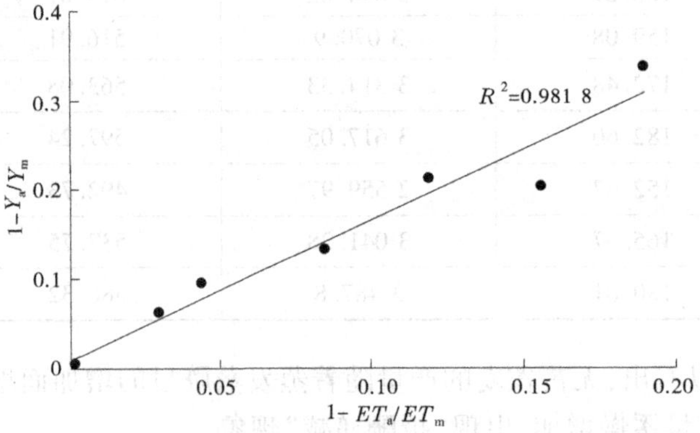

图 3-102　无芒雀麦相对减产量与相对亏水量的关系

为了检验模型的可靠性,将 2019 年不同处理无芒雀麦的蒸发蒸腾量与产量数据代入上述建立的 Stewart(1997)模型进行检验,得到模拟相对减产及其相对误差计算结果(见表 3-88)。模型最大相对误差为-28.1%,平均相对误差为-11.86%,精度能够满足要求。

表 3-88　Stewart 模型检验结果

处理	实测相对减量	预测相减产量	相对误差/%
CK	0	0	0
A1	0.26	0.26	1.1
A2	0.17	0.14	-17.0
A3	0.06	0.05	-18.0
A4	0.35	0.33	-8.2
A5	0.24	0.21	-12.8
A6	0.11	0.08	-28.1

3.4.9.2 牧草水分-品质模型

1. 水分-品质回归模型

1) 指标选取

无芒雀麦品质的单一指标之间既有一定重叠性,又不可互相替代。现利用熵权法对2018年牧草灌水量与品质指标进行分析,建立无芒雀麦的综合品质指标(见表3-90~表3-92)。通过熵值法得到各个指标的信息熵,信息熵越小,信息的无序度越低,其信息的效用值越大,指标的权重越大。熵是不确定性的度量,如果用 P_j 表示 j 个信息的不确定度(出现的概率),则整个信息(设有 n 个)的不确定度量也可以用式(3-50)表示:

$$S = -K\sum_{j=1}^{n} P\ln\sqrt{P_j} \tag{3-50}$$

式中:K 为正常数,当各个信息发生的概率相等时,即 $P_j=1/n$,S 取值最大,此时熵最大。

可利用熵信息的概念确定权重,假设多属性决策矩阵如下:

$$\boldsymbol{M} = \begin{matrix} A_1 \\ A_2 \\ \vdots \\ A_3 \end{matrix}\begin{bmatrix} x_{11} & x_{12} & \cdots & x_{1n} \\ x_{21} & x_{22} & \cdots & x_{2n} \\ \vdots & \vdots & & \vdots \\ x_{m1} & x_{m2} & \cdots & x_{mn} \end{bmatrix}$$

则用

$$P_{ij} = \frac{x_{ij}}{\sum_{i=1}^{m} x_{ij}} \tag{3-51}$$

表示第 j 个属性下第 i 个方案 A_i 的贡献度。

可以用 E_j 来表示所有方案对属性 X_j 的贡献总量:

$$E_j = -K\sum_{i=1}^{m} P_j\ln P_{ij} \tag{3-52}$$

式中:常数 $K=1/\ln m$,这样就能保证 $0 \leqslant E_j \leqslant 1$,即 E_j 最大为1。

由式(3-52)可以看出,当某个属性下各方案的贡献度趋于一致时,E 趋于1;特别是当全相等时,就可以不考虑该目标属性在决策中的作用,也即此时属性的权重为0。这样可以看出,属性值由所有方案差异大小来决定权系数的大小。为此可定义 D_j 为第 j 属性下各方案贡献度的一致性程度。

$$D_j = 1 - E_j \tag{3-53}$$

结果(表3-89~3-91)表明,无芒雀麦单一品质指标对灌水处理的敏感度排序为粗蛋白含量>中性洗涤纤维含量>酸性洗涤纤维含量,因此将粗蛋白含量作为评价无芒雀麦品质的重要指标。

表3-89　熵权法确定的无芒雀麦单一品质指标权重

指标	粗蛋白含量/%	酸性洗涤纤维含量/%	中性洗涤纤维含量/%
权重	0.48	0.24	0.28

表 3-90 2018 年灌水量与品质指标

处理	灌水量/mm	粗蛋白含量/%	酸性洗涤纤维含量/%	中性洗涤纤维含量/%
CK	277.91	9.58	39.48	48.80
A4	97.72	12.16	39.88	48.79
A5	153.95	11.74	37.47	44.48
A6	207.03	10.35	33.61	40.85

表 3-91 2019 年灌水量与品质指标

茬次	处理	灌水量/mm	粗蛋白含量/%	酸性洗涤纤维含量/%	中性洗涤纤维含量/%
第一茬	CK	222.4	10.12	36.24	47.85
	A4	90.95	13.51	35.84	47.78
	A5	122.36	12.5	34.24	46.04
	A6	163.59	11.77	31.91	40.84
第二茬	CK	139.56	10.87	34.46	45.94
	A4	40.23	14.53	34.19	46.05
	A5	69.25	13.37	32.57	43.61
	A6	101.45	12.53	30.2	37.91
第三茬	CK	180.63	11.11	32.85	44
	A4	59.62	14.97	32.67	44.23
	A5	100.93	13.76	31.06	42.49
	A6	130.7	12.85	28.67	35.96

2)模型构建

利用 IBM SPSS statistics 软件以灌水量为自变量，粗蛋白含量为因变量，对 2018 年和 2019 年灌水量与无芒雀麦品质(粗蛋白含量)指标进行回归分析。绘制散点图(见图 3-103)，观察灌水量与粗蛋白含量的大致趋势，进而选择合适的模型进行拟合。观察图 3-103 的走势，并分析二者之间关系的合理性，选择线性、二次、三次、指数函数进行拟合(见表 3-92)。

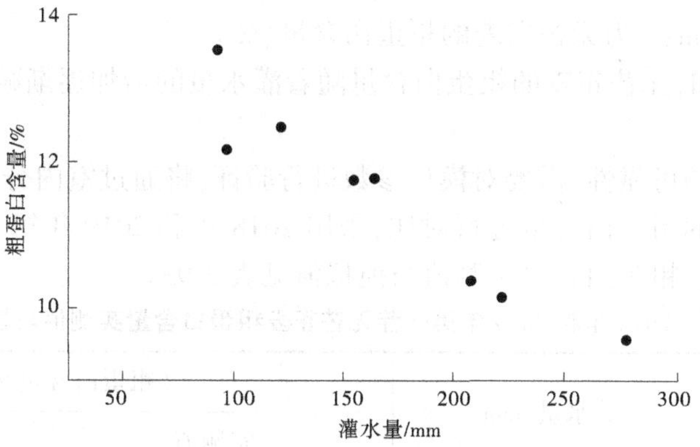

图 3-103　灌水量与粗蛋白含量散点图

表 3-92　模型摘要和参数估算值

方程	模型摘要					参数估算值			
	R^2	F	自由度 1	自由度 2	显著性	常量	b_1	b_2	b_3
线性	0.913	62.911	1	6	0	14.739	−0.020		
二次	0.918	28.131	2	5	0.002	15.497	−0.029	2.678×10^{-5}	
三次	0.928	17.259	3	4	0.009	11.708	0.043	0	7.690×10^{-7}
指数	0.927	76.358	1	6	0	15.242	−0.002		

注:自变量为灌水量,因变量为粗蛋白含量。

观察图 3-104 发现,指数方程和三次方程的拟合优度较好,从 sig 值分析发现,二者均小于显著性水平 0.05,但指数方程的 sig 值更接近 0,指数方程的模拟效果更好。

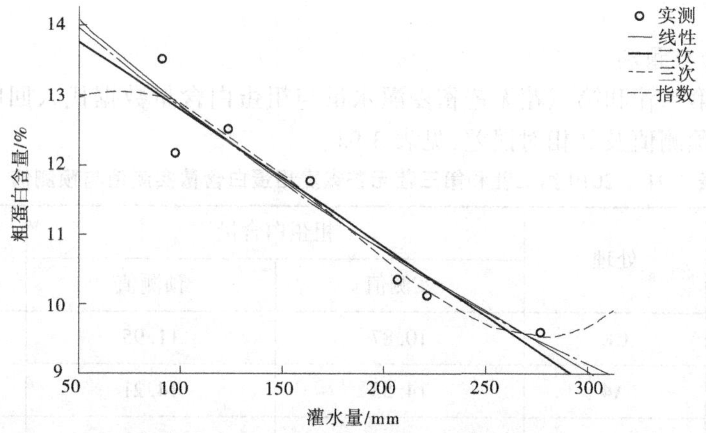

图 3-104　灌水量与粗蛋白含量模拟

为了定量研究无芒雀麦粗蛋白含量与灌水量之间的关系,对二者进行了回归分析,得出如下指数方程:

$$Y = 15.24\exp(-0.0017x) \tag{3-54}$$

式中:x 为灌水量,mm;Y 为无芒雀麦的粗蛋白含量(%)。

由图 3-104 可知,无芒雀麦的粗蛋白含量随着灌水量的增加逐渐减小。

3)模型率定

为了检验模型的可靠性,需要对模型参数进行验证,将通过室内分析实测的粗蛋白含量与回归方程模拟的粗蛋白含量进行对比,采用 2018 年和 2019 年第一茬无芒雀麦实测数据进行参数率定。粗蛋白含量实测值与模拟值见表 3-93。

表 3-93　2018 年和 2019 年第一茬无芒雀麦粗蛋白含量实测值与模拟值

茬次	灌水量/mm	粗蛋白含量/%	
		实测值	模拟值
2018 年	277.91	9.58	9.40
	97.72	12.16	12.86
	153.95	11.74	11.66
	207.03	10.35	10.63
2019 年第一茬	222.4	10.12	10.35
	90.95	13.51	13.01
	122.36	12.50	12.32
	163.59	11.77	11.46

2018 年与 2019 年第一茬各灌水处理的粗蛋白含量的模拟值与实测值之间的差异较小,证明模拟结果较为可靠,拟定的参数可用于评价灌水量与品质(粗蛋白含量)之间的关系。

4)模型评价与预测

将 2019 年第二茬和第三茬无芒雀麦灌水量与粗蛋白含量数据代入回归方程(3-53)进行检验,得到预测值及其相对误差,见表 3-94。

表 3-94　2019 第二茬和第三茬无芒雀麦粗蛋白含量实测值与预测值　　%

茬次	处理	粗蛋白含量		相对误差
		实测值	预测值	
第二茬	CK	10.87	11.95	10.0
	A4	14.53	14.21	-2.2
	A5	13.37	13.51	1.1
	A6	12.53	12.77	2.0

续表 3-94

茬次	处理	粗蛋白含量		相对误差
		实测值	预测值	
第三茬	CK	11.11	11.13	0.2
	A4	14.97	13.74	-8.2
	A5	13.76	12.79	-7.1
	A6	12.85	12.14	-5.5

由预测值与实测值的结果可知,相对误差在-8.2%~10.0%范围内,最大相对误差为10.0%,平均相对误差为-1.2%,模拟精度较高。可见,该模型可较好地进行无芒雀麦粗蛋白含量的预测。

2. Matlab 神经网络预测模型

1)指标选取与模型构建

利用 Matlab 神经网络对无芒雀麦灌水量与粗蛋白含量进行预测,BP 神经网络是一种应用链式求导法则的误差反向传播的前馈神经网络,是目前神经网络模型中应用最广泛的网络。整个网络由输入层、隐藏层和输出层组成,属于机器学习中的监督学习网络。其训练算法分为正向传播和误差反向传播两个阶段。在正向传播过程,样本通过输入层,经隐含层逐层处理并计算每个单元的实际输出值;若输出层得不到期望输出,则进入反向传播过程,通过不断地修正各层神经元权值,逐层递归地减少实际输出与期望输出的差值。层层修正各个连接权值的过程,即网络的学习训练过程,如此循环直至误差达到允许的范围之内。

以 2018 年、2019 年第一茬、第二茬无芒雀麦灌水量与粗蛋白含量数据进行训练(共 4 个水分处理,3 个重复,用于训练的样本为 36 个),训练算法选用 Levenberg-Marquardt algorithm 方法,它能提供非线性最小化(局部最小)的数值解。此算法能借由执行时修改参数达到结合高斯-牛顿算法以及梯度下降法的优点,并对两者不足进行改善。

图 3-105 中的输入层为 1,隐含层神经元个数为 10,输出层为 1。Matlab 神经网络预测,样本分为训练集、验证集和测试集。本次模拟以 70%样本为训练集,15%样本为验证集,15%样本为测试集(见表 3-95)。

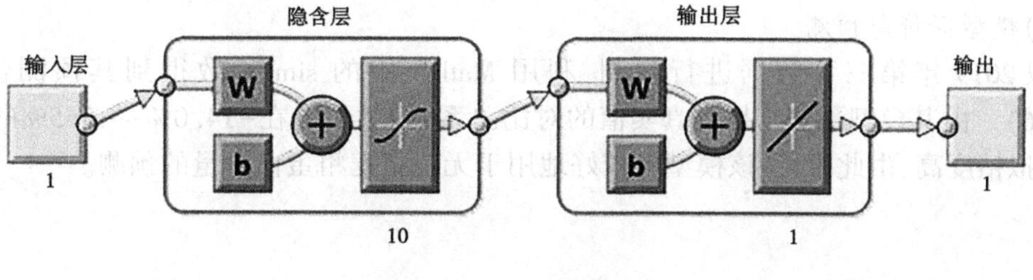

图 3-105　神经网络结构

表 3-95　训练结果

结果	样本数	*MSE*	*R*
训练集	26	0. 179 909	0. 949 526
验证集	5	0. 152 120	0. 995 253
测试集	5	0. 191 284	0. 943 592

1 个 epoch 等于使用训练集中的全部样本训练一次，每训练一次，神经网络的参数就会产生调整。*MSE* 为均方误差，$MSE = SSE/n$（*SSE* 为残差平方和），从图 3-106 可以看出，经过 7 次迭代，验证组的 *MSE* 达到最小，最优验证组的 *MSE* 为 0. 152 12。随着网络开始过度拟合训练数据，验证数据集的误差可能会增大，所以最佳模型对应最小的 *MSE*。

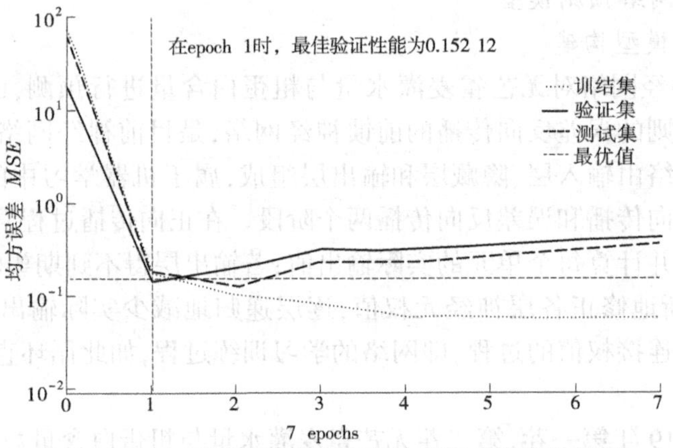

图 3-106　训练数据的梯度和均方误差之间的关系

2）模型率定

为检验 Matlab 神经网络模型参数的可靠性，需对模型参数进行验证。将通过室内试验实测的粗蛋白含量数据与 Matlab 神经网络模型模拟的粗蛋白含量数据进行对比。图 3-107 反映了真实值与训练集、验证集、测试集和总输出值之间的拟合情况，*R* 为拟合优度，*R* 越接近于 1，拟合效果越好。模型参数可用于评价和优化灌水量与品质之间的关系。

3）模型评价与预测

以 2019 年第三茬数据进行预测，利用 Matlab 中的 sim 函数得到其预测值（见表 3-96）。由其模型预测结果与真实值的对比关系，相对误差在-14. 0%～-5. 5%的范围内，模拟精度高，由此可见，该模型可较好地用于无芒雀麦粗蛋白含量的预测。

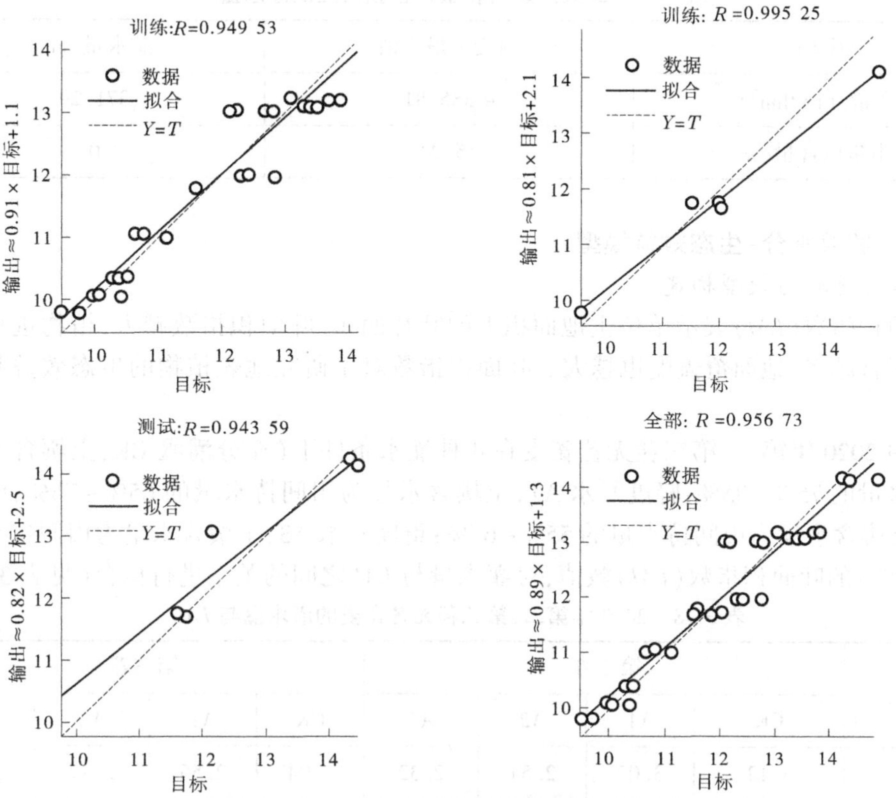

图 3-107　真实值与预测值拟合效果

表 3-96　预测结果与真实值比较

第三茬	粗蛋白含量/%		相对误差/%
	真实值	预测值	
CK	11.11	10.47	-5.8
A4	14.97	12.88	-14.0
A5	13.76	13.01	-5.5
A6	12.85	11.07	-13.9

4)基于无芒雀麦产量、品质确定适宜的灌水量

运用回归分析法,已建立单一指标最大时的灌水量,此外需要综合评价产量品质的最优灌水模式,提出兼顾产量品质最优的灌水范围。利用 IBM SPSS statistics 软件对 2018 年和 2019 年无芒雀麦灌水量、产量和品质(粗蛋白含量)数据分别进行回归分析(见表 3-97),得到各指标的回归方程。由于产量和品质指标具有不同的量纲,因此将各指标进行归一化处理,即将各回归方程分别除以各自最大值,得到灌水量投入与相对产量、相对粗蛋白含量的函数关系。

表 3-97 最大产量与粗蛋白含量对应的灌水量

因变量	因变量最大值	灌水量/mm
产量/(kg/hm^2)	4 385.81	371.29
粗蛋白含量/%	15.24	0

3.4.9.3 牧草水分-生态效益模型

1. 指标选取与模型构建

叶面积指数(*LAI*)表示单位土地面积上的叶片面积,叶面积指数越大,植物进行光合作用的器官越多,地面覆盖度也越大。叶面积指数对于研究地表植物的生态效益起着重要作用。

利用2020年第二、第三茬无芒雀麦在4种灌水条件下(充分灌溉CK,土壤含水量为田间持水量的75%~85%;轻度亏水A1,土壤含水量为田间持水量的65%~75%;中度亏水A2,土壤含水量为田间持水量的55%~65%;重度亏水A3,土壤含水量为田间持水量的45%~55%)的叶面积指数(*LAI*)数值,对灌水量与*LAI*之间的关系进行拟合(见表3-98)。

表 3-98 2020年第二、第三茬无芒雀麦的灌水量与*LAI*

变量	第二茬				第三茬			
	CK	A1	A2	A3	CK	A1	A2	A3
LAI	3.12	3.02	2.54	2.32	2.94	2.55	2.37	2.22
	3.09	3.14	2.79	2.35	2.99	2.68	2.52	2.16
	3.11	3.07	2.61	2.22	2.88	2.74	2.42	2.17
灌水量/mm	205	202	156	127	166	159	146	111
	205	202	156	127	166	159	146	111
	205	202	156	127	166	159	146	111

首先进行散点图的绘制,观察灌水量与*LAI*数据的大致趋势,进而选择合适的模型进行拟合(见图3-108)。观察两茬*LAI*与灌水量之间的关系发现,随灌水量的增加,*LAI*呈增大趋势。

使用第二、第三茬*LAI*与灌水量数据对二者关系做回归分析,分别选用线性、对数、二次和复合函数进行拟合(见表3-99、图3-109)。二次方程R^2为0.912,优度最好,sig值小于显著性水平0.05,二次方程模拟效果更好。为了定量研究无芒雀麦*LAI*与灌水量之间的关系,对灌水量与*LAI*进行了回归分析,得出如下的二次方程:

$$Y = -2.296e^{-5}x^2 + 0.018x + 0.45 \tag{3-55}$$

式中:x为灌水量,mm;Y为叶面积指数。

计算得出,当x=387 mm时,Y达到最大值3.97。通过拟合曲线发现,*LAI*随灌水量呈先增加后降低的趋势。

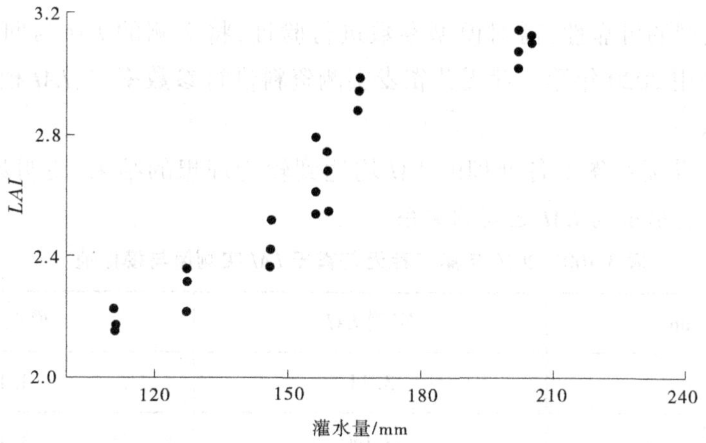

图 3-108 2020 第二、第三茬无芒雀麦灌水量与 *LAI* 散点图

表 3-99 模型摘要和参数估算值

方程	模型摘要					参数估算值		
	R^2	F	自由度 1	自由度 2	显著性	常量	b_1	b_2
线性	0.907	215.658	1	22	0	1.021	0.010	
对数	0.908	217.760	1	22	0	−5.503	1.618	
二次	0.912	108.322	2	21	0	0.447	0.018	-2.296×10^{-5}
复合	0.903	204.796	1	22	0	1.420	1.004	

注:自变量为灌水量,因变量为 *LAI*。

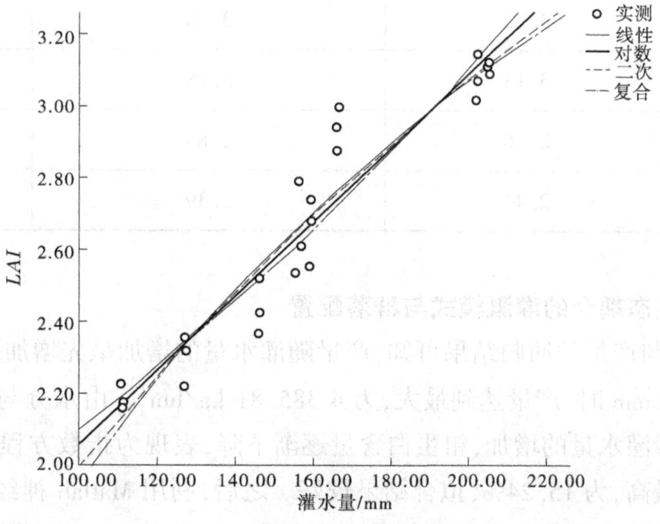

图 3-109 2020 第三茬无芒雀麦灌水量与 *LAI* 模拟

2. 模型率定

为了检验模型的可靠性,需对模型参数进行验证,将实测的 *LAI* 与回归方程模拟的 *LAI* 进行对比,采用 2020 年第二茬无芒雀麦实测资料进行参数率定,*LAI* 模拟值与实测值结果见表 3-100。

2020 年第二茬无芒雀麦各处理的 *LAI* 均达到较为理想的结果,说明数据较为可靠,参数可用于评价灌水量与 *LAI* 之间的关系。

表 3-100 2020 年第二茬无芒雀麦 *LAI* 实测值与模拟值

灌水量/mm	实测 *LAI*	模拟 *LAI*
205	3. 11	3. 12
202	3. 08	3. 10
156	2. 65	2. 66
127	2. 30	2. 33

3. 模型评价与预测

将 2020 年第一茬无芒雀麦灌水量与 *LAI* 数据代入均分回归方程(3-55)进行检验,得到预测值及其相对误差见表 3-101。模型最大相对误差为 12. 47%,平均相对误差为 3. 45%,模拟精度较高。可见,该模型可较好地进行叶面积指数的预测。

表 3-101 2020 第一茬无芒雀麦 *LAI* 实测值与预测值

灌水量/mm	实测 *LAI*	预测 *LAI*	相对误差/%
225	3. 22	3. 28	1. 82
212	3. 13	3. 18	1. 55
178	2. 56	2. 88	12. 47
132	2. 44	2. 39	-2. 04

3. 4. 9. 4 生产生态耦合的灌溉模式与群落配置

由上述水分与产量的回归结果可知,产量随灌水量的增加呈先增加后减小的趋势,当灌水量为 371. 29 mm 时,产量达到最大,为 4 385. 81 kg/hm^2。由水分与粗蛋白含量的回归结果可知,随着灌水量的增加,粗蛋白含量逐渐下降,表现为指数方程形式,灌水量为 0 时,粗蛋白含量最高,为 15. 24%,拟合结果较好。之后,利用 Matlab 神经网络对水分与粗蛋白含量进行预测,真实值与预测值的相对误差在-14. 0%~-5. 5%范围内,模拟精度较高。可见,该模型可较好地用于无芒雀麦粗蛋白含量的预测。通过水分与 LAI 的回归分析得出，随着灌水量的增加，*LAI* 表现为先增加后减小的趋势，拟合的二次方程在灌水量为 387 mm 时，取到最大值 3.97。因此，处理 A6 的牧草产量、品质和生态效益相对较好，并且较 CK 达到了节水高产的目的。

3.4.10　灌溉制度构建

为制定合理的灌溉制度，用 IDL(interactive data language)编程语言对无芒雀麦全生育期的土壤水分消耗过程进行模拟，进行灌溉制度优化，使牧草产量下降最小，灌水效率最高。

编程过程以水量平衡原理为基础，采用的水量平衡方程为

$$W_j = W_{j-1} + P_{j-1} - ET_{j-1} + K_{j-1} \tag{3-56}$$

式中：W_j 为第 j 天土壤有效储水量，mm；W_{j-1} 为第 $j-1$ 天土壤有效储水量，mm；P_{j-1} 为第 $j-1$ 天有效降水量，mm；ET_{j-1} 为第 $j-1$ 天实际作物蒸发蒸腾量，mm；K_{j-1} 为第 $j-1$ 天地下水补给量，mm。

由于灌溉上限为田间持水量的 85%，所以不考虑深层渗漏。

3.4.10.1　所需数据

1. 牧草数据

牧草生育期划分、计划湿润层深度。

2. 气象数据

参考作物蒸发蒸腾量、有效降水量、实际作物蒸发蒸腾量。

3. 土壤数据

田间持水量、初始土壤含水量、土壤分层情况。

4. 灌水资料

灌水方案的选择及供水限制、地下水补给量。

3.4.10.2　降水典型年的选择

对 1956—2020 年降水量系列资料进行排频计算，利用皮尔逊Ⅲ型曲线进行配线，得到各个频率情况下的降水量值。因为张掖年降水量少，所以取 $P=75\%$ 所对应的降水量作为枯水年的设计值，然后选择 1994 年降水量作为代表年降水资料(因为其最接近设计值且年内分配最不利，见图 3-110)。

3.4.10.3　模拟数据的选取

选取 2019 年无芒雀麦实际蒸发蒸腾量、地下水补给量、土壤含水量进行模拟。

3.4.10.4　无芒雀麦灌溉制度方案设计

灌水时间、灌水定额、灌水次数由模型优化(见表 3-102)给出，当根系层土壤含水量降至适宜含水量下限时实施灌溉，灌水量为补充根系层土壤水分至田间持水量所需水量的百分比。

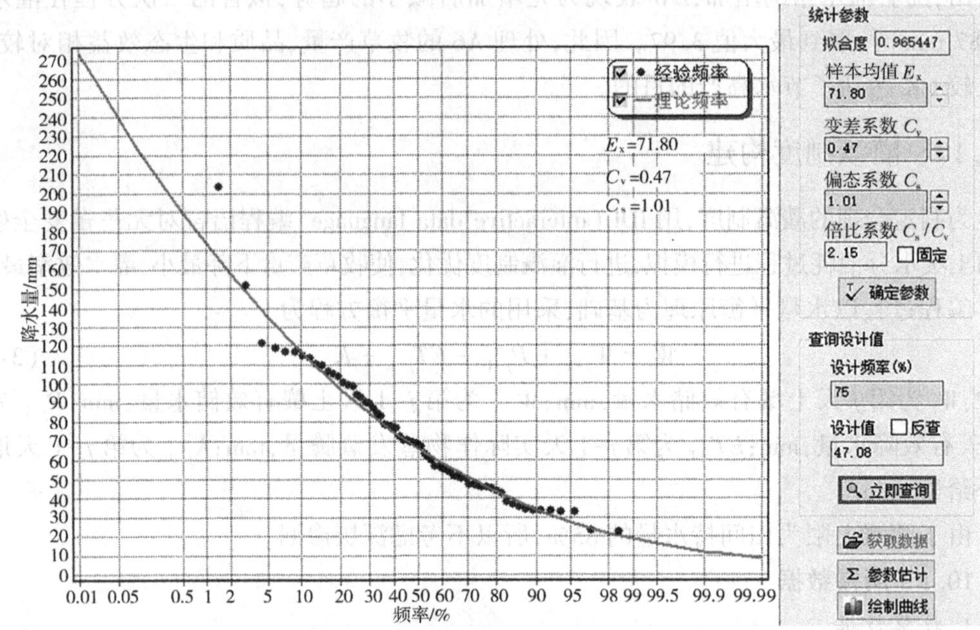

图 3-110 年降水量频率曲线拟合

表 3-102 无芒雀麦灌溉制度方案设计

方案设计	灌水时间	灌水次数	灌水定额
方案 1	优化	优化	全生育期充分灌水
方案 2	优化	优化	全生育期轻度亏水
方案 3	优化	优化	全生育期中度亏水
方案 4	优化	优化	返青—拔节(轻度亏水)/拔节—抽穗(轻度亏水)/抽穗—初花(中度亏水)

注:充分灌水(75%θFC~85%θ_{FC}),轻度亏水(65%θ_{FC}~85%θ_{FC}),中度亏水(55%θ_{FC}~85%θ_{FC}),θ_{FC} 为田间持水量。

方案 1:以产量最大为目标,灌水时间、灌水定额、灌水次数由模型优化给出,当根系层土壤含水量降至田间持水率的 75%时即实施灌溉,灌水量为补充根系层土壤水分至田间持水量的 85%。

方案 2:灌水时间、灌水定额、灌水次数由模型优化给出,当根系层土壤含水量降至田间持水量的 65%下限时即实施灌溉,灌水量为补充根系层土壤水分至田间持水量的 85%。

方案 3:灌水时间、灌水定额、灌水次数由模型优化给出,当根系层土壤含水量降至田间持水量的 55%下限时即实施灌溉,灌水量为补充根系层土壤水分至田间持水量的 85%。

方案 4:灌水时间、灌水定额、灌水次数由模型优化给出,在无芒雀麦返青(刈割)—拔节期、拔节—抽穗期,当根系层土壤含水量降至田间持水量的 65%时即实施灌溉,在无芒雀麦抽穗—初花期，当根系层土壤含水量降至田间持水量的 55%时即实施灌溉，灌水量均为补充根系层土壤水分至田间持水量的 85%。

3.4.10.5　灌溉制度模拟

无芒雀麦灌溉制度模拟结果见表 3-103。

表 3-103　无芒雀麦灌溉制度模拟

方案	灌水定额/mm，灌水日期(月-日)										灌水量/mm	渗漏量/mm	灌水效率/%	产量下降率/%	粗蛋白含量增长率/%
方案1	1	2	3	4	5	6	7	8	9	10	461.5	0	100	0	0
	61.1	22.2	21.7	21.7	23.1	23.4	21.3	22.9	22.0	22.5					
	04-12	04-29	05-06	05-14	05-20	05-25	05-31	06-04	06-21	06-26					
	11	12	13	14	15	16	17	18	19	—					
	20.5	22.4	24.6	23.0	23.4	20.9	21.8	20.4	22.6						
	06-30	07-04	07-09	07-14	07-20	07-28	08-13	08-21	08-28						
方案2	1	2	3	4	5	6	7	8	9		394.1	0	100	9.8	3.7
	61.1	41.8	42.7	41.1	40.8	40.8	41.8	41.2	42.8						
	04-12	05-14	05-24	06-03	06-25	07-03	07-11	07-25	08-26						
方案3	1	2	3	4	5						314.6	0	100	24.1	8.4
	61.2	62.7	66.5	61.8	62.5										
	04-12	05-22	06-05	07-03	07-19										
方案4	1	2	3	4	5	6	7				354.4	0	100	19.5	6.4
	61.1	63.5	41.5	41.7	41.9	62.6	42.2								
	04-12	05-20	05-30	06-16	06-29	07-13	08-10								

根据模拟结果可知：方案 1：无芒雀麦自 4 月 12 日至 9 月 10 日，灌水次数为 19 次，灌水量为 461.5 mm，全生育期不受水分胁迫，不存在受旱减产，该方案在水资源十分充足条件下为最佳方案，但是灌水频繁，适合于灌水设施齐全、灌水方便的条件。

方案 2：无芒雀麦自 4 月 12 日至 9 月 10 日，灌水次数为 9 次，灌水量为 394.1 mm，全生育期轻度亏水，与方案 1 相比，总灌水量减少 67.4 mm，产量下降，全年减产率为 9.8%，粗蛋白含量增加 3.7%。该方案在水资源较短缺、减产不大、牧草品质要求一般的地区为最佳方案。

方案 3：无芒雀麦自 4 月 12 日至 9 月 10 日，灌水次数为 5 次，灌水量为 314.6 mm，全生育期中度亏水，与方案 1 相比，总灌水量减少 146.8 mm，产量下降较大，全年减产率为 24.1%，不推荐该方案。

方案 4:无芒雀麦自 4 月 12 日至 9 月 10 日,灌水次数为 7 次,灌水量为 354.4 mm,全生育期在返青(刈割)—拔节期、拔节—抽穗期轻度水分亏缺,抽穗—初花期中度水分亏缺。与方案 1 相比,总灌水量减少 107.1 mm,全年减产率为 19.5%,粗蛋白含量增加 6.4%。该方案适合于水资源紧缺、允许一定减产、对牧草品质要求较高的地区。

3.4.10.6 灌溉制度方案优选

1. 灌溉制度方案选择

根据无芒雀麦灌溉制度方案模拟结果中灌水量、灌水次数,灌水效率、产量下降率、粗蛋白含量增长率等方面的分析,得出适宜当地无芒雀麦的灌溉制度为方案 2、方案 4(见表 3-104)。

表 3-104 无芒雀麦全年灌溉制度

方案	灌水次序	春灌	1	2	3	4	5	6	7	8	9	冬灌
方案 2	灌水定额/mm	70	61.1	41.8	42.7	41.1	40.8	40.8	41.8	41.2	42.8	70
	灌水日期(月-日)	—	04-12	05-14	05-24	06-03	06-25	07-03	07-11	07-25	08-26	—
	灌溉定额/mm	534.1										
方案 4	灌水定额/mm	70	61.1	63.5	41.5	41.7	41.9	62.6	42.2	70		
	灌水日期(月-日)	—	04-12	05-20	05-30	06-16	06-29	07-13	08-10	—		
	灌溉定额/mm	494.4										

2. 优选结果分析

方案 2:在水资源较短缺、减产不大、牧草品质要求一般的地区推荐使用该方案。

方案 4:在干旱缺水严重、允许一定程度减产、牧草品质改善地区推荐使用该方案。

综合各影响因素,本试验区首选方案 2。

3.5 地下滴灌苜蓿对水分调控响应研究

3.5.1 试验目的、试验设计、指标测定

3.5.1.1 试验目的

节水灌溉种植紫花苜蓿是实现人工灌溉饲草料地可持续发展的必经之路。随着"粮改饲"生产结构改革和高效节水灌溉技术发展应用,研究地下滴灌苜蓿草地对水分调控的响应关系,对提高紫花苜蓿生产水分效率、产量及营养品质,缓解天然草场压力,促进区域草地生产和生态环境良性循环发展具有重要的意义。

3.5.1.2 试验设计

采用完全随机区组设计,2017 年分别在苜蓿分枝期和现蕾期 2 个生育时期及全生育期进行水分调控处理,依据土壤水分占田间持水量的百分比进行调控,设 4 个水平水分调控梯度:重度亏水(W_0:土壤含水量占田间持水量的 35%~45%)、中度亏水(W_1:土壤含水

量占田间持水量的 45%~55%)、轻度亏水(W_2:土壤含水量占田间持水量的 55%~65%)、充分灌溉(W_3:土壤含水量占田间持水量的 65%~75%),以全生育充分灌溉(CK)为对照,共 10 个处理,每个处理设 3 个重复,如表 3-105 所示。为了避免处理之间水分相互影响,每个处理间设置 2 m 宽的隔离带,相同处理不同重复间距离 2 m。用水表控制水量(精度 0.000 1 m^3),试验期间每个小区分别在分枝期调控灌溉时随灌溉施相同量的氮肥(参考当地施肥水平 8 kg/亩,尿素 $N \geq 46.6\%$),田间管理同普通大田,且各处理保持一致。

表 3-105　试验设计

处理	分枝期—现蕾期	现蕾期—初花期
A1	35%~45%	65%~75%
A2	45%~55%	65%~75%
A3	55%~65%	65%~75%
A4	65%~75%	35%~45%
A5	65%~75%	45%~55%
A6	65%~75%	55%~65%
A7	55%~65%	55%~65%
A8	45%~55%	45%~55%
A9	35%~45%	35%~45%
CK	65%~75%	65%~75%

注:表中灌水下限为土壤含水量占田间持水量的百分比。

2018 年试验在苜蓿全生育期进行水分调控,共设 4 个水分处理:①充分灌溉(用 CK 表示,土壤水分为田间持水量的 75%~85%);②轻度水分调控(用 LD 表示,土壤水分为田间持水量的 65%~75%);③中度水分调控(用 MD 表示,土壤水分为田间持水量的 55%~65%);④重度水分调控(用 SD 表示,土壤水分为田间持水量的 45%~55%)。其中,CK 为对照处理,每个处理 3 次重复,共 12 个小区,每个小区面积为 25 m^2(5 m×5 m)。其他田间管理同 2017 年。

3.5.1.3　试验测定指标与方法

本次研究于 2017 年在甘肃河西走廊荒漠灌区开展大田试验,一方面因试验地苜蓿为 2016 年秋播苜蓿,播种时间较晚,为了保证苜蓿生长稳定、均匀,且在水分调控处理前能使各小区土壤水分达到试验设计初始水平,确保水分处理前各小区苜蓿生长条件基本相同;另一方面第二茬和第三茬尤其第二茬苜蓿生长期间气温高、蒸发大,对水分调控响应显著。因此,2017 年针对第二茬和第二茬苜蓿在分枝期和现蕾期设置了不同程度的水分调控处理,2018 年对生长期内 4 茬苜蓿采集分析了相关试验指标和数据。

1. 气象资料

气象资料主要利用田间 Davis 小型气象站。气象数据包括相对湿度、温度、降水量、风速、太阳辐射、风向、最高温度、最低温度等。

2. 土壤容重

在试验前采用环刀法《土壤检测 第4部分:土壤容重的测定》(NY/T 1121.4—2006)测定试验田土壤不同剖面0~60 cm土层深度的土壤容重,每20 cm为一层进行取样,重复3次。用恒温干燥箱105 ℃±2 ℃烘干至恒重,干土颗粒的重量和环刀体积的比值就是该土层的土壤容重,采用以下公式进行计算:

$$\gamma = \frac{(m_2 - m_1) \times 1\,000}{V \times (1\,000 + W)} \tag{3-57}$$

式中:γ为土壤容重,g/cm^3;m_2为环刀及湿土质量,g;m_1为环刀质量,g;V为环刀容积,cm^3;W为土壤含水量,g/kg。

3. 土壤田间持水量(FC)

试验前通过环刀法[《土壤检测　第22部分:土壤田间持水量的测定　环刀法》(NY/T 1121.22—2010)]测定试验田土壤不同剖面0~60 cm土层深度的土壤田间持水量,每20 cm为一层进行取样,重复3次。计算公式如下:

$$FC = \frac{(m_1 - m_2) \times 1\,000}{m_2 - m_0} \tag{3-58}$$

式中:FC为土壤田间持水量,g/kg;m_0为烘干空铝盒质量,g;m_1为烘干前铝盒及试样的质量,g;m_2为烘干后铝盒及试样的质量,g。

4. 土壤含水量

采用国际标准方法土钻取土烘干法直接测定土壤含水量。

紫花苜蓿为多年生豆科牧草,其根多属直根型,根系发达,但主要分布在0~30 cm,在土壤条件良好和潜水水位较低的地区,根系可达到2~3 m甚至更深。本书根据试验地土壤条件和种植实际情况,每个小区在苜蓿生长期内每隔5~7 d取土测定土壤含水量,取土剖面深度均为100 cm,分5层(0~20 cm、20~40 cm、40~60 cm、60~80 cm和80~100 cm)测定,在灌水前后与降水后适时加测一次。其计算公式如下:

$$\beta_i = \frac{m_{i1} - m_{i2}}{m_{i2}} \times 100\% \tag{3-59}$$

式中:β_i为i层土壤质量含水量(%);m_{i1}为i层田间自然湿土重,g;m_{i2}为i层烘干土土重,g;。

当实测土壤含水量下降至表3-105水分调控下限时,应立即进行灌水,当达到水分调控上限时停止灌水。利用经首部过滤器过滤后通过干管和支管输水,配以支管上的水表和阀门进行严格灌水,详细记录每次灌水时间和灌水量。灌水量通过下式计算确定:

$$M = 10RH(\beta_j - \beta_i) \tag{3-60}$$

式中:M为灌水量,mm;R为计划湿润层土壤容重,g/cm^3;H为计划湿润层深度,cm,取为60 cm;β_i为灌水前土壤实际含水量(%);β_j为设计目标土壤含水量上限(%)。

5. 作物耗水量

采用农田水分平衡法计算:

$$ET_a = P + I + W + K - D \tag{3-61}$$

式中：ET_a 为苜蓿生育期耗水量，mm；P 为降水量，mm，由试验区的自动气象站获取；I 为灌水量，mm；W 为紫花苜蓿不同生育时期之间的土壤贮水变化量；K 为地下水补给量，mm；D 为深层渗漏量，mm。

因试验区地下水位较深（>20 m），且土层水分变化上限为 75%FC，不会产生深层渗漏，故地下水补给量（K）和深层渗漏量（D）可忽略不计，各生育期土壤贮水变化量根据各试验处理的土壤含水量计算，公式为

$$W = \frac{\theta_{i+1} - \theta_i}{100} RH \tag{3-62}$$

式中：W 为土壤贮水变化量，mm；θ_{i+1} 为相应时段末土壤含水量（%）；θ_i 为相应时段初土壤含水量（%）；R 为计划湿润层土壤容重，g/cm^3；H 为计划湿润层深度，mm。

6. 生长指标测定

（1）植株高度测定：采用钢卷尺，每隔 7 d 采用“S”形取样方法从每个小区选取 20 株长势基本相同的苜蓿植株，测量植株地面到顶部的自然高度，计算平均值，记录每个生育时期植株生长高度。

（2）植株茎粗测定：在测定苜蓿植株高度的同时用亮色标记物标记植株用来测定茎粗，以保证每次测定茎粗的植株一致，利用数显游标卡尺距离地面 5 cm 处测定茎粗，取平均值，记录每个生育时期植株茎粗。

（3）干重茎叶比：在测产的同时，每个小区随机选取 20 株长势相近的苜蓿单株，离地 5 cm 左右剪下，将叶（包括小叶、小叶柄、托叶、花序）和茎进行人工分离，分别装入经恒重后的信封称其鲜重，然后将信封放入烘箱，105 ℃杀青 15 min 后将温度调整到 85 ℃，恒温下烘 24 h 至恒重，冷却后取出分别称茎和叶干质量，计算干重茎叶比。

7. 生理指标测定

1）光合指标测定

采用美国生产的 Li-6400XT 便携式光合仪，2017 年观测了现蕾期水分调控处理下对苜蓿光合生长影响，2018 年对前三茬苜蓿在初花期、第四茬在结霜前（分枝期）测定。随机选取生长良好、高度相同且光照相似的相同叶位处（从顶部向下的第四个完全展开叶的中间小叶）的叶片进行测定。选择晴朗无风的天气，从 8:00 至 18:00 每隔 2 h 测定一次，测定指标包括叶片净光合速率（P_n，μmol/m^2/s）、气孔导度［G_s，mmol/（m^2·s）］、胞间 CO_2 浓度（C_i，μmol/mol）、蒸腾速率［T_r，mmol/（m^2·s）］和叶片水分利用效率（WUE，μmol/mmol），气孔限制值由式 $L_s = 1 - C_i/C_a$（C_a 为大气中 CO_2 浓度）计算得出。

2）叶绿素含量测定

叶绿体色素含量采用乙醇丙酮混合液浸提法提取，用 SP-756P 分光光度计测定提取液在波长 663 nm 和 645 nm 处的光密度值，按 Arnon 公式，计算叶片叶绿素 a、叶绿素 b 和总叶绿素总含量。叶片摘取与测定光合作用相同位置和发育阶段的叶片，每个处理 3 个重复，取平均值作为该处理的叶绿体色素值。

$$\begin{cases} \text{叶绿素 a 含量} = (12.7 \times D_{663} - 2.697 \times D_{645}) \times v/(1\,000 \times W) \\ \text{叶绿素 b 含量} = (22.77 \times D_{645} - 4.687 \times D_{663}) \times v/(1\,000 \times W) \end{cases} \tag{3-63}$$

式中：v 为浸提液最终体积，mL；W 为叶鲜重；D_{663} 为波长为 663 nm 的光密度值；D_{645} 为波

长为 645 nm 的光密度值。

3）叶绿素荧光参数测定

叶绿素荧光参数的测定时间与取样叶片同净光合速率的测定。采用 PAM-2500 便携式叶绿素荧光仪测定，测定前将紫花苜蓿暗适应 20 min，然后开始测定，每个处理重复 3 次。测定参数包括初始荧光（F_o）、最大荧光（F_m）、可变荧光（F_v）、PS Ⅱ 潜在活性（F_v/F_o）、PS Ⅱ 原初光能转化效率（F_v/F_m）、实际光化学效率（ΦPS Ⅱ）、表观电子传递速率（ETR）、光化学猝灭系数（q_P）、非光化学猝灭系数（NPQ）。

8. 干草产量和作物水分利用效率（WUE）

苜蓿开花达到 5%左右时（初花期）进行产量测定，每个小区选取样方面积为 1 m×1 m，收割后立即称鲜草重，后将鲜草放在 105 ℃的烘箱中杀青 1 h，之后置于 75 ℃恒温下烘 48 h，冷却后称干草重。

通过下式计算作物水分利用效率：

$$WUE = \frac{Y}{ET_a} \tag{3-64}$$

式中：WUE 为作物水分利用效率，kg/m^3；Y 为单位面积干草产量，kg/hm^2；ET_a 为全生育期实际单位面积耗水量，m^3/hm^2。

9. 品质指标测定

在测产的同时每个处理随机称取 3 份 500 g 左右鲜草样，装入档案袋放入烘箱，105 ℃杀青 30 min 后将温度调至 65 ℃，恒温 48 h 至质量恒定后用不锈钢粉碎机粉碎干草样，过 1 mm 筛制备测试样品，用来测定苜蓿营养品质指标，参考《饲料分析及饲料质量检测技术》和甘肃农业大学的《草原生态化学实验指导》。

（1）粗蛋白含量（crude protein，CP）和粗蛋白产量（crude protein yield，CPY）的测定。

利用全自动凯氏定氮仪（Kjeltec™8400）测定各处理下粗蛋白含量。用下式计算粗蛋白产量：

$$CPY = CP \times Y \tag{3-65}$$

式中：CPY 为各处理下粗蛋白产量，kg/hm^2；CP 为各处理下粗蛋白含量（%）；Y 为各处理下干草产量，kg/hm^2。

通过下式计算品质-水分利用效率：

$$WUE(CPY) = \frac{CPY}{ET_a} \tag{3-66}$$

式中：$WUE(CPY)$ 为蛋白产量水分利用效率，kg/m^3；CPY 为单位面积粗蛋白产量，kg/hm^2；ET_a 为全生育期实际单位面积耗水量，m^3/hm^2。

（2）粗脂肪（crude fat，CF）含量测定。

采用索氏提取法通过海能半自动脂肪测定仪（SOX500）测定。

（3）酸性洗涤纤维（acid detergent fiber，ADF）和中性洗涤纤维（neutral detergent fiber，NDF）含量测定。

采用 Van Soest 法通过半自动纤维分析仪（F800）测定苜蓿酸性洗涤纤维和中性洗涤纤维含量。

(4)相对饲喂价值（relative feed value,*RFV*）计算。

RFV 的基础是可消化干物质（*DDM*）的随意采食量。其关系式为

$$RFV = DMI \times DDM/1.29 \tag{3-67}$$

DMI 和 *DDM* 的预测模型分别为

$$\begin{cases} DMI = 120/NDF \\ DDM = 88.9 - 0.779ADF \end{cases} \tag{3-68}$$

式中：*DMI*（dry matter intake）为粗饲料干物质的随意采食量，%BW；*DDM*（digestible dry matter）为可消化的干物质，%DW；1.29为基于大量动物试验数据所预测的盛花期苜蓿 *DDM* 的采食量，除以 1.29，目的是使盛花期苜蓿 *RFV* 值为 100，当某种牧草 *RFV* 值大于 100 时，说明其整体质量较好。

(5)粗灰分（crude ash,CA）含量测定。

采用灼烧干重法通过马弗炉（SX2-2.5-12）高温灼烧后测定。

10. 土壤环境指标测定

土壤是由矿物质、有机质、水分和气体等物质组成的十分复杂的系统。土壤环境包括土壤结构、组成、土壤性质等。本书主要结合试验实际情况取样侧重测定了土壤水分、pH、速效养分的分析。

在试验处理前和第二茬刈割后采用“S”取样法通过土钻取 0~20 cm、20~40 cm、40~60 cm 土层剖面深度的土样，装入自封袋，待风干后通过 1mm 筛制备测试土样样品，带回实验室测定苜蓿地土壤环境指标，参考《土壤农化分析》。

通过电位法利用酸度计（PHS-3C）测定土壤 pH；采用碱解扩散法测定土壤碱解氮；通过钼锑抗比色法利用可见分光光度计（V1800）测定计算土壤速效磷含量；采用火焰光度法通过 FP6410 型火焰光度计测定计算土壤速效钾含量；利用外加热法测定土壤有机质含量。

3.5.2　水分调控对苜蓿草地土壤理化特性的影响

3.5.2.1　水分调控苜蓿草地土壤 pH 变化规律

由表 3-106 表 3-110 可知，在水分调控处理前相同土层土壤 pH、有机质、碱解氮、速效磷和速效钾含量分别为 0~20 cm：8.15、2.42 g/kg、25.15 mg/kg、12.33 mg/kg、93.77 mg/kg；20~40 cm：8.14、1.24 g/kg、17.31 mg/kg、9.37 mg/kg、75.01 mg/kg；40~60 cm：8.15、0.70 g/kg、11.35 mg/kg、2.50 mg/kg、64.97 mg/kg；随土层深度的增加，pH 无明显变化，有机质、碱解氮、速效磷和速效钾含量呈降低趋势，且各处理下相同土层土壤 pH、有机质、碱解氮、速效磷、速效钾含量无显著差异（$P>0.05$），说明苜蓿试验田土壤理化性状相对较均匀，保证了本次试验研究的正常开展和试验测定结果的准确性、合理性和科学性。

由表 3-106 可以看出，在水分调控处理后不同土层土壤 pH 平均值分别为 7.82、7.87、8.06，较处理前有所减小，分别平均减小了 0.33、0.27、0.09，表明水分调控处理可

降低土壤 pH，且水分对 0～40 cm 土层土壤 pH 影响较大。在 0～20 cm 土层，随水分调控程度减轻 pH 呈递减趋势，且在分枝期进行水分调控较现蕾期更有利于降低土壤 pH；全生育期水分调控处理下 pH 随调控程度的加重而增大，且全生育期轻度水分调控也有利于土壤 pH 的减小。20～40 cm 和 40～60 cm 土层，土壤 pH 变化趋势与 0～20 cm 土层基本相似，也随水分调控程度的减轻呈降低趋势，但各处理之间差异不显著。综上，土壤 pH 随土层增加无明显变化，分枝期、现蕾期和全生育期适度水分调控处理可降低土壤 pH，且相同土层土壤 pH 随水分调控程度减轻呈降低趋势，水分对 0～40 cm 土层土壤 pH 影响较大。

表 3-106　不同水分调控处理下苜蓿草地不同土壤剖面 pH 变化

土层深度/cm	处理	处理前	处理后	差值
0～20	A1	8.14±0.02a	7.80±0.02c	-0.34
	A2	8.14±0.03a	7.77±0.03cd	-0.37
	A3	8.15±0.04a	7.75±0.02cd	-0.40
	A4	8.14±0.02a	7.90±0.02b	-0.24
	A5	8.16±0.01a	7.78±0.06cd	-0.38
	A6	8.16±0.01a	7.76±0.01cd	-0.40
	A7	8.13±0.02a	7.77±0.05cd	-0.36
	A8	8.13±0.03a	7.91±0.04b	-0.22
	A9	8.15±0.02a	7.95±0.02a	-0.20
	CK	8.16±0.01a	7.76±0.01d	-0.40
20～40	A1	8.17±0.01a	7.88±0.01b	-0.29
	A2	8.15±0.04a	7.85±0.04bc	-0.30
	A3	8.13±0.03a	7.82±0.03c	-0.31
	A4	8.12±0.01a	7.92±0.01a	-0.20
	A5	8.14±0.04a	7.86±0.03bc	-0.28
	A6	8.15±0.02a	7.85±0.02bc	-0.30
	A7	8.12±0.03a	7.83±0.01c	-0.29
	A8	8.14±0.02a	7.93±0.05a	-0.21
	A9	8.11±0.04a	7.94±0.02a	-0.17
	CK	8.15±0.02a	7.83±0.01a	-0.32

续表 3-106

土层深度/cm	处理	处理前	处理后	差值
40~60	A1	8.17±0.01a	8.07±0.01a	-0.10
	A2	8.18±0.04a	8.05±0.03a	-0.13
	A3	8.14±0.05a	8.04±0.05a	-0.10
	A4	8.17±0.02a	8.06±0.01a	-0.11
	A5	8.12±0.03a	8.05±0.03a	-0.07
	A6	8.15±0.05a	8.06±0.03a	-0.09
	A7	8.13±0.02a	8.04±0.02a	-0.09
	A8	8.14±0.01a	8.07±0.01a	-0.07
	A9	8.13±0.03a	8.08±0.02a	-0.05
	CK	8.16±0.02a	8.04±0.03a	-0.12

3.5.2.2　水分调控苜蓿草地土壤有机质变化规律

表 3-107 反映了水分调控对紫花苜蓿草地土壤有机质含量的影响，水分调控处理后随土层深度的增加土壤有机质含量平均值分别为 4.46 g/kg、2.81 g/kg、1.94 g/kg，随土层深度的增加也呈降低趋势。对比分析处理前后土壤有机质含量状况，相同土层有机质含量较处理前平均分别增加 2.04 g/kg、1.57 g/kg、1.23 g/kg，表明在苜蓿地适度的水分调控处理可提高土壤有机质含量。相同土层有机质含量随水分调控程度的减轻呈递增趋势，适当的水分调控处理可促进苜蓿根瘤生长，提高固氮能力和固氮量，有利于土壤有机质含量的提高，且分枝期较现蕾期更有利于土壤有机质含量的提高。20~40 cm 和 40~60 cm 土层土壤有机质含量随水分调控程度的减轻基本也呈递增趋势，但各处理之间差异不显著，表明水分调控处理对表层土壤 0~20 cm 有机质含量影响显著。

3.5.2.3　水分调控苜蓿草地土壤碱解氮变化规律

由表 3-108 可以看出，相同土层土壤碱解氮含量在 CK 处理下最高，分别为 33.48 mg/kg、22.10 mg/kg、13.38 mg/kg。0~20 cm 土层，分枝期水分调控处理下，土壤碱解氮含量随水分调控程度的减轻而增加，且现蕾期较分枝期水分调控有利于土壤碱解氮的增加；20~40 cm 和 40~60 cm 土层土壤碱解氮含量随水分调控程度的减轻也呈递增趋势，但各处理间差异不明显。整体来看，处理前后土壤碱解氮含量随土壤深度的加深而降低，适当的水分处理可提高苜蓿地碱解氮含量，相同土层土壤碱解氮含量随水分调控程度的减轻呈递增趋势，现蕾期水分调控处理较分枝期有利于土壤氮素的矿化以供作物生长发育吸收利用。

表 3-107　不同水分调控处理下苜蓿草地不同土壤剖面有机质含量变化

土层深度/cm	处理	处理前/(g/kg)	处理后/(g/kg)	差值/(g/kg)
0~20	A1	2. 21±0. 48a	4. 41±0. 16ab	+2. 20
	A2	2. 51±0. 23a	4. 56±0. 13ab	+2. 05
	A3	2. 65±0. 14a	4. 86±0. 34ab	+2. 21
	A4	2. 58±0. 12a	4. 02±0. 26b	+1. 44
	A5	2. 36±0. 14a	4. 20±0. 28ab	+1. 84
	A6	2. 28±0. 13a	4. 41±0. 09ab	+2. 14
	A7	2. 58±0. 08a	5. 05±0. 07a	+2. 47
	A8	2. 35±0. 20a	4. 17±0. 62ab	+1. 82
	A9	2. 20±0. 16a	3. 95±0. 16b	+1. 75
	CK	2. 50±0. 22a	5. 01±0. 14a	+2. 51
20~40	A1	1. 14±0. 23a	2. 95±0. 23a	+1. 81
	A2	1. 38±0. 13a	3. 03±0. 08a	+3. 55
	A3	1. 36±0. 11a	3. 11±0. 14a	+1. 75
	A4	1. 14±0. 14a	2. 51±0. 14a	+1. 37
	A5	1. 22±0. 27a	2. 60±0. 31a	+1. 38
	A6	1. 36±0. 13a	2. 60±0. 22a	+1. 24
	A7	1. 44±0. 22a	3. 03±0. 20a	+1. 59
	A8	0. 99±0. 13a	2. 79±0. 33a	+1. 80
	A9	0. 98±0. 14a	2. 51±0. 14a	+1. 53
	CK	1. 36±0. 13a	2. 97±0. 13a	+3. 51
40~60	A1	0. 76±0. 23a	1. 97±0. 13a	+1. 21
	A2	0. 30±0. 08a	1. 82±0. 08a	+1. 52
	A3	0. 61±0. 05a	2. 05±0. 14a	+1. 44
	A4	0. 38±0. 06a	1. 89±0. 07a	+1. 51
	A5	0. 99±0. 15a	1. 90±0. 08a	+0. 91
	A6	0. 76±0. 28a	1. 97±0. 07a	+1. 21
	A7	0. 61±0. 06a	2. 14±0. 06a	+1. 53
	A8	0. 76±0. 07a	1. 82±0. 12a	+1. 06
	A9	0. 90±0. 20a	1. 82±0. 14a	+0. 92
	CK	0. 91±0. 14a	1. 97±0. 07a	+1. 06

表 3-108　不同水分调控处理下苜蓿草地不同土壤剖面碱解氮含量变化

土层深度/cm	处理	处理前/(mg/kg)	处理后/(mg/kg)	差值/(mg/kg)
0~20	A1	24. 73 ±1. 53a	29. 97±1. 34b	+5. 24
	A2	26. 46 ±1. 01a	29. 96±1. 52b	+3. 50
	A3	25. 57±1. 51a	30. 80±1. 51ab	+5. 23
	A4	24. 69±1. 47a	29. 97±1. 35b	+5. 28
	A5	24. 74±1. 53a	29. 98±1. 43b	+5. 24
	A6	24. 70±1. 47a	33. 58±1. 58ab	+6. 98
	A7	26. 45±2. 63a	32. 56±1. 54ab	+6. 11
	A8	24. 73±1. 49a	26. 51±1. 35c	+1. 78
	A9	23. 85±1. 03a	25. 59±1. 49c	+1. 74
	CK	25. 61±1. 52a	33. 48±1. 51a	+7. 87
20~40	A1	16. 86±1. 53a	20. 35±1. 50a	+3. 49
	A2	17. 74±1. 50a	20. 36±1. 49a	+2. 62
	A3	15. 99±3. 51a	21. 23±1. 01a	+5. 24
	A4	17. 75±1. 51a	19. 50±1. 32ab	+1. 75
	A5	15. 98±1. 01a	20. 35±1. 21a	+4. 37
	A6	17. 73±1. 51a	21. 22±1. 42a	+3. 49
	A7	17. 71±1. 53a	22. 07±1. 34a	+4. 36
	A8	18. 73±1. 50a	19. 48±1. 08ab	+0. 75
	A9	16. 00±3. 51a	17. 73±1. 55b	+1. 73
	CK	18. 60 ±1. 11a	22. 10±1. 50a	+3. 50
40~60	A1	10. 74±1. 04a	12. 48±1. 05a	+1. 74
	A2	13. 52±1. 03a	12. 50±1. 00a	+0. 88
	A3	10. 73±0. 09a	13. 36±1. 02a	+2. 63
	A4	13. 50±1. 01a	12. 30±0. 88a	+0. 70
	A5	13. 51±1. 50a	12. 49±1. 02a	+0. 88
	A6	12. 46±1. 02a	13. 35±0. 92a	+0. 89
	A7	12. 49±0. 08a	13. 36±0. 98a	+0. 87
	A8	10. 75±1. 13a	12. 50±1. 04a	+1. 75
	A9	10. 73±1. 01a	13. 52±1. 15a	+0. 89
	CK	10. 74 ± 1. 03a	13. 38±0. 95a	+2. 64

3.5.2.4　水分调控苜蓿草地土壤速效磷变化规律

由表 3-109 可以看出,在 0~20cm 土层,分枝期水分调控处理土壤速效磷含量表现为 A1>A2>A3>CK,A3 和 CK 处理显著低于 A1 和 A2;现蕾期水分调控各处理呈 A5>A4>A6>CK,各处理间差异不显著,但与 CK 处理差异显著($P<0.05$);全生育期水分调控处理速效磷含量呈 CK<A7<A8<A9,CK 显著低于 A7、A8 和 A9 处理,表明随水分调控程度的减轻土壤速效磷含量呈减小趋势;20~40 cm 土层,土壤速效磷含量随水分调控程度的减轻基本也呈降低趋势,A3、A7、CK 处理速效磷含量分别为 3.97 mg/kg、4.06 mg/kg、4.02 mg/kg,显著低于其他水分处理,且 CK 处理下速效磷含量最低,说明适量的水分促进了作物根系层对养分的运移和吸收,促进了苜蓿生长对营养物质的积累,进而降低了土壤养分含量,而过量的水分可能会引起土壤养分淋失。40~60 cm 土层,土壤速效磷含量随水分调控程度的减轻呈减低趋势,但各处理间差异也不显著,说明水分同样对 0~40 cm 土层速效磷含量影响较大。

表 3-109　不同水分调控处理下紫花苜蓿草地不同土壤剖面速效磷含量变化

土层深度/cm	处理	处理前/(mg/kg)	处理后/(mg/kg)	差值/(mg/kg)
0~20	A1	12.21±0.33a	8.17±0.14a	-4.04
	A2	12.48±0.15a	7.87±0.08a	-4.61
	A3	12.42±0.21a	6.97±0.13b	-5.45
	A4	12.51±0.16a	8.13±0.16a	-4.38
	A5	12.32±0.45a	8.22±0.08a	-4.10
	A6	12.07±0.08a	7.85±0.07a	-4.22
	A7	12.51±0.20a	7.99±0.32a	-4.52
	A8	12.27±0.26a	8.00±0.33a	-4.27
	A9	12.34±0.28a	8.08±0.34a	-4.26
	CK	12.20±0.27a	6.63±0.16b	-5.57
20~40	A1	9.22 ±0.26a	4.77±0.21a	-4.45
	A2	9.46 ±0.15a	4.73±0.23a	-4.73
	A3	9.30±0.15a	3.97±0.08b	-5.33
	A4	9.24±0.23a	4.86±0.23a	-4.38
	A5	9.27±0.19a	4.64±0.21a	-4.63
	A6	9.53±0.27a	4.59±0.34a	-4.94
	A7	9.37±0.35a	4.06±0.01b	-5.31
	A8	9.55±0.16a	4.59±0.13a	-4.96
	A9	9.50±0.13a	4.86±0.12a	-4.64
	CK	9.28±0.19a	4.02±0.16b	-5.26

续表 3-109

土层深度/cm	处理	处理前/(mg/kg)	处理后/(mg/kg)	差值/(mg/kg)
40~60	A1	2. 30±0. 08a	1. 59±0. 07a	-0. 71
	A2	2. 65±0. 20a	1. 55±0. 13a	-1. 10
	A3	2. 52±0. 20a	1. 32±0. 38a	-1. 20
	A4	2. 65±0. 21a	1. 41±0. 13a	-1. 24
	A5	2. 56±0. 34a	1. 37±0. 20a	-1. 19
	A6	2. 52±0. 20a	3. 58±0. 12a	-0. 84
	A7	2. 38±0. 28a	1. 32±0. 20a	-1. 06
	A8	2. 25±0. 20a	1. 37±0. 15a	-0. 88
	A9	2. 52±0. 15a	1. 41±0. 13a	-1. 11
	CK	2. 61±0. 14a	1. 33±0. 20a	-1. 28

3. 5. 2. 5　水分调控紫花苜蓿草地土壤速效钾变化规律

对比分析处理前后土壤速效钾含量(见表 3-110)可以看出,相同土层速效钾含量较处理前平均分别降低了 8. 01mg/kg、7. 87 mg/kg、3. 18 mg/kg,表明同速效磷含量变化趋势相同,在苜蓿草地水分调控处理后土壤速效钾含量降低,且 0~20 cm 和 20~40 cm 土层土壤速效钾含量较 40~60 cm 土层降低程度大,且相同土层速效钾含量较速效磷含量减少得更多,说明在苜蓿生长过程中应结合土壤钾含量及时按量施入钾肥。0~20 cm 土层,

表 3-110　不同水分调控处理下紫花苜蓿草地不同土壤剖面速效钾含量变化

土层深度/cm	处理	处理前/(mg/kg)	处理后/(mg/kg)	差值/(mg/kg)
0~20	A1	95. 34±1. 54a	87. 32±1. 03a	-8. 02
	A2	94. 05±4. 03a	87. 20±0. 71a	-6. 85
	A3	93. 10±2. 86a	85. 22±1. 52a	-7. 88
	A4	92. 12±1. 27a	87. 08±0. 35a	-5. 04
	A5	95. 97±1. 79a	86. 97±1. 77a	-9. 00
	A6	93. 91±1. 26a	86. 37±1. 17a	-7. 54
	A7	92. 81±0. 47a	82. 64±0. 53b	-10. 17
	A8	91. 86±1. 03a	85. 16±1. 21a	-6. 70
	A9	94. 02±3. 89a	86. 77±1. 89a	-7. 25
	CK	94. 48±1. 28a	82. 82±0. 41b	-13. 56

续表 3-110

土层深度/cm	处理	处理前/(mg/kg)	处理后/(mg/kg)	差值/(mg/kg)
20~40	A1	74. 68±2. 27a	68. 76±3. 42a	-5. 92
	A2	75. 17±4. 14a	67. 37±1. 42ab	-7. 80
	A3	75. 02±4. 63a	67. 41±0. 77ab	-7. 61
	A4	72. 76±0. 57a	68. 97±0. 95a	-3. 79
	A5	73. 79±2. 45a	68. 18±2. 62ab	-5. 61
	A6	76. 82±2. 27a	64. 64±3. 22ab	-12. 18
	A7	75. 85±1. 97a	64. 02±3. 14b	-11. 83
	A8	75. 22±3. 59a	66. 79±3. 06ab	-8. 43
	A9	73. 36±2. 44a	68. 36±0. 85ab	-5. 00
	CK	77. 44±2. 39a	66. 93±2. 44ab	-10. 51
40~60	A1	64. 97±1. 00a	60. 30±1. 26a	-4. 67
	A2	65. 09±1. 84a	61. 09±0. 74a	-4. 00
	A3	63. 99±1. 23a	60. 52±2. 94a	-3. 47
	A4	67. 22±2. 85a	63. 66±0. 92a	-3. 56
	A5	63. 48±1. 13a	63. 05±1. 00a	-0. 43
	A6	64. 79±1. 44a	62. 64±3. 56a	-2. 15
	A7	64. 06±3. 05a	60. 50±1. 54a	-3. 56
	A8	66. 91±0. 35a	62. 27±0. 95a	-4. 64
	A9	63. 45±1. 27a	63. 24±0. 91a	-0. 21
	CK	65. 50±5. 46a	60. 40±1. 82a	-5. 10

随水分调控程度的减轻，土壤速效钾含量呈降低趋势，轻度水分调控分枝期较现蕾期有利于苜蓿吸收土壤中的钾元素；20~40 cm 土层，A7 处理下土壤速效钾含量最低，为 64. 02 mg/kg，显著低于 A1、A4 处理，与其他处理差异不显著，土壤速效钾含量随水分调控程度的减轻基本也呈降低趋势；40~60 cm 土层，土壤速效钾含量变化趋势也随水分调控程度的减轻基本呈降低趋势，但各处理之间差异不显著。

3. 5. 3　水分调控对苜蓿耗水特性的影响

2017 年各试验处理下苜蓿在不同生育时期的实际灌水量和耗水量如表 3-111 所示，可以看出，不论是生育时期还是全生育期水分调控，随着水分调控程度的加重，灌溉量降低。两茬次苜蓿全生育期重度水分调控 A9 处理试验期间平均灌水量最少，分别为 53.83 mm 和 61.16 mm，相同水分调控处理下第二茬次全生育期苜蓿灌水量略低于第三茬次灌水量，虽然第二茬次各生育时段平均气温和蒸发量相对较高，但第三茬次苜蓿分枝期和现蕾期生育时期较第二茬次历时相对较长，且第二茬次有效降水量主要集中在分枝期，高于第三茬次有效降水量。苜蓿在不同生育时期水分调控处理耗水量不同，从表 3-111 可以看出，紫花苜蓿耗水量随灌溉量的增加而增加，两茬次苜蓿全生育期在充分灌溉处理下灌水量最高，耗水量也最高，分别为 210.70 mm、209.58 mm、240.74 mm 和 218.21 mm，全生育期中度 A8 和重度 A9 水分调控处理下耗水量最少，分别为 110.37 mm、86.86 mm、94.40 mm 和 70.46 mm，且第二茬次苜蓿耗水量高于第三茬次耗水量。

表 3-111　2017 年试验期间各处理不同生育时期平均灌水量和耗水量　单位：mm

处理	第二茬				第三茬			
	灌水量			耗水量	灌水量			耗水量
	分枝期	现蕾期	全生育期		分枝期	现蕾期	全生育期	
A1	34.23	101.57	135.80	166.43	37.56	106.57	144.13	153.36
A2	56.72	82.66	139.38	161.91	64.72	86.00	150.71	151.51
A3	82.99	114.44	197.43	228.46	86.32	116.10	202.42	212.06
A4	103.98	15.76	119.74	155.77	97.04	13.09	110.14	118.84
A5	107.08	34.71	141.79	179.62	101.17	28.00	129.17	143.27
A6	106.86	58.95	165.81	205.84	101.20	53.51	152.81	171.78
A7	74.76	41.91	116.67	144.37	78.76	49.91	128.67	142.97
A8	51.36	35.31	86.67	110.37	55.79	37.65	93.44	94.40
A9	34.08	19.75	53.83	86.86	39.08	22.08	61.16	70.46
CK	123.26	87.44	210.70	240.74	130.58	79.00	209.58	218.21

2018 年各试验处理下苜蓿实际灌水量和耗水量如表 3-112 所示，充分灌溉（CK）处理下全生育期苜蓿灌溉量和耗水量最高，分别为 532.24 mm、739.44 mm，且随着水分调控程度的加重而降低；同一水分调控处理下不同茬次苜蓿实际灌水量和耗水量随着刈割茬次的增加呈先降低后增加趋势，充分灌溉（CK）处理下第一茬次灌水量和耗水量最高分别为 229.00 mm 和 264 mm，轻度水分调控处理下各茬次耗水量分别为 240.61 mm、149.87 mm、163.63 mm 和 130.81 mm，较充分灌溉分别降低了 9.10%、5.63%、6.24%和 7.95%。

表 3-112 2018 年试验期间各处理不同茬次平均灌水量和耗水量 单位：mm

处理	第一茬		第二茬		第三茬		第四茬		总灌溉量	总耗水量
	灌溉量	耗水量	灌溉量	耗水量	灌溉量	耗水量	灌溉量	耗水量		
CK	229.00	264.00	105.22	158.82	89.12	174.52	108.90	142.10	532.24	739.44
LD	205.61	240.61	96.27	149.87	78.23	163.63	97.61	130.81	477.72	684.92
MD	189.48	224.48	81.90	135.50	72.48	157.88	87.03	120.23	430.88	638.08
SD	121.02	156.02	63.23	116.83	65.09	150.49	68.75	101.95	318.08	525.28

3.5.4 水分调控对苜蓿生长指标的影响

3.5.4.1 水分调控对紫花苜蓿株高的影响

图 3-111 反映了 2017 年第二茬苜蓿不同生育时期水分调控株高变化规律，从图 3-111 可以看出，不同生育时期水分调控对紫花苜蓿株高影响显著。在分枝期各水分调控处理下，株高随水分调控程度的减轻呈递增趋势，表现为 A1<A2<A3，显著低于充分灌溉 CK 处理（$P<0.05$）；全生育期水分调控 A7、A8 和 A9 处理株高也随水分调控程度的加重而降低，表现为 A7>A8>A9，且也显著低于 CK 处理，说明分枝期重度水分调控对苜蓿株高生长抑制作用较大，不利于株高生长。在现蕾期各水分处理下，处理 A1、A2、A3 在此阶段得到复水并表现出较强的补偿效应，株高增加明显，且表现为 A1<A2<A3，A1 和 A2 处理株高显著低于 CK 处理，而 A3 处理与 CK 处理差异不显著；现蕾期各水分处理下，株高呈 A4<A5<A6，A6 处理株高显著高于 A4 和 A5 处理，与 CK 处理差异不显著，随着水分调控程度的降低呈递增趋势，说明现蕾期轻度水分调控不会引起苜蓿株高明显的降低，但重度和中度水分调控会使苜蓿生长减缓影响株高；全生育期水分调控处理株高随调控程度的加重呈递减趋势，表现为 A7>A8>A9，A7 处理株高显著高于 A8 和 A9 处理，与 CK 处理差异不显著，各水分处理下，A9 处理株高最低为 72.47 cm，较 CK 处理低 16.00 cm，A1 和 A2 处理株高较 A4 和 A5 处理高，说明分枝期适度水分调控较现蕾期更有利于苜蓿株高的生长。

图 3-112 为 2017 年不同生育时期水分调控处理对第三茬苜蓿株高的影响，可以看出，随着刈割茬次的增加，株高呈第二茬>第三茬。第三茬苜蓿随水分调控处理株高同第二茬株高变化趋势基本相同。研究表明，不同生育时期水分调控对苜蓿株高影响不同，随水分调控程度的减轻株高呈递增趋势，分枝期水分调控在现蕾期复水后，株高生长表现出一定的补偿效应，分枝期水分调控较现蕾期更有利于苜蓿株高生长，分枝期轻度水分调控后进行复水和现蕾期及全生育期轻度水分调控下株高与充分灌溉处理株高无显著差异，不会引起苜蓿株高显著降低。

2018 年水分调控对株高的影响如图 3-113 所示，第一茬紫花苜蓿在 CK 处理下的株高为 100 cm，LD 处理较 CK 处理降低了 2%，MD、SD 处理较 CK 处理分别降低了 14%、

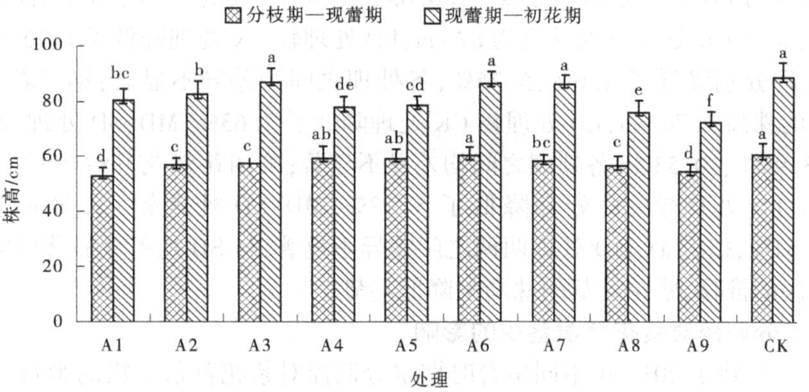

图 3-111　不同生育时期水分调控对第二茬紫花苜蓿株高的影响

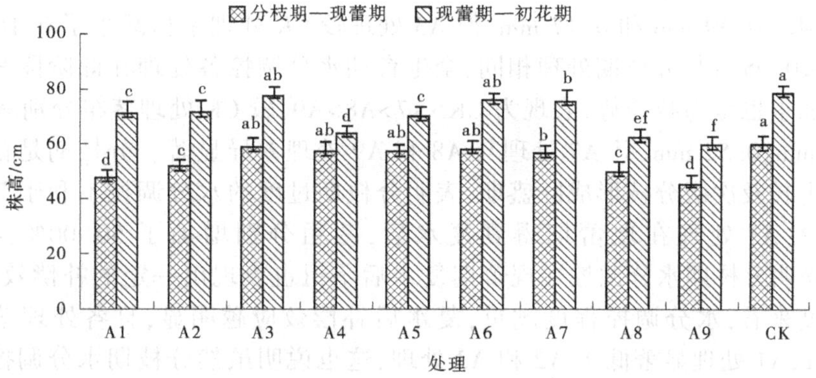

图 3-112　不同生育时期水分调控对第三茬紫花苜蓿株高的影响

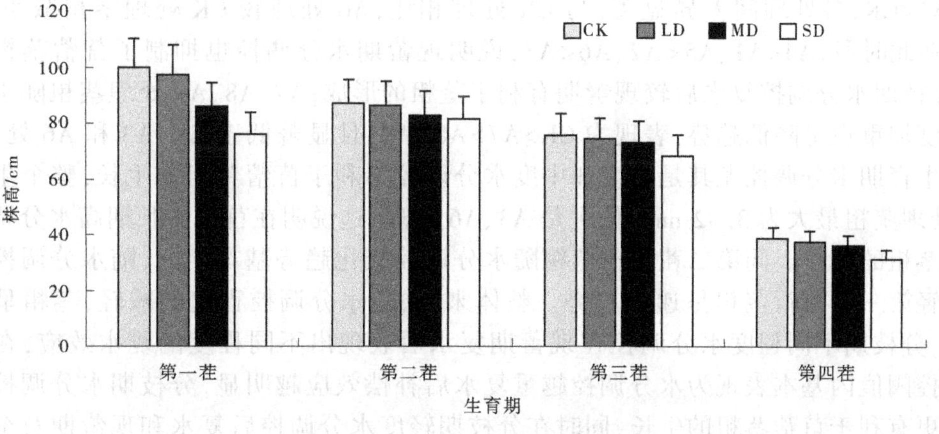

图 3-113　水分调控对不同茬次紫花苜蓿株高的影响

24%，CK 处理与 LD 处理差异不显著（$P>0.05$），与 MD、SD 处理均差异显著（$P<0.05$）；第二茬紫花苜蓿在 CK 处理下的株高为 87 cm，LD 处理较 CK 处理降低了 1.15%，MD、SD 处理较 CK 处理分别降低了 4.6%、5.75%，各处理之间均差异不显著；第三茬紫花苜蓿在 CK 处理下的株高为 76 cm，LD 处理较 CK 处理降低了 2.63%，MD、SD 处理较 CK 处理分别降低了 3.95%、10.53%，各处理之间均差异不显著；第四茬紫花苜蓿在 CK 处理下的株高为 39 cm，LD 处理较 CK 处理降低了 5.13%，MD、SD 处理较 CK 处理分别降低了 7.69%、20.51%，CK、LD、MD 处理两两之间差异不显著，与 SD 均差异显著（$P<0.05$）。此外，随着茬次的推移，紫花苜蓿的株高呈降低趋势。

3.5.4.2　水分调控对紫花苜蓿茎粗的影响

表 3-113 反映了 2017 年不同生育时期水分调控对紫花苜蓿茎粗的影响。由表 3-113 可以看出，随着刈割茬次的增加，茎粗呈第二茬>第三茬。第二茬苜蓿茎粗在分枝期不同水分调控处理下，A1、A2、A3 处理茎粗存在显著差异，且茎粗随水分调控程度的减轻呈增加趋势，基本表现为 A1<A2<A3<CK，分枝期轻度水分调控 A3 处理较 A1 和 A2 处理茎粗分别高 0.39 mm 和 0.17 mm，但 A3 处理较 CK 处理茎粗减小了 0.16 mm，差异也显著（$P<0.05$）；与分枝期处理相同，全生育期水分调控各处理在此阶段茎粗随水分调控程度加重也呈递减趋势，表现为 CK>A7>A8>A9，较 CK 处理茎粗分别减小了 0.14 mm、0.38 mm、0.52 mm，且 A7 处理与 A8 和 A9 处理差异显著。分枝期是苜蓿植株增高和主茎生长及次级分枝形成旺盛期，表明分枝期过度的水分调控不利于苜蓿茎粗生长。A1、A2、A3 处理在现蕾期得到复水后，茎粗分别增加了 50.00%、46.74% 和 44.49%，表明分枝期水分调控在现蕾期复水后茎粗也表现出一定的补偿效应，且从茎粗增加幅度来看，水分调控程度越重，复水后补偿效应越明显，且各处理茎粗表现为 A3>A2>A1，A1 处理显著低于 A2 和 A3 处理，这也说明虽然分枝期水分调控在现蕾期复水后得到了明显的补偿效应，但过度的水分调控也会造成补偿效应不明显或得不到最大补偿效应值；A4、A5、A6 处理在现蕾期茎粗较分枝期对应处理茎粗分别增加了 4.00%、20.36%、25.95%，现蕾期茎粗也随水分调控程度的减轻而增加，表现为 A4<A5<A6<CK，各处理间差异显著，与 CK 处理相比，A6 处理较 CK 处理茎粗减小 0.28 mm，在此时段，A4<A1、A5<A2、A6<A3，说明现蕾期水分调控也抑制了苜蓿茎粗的生长，分枝期水分调控复水后较现蕾期有利于茎粗的形成；A7、A8、A9 处理茎粗随水分调控程度加重也呈降低趋势，表现为 CK>A7>A8>A9，且显著低于 CK、A3 和 A6 处理，说明全生育期水分调控尤其是重度和中度水分调控不利于苜蓿茎粗的生长，整个生育期 CK 处理茎粗最大为 3.92 mm，依次是 A3、A6 处理，这说明在苜蓿生长期高水分调控有利于茎粗的生长。同第二茬苜蓿茎粗随水分调控变化趋势基本相同，随水分调控程度的减轻第三茬苜蓿茎粗呈递增趋势。整体来看，随水分调控程度的减轻，茎粗呈增加趋势，分枝期不同程度水分调控在现蕾期复水后表现出不同程度的复水效应，在适度的调控阈值内基本表现为水分调控越重复水后补偿效应越明显，分枝期水分调控较现蕾期更有利于苜蓿茎粗的生长，同时在分枝期轻度水分调控后复水和现蕾期及全生育期轻度水分调控下也不会引起苜蓿茎粗显著减小。

表 3-113　2017 年不同生育时期水分调控对紫花苜蓿茎粗的影响　单位：mm

处理	第二茬		第三茬	
	分枝期—现蕾期	现蕾期—初花期	分枝期—现蕾期	现蕾期—初花期
A1	2. 24±0. 21e	3. 36±0. 25c	1. 74±0. 40c	2. 79±0. 41cd
A2	2. 46±0. 26c	3. 61±0. 33b	2. 05±0. 39ab	2. 85±0. 39bc
A3	2. 63±0. 27b	3. 80±0. 27ab	2. 18±0. 44ab	3. 17±0. 47a
A4	2. 86±0. 34a	2. 98±0. 20ef	2. 20±0. 46a	2. 70±0. 40cd
A5	2. 80±0. 22a	3. 37±0. 25c	2. 27±0. 37ab	3. 06±0. 36ab
A6	2. 89±0. 39a	3. 64±0. 32b	2. 32±0. 41a	3. 16±0. 34a
A7	2. 65±0. 26b	3. 25±0. 37cd	2. 16±0. 34a	2. 65±0. 46cde
A8	2. 41±0. 32cd	3. 08±0. 25de	1. 94±0. 39ab	2. 54±0. 40de
A9	2. 27±0. 30de	2. 81±0. 32f	1. 71±0. 36c	2. 39±0. 41e
CK	2. 79±0. 24a	3. 92±0. 33a	2. 29±0. 30a	3. 30±0. 47a

2018 年水分调控对茎粗的影响如图 3-114 所示。4 茬紫花苜蓿茎粗随着水分调控的加剧均呈降低趋势；而且从第一茬到第四茬同一处理均呈降低趋势。第一茬紫花苜蓿在 CK 处理下的茎粗为 3. 73 mm，LD 处理较 CK 处理降低了 3. 49%，MD、SD 处理较 CK 处理分别降低了 6. 97%、9. 65%，CK 处理与 LD 处理和 MD 处理差异不显著，与 SD 处理差异显著（$P<0.05$），LD 处理与 MD 处理和 SD 处理差异不显著。第二茬紫花苜蓿在 CK 处理下的茎粗为 3. 57 m，LD 处理较 CK 处理降低了 1. 96%，MD、SD 处理较 CK 处理分别降低了 6. 72%、14. 57%，CK 处理与 LD 处理和 MD 处理差异不显著，与 SD 处理差异显著（$P<0.05$），LD 处理与 MD 处理和 SD 处理差异不显著。第三茬紫花苜蓿在 CK 处理下的茎粗为 3. 13 mm，LD 处理较 CK 处理降低了 3. 19%，MD、SD 处理较 CK 处理分别降低了 4. 15%、5. 43%，各处理之间均差异不显著。第四茬紫花苜蓿在 CK 处理下的茎粗为 2. 36 mm，LD 处理较 CK 处理降低了 4. 24%，MD、SD 处理较 CK 处理分别降低了 5. 51%、7. 2%，各处理之间均差异不显著。

3. 5. 4. 3　水分调控对紫花苜蓿茎叶比的影响

由图 3-115 可以看出，随着刈割次数的增加，茎叶比呈第二茬>第三茬。在分枝期水分调控处理下，两茬苜蓿茎叶比都表现为 A1>A3>A2，随水分调控程度的减轻呈先增加后降低的趋势；全生育期水分调控处理茎叶比呈 CK>A9>A8>A7，也随水分调控程度的减轻呈先增加后减小的趋势，在 A7、A8 处理下第二茬苜蓿茎叶比显著低于 A9 处理，而第三茬苜蓿在 A7、A8、A9 处理下茎叶比差异不显著，且除了在 A9 处理下第二茬苜蓿茎叶比与 CK 差异不显著，第二、第三茬苜蓿茎叶比在 A7、A8、A9 处理下都显著低于 CK 处理，说明

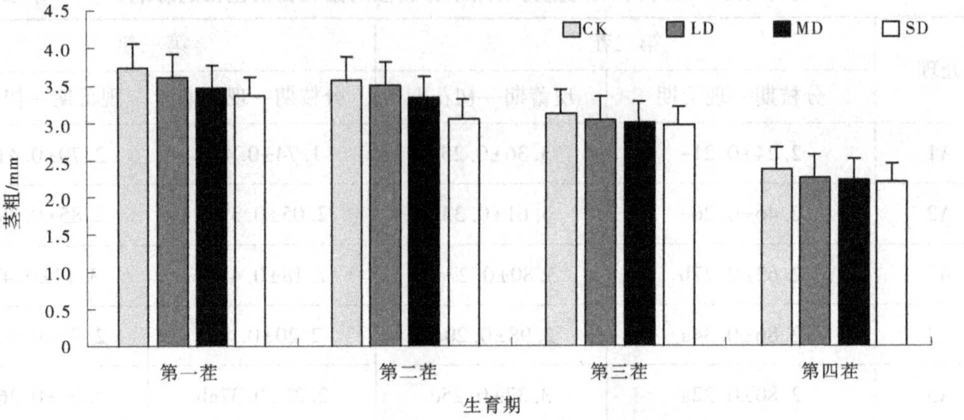

图 3-114 水分调控条件下不同茬次紫花苜蓿茎粗的变化

适度的水分调控可以降低苜蓿干重茎叶比，但过度的水分调控处理不利于叶生长，反而提高了苜蓿的茎叶比，不利于苜蓿品质的提高。现蕾期水分调控处理 2 茬苜蓿茎叶比表现为 A4<A5<A6，说明现蕾期重度和中度水分调控处理也可降低苜蓿茎叶比；整体来看，现蕾期水分调控处理下 2 茬苜蓿的茎叶比较分枝期水分处理的高，说明在分枝期适度水分调控处理较现蕾期也有利于降低苜蓿茎叶比，2 茬苜蓿在全生育期轻度水分调控 A7 处理下茎叶比最小，分别为 1.29 和 0.88。

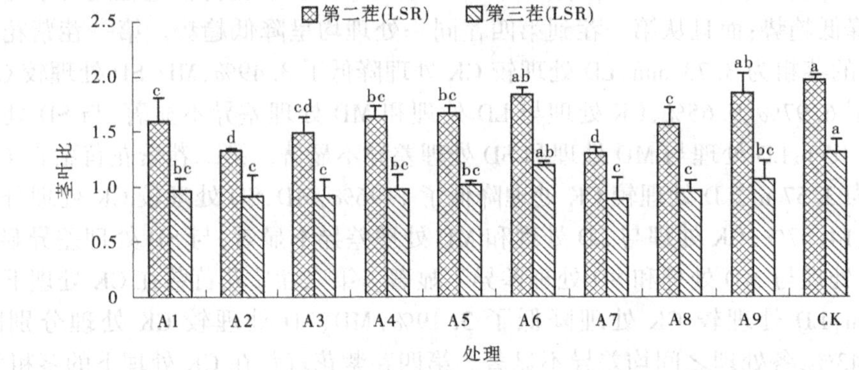

图 3-115 不同生育时期水分调控处理对紫花苜蓿茎叶比的影响

图 3-116 反映了 2018 年不同水分调控处理对紫花苜蓿茎叶比的影响。水分调控对第四茬紫花苜蓿茎叶比无显著影响，其茎叶比分别为 1.14、1.11、1.11、1.13；第一茬紫花苜蓿随着水分调控的加剧茎叶比先减小后增加，其茎叶比分别为 1.94、1.73、1.75、1.86；第二、第三茬紫花苜蓿随着水分调控的加剧茎叶比逐渐减小，2 茬茎叶比按水分调控加剧依次为 3.54、1.48、1.44、1.37、3.55、1.44、1.36、1.29。

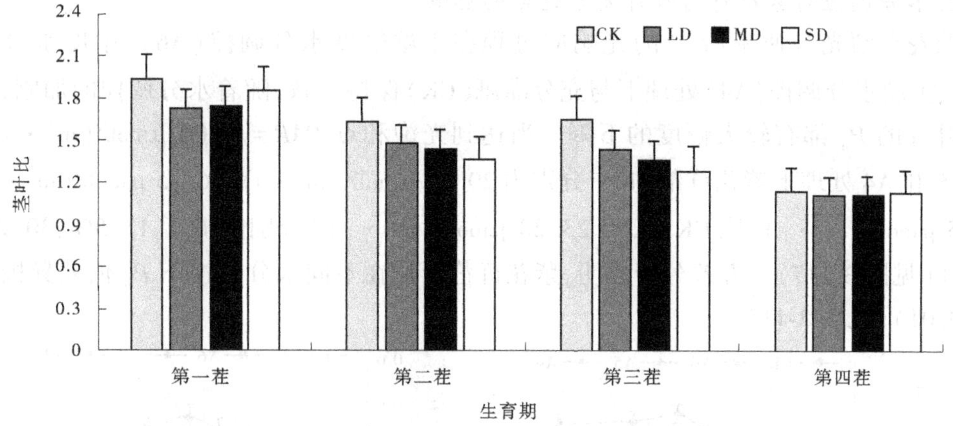

图 3-116　水分调控处理下不同茬次紫花苜蓿茎叶比的变化

3.5.5　水分调控对紫花苜蓿生理生长的影响

3.5.5.1　2017 年水分调控对现蕾期紫花苜蓿光合作用的影响

1. 水分调控下紫花苜蓿的光合作用-光响应特征参数的变化

随着土壤水分调控程度的加剧，紫花苜蓿的最大净光合速率（P_{nmax}）、表光量子效率（*AQY*）、光饱和点（*LSP*）均呈逐渐下降趋势；而暗呼吸速率（*RD*）、光补偿点（*LCP*）均呈逐渐升高趋势（见表 3-114）。*AQY* 各处理之间均达到显著水平（$P<0.05$），与充分灌溉（CK）相比，A6、A5 和 A4 三种水分调控处理下 *AQY* 分别降低了 19%、26.2% 和 35.7%。P_{nmax} 各处理间差异显著（$P<0.05$），与充分灌溉（CK）相比，轻度水分调控（A6）、中度水分调控（A5）和重度水分调控（A4）三种水分调控处理下 P_{nmax} 分别降低了 13.5%、29.3% 和 44%。*RD* 的 CK 与 A6 处理、A6 与 A5 处理、A5 与 A4 处理之间差异不显著，其他处理两两之间都达到显著水平（$P<0.05$）。*LCP* 除 A6 与 A5 处理之间的差异不显著外，其他处理之间都达到了显著水平（$P<0.05$）。其中，与 CK 处理相比，A6、A5 和 A4 三种水分调控处理下 *LCP* 分别增加了 14%、18.4% 和 32.2%。*LSP* 的 CK 与 A5 处理之间差异不显著，但 A5 和 A4 处理差异显著，从 1 200 μmol/（m^2·s）下降到了 1 000 μmol/（m^2·s）、800 μmol/（m^2·s）（见表 3-114）。

表 3-114　水分调控下紫花苜蓿的光合作用-光响应特征参数

处理	表光量子效率 *AQY*/（μmol/μmol）	最大净光合速率 P_{nmax}/[μmol/（m^2·s）]	暗呼吸速率 *RD*/[μmol/（m^2·s）]	光补偿点 *LCP*/[μmol/（m^2·s）]	光饱和点 *LSP*/[μmol/（m^2·s）]
CK	0.042±0.010a	23.28±0.359a	2.20±0.170a	52.89±2.646c	1 200
A6	0.034±0.006b	20.58±0.377b	2.08±0.013ab	60.27±1.155b	1 200
A5	0.031±0.001c	16.47±0.346c	1.94±0.033bc	62.60±0.577b	1 000
A4	0.027±0.012d	13.05±0.115d	1.86±0.037c	69.91±3.512a	800

注：不同小写字母表示在 0.05 水平上差异显著（$P<0.05$）。

2. 水分调控对紫花苜蓿叶片光合速率的影响

紫花苜蓿光合速率(P_n)的光响应过程在土壤轻度水分调控(A6)、中度水分调控(A5)、重度水分调控(A4)处理下与充分灌溉(CK)保持一致,随着水分调控的加剧,紫花苜蓿叶片的 P_n 都有较大幅度的下降。当达到光饱和点 $PAR=1\ 200\ \mu mol/(m^2 \cdot s)$ 时,A6、A5 和 A4 处理下紫花苜蓿的 P_n 分别为 20.58 μmol/(m² · s)、16.25 μmol/(m² · s)和 12.05 μmol/(m² · s),比 CK 处理[23.28 μmol/(m² · s)]分别降低了 13.5%、30.2%和 48.2%(见图 3-117)。方差分析表明,紫花苜蓿叶片在不同水分调控下 P_n 值差异极显著($P<0.01$)(见表 3-115)。

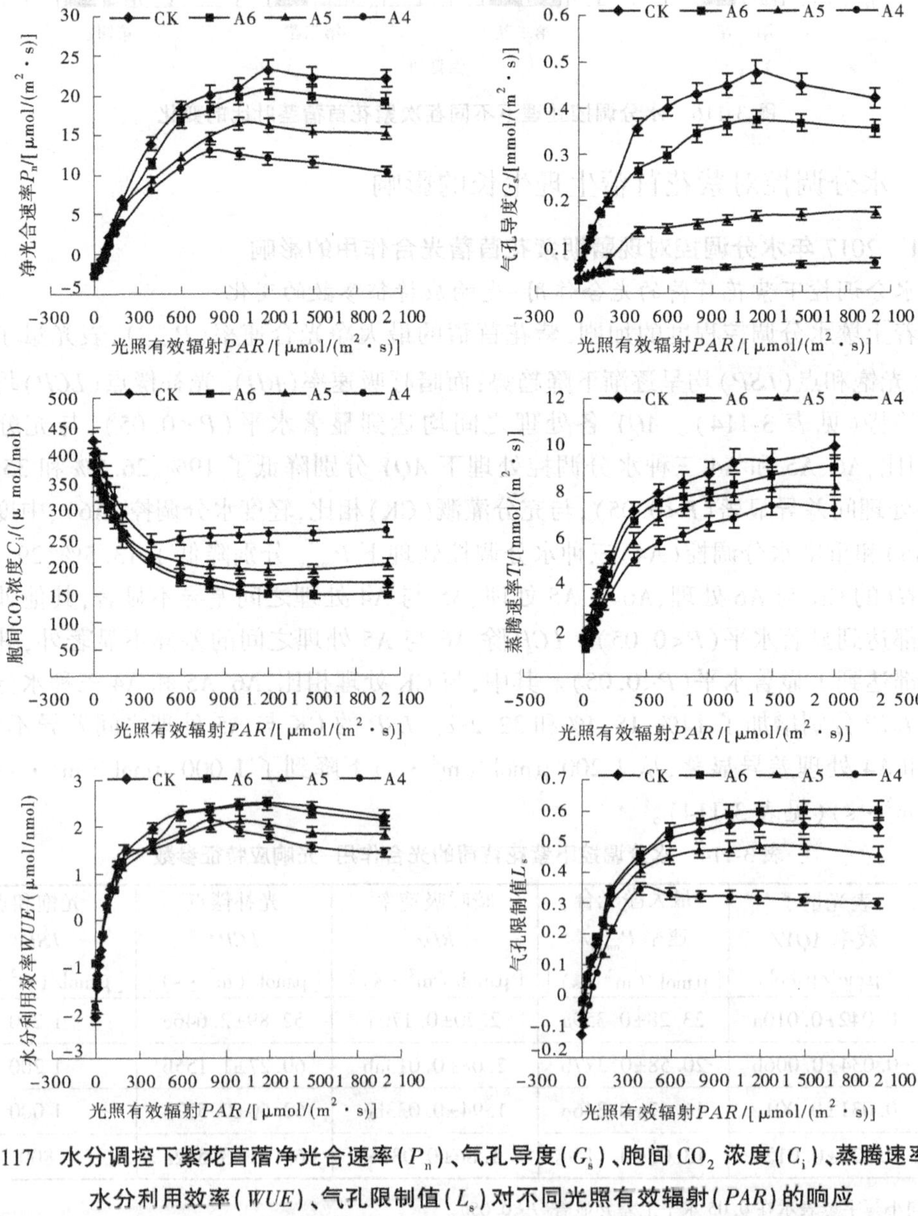

图 3-117 水分调控下紫花苜蓿净光合速率(P_n)、气孔导度(G_s)、胞间 CO_2 浓度(C_i)、蒸腾速率(T_r)、水分利用效率(WUE)、气孔限制值(L_s)对不同光照有效辐射(PAR)的响应

表 3-115　水分调控下紫花苜蓿光合生理特征(±标准差)

处理	净光合速率 P_n/[μmol/(m^2·s)]	气孔导度 G_s/[mmol/(m^2·s)]	胞间 CO_2 浓度 C_i/(μmol/mol)	蒸腾速率 T_r/[mmol/(m^2·s)]	水分利用效率 WUE/(μmol/mmol)	气孔限制值 L_s
CK	23.28±0.36Aa	0.48±0.036Aa	165.48±3.10Cc	9.36±0.40Aa	2.49±0.32Aa	0.56±0.08Bb
A6	20.58±0.38Bb	0.38±0.038Bb	151.80±2.69Dd	8.62±0.41Bb	2.39±0.15Aa	0.60±0.07Aa
A5	16.47±0.35Cc	0.16±0.010Cc	196.67±1.95Bb	7.79±0.10Cc	2.11±0.35Bb	0.49±0.05Cc
A4	12.51±0.12Dd	0.05±0.030Dd	254.72±2.74Aa	6.11±0.13Dd	1.90±0.46Cc	0.32±0.07Dd

注:大写字母表示 $P<0.01$ 显著水平,小写字母表示 $P<0.05$ 显著水平,同列中标注相同字母的值之间差异不显著。

3. 水分调控对紫花苜蓿叶片气孔导度的影响

充分灌溉条件下,紫花苜蓿的气孔导度(G_s)随光照有效辐射的增加呈逐渐上升的趋势。当光照强度小于光补偿点时,上升幅度较小;而当光照强度大于光补偿点时,上升幅度比较大。当光照有效辐射 PAR=1 200 μmol(m^2·s)时,A6、A5 和 A4 处理下紫花苜蓿的 G_s 分别为 0.38 mmol/(m^2·s)、0.17 mmol/(m^2·s)和 0.06 mmol/(m^2·s),比 CK 处理[0.48 mmol/(m^2·s))]分别降低了 20.8%、64.6%和 87.5%(见图 3-117)。方差分析表明,紫花苜蓿在不同水分调控下 G_s 差异极显著($P<0.01$)(见表 3-115)。

4. 水分调控对紫花苜蓿叶片蒸腾速率的影响

充分灌溉条件下,紫花苜蓿蒸腾速率(T_r)在光照有效辐射 PAR=1 200 μmol/(m^2·s)时的值为 9.36 mmol/(m^2·s),随着水分调控的加剧,T_r 也大幅度的下降,与 CK 处理相比,A6 处理[8.32 mmol/(m^2·s)]、A5 处理[7.92 mmol/(m^2·s)]和 A4 处理[6.81 mmol/(m^2·s)]处理下紫花苜蓿的 T_r 分别降低了 11.1%、15.4%和 27.2%(见图 3-117)。方差分析表明,紫花苜蓿在不同水分调控下 T_r 差异极显著($P<0.01$)(见表 3-115)。

5. 水分调控对紫花苜蓿叶片胞间 CO_2 浓度的影响

充分灌溉条件下,当光照强度小于光补偿点时,叶片胞间 CO_2 浓度(C_i)随着光照强度的增加而迅速变小;当光照强度大于光饱和点时,C_i 曲线随着光照强度的增加而逐渐变得平缓并出现上升趋势。随着水分调控的加剧,在光照有效辐射 PAR = 1 200 μmol/(m^2·s)左右时,A6 处理下的 C_i 值低于 CK 处理,A5、A4 处理下的 C_i 值高于 CK(见图 3-117),方差分析表明,紫花苜蓿在不同水分调控下 G_s 差异极显著($P<0.01$)(见表 3-115)。

6. 水分调控对紫花苜蓿叶片水分利用效率的影响

在 A6、A5 和 A4 处理下,紫花苜蓿叶片水分利用效率(WUE)的光响应过程基本与 CK 处理相同,表现为随着 PAR 的由强到弱,均由较快增加转变为缓慢增加的过程(见图 3-117)。当光照强度 PAR=1 200 μmol/(m^2·s)时,CK 与 A6 处理无显著差异,与 A5、A4 处理差异极显著($P<0.01$)(见表 3-115)。

7. 水分调控对紫花苜蓿叶片气孔限制值的影响

充分灌溉下,紫花苜蓿的气孔限制值(L_s)在光照有效辐射 PAR=1 200 μmol/(m^2·s)

的值为0.56,随着水分调控的加剧,A6(0.60)处理下的 L_s 有较小幅度的上升,与CK处理相比上升了7.1%,A5(0.49)、A4(0.32)处理下的 L_s 降低,与CK处理相比降低了12.5%、42.9%(见图3-117)。方差分析表明,紫花苜蓿在不同水分调控下 L_s 值差异极显著($P<0.01$)(表3-115)。

8. 紫花苜蓿光合生理参数的相关性分析

紫花苜蓿光合生理参数的相关性分析:紫花苜蓿叶片的 *WUE* 与 P_n、G_s、T_r 呈极显著正相关,与 L_s 呈显著正相关,与 C_i 呈极显著负相关;P_n 与 G_s、T_r、L_s 呈极显著正相关,与 C_i 呈极显著负相关,与 G_s 相关系数达0.994;G_s 与 T_r、L_s 呈极显著正相关,与 C_i 呈极显著负相关;C_i 与 T_r、L_s 呈极显著负相关,与 L_s 相关系数达1.000;T_r 与 L_s 呈极显著正相关(见表3-116)。

表3-116 紫花苜蓿光合生理参数的相关性分析

指标	水分利用效率 *WUE*	净光合速率 P_n	气孔导度 G_s	胞间 CO_2 浓度 C_i	蒸腾速率 T_r	气孔限制值 L_s
WUE	1					
P_n	0.917**	1				
G_s	0.934**	0.994**	1			
C_i	−0.694**	−0.905**	−0.893**	1		
T_r	0.748**	0.951**	0.927**	−0.971**	1	
L_s	0.695*	0.906**	0.893**	−1.000**	0.972**	1

注:**表示在0.01水平上差异显著($P<0.01$),*表示在0.05水平上差异显著($P<0.05$)。

3.5.5.2 2018年水分调控对不同茬次紫花苜蓿光合速率日变化的影响

光合速率是反映作物光合效率的重要指标之一。如图3-118所示,4茬紫花苜蓿在水分调控下的净光合速率(P_n)的日变化呈两种趋势,第一茬呈"双峰"趋势,第三茬和第四茬呈"单峰"趋势,第二茬则呈以上2种趋势。

第一茬紫花苜蓿各水分处理下的 P_n 从8:00至12:00持续上升,在12:00左右时出现第一峰值,为全天最大值,以CK处理最大,其值为21.24 μmol/(m²·s),其次为LD处理[20.26 μmol/(m²·s)]、MD处理[18.67 μmol/(m²·s]、SD处理[16.31 μmol/(m²·s)],CK与LD无显著差异,与MD、SD差异显著($P<0.05$)。之后,两者都开始下降,当到14:00左右时,出现光合"午休"现象,其值下降到14.37 μmol/(m²·s)。在16:00左右时,出现第二峰值,以CK为最大,其值为19.42 μmol/(m²·s),较LD、MD、SD分别增大了0.5%、18.1%、34.2%,CK与LD无显著差异,与MD、SD差异显著($P<0.05$),16:00之后持续下降。

第二茬紫花苜蓿在CK和LD的 P_n 呈"双峰"趋势,从8:00至12:00持续上升,在12:00左右时,P_n 出现第一峰值,为全天最大值,以CK处理最大,其值为25.74 μmol/(m²·s)。之后,两者都开始下降,当到14:00左右时,出现光合"午休"现象,其值下降到13.29 μmol/(m²·s)。在16:00左右时,出现第二峰值,其值分别为为17.37 μmol/(m²·s)、

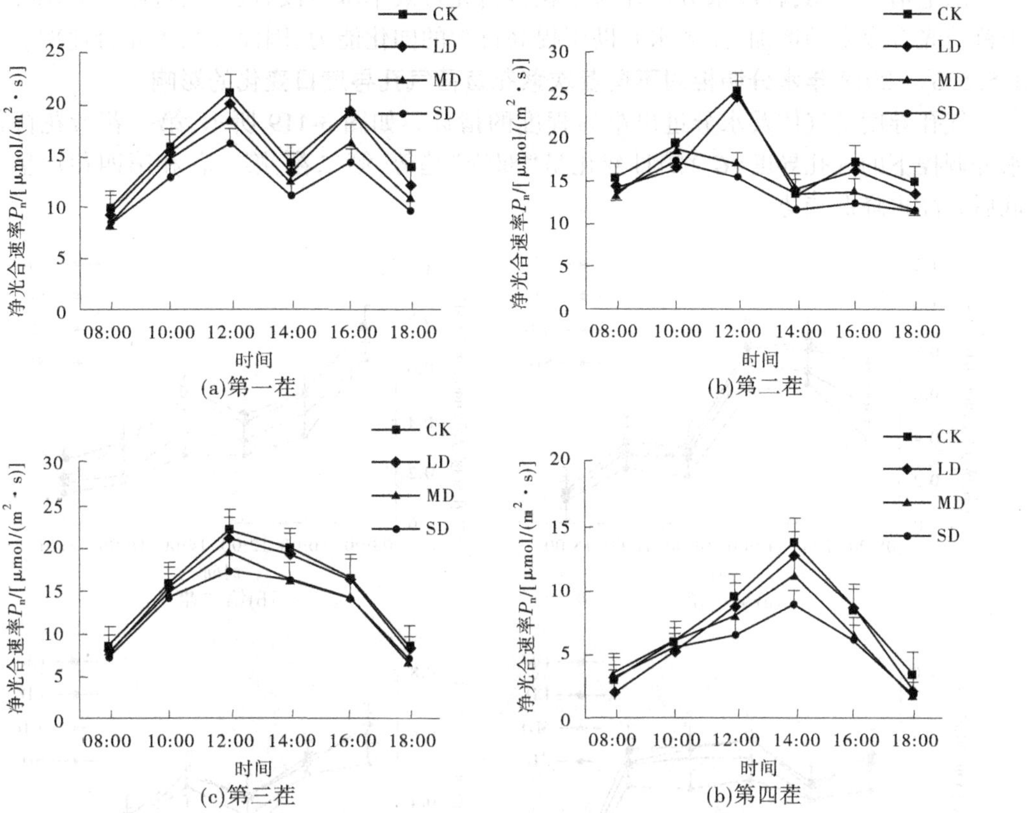

图 3-118　水分调控处理不同茬次紫花苜蓿的净光合速率日变化

16.36 μmol/(m^2·s)。MD 和 SD 的 P_n 的日变化呈"单峰"趋势，其峰值提前，在 12:00 左右时，P_n 出现最大值，依次为 18.88 μmol/(m^2·s)、17.28 μmol/(m^2·s)。之后持续下降，到 14:00 左右时略有回升，之后又开始下降。

第三茬紫花苜蓿的 P_n 呈"单峰"趋势，在 8:00 左右时的 P_n 随着水分调控的加剧其值依次为 8.31 μmol/(m^2·s)、7.29 μmol/(m^2·s)、7.79 μmol/(m^2·s)、7.24 μmol/(m^2·s)。在 12:00 左右时，不同水分处理下的 P_n 出现峰值，以 CK 处理最大，其值为 22.22 μmol/(m^2·s)，其次为 LD 处理[21.24 μmol/(m^2·s)]、MD 处理[19.81 μmol/(m^2·s)]、SD 处理[17.45 μmol/(m^2·s)]，CK 与 LD 处理无显著差异，与 MD、SD 处理差异显著(P<0.05)。之后，各处理都开始下降，除 CK 处理外，其他 3 个处理下降到全天最小值，其值分别为 7.17 μmol/(m^2·s)、6.73 μmol/(m^2·s)、6.82 μmol/(m^2·s)。

第四茬紫花苜蓿的 P_n 也呈"单峰"趋势，在 8:00 左右时的 P_n 从大到小其值依次为 LD 处理[21.24 μmol/(m^2·s)]、MD 处理[19.81 μmol/(m^2·s)]、SD 处理[17.45 μmol/(m^2·s)]。之后各处理的 P_n 开始上升，在 14:00 左右时，P_n 出现最大值，以 CK 处理最大，其值为 13.99 μmol/(m^2·s)，较 LD、MD、SD 处理分别增大了 7%、18.4%、35.2%，CK 与 LD 处理无显著差异，与 MD、SD 处理差异显著(P<0.05)，随后各处理的 P_n 逐渐下降。

以上情况表明,轻度水分调控对紫花苜蓿光合效率基本没有影响,过度水分调控不利于苜蓿光合效率的增加,而灌水有助于提高苜蓿的同化能力,因而提高了光合速率。

3.5.5.3 2018 年水分调控对不同茬次紫花苜蓿气孔导度日变化的影响

气孔导度是气体及水分进出难易程度的指标。如图 3-119 所示,第一茬紫花苜蓿在水分调控下的气孔导度(G_s)的日变化呈"双峰"趋势,第二茬、第三茬和第四茬均呈先降低后升高再降低趋势。

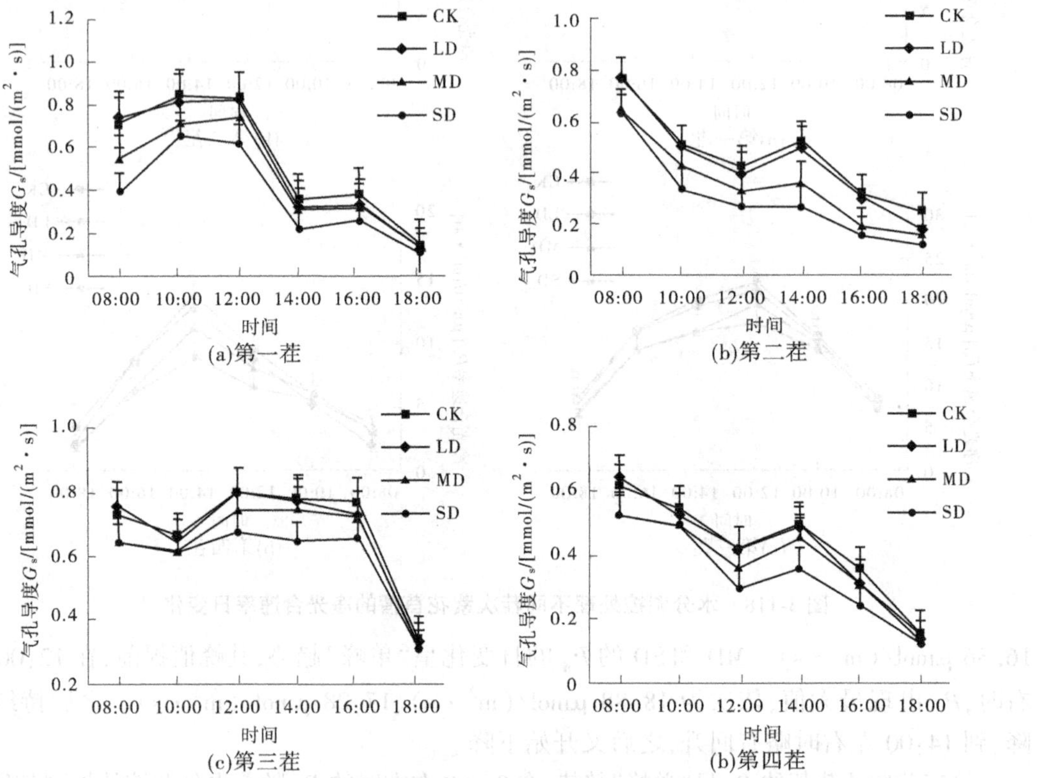

(a)第一茬 (b)第二茬 (c)第三茬 (b)第四茬

图 3-119 水分调控处理不同茬次紫花苜蓿的气孔导度日变化

第一茬紫花苜蓿的 G_s 在 10:00 时出现最大值,以 CK 处理最大,其值为 0.84 mmol/(m² · s),LD、MD、SD 处理的 G_s 比 CK 处理的分别降低了 2.96%、15.4%、21.45%,CK 与 LD 处理无显著差异,与 MD、SD 处理差异显著($P<0.05$)。在 10:00—12:00 开始缓慢下降,12:00—14:00 开始迅速下降,随着水分调控的加剧其值分别下降到 0.35 mmol(m² · s)、0.33 mmol/(m² · s)、0.31 mmol/(m² · s)、0.21 mmol/(m² · s),到 16:00 又缓慢增高,之后又迅速下降,其值分别为 0.13 mmol/(m² · s)(CK 处理)、0.13 mmol/(m² · s)(LD 处理)、0.12 mmol/(m² · s)(MD 处理)、0.11 mmol/(m² · s)(SD 处理)。

第二茬紫花苜蓿的 G_s 的日变化在 8:00 时出现最大值,以 CK 和 LD 处理最大,其值都为 0.77 mmol/(m² · s),MD、SD 处理的 G_s 比 CK 处理的分别降低了 14.9%、17.3%,CK 与 LD 处理无显著差异,与 MD、SD 处理差异显著($P<0.05$)。之后再开始缓慢下降,在 12:00—14:00 开始上升,随着水分调控的加剧,其值分别上升到 0.53 mmol/(m² · s)、

0.51 mmol/(m^2·s)、0.37 mmol/(m^2·s)、0.27 mmol/(m^2·s)，之后又开始下降，下降到一天最小值，其值分别为0.25 mmol/(m^2·s)(CK处理)、0.18 mmol/(m^2·s)(LD处理)、0.16 mmol/(m^2·s)(MD处理)、0.12 mmol/(m^2·s)(SD处理)。

第三茬紫花苜蓿的G_s先降低，到10:00左右出现低谷，随着水分调控的加剧，其值分别为0.66 mmol/(m^2·s)、0.65 mmol/(m^2·s)、0.61 mmol/(m^2·s)、0.62 mmol/(m^2·s)，CK与LD处理无显著差异，与MD、SD处理差异显著($P<0.05$)。之后开始缓慢上升，在12:00左右出现峰值，为一天最大值，以CK处理最大，其值为0.81 mmol/(m^2·s)，LD、MD、SD处理的G_s比CK处理的分别降低了0.96%、7.31%、15.99%，在12:00—16:00又缓慢下降，之后迅速下降，下降到一天最小值，其值大小依次为LD>CK>MD>SD。

第四茬紫花苜蓿的G_s在8:00时出现最大值，以LD处理最大，其值都为0.65 mmol/(m^2·s)，较CK处理的升高了4.19%。之后再开始缓慢下降，到12:00左右出现低谷，随着水分调控的加剧，其值分别为0.42 mmol/(m^2·s)、0.42 mmol/(m^2·s)、0.36 mmol/(m^2·s)、0.29 mmol/(m^2·s)，CK与LD处理无显著差异，与MD、SD处理差异显著($P<0.05$)。在12:00—14:00开始上升，随着水分调控的加剧其值分别上升到0.5 mmol/(m^2·s)、0.49 mmol/(m^2·s)、0.46 mmol/(m^2·s)、0.36 mmol/(m^2·s)。之后开始迅速下降，下降到一天最小值，其分值分别为0.15 mmol/(m^2·s)(CK处理)、0.16 mmol/(m^2·s)(LD处理)、0.14 mmol/(m^2·s)(MD处理)、0.12 mmol/(m^2·s)(SD处理)。

以上结果表明，随着水分调控的加剧，紫花苜蓿的气孔导度(G_s)呈逐渐降低趋势，表明在灌水条件下气体以及水分进出叶片时较容易，且灌水量越大，其气体以及水分进出叶片就越容易。

3.5.5.4　2018年水分调控对不同茬次紫花苜蓿胞间CO_2浓度日变化的影响

细胞CO_2浓度是叶片光合作用反应的底物。如图3-120所示，4茬紫花苜蓿在水分调控下的胞间CO_2浓度(C_i)日变化均呈先降低后升高的趋势，随着水分调控的加剧，紫花苜蓿的C_i在不同时间有不同的升降趋势。

第一茬紫花苜蓿的C_i日变化在8:00左右随着水分调控的加剧其值依次为389 μmol/mol、382 μmol/mol、406 μmol/mol、413 μmol/mol。8:00之后，各水分处理C_i开始降低，在12:00左右时出现第一个低谷，以MD处理最大，其值为297 μmol/mol，其次为SD、CK、LD处理，在16:00左右出现第二个低谷，其大小依次为MD>LD>SD>CK，CK处理与LD、MD、SD处理均差异显著($P<0.05$)。16:00之后C_i值有所上升。

第二茬紫花苜蓿各水分处理的C_i在8:00左右时随着水分调控的加剧其值依次为345 μmol/mol、315 μmol/mol、319 μmol/mol、361 μmol/mol。8:00之后开始下降，在12:00左右时出现第一个低谷，其值依次为235 μmol/mol(CK处理)、176 μmol/mol(LD处理)、207 μmol/mol(MD处理)、239 μmol/mol(SD处理)，CK与SD处理差异不显著，与LD、MD处理差异显著($P<0.05$)。12:00—14:00开始上升，其大小依次为SD>MD>CK>LD。在14:00—16:00时，LD处理持续上升，CK和MD处理下降不明显，SD处理迅速下降。16:00之后，各水分处理下的C_i值又开始上升。

第三茬紫花苜蓿的C_i在8:00左右时随着水分调控的加剧其值依次为371

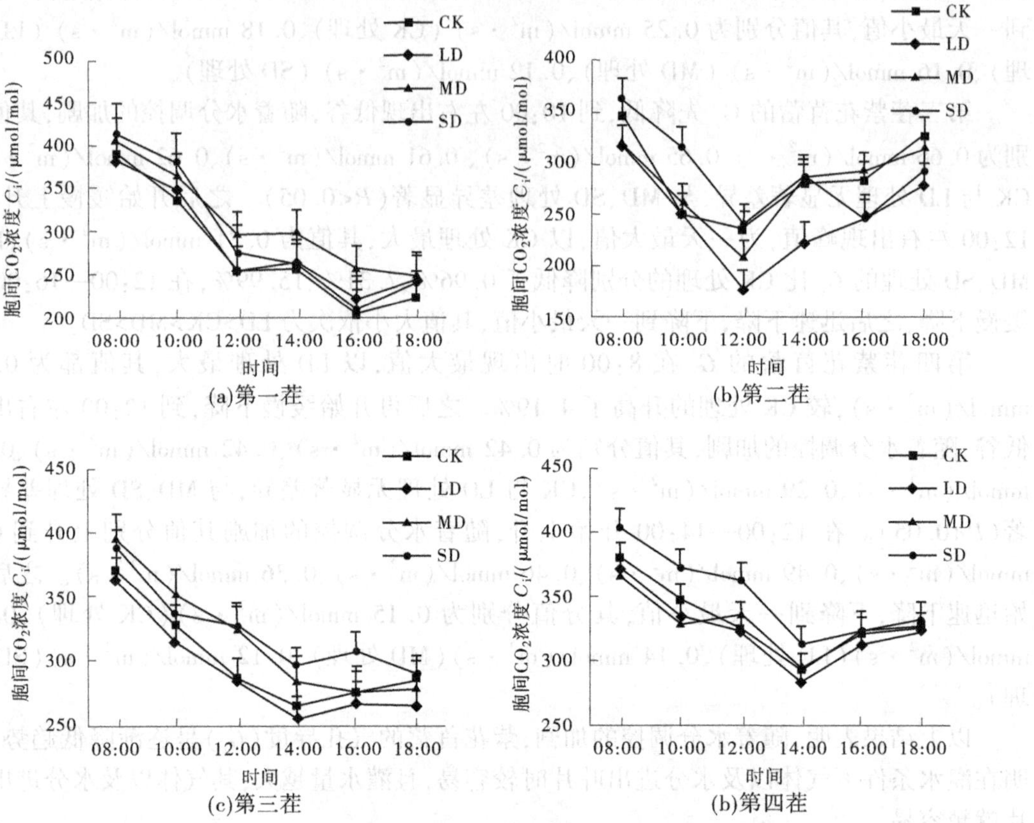

图 3-120　水分调控处理不同茬次紫花苜蓿的胞间 CO_2 浓度日变化

μmol/mol、364 μmol/mol、395 μmol/mol、388 μmol/mol，CK 与 LD 处理差异不显著，与 MD、SD 处理差异显著（$P<0.05$），MD 与 SD 处理差异不显著。8:00 之后，各水分处理 C_i 值开始降低，在 14:00 左右时出现低谷，其值大小依次为 SD>MD>CK>LD。在 14:00 之后，CK 处理持续上升，LD 和 SD 处理先上升后下降，MD 处理则先下降后上升。

第四茬紫花苜蓿在 8:00 左右时的 C_i 大小依次为 SD 处理（404 μmol/mol）>CK 处理（379 μmol/mol）>LD 处理（373 μmol/mol）>MD 处理（367 μmol/mol），SD 处理与其他各处理均差异显著（$P<0.05$）。在 8:00—14:00，CK、LD 和 SD 处理均呈持续下降趋势，MD 处理在 12:00 稍有上升，之后又开始下降，在 14:00 左右时各处理的 C_i 值为一天最小值，随着水分调控的加剧其值依次为 293 μmol/mol、284 μmol/mol、296 μmol/mol、313 μmol/mol，SD 处理与其他各处理均差异显著（$P<0.05$）。14:00 之后，各水分处理的 C_i 开始上升。

以上结果表明，随着水分调控的加剧，前 3 茬紫花苜蓿的胞间 CO_2 浓度（C_i）在轻度水分调控下逐渐下降，在中度和重度水分调控下显著上升，第四茬紫花苜蓿的胞间 CO_2 浓度（C_i）在轻度和中度水分调控下基本呈下降趋势，在重度水分调控下显著上升。

3.5.5.5　2018 年水分调控对不同茬次紫花苜蓿蒸腾速率日变化的影响

蒸腾作用的强弱是表明植物水分代谢的一个重要生理指标。如图 3-121 所示，4 茬紫花苜蓿在水分调控下的蒸腾速率(T_r)的日变化呈 2 种趋势,第一茬、第二茬和第三茬均呈“双峰”趋势,第四茬则呈“单峰”趋势。

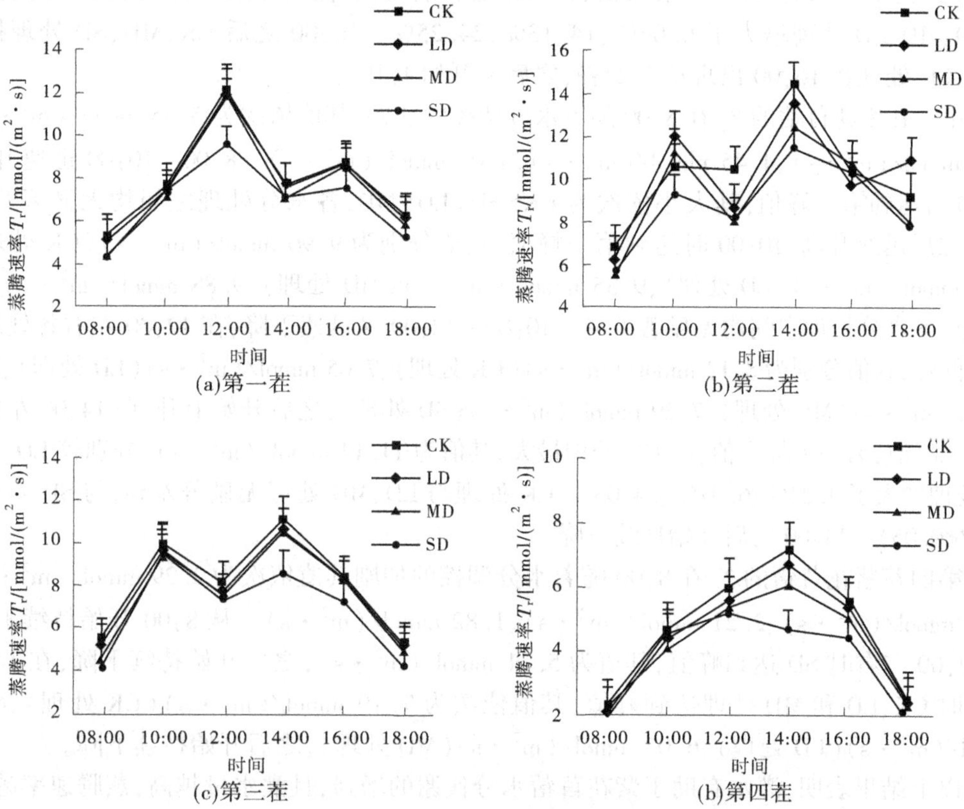

图 3-121　水分调控处理不同茬次紫花苜蓿的蒸腾速率日变化

第一茬紫花苜蓿的 T_r 在 8:00 左右时以 CK 处理最大,其值为 5.34 mmol/(m^2·s),SD 处理最小,值为 4.33 mmol/(m^2·s),8:00—12:00 迅速升高,12:00 时达到第一峰值,为一天最大值,其值分别为 12.17 mmol/(m^2·s)(CK 处理)、11.7 mmol/(m^2·s)(LD 处理)、12.19 mmol/(m^2·s)(MD 处理)、9.65 mmol/(m^2·s)(SD 处理),CK 处理与 LD、MD 处理无显著差异,与 SD 处理差异显著($P<0.05$)。12:00—14:00 又迅速下降,在 14:00 左右各处理均处于低谷,其值分别为 7.74 mmol/(m^2·s)(CK 处理)、7.75 mmol/(m^2·s)(LD 处理)、6.95 mmol/(m^2·s)(MD 处理)、7.15 mmol/(m^2·s)(SD 处理),之后缓慢上升,达到第二峰值,以 CK 处理最大,其值为 8.65 mmol/(m^2·s),分别较 LD、MD、SD 处理增大了 4.02%、5.55%、26.11%。16:00 之后又开始下降。

第二茬紫花苜蓿的 T_r 在 8:00 左右时,以 CK 处理最大,其值为 6.83 mmol/(m^2·s),分别较 LD、MD、SD 处理增大了 8.4%、21.28%、21.34%。8:00—10:00 迅速升高,10:00 左右时达到第一峰值,其值分别为 10.65 mmol/(m^2·s)(CK 处理)、12.12 mmol/(m^2·s)(LD 处理)、11.29 mmol/(m^2·s)(MD 处理)、9.37 mmol/(m^2·s)(SD 处理),CK 与 MD 处理无显著差异,与 LD、SD 处理差异显著($P<0.05$)。10:00—12:00 又迅速下降,在 12:00 左右各处

理均处于低谷,其值分别为10.48 mmol/(m^2 · s)(CK处理)、8.67 mmol/(m^2 · s)(LD处理)、8 mmol/(m^2 · s)(MD处理)、8.26 mmol/(m^2 · s)(SD处理),之后缓慢上升,在14:00达到第二峰值,为一天最大值,以CK处理最大,其值为14.5 mmol/(m^2 · s),分别较LD、MD、SD处理增大了6.06%、14.13%、24.25%。16:00之后CK、MD、SD处理持续下降,LD处理在16:00出现第二低谷,之后又开始上升。

第三茬紫花苜蓿的T_r在8:00随着水分调控的加剧,其值依次为5.45 mmol/(m^2 · s)、5.25 mmol/(m^2 · s)、4.45 mmol/(m^2 · s)、4.06 mmol/(m^2 · s)。8:00—10:00迅速升高,10:00时达到第一峰值,其大小依次为CK>SD>LD>MD,各水分处理之间均无显著差异。8:00之后迅速升高,10:00时达到第一峰值,其值分别为9.96 mmol/(m^2 · s)(CK处理)、9.66 mmol/(m^2 · s)(LD处理)、9.35 mmol/(m^2 · s)(MD处理)、9.88 mmol/(m^2 · s)(SD处理),各水分处理之间均无显著差异。10:00—12:00又迅速下降,在12:00左右各处理均处于低谷,其值分别为8.12 mmol/(m^2 · s)(CK处理)、7.65 mmol/(m^2 · s)(LD处理)、7.48 mmol/(m^2 · s)(MD处理)、7.29 mmol/(m^2 · s)(SD处理),之后开始上升,在14:00左右达到第二峰值,为一天最大值,以CK处理最大,其值为11.14 mmol/(m^2 · s),分别较LD、MD、SD处理增大了4.23%、6.07%、24.03%,CK处理与LD、MD处理无显著差异,与SD差异显著($P<0.05$)。14:00之后开始持续下降。

第四茬紫花苜蓿的T_r在8:00随着水分调控的加剧其值依次为2.29 mmol/(m^2 · s)、2.08 mmol/(m^2 · s)、2.21 mmol/(m^2 · s)、1.82 mmol/(m^2 · s)。从8:00开始持续上升,在12:00左右时SD达到峰值,其值为5.21 mmol/(m^2 · s),之后开始持续下降,在14:00左右时CK、LD和MD处理达到峰值,其值依次为7.19 mmol/(m^2 · s)(CK处理)、6.72 mmol/(m^2 · s)(LD处理)、6.07 mmol/(m^2 · s)(MD处理),之后开始持续下降。

以上结果表明,灌水有助于紫花苜蓿水分代谢的增强,且灌水量越高,蒸腾速率越高。

3.5.5.6 2018年水分调控对不同茬次紫花苜蓿水分利用效率日变化的影响

如图3-122所示,4茬紫花苜蓿在水分调控下的水分利用效率(*WUE*)的日变化趋势各不相同,但随着水分调控的加剧基本呈递减趋势。

第一茬紫花苜蓿在CK、LD、MD处理下的*WUE*日变化曲线同净光合速率一样为“双峰”曲线,而SD处理呈先降低后升高再降低趋势。CK、LD、MD处理的*WUE*的峰值分别出现在10:00和16:00。在10:00左右的*WUE*大小依次为2.11 μmol/mmol(MD处理)、2.09 μmol/mmol(LD处理)、2.08 μmol/mmol(CK处理)、1.71 μmol/mmol(SD处理);在16:00左右的*WUE*大小依次为2.27 μmol/mmol(LD处理)、2.25 μmol/mmol(CK处理)、1.91 μmol/mmol(MD处理)、1.91 μmol/mmol(SD处理),CK与LD无显著差异,与MD、SD处理差异显著($P<0.05$)。SD处理的*WUE*则在14:00出现最小值,其值为1.54 μmol/mmol,与其他各处理均差异显著。

第二茬紫花苜蓿在CK、LD处理下的*WUE*日变化曲线同净光合速率一样为“双峰”曲线,而MD、SD处理下的*WUE*日变化曲线同净光合速率一样为“W”形曲线。CK、LD处理的*WUE*的峰值分别出现在12:00和16:00。在12:00左右的*WUE*大小依次为2.87 μmol/mmol(LD处理)、2.46 μmol/mmol(CK处理);在16:00左右的*WUE*大小依次为3.59 μmol/mmol(CK处理)、3.57 μmol/mmol(LD处理)。MD、SD处理的WUE分别在

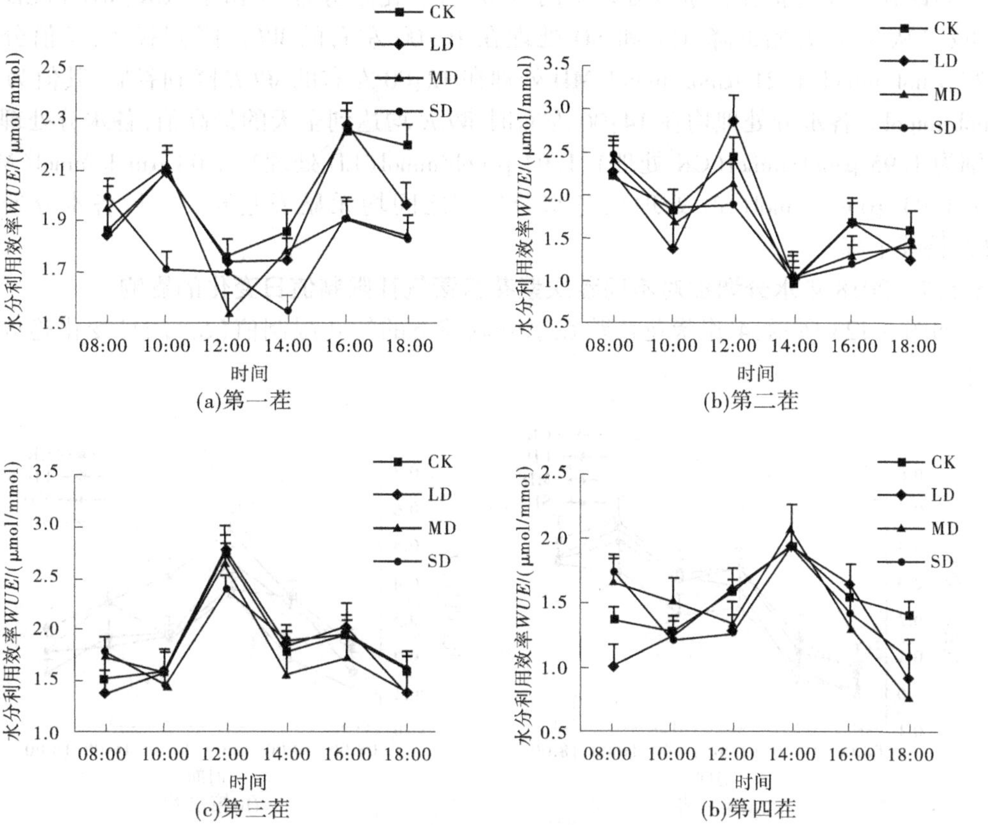

图 3-122　水分调控处理不同茬次紫花苜蓿的水分利用效率日变化

10:00 和 14:00 降到低谷。在 10:00 左右的 WUE 大小依次为 1. 84 μmol/mmol(SD 处理)、3. 57 μmol/mmol(MD 处理);在 12:00 左右的 WUE 大小依次为 2. 15 μmol/mmol(MD 处理)、1. 89 μmol/mmol(SD 处理)。在 10:00 左右时 CK 处理与 MD 和 SD 处理无显著差异,与 LD 处理差异显著(P<0. 05)。在 12:00 左右时各处理之间均差异显著(P<0. 05)。在 14:00 左右时各处理之间均无显著差异。在 16:00 左右时 CK 处理与 LD 处理无显著差异,与 MD、SD 处理差异显著(P<0. 05),MD 与 SD 处理无显著差异。

第三茬紫花苜蓿各处理下的 *WUE* 日变化趋势均为"双峰"曲线。各水分处理均在 12:00 左右时 *WUE* 均达到全天的最高值,各水分处理分别为 2. 74 μmol/mmol(CK 处理)、2. 78 μmol/mmol(LD 处理)、2. 65 μmol/mmol(MD 处理)、2. 39 μmol/mmol(SD 处理),SD 与其他各处理差异显著(P<0. 05),其他各处理之间均无显著差异。在 16:00 左右时达到第二峰值,各水分处理分别为 1. 96 μmol/mmol(CK 处理)、2. 03 μmol/mmol(LD 处理)、1. 73 μmol/mmol(MD 处理)、1. 95 μmol/mmol(SD 处理),MD 与其他各处理差异显著,其他各处理之间均无显著差异。在 16:00 左右时 MD、SD 处理达到第一低谷,在 14:00 各水分处理均处于低谷,其值分别为 1. 8 μmol/mmol(CK 处理)、1. 82 μmol/mmol(LD 处理)、1. 56 μmol/mmol(MD 处理)、1. 89 μmol/mmol(SD 处理),MD 与其他各处理差异显著,其他各处理之间均无显著差异。

第四茬紫花苜蓿在各水分处理下的 *WUE* 日变化趋势各不相同。CK、MD 和 SD 处理的 *WUE* 从 8:00 开始下降,CK 和 SD 处理在 10:00 左右的 *WUE* 降到谷底,其值分别为 1.27 μmol/mmol、1.21 μmol/mmol;MD 处理在 12:00 左右的 *WUE* 降到谷底,其值为 1.34 μmol/mmol。各水分处理均在 14:00 左右时 *WUE* 均达到全天的最高值,各水分处理其值分别为 1.95 μmol/mmol(CK 处理)、1.94 μmol/mmol(LD 处理)、2.08 μmol/mmol(MD 处理)、1.94 μmol/mmol(SD 处理),各水分处理之间均无显著差异。之后各水分处理的 *WUE* 持续下降。

3.5.5.7 2018 年水分调控对不同茬次紫花苜蓿气孔限制值日变化的影响

如图 3-123 所示,4 茬紫花苜蓿在水分调控下的气孔限制值(L_s)的日变化趋势并不同步。

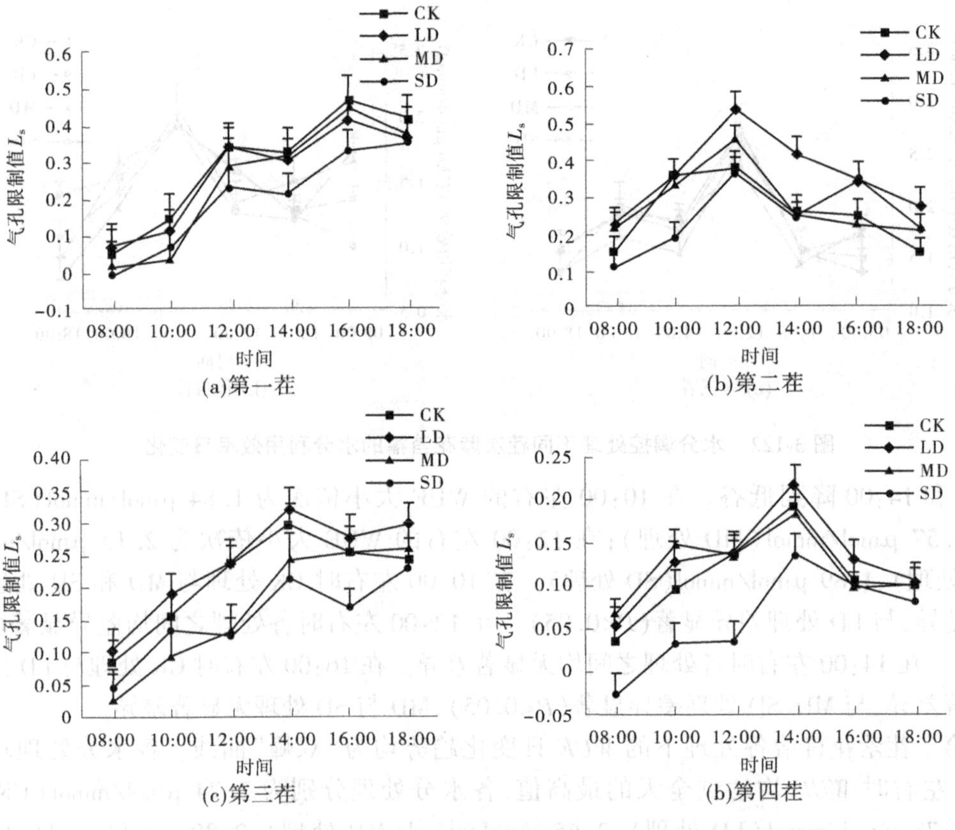

图 3-123 水分调控处理不同茬次紫花苜蓿的气孔限制值日变化

第一茬紫花苜蓿叶片的 L_s 日变化呈持续上升的趋势。在 8:00 左右时其值依次为 0.073(CK 处理)、0.057(LD 处理)、0.015(MD 处理)、-0.003(SD 处理)。L_s 在 16:00 出现峰值,以 CK 处理最大,最大值 0.46。在 12:00—14:00 和 16:00—18:00 时间段中 CK 处理和 LD 处理缓慢下降,而 MD 和 SD 处理上升,CK 与 LD 处理无显著差异,与 MD、SD 处理差异显著($P<0.05$)。

第二茬紫花苜蓿 CK、LD、MD 处理下的 L_s 日变化呈"单峰"趋势,SD 处理下的 L_s 日变化呈“双峰”趋势。CK、LD、MD 处理下的 L_s 在 12:00 左右时出现峰值,为一天最大值,其值依次为 0.375(CK 处理)、0.531(LD 处理)、0.449(MD 处理),之后持续下降。SD 处理下的 L_s 在 12:00 左右时出现第一峰值,其值为 0.363,在 14:00 左右时出现第二峰值,其值为 0.344。在 12:00 左右时,CK 与 SD 处理无显著差异,与 LD、MD 处理差异显著($P<0.05$);在 16:00 左右时,CK 与 MD 处理无显著差异,与 LD、SD 处理差异显著($P<0.05$),LD 与 SD 处理无显著差异。

第三茬紫花苜蓿叶片的 L_s 在 8:00 时为一天最小值,其值依次为 0.087(CK 处理)、0.104(LD 处理)、0.027(MD 处理)、0.045(SD 处理)。在 14:00 之前呈持续上升的趋势,在 14:00 时 CK、LD、SD 处理出现峰值,其值为 0.297(CK 处理)、0.32(LD 处理)、0.212(SD 处理)。之后下降,在 16:00 时降到低谷,其值依次为 0.252(CK 处理)、0.275(LD 处理)、0.166(SD 处理),之后又开始下降。而 MD 则持续上升,在 18:00 时达到一天最大值,其值为 0.255。

第四茬紫花苜蓿 CK 处理下的 L_s 日变化呈“双峰”趋势,LD、MD、SD 处理下的 L_s 日变化呈“单峰”趋势。MD 处理下的 L_s 在 10:00 左右时出现第一峰值,其值为 0.147,在 14:00 左右时出现第二峰值,其值为 0.183。CK、LD、SD 处理下的 L_s 在 14:00 左右时出现峰值,为一天最大值,其值依次为 0.191(CK 处理)、0.215(LD 处理)、0.136(SD 处理),之后持续下降。在 14:00 左右时,SD 处理与其他各处理均差异显著($P<0.05$),其他各处理之间差异不显著。

以上结果表明,第一茬紫花苜蓿的 L_s 随着水分调控的加剧逐渐下降,第二茬和第三茬紫花苜蓿的 L_s 除轻度水分调控上升外,其他水分处理均随着水分调控的加剧基本呈逐渐降低趋势;第四茬紫花苜蓿的 L_s 除重度水分调控下降外,其他水分处理均随着水分调控的加剧基本呈逐渐上升趋势。

3.5.5.8 2018 年水分调控下不同茬次苜蓿光合特性与其他影响因子相关性分析

第一茬不同水分处理下紫花苜蓿的净光合速率(P_n)与气孔导度(G_s)、蒸腾速率(T_r)、光合有效辐射(PAR)、大气温度(T_a)和大气 CO_2 浓度(C_a)均呈正相关关系。除 SD 外,P_n 与 G_s、PAR 的相关性都达到显著水平;P_n 与 T_r 在各水分处理均达到显著水平;P_n 与 T_a 和 C_a 相关性均不显著。从相关系数的大小来看,对 P_n 影响较大的因子是 G_s(见表 3-117)。

表 3-117 水分调控不同茬次紫花苜蓿光合特性与其他影响因子的相关性分析

茬次	处理	气孔导度 G_s	蒸腾速率 T_r	光合有效辐射 PAR	大气温度 T_a	大气 CO_2 浓度 C_a
第一茬	CK	0.872*	0.859*	0.868*	0.383	0.309
	LD	0.854*	0.844*	0.856*	0.385	0.315
	MD	0.807*	0.819*	0.807*	0.396	0.278
	SD	0.796	0.803*	0.768	0.391	0.202

续表 3-117

茬次	处理	气孔导度 G_s	蒸腾速率 T_r	光合有效辐射 PAR	大气温度 T_a	大气 CO_2 浓度 C_a
第二茬	CK	0.966**	0.985**	0.563	0.362	0.123
	LD	0.963**	0.991**	0.502	0.302	0.111
	MD	0.918**	0.969**	0.437	0.268	0.098
	SD	0.882*	0.965**	0.274	0.197	0.075
第三茬	CK	0.839*	0.897*	0.953**	0.374	0.011
	LD	0.856*	0.904**	0.954**	0.368	0.017
	MD	0.831*	0.878*	0.906**	0.344	0.004
	SD	0.822*	0.849*	0.872*	0.327	-0.016
第四茬	CK	0.748	0.819*	0.981**	0.469	-0.048
	LD	0.733	0.806*	0.996**	0.475	0.065
	MD	0.718	0.798	0.967**	0.488	0.007
	SD	0.684	0.774	0.925**	0.462	-0.062

注：**表示在 0.01 水平上差异显著($P<0.01$)，*表示在 0.05 水平上差异显著($P<0.05$)。

第二茬不同水分处理下紫花苜蓿的 P_n 与 G_s、T_r、PAR、T_a 和 C_a 均呈正相关关系。在 SD 处理下，P_n 与 G_s、PAR 的相关性都达到显著水平，除 SD 处理外，其相关性均达到极显著水平；P_n 与 T_r 在各水分处理均达到极显著水平；P_n 与 PAR、T_a、C_a 相关性均不显著。从相关系数的大小来看，对 P_n 影响较大的因子是 T_r（见表 3-117）。

第三茬不同水分处理下紫花苜蓿的 P_n 与 G_s、T_r、PAR、T_a 均呈正相关关系，P_n 与 C_a 除 SD 处理外呈正相关关系。P_n 与 G_s 的相关性都达到显著水平；P_n 与 T_r 在 LD 处理下呈极显著正相关，在其他处理下其相关性均达到显著水平；P_n 与 PAR 在 SD 处理下呈显著正相关，在其他处理下其相关性均达到极显著水平；P_n 与 T_a、C_a 相关性均不显著。从相关系数的大小来看，对 P_n 影响较大的因子是 PAR（见表 3-117）。

第四茬不同水分处理下紫花苜蓿的 P_n 与 G_s、T_r、PAR、T_a 均呈正相关关系，P_n 与 C_a 除 CK 处理和 SD 处理外呈正相关关系。P_n 与 G_s、T_a、C_a 的相关性均不显著；P_n 与 T_r 在 CK、LD 处理下呈显著正相关，在其他处理下其相关性均不显著；P_n 与 PAR 在 SD 处理下呈显著正相关，在其他处理下其相关性均达到极显著水平。从相关系数的大小来看，对 P_n 影响较大的因子是 PAR（见表 3-117）。

3.5.5.9 2018 年水分调控对不同茬次紫花苜蓿叶绿素含量的影响

1. 水分调控对不同茬次紫花苜蓿叶绿素 a 的影响

如图 3-124 所示，4 茬紫花苜蓿叶绿素 a(Chl_a) 含量随着水分调控的加剧均先升高后降低。第一茬紫花苜蓿在 CK 处理下的 Chl_a 为 1.57，LD 处理较 CK 处理增加了 4.9%，

MD、SD较CK分别降低了8.1%、32.3%，各处理之间均差异显著($P<0.05$)。第二茬紫花苜蓿在CK处理下的Chl_a为1.35，LD处理较CK处理增加了6.67%，MD、SD处理较CK处理分别降低了1.48%、14.07%，CK处理与MD处理差异不显著，与其他两个处理均差异显著($P<0.05$)。第三茬紫花苜蓿在CK处理下的Chl_a为1.02，LD、MD处理较CK处理分别增加了16.67%、0.97%，SD处理较CK处理降低了7.84%，CK处理与MD处理和SD处理差异均不显著，与LD处理差异显著($P<0.05$)。第四茬紫花苜蓿在CK处理下的Chl_a为0.92，LD处理较CK处理增加了6.52%，MD、SD处理较CK处理分别降低了4.35%、14.13%，CK处理与MD处理差异不显著，与其他两个处理均差异显著($P<0.05$)。

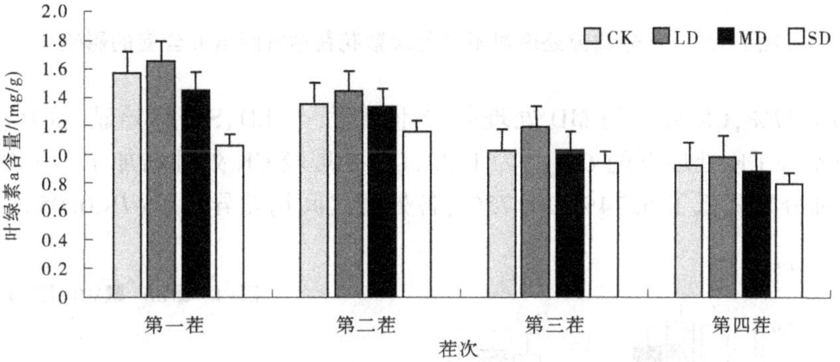

图3-124 水分调控处理对不同茬次紫花苜蓿叶绿素a含量的影响

2. 水分调控对不同茬次紫花苜蓿叶绿素b的影响

如图3-125所示，4茬紫花苜蓿叶绿素b(Chl_b)含量随着水分调控的加剧均呈降低趋势。第一茬紫花苜蓿CK处理下的Chl_b为0.44，LD、MD、SD处理较CK处理分别降低了10.5%、12%、23.3%；第二茬紫花苜蓿CK处理下的Chl_b为0.4，LD、MD、SD处理较CK处理分别降低了10%、15%、25%；第三茬紫花苜蓿CK处理下的Chl_b为0.35，LD、MD、SD处理较CK处理分别降低了11.43%、17.14%、28.57%；前3茬CK处理与其他各处理差异均显著($P<0.05$)，但LD处理与MD处理差异不显著。第四茬紫花苜蓿CK处理和LD处理下的Chl_b均为0.29，MD、SD处理较CK处理分别降低了6.9%、13.79%，CK处理与LD处理差异不显著，与其他两个处理均差异显著($P<0.05$)。

3. 水分调控对不同茬次紫花苜蓿叶绿素(a+b)的影响

如图3-126所示，4茬紫花苜蓿叶绿素总量Chl_{a+b}随着水分调控的加剧均先升高后降低。第一茬紫花苜蓿在CK处理下的Chl_{a+b}为2.01，LD处理较CK处理增加了1.47%，MD、SD处理较CK处理分别降低了8.96%、30.35%，CK处理与LD处理差异不显著，与MD、SD均差异显著($P<0.05$)。第二茬紫花苜蓿在CK处理下的Chl_{a+b}为1.75，LD处理较CK处理增加了2.29%，MD、SD处理较CK处理分别降低了4.57%、16.57%，CK处理与LD处理差异不显著，与MD、SD处理均差异显著($P<0.05$)。第三茬紫花苜蓿在CK处理下的Chl_{a+b}为1.38，LD处理较CK处理增加了8.7%，MD、SD处理较CK处理分别降低

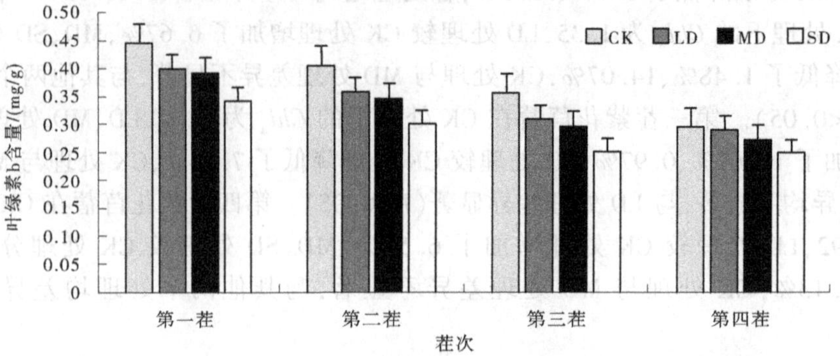

图 3-125 水分调控处理对不同茬次紫花苜蓿叶绿素 b 含量的影响

了 4.35%、13.77%，CK 处理与 MD 处理差异不显著，与 LD、SD 差异显著($P<0.05$)。第四茬紫花苜蓿在 CK 处理下的 Chl_{a+b} 为 1.22，LD 处理较 CK 处理增加了 4.1%，MD、SD 处理较 CK 处理分别降低了 5.74%、14.75%，各处理之间均差异显著($P<0.05$)。

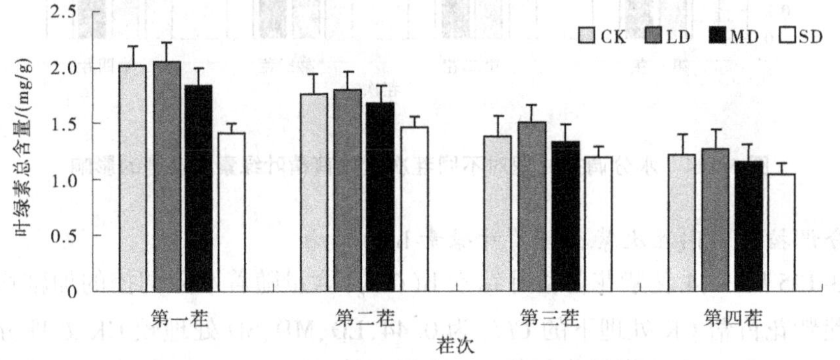

图 3-126 水分调控处理对不同茬次紫花苜蓿叶绿素总含量的影响

4. 水分调控对不同茬次紫花苜蓿叶绿素比值的影响

如图 3-127 所示，第一茬、第二茬和第四茬紫花苜蓿叶绿素比值($Chl_{a/b}$)随着水分调控的加剧均先升高后降低，而第三茬则先升高后降低再升高。第一茬紫花苜蓿在 CK 处理下 $Chl_{a/b}$ 为 3.54，LD、MD 处理较 CK 处理分别增加了 17.23%、4.52%，SD 处理较 CK 处理降低了 11.58%，各处理之间均差异显著($P<0.05$)。第二茬紫花苜蓿在 CK 处理下的 $Chl_{a/b}$ 为 3.35，LD、MD、SD 处理较 CK 处理分别增加了 20.3%、15.52%、15.22%，CK 处理与其他各处理均差异显著($P<0.05$)，MD 处理与 SD 处理差异不显著。第三茬紫花苜蓿在 CK 处理下的 $Chl_{a/b}$ 为 2.9，LD、MD、SD 处理较 CK 处理分别增加了 34.14%、21.03%、29.31%，各处理之间均差异显著($P<0.05$)。第四茬紫花苜蓿在 CK 处理下的 $Chl_{a/b}$ 为 3.15，LD、MD、SD 处理较 CK 处理分别增加了 8.57%、3.81%、1.27%，CK 处理与 SD 处理差异不显著，与其他两个处理均差异显著($P<0.05$)。

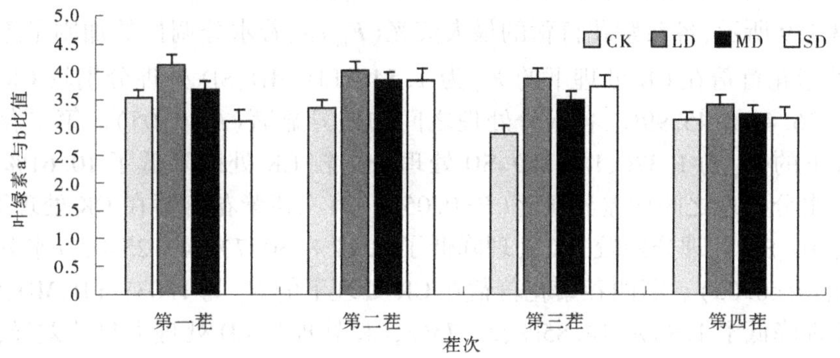

图 3-127　水分调控处理对不同茬次紫花苜蓿叶绿素比值的影响

3.5.5.10　2018 年水分调控对不同茬次紫花苜蓿叶绿素荧光参数的影响

1. 水分调控对不同茬次紫花苜蓿初始荧光(F_o)的影响

如图 3-18 所示，第一茬和第二茬紫花苜蓿的初始荧光(F_o)随着水分调控的加剧逐渐升高，第三茬和第四茬的初始荧光(F_o)随着水分调控的加剧先升高后降低再升高。第一茬紫花苜蓿的 F_o 随着水分调控的加剧逐渐升高，其值大小依次为 0. 222(CK 处理)、0. 26(LD 处理)、0. 299(MD 处理)、0. 316(SD 处理)，各水分处理之间均差异显著(P<0. 05)。第二茬紫花苜蓿的 F_o 也随着水分调控的加剧逐渐升高，其值大小依次为 0. 241(CK 处理)、0. 284(LD 处理)、0. 285(MD 处理)、0. 292(SD 处理)，CK 处理与其他各水分处理之间均差异显著(P<0. 05)，其他各水分处理之间均无显著差异。第三茬紫花苜蓿的 F_o 随着水分调控的加剧先升高后降低再升高，其值大小依次为 0. 221(CK 处理)、0. 253(LD 处理)、0. 251(MD 处理)、0. 282(SD 处理)，CK 处理与其他各水分处理之间均差异显著(P<0. 05)，LD 处理与 MD 处理之间无显著差异。第四茬紫花苜蓿的 F_o 随着水分调控的加剧先升高后降低再升高，其值大小依次为 0. 204(CK 处理)、0. 223(LD 处理)、0. 213(MD 处理)、0. 232(SD 处理)，CK 处理与 MD 处理无显著差异，与其他两个水分处理之间均差异显著(P<0. 05)。

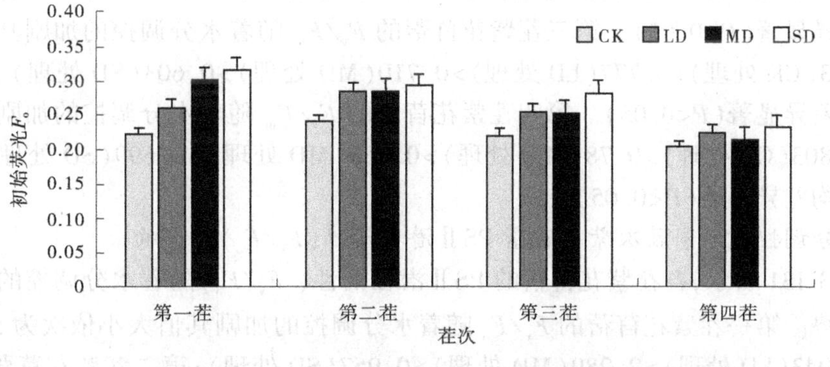

图 3-128　水分调控处理不同茬次紫花苜蓿初始荧光的变化

2. 水分调控对不同茬次紫花苜蓿最大荧光(F_m)的影响

如图 3-129 所示,各茬紫花苜蓿的最大荧光(F_m)随着水分调控的加剧呈逐渐下降趋势。第一茬紫花苜蓿在 CK 处理下的 F_m 为 1.548,LD、MD、SD 处理分别较 CK 处理降低了 16.93%、36.43%、45.99%,各水分处理之间均差异显著($P<0.05$)。第二茬紫花苜蓿在 CK 处理下的 F_m 为 1.376,LD、MD、SD 处理分别较 CK 处理降低了 10.61%、28.92%、37.86%,各水分处理之间均差异显著($P<0.05$)。第三茬紫花苜蓿在 CK 处理下的 F_m 为 1.251,LD、MD、SD 处理分别较 CK 处理降低了 9.11%、30.7%、43.25%,各水分处理之间均差异显著($P<0.05$)。第四茬紫花苜蓿在 CK 处理下的 F_m 为 1.037,LD、MD、SD 处理分别较 CK 处理降低了 1.83%、14.85%、25.75%,CK 处理与 LD 处理无显著差异,与其他两个水分处理均差异显著($P<0.05$)。

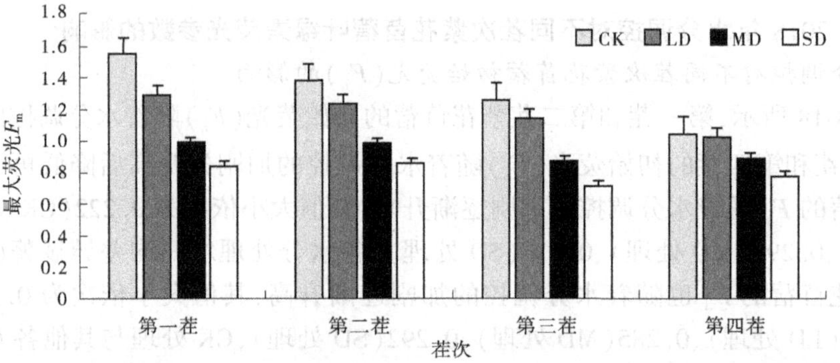

图 3-129 水分调控处理不同茬次紫花苜蓿最大荧光的变化

3. 水分调控对不同茬次紫花苜蓿 PSⅡ原初光能转化效率(F_v/F_m)的影响

如图 3-130 所示,各茬紫花苜蓿的 PSⅡ原初光能转化效率(F_v/F_m)随着水分调控的加剧呈逐渐下降趋势。第一茬紫花苜蓿的 F_v/F_m 随着水分调控的加剧其值大小依次为 0.856(CK 处理)>0.798(LD 处理)>0.696(MD 处理)>0.489(SD 处理),各水分处理之间均差异显著($P<0.05$)。第二茬紫花苜蓿的 F_v/F_m 随着水分调控的加剧其值大小依次为 0.825(CK 处理)>0.769(LD 处理)>0.709(MD 处理)>0.658(SD 处理),各水分处理之间均差异显著($P<0.05$)。第三茬紫花苜蓿的 F_v/F_m 随着水分调控的加剧其值大小依次为 0.823(CK 处理)>0.777(LD 处理)>0.710(MD 处理)>0.603(SD 处理),各水分处理之间均差异显著($P<0.05$)。第四茬紫花苜蓿的 F_v/F_m 随着水分调控的加剧其值大小依次为 0.803(CK 处理)>0.781(LD 处理)>0.758(MD 处理)>0.699(SD 处理),各水分处理之间均差异显著($P<0.05$)。

4. 水分调控对不同茬次紫花苜蓿 PSⅡ潜在活性(F_v/F_o)的影响

如图 3-131 所示,各茬紫花苜蓿的 PSⅡ潜在活性(F_v/F_o)随着水分调控的加剧呈逐渐下降趋势。第一茬紫花苜蓿的 F_v/F_o 随着水分调控的加剧其值大小依次为 5.967(CK 处理)>3.943(LD 处理)>2.289(MD 处理)>0.957(SD 处理);第二茬紫花苜蓿的 F_v/F_o 随着水分调控的加剧其值大小依次为 4.707(CK 处理)>3.386(LD 处理)>2.437(MD 处理)>1.924(SD 处理);第三茬紫花苜蓿的 F_v/F_o 随着水分调控的加剧其值大小依次为

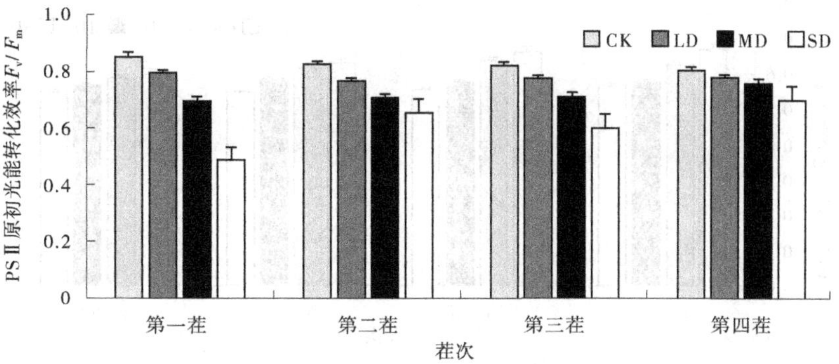

图 3-130　水分调控处理下不同茬次紫花苜蓿 PSⅡ原初光能转化效率的变化

4.661(CK 处理)>3.499(LD 处理)>2.451(MD 处理)>1.522(SD 处理)；第四茬紫花苜蓿的 F_v/F_o 随着水分调控的加剧其值大小依次为 4.083(CK 处理)>3.573(LD 处理)>3.141(MD 处理)>2.326(SD 处理)。各茬中各水分处理之间均差异显著(P<0.05)。

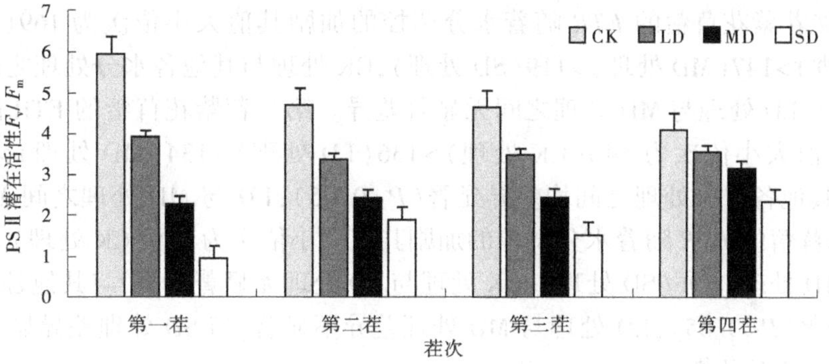

图 3-131　水分调控处理下不同茬次紫花苜蓿 PSⅡ潜在活性的变化

5. 水分调控对不同茬次紫花苜蓿实际光合效率(ΦPSⅡ)的影响

如图 3-132 所示，各茬紫花苜蓿的实际光合效率(ΦPSⅡ)随着水分调控的加剧呈逐渐下降趋势。第一茬紫花苜蓿在 CK 处理下的 ΦPSⅡ为 0.664，LD、MD、SD 处理分别较 CK 处理降低了 6.48%、13.86%、15.36%，CK 处理与各水分处理之间均差异显著(P<0.05)，MD 处理与 SD 处理差异不显著。第二茬紫花苜蓿在 CK 处理下的 ΦPSⅡ为 0.657，LD、MD、SD 处理分别较 CK 处理降低了 3.81%、13.09%、16.13%，各水分处理之间均差异显著(P<0.05)。第三茬紫花苜蓿在 CK 处理下的 ΦPSⅡ为 0.624，LD、MD、SD 处理分别较 CK 处理降低了 1.92%、7.37%、12.98%，CK 处理与 LD 处理无显著差异，与其他各水分处理之间均差异显著(P<0.05)。第四茬紫花苜蓿在 CK 处理下的 ΦPSⅡ为 0.595，LD、MD、SD 处理分别较 CK 处理降低了 2.02%、5.71%、8.91%，CK 处理与 LD 处理无显著差异，与其他两个水分处理均差异显著(P<0.05)。

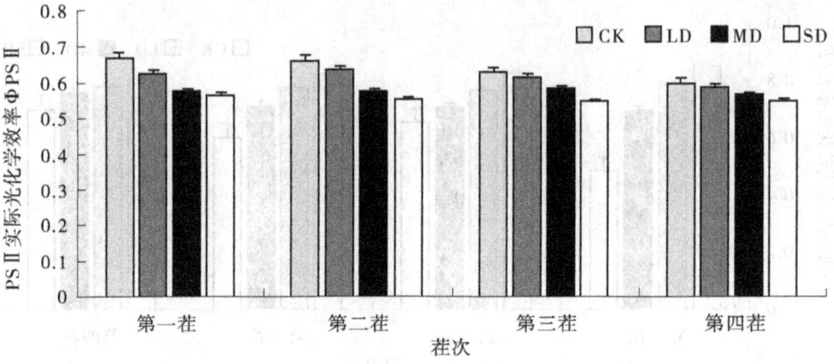

图 3-132　水分调控处理下不同茬次紫花苜蓿实际光合效率的变化

6. 水分调控对不同茬次紫花苜蓿表观电子传递速率(*ETR*)的影响

如图 3-133 所示,各茬紫花苜蓿的表观电子传递速率(*ETR*)随着水分调控的加剧呈逐渐下降趋势。第一茬紫花苜蓿的 ETR 随着水分调控的加剧其值大小依次为 162(CK 处理)>142(LD 处理)>110(MD 处理)>95(SD 处理),各水分处理之间均差异显著($P<0.05$)。第二茬紫花苜蓿的 *ETR* 随着水分调控的加剧其值大小依次为 169(CK 处理)>153(LD 处理)>147(MD 处理)>119(SD 处理),CK 处理与其他各水分处理之间均差异显著($P<0.05$),LD 处理与 MD 处理之间无显著差异。第三茬紫花苜蓿的 ETR 随着水分调控的加剧其值大小依次为 146(CK 处理)>136(LD 处理)>134(MD 处理)>119(SD 处理),CK 与其他各水分处理之间均差异显著($P<0.05$),LD 与 MD 处理之间无显著差异。第四茬紫花苜蓿的 *ETR* 随着水分调控的加剧其值大小依次为 119(CK 处理)>111(LD 处理)>103(MD 处理)>96(SD 处理),CK 处理与 LD 处理无显著差异,与其他各水分处理之间均差异显著($P<0.05$);LD 处理与 MD 处理差异不显著,与 SD 处理差异显著;MD 处理与 SD 处理差异不显著。

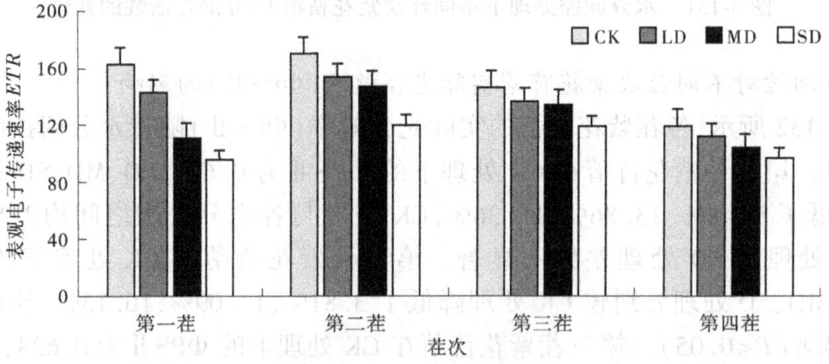

图 3-133　水分调控处理下不同茬次紫花苜蓿表观电子传递速率的变化

7. 水分调控对不同茬次紫花苜蓿光化学猝灭系数(q_P)的影响

如图 3-134 所示,各茬紫花苜蓿的光化学猝灭系数(q_P)随着水分调控的加剧呈逐渐下降趋势。第一茬紫花苜蓿在 CK 处理下的 q_P 为 0.856，LD、MD、SD 处理分别较 CK 处理降低了 6.78%、18.69%、42.87%；第二茬紫花苜蓿在 CK 处理下的 q_P 为 0.825，LD、MD、SD 处理分别较 CK 降低了 6.79%、14.06%、20.24%；第三茬紫花苜蓿在 CK 处理下的 q_P 为 0.823，LD、MD、SD 处理分别较 CK 处理降低了 5.59%、13.73%、26.73%；第四茬紫花苜蓿在 CK 处理下的 q_P 为 0.803，LD、MD、SD 处理分别较 CK 处理降低了 2.74%、5.6%、12.95%；4 茬中各水分处理之间均差异显著($P<0.05$)。

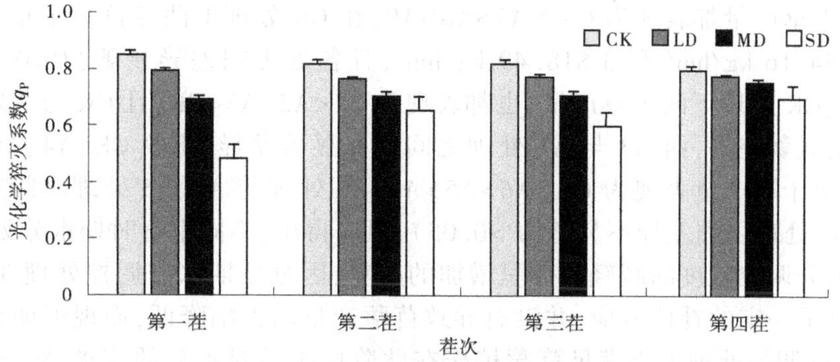

图 3-134　水分调控处理下不同茬次紫花苜蓿光化学猝灭系数的变化

8. 水分调控对不同茬次紫花苜蓿非光化学猝灭系数(*NPQ*)的影响

如图 3-135 所示，各茬紫花苜蓿的非光化学猝灭系数(*NPQ*)随着水分调控的加剧呈逐渐上升趋势。第一茬紫花苜蓿在 CK 处理下的 *NPQ* 为 0.55，LD、MD、SD 处理分别较 CK 处理升高了 7.09%、16%、25.27%，其中各水分处理之间均差异显著($P<0.05$)。第二茬紫花苜蓿在 CK 处理下的 *NPQ* 为 0.526，LD、MD、SD 处理分别较 CK 处理升高了 3.23%、10.46%、14.45%，其中各水分处理之间均差异显著($P<0.05$)。第三茬紫花苜蓿在 CK 处理下的 *NPQ* 为 0.506，LD、MD、SD 处理分别较 CK 处理升高了 7.91%、13.64%、16.6%，其中各水分处理之间均差异显著($P<0.05$)。第四茬紫花苜蓿在 CK 处理下的 *NPQ* 为 0.485，LD、MD、SD 处理分别较 CK 处理升高了 5.77%、6.19%、8.66%，CK 处理与其他各水分处理之间均差异显著($P<0.05$)，LD、MD 处理和 SD 处理两两之间差异不显著。

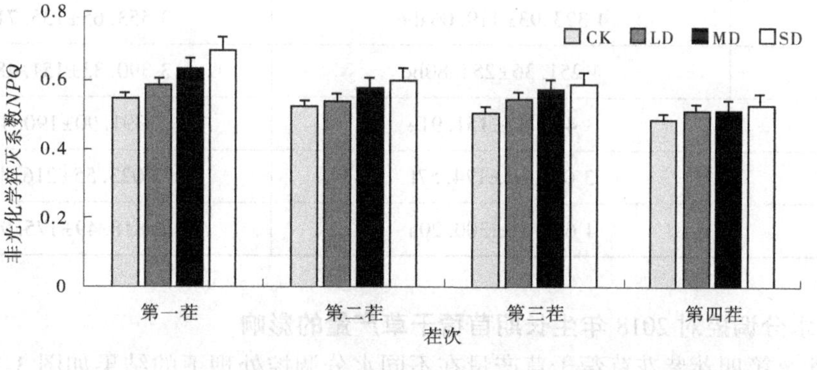

图 3-135　水分调控条件下不同茬次紫花苜蓿非光化学猝灭系数的变化

3.5.6　水分调控对苜蓿产量的影响

3.5.6.1　水分调控对 2017 年生长期苜蓿干草产量的影响

表 3-118 反映了不同生育时期水分调控对苜蓿干草产量的影响。由表 3-118 可以看出,在各水分调控处理下干草产量表现为第二茬>第三茬,干草产量随刈割茬次的增加而降低。通过对第二茬、第三茬苜蓿全生育期水分调控处理 A7、A8、A9 与 CK 进行对比分析,干草产量都表现为 CK >A7>A8>A9,在 CK 处理下两茬苜蓿干草产量最大,分别为 4 654.16 kg/hm^2 和 3 818.49 kg/hm^2,且各处理间差异显著(P<0.05);对比 A1、A2、A3、CK 处理下的干草产量,也都表现为 A1<A2<A3<CK,且 CK 与 A3 处理之间干草产量无显著差异,而 A3 与 A1 处理之间存在显著差异;比较 CK、A4、A5 和 A6 处理,同样得出干草产量表现为 CK>A6>A5>A4,A6 处理与 A4、A5 处理之间差异显著,但 A6 与 CK 处理之间差异不显著(P>0.05),可以得出,不同生育时期水分处理苜蓿干草产量随水分调控程度的减轻整体呈增加的趋势,因分枝期水分调控处理在现蕾期复水后表现出了一定的补偿效应,并没有导致苜蓿产量的大幅降低,而现蕾期重度 A4 和中度 A5 水分调控处理不能满足苜蓿植株在此阶段生长对水分的需求,影响了苜蓿植株体的生长,降低了苜蓿干草产量。通过对 A1、A2、A3 处理和 A4、A5、A6 处理对比分析,苜蓿干草产量表现为 A3>A6>A2>A5>A1>A4,得出同一水分处理下分枝期水分调控较现蕾期更有利于苜蓿产量的形成。

表 3-118　不同生育时期水分调控对苜蓿干草产量的影响　　单位:kg/hm^2

处理	第二茬干草产量	第三茬干草产量
A1	3 995.51±220.52cd	3 138.86±72.52c
A2	4 212.19±135.27bcd	3 338.97±92.57bc
A3	4 589.59±90.17ab	3 781.96±95.62a
A4	3 844.96±265.04d	2 773.01±176.04d
A5	4 125.01±281.84cd	2 852.54±103.51d
A6	4 323.93±119.06abc	3 553.65±135.71ab
A7	4 251.36±254.80bc	3 390.33±151.48bc
A8	3 440.62±151.91e	2 391.90±190.47e
A9	3 019.61±174.57f	2 023.55±216.45f
CK	4 654.16±300.20a	3 818.49±175.95a

3.5.6.2　水分调控对 2018 年生长期苜蓿干草产量的影响

第一茬至第四茬紫花苜蓿干草产量在不同水分调控处理下的结果如图 3-136 所示,4 茬紫花苜蓿的干草产量均随着水分调控的加剧逐渐降低。

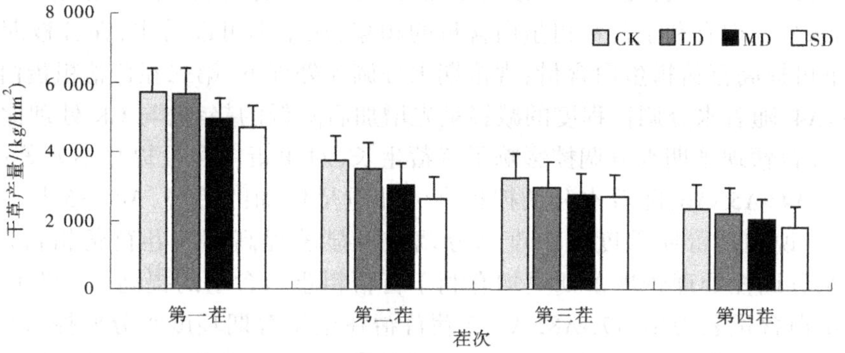

图 3-136　水分调控处理下不同茬次紫花苜蓿干草产量的变化

不同水分处理对第一茬紫花苜蓿干草产量的影响较大，在 CK 处理下的干草产量为 5 718 kg/hm²，LD 处理较 CK 处理降低了 0.58%，MD、SD 处理较 CK 处理分别降低了 13.61%、17.47%，CK 处理与 LD 处理差异不显著，与 MD、SD 处理差异显著($P<0.05$)，LD 处理与 MD 处理和 SD 处理差异显著($P<0.05$)，MD 处理与 SD 处理差异不显著。表明在该茬苜蓿生长期内，中度和重度水分处理不能满足苜蓿生长所需，而在轻度水分调控处理能达到节水增产的目的。

第二茬紫花苜蓿的产量亦随灌水量的增加而增加，在 CK 处理下的干草产量为 3 759 kg/hm²，LD 处理较 CK 处理降低了 6.33%，MD、SD 处理较 CK 处理分别降低了 19.02%、29.66%，CK 处理与 LD 处理差异不显著，与 MD、SD 处理差异显著($P<0.05$)，LD 处理与 MD 处理差异不显著，与 SD 处理差异显著($P<0.05$)，MD 处理与 SD 处理差异不显著。

不同灌水处理对第三茬和第四茬紫花苜蓿的干草产量虽有一定的影响，但各处理间差异不显著。第三茬紫花苜蓿在 CK 处理下的干草产量为 3 241 kg/hm²，LD 处理较 CK 处理降低了 7.93%，MD、SD 处理较 CK 处理分别降低了 15.64%、16.75%。第四茬紫花苜蓿在 CK 处理下的干草产量为 2 354 kg/hm²，LD 处理较 CK 处理降低了 5.78%，MD、SD 处理较 CK 处理分别降低了 13.64%、22.85%。

3.5.7　水分调控对苜蓿品质的影响

粗蛋白、粗脂肪、粗灰分、酸性洗涤纤维和中洗洗涤纤维等是衡量苜蓿营养品质的主要指标。水分通过参与植株体蒸腾和光合作用等一系列生理生化过程不仅影响紫花苜蓿生长和产量的形成，而且通过渗透调节等生理作用影响其营养物质的积累和生成。

3.5.7.1　水分调控对苜蓿粗蛋白含量的影响

表 3-119 反映了 2017 年不同生育时期水分调控处理对紫花苜蓿粗蛋白含量的影响。从表 3-119 可以看出，粗蛋白含量表现为第二茬<第三茬，与茎叶比变化规律一致，随着刈割茬次的增加，茎叶比值减小，粗蛋白含量增加。两茬苜蓿分枝期水分调控处理粗蛋白含量表现为 A2>A3>A1，除第二茬苜蓿 A1 与 A2 之间粗蛋白含量差异显著外，其他处理间

差异不显著($P>0.05$)，表现出随水分调控程度的减轻，粗蛋白含量呈先增加后降低的趋势，合理的水分处理有利于苜蓿粗蛋白含量的积累，从本书可以看出，在分枝期中度水分调控处理下可提高苜蓿粗蛋白含量；现蕾期水分调控处理下，第二茬苜蓿粗蛋白含量表现为 A5>A6>A4，随着水分调控程度的减轻呈先增加后降低的趋势，与 CK 处理比较差异不显著，第二茬苜蓿现蕾期水分调控影响了苜蓿生长，对粗蛋白含量提高不显著；而第三茬苜蓿表现为 A4>A5>A6，随着水分调控程度的加重呈增加的趋势，A4、A5 与 CK 处理比较差异显著，说明现蕾期重度和中度水分调控可显著提高第三茬苜蓿粗蛋白含量，分枝期适度水分调控处理较现蕾期更加有利于苜蓿粗蛋白含量的提高。全生育期水分调控处理粗蛋白含量表现出 A7>A8>A9，2 茬苜蓿在全生育期轻度水分调控 A7 处理下粗蛋白含量最高分别为 21.08%和 23.26%，显著高于 A8、A9 和 CK 处理，2 茬苜蓿在充分灌溉 CK 处理下粗蛋白含量最低，分别为 18.26%和 19.02%。整体来看，全生育期适度的水分调控有利于粗蛋白含量的提高，过度的水分调控则抑制了苜蓿正常生长，不利于粗蛋白的合成，从粗蛋白含量的角度单方面考虑，全生育期轻度水分调控处理更有利于苜蓿品质的提高。

表 3-119　不同生育时期水分调控对紫花苜蓿粗蛋白含量的影响　　%

处理	粗蛋白含量	
	第二茬	第三茬
A1	18.67 ±1.21c	21.03 ±0.88bcd
A2	20.45±0.38ab	22.74±0.18ab
A3	19.68±0.82abc	21.81 ±1.73abc
A4	18.37±0.84c	20.91±0.62cd
A5	18.54±0.57c	20.79 ±0.86cd
A6	18.44 ±0.79c	20.70 ±1.02cde
A7	21.08±0.99a	23.26 ±0.82a
A8	19.55 ±0.43bc	21.23 ±1.05bcd
A9	18.31 ±0.50c	19.93 ±1.17de
CK	18.26±1.13c	19.02 ±0.88e

2018 年水分调控处理对紫花苜蓿粗蛋白含量的影响如表 3-120 所示。第一茬至第四茬紫花苜蓿，其粗蛋白含量均以轻度水分调控（LD 处理）为最高，分别为 20.67%、19.24%、18.06%、21.20%，当灌水量增加或减少时，粗蛋白含量均有减少的趋势，但各茬的减少幅度各有不同。

表 3-120　水分调控对不同茬次紫花苜蓿粗蛋白含量的影响　%

处理	粗蛋白含量			
	第一茬	第二茬	第三茬	第四茬
CK	18.35±0.09b	17.53±0.40bc	16.23±0.33b	20.17±0.11ab
LD	20.67±0.23a	19.24±0.45a	18.06±0.86a	21.20±0.05a
MD	17.03±0.44c	16.77±0.53c	14.66±0.15c	19.33±0.14b
SD	16.04±1.18d	16.87±0.15c	14.14±0.27c	18.29±0.26c

第一茬紫花苜蓿在 CK 处理下的粗蛋白含量为 18.35%，LD 处理较 CK 处理升高了 12.64%，MD、SD 处理较 CK 处理分别降低了 7.19%、12.59%，各水分处理之间均差异显著($P<0.05$)。第二茬紫花苜蓿在 LD 处理下的粗蛋白含量最大，其最大值为 19.24%，其次为 CK 处理(17.53%)、SD 处理(16.87%)、MD 处理(16.77%)。LD 处理与各处理之间均差异显著($P<0.05$)，其他各处理之间均差异不显著。第三茬紫花苜蓿在 CK 处理下的粗蛋白含量为 18.06%，LD 处理较 CK 处理升高了 11.28%，MD、SD 处理较 CK 处理分别降低了 9.67%、12.88%，除 MD 处理与 SD 处理差异不显著外，其他各处理之间均差异显著($P<0.05$)。第四茬紫花苜蓿在 CK 处理下的粗蛋白含量为 20.17%，LD 处理较 CK 处理升高了 5.11%，MD、SD 处理较 CK 处理分别降低了 4.16%、9.32%，CK 处理与 LD、MD 处理差异不显著，LD 处理与 MD 处理差异显著($P<0.05$)，SD 处理与各处理之间均差异显著($P<0.05$)。以上结果表明，轻度水分调控有利于粗蛋白含量的增加，灌水量过多或过度干旱，其粗蛋白含量越低。

3.5.7.2　水分调控对苜蓿酸性洗涤纤维含量的影响

2017 年不同生育时期，水分调控处理对紫花苜蓿酸性洗涤纤维含量的影响如表 3-121 所示。可以得出，酸性洗涤纤维含量随刈割茬次的增加呈递减趋势，表现为第二茬>第三茬。对比分析分枝期水分调控处理下 *ADF* 含量，第二茬苜蓿表现为 A2<A1<A3，A3 处理显著高于 A1 和 A2 处理，但 A3 处理与 CK 处理差异不显著($P>0.05$)；第三茬苜蓿也呈 A2<A1<A3，A2 处理较 A3 处理和 CK 处理降低了 6.52%和 9.43%，且 A3 处理较 CK 处理降低了 2.91%，差异显著($P<0.05$)；第二茬、第三茬苜蓿在现蕾期水分调控处理下 *ADF* 含量基本表现为 A4<A5<A6，第二茬苜蓿各处理间 *ADF* 含量差异不显著，且与 CK 处理差异也不显著；第三茬苜蓿 *ADF* 含量 A6 处理显著高于 A4 处理，同时 CK 处理下 *ADF* 含量显著高于 A4、A5、A6 处理，说明在现蕾期水分调控对第二茬苜蓿酸性洗涤纤维含量影响不显著，且在现蕾期水分处理下苜蓿 *ADF* 含量也随水分调控程度的减轻呈递增趋势，另外 2 茬苜蓿都表现出 A4>A1、A5>A2，说明在分枝期进行水分调控更有利于降低苜蓿 *ADF* 含量；通过对全生育期水分调控处理对比分析，2 茬苜蓿在轻度水分调控处理下 *ADF* 含量最低，分别为 29.18%和 20.35%，且基本表现为 CK>A9>A8>A7，CK 处理显著高于 A7、A8、A9 处理；说明全生育期适度的水分调控可以促进苜蓿营养生长，降低 *ADF* 含量，过度的水分调控会延缓苜蓿生长发育，提高 *ADF* 含量。总体来看，*ADF* 含量随水分调控程度的减轻而增加，分枝期进行水分调控较现蕾期更有利于降低苜蓿 *ADF* 含量，全生育期轻度水分调控处理下苜蓿 *ADF* 含量最低。

表 3-121 不同生育时期水分调控对紫花苜蓿酸性洗涤纤维含量的影响 %

处理	酸性洗涤纤维含量	
	第二茬	第三茬
A1	31.73±2.63c	25.33±1.11de
A2	31.11±3.55c	23.87±1.23e
A3	38.76±1.82a	30.39±1.97b
A4	36.21±1.93a	26.40±1.25cd
A5	37.54±3.71a	28.64±1.56bc
A6	38.42±1.42a	30.25±1.09b
A7	29.18±1.82c	20.35±1.54f
A8	32.02±2.25bc	24.19±0.95de
A9	35.55±1.89ab	24.51±0.44de
CK	39.17±0.71a	33.30±1.40a

2018 年水分调控处理对紫花苜蓿酸性洗涤纤维含量的影响如表 3-122 所示。第一茬紫花苜蓿在 CK 处理下的酸性洗涤纤维含量为 36.73%，LD、MD、SD 处理较 CK 处理分别降低了 9.39%、6.02%、1.91%，CK 处理与 SD 处理差异不显著，与 LD 处理和 MD 处理之间均差异显著（$P<0.05$），LD 处理与 MD 处理之间差异不显著。第二茬紫花苜蓿在 CK 处理下的酸性洗涤纤维含量为 32.83%，LD、MD、SD 处理较 CK 处理分别降低了 13.34%、5.91%、0.27%，除 CK 处理与 SD 处理差异不显著外，其他各处理之间均差异显著（$P<0.05$）。第三茬紫花苜蓿在 CK 处理下的酸性洗涤纤维含量最大，其最大值为 31.78%，其余为 SD 处理（30.14%）>MD 处理（30.03%）>LD 处理（28.34%）。除 MD 处理与 SD 处理差异不显著外，其他各处理之间均差异显著（$P<0.05$）。第四茬紫花苜蓿在 CK 下的酸性洗涤纤维含量为 25.90%，LD、MD、SD 处理较 CK 处理分别降低了 7.53%、6.99%、4.98%，CK 处理与各处理之间均差异显著（$P<0.05$），LD、MD、SD 处理两两之间均差异不显著。从全年 4 茬来看，轻度水分处理的酸性洗涤纤维含量均较低。以上结果表明，适量水分不利于紫花苜蓿酸性洗涤纤维含量的增加，灌水量过多或过度干旱，都能促进酸性洗涤纤维含量的增加。

表 3-122 水分调控对不同茬次紫花苜蓿酸性洗涤纤维含量的影响 %

处理	酸性洗涤纤维含量			
	第一茬	第二茬	第三茬	第四茬
CK	36.73±5.55a	32.83±0.66a	31.78±0.40a	25.90±0.40a
LD	33.28±0.96b	28.45±4.09c	28.34±2.32c	23.95±1.15b
MD	34.52±1.39b	30.89±0.60b	30.03±1.75b	24.09±1.75b
SD	36.03±1.98a	32.74±0.48a	30.14±0.74b	24.61±0.21b

3.5.7.3　水分调控对苜蓿中性洗涤纤维含量的影响

2017 年水分调控处理对紫花苜蓿中性洗涤纤维含量的影响同 *ADF* 变化趋势相同(见表 3-123),随着刈割茬次的增加,*NDF* 含量降低。第二茬和第三茬苜蓿在分枝期水分调控处理下 *NDF* 含量基本呈 A3>A1>A2,且 A3 处理较 A1 和 A2 处理增加了 8.46%、11.29%和 4.29%、9.93%,差异显著($P<0.05$),与 CK 处理相比,A3 处理分别降低了 0.17%和 2.21%;现蕾期水分调控处理 *NDF* 含量基本表现为 A4<A5<A6,各处理之间差异不显著($P>0.05$),与 CK 处理相比,A6 处理减小了 0.52%和 2.23%,且 2 茬苜蓿在 A4、A5 处理下 *NDF* 含量高于 A1 和 A2 处理,说明在现蕾期进行水分调控能降低苜蓿 *NDF* 含量,分枝期水分调控较现蕾期更有利于降低苜蓿 *NDF* 含量;第二茬苜蓿在全生育期水分调控处理下 *NDF* 含量呈 A7<A8<A9<CK,各处理间差异显著,且与 CK 处理相比,A7、A8、A9 处理分别减小了 11.88%、7.93%、3.19%;差异显著,第三茬呈 A7<A9<A8<CK,A7、A8、A9 处理与 CK 处理差异显著,A8 与 A9 处理差异不显著,全生育期水分调控也可降低了苜蓿 *NDF* 含量,且随着水分调控程度的减轻呈先降低后增加趋势。综上,*NDF* 含量随水分调控程度的减轻呈递增趋势,分枝期进行水分调控较现蕾期更有利于降低苜蓿 *NDF* 含量,同样 2 茬苜蓿在全生育期轻度水分调控 A7 处理下 *NDF* 含量最低,分别为 36.45%和 30.49%。

表 3-123　不同生育时期水分调控对紫花苜蓿中性洗涤纤维含量的影响　%

处理	中性洗涤纤维含量	
	第二茬	第三茬
A1	39.70 ±0.76c	37.26 ±0.62c
A2	36.87±0.69d	33.52±2.98d
A3	48.16±1.24a	41.55±1.52ab
A4	45.94±0.34ab	39.24±3.53bc
A5	46.46±2.39ab	39.40±2.36bc
A6	47.81±1.15a	41.53±1.00ab
A7	36.45±1.98d	30.49±2.22d
A8	40.40±1.36c	37.56±1.74c
A9	45.14±1.09b	36.33±0.93c
CK	48.33±1.17a	43.76±3.56a

2018 年水分调控处理对紫花苜蓿中性洗涤纤维含量的影响如表 3-124 所示。由表 3-124 可知,第一茬紫花苜蓿在 CK 处理下的中性洗涤纤维含量为 46.71%,LD、MD、SD 处理较 CK 处理分别降低了 10.21%、9.21%、4.17%,CK 处理与各处理之间均差异显著($P<0.05$),LD 处理和 MD 处理之间差异不显著,与 SD 处理差异显著($P<0.05$)。第二茬

紫花苜蓿在 CK 处理下的中性洗涤纤维含量为 45. 65%, LD、MD、SD 处理较 CK 处理分别降低了 6. 18%、6. 79%、4. 95%, CK 处理与各处理之间均差异显著($P<0.05$), LD、MD、SD 处理两两之间均差异不显著。第三茬紫花苜蓿在 CK 处理下的中性洗涤纤维含量为 42. 42%, LD、MD、SD 处理较 CK 处理分别降低了 8. 65%、4. 50%、2. 69%, SD 处理与 CK、MD 处理差异不显著, 与 LD 处理差异显著($P<0.05$), CK 处理与 MD 处理差异显著($P<0.05$)。第四茬紫花苜蓿在 CK 处理下的中性洗涤纤维含量最大, 其最大值为 35. 97%, 其次为 SD 处理(35. 09%)>MD 处理(34. 34%)>LD 处理(32. 79%)。SD 处理与 CK、MD 处理差异不显著, 与 LD 处理差异显著($P<0.05$), CK 处理与 MD 处理差异显著($P<0.05$)。从全年 4 茬来看, 轻度水分处理的中性洗涤纤维含量均较低, 以上结果表明, 适量水分不利于紫花苜蓿中性洗涤纤维含量的增加。

表 3-124 水分调控对不同茬次紫花苜蓿中性洗涤纤维含量的影响 %

处理	中性洗涤纤维含量 /%			
	第一茬	第二茬	第三茬	第四茬
CK	46. 71±0. 89a	45. 65±0. 33a	42. 42±1. 85a	35. 97±0. 29a
LD	41. 94±0. 98c	42. 83±0. 56b	38. 75±0. 81c	32. 79±0. 92c
MD	42. 41±0. 41c	42. 55±1. 31b	40. 51±3. 50b	34. 34±0. 09b
SD	44. 76±0. 32b	43. 39±1. 10b	41. 28±0. 29ab	35. 09±0. 52ab

3. 5. 7. 4 水分调控对苜蓿相对饲喂价值的影响

由表 3-125 可以看出, 2017 年水分调控处理下相对饲喂价值同 *ADF* 和 *NDF* 含量变化趋势相同, 随着刈割茬次的增加, *ADF* 和 *NDF* 含量降低, 苜蓿 *RFV* 提高, 表现为第二茬>第三茬。分枝期水分调控处理下, 与 CK 处理相比, 第二茬、第三茬苜蓿相对饲喂价值表现出 A2>A1>A3>CK, A1、A2 处理显著高于 A3 处理和 CK 处理($P<0.05$), 说明分枝期重度和中度水分调控可提高苜蓿 *RFV*; 现蕾期水分调控处理下, 2 茬苜蓿 *RFV* 基本表现为 A4>A5>A6>CK, 随着水分调控程度的减轻 *RFV* 值减小, 第二茬苜蓿在 A4、A5、A6、CK 处理下 *RFV* 差异不显著, 但第三茬苜蓿 A4、A5 处理与 CK 处理差异显著, 且分枝期水分调控 A1、A2 处理 *RFV* 值较 A4、A5 处理下的高, 说明现蕾期适当的水分调控也可提高苜蓿 *RFV*, 分枝期较现蕾期进行水分调控更有利于提高苜蓿质量; 全生育期各水分调控作用下, 第二茬苜蓿 *RFV* 表现为 A7>A8>A9>CK, 各处理间差异显著, 第三茬苜蓿 *RFV* 表现为 A7>A9>A8>CK, 处理 A8 与 A9 处理差异不显著($P>0.05$), 2 茬苜蓿在 A7 处理下 *RFV* 值最大, 分别为 169. 32 和 223. 48, CK 处理值最小, 分别为 112. 42 和 134. 01, A7 处理较 CK 处理 *RFV* 值提高了 50. 61%和 66. 76%, 表明全生育期水分处理下苜蓿 *RFV* 随调控程度的减轻基本呈先增加后降低趋势, 过度的灌溉和胁迫都会提高苜蓿 *ADF* 和 *NDF* 含量, 进而减小 *RFV*, 降低苜蓿适口性。整体来看, 不同生育时期适当的水分调控可提高苜蓿 *RFV* 值, 随着水分调控程度加重呈先增加后降低趋势, 分枝期较现蕾期水分调控更有利于苜蓿营养品质的提高, 全生育期轻度水分调控处理下苜蓿 *RFV* 值最高。

表 3-125　不同生育时期水分调控对苜蓿相对饲喂价值的影响

处理	相对饲喂价值	
	第二茬	第三茬
A1	150.40±6.02b	172.71±3.02bc
A2	163.11±0.60a	207.95±17.86a
A3	113.46±5.18cd	146.20±8.18de
A4	122.89±3.35cd	162.23±8.88bcd
A5	119.84±11.80cd	157.53±7.53cd
A6	114.81±4.88cd	146.39±2.77de
A7	169.32±12.99a	223.48±13.62a
A8	147.41±7.30b	173.77±8.62bc
A9	126.19±4.35c	178.85±5.12b
CK	112.42±1.82d	134.01±7.83e

2018 年水分调控处理下，第一茬紫花苜蓿在 CK 处理下的 *RFV* 值为 120.06，LD、MD、SD 处理较 CK 处理分别升高了 16.34%、13.29%、5.31%；第二茬紫花苜蓿在 CK 处理下的 *RFV* 值为 129.04，LD、MD、SD 处理较 CK 处理分别升高了 12.33%、9.85%、5.32%；第一茬和第二茬各水分处理下的 *RFV* 值经相关性分析，LD 处理与 MD 处理无显著差异，与 CK、SD 处理均差异显著（$P<0.05$）；CK 处理与 SD 处理差异不显著，与 MD 处理差异显著。第三茬紫花苜蓿在 CK 处理下的 *RFV* 值为 140.66，LD、MD、SD 处理较 CK 处理分别升高了 14.05%、6.94%、4.81%，LD 处理与各处理之间均差异不显著；MD 处理和 SD 处理之间差异不显著，与 CK 处理差异显著。第四茬紫花苜蓿在 CK 处理下的 *RFV* 值为 177.73，LD、MD、SD 处理较 CK 处理分别升高了 12.13%、6.89%、4.01%，LD 处理与各处理之间均差异不显著，SD 处理与 CK、MD 处理之间差异不显著，CK 处理与 MD 处理差异显著。从全年 4 茬来看，轻度水分处理的相对饲喂价值含量均最高，以上结果表明，适量水分有利于紫花苜蓿相对饲喂价值含量的增加（见表 3-126）。

表 3-126　水分调控对不同茬次紫花苜蓿相对饲喂价值的影响

处理	相对饲喂价值			
	第一茬	第二茬	第三茬	第四茬
CK	120.06±2.95b	129.04±8.30b	140.66±1.48c	177.73±9.47c
LD	139.68±2.75a	144.95±4.75a	160.42±3.33a	199.28±2.97a
MD	136.01±6.64a	141.75±2.09a	150.42±1.70b	189.98±10.16b
SD	126.43±8.46b	135.91±2.50b	147.42±9.44b	184.85±5.29bc

3.5.7.5　水分调控对苜蓿粗灰分含量的影响

由表 3-127 可以看出,2017 年 2 茬苜蓿分枝期水分调控处理粗灰分含量呈 $A1<A2<A3<CK$,A1 处理较 A3 处理分别降低了 1.12%和 1.40%,差异显著,A3 与 CK 处理差异不显著($P>0.05$);现蕾期水分调控处理粗灰分含量表现为 $A4<A5<A6<CK$,各处理间差异不显著,但与 CK 处理相比,各处理间差异显著($P<0.05$),另外,与分枝期水分调控处理相比,$A4>A1$、$A5>A2$,表明现蕾期较分枝期水分调控更有利于提高苜蓿粗灰分含量;全生育期水分调控处理表现为 $CK>A7>A8>A9$,CK 处理显著高于其他 3 个水分处理,全生育期重度水分调控处理下粗灰分含量最低,分别为 7.56%和 8.31%。不同生育期水分处理下苜蓿粗灰分含量随水分调控程度的减轻呈递增趋势,现蕾期水分调控较分枝期更有利于提高苜蓿粗灰分含量,2 茬苜蓿在充分灌溉 CK 处理下粗灰分含量最高,分别为 9.41%和 10.89%。

表 3-127　不同生育时期水分调控对苜蓿粗灰分含量的影响　　%

处理	粗灰分含量	
	第二茬	第三茬
A1	8.10±0.05b	8.53±0.25de
A2	8.24±0.57b	9.35±0.71bcd
A3	9.22±0.12a	9.93±0.30b
A4	8.43±0.17b	9.08±0.39cde
A5	8.57±0.20b	9.49±0.28bc
A6	8.66±0.17b	9.59±0.62bc
A7	8.29±0.42b	9.04±0.56cde
A8	8.23±0.51b	8.79±0.10cde
A9	7.56±0.20b	8.31±0.29e
CK	9.41±0.09a	10.89±0.56a

由表 3-128 可知,2018 年第一茬紫花苜蓿在 CK 处理下的粗灰分含量为 10.20%,LD、MD、SD 处理较 CK 处理分别降低了 4.81%、8.33%、10.19%,LD 处理与各处理之间均差异不显著,MD 和 SD 处理之间差异不显著,与 CK 处理差异显著($P<0.05$)。第二茬紫花苜蓿在 CK 处理下的粗灰分含量为 10.56%,LD、MD、SD 处理较 CK 处理分别降低了 4.92%、6.53%、10.23%,LD 处理与各处理之间均差异不显著,MD 和 SD 处理之间差异不显著,与 CK 处理之间差异显著。第三茬紫花苜蓿在 CK 处理下的粗灰分含量为 9.07%,LD、MD、SD 处理较 CK 处理分别降低了 2.21%、7.06%、10.14%,MD 处理与各处理之间均差异不显著,CK 处理和 LD 处理之间差异不显著,与 SD 处理之间差异显著。第四茬紫花苜蓿在 CK 下的粗灰分含量为 8.82%,LD、MD、SD 处理较 CK 处理分别降低了 5.9%、10.09%、11.9%,LD 处理与各处理之间均差异不显著,MD 和 SD 处理之间差异不显著,与 CK 处理之间差异显著。以上结果表明,随着水分调控程度的减轻,其粗灰分含量增加。

表 3-128　水分调控对不同茬次紫花苜蓿粗灰分含量的影响　%

处理	粗灰分含量			
	第一茬	第二茬	第三茬	第四茬
CK	10. 20±0. 31a	10. 56±0. 16a	9. 07±0. 19a	8. 82±0. 03a
LD	9. 71±0. 27ab	10. 04±0. 36ab	8. 87±0. 19a	8. 30±0. 12ab
MD	9. 35±0. 18b	9. 87±0. 35b	8. 43±0. 21ab	7. 93±0. 17b
SD	9. 16±0. 40b	9. 48±0. 08b	8. 15±0. 14b	7. 77±0. 29b

3. 5. 8　水分调控对苜蓿水分利用效率的影响

由表 3-129 可以看出，不同水分调控处理下，苜蓿水分利用效率基本表现为第二茬>第三茬，随着刈割茬次的增加，水分利用效率降低。各生育时期水分调控处理下苜蓿水分利用效率也不同。通过对苜蓿在全生育期水分调控处理下水分利用效率进行比较，2 茬苜蓿基本表现为 A9>A8>A7>CK，在 A9 处理下干草产量最低，耗水量最小，水分利用效率最高，分别为 3. 47 kg/m^3 和 2. 96 kg/m^3，且 A7、A8、CK 和 A9 处理之间差异显著，但第三茬苜蓿 A9 和 A8 处理之间差异不显著（P>0. 05）；2 茬苜蓿在分枝期水分调控处理下，基本表现为 A2>A1>A3，呈先增加后降低趋势，且第二茬苜蓿 A3 处理水分利用效率显著低于 A1、A2 处理，第三茬苜蓿各处理间无显著差异；现蕾期水分调控处理下第二茬苜蓿水分利用效率呈 A4>A5>A6，第三茬呈 A4>A6>A5，各处理间差异不显著。可以看出，随水分调控程度的减轻，苜蓿水分利用效率呈降低趋势，全生育期水分调控处理更有利于提高水分利用效率。

表 3-129　不同生育时期水分调控对苜蓿干草产量和水分利用效率的影响　单位：kg/m^3

处理	第二茬水分利用效率	第三茬水分利用效率
A1	2. 40±0. 14cd	2. 05±0. 01bc
A2	2. 61±0. 17c	2. 21±0. 14bc
A3	2. 01±0. 09f	1. 79±0. 09c
A4	2. 47±0. 16cd	2. 37±0. 41b
A5	2. 30±0. 21de	2. 00±0. 19bc
A6	2. 10±0. 06ef	2. 07±0. 14bc
A7	2. 94±0. 14b	2. 37±0. 07b
A8	3. 12±0. 20b	2. 53±0. 06ab
A9	3. 47±0. 04a	2. 96±0. 74a
CK	1. 93±0. 16f	1. 75±0. 08c

3.6　地下滴灌苜蓿水分循环过程与灌溉制度优化研究

3.6.1　试验目的、试验设计、指标测定和研究方法

3.6.1.1　试验目的

通过在我国典型荒漠灌区甘肃河西荒漠灌区进行水分调控田间试验(见图 3-137),研究紫花苜蓿不同生育时期土壤含水量的变化过程,运用水量平衡法和作物系数法分别对土壤含水量和实际蒸散发量进行模拟与预测,确定水量平衡方程各分项的变化过程以及各分项占总耗水量的比例,明确不同生育时期水分调控对水量平衡方程各分项的影响程度,为荒漠灌区水分高效利用提供理论依据。

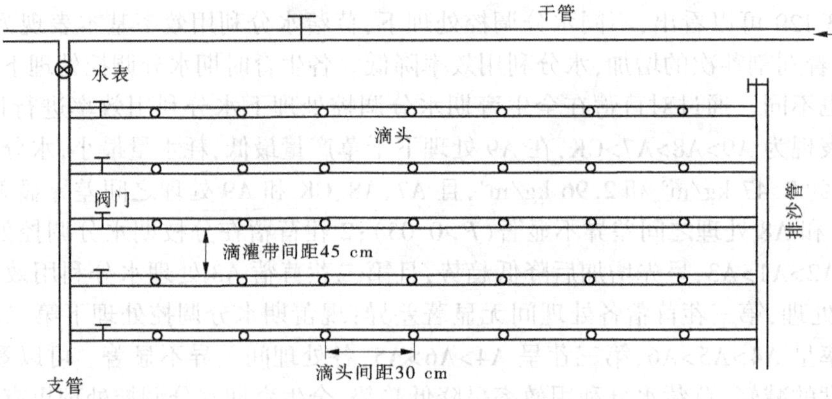

图 3-137　滴灌带布设示意图

3.6.1.2　试验设计

采用完全随机区组设计,分别在苜蓿的分枝期、现蕾期和全生育期进行轻度、中度、重度 3 个程度水分胁迫(土壤含水量控制范围分别为 55% θ_f ~ 65% θ_f、45% θ_f ~ 55% θ_f、35%θ_f ~ 45%θ_f),当土壤含水量低于水分处理下限时灌水至上限,以全生育充分灌溉(A10)为对照,共 10 个处理(A1 ~ A10),每个处理设 3 个重复,如表 3-130 所示。为避免处理之间水分相互影响,每个处理间设置 2 m 宽的隔离带,相同处理不同重复间距离 2 m,试验小区布设见图 3-138。用水表控制水量(精度 0.000 1 m^3),试验期间每个小区分别在分枝期调控灌溉时随灌溉施相同量的氮肥(8 kg/亩,尿素 N≥46.6%),田间管理同普通大田,且各处理保持一致。

表 3-130　试验设计

处理	分枝期—现蕾期	现蕾期—初花期
A1	35%~45%	65%~75%
A2	45%~55%	65%~75%
A3	55%~65%	65%~75%

续表 3-130

处理	分枝期—现蕾期	现蕾期—初花期
A4	65%～75%	35%～45%
A5	65%～75%	45%～55%
A6	65%～75%	55%～65%
A7	55%～65%	55%～65%
A8	45%～55%	45%～55%
A9	35%～45%	35%～45%
CK	65%～75%	65%～75%

注:表中灌水下限为土壤含水量占田间持水量的百分比。

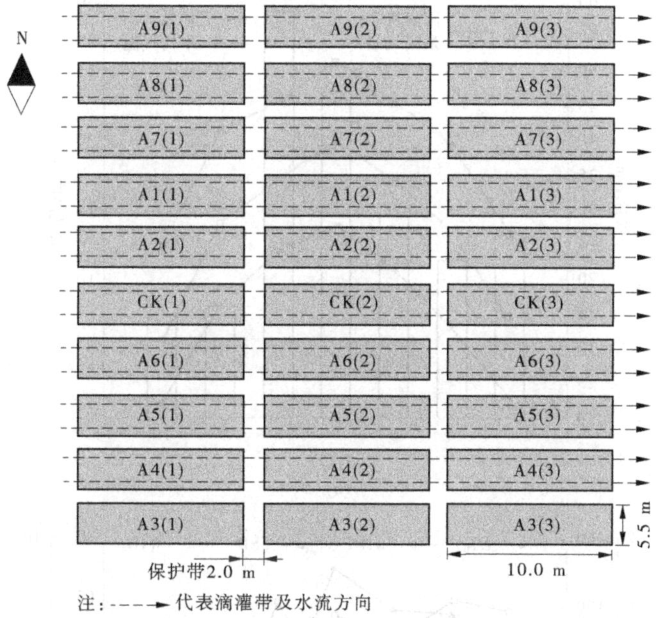

图 3-138　试验小区布设

3.6.1.3　试验指标测定

1. 土壤容重

采用环刀法[《土壤检测 第 4 部分:土壤容重的测定》(NY/T 1121.4—2006)]测定试验田土壤不同剖面 0～60 cm 土层深度的土壤容重。

2. 土壤含水量

采用烘干法测定土壤含水量,在苜蓿生长期内每隔 5～7 d 测定一次,每次分别测定 0～20 cm、20～40 cm、40～60 cm、60～80 cm 和 80～100 cm 土层,在灌水前后与降水后适时加测。

3.6.1.4　研究方法

研究方法同 3.4 节。

3.6.2　水分调控对苜蓿土壤含水量的影响

3.6.2.1　气象要素特征分析

从图 3-139 可以看出,2017 年作物生育期内气温变化趋势相同,6 月气温较低,随后逐渐升高,到 7 月达到最高,随后又缓慢下降,10 月气温最低;最低气温变化范围为 1~10 ℃,平均气温为 6~18 ℃,最高气温为 12~26 ℃。相对湿度的变化规律与气温变化有所差异,在作物生育期内,相对湿度 5 月最低,8 月达到最大值,变幅在 45%~65%。风速在 2017 年整个生育期内趋势变化较为稳定,都在 3 m/s 以上;月均 ET_0 在试验期间呈现升高—降低—升高—降低的趋势,数值在 66~165 mm;而试验期间的降水量在 7 月、8 月居多,整个生育期内降水量总和为 216 mm,同作物的需水量相比,降水量是微不足道的,均需要靠灌溉来满足作物正常生长。

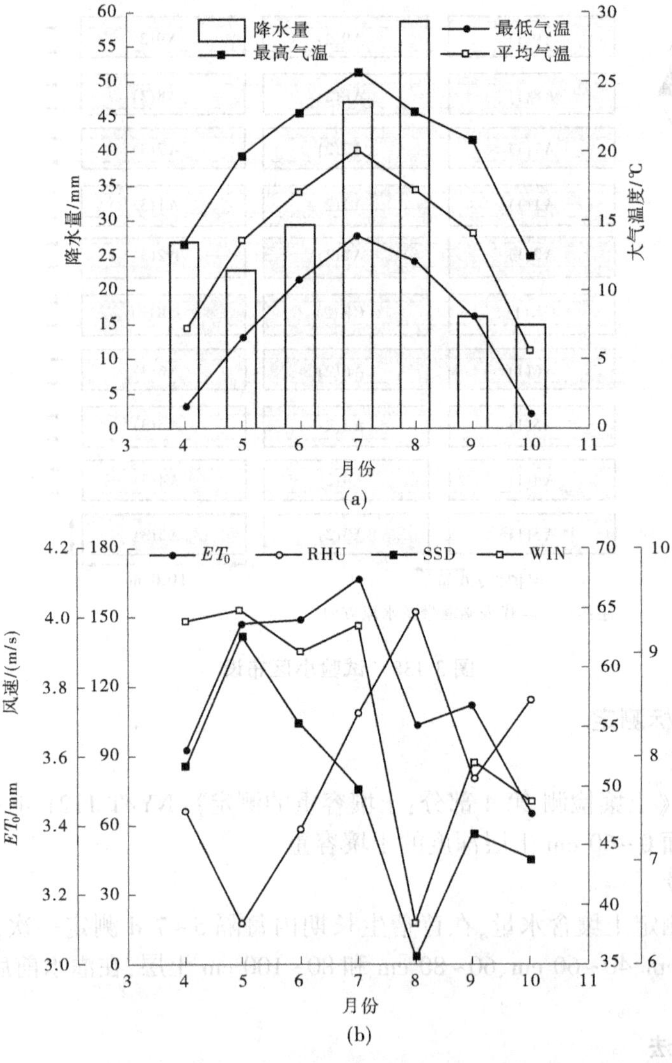

图 3-139　2017 年苜蓿生育期的气象数据

3.6.2.2　水分调控对土壤含水量的影响

图 3-140 为不同水分调控下各土层土壤含水量的变化情况。从图 3-140 可以看出，土壤含水量随生育时期、水分调控梯度、土层深度变化明显。同一生育时期相同水分处理下，表层（0～60 cm）土壤含水量低于深层（60～100 cm），且水分调控主要影响的是表层土壤含水量。CK 处理下土壤含水量普遍最高，A9 处理下土壤含水量最低。分枝期调亏时，A1、A2、A3 处理各土层土壤含水量较低，第二茬 20 cm 土层土壤含水量分别为 9.87%、10.95%、11.67%，A4、A5、A6 处理低于 CK 处理，但与 CK 差异不明显，分别为 13.57%、14.01%、14.92%、15.73%；现蕾期调亏时，A4、A5、A6 处理各土层土壤含水量最低，第二茬 20 cm 土层土壤含水量分别为 8.89%、9.54%、10.77%，A1、A2、A3 处理低于 CK 处理，且与 CK 间差异明显，这说明分枝期亏水、现蕾期复水后的土壤含水量低于充分灌溉；全生育时期水分调亏时，A9、A8、A7 处理下的土壤含水量分别低于 A1、A2、A3，这说明分枝期和现蕾期连续亏水的土壤含水量低于分枝期亏水、现蕾期复水的土壤含水量。从以上分析可以得出，表层（0～60 cm）土壤含水量低于深层（60～100 cm），水分调控梯度下土壤含水量的变化规律为重亏<中亏<轻亏<充分灌溉，现蕾期复水对土壤含水量影响较为明显，分枝期亏水、现蕾期复水的土壤含水量明显高于现蕾期亏水或全生育时期亏水。

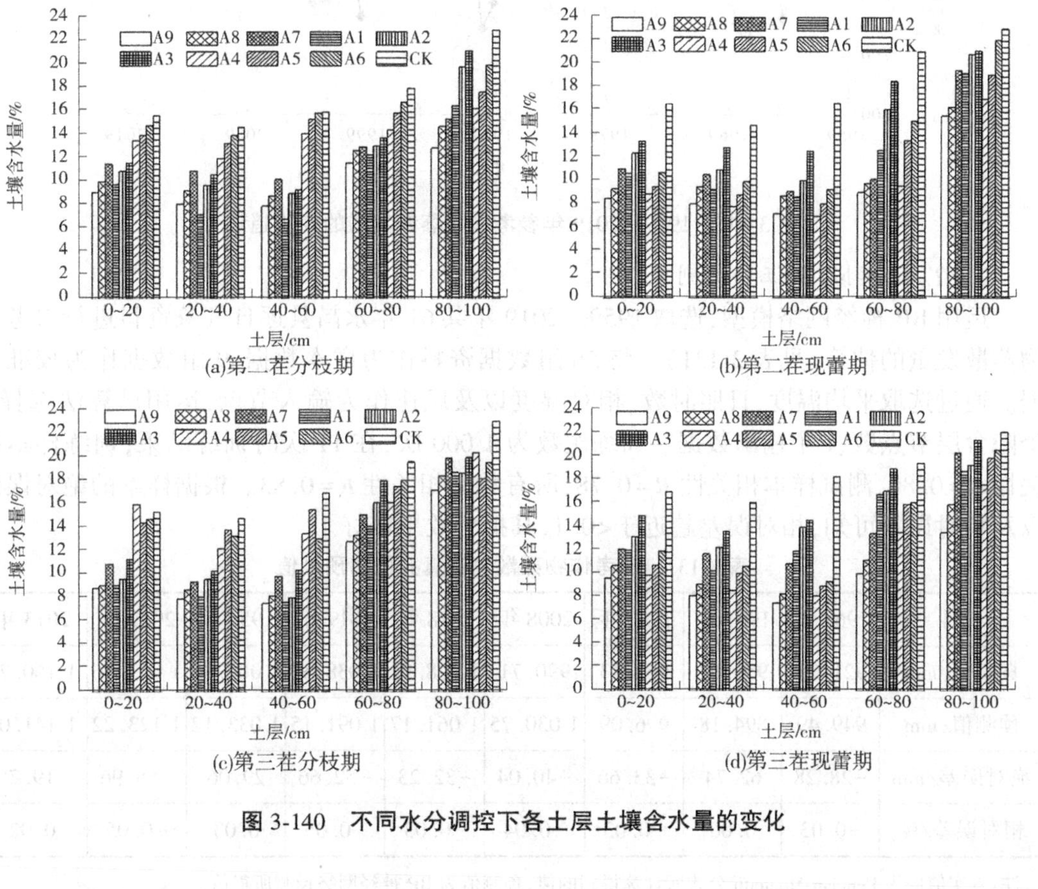

图 3-140　不同水分调控下各土层土壤含水量的变化

3.6.3 实际蒸散发量的模拟

3.6.3.1 参考作物蒸散发量的模拟

1. ET_0 值变化趋势分析

通过对研究区 1959—2019 年参考作物蒸散发量的分析(见图 3-141),可以得出近 60 年参考作物蒸散发量的变化为振荡性增加趋势,平均每 10 年增加 9.5 mm,其中 1959—1967 年和 1978—1989 年间呈下降趋势,1968—1978 年和 1989 年至今都呈上升趋势,尤其 1989 年后上升趋势非常明显,且在 2018 年参考作物蒸散发量达到最大,为 1 130.92 mm。

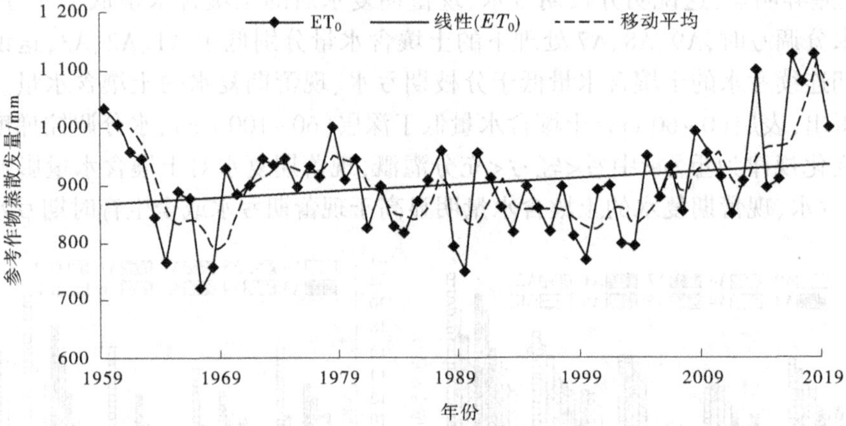

图 3-141 1959—2019 年参考作物蒸散发量的变化趋势

2. ET_0 值模拟、验证和预测

运用 BP 神经网络模型,选取 1959—2019 年共 61 年永昌县逐日气象资料进行参考作物蒸散发量的估算(见表 3-131)。将 56 组数据资料作为样本数据,9 组数据作为校准数据。通过选取平均温度、日照时数、相对湿度以及风速作为输入节点,运用试算法选择 7 个隐含层节点数、1 个输出数据。训练次数为 1 000 次,在 11 次时训练结束,训练样本相关性 $R=0.85$,测试样本相关性 $R=0.78$,所有数据相关性 $R=0.83$。根据样本的绝对误差以及相对误差可知,相对误差趋近于<0.1,其拟合效果较好。

表 3-131 参考作物蒸散发量真实值和预测值

项目	1969 年	1961 年	1987 年	2008 年	2018 年	2019 年	1959 年	2017 年	2013 年
真实值/mm	921.21	956.92	962.43	990.71	1 028.91	1 038.49	1 062.18	1 067.26	1 160.79
预测值/mm	949.49	894.18	996.09	1 030.75	1 061.17	1 091.15	1 033.12	1 123.22	1 141.09
绝对误差/mm	−28.28	62.74	−33.66	−40.04	−32.23	−52.66	29.06	−55.96	19.7
相对误差/%	−0.03	0.06	−0.03	−0.04	−0.03	−0.05	0.03	−0.05	0.02

注:真实值即为 Penman-Monteith 公式所计算得到的值,预测值为 BP 神经网络预测所得值。

3.6.3.2 实际蒸散发量的模拟和预测

基于土壤水分修正系数计算公式和实测土壤含水量,得各处理下土壤水分修正系数(见表 3-132)。根据 3.4 节土壤水分修正系数计算公式可得出不同处理下土壤水分修正系数值,根据烘干法所测的 0~100 cm 土壤含水量,求取其平均值,计算得出土壤水分修正系数。从表 3-132 可以看出,CK 处理下土壤水分修正系数为 1.00,A1、A2、A3 处理为分枝期亏水、现蕾期复水,因此分枝期土壤水分修正系数为 0.60~0.95,现蕾期复水后,土壤水分修正系数接近于 1.00;A4、A5、A6 处理为分枝期充分、现蕾期亏水,因此现蕾期的土壤水分修正系数为 0.52~0.84;A7、A8、A9 处理为全生育期亏水,因此分枝期和现蕾期的土壤水分修正系数都较低,为 0.50~0.72。

表 3-132 紫花苜蓿土壤水分修正系数

处理	第二茬		第三茬	
	分枝期	现蕾期	分枝期	现蕾期
CK	1.00	1.00	1.00	1.00
A1	0.63	0.93	0.60	0.95
A2	0.78	0.94	0.77	0.95
A3	0.92	0.96	0.95	0.98
A4	0.94	0.52	0.95	0.59
A5	0.95	0.72	0.90	0.78
A6	0.95	0.83	0.90	0.84
A7	0.55	0.50	0.59	0.50
A8	0.67	0.62	0.63	0.68
A9	0.72	0.68	0.69	0.70

通过利用作物系数法对 2017 年全生育期共两茬的紫花苜蓿草地 10 个灌溉水平下实际蒸散发量进行估算(见表 3-133),在不同的灌水处理下,充分灌溉处理下草地的实际蒸散发量值最大,为 444.67 mm;全生育期重亏条件下,土壤含水量最低,为 168.44 mm;A3、A6、A9 处理都为轻亏处理,分枝期轻亏或现蕾期轻亏间的蒸散发量差别不大,而 2 个生育时期均为轻亏时,蒸散发量下降了 56 mm 左右。从以上分析可以看出,水分调控对蒸散发量的影响明显。

表 3-133 2017 年作物生育期实际蒸散发量 单位:mm

处理	CK	A1	A2	A3	A4
蒸散发量	444.67	274.34	330.84	361.88	277.21
处理	A5	A6	A7	A8	A9
蒸散发量	320.64	364.84	168.44	222.55	307.69

3.6.4 土壤含水量的模拟和预测

运用水量平衡方程对永昌县试验区土壤含水量进行模拟，具体结果见表 3-134。由表 3-134 可知，土壤含水量平均绝对误差在 1.97 以内，其中 CK、A4、A6、A7 处理的平均绝对误差都大于 1.50；土壤含水量的平均相对误差在 14.66%以内，其中 CK、A4、A5、A7 处理的平均相对误差都大于 12.0%；土壤含水量的平均均方根误差在 1.69 以内，其中 CK、A4、A6、A7 处理的平均绝对误差都大于 1.60。从以上分析可知，运用水量平衡方程模拟土壤含水量时，土壤含水量越高，模拟效果最差，这说明水量平衡分项中的实际蒸散发量模拟整体偏低。

表 3-134 不同处理下苜蓿土壤含水量模拟结果

处理	最大绝对误差	最小绝对误差	平均绝对误差	最大相对误差/%	最小相对误差/%	平均相对误差/%	均方根误差
CK	-2.11	-0.39	1.55	-17.62	-2.56	12.41	1.69
A1	2.21	0.3	1.46	13.38	3.15	9.89	1.57
A2	1.83	-0.59	1.17	-14.37	-5.44	9.14	1.26
A3	-1.65	-0.28	1.22	-16.21	-2.04	10.44	1.31
A4	-2.22	-0.87	1.59	-20.19	-7.47	12.85	1.66
A5	-2.03	0.44	1.41	-19.48	3.26	12.2	1.52
A6	-2.2	0.62	1.61	-17.37	4.66	11.82	1.7
A7	-3.18	-0.72	1.97	-23.65	-8.49	14.66	2.1
A8	1.77	-0.14	1.02	18.46	-1.53	11.35	1.13
A9	-1.39	-0.38	0.91	-15.45	5.62	10.71	1

3.6.5 地下滴灌苜蓿水分循环过程

表 3-135 为在地下滴灌下植被水分循环过程。在不同的灌水水平下，灌水量随着水分下限的降低而减少，全生育期有效降水量为 136.50 mm；且充分灌溉下的实际蒸散发量最大，为 444.67 mm，全生育期轻亏下的作物实际蒸散发量最小，为 168.44 mm，土壤含水量的变化量全生育期轻亏条件下最高，全生育期重亏条件下最低。

表 3-135 地下滴灌植被水分循环过程

处理	I/mm	P/mm	ET/mm	ΔW/mm
CK	420.28	136.50	444.67	112.11
A1	279.93	136.50	274.34	142.09

续表 3-135

处理	I/mm	P/mm	ET/mm	ΔW/mm
A2	290.09	136.50	330.84	95.75
A3	399.85	136.50	361.88	174.47
A4	229.88	136.50	277.21	89.17
A5	270.96	136.50	320.64	86.82
A6	318.62	136.50	364.84	90.28
A7	114.99	136.50	307.69	-56.2
A8	180.11	136.50	222.55	94.06
A9	245.34	136.50	168.44	213.4

3.6.6 灌溉制度构建

作物的灌溉制度是指作物播种前及全生育期内的灌水次数、灌水日期和灌水定额。在合理分配农业水资源方面,最主要的问题是建立科学的灌溉制度。灌溉制度是为了促使作物节水并获得高产而制定的适时适量的灌水方案,它不仅是指导农田灌溉的重要依据,也是制定灌溉规划、设计灌溉工程以及编制灌区用水计划的基本依据。

3.6.6.1　水分与产量模拟

1. 指标选取与模型构建

运用回归分析的方法,寻求单一指标最大时的灌水量。以 2018 年四茬紫花苜蓿的灌水量与产量数据(见表 3-136)利用 IBM SPSS statistics 软件对灌水量与紫花苜蓿产量指标进行回归分析,得到其回归方程。

表 3-136　2018 年四茬紫花苜蓿的灌水量与产量

处理	第一茬		第二茬		第三茬		第四茬	
	灌水量/mm	产量/(kg/hm²)	灌水量/mm	产量/(kg/hm²)	灌水量/mm	产量/(kg/hm²)	灌水量/mm	产量/(kg/hm²)
CK	228.997	5 718	105.221	3 759	89.122	3 241	108.897	2 354
LD	205.612	5 685	96.273	3 521	78.225	2 984	97.608	2 218
MD	189.475	4 940	81.901	3 044	72.478	2 734	87.028	2 033
SD	121.021	4 719	63.229	2 644	65.085	2 698	68.747	1 816

首先进行散点图的绘制,观察数据的大致趋势,进而选择合适的模型进行拟合。

观察图 3-142,选择线性函数、对数函数、二次函数、复合函数对其进行拟合。

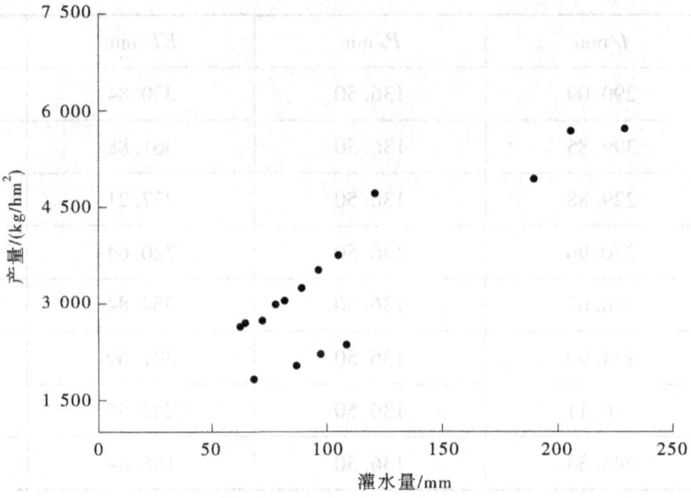

图 3-142　灌水量与产量散点图

通过观察表 3-137 发现，拟合优度较好的为二次方程和线性方程，然后从 sig 值分析发现，二者都小于显著性水平 0.05，但从客观规律出发，选择二次方程模拟为最佳。

表 3-137　模型摘要和参数估算值

方程	R^2	F	模型摘要			参数估算值		
			自由度 1	自由度 2	显著性	常量	b_1	b_2
线性	0.780	49.502	1	14	0	1 032.228	21.372	
对数	0.760	44.318	1	14	0	−9 137.426	2 712.272	
二次	0.780	23.087	2	13	0	742.379	26.288	−0.017
复合	0.667	27.980	1	14	0	1 718.716	1.006	

注：自变量为灌水量，因变量为产量。

为了定量研究紫花苜蓿产量与灌水量之间的关系，对不同灌水量与产量之间的关系做了回归分析，得出如下的一元二次方程：

$$Y = -0.017x^2 + 26.29x + 742.38 \tag{3-69}$$

式中：x 为灌水量，mm；Y 为紫花苜蓿的产量，kg/hm²。

通过图 3-143 可以发现，紫花苜蓿的干物质产量随着灌水量的增加，先增大后减小。在灌水量为 765.94 mm 时有最大产量，为 10 809.68 kg/hm²。

2. 模型率定

为了检验模型参数的可靠性，需要对模型参数进行验证，将通过大田试验实测的干物质产量与回归方程模拟的干物质产量进行对比，选用 2018 年第三茬紫花苜蓿实测资料进行参数率定，干物质产量模拟值与实测值比较见表 3-138。

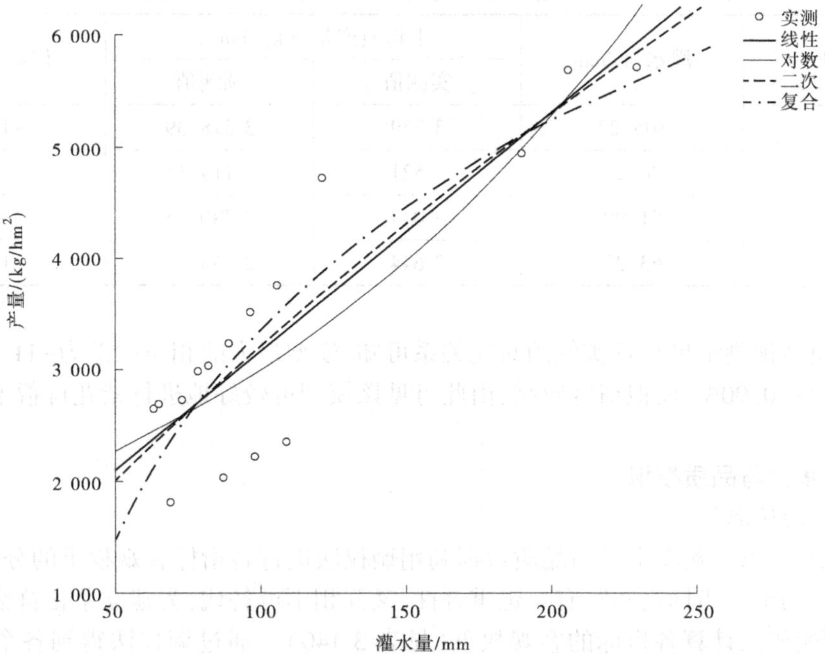

图 3-143　灌水量与产量模拟

表 3-138　2018 年第三茬紫花苜蓿干物质产量实测值与模拟值

处理	灌水量/mm	干物质产量/(kg/hm^2)	
		实测值	模拟值
CK	89.122	3 241	2 948.877 353
LD	78.225	2 984	2 693.715 307
MD	72.478	2 734	2 557.503 221
SD	65.085	2 698	2 380.611 561

2018 年第三茬紫花苜蓿各灌水处理下的干物质产量均达到比较理想的结果，证明取得的数据较为精确可靠，因此这些参数可以用于评价灌水量与干物质产量之间的关系。

3. 模型评价与预测

将 2018 年第二茬紫花苜蓿灌水量与干物质产量数据（见表 3-139）代入回归方程(3-69)进行检验，得到的预测值及其相对误差见表 3-139。

表 3-139　2018 年第二茬紫花苜蓿干物质产量实测值与预测值

处理	灌水量/mm	干物质产量/(kg/hm²)		相对误差/%
		实测值	预测值	
CK	105.22	3 759	3 318.39	-11.73
LD	96.27	3 521	3 114.11	-11.56
MD	81.90	3 044	2 780.25	-8.66
SD	63.23	2 644	2 335.91	-11.65

由其模型预测结果与真实值的对比关系可知,模型最大的相对误差为-11.73%,平均相对误差为-10.90%,模拟精度较高,由此可见该模型可较好地进行紫花苜蓿干物质产量的预测。

3.6.6.2　水分与品质模拟

1. 指标的选取

以 2018 年第一茬灌水量与品质数据利用熵权法进行各指标客观权重的分析,紫花苜蓿营养品质的单一指标之间既有一定重叠性,又互相不可替代,为建立紫花苜蓿综合品质指标,采用熵权法计算各指标的客观权重(见表 3-140)。通过熵权法得到各个指标的信息熵,信息熵越小,信息的无序度越低,其信息的效用值越大,指标的权重越大。熵是不确定性的度量,如果用 P_j 表示第 j 个信息的不确定度(出现的概率),则整个信息(设有 n 个)的不确定度量也可以用式(3-70)表示:

表 3-140　熵权法确定的紫花苜蓿单一品质指标权重

指标	粗蛋白含量/%	酸性洗涤纤维含量/%	中性洗涤纤维含量/%
权重	0.73	0.12	0.15

$$S = -K\sum_{j=1}^{n} P_j \ln P_j \tag{3-70}$$

这就是熵。其中,K 为正常数,当各个信息发生的概率相等时,即 $P_j = 1/n$,S 取值最大,此时熵最大。

可利用熵信息的概念确定权重,假设多属性决策矩阵如下:

$$\boldsymbol{M} = \begin{matrix} A_1 \\ A_2 \\ \vdots \\ A_3 \end{matrix} \begin{bmatrix} x_{11} & x_{12} & \cdots & x_{1n} \\ x_{21} & x_{22} & \cdots & x_{2n} \\ \vdots & \vdots & & \vdots \\ x_{m1} & x_{m2} & \cdots & x_{mn} \end{bmatrix}$$

则用

$$P_{ij} = \frac{x_{ij}}{\sum_{i=1}^{m} x_{ij}} \tag{3-71}$$

表示第 j 个属性下第 i 个方案 A_i 的贡献度。

可以用 E_j 来表示所有方案对属性 X_j 的贡献总量：

$$E_j = -K\sum_{i=1}^{m} P_{ij}\ln P_{ij} \tag{3-72}$$

其中，常数 $K=1/\ln m$，这样就能保证 $0\leqslant E_j\leqslant 1$，即 E_j 最大为 1。

由式(3-72)可以看出，当某个属性下各方案的贡献度趋于一致时，E 趋于 1；特别是当全相等时，也就可以不考虑该目标的属性在决策中的作用，也即此时属性的权重为 0。这样可以看出，属性值由所有方案差异大小来决定权系数的大小。为此，可定义 D_j 为第 j 个属性下方案贡献度的一致性程度。

$$D_j = 1 - E_j \tag{3-73}$$

结果(见表 3-141)表明，紫花苜蓿单一品质指标对不同灌水处理的敏感度排序为粗蛋白含量>中性洗涤纤维含量>酸性洗涤纤维含量，因此将粗蛋白含量作为评价紫花苜蓿品质的重要指标。

表 3-141　2018 年紫花苜蓿灌水量与品质指标

茬次	水分处理	灌水量/mm	粗蛋白含量/%	中性洗涤纤维含量/%	酸性洗涤纤维含量/%
第一茬	CK	228.997	17.03	46.71	36.73
	LD	205.612	20.67	41.94	33.28
	MD	189.475	18.35	42.41	34.52
	SD	121.021	16.04	44.76	36.03
第二茬	CK	105.221	16.77	45.65	32.83
	LD	96.273	19.24	42.83	28.45
	MD	81.901	17.53	42.55	30.89
	SD	63.229	16.87	43.39	32.74
第三茬	CK	89.122	14.66	42.42	31.78
	LD	78.225	18.06	38.75	28.34
	MD	72.478	16.23	40.51	30.03
	SD	65.085	14.14	41.28	30.14
第四茬	CK	108.897	20.17	35.97	25.90
	LD	97.608	21.20	32.79	23.95
	MD	87.028	19.33	34.34	24.09
	SD	68.747	18.29	35.09	24.61

2. Matlab 神经网络预测模型

1）指标选取与模型构建

以 2018 年第一茬、第二茬、第三茬和 2018 年总的紫花苜蓿灌水量与粗蛋白含量数据进行训练（共 4 个水分处理，3 个重复，用于训练的样本为 48 个），训练算法选用 Levenberg-Marquardt algorithm 方法，它能提供非线性最小化（局部最小）的数值解。此算法能借由执行时修改参数达到结合高斯-牛顿算法以及梯度下降法的优点，并对两者不足做改善。

图 3-144 中的输入层为 1，隐含层神经元个数为 10 个，输出层为 1。Matlab 神经网络预测，样本分为训练集、验证集和测试集，本次模拟以 70%样本为训练集、15%样本为验证集、15%样本为测试集。

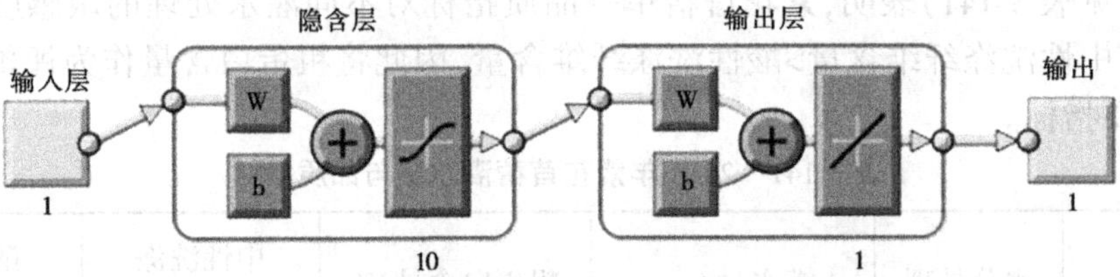

图 3-144　神经网络结构

1 个 epoch 等于使用训练集中的全部样本训练一次，每训练一次，神经网络的参数经过调整，见表 3-142。*MSE* 为均方误差，*MSE*=*SSE*/*n*（*SSE* 为残差平方和）。从图 3-145 可以看出，经过 30 次迭代，验证组的 *MSE* 达到最小，最优的验证组的 *MSE* 为 0.705 16，在 24 epoch 出现。但随着网络开始过度拟合训练数据，验证数据集的误差可能会增大，所以最佳模型对应于最小的 *MSE*。

表 3-142　训练结果

结果	样本数	*MSE*	*R*
训练集	34	1.179 94	0.751 690
验证集	7	0.705 16	0.820 949
测试集	7	1.190 97	0.901 050

2）模型率定

为了检验 Matlab 神经网络模型参数的可靠性，需对模型参数进行验证，将通过室内试验实测的粗蛋白含量数据与 Matlab 神经网络模型模拟的粗蛋白含量数据进行对比。

图 3-146 反映了真实值与训练集、验证集、测试集和总的值的输出值之间的拟合情况，*R* 为拟合优度，*R* 越接近于 1，说明拟合效果越好，证明取得的数据较为精确可靠，因此模型参数可以用于评价和优化灌水量与品质之间的关系。

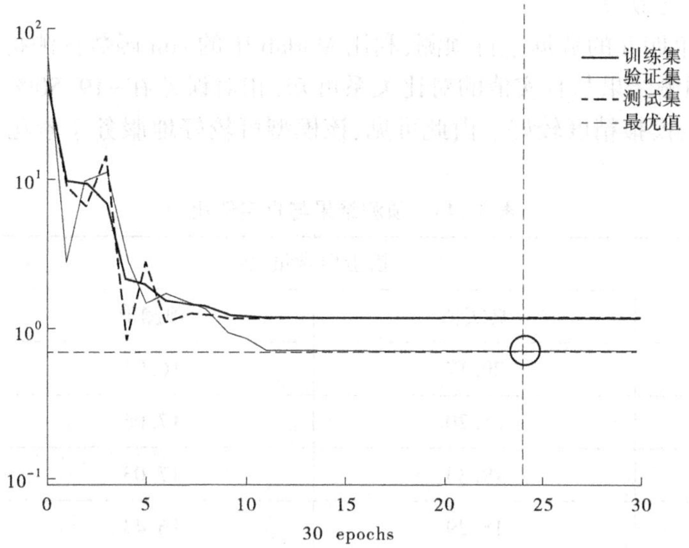

图 3-145　训练数据的梯度和均方误差之间的关系

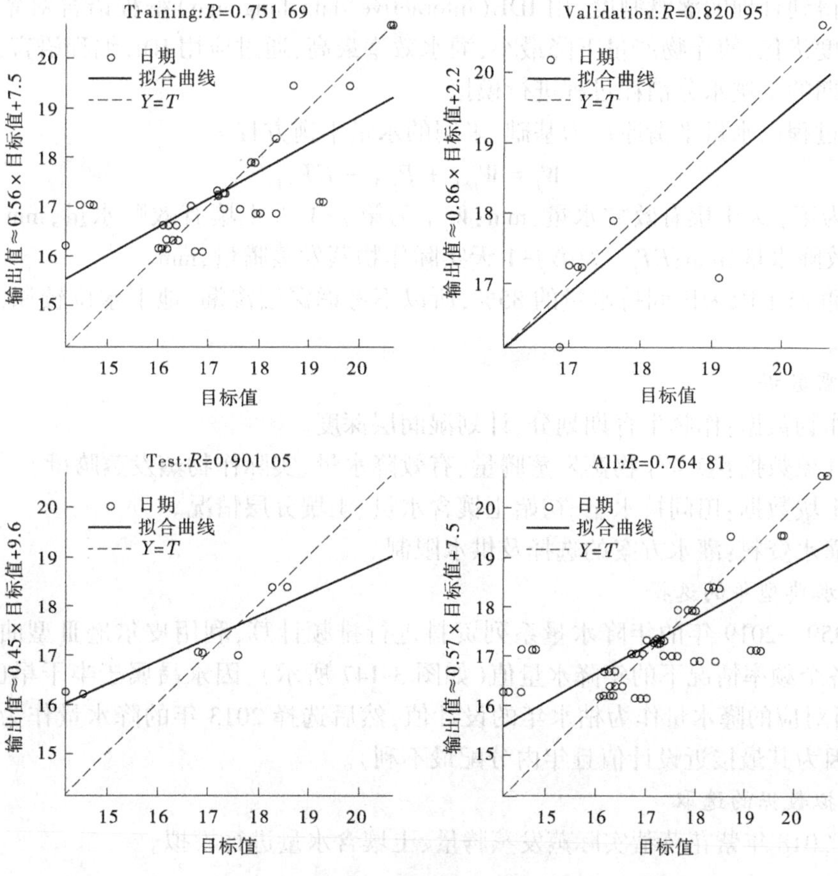

图 3-146　真实值与预测值拟合效果

3)模型评价与预测

以 2018 年第四茬的数据进行预测,利用 Matlab 中的 sim 函数预测得到其预测值。

由其模型预测结果与真实值的对比关系可知,相对误差在-19.50%~10.08%的范围内(见表 3-143),模拟精度较好。由此可见,该模型可较好地服务于紫花苜蓿粗蛋白含量的预测。

表 3-143　预测结果与真实值比较

第四茬	粗蛋白含量/%		相对误差/%
	真实值	预测值	
CK	20.17	16.91	-16.18
LD	21.20	17.06	-19.50
MD	19.33	17.03	-11.93
SD	18.29	16.43	-10.08

3.6.6.3　人工牧草灌溉制度的优化

为了得到合理的灌溉制度,用 IDL(interactive data language)编程语言对紫花苜蓿进行灌溉制度优化,使作物产量下降最小,灌水效率最高,通过应用 IDL 编程语言,对紫花苜蓿全生育期的土壤水分消耗过程进行模拟。

编程过程以水量平衡原理为基础,采用的水量平衡方程为

$$W_j = W_{j-1} + P_{j-1} - ET_{j-1} \tag{3-74}$$

式中:W_j 为第 j 天土壤有效贮水量,mm;W_{j-1} 为第 $j-1$ 天土壤有效贮水量,mm;P_{j-1} 为第 $j-1$ 天有效降水量,mm;ET_{j-1} 为第 $j-1$ 天实际作物蒸发蒸腾量,mm。

由于灌溉上限为田间持水量的 85%,所以不考虑深层渗漏,地下水位较深,不考虑地下水影响。

1. 所需数据

(1)作物数据:作物生育期划分、计划湿润层深度。

(2)气象数据:参考作物蒸发蒸腾量、有效降水量、实际作物蒸发蒸腾量。

(3)土壤数据:田间持水量、初始土壤含水量、土壤分层情况。

(4)灌水资料:灌水方案的选择及供水限制。

2. 降水典型年的选择

对 1959—2019 年的年降水量系列资料进行排频计算,利用皮尔逊Ⅲ型曲线进行配线,得到各个频率情况下的年降水量值(如图 3-147 所示),因永昌属于半干旱区,所以取 $P=75\%$所对应的降水量作为枯水年的设计值,然后选择 2013 年的降水量作为代表年降水资料(因为其最接近设计值且年内分配最不利)。

3. 模拟数据的选取

选取 2018 年紫花苜蓿实际蒸发蒸腾量、土壤含水量进行模拟。

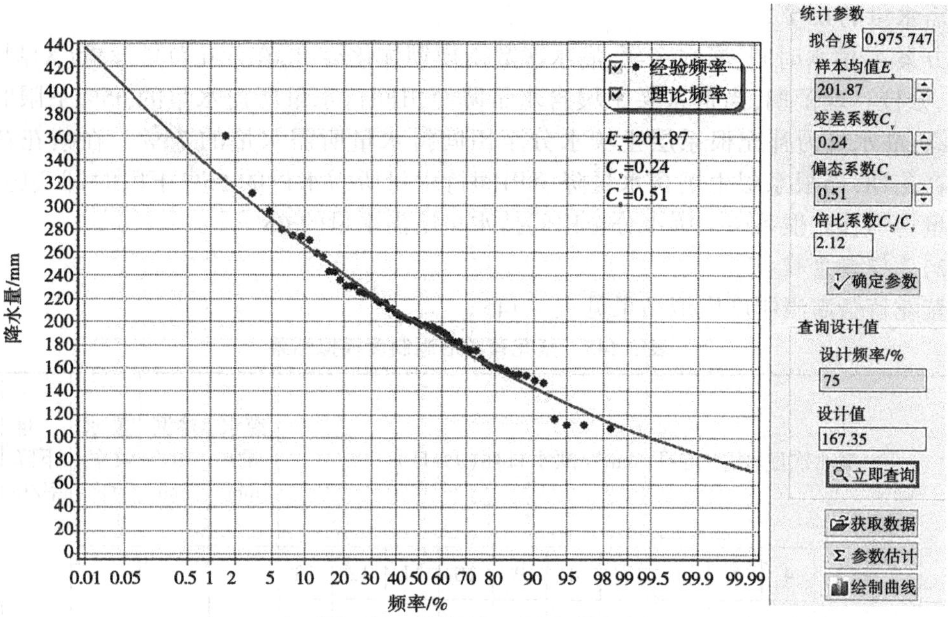

图 3-147　年降水量频率曲线拟合

4. 灌溉制度的优化

1) 紫花苜蓿灌溉制度方案设计

灌水时间、灌水定额、灌水次数由模型优化给出(见表 3-144),当根系层土壤含水量降至适宜的含水量下限时即实施灌溉,灌水量为补充根系层土壤水分至田间持水量所需水量的百分比。

表 3-144　紫花苜蓿灌溉制度方案设计

方案设计	灌水时间	灌水次数	灌水定额
方案 1	优化	优化	全生育期充分
方案 2	优化	优化	全生育期轻亏
方案 3	优化	优化	全生育期中亏
方案 4	优化	优化	返青—分枝(轻亏)/分枝—现蕾(轻亏)/现蕾—初花(中亏)

注:充分($75\%\theta_{FC}\sim85\%\theta_{FC}$)、轻亏($65\%\theta_{FC}\sim75\%\theta_{FC}$)、中亏($55\%\theta_{FC}\sim65\%\theta_{FC}$),$\theta_{FC}$ 为田间持水量。

方案 1:以产量最大为目标,灌水时间、灌水定额、灌水次数由模型优化给出,当根系层土壤含水量降至田间持水率所需水量的 75% 下限时即实施灌溉,灌水量为补充根系层土壤水分至田间持水量所需水量的 85%。

方案 2:灌水时间、灌水定额、灌水次数由模型优化给出,当根系层土壤含水量降至田间持水量所需水量的 65% 下限时即实施灌溉,灌水量为补充根系层土壤水分至田间持水量所需水量的 75%。

方案 3:灌水时间、灌水定额、灌水次数由模型优化给出,当根系层土壤含水量降至田间持水量所需水量的 55% 下限时即实施灌溉,灌水量为补充根系层土壤水分至田间持水量所需水量的 65%。

方案 4：灌水时间、灌水定额、灌水次数由模型优化给出，在紫花苜蓿返青(刈割)—分枝期、分枝—现蕾期，当根系层土壤含水量降至田间持水量所需水量的 65%下限时即实施灌溉，灌水量为补充根系层土壤水分至田间持水量所需水量的 75%。在紫花苜蓿现蕾—初花期，当根系层土壤含水量降至田间持水量所需水量的 55%下限时即实施灌溉，灌水量均为补充根系层土壤水分至田间持水量所需水量的 65%。

2）灌溉制度模拟

紫花苜蓿灌溉制度模拟结果见表 3-145。

表 3-145　紫花苜蓿灌溉制度模拟结果

方案	灌水次序/灌水定额(mm)/灌水日期(月-日)													灌水量/mm	渗漏量/mm	灌水效率/%	产量下降率/%	粗蛋白含量增长率/%
方案1	1	2	3	4	5	6	7	8	9	10	11	12	13	655.3	0	100	0	0
	68.4	22.6	26.3	25.9	24.9	28.1	24.0	23.8	27.2	23.8	31.0	26.5	24.6					
	04-08	04-23	04-28	05-04	05-12	05-17	05-22	05-26	05-31	06-22	06-27	07-03	07-08					
	14	15	16	17	18	19	20	21	22	23	24							
	23.7	24.9	26.5	25.5	28.8	24.5	24.4	25.5	25.4	23.8	24.9							
	07-11	07-14	07-18	08-04	08-16	09-05	09-01	09-16	09-25	10-02	10-07							
方案2	1	2	3	4	5	6	7	8	9	10	11	12	13	436.4	0	100	15.6	19.2
	44.7	27.2	24.6	24.8	24.1	29.7	27.0	28.6	25.0	23.8	24.6	30.2	24.7					
	04-08	04-26	05-02	05-08	05-15	05-21	05-27	06-02	06-25	07-01	07-08	07-14	08-03					
	14	15	16															
	26.4	25.8	25.2															
	08-16	09-14	09-29															
方案3	1	2	3	4	5	6	7	8	9	10	11	12	13	339.0	0	100	27.52	7.41
	24.5	24.7	27.3	25.8	26.8	27.2	28.5	29.0	24.6	24.2	26.0	24.4	26.0					
	04-11	04-27	05-03	05-12	05-19	05-24	05-31	06-05	07-06	07-18	08-01	09-24	10-04					

续表 3-145

方案	灌水次序/灌水定额(mm)/灌水日期(月-日)													灌水量/mm	渗漏量/mm	灌水效率/%	产量下降率/%	粗蛋白含量增长率/%
方案4	1	2	3	4	5	6	7	8	9	10	11	12	13	399.9	0	100	19.7	0.41
	44.7	27.2	24.6	24.8	24.1	27.9	29.5	24.1	24.6	24.2	33.0	26.9	13.9					
	04-08	04-26	05-02	05-08	05-15	05-25	06-01	06-07	06-08	06-30	07-13	08-06	08-23					
	14	15																
	25.8	24.7																
	09-09	09-22																

根据模拟结果分析可知：

方案 1：紫花苜蓿自 4 月 8 日至 10 月 10 日的灌水次数为 24 次，灌水量为 655.3 mm，全生育期不受水分胁迫，不存在受旱减产，该方案在水资源十分充足条件下为最佳方案，但是灌水频繁，适合于灌水设施齐全、灌水方便的条件。

方案 2：紫花苜蓿自 4 月 8 日至 10 月 10 日的灌水次数为 16 次，灌水量为 436.4 mm，全生育期为轻亏，与方案 1 相比，总灌水量减少 218.9 mm，产量下降，全年减产率为 15.6%，粗蛋白含量增长率 19.2%，该方案在水资源较短缺、减产不太大、牧草品质要求较高的地区为最佳方案。

方案 3：紫花苜蓿自 4 月 8 日至 10 月 10 日的灌水次数为 13 次，灌水量为 339.0 mm，全生育期为中亏，与方案 1 相比，总灌水量减少 316.3 mm，产量下降较大，全年减产率为 27.52%，不推荐该方案。

方案 4：紫花苜蓿自 4 月 8 日至 10 月 10 日的灌水次数为 15 次，灌水量为 399.9 mm，全生育期在返青(刈割)—分枝期、分枝—现蕾期进行轻度的水分调亏，现蕾—初花期进行中度的水分亏缺，与方案 1 相比，总灌水量减少 255.4 mm，产量下降，全年减产率 19.7%，粗蛋白含量增长率 0.41%，该方案适合于水资源紧缺、允许一定减产、对牧草品质要求较一般的地区。

3) 灌溉制度方案优选

根据对紫花苜蓿灌溉制度方案模拟结果中灌水量、灌水次数，灌水效率、产量下降率、粗蛋白含量增长率等方面的分析，得出适宜当地的紫花苜蓿的灌溉制度为方案 2、方案 4，见表 3-146。

表 3-146 紫花苜蓿全年灌溉制度

方案	灌水次序	春灌	1	2	3	4	5	6	7	8
方案 2	灌水定额/mm	70	44.7	27.2	24.6	24.8	24.1	29.7	27.0	28.6
	灌水日期(月-日)	—	04-08	04-26	05-02	05-08	05-15	05-21	05-27	06-02
	灌水次序	9	10	11	12	13	14	15	16	冬灌
	灌水定额/mm	25.0	23.8	24.6	30.2	24.7	26.4	25.8	25.2	70
	灌水日期(月-日)	06-25	07-01	07-08	07-14	08-03	08-16	09-14	09-29	—
	灌溉定额/mm	576.4								
方案 4	灌水次序	春灌	1	2	3	4	5	6	7	8
	灌水定额/mm	70	44.7	27.2	24.6	24.8	24.1	27.9	29.5	24.1
	灌水日期(月-日)	—	04-08	04-26	05-02	05-08	5-15	05-25	06-01	06-07
	灌水次序	9	10	11	12	13	14	15	冬灌	
	灌水定额/mm	24.6	24.2	33.0	26.9	13.9	25.8	24.7	70	
	灌水日期(月-日)	06-08	06-30	07-13	08-06	08-23	09-09	09-22	—	
	灌溉定额/mm	539.9								

方案 2:在水资源较短缺、减产不大、牧草品质要求较高的地区推荐使用该方案。

方案 4:在干旱缺水严重、允许一定范围减产、牧草品质要求一般的地区推荐使用该方案。

综合各影响因素,本试验永昌地区首选方案 2。

3.7 分根交替滴灌苜蓿对水分调控的响应研究

部分根区干燥(PRD)或交替部分根区灌溉对提高作物水分利用效率(*WUE*)和保持产量具有巨大潜力,并已在蔬菜作物中进行了试验,例如番茄、土豆和茄子,PRD 不仅可以提高 *WUE*,而且可以改善水果的质量。在河西走廊将 PRD 应用于交替沟灌种植的苜蓿,以实现部分根区干燥,发现 PRD 可以在保持产量的前提下,使前两茬苜蓿的 *WUE* 提高 36%~42%,尽管第三茬刈割时产量有所下降。

地下滴灌(SDI)可以提高干草产量以及 *WUE*。在美国加利福尼亚州帝国谷通过 SDI 灌溉的紫花苜蓿的产量比沟灌高 26%～35%,灌水量越少,干草产量越低,*WUE* 就越高。在美国农业部农业研究服务局(USDA-ARS)灌溉沙漠研究站的苜蓿 SDI 研究中,SDI 小区的平均产量比沟灌小区高出 19%～35%。在 SDI 下减少灌溉量可以改善苜蓿的质量,但是通过增加滴灌管之间的距离来减少灌溉量会显著影响大距离的产量。

本书基于 PRD 的苜蓿灌溉 SDI 设计,用于植物根区交替灌溉。SDI 在苜蓿上的传统应用包括沿苜蓿种植行埋设滴灌管。相比之下,PRD 在植物根区采用交替地下滴灌,PRD 采用"一管四行"进行两套滴灌系统布设。PRD 和 SDI 在苜蓿灌溉中的结合有可能提高 *WUE*,并利用 SDI 技术易于控制的优点,于 2017 年和 2018 年在甘肃河西走廊进行了田间试验,并同时与常规 SDI(CI)进行了比较,分析了两种方法在苜蓿生长、作物系数、产量、干草品质特征和 *WUE* 方面的差异。

3.7.1　试验目的、试验设计和指标测定

3.7.1.1　试验目的

本书选取分根交替滴灌、常规滴灌两种方式,研究不同灌溉定额对苜蓿生理生长、产量、品质与水分利用效率的影响,分析分根交替滴灌对紫花苜蓿光合速率、蒸腾速率、气孔导度等光合特征对叶片气孔响应机制,明确分根交替滴灌灌溉方式用于牧草灌溉的适宜性,探求适合紫花苜蓿适宜的分根交替滴灌模式,发展并开拓干旱区牧草节水灌溉新模式。

3.7.1.2　试验设计

1. 部分根区交替滴灌系统

为实现苜蓿 PRD 地下滴灌,设计并安装了 2 套地下滴灌系统。该系统的示意图如图 3-148 所示,PRD 地下滴灌的实际布设如图 3-148(a)所示。每隔 0.3 m 安装一个滴头流量为 3 L/h 的地埋式滴灌管。在苜蓿播种前,地埋式滴灌管埋深 0.2 m。将 2 组滴灌系统嵌套在一个试验区内,通过在配水管上安装电磁阀或手动阀实现地下滴灌运行。在这 2 个系统(见图 3-148)中,系统 A 在一个灌溉期间进行供水,而系统 B 在下一个灌溉期间供水。相反,常规地下滴灌(CI)小区中只安装了一个系统 A。因此,与常规地下滴灌相比,试验前 PRD 增加了投资成本。在这种情况下,PRD 地下滴灌采用"一管两行",CI 采用"一管四行"。在小区上安装了一个流量计,测量不同灌溉制度下的灌水量。

2. 灌溉处理

在试验中,对 PRD 和 CI 两种灌溉方式进行了比较,其中 PRD 设置了 3 个灌水梯度,并与 CI 进行了比较。每个处理区有 3 个重复的小区,共有 12 个小区,采用裂区分布。每个小区长 6 m、宽 4 m,包含 20 个苜蓿种植行(见图 3-148)。图 3-148(a)和图 3-148(b)分别显示了 PRD 和 SDI 的小区布设。CI 只安装系统 A[见图 3-148(b)],PRD 安装 A 与 B 两个滴灌系统[见图 3-148(a)]。灌溉定额基于本试验站历年地下滴灌苜蓿耗水量的试验结果。灌溉频率设定为每周一次,每个 PRD 处理的灌水定额为 10 mm、20 mm、30 mm,CI 为 30 mm。具体灌溉制度见表 3-147。

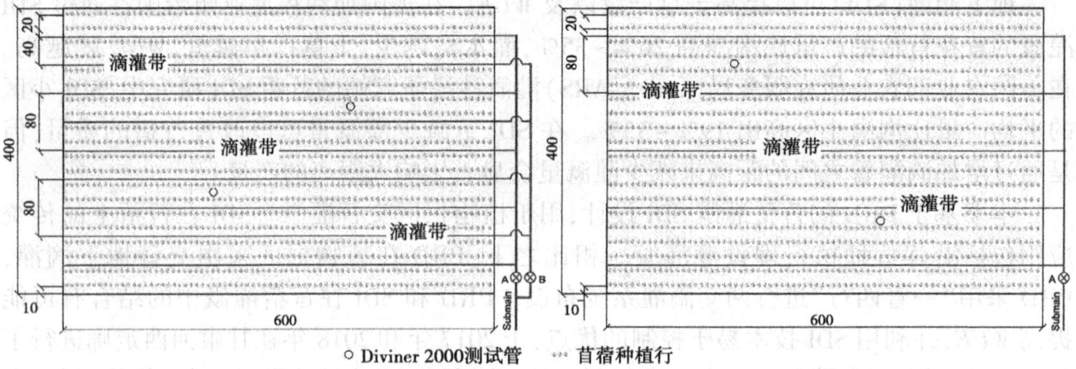

图 3-148　部分根区干燥和传统滴灌试验布设　（单位：cm）

表 3-147　2017—2018 年灌溉制度详细信息

时间	处理[a]	灌溉制度		
		灌水次数/次	灌水定额/(mm/次)	灌溉定额/mm
2017 年	PRD1	13	10	180[b]
	PRD2	13	20	310[b]
	PRD3	13	30	440[b]
	CI	13	30	440[b]
2018 年	PRD1	19	10	190
	PRD2	19	20	380
	PRD3	19	30	570
	CI	19	30	570

注：a PRD1、PRD2 和 PRD3 代表 3 个不同的部分根区干燥（PRD）处理，CI 表示传统的地下滴灌。

b 在计算总灌溉量时，在苗期增加 5 次灌溉量（50 mm）。

灌溉试验于 2017 年 6 月 24 日和 2018 年 5 月 8 日开始，分别于 2017 年 9 月 30 日和 2018 年 9 月 20 日结束。如果试验期间出现极端降水，灌溉时间将推迟一周。2017 年 7 月 29 日和 8 月 19 日以及 2018 年 8 月 8 日、8 月 19 日、8 月 26 日和 9 月 2 日由于降水过多，灌溉时间推迟。

试验期间每周的灌溉制度如表 3-147 所示。2017 年，PRD 各处理灌溉定额分别为 130 mm、260 mm、390 mm 和 390 mm，CI 处理的灌溉定额为 390 mm。2018 年，PRD 各处理灌溉定额分别为 190 mm、380 mm 和 570 mm，CI 处理的灌溉定额为 570 mm。

3. 苜蓿管理

2012—2016 年，试验场地用于苜蓿耗水试验。在 2017 年 5 月 10 日，对试验区重新进行了翻耕、翻堆、耙平、碾压，并清理了主根成分和发育的根颈，保证了试验用地的均匀性。紫花苜蓿于 2017 年 5 月 20 日以 20 kg/hm^2 播种量播种，采用人工条播，播种深度为 0.05

m,行距为0.2 m。苗期灌溉采用微喷灌管理,灌水定额为10 mm,每周2次。2017年苜蓿生长期为5—10月,2018年为4—10月。所有小区在2017年的生长季节刈割了3次,2018年刈割了4次(见表3-148)。在整个试验过程中,按照最佳管理实践进行害虫防治,并在每次刈割后手动清除杂草。

表3-148　2017—2018年苜蓿生长的刈割制度

时间	茬次	开始时间	刈割时间	生长天数/d
2017年	1st	5月20日[a]	7月15日	58[a]
	2nd	7月16日	8月18日	35
	3rd	8月19日	9月30日	44
2018年	1st	4月8日	6月7日	62
	2nd	6月8日	7月5日	29
	3rd	7月6日	8月7日	34
	4th	8月8日	9月20日	44

注:a 播种日期;由于气象资料缺失,气象数据从2017年5月25日开始。

3.7.1.3　测定指标

1. 土壤含水量和土壤贮水量

使用Diviner 2000系统,每2~3天使用垂直土层10 cm深度增量至160 cm深度对每个子小区的土壤含水量进行监测。在每个子小区中放置2个土壤水分测量管。此外,在每个收获阶段,通过烘箱干燥法测量重量土壤含水量,对使用系统得到的数据进行校准。

土壤贮水量计算如下:

$$W = \frac{h \cdot \theta_v}{10} \tag{3-75}$$

式中:W为土壤贮水量,mm;h为土壤深度,cm;θ_v为土壤体积含水量(%)。

2. 苜蓿生长、产量与品质

苜蓿生长:从每个小区的内部行中随机抽取10株植物,测量苜蓿的高度和茎粗。从每株植物最高的部分到地面的株高是用卷尺测定的,而每株植物茎的直径则是用千分尺测量的。所有的茬次都是人工收割,留茬5 cm。

干草产量:产量由大面积(1 m×1 m)和小面积(20 cm×20 cm)组合而成。对新鲜样品的鲜重,分别取大面积样地和0.2 m×0.2 m的小样地进行了水分含量测定,计算了1 m×1 m样品的产草量。鲜草的产量是在收获后才决定的。首先在试验区随机抽取5块样地,称取新鲜草的重量,然后将小区的样品置于105 ℃烘箱中1 h杀青。然后将温度降低到65 ℃,直到重量稳定后,进行称重计算。

苜蓿品质:将干燥的样品粉碎成细粉,然后通过0.5 mm的筛网进行筛分,然后对粗蛋白(CP)、酸性洗涤纤维(ADF)和中性洗涤纤维(NDF)进行质量测定。

3. 苜蓿水分利用效率

根据苜蓿干草产量与ET_a的比值,计算每个小区的每茬刈割苜蓿水分利用效率

(*WUE*)。以每茬刈割灌溉时苜蓿干草产量与灌溉定额之比计算各小区的苜蓿灌溉水分利用效率(*IWUE*)。全年的 *WUE* 为全年干草产量与全年 ET_a 的比值,全年的 *IWUE* 为全年产草量与全年灌溉定额的比值。

3.7.2 部分根区交替滴灌苜蓿田土壤贮水动态

在试验开始前(2017 年 6 月 7 日),测量了每个小区 10~160 cm 的土壤贮水量,发现 PRD3 和 PRD2 显著高于 PRD1 和 CI(P<0.05)。监测土层 PRD3 的土壤贮水量比 CI 高 77.78 mm(见图 3-149)。随着时间的推移,除 PRD3 外,10~160 cm 土层中的土壤贮水量与第三茬刈割时的 CI 处理相比有不同程度的减少(见图 3-149)。与 CI 处理相比,PRD1 和 PRD2 的土壤贮水量分别减少了 119.82 mm 和 34.26 mm,同时 PRD3 土壤贮水量比试验开始前增加了 43 mm。在第二年试验开始前,同样监测了 10~160 cm 土壤贮水量。与 CI 相比,PRD 处理土壤贮水量分别减少了 81 mm、61 mm 和 24 mm。与 2017 年一样,随着刈割茬次的增加,2018 年 10~160 cm 土层最低灌溉量(PRD1)和最高灌溉量(PRD3)之间的土壤贮水量差距越来越大。这导致土壤贮水量从 56 mm 增加到 128 mm(见图 3-149)。

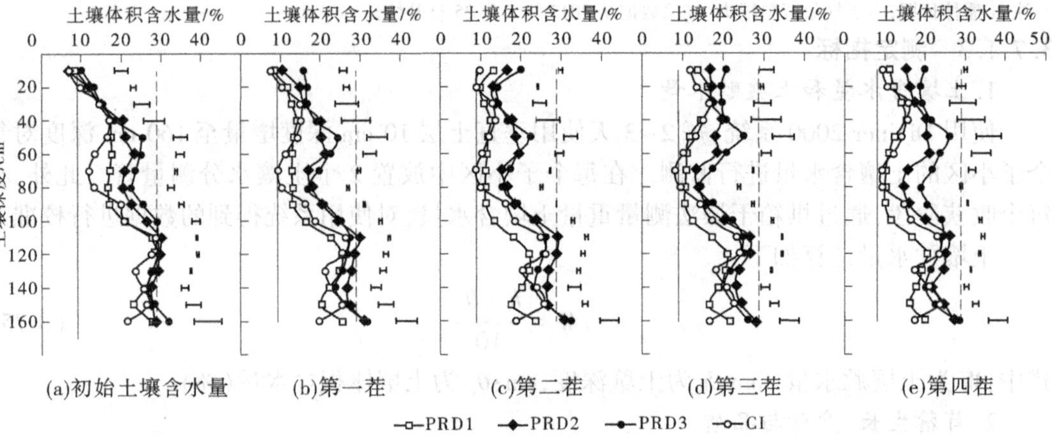

注:实线表示土壤萎蔫点,虚线表示田间持水量。误差条表示处理间显著差异的 Duncan's 检验(P=0.05)的结果,下同。

图 3-149 2018 年不同处理间土壤含水量的茬次变化

此外,在 2017 年和 2018 年,CI 处理的土壤贮水量低于 PRD2 处理,高于 PRD1 处理(见图 3-150、图 3-151)。这表明 PRD 可以维持与 CI 相似的土壤贮水量,但只消耗 1/3~2/3 的水分。研究结果表明,在减少灌溉条件下,土壤贮水量都有不同程度的减少,这是因为之前的研究通常涉及 PRD 相对于常规灌溉的水量减少,从而导致土壤含水量降低,这也是人们普遍认为 PRD 节约用水的原因。

地表没有产生地表径流。相比之下,试验设计为 PRD 与 SDI 的一个重要结合点是在地面下进行干湿交替,这也减少了暴露在空气中的土壤,在一定程度上减少了蒸发水量。

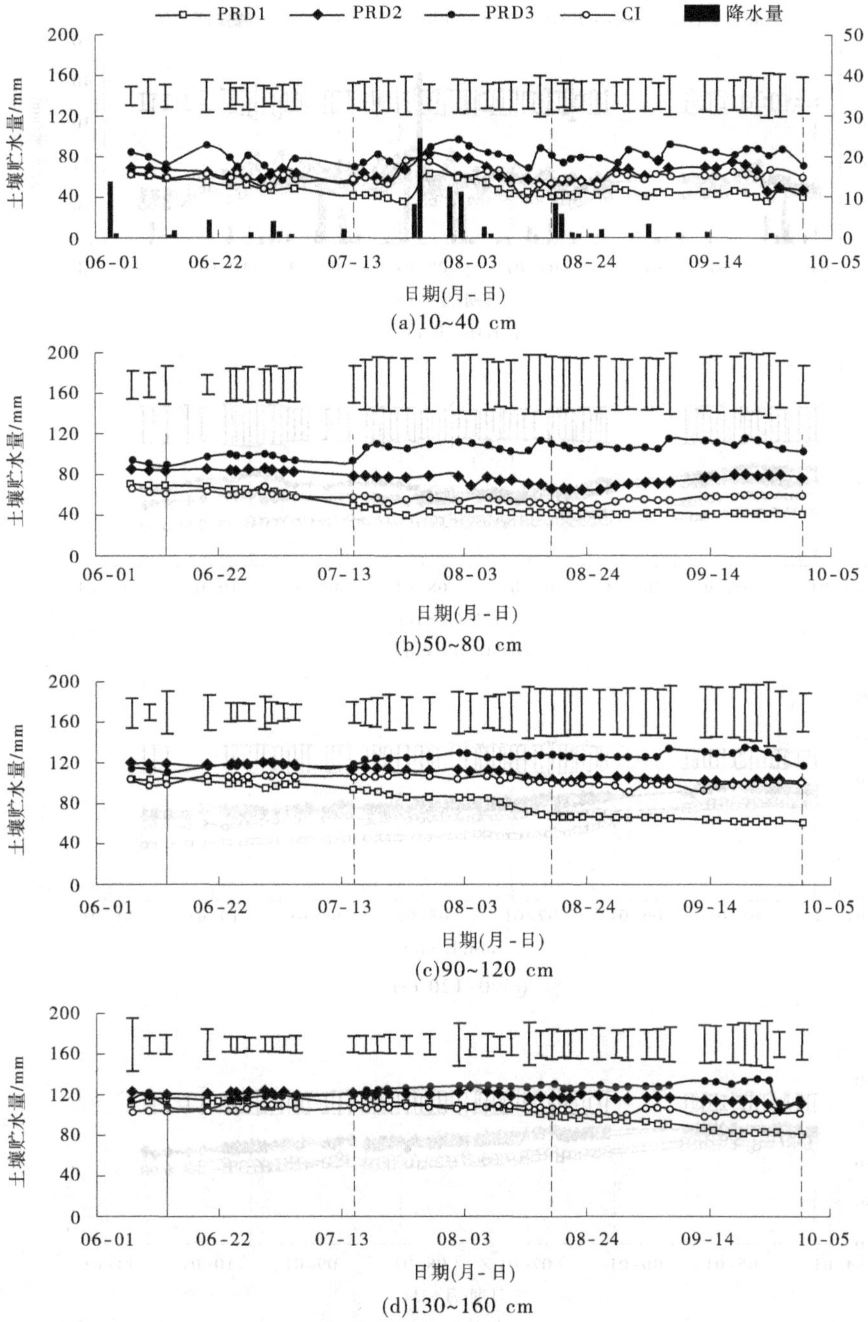

图 3-150　2017 年全生育期土壤蓄水动态

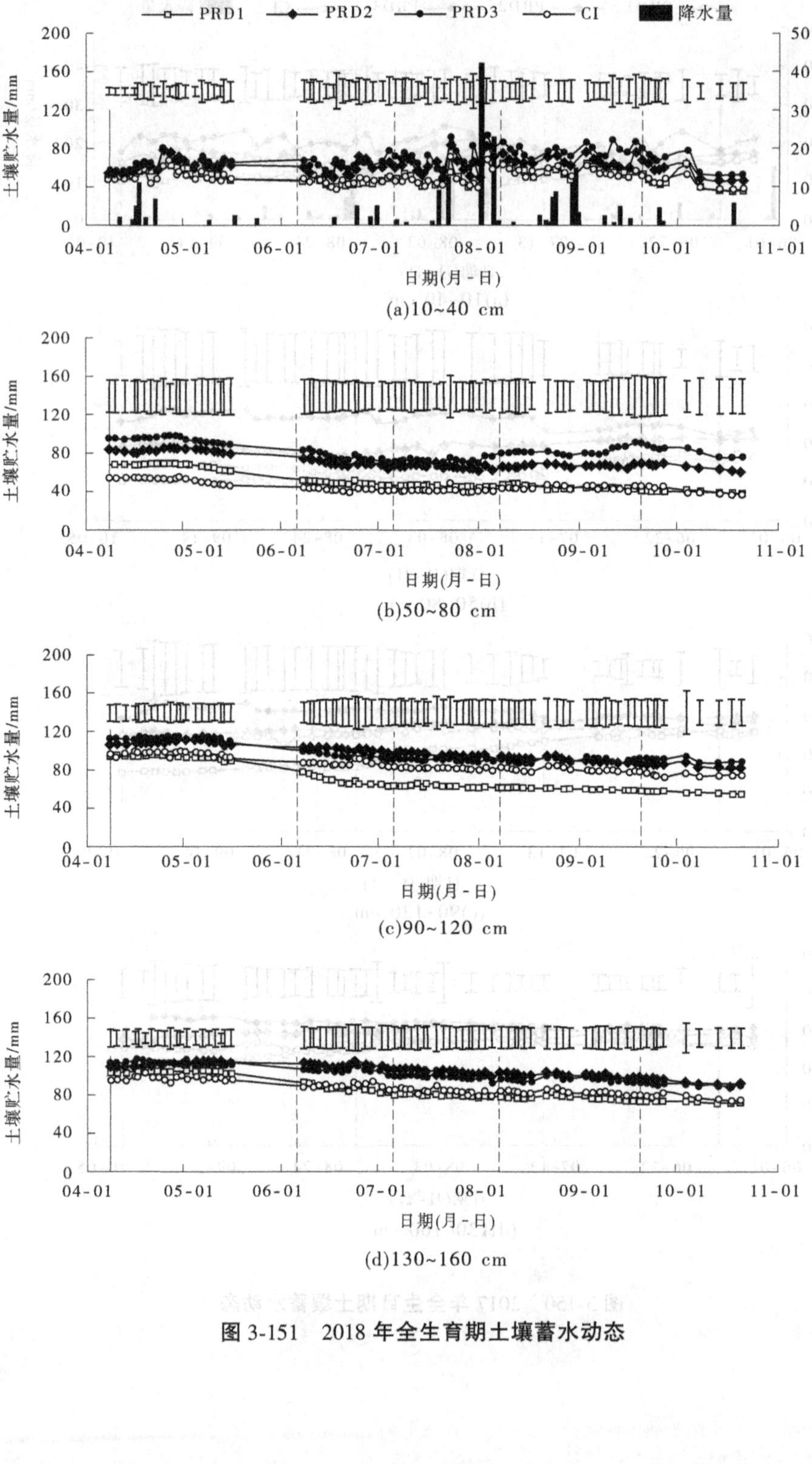

图 3-151　2018 年全生育期土壤蓄水动态

3.7.3　部分根区交替滴灌苜蓿的耗水量

表 3-149 为 2017—2018 年苜蓿田土壤水分变化与耗水量。两年试验开始前,PRD 各处理土壤贮水量均显著高于 CI。与 CI 相比,PRD1、PRD2 以及 PRD3 处理 2017 年分别增加 29. 32 mm、77. 20 mm 及 84. 44 mm,2018 年分别增加 24. 30 mm、60. 98 mm 及 80. 52 mm。2017 年第一茬刈割时 PRD1 与 PRD2 处理土壤贮水量有消耗,其中 PRD1 消耗量最大,为 57. 52 mm,PRD2 消耗土壤水分 27. 83 mm。灌水量最大的 PRD3 与 CI 处理土壤水分都得到补偿效应,其中 PRD3 水分补偿 21. 44 mm 显著高于 CI 土壤水分补偿 10. 06 mm。2017 年第二茬刈割时 PRD1、PRD2 及 CI 均有不同程度的消耗,仅 PRD3 处理土壤水分发生补偿效应。2017 年第三茬刈割时仅在 PRD1 处理有消耗,其他处理 PRD2、PRD3 及 CI 分别补偿了 16. 97 mm、6. 24 mm 及 8. 02 mm。2018 年除第三茬 PRD1、第四茬 PRD2 以及 PRD3 土壤水分发生补偿效应外,其他各茬各处理均有不同程度的消耗。

表 3-149　2017—2018 年苜蓿田土壤水分变化与耗水量

年份	刈割茬次	处理	灌溉定额/mm	初始土壤贮水量/mm	刈割土壤贮水量/mm	土壤贮水量变化/mm	茬次耗水量/mm	耗水强度/mm
2017	第一茬	PRD1	100(12. 4[a])	354. 54±5. 49b	297. 02±9. 25d	-57. 52±3. 76d	169. 92±3. 76c	5. 86±0. 13c
		PRD2	150(12. 4[a])	402. 43±3. 74a	374. 59±3. 42b	-27. 83±4. 20c	190. 23±4. 20b	6. 56±0. 14b
		PRD3	200(12. 4[a])	409. 67±7. 88a	431. 11±6. 21a	21. 44±1. 96a	190. 96±1. 96b	6. 58±0. 07b
		CI	200(12. 4[a])	325. 22±1. 00c	335. 29±5. 21c	10. 06±4. 27b	202. 34±4. 27a	6. 98±0. 15a
	第二茬	PRD1	30(73. 6[a])	297. 02±9. 25d	247. 19±13. 29d	-49. 84±4. 04c	153. 44±4. 04c	4. 38±0. 12c
		PRD2	60(73. 6[a])	371. 26±6. 83b	339. 76±0. 07b	-31. 50±6. 91b	165. 10±6. 91b	4. 72±0. 20b
		PRD3	90(73. 6[a])	431. 11±6. 21a	451. 19±3. 71a	20. 09±4. 84a	143. 51±4. 84d	4. 10±0. 14d
		CI	90(73. 6[a])	335. 29±5. 21c	311. 10±4. 57c	-24. 18±0. 64b	187. 78±0. 64a	5. 37±0. 02a
	第三茬	PRD1	50(23. 4[a])	247. 19±13. 29d	223. 28±7. 96d	-23. 90±5. 33b	97. 30±5. 33b	2. 21±0. 12b
		PRD2	100(23. 4[a])	339. 76±0. 07b	356. 73±3. 00b	16. 97±2. 98a	106. 43±2. 98b	2. 42±0. 07b
		PRD3	150(23. 4[a])	434. 53±17. 33a	440. 77±5. 16a	6. 24±12. 17a	167. 16±12. 17a	3. 80±0. 28a
		CI	150(23. 4[a])	311. 10±4. 57c	319. 12±13. 52c	8. 02±18. 09a	165. 38±18. 09a	3. 76±0. 41a

续表 3-149

年份	刈割茬次	处理	灌溉定额/mm	初始土壤贮水量/mm	刈割土壤贮水量/mm	土壤贮水量变化/mm	茬次耗水量/mm	耗水强度/mm
2018	第一茬	PRD1	80(31.6[a])	321.89±14.51c	268.46±7.16b	-53.43±7.35c	165.03±7.35c	2.66±0.12c
		PRD2	160(31.6[a])	358.56±2.06b	352.02±7.82a	-6.54±5.76a	198.14±5.76b	3.20±0.09b
		PRD3	240(31.6[a])	378.11±14.19a	357.64±3.80a	-20.47±10.38ab	292.07±10.38a	4.71±0.17a
		CI	240(31.6[a])	297.59±3.36d	268.67±14.17b	-28.92±17.53b	300.52±17.53a	4.85±0.28a
	第二茬	PRD1	40(13.6[a])	268.46±7.16b	239.96±1.32c	-28.50±8.48b	82.10±8.48c	2.83±0.29c
		PRD2	80(13.6[a])	352.02±7.82a	331.06±10.37a	-20.96±9.23ab	114.56±9.23b	3.95±0.32b
		PRD3	120(13.6[a])	357.64±3.80a	339.15±5.13a	-18.49±5.44ab	152.09±5.44a	5.24±0.19a
		CI	120(13.6[a])	268.67±14.17b	260.70±10.01b	-7.96±4.16a	141.56±4.16a	4.88±0.14a
	第三茬	PRD1	40(65.2[a])	239.96±1.32c	244.43±0.03d	4.47±1.29a	100.73±1.29d	2.96±0.04c
		PRD2	80(65.2[a])	341.06±10.37a	322.11±3.10b	-18.95±7.27c	164.15±7.27c	4.83±0.21b
		PRD3	120(65.2[a])	342.48±5.13a	337.61±4.26a	-4.87±2.89b	220.07±2.89a	5.59±0.08a
		CI	120(65.2[a])	260.70±10.01b	256.46±8.35c	-4.25±1.66b	189.45±1.66b	5.57±0.05a
	第四茬	PRD1	40(81.8[a])	244.43±0.03d	228.54±4.69d	-15.89±4.65c	137.69±4.65c	3.13±0.11d
		PRD2	80(81.8[a])	322.11±3.10b	328.79±5.14b	6.68±3.11ab	155.12±3.11b	3.53±0.07c
		PRD3	120(81.8[a])	337.61±4.26a	356.21±0.93a	18.60±5.19a	213.20±5.19a	4.16±0.12b
		CI	120(81.8[a])	256.46±8.35c	255.10±19.51c	-1.36±11.17b	203.16±11.17a	4.62±0.25a

注：不同小写字母表示处理间显著差异的 Duncan's 检验($p=0.05$)的结果，下同。

各茬苜蓿耗水量 2017 年在 CI 处理最高，显著高于灌水较少的处理 PRD1 与 PRD2，耗水强度也表现出相同的趋势。与 CI 相比，PRD1、PRD2 及 PRD3 第一茬耗水量分别降低了 32.42 mm、12.10 mm 及 11.37 mm；与 CI 相比，PRD1、PRD2 及 PRD3 第二茬耗水量分别降低了 34.35 mm、22.68 mm 及 44.27 mm；与 CI 相比，PRD1 及 PRD2 第三茬耗水量分别降低了 66.08 mm 及 58.95 mm。2018 年各茬耗水量与耗水强度同样在灌水最多的处理 CI(第一茬)及 PRD3(第二茬、第三茬及第四茬)最高。与 CI 相比，PRD1 及 PRD2 第一茬耗水量分别降低了 135.49 mm 及 102.38 mm；与 CI 相比，PRD1 及 PRD2 第二茬耗水量分别降低了 59.46 mm 及 27.00 mm；与 CI 相比，PRD1 及 PRD2 第三茬耗水量分别降低了 88.72 mm 及 25.30 mm；与 CI 相比，PRD1 及 PRD2 第四茬耗水量分别降低了 65.47 mm 及 48.04 mm。

3.7.4　部分根区交替滴灌苜蓿生长

3.7.4.1　生长指标

株高和茎粗是植物水分的 2 个敏感性指标。2017 年，PRD3 处理的株高和茎粗最高（见图 3-152），PRD1 与其他处理在 0.05 水平上存在显著差异（除了第一茬刈割茎粗）［见图 3-152(e)和(f)］。2018 年的株高表现出与 2017 年相同的趋势［见图 3-153(a)、(c)和(d)］，三次刈割苜蓿（第一茬刈割、第二茬刈割和第三茬刈割）的茎粗在 CI 中最高［见图 3-153(e)~(g)］，尽管相同灌溉量的苜蓿茎粗在 CI 和 PRD3 之间没有显著差异［图 3-153(e)~(h)］。另外，2018 年苜蓿茎粗在 CI 和 PRD1 之间存在显著差异（第三茬刈割除外）［图 3-153(e)、(f)和(h)］。

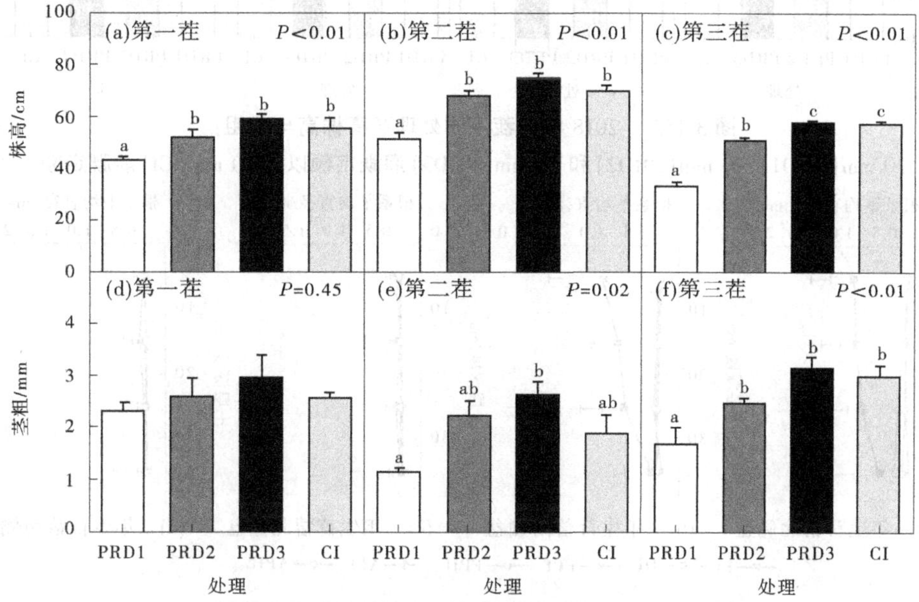

图 3-152　2017 年各茬不同处理间苜蓿株高与茎粗

10 mm(PRD1)、20 mm(PRD2)和 30 mm(PRD3)灌溉定额以及 30 mm(CI)灌溉定额

3.7.4.2　根系形态

1. 根系平均直径

在一年生苜蓿中，除 35 cm 土层北侧盆(N)的 DI 和南侧盆(S)的根系平均直径(*RAD*)在各处理间无显著性差异($P=0.05$)外，FI 在其他各层 *RAD* 均为最高［见图 3-154(a)与图 3-154(b)］。在二年生苜蓿中，计算各层土壤的 *RAD* 平均值，结果表明，根系平均直径均在 0.19~0.30 mm。

2. 根长密度

在一年生苜蓿中，各土层根长密度(*RLD*)均小于 6 cm/cm^3，较二年生苜蓿相比较低。在二年生苜蓿中，与 FI 相比，计算各层土壤的平均值，结果表明，在北侧盆、南侧盆中，DI 在北侧盆的 *RLD* 增加了 28.89%，在南侧盆中增加了 27.12%（见图 3-155）。

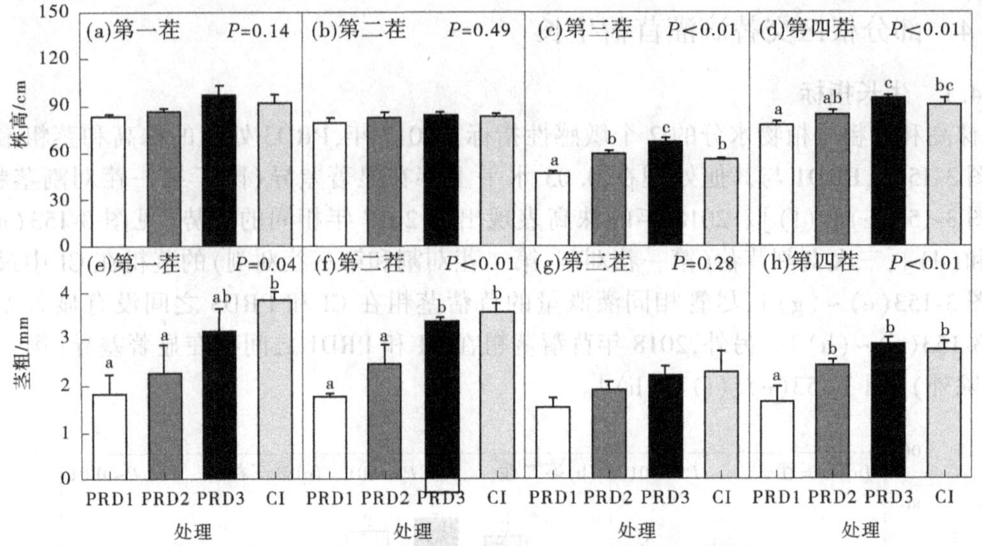

图 3-153　2018 年各茬不同处理苜蓿株高与茎粗：

10 mm(PRD1)、20 mm(PRD2)和 30 mm(PRD3)灌溉定额以及 30 mm(CI)灌溉定额

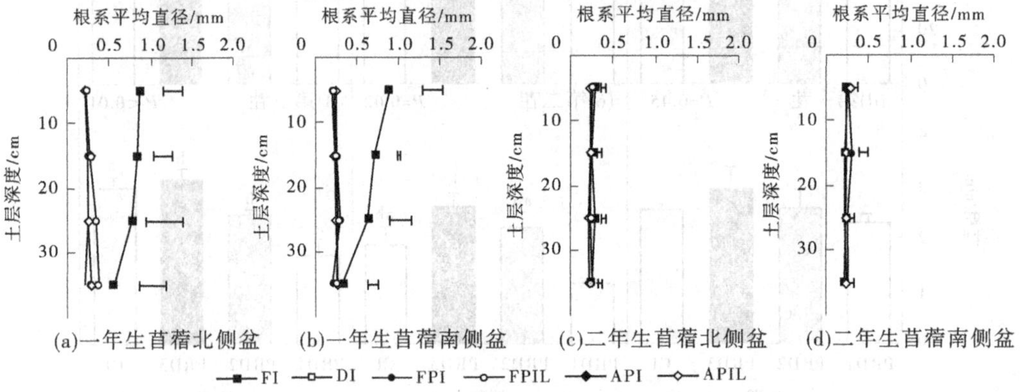

图 3-154　土壤各层不同处理的苜蓿根系平均直径

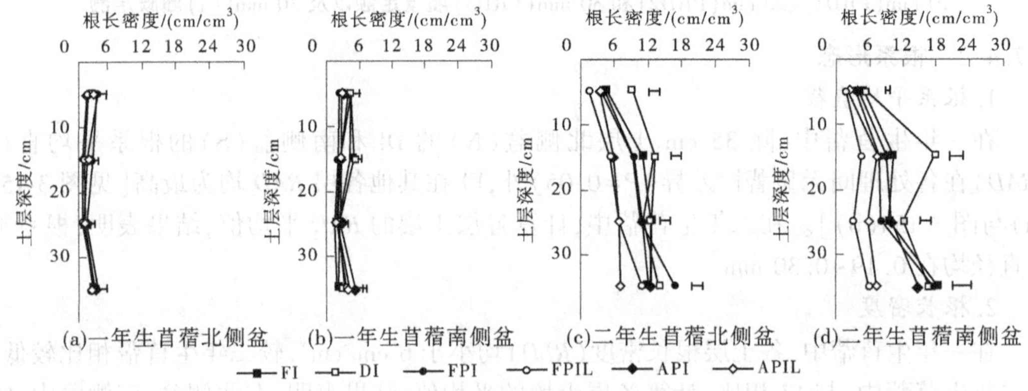

图 3-155　土壤各层不同处理的苜蓿根长密度

3. 比根长

在一年生苜蓿中，除 5 cm 土层北侧盆(N)的 DI 和南侧盆(S)的最高 *SRL* 外，FI 在各根形态指标上均为最好。在二年生苜蓿中，与 FI 相比，计算各层土壤的平均值，结果表明，在北侧半盆中，DI 的 *SRL* 增加了 28.89%，在南侧盆中增加了 78.15%(见图 3-156)。计算结果表明，FPI 的平均土壤深度剖面在北侧盆中增加了 27.27%，而在南侧盆中减少了 9.3%。在 5 cm 土层中，API 和 APIL 的 *SRL* 分别比 FI 提高了 55.84%和 64.3%，在整个土壤剖面的平均值上分别增加了 22.17%和 8.99%(见图 3-156)。

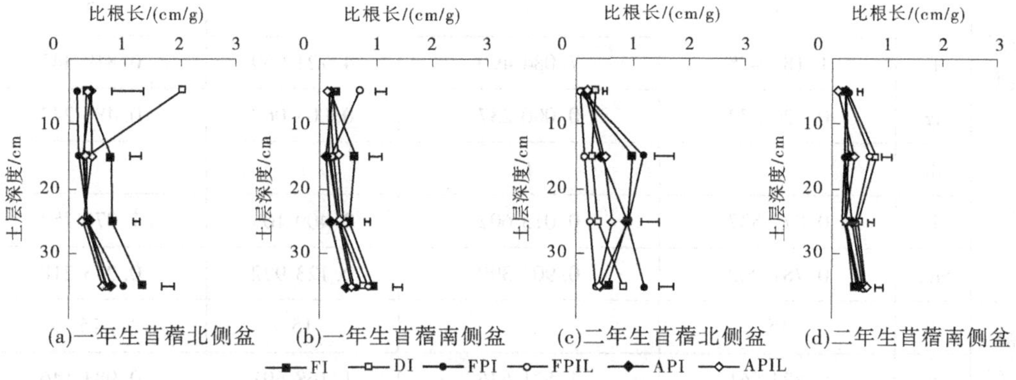

图 3-156　土壤各层不同处理的苜蓿比根长

4. 比表面积

FPIL 在北侧盆的平均 4 个土层深度的比表面积(*SRA*)最低，与 FI 相比，APIL 在 5~25 cm 土层降低 28.86%~78.64%，在 35 cm 土层增加 267.79%(见图 3-157)。计算的土壤深度剖面的平均值 FPI 比 FI 降低了 18.12%，比 FPIL 增加了 7.62%。与 FI 相比，平均土壤深度的 API 和 APIL 分别增加了 29.23%和 8.9%(见图 3-157)。

二年生苜蓿根系平均直径(*RAD*)(P=0.021 08)、根长密度(*RLD*)(P=0.044 39)和比根面积(*SRA*)(P=0.009 78)(见表 3-150)差异显著。比根长(*SRL*)(P=0.004 07)只受深度的显著影响(见表 3-150)，根长密度(P=0.000 24)也有显著影响。

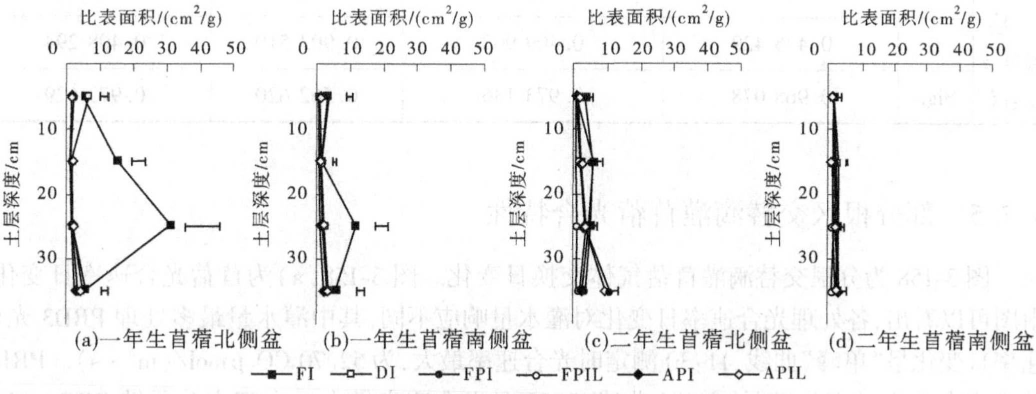

图 3-157　土壤各层不同处理的苜蓿比根面积

表 3-150 部分根区干燥苜蓿根系平均直径、根长密度、比根长与比表面积对不同处理、土层深度以及根区的三因素方差(Three-way ANOVAs)分析

项目		根系平均直径/mm	根长密度/(cm/cm³)	比根长/(cm/g)	比表面积/(cm²/g)
处理	df	5	5	5	5
	F	2.797 349	2.377 053	1.639 033	3.226 219
	Sig.	0.021 081	0.044 389	0.157 043	0.009 783
土层深度	df	3	3	3	3
	F	1.182 475	7.084 490	4.721 939	0.819 442
	Sig.	0.320 572	0.000 237	0.004 067	0.486 243
根区	df	1	1	1	1
	F	0.077 537	0.013 602	2.409 109	1.378 757
	Sig.	0.781 262	0.907 399	0.123 922	0.243 218
处理 * 土层深度	df	15	15	15	15
	F	0.824 561	1.521 636	1.168 691	0.984 146
	Sig.	0.648 307	0.112 627	0.309 319	0.477 839
处理 * 根区	df	5	5	5	5
	F	0.075 400	0.615 824	0.570 688	0.860 050
	Sig.	0.995 808	0.688 005	0.722 264	0.510 981
土层深度 * 根区	df	3	3	3	3
	F	0.625 834	0.143 372	0.576 493	0.212 881
	Sig.	0.600 035	0.933 687	0.631 841	0.887 257
处理 * 土层深度 * 根区	df	15	15	15	15
	F	0.425 429	0.409 907	0.903 510	0.408 294
	Sig.	0.968 078	0.973 136	0.562 620	0.973 629

3.7.5 部分根区交替滴灌苜蓿光合特性

图 3-158 为分根交替滴灌苜蓿气体交换日变化。图 3-158(a)为苜蓿光合速率日变化，由图可以看出，各处理光合速率日变化对灌水量响应不同，其中灌水量最多处理 PRD3 光合速率日变化呈“单峰”曲线，11:30 测定时光合速率最大，为 52.70 $CO_2\mu mol/(m^2 \cdot s)$。PRD2 处理光合速率日变化呈弱“单峰”曲线，9:30 时光合速率最大。中度水分亏缺 PRD1 与重度水分亏缺 NI 处理光合速率日变化呈“双峰”曲线，PRD1 处理在 7:30 及 15:30 出现

2 个高峰,第 2 个高峰值弱于第 1 个高峰值。与 PRD1 处理不同的是,重度水分亏缺 NI 第 2 个高峰值出现在 17:30。由图 3-158 中还可以看出,在 15:30 之后各灌水

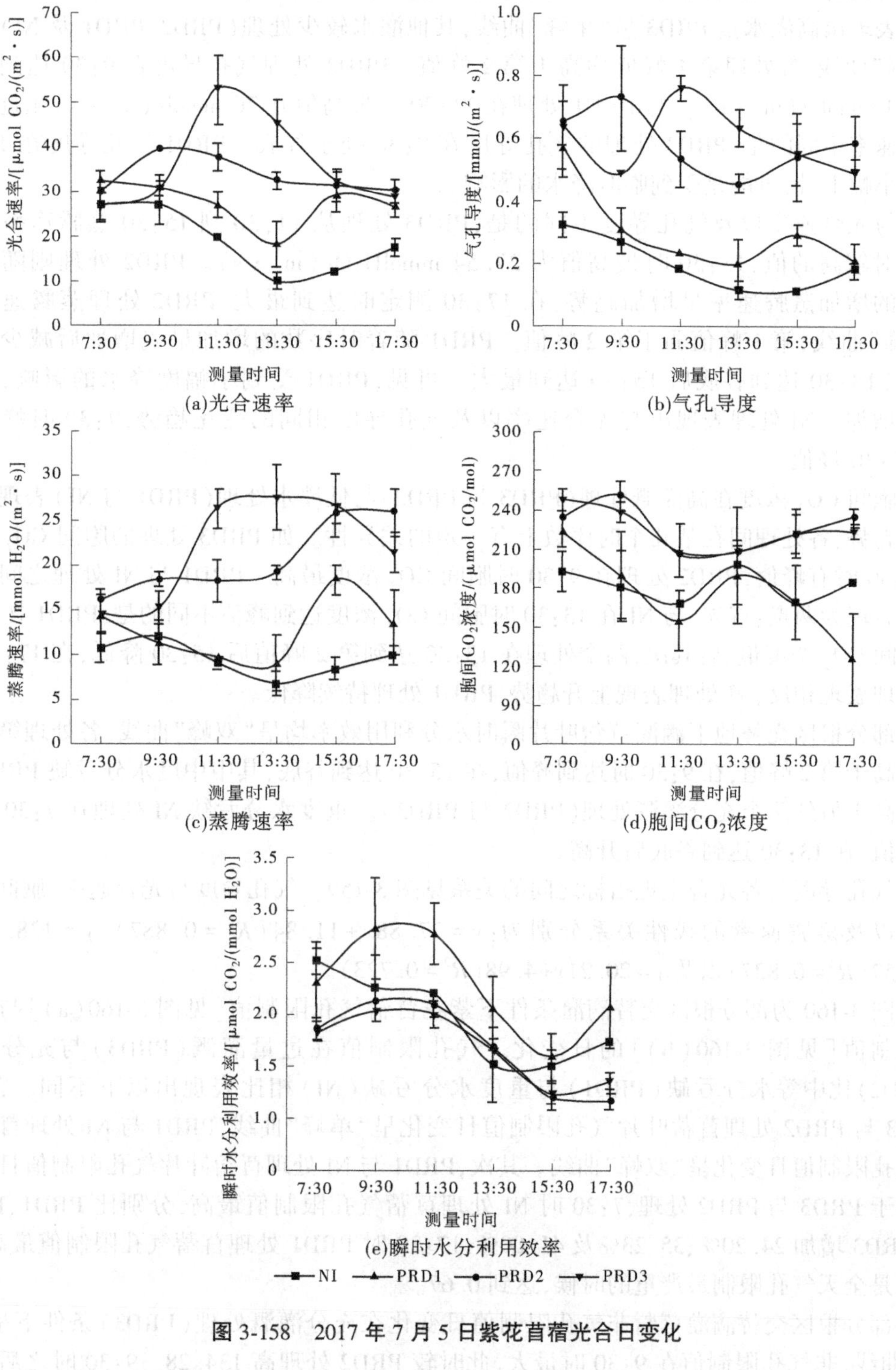

图 3-158　2017 年 7 月 5 日紫花苜蓿光合日变化

处理光合速率差异不显著($P=0.05$),原因可能是15:45突如其来的降水让各灌水处理之间光合速率趋于一致。

与光合速率相似,部分根区交替滴灌下紫花苜蓿气孔导度日变化在不同灌溉处理间同样表现出高灌水量PRD3呈"单峰"曲线,其他灌水较少处理(PRD2、PRD1及NI)均呈"双峰"曲线,各处理第1峰值均高于第2峰值。PRD2处理气孔导度在9:30达到最高[0.73 mmol/(m^2·s)],与PRD1处理在11:30的最高值0.76 mmol/(m^2·s)相近。与光合速率不同的是,PRD3处理的气孔导度在9:30处于谷底。PRD1气孔导度在15:30时有小幅上升,可能是受到临时降水的影响。

与光合速率以及气孔导度不同的是,PRD3处理从11:30到15:30蒸腾速率维持在相对较高的值,13:30时最高值为27.54 mmolH_2O/(m^2·s)。PRD2处理则随着时序数的增加蒸腾速率呈增加趋势,在17:30测定时达到最大,PRD2处理蒸腾速率呈"双峰"曲线,第1峰值弱于第2峰值。PRD1随着时序数的增加呈先增加后减少的趋势,在13:30达到谷底后15:30达到最大。可见,PRD1受到小幅度降水的影响,蒸腾速率增加。NI处理表现出与光合速率以及气孔导度相同的变化趋势,9:30时峰值高于17:30峰值。

胞间CO_2浓度在高灌溉处理(PRD3与PRD2)与低灌水处理(PRD1与NI)表现出相似的趋势,各处理间在某几个时序数上有一定的差异性。如PRD3处理的胞间CO_2浓度在7:30时有峰值,PRD2处理在9:30时胞间CO_2浓度最高。PRD1与NI处理之间不同主要表现为两点:首先,与NI在13:30时胞间CO_2浓度达到峰值不同的是,PRD1在7:30时胞间CO_2浓度最高;其次,两个处理在13:30达到第2峰值后15:30降低,在17:30时两处理表现相反,NI处理表现上升趋势,PRD1处理持续降低。

部分根区交替地下滴灌苜蓿叶片瞬时水分利用效率均呈"双峰"曲线,各处理第1峰值均高于第2峰值,在9:30时达到峰值,在15:30达到谷底,其中中度水分亏缺PRD1处理均高于另外两个充分灌溉处理(PRD2与PRD3)。重度水分亏缺NI处理在7:30时达到峰值,在13:30达到谷底后升高。

气孔导度与各光合生理指标之间的关系见图3-159。气孔导度与光合速率、胞间CO_2浓度以及蒸腾速率的线性关系分别为:$y=37.88x+11.84$($R^2=0.887$)、$y=138.87x+144.57$($R^2=0.827$)以及$y=20.21x+4.98$($R^2=0.723$)。

图3-160为部分根区交替滴灌条件下紫花苜蓿气孔限制值[见图3-160(a)]与非气孔限制值[见图3-160(b)]的日变化。气孔限制值在过量灌溉(PRD3)与充分灌溉(PRD2)比中等水分亏缺(PRD1)与重度水分亏缺(NI)相比表现出以下不同。首先,PRD3与PRD2处理苜蓿叶片气孔限制值日变化呈"单峰"曲线,PRD1与NI处理苜蓿叶片气孔限制值日变化呈"双峰"曲线。其次,PRD1与NI处理苜蓿叶片气孔限制值日变化均高于PRD3与PRD2处理,7:30时NI处理苜蓿气孔限制值最高,分别比PRD1、PRD2及PRD3增加24.20%、35.23%及41.00%,17:30时PRD1处理苜蓿气孔限制值最高,同时也是全天气孔限制最严重的时候,达到0.67。

部分根区交替滴灌苜蓿非气孔限制值日变化在充分灌溉处理(PRD3)条件下呈"双峰"曲线,非气孔限制值在9:30时最大,此时较PRD2处理高134.28。9:30时之后非气

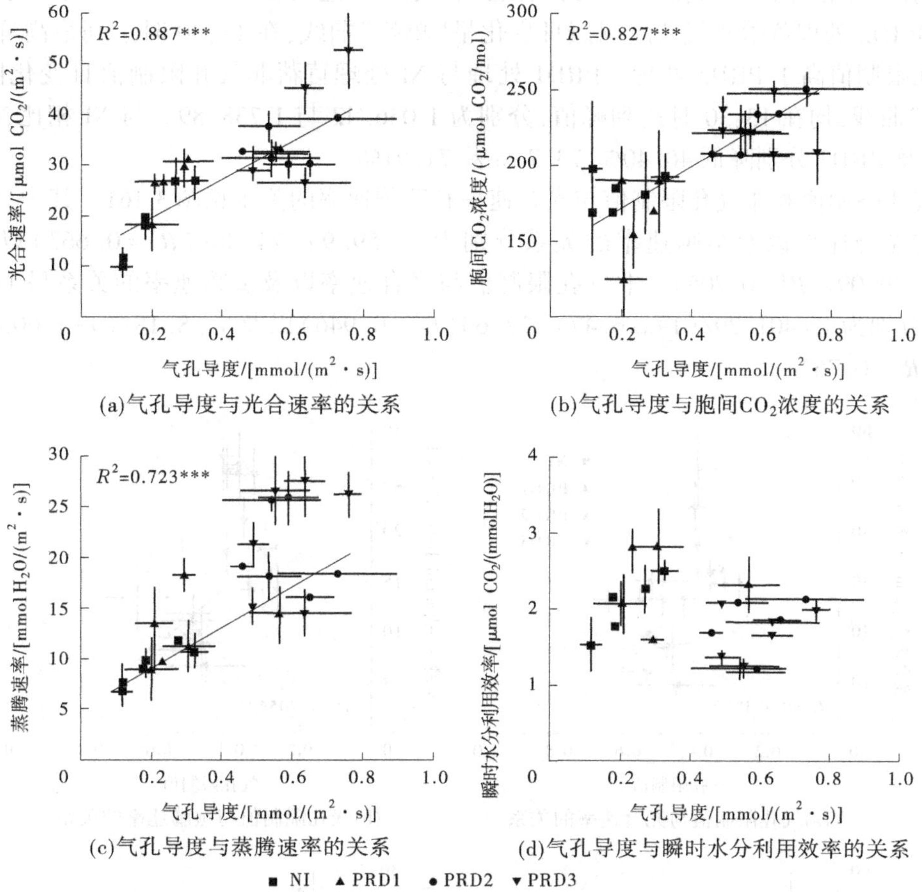

图 3-159　气孔导度与光合特征的关系

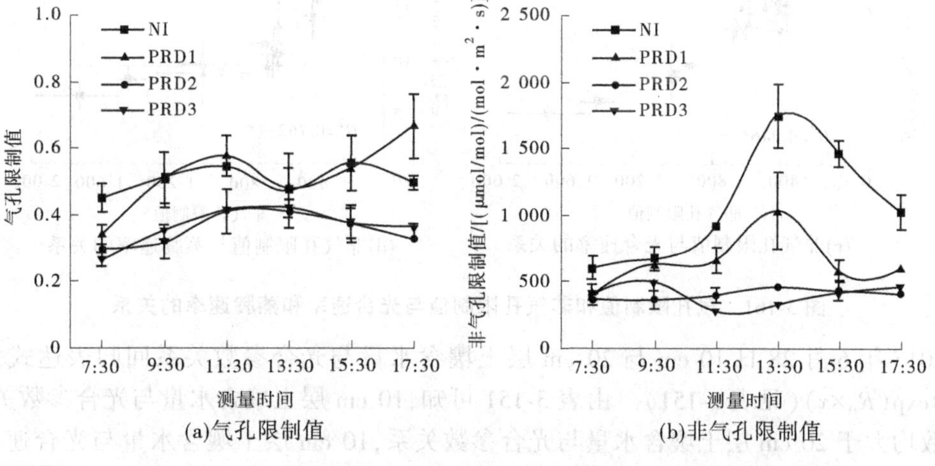

图 3-160　部分根区交替滴灌条件下紫花苜蓿气孔限制值与非气孔限制值的日变化

孔限制值逐渐降低，在 11:30 时达到“谷底”，17:30 时达第 2 峰值 461.82。相较于 PRD3 处理，PRD2 处理苜蓿非气孔限制值日变化呈“单峰”曲线，在 13:30 时达到最高峰，此时非气孔限制值高于 PRD3 处理。PRD1 处理与 NI 处理苜蓿非气孔限制值日变化同样呈“单峰”曲线，均在 13:30 时达到峰值，分别为 1 036.42 与 1 738.89。与 NI 相比，PRD1、PRD2 及 PRD3 分别降低 40.40%、73.71%及 71.91%。

气孔限制值和非气孔限制值与光合速率和蒸腾速率的关系见图 3-161。其中，气孔限制值与光合速率以及蒸腾速率的关系分别为 $y=59.95-74.86x$（$R^2=0.663$）以及 $y=26.43-29.09x$（$R^2=0.705$）。非气孔限制值与光合速率以及蒸腾速率的关系呈 Logistics 曲线，分别为 $y=401.29/(1+x/6.47)-22.63$（$R^2=0.946$）以及 $y=8.18/(1+x/600.53)+9.70$（$R^2=0.763$）。

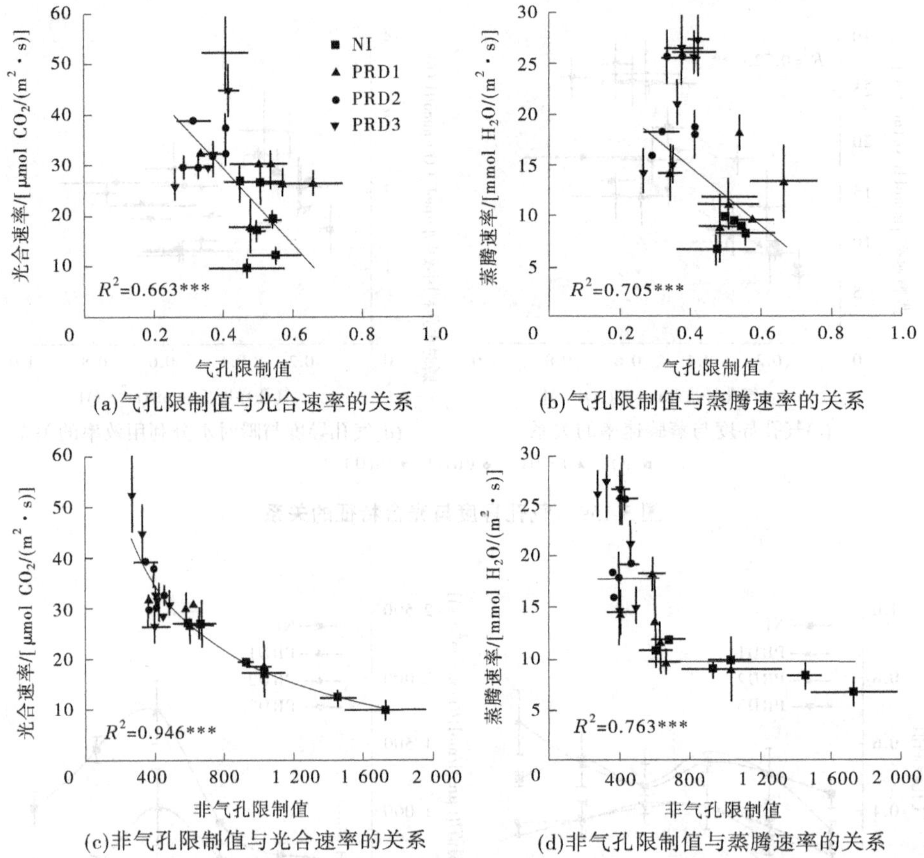

图 3-161 气孔限制值和非气孔限制值与光合速率和蒸腾速率的关系

2017 年 6 月 28 日 10 cm 与 20 cm 层土壤含水量与光合参数关系回归表达式为 $y=y_0+A\times\exp(R_0\times x)$（见表 3-151）。由表 3-151 可知，10 cm 层土壤含水量与光合参数关系决定系数均大于 20 cm 层土壤含水量与光合参数关系，10 cm 层土壤含水量与光合速率、蒸腾速率以及气孔导度关系的决定系数分别为 0.986 4、0.857 1 及 0.846 2（见图 3-162），20 cm 层土壤含水量与光合速率、蒸腾速率及气孔导度关系的决定系数分别为 0.882 0、

0. 694 3 及 0. 695 1(见图 3-163)。在对 30 cm 以及更深层土壤含水量进行分析发现,光合参数与深层土壤含水量均未呈良好的拟合关系。

表 3-151　分根交替滴灌条件下浅层土壤含水量与光合特征之间的非线性回归系数和统计参数

土壤层深度/cm	光合参数	回归系数			统计参数
		y_0	A	R_0	R^2
10	P_n	36. 689 7	−715. 055 6	−0. 491 0	0. 986 4
	T_r	23. 242 5	−316. 394 5	−0. 415 8	0. 857 1
	G_s	0. 629 5	−3. 796 1	−0. 288 9	0. 846 2
20	P_n	38. 501 7	−2 479. 121 1	−0. 493 9	0. 882 0
	T_r	24. 601 2	−1 189. 050 0	−0. 445 3	0. 691 3
	G_s	0. 675 6	−10. 278 2	−0. 312 9	0. 695 1

注:P_n 为光合速率;T_r 为蒸腾速率;G_s 为气孔导度。

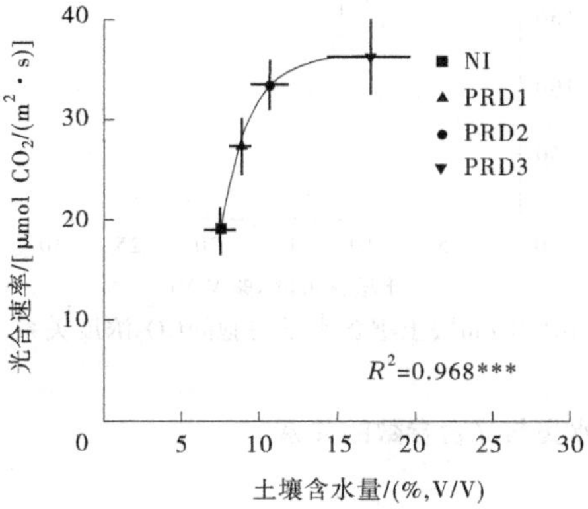

(a)10 cm层土壤含水量与光合速率的关系

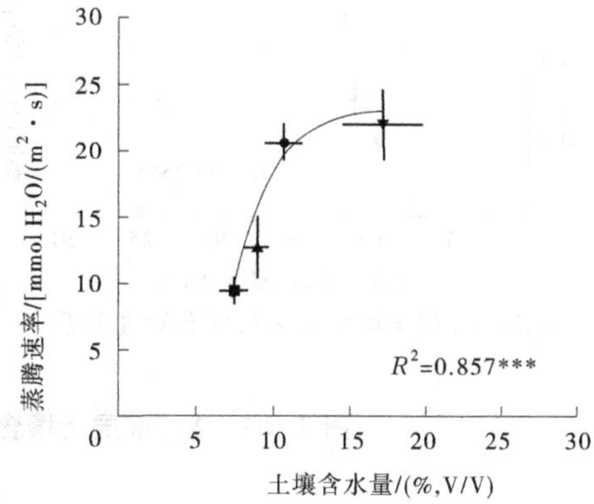

(b)10 cm层土壤含水量与蒸腾速率的关系

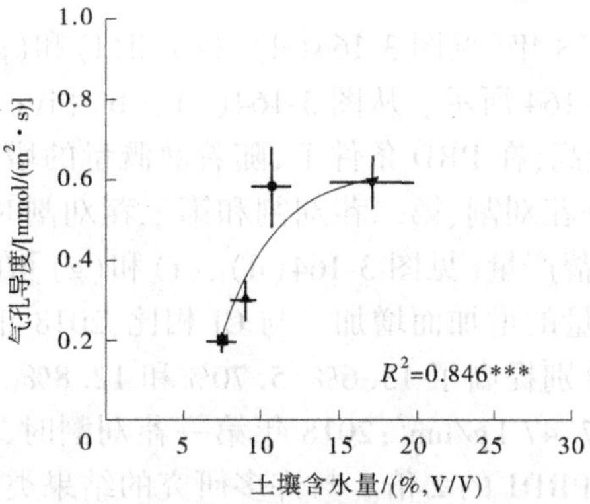

(c)10 cm层土壤含水量与气孔导度的关系

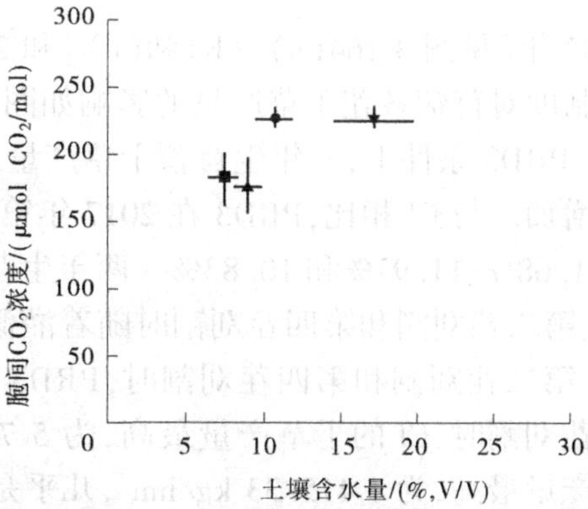

(d)10 cm层土壤含水量与胞间CO_2浓度的关系

图 3-162　10 cm 层土壤含水量与光合参数的关系

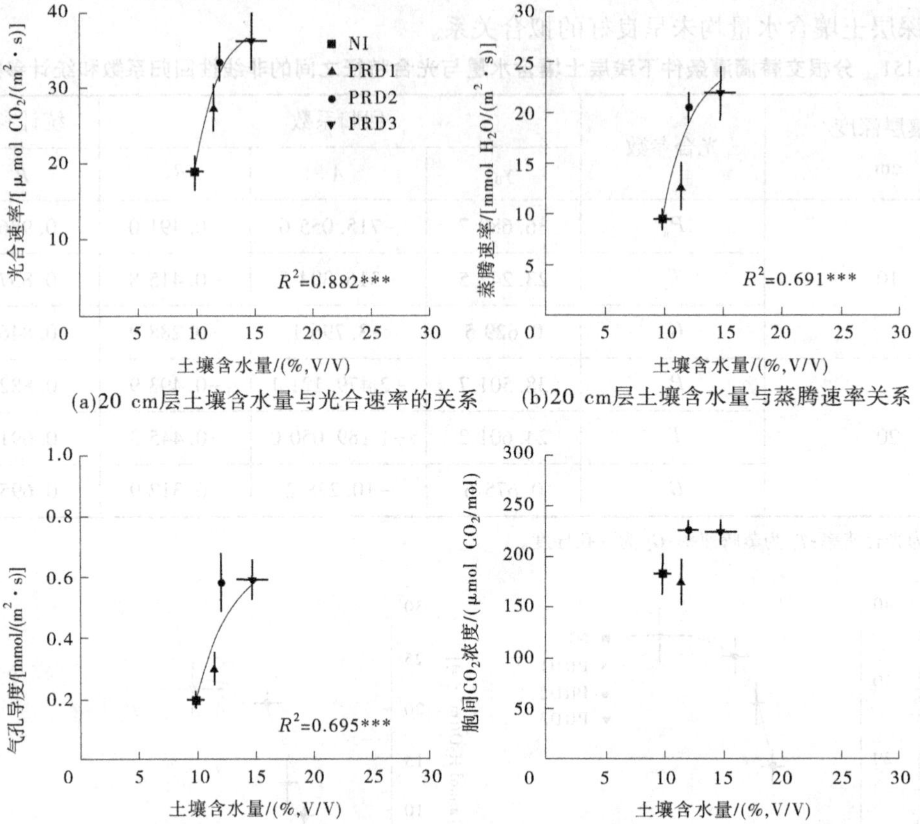

(a)20 cm层土壤含水量与光合速率的关系　(b)20 cm层土壤含水量与蒸腾速率关系

(c)20 cm层土壤含水量与气孔导度关系　(d)20 cm层土壤含水量与胞间CO_2浓度关系

图 3-163　20 cm 层土壤含水量与光合参数的关系

3.7.6　部分根区交替滴灌苜蓿产量

2017 年[见图 3-164(a)、(b)和(c)]和 2018 年[见图 3-164(d)、(e)和(f)和(g)]不同灌溉制度对苜蓿各茬干草产量的影响如图 3-164 所示。从图 3-164(a)、(b)和(c)可以看出,在 PRD3 条件下,一年生苜蓿干草产量最高,在 PRD 条件下,随着灌溉量的增加,干草产量增加。与 CI 相比,PRD3 在 2017 年第一茬刈割、第二茬刈割和第三茬刈割时分别降低了 1.68%、11.97%和 10.83%。两年生苜蓿产量[见图 3-164(d)、(f)和(g)]在第一茬刈割、第二茬刈割和第四茬刈割时随着灌溉量的增加而增加。与 CI 相比,2018 年第一茬刈割、第二茬刈割和第四茬刈割时,PRD3 分别提高了 13.6%、5.70%和 12.8%。2017 年第一茬刈割时,CI 的干草产量最高,为 5 717.47 kg/hm^2;2018 年第一茬刈割时,PRD3 的干草产量最高,为 4 415.33 kg/hm^2,几乎是 PRD1 的 2 倍。与许多研究的结果类似,第一茬产量占一年生产量的很大一部分。在干草年产量分析中,PRD 显著降低了一年生苜蓿的年产量,PRD3 提高了两年生苜蓿的干草年产量,但差异不显著($P>0.05$)(见图 3-165)。

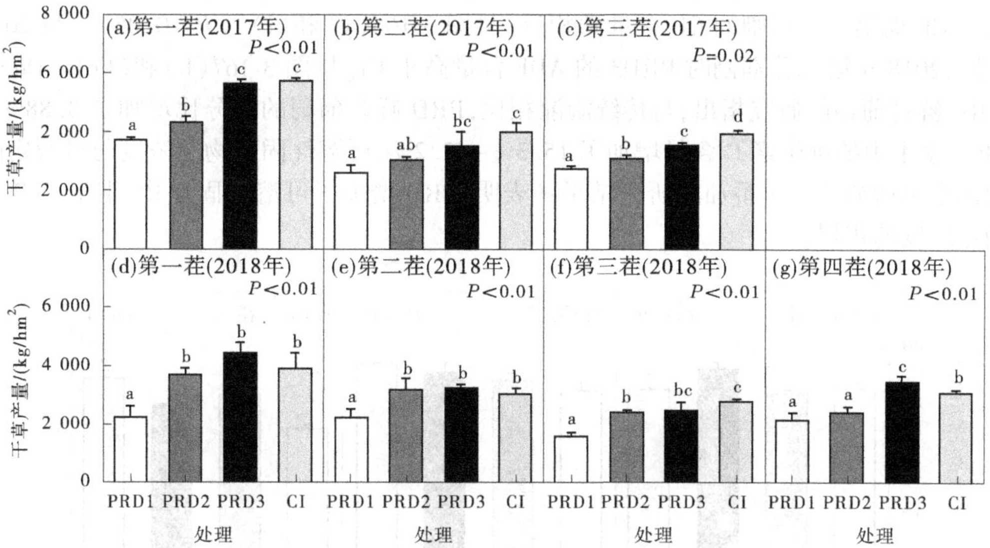

图 3-164　试验期间各茬不同处理间苜蓿干草产量

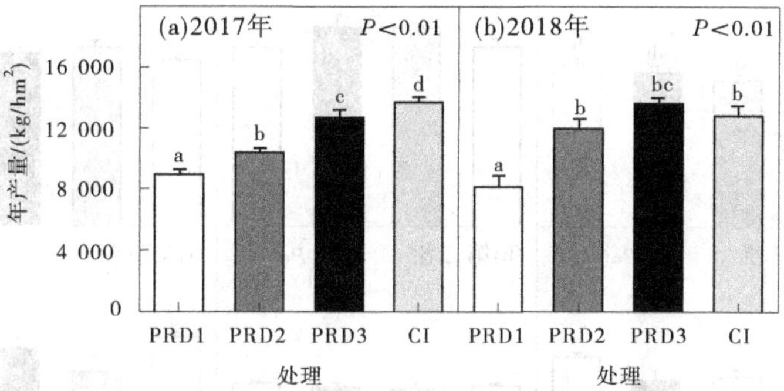

图 3-165　不同处理间苜蓿干草年产量

通常，紫花苜蓿的生长指标与其产量密切相关。本书研究发现，紫花苜蓿株高、茎粗与产量的相关系数分别为 0 和 0.46。许多研究发现，株高和茎粗对地上苜蓿生物量有贡献。结果表明，PRD3 和 CI 处理的株高和产草量虽然相同，但表现出相反的趋势。这个结果是合理的，主要是由灌溉方式引起的（见图 3-162～图 3-164）。在苹果树的研究中，PRD 减少了茎液流，这意味着 PRD 可以减少气孔开度并影响光合产物的运输。研究还发现，在交替沟灌条件下，PRD 可以降低苜蓿株高，但本书研究结果不支持这一结论。结果表明，在水分充足的情况下，PRD 可以提高紫花苜蓿的株高，而灌溉量的减少则会降低苜蓿的株高（见图 3-162 和图 3-163）。

3.7.7　部分根区交替滴灌苜蓿品质

不同灌溉制度下各茬苜蓿的品质特性，2017 年呈现于图 3-166，2018 年呈现于图 3-167。在相同的灌水条件下，2017 年第二茬和第三茬刈割时 PRD3 的 ADF 含量比 CI

处理低 4.17%和 13.67%[见图 3-166(b)和(c)]。2017 年,第一茬刈割的 PRD3 的 CP 含量低于 CI,而第三茬刈割的 CP 含量则相反[见图 3-166(g)和(i)]($P=0.05$)。与 2017 年不同,2018 年第二茬刈割时 PRD3 的 ADF 含量高于 CI[见图 3-167(b)和(f)]。Du 等对 PRD 鲜食葡萄的研究指出,与传统滴灌相比,PRD 鲜食葡萄的百分比增加了 3.88%~5.78%,水果中的维生素 C 含量增加了 15.3%~42.2%,可溶性固形物总浓度与可滴定酸度的比率也增加了。对番茄的研究结果还表明,PRD 增加了可溶性固形物、维生素 C 和可滴定酸度的积累。

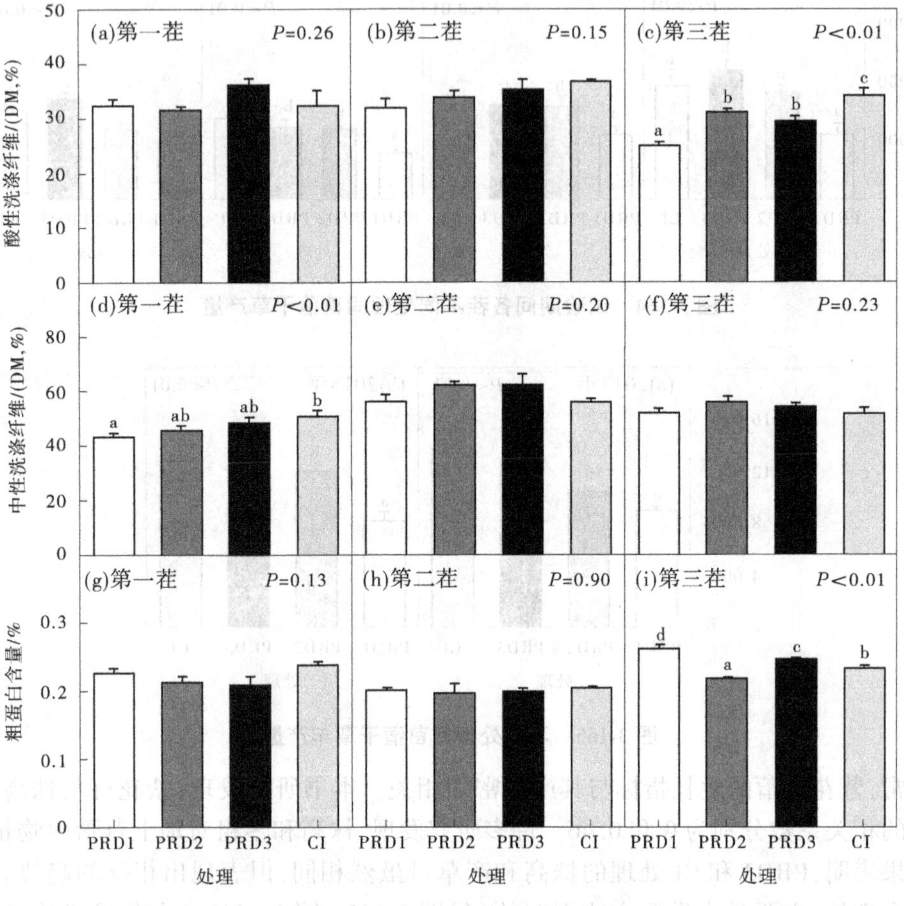

图 3-166 2017 年各茬不同处理间苜蓿品质特征

如图 1-166、图 1-167 所示,随着灌溉量的增加,2017 年第一、第二茬刈割和 2018 年第一、第三、第四茬刈割的 ADF 和 NDF 含量增加。在 PRD 处理中,PRD1 的 ADF 和 NDF 含量最低[见图 3-162(f)、图 3-163(b)和图 3-163(f)],这表明缺水会增加苜蓿纤维的积累。研究结果还表明,PRD1 处理不仅可以降低 ADF[见图 3-166(c)、图 3-167(a)和图 3-167(c)]和 NDF 含量[见图 3-166(d)和图 3-167(h)],但也通过增加苜蓿的粗蛋白含量[见图 3-166(i)和图 3-167(k)]与 CI 比较。水分亏缺可以通过降低 NDF 和 ADF 含量和增加

CP 含量在一定程度上改善苜蓿的质量。根据 Staniak 和 Harasim，干旱条件下 NDF 和 ADF 含量较低与植物成熟延迟有关。基于这些发现，减少水分供给量可能是提高苜蓿品质的一种途径。寇丹等发现整个苜蓿植株的叶片比例是影响蛋白质含量的主要因素。由于苜蓿的茎叶比随着灌溉量的减少而降低，植株中叶片的比例增加，导致粗蛋白含量增加。另外，这与之前的研究结果相反。例如，Liu 等解释了干旱胁迫下紫花苜蓿中 CP 的减少是由对水分限制的胁迫反应和固氮量减少联合引起的。同时，他还发现，在严重缺水的情况下，苜蓿的 NDF 和 ADF 含量增加。而 Testa 等发现不灌溉苜蓿的 CP 含量仅比灌溉苜蓿低 1~2 个百分点，表明干旱胁迫不会降低 NDF 和 ADF 的含量。

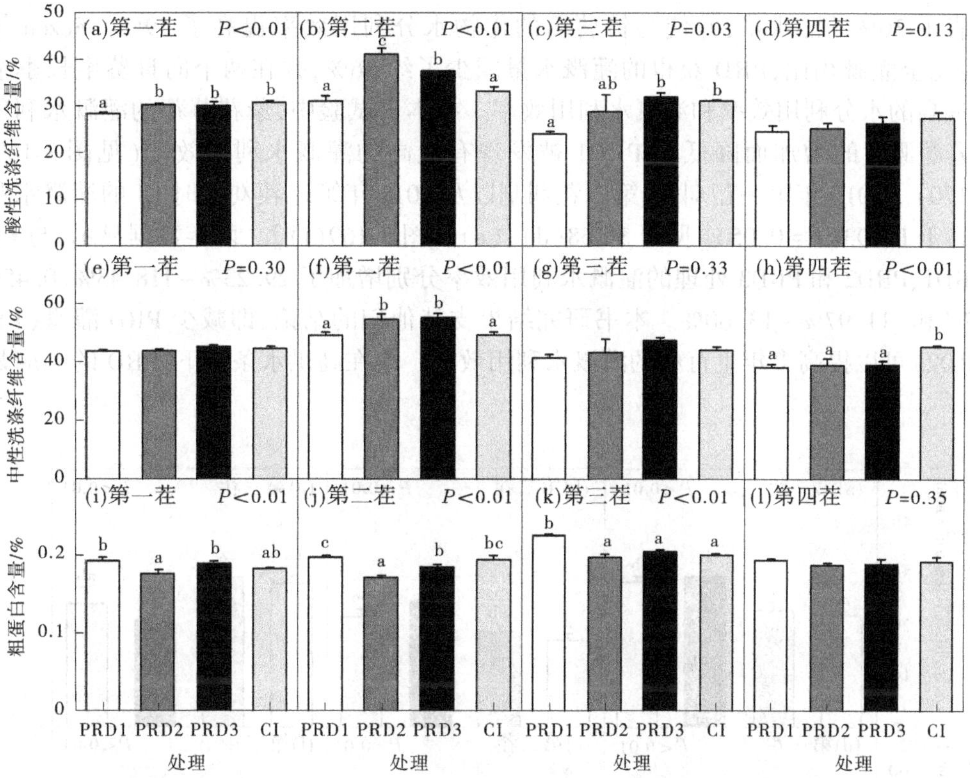

图 3-167　2018 年各茬不同处理间苜蓿品质特征

研究结果还表明，NDF 与 CP 呈显著负相关，相关系数分别为-0.42 和-0.81。还证实了株高可用于评价苜蓿的质量特性。Sulc 等得出结论，基于株高和成熟度的苜蓿质量预测方程（PEAQ）在广泛的环境中都是可行的。Santillano-Cázares 等研究了 PEAQ 可以合理准确地预测生长在美国西南部和墨西哥北部沙漠地区的苜蓿的 ADF 和 NDF。

3.7.8　部分根区交替滴灌苜蓿水分利用效率

2017 年，紫花苜蓿的最高水分利用效率出现在 PRD3，在第一茬和第二茬刈割时显著高于 CI（$P=0.05$）[见图 3-168（a）和（b）]。2018 年，PRD3 苜蓿的水分利用效率显著低于第三茬刈割时的 CI（$P=0.05$）（见图 3-169）。这是因为 2017 年 PRD3 的 ET_a 远小于

CI。2018 年，PRD3 的 ET_a 显著高于 CI，但干草产量没有显著差异[见图 3-164(b)]。Xiao 等认为，采用沟灌的 PRD 增加了 36%～42%的水分利用效率。在本书研究中，发现中度水分亏缺(PRD2)的 PRD 可以显著提高水分利用效率，尤其是对两年生苜蓿田。2018 年第一茬、第二茬和第三茬刈割时，没有发现 PRD3 和 PRD2 之间的干草产量无显著性差异(P=0.05)[见图 3-164(d)、(e)和(f)]。然而，2018 年，PRD3 的 ET_a 显著高于 PRD2(见表 3-152)。PRD 提高水分利用效率已在许多作物上进行了详细的研究并得到验证。Gençoílan 等发现，考虑到大豆田开始实施处理计划后的灌溉用水，PRD 处理实现了 50%的灌溉节水。在另一项研究中，与具有类似籽棉产量的 CI 相比，PRD 方法下使用的总灌溉水减少了 31%～33%。Liu 等发现，与完全灌溉相比，PRD 处理节省了 30%的灌水量，并使马铃薯田的作物水分利用效率提高了 59%。Sezen 等发现，与完全灌溉相比，PRD 获得的灌溉水量减少了约 36%，并在两个向日葵生长季节实现了最高的水分利用效率和灌溉水利用效率。在本书试验中，紫花苜蓿的灌溉水利用效率随着灌溉量的增加而降低和 PRD1 被发现有最高的灌溉水利用效率(见图 3-169 和图 3-170)。2017 年第一茬刈割、第二茬刈割以及 2018 年第二茬刈割时 CI 的灌溉水利用效率高于 PRD3(P=0.05)[见图 3-168(d)、(e)和图 3-169(f)]。两年数据显示，与 CI 相比，PRD1、PRD2 和 PRD3 处理的灌溉水利用效率分别增加了 29.23%～118.43%、0.45%～57.37%和-11.97%～13.60%。本书研究结果支持他们的结论，即减少 PRD 灌溉(PRD1 和 PRD2)可以提高多年生苜蓿的灌溉水利用效率。而在高供水条件下，PRD 的响应是复杂的。

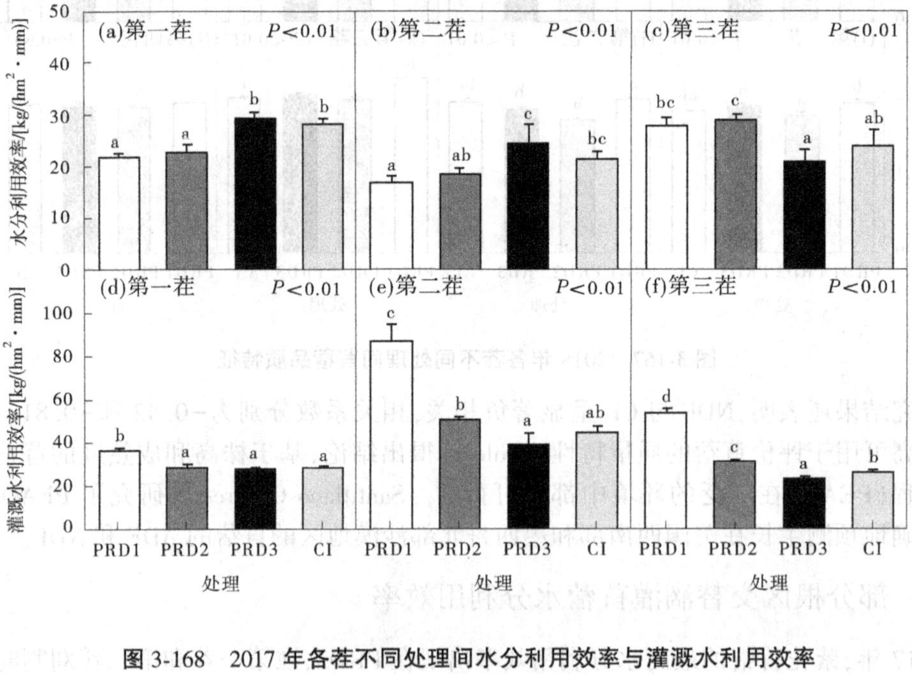

图 3-168　2017 年各茬不同处理间水分利用效率与灌溉水利用效率

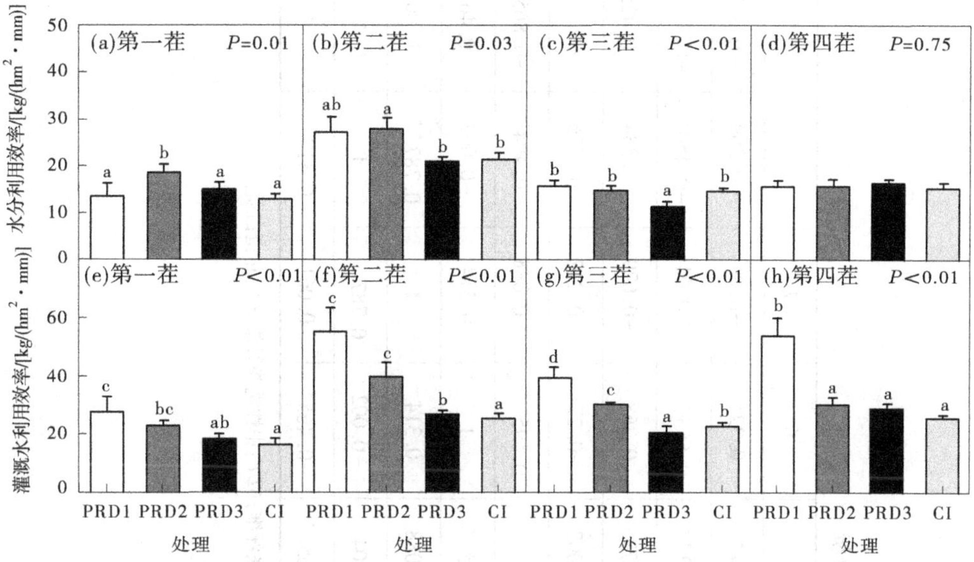

图 3-169　2018 年各茬不同处理间水分利用效率与灌溉水利用效率

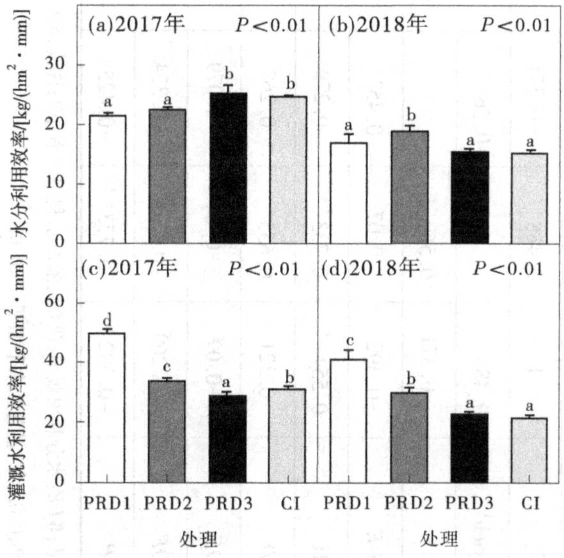

图 3-170　试验期间年际不同处理间水分利用效率与灌溉水利用效率

表 3-152　测量指标之间的相关性分析

编号	度量因子	1	2	3	4	5	6	7	8	9
1	ET_a	1	0.488**	−0.371	−0.392*	0.554**	0.321	−0.09	−0.269	−0.392*
2	Hay yield	0.488**	1	0.569**	0.07	0.733**	0.655**	−0.04	−0.450*	−0.773**
3	*WUE*	−0.371	0.569**	1	0.453*	0.279	0.268	−0.079	−0.334	−0.425*
4	*IWUE*	−0.392*	0.07	0.453*	1	−0.007	−0.271	−0.217	−0.226	−0.316
5	pH	0.554**	0.733**	0.279	−0.007	1	0.595**	−0.088	−0.404*	−0.865**
6	*SD*	0.321	0.655**	0.268	−0.271	0.595**	1	0.314	−0.002	−0.465*
7	*ADF*	−0.09	−0.04	−0.079	−0.217	−0.088	0.314	1	0.787**	0.061
8	*NDF*	−0.269	−0.450*	−0.334	−0.226	−0.404*	−0.002	0.787**	1	0.417*
9	*CP*	−0.392*	−0.773**	−0.425*	−0.316	−0.865**	−0.465*	0.061	0.417*	1

注：ET_a：实际作物蒸散量；*WUE*：水分利用效率；*IWUE*：灌溉水利用效率；pH；株高；*SD*：茎粗；*ADF*：酸性洗涤纤维；*NDF*：中性洗涤纤维；*CP*：粗蛋白质。

* 显著性水平如下：$P<0.05$；** 显著性水平如下：$P<0.01$。

3.8　分根交替地下滴灌苜蓿水分循环过程与灌溉制度优化研究

3.8.1　试验目的、试验设计和指标测定

3.8.1.1　试验目的

本书选取分根交替滴灌、常规滴灌两种方式，研究不同灌溉定额对苜蓿生理生长、产量、品质与水分利用效率的影响，分析分根交替滴灌对紫花苜蓿光合速率、蒸腾速率、气孔导度等光合特征对叶片气孔响应机制，明确分根交替滴灌灌溉方式用于牧草灌溉的适宜性，探求适合紫花苜蓿适宜的分根交替滴灌模式，发展并开拓干旱区牧草节水灌溉新模式。

3.8.1.2　试验设计

试验设计同 3.7.1 部分。

3.8.1.3　指标测定

1. 苜蓿作物系数

每一茬刈割的实际作物蒸发蒸腾量采用土壤水分平衡法进行估算，该方法包括评估 10~160 cm 土层中一段时间内土壤水分的变化，即

$$ET_a = I + P + S - \Delta W - R - D \tag{3-76}$$

式中：ET_a 为实际作物蒸散量，mm；ΔW 为土壤蓄水量变化量，mm；P 为 HOBO 自动气象站记录的降水量，mm；I 为灌溉水量，mm；S 为地下水补给量，mm；R 为地表径流，mm；D 为深层渗流量，mm。

在试验现场，由于地下水位超过 25 m，地下水贡献可忽略不计，$S=0$。在试验期间未发生地表径流，$R=0$。此外，由于 SDI 系统在本试验中提供了一个可控的灌溉量，$D=0$。

根据 Penman-Monteith 公式计算 2017 年和 2018 年的参考作物蒸发蒸腾量（reference crop evapotranspiration，ET_0）。

作物系数（crop coefficient，K_c）根据式（3-70）计算：

$$K_c = \frac{ET_a}{ET_0} \tag{3-77}$$

2. 其他指标

同 3.7.1 部分。

3.8.2　部分根区交替滴灌苜蓿的土壤含水量

由图 3-171、图 3-172 可知，在相同的灌溉定额下，传统的地下滴灌（SDI3）与分耕交替灌溉相比，前者变化更为剧烈。2017 年全生育期内土壤含水量 PRD1＜PRD2＜SID3＜PRD4，且土壤含水量在不同的处理下的变化趋势相同；而 2018 年土壤含水量变化幅度较大，尤其 2018 年第四茬土壤含水量不同土层变化幅度很大。另外，不同茬次相比，土壤含水量也没有很大差异，几乎有相同的变化趋势。不同处理下土壤含水量的变化规律如下：

PRD1<PRD2<PRD3，这符合本书研究的灌水制度，SDI3 处理下的土壤含水量变化规律呈现先增减再增减最后增减的趋势，即最后都呈降低的趋势，其他处理下的土壤含水量先增减再增减最后呈增加的变化趋势。不同年份土壤含水量变化 2017 年比 2018 年明显高，这主要与气候天气各异以及植被的生长状况等因素有关，土壤含水量在 0~160 cm 这一土层中最高值出现在 120 cm 深度处，70 cm 深度处出现最低值。

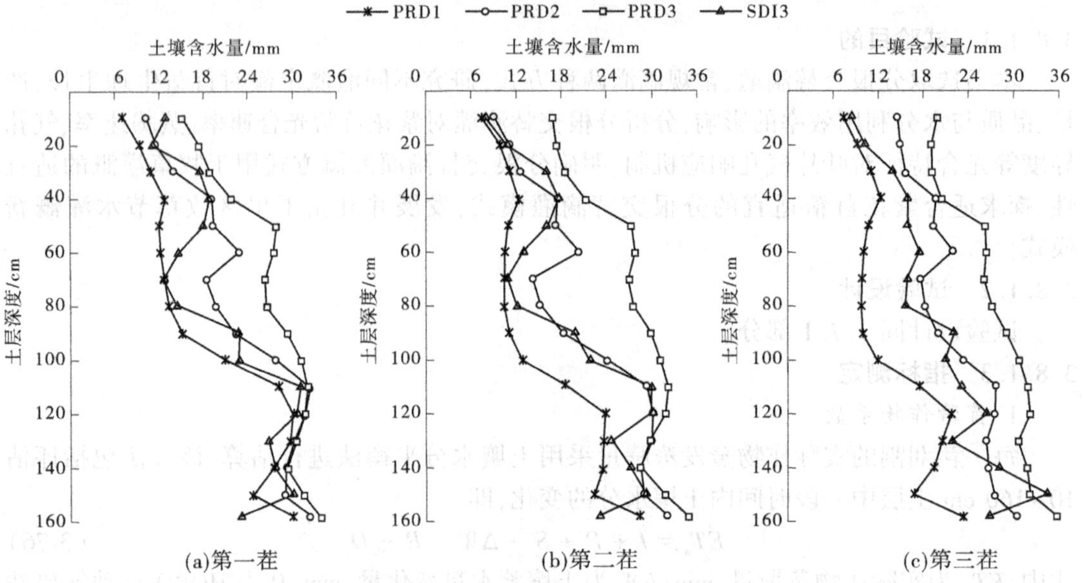

图 3-171 2017 年土壤含水量变化趋势

3.8.3 部分根区交替滴灌苜蓿的作物系数

茬次之间的苜蓿实际作物蒸发蒸腾量（ET_a）范围为 82~301 mm（见图 3-173），年份之间的苜蓿 ET_a 则为 421~877 mm（见图 3-173）。本书的研究结果比 Hanson 等（1 249~1 381 mm）、Fouli 等（超过 1 000 mm）和 Cavero 等（511~1 057 mm）的结果要小。一方面，本书研究中只刈割三到四茬苜蓿干草，而 Hanson 等和 Fouli 等有刈割六茬苜蓿。另一方面，在本书的研究中，2017 年和 2018 年生长季节的降水量分别为 109 mm 和 192 mm。Fouli 等在两年的试验季节，降水量分别为 755 mm 和 431 mm。试验地降水量偏高同样增加了紫花苜蓿的 ET_a。

估算了 2017—2018 年逐日参考作物蒸发蒸腾量（ET_0）（见图 3-174），结果表明，2017 年各茬 ET_0 分别为 152 mm、132 mm 和 115 mm，2018 年分别为 207 mm、113 mm、128 mm 和 112 mm（见图 3-175）。另外，在两年的试验中发现，PRD 处理的 ET_a 随着灌水量的增加而增加。比较相同灌溉量下 PRD3 和 CI 的 ET_a，2017 年 CI 处理的 ET_a 显著高于 PRD3 处理，2018 年则相反。

2018 年第二茬刈割苜蓿的 PRD1 的 ET_a 最低，因为第二茬刈割苜蓿的生长周期为 29 d。2018 年第一茬刈割苜蓿的 CI 具有最高的 ET_a，因为第一茬刈割苜蓿的生长周期为 62 d。一般来说，灌溉量最少的处理应具有最少的 ET_a，但 2017 年第二茬刈割是一个例

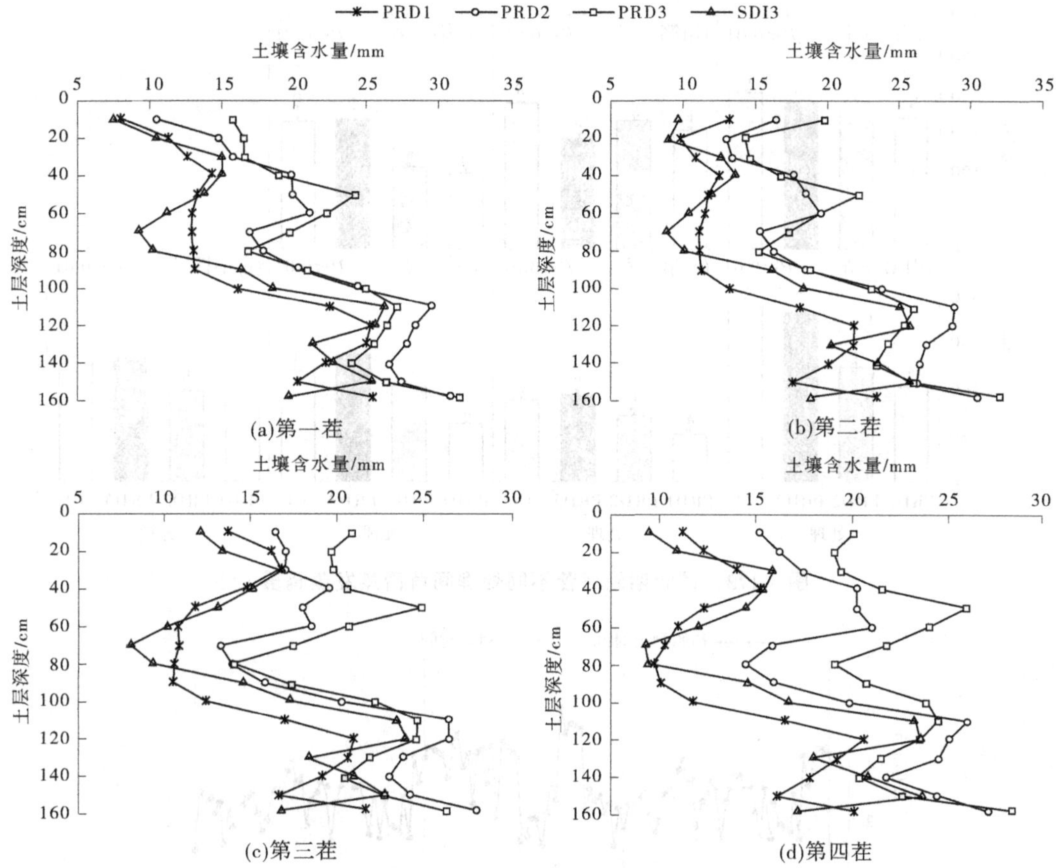

图3-172 2018年土壤含水量趋势变化

外。在2017年第二茬生长时期内，PRD3处理的ET_a最低，分别比PRD1、PRD2和CI低10 mm、22 mm和44 mm[见图3-175(b)]。这主要是由于2017年7月26日和2017年7月27日连续降水，总降水量为32.2 mm。之后，2017年8月1日和2017年8月3日，降水量分别为12.2 mm和11 mm。此外，第二茬刈割苜蓿的生长周期短于第一茬和第三茬。另一个重要原因可能是第一茬刈割后及时灌溉，此时苜蓿需水量不大，导致深层土壤贮水量增加。

在相同灌溉量下，2017年第一茬和第二茬刈割苜蓿时，PRD3的ET_a低于CI[见图3-175(a)和(b)]。可以推测，在大多数情况下，PRD通过减少植物蒸腾作用来降低ET_a。PRD可以明显减少液流，因为PRD通过增加叶片ABA，同时降低气孔导度，降低植物蒸腾作用。此外，还观察到，2018年，第三茬刈割时PRD3的ET_a显著高于CI，这与Beis等的研究结果相似。考虑到植物对不同灌溉方式的复杂反应，可以预期这两种结果之间的差异不仅受灌溉技术、环境因素、生长条件(盆栽或田间)、基因型和干旱胁迫率的影响，也受到生长年限的影响。

试验期间各茬不同处理苜蓿作物系数(K_c)见图3-176，全年不同处理苜蓿作物系数见图3-177。与Kang等观测到的结果一样，传统灌溉K_c显著高于PRD水分亏缺处理(PRD1

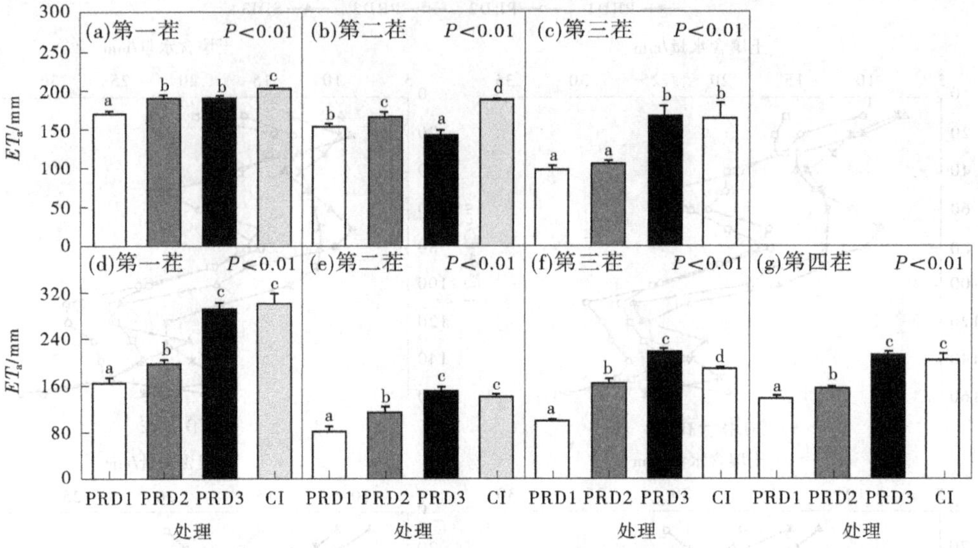

图 3-173　试验期间各茬不同处理间苜蓿蒸发蒸腾量

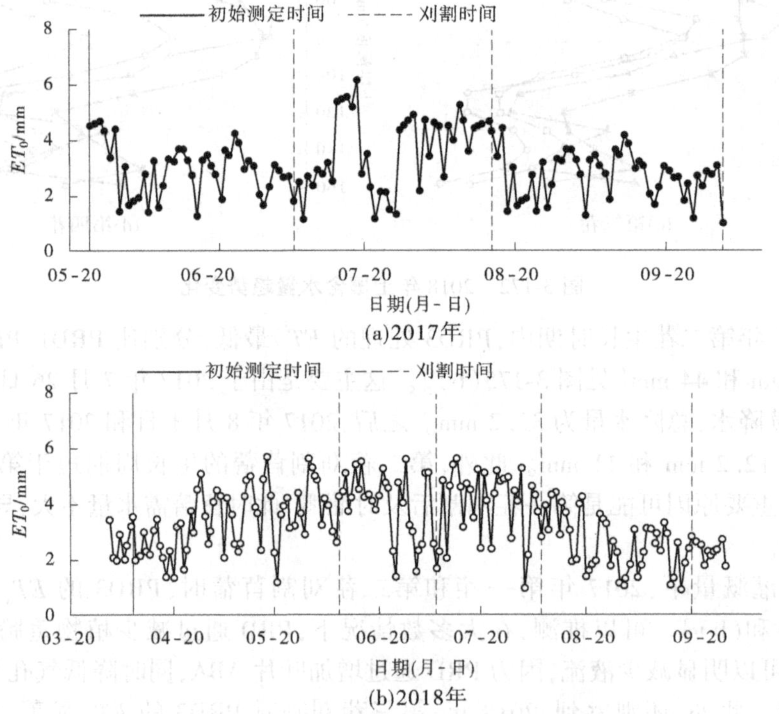

图 3-174　2017—2018 年逐日参考作物蒸发蒸腾量

与 PRD2)，无论是在各茬生长期还是全年生长季。PRD1 各茬苜蓿 K_c 比 CI 低 0.21~0.69(见图 3-176)，2017 年 K_c 比 CI 低 0.34，2018 年 K_c 比 CI 低 0.62(见图 3-177)。PRD1 各茬苜蓿 K_c 比 CI 低 0.08~0.51(见图 3-176)，2017 年 K_c 比 CI 低 0.23，2018 年 K_c 比 CI 低 0.36(见图 3-177)。

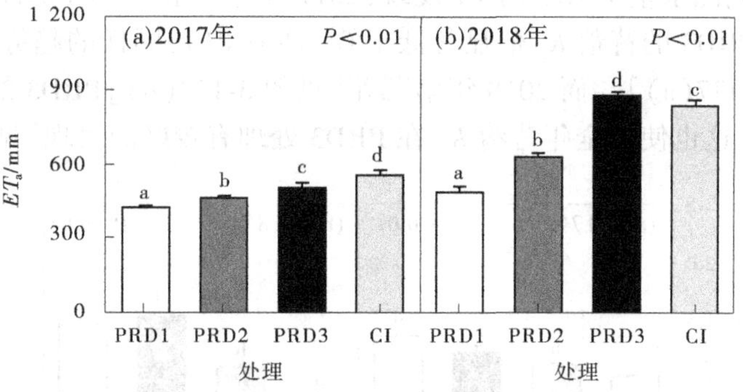

图 3-175 不同处理间实际作物蒸发蒸腾量

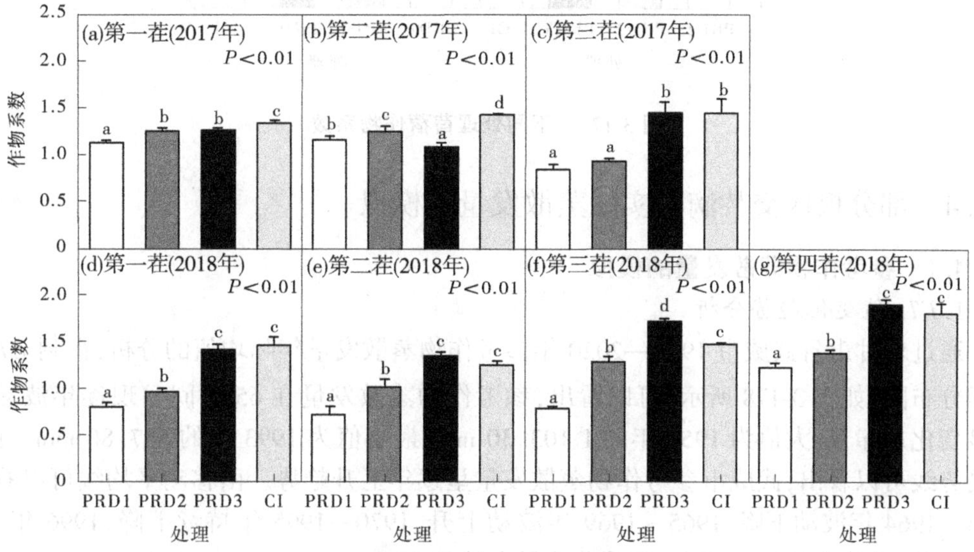

图 3-176 试验期间各茬不同处理苜蓿作物系数

除 PRD1 在 2017 年第三茬以及 2018 年前三茬紫花苜蓿 K_c 小于 1 外，其他各茬各处理苜蓿 K_c 均大于 1。这比国内在苜蓿上观察到的 K_c 大，张娜等在毛乌素沙地上进行的研究发现除第一茬生长中期的 K_c 值为 1.02 外，其他各茬各生育期苜蓿的 K_c 值均小于 1。FAO-56 给出的苜蓿各阶段的基础 K_c 值分别为 0.3、1.15 及 1.10，平均 K_c 值为 0.85，与 PRD1 的 K_c 值在 2017 年第三茬，2018 年第一茬、第二茬及第三茬相近。在参考作物蒸发蒸腾量一定的情况下，ET_a 便是 K_c 的决定性因素。研究表明，PRD 条件下减少灌水量均能够明显降低 K_c 值，2017 年第二茬除外，与漆栋良等在玉米上的研究结果一致。在 2017 年第二茬生长时期内，PRD3 处理的 ET_a 最低，分别比 PRD1、PRD2 和 CI 低 10 mm、22 mm 和 44 mm。这主要是由于 2017 年 7 月 26 日和 2017 年 7 月 27 日连续降水，总降水量为 32.2 mm。之后，2017 年 8 月 1 日和 2017 年 8 月 3 日，降水量分别为 12.2 mm 和 11 mm。此外，第二茬刈割苜蓿的生长周期短于第一茬和第三茬。另一个重要原因可能是第一茬刈割后及时灌溉，此时苜蓿需水量不大，导致深层土壤贮水量增加。

此外,对比相同灌水量 PRD3 与 CI 发现,2017 年第一茬[见图 3-176(a)]与第二茬[见图 3-176(b)]PRD3 的苜蓿 K_c 值显著低于 CI($P<0.01$),同样的趋势可以在全年苜蓿 K_c 观测到[见图 3-177(a)]。而 2018 年第三茬[见图 3-177(b)]PRD3 的苜蓿 K_c 值显著高于 CI($P<0.01$),这也使得全年苜蓿 K_c 在 PRD3 处理有较好的表现[见图 3-177(b)]。

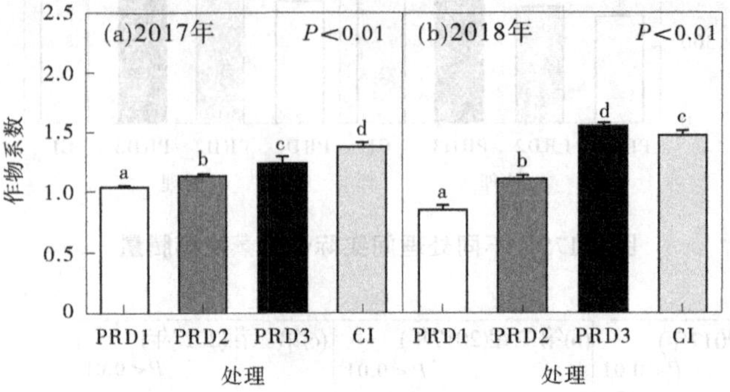

图 3-177　不同处理苜蓿作物系数

3.8.4　部分根区交替滴灌实际蒸散发量的模拟

3.8.4.1　参考作物蒸散发量的模拟

1. ET_0 值变化趋势分析

通过对甘肃省武威市 1956—2020 年参考作物蒸散发量年际均值的分析,得到 ET_0 的年际分布图,如图 3-178 所示,可以看出,参考作物蒸散发量在 65 年间呈现逐年波动,无明显变化规律,最大值为 1957 年的 1 103.30 mm,最小值为 1993 年的 587.80 mm。由线性趋势线可以看出,武威市参考作物蒸散发量呈逐年上升趋势。由移动平均线可以看出,1956—1964 年波动下降,1965—1969 年波动上升,1970—1995 年持续下降,1996 年至今波动上升,整体变化幅度较大,波动差值最大约为 500 mm。

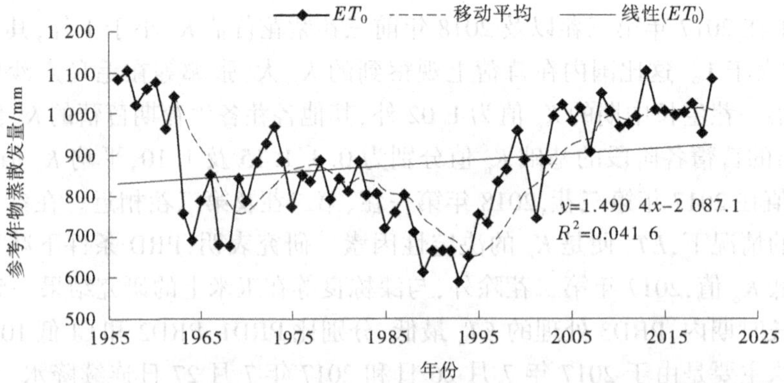

图 3-178　ET_0 趋势变化

2. ET_0 值模拟、验证和预测

运用 BP 神经网络模型，选取 1956—2020 年共 65 年武威市逐日气象资料进行参考作物蒸散发量的模拟。将 56 组的数据资料作为样本数据，9 组数据作为校准数据。通过选取平均温度、日照时数、相对湿度以及风速作为输入节点，运用试算法选择 11 个隐含层节点数，1 个输出数据。训练次数为 1 000 次，在 15 次时训练结束，训练样本相关性 $R=0.99$，测试样本相关性 $R=0.95$，所有数据相关性 $R=0.98$。根据样本的绝对误差以及相对误差可知，相对误差趋近于<0.1，其拟合效果较好，见表 3-153。

表 3-153　参考作物蒸散发量预测值

项目	1964 年	1965 年	1967 年	1968 年	1973 年	1975 年	1979 年	1994 年	2012 年
真实值/mm	688.88	786.09	677.94	676.57	968.43	774.12	791.85	647.53	994.80
预测值/mm	705.80	749.65	657.70	663.61	990.03	814.01	813.63	614.67	989.06
绝对误差/mm	−16.92	36.44	20.24	12.93	−21.6	−39.89	−21.78	32.86	5.74
相对误差/%	−0.02	0.05	0.03	0.02	−0.02	−0.05	0.03	−0.05	0.01

注：真实值即为 Penman-Monteith 公式所计算得到的值，预测值为 BP 神经网络预测所得值。

3.8.4.2　实际蒸散发量的模拟和预测

1. 土壤水分修正系数确定

根据 3.4 节土壤水分修正系数计算公式可得出不同处理下土壤水分修正系数值（见表 3-154），根据 Diviner 2000 所测的 0~160 cm 土壤含水量，求取其平均值，计算得出土壤水分修正系数。在不同的灌水处理下，PRD3 土壤水分修正系数显著大于传统的地下滴灌 SDI3，即在相同的灌溉定额情况下，分耕交替灌溉与传统的滴灌相比，可以提高根系的水分利用效率；在不同的分耕交替处理下，土壤水分修正系数值 PRD3>PRD2>PRD1，说明在灌水次数相同时，灌水定额与土壤水分修正系数成正比。在 2017 年全生育期内，K_c 值第二茬>第一茬>第三茬，而在 2018 年全生育期内，第一茬 K_c 值较大，这与作物对水分的吸收利用有很大的关系。

表 3-154　土壤水分修正系数值

年份	茬数	PRD1	PRD2	PRD3	SDI3
2017	第一茬	0.67	0.86	0.92	0.86
	第二茬	0.48	0.81	1.00	0.75
	第三茬	0.34	0.75	1.00	0.57
2018	第一茬	0.64	0.81	0.86	0.69
	第二茬	0.37	0.71	0.71	0.46
	第三茬	0.33	0.66	0.68	0.46
	第四茬	0.33	0.65	0.72	0.52

2. 全生育期实际蒸散发量的计算

根据水量平衡公式可得 2017 年和 2018 年全生育期紫花苜蓿每一茬实际蒸散发量，如表 3-155 所示，在相同的灌溉定额下，传统的地下滴灌（SDI3）与分耕交替灌溉（PRD3）相比，分耕交替灌溉实际蒸散发量小于传统的地下滴灌，水分利用效率更高。在 2017 年全生育期内，实际蒸散发量值第一茬>第二茬>第三茬，是因为作物在第一茬生长期间，气温较高，蒸散发量较大；而在 2018 年作物全生育期内，第一茬>第四茬>第三茬>第二茬，是因为作物在第一茬和第四茬生长中，温度较低，所以其生长周期较长，导致其实际蒸散发量值较大。

表 3-155　实际蒸散发量　　单位：mm

年份	茬数	PRD1	PRD2	PRD3	SDI3
2017	第一茬	169. 92	190. 23	190. 96	202. 34
	第二茬	153. 44	165. 10	143. 51	187. 78
	第三茬	97. 30	106. 43	167. 16	165. 38
2018	第一茬	165. 03	198. 14	292. 07	300. 52
	第二茬	82. 10	114. 56	152. 09	141. 56
	第三茬	100. 73	164. 15	220. 07	189. 45
	第四茬	137. 69	155. 12	213. 20	203. 16

3. 8. 5　部分根区交替滴灌土壤含水量的模拟和预测

利用水量平衡原理模拟了 2017—2018 年水量情况。模拟的数据为每天的土壤含水量，在与实际对比时，选出特定天数的模拟数据与对应的实测数据进行对比。由整个预测结果来看，预测的土壤水分与实测土壤水分基本是吻合的，只是在一些极端天气预测值会有些偏差，这也说明了水量平衡在预测时遇到极端天气时会有误差存在，这也需要以后进一步修正和改进，但预测的整体效果达到了预测的目标。

预测结果表明，在 2017 年模拟结果与实测结果吻合较好，这与年份降水气候蒸发等因素有关。整体来看，2017 年降水适中，2018 年降水比较频繁，但总体上两年在夏季 6—8 月的模拟结果明显偏高，实测结果比模拟结果低。这种差别的原因可能是这段时期降水比较多，加上灌溉导致结果出现一定的误差。具体分析结果如下：2017 年，4 个处理下 SDI3 模拟效果最差，最大相对误差达 21. 70%，PRD1 处理模拟精度最好，最大相对误差 6. 67%，平均相对误差为 1. 49%，精度较高，4 个处理下的均方根误差依次为 PRD1<PRD3<SDI3<PRD2，这也说明了 PRD1 处理的模拟效果好。在 2018 年，PRD3 和 SDI3 这 2 个处理下的模拟效果比其他处理差，PRD1 和 PRD2 的最小绝对误差可以达到零，但相对误差相比较 2017 年的预测效果不佳。说明水量平衡模拟方法并不适用于所有的处理，有一定的条件限制。

经过回归分析得到 2017 年和 2018 年的回归系数,如表 3-156 所示,2017 年回归系数均在 0.8 以上,整体上模拟效果达到了试验预期效果,但只有 PRD1 和 SDI3 处理达到了显著相关的效果,这也是需要进一步改善和提高的。2018 年 PRD1 和 PRD3 回归系数达到 0.8 以上,基本上呈显著相关效果,PRD2 和 SDI3 处理回归系数都为 0.74,这可能与数据资料测取的准确性有关,整体的准确度还需进一步提高。此次模拟工程中很多经验数据的处理虽然取得了一定的效果,模拟的趋势和大体结构符合实际,但在科学严谨要求上还需要进一步提高。

表 3-156　不同年份不同处理下苜蓿土壤含水量模拟结果

年份	处理	最大绝对误差	最小绝对误差	平均绝对误差	最大相对误差	最小相对误差	平均相对误差	均方根误差	回归系数
2017	PRD1	1.29	0.01	0.26	6.67	0.04	1.49	0.35	0.99
	PRD2	1.69	0.01	0.42	7.83	0.02	1.86	1.73	0.86
	PRD3	2.82	0.14	1.35	10.25	0.51	5.02	1.33	0.83
	SDI3	4.36	0.26	2.59	21.70	1.01	12.52	1.34	0.90
2018	PRD1	2.99	0.00	1.54	19.05	0.02	10.01	2.25	0.97
	PRD2	2.97	0.00	1.51	14.18	0.02	7.15	2.24	0.74
	PRD3	4.75	0.14	2.29	22.30	0.67	10.55	1.05	0.89
	SDI3	4.60	0.12	2.16	27.38	0.71	11.99	2.38	0.74

3.8.6　部分根区交替滴灌苜蓿水分循环过程

表 3-157 为在分耕交替灌溉下植被中水分的循环过程。2017 年作物生育期间,降水量为 109.4 mm;在不同的灌溉定额下,灌水量随着水分下限的降低而减少;而且 PDR3 处理下的灌溉定额与传统地下滴灌 SDI3 相同,为 440 mm。土壤含水量的变化量在不同处理下差异显著,且与灌溉定额成正比,随着灌水量的增加,土壤亏缺水量减小;相同的灌溉定额下,PDR3 处理下土壤含水量变化量显著增加,而 SDI3 处理下土壤仍处于亏水状态,表明在相同的灌溉定额下,分耕交替灌溉能有效地保水。实际蒸散发量随着灌溉水量的增加呈现增加趋势,相同的灌溉定额下,PRD3 处理下 ET_a 小于 SDI3 处理下的 ET_a,表明分耕交替灌溉与传统的地下滴灌相比,可以有效地减少实际蒸散发量。2018 年作物生育期期间,由表 3-157 可知,PRD2 处理下作物的土壤含水量变化量的绝对值较小,实际蒸散发量较小;在相同的灌溉定额下,PDR3 处理下作物的实际蒸散发量和土壤含水量相比于 SDI3,要大于传统的地下滴灌,可以预期两种结果之间的差异不仅受灌溉技术、环境因素、生长条件的影响,也受到生长年限的影响。

表 3-157 分耕交替灌溉下植被水分循环过程 单位:mm

年份	处理	I	P	ΔW	ET_a
2017	PRD1	180	109.40	-131.26	420.66
	PRD2	310	109.40	-42.37	461.77
	PRD3	440	109.40	47.77	501.63
	SDI3	440	109.40	-6.10	555.50
2018	PRD1	200	192.20	-93.35	485.55
	PRD2	400	192.20	-39.78	631.98
	PRD3	600	192.20	-85.24	877.44
	SDI3	600	192.20	-42.49	834.69

3.8.7 灌溉制度构建

我国农业用水占总用水量的80%以上,灌溉水利用率不足45%,提高有限水资源的利用率和水分生产率,对抑制农业用水增长具有重要意义。合理的灌溉制度是指导灌区灌溉工作、强化用水管理的依据,它关系着灌区水土资源充分利用与灌溉工程设施效益的发挥。确定作物灌溉制度通常采用以下 3 种方法:一是总水量平衡分析计算确定,根据农田水量平衡原理确定作物灌溉制度,计算方法较多,如 Penman-Monteith 公式等;二是根据灌溉试验制定灌溉制度,开展田间作物灌溉试验研究工作,积累一定灌溉制度、灌水方法、灌溉效益等技术资料,可作为制定作物灌溉制度的依据,但是,在选用试验资料确定灌溉制度时,需注意原试验的条件,不可生搬硬套;三是结合当地群众灌溉经验,群众积累了当地灌溉生产经验,对这些生产经验加以调查分析总结,可以得到符合当地实际、具有实用意义的灌溉制度。

3.8.7.1 水分与产量模拟

1. 指标选取与模型构建

运用回归分析的方法,寻求单一指标最大时的灌水量。以 2017 年和 2018 年紫花苜蓿的总灌水量与总产量数据(见表 3-158)为基础,利用 IBM SPSS statistics 软件对灌水量与紫花苜蓿产量指标进行回归分析,得到其回归方程。

表 3-158 模型摘要和参数估算值

方程	R^2	F	模型摘要			参数估算值		
			自由度 1	自由度 2	显著性	常量	b_1	b_2
线性	0.908	158.550	1	16	0	6 352.810	12.862	
对数	0.921	186.368	1	16	0	-14 451.850	4 386.459	
二次	0.929	98.627	2	15	0	4 549.298	24.033	-0.015
复合	0.876	113.311	1	16	0	7 028.857	1.001	

注:自变量为灌水量,因变量为产量。

首先进行散点图的绘制,观察数据的大致趋势,进而选择合适的模型进行拟合。

观察图 3-179,选择线性、对数、二次、复合函数对其进行拟合。

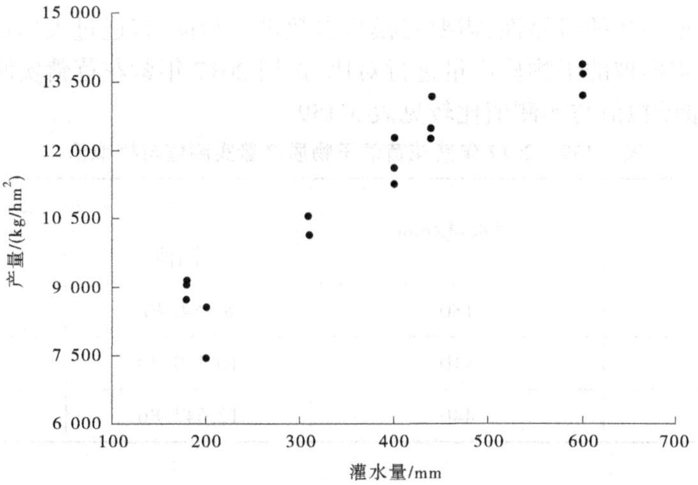

图 3-179　灌水量与产量散点图

通过观察表 3-158 发现,拟合优度最好的为二次方程,然后从对应 sig 值分析发现,它小于显著性水平 0.05,并且从客观规律出发,选择二次方程模拟为最佳。

为了定量研究紫花苜蓿产量与灌水量之间的关系,对不同灌水量与产量之间的关系做了回归分析,得出如下的一元二次方程:

$$Y = -0.0147x^2 + 24.03x + 4549.30 \tag{3-78}$$

式中:x 为灌水量,mm;Y 为紫花苜蓿的产量,kg/hm^2。

通过图 3-180 可以发现,紫花苜蓿的干物质产量随着灌水量的增加,先增大后减小。在灌水量为 816.96 mm 时有最大产量,为 14 366.55 kg/hm^2。

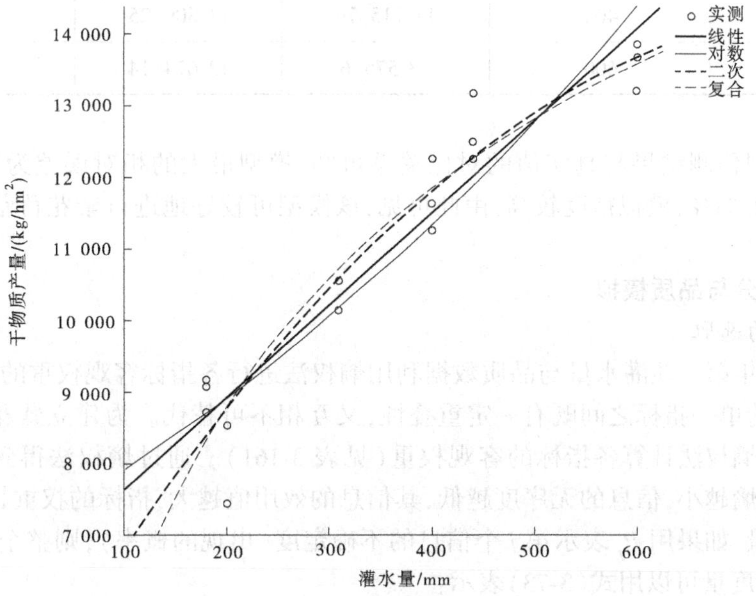

图 3-180　灌水量与产量模拟

2. 模型率定

为了检验模型参数的可靠性,需要对模型参数进行验证,将通过大田试验实测的干物质产量与回归方程模拟的干物质产量进行对比,选用 2017 年紫花苜蓿实测资料进行参数率定,干物质产量模拟值与实测值比较见表 3-159。

表 3-159 2017 年紫花苜蓿干物质产量实测值与模拟值

处理	灌水量/mm	干物质产量/(kg/hm²)	
		实测值	模拟值
PRD1	180	8 984.40	8 398.75
PRD2	310	10 410.40	10 586.14
PRD3	440	12 647.86	12 276.36

2017 年紫花苜蓿各灌水处理下的干物质产量均达到比较理想的结果,证明取得的数据较为精确可靠,因此这些参数可以用于评价灌水量与干物质产量之间的关系。

3. 模型评价与预测

将 2018 年紫花苜蓿灌水量与干物质产量数据(见表 3-160)代入回归方程(3-78)进行检验,得到的预测值及其相对误差见表 3-160。

表 3-160 2018 年紫花苜蓿干物质产量实测值与预测值

处理	灌水量/mm	干物质产量/(kg/hm²)		相对误差/%
		实测值	预测值	
PRD1	200	8 178.27	8 767.63	7.21
PRD2	400	11 715.74	11 809.25	0.80
PRD3	600	13 575.6	13 674.14	0.73

由其模型预测结果与真实值的对比关系可知,模型最大的相对误差为 7.21%,平均相对误差为 2.91%,模拟精度较高,由此可见,该模型可较好地进行紫花苜蓿干物质产量的预测。

3.8.7.2 水分与品质模拟

1. 指标的选取

以 2018 年第一茬灌水量与品质数据利用熵权法进行各指标客观权重的分析,紫花苜蓿营养品质的单一指标之间既有一定重叠性,又互相不可替代。为建立紫花苜蓿综合品质指标,采用熵权法计算各指标的客观权重(见表 3-161)。通过熵权法得到各个指标的信息熵,信息熵越小,信息的无序度越低,其信息的效用值越大,指标的权重越大。熵是不确定性的度量,如果用 P_j 表示第 j 个信息的不确定度(出现的概率),则整个信息(设有 n 个)的不确定度量可以用式(3-73)表示:

表 3-161　熵权法确定的紫花苜蓿单一品质指标权重

指标	粗蛋白含量/%	酸性洗涤纤维含量/%	中性洗涤纤维含量/%
权重	55.3	35.3	9.4

$$S = -K\sum_{j=1}^{n} P_j \ln P_j \tag{3-79}$$

这就是熵。其中,K 为正常数,当各个信息发生的概率相等时,即 $P_j = 1/n$,S 取值最大,此时熵最大。

可利用熵信息的概念确定权重,假设多属性决策矩阵如下:

$$M = \begin{matrix} A_1 \\ A_2 \\ \vdots \\ A_3 \end{matrix}\begin{bmatrix} x_{11} & x_{12} & \cdots & x_{1n} \\ x_{21} & x_{22} & \cdots & x_{2n} \\ \vdots & \vdots & & \vdots \\ x_{m1} & x_{m2} & \cdots & x_{mn} \end{bmatrix}$$

则用

$$P_{ij} = \frac{x_{ij}}{\sum_{i=1}^{m} x_{ij}} \tag{3-80}$$

表示第 j 个属性下第 i 个方案 A_i 的贡献度。

可以用 E_j 来表示所有方案对属性 X_j 的贡献总量:

$$E_j = -K\sum_{i=1}^{m} P_{ij} \ln P_{ij} \tag{3-81}$$

其中,常数 $K=1/\ln m$,这样就能保证 $0 \leqslant E_j \leqslant 1$,即 E_j 最大为 1。

由式(3-81)中可以看出,当某个属性下各方案的贡献度趋于一致时,E 趋于 1;特别是当全相等时,也就可以不考虑该目标的属性在决策中的作用,也即此时属性的权重为 0。这样,可以看出属性值由所有方案差异大小来决定权系数的大小。为此可定义 D_j 为第 j 个属性下个方案贡献度的一致性程度。

$$D_j = 1 - E_j \tag{3-82}$$

结果表明,紫花苜蓿单一品质指标对不同灌水处理的敏感度排序为粗蛋白含量>酸性洗涤纤维含量>中性洗涤纤维含量,因此将粗蛋白含量作为评价紫花苜蓿品质的重要指标。

2. Matlab 神经网络预测模型

1) 指标选取与模型构建

以 2018 年第一茬、第二茬、第三茬和 2018 年总的紫花苜蓿灌水量与粗蛋白含量数据进行训练(共 4 个水分处理,3 个重复,用于训练的样本为 36 个),见表 3-162。训练算法选用 Levenberg-Marquardt algorithm 方法,它能提供数非线性最小化(局部最小)的数值解。此算法能借由执行时修改参数达到结合高斯-牛顿算法以及梯度下降法的优点,并对两者不足做改善。

表 3-162 2018 年紫花苜蓿灌水量与品质指标

茬次	处理	灌水量/mm	粗蛋白含量/%
第一茬	PRD1	80	19.22
	PRD2	160	17.68
	PRD3	240	18.89
第二茬	PRD1	40	19.68
	PRD2	80	17.11
	PRD3	120	18.47
第三茬	PRD1	40	22.57
	PRD2	80	19.69
	PRD3	120	20.38
第四茬	PRD1	40	19.38
	PRD2	80	18.73
	PRD3	120	18.83

图 3-181 中的输入层为 1,隐含层神经元个数为 10 个,输出层为 1。Matlab 神经网络预测,样本分为训练集、验证集和测试集,本次模拟以 70%样本为训练集、15%样本为验证集、15%样本为测试集,见表 3-163。

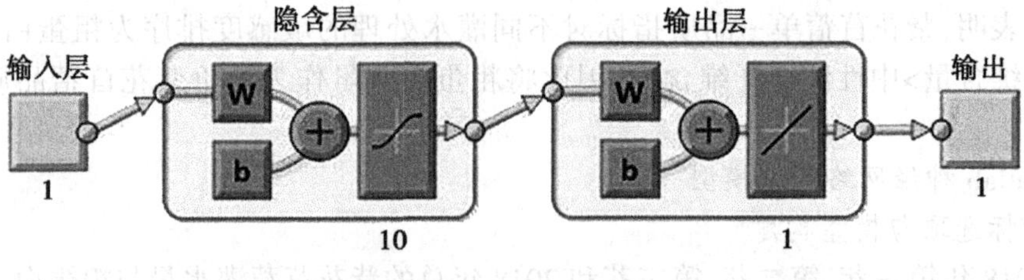

图 3-181 神经网络结构

表 3-163　训练结果

结果	样本数	*MSE*	*R*
训练集	26	1.214 00	0.663 458
验证集	5	0.781 78	0.862 225
测试集	5	4.625 44	0.612 183

1 个 epoch 等于使用训练集中的全部样本训练一次,每训练一次,神经网络的参数经过调整。*MSE* 为均方误差,*MSE* = *SSE*/*n*(*SSE* 为残差平方和)。从图 3-182 可以看出,经过 9 次迭代,验证组的 *MSE* 达到最小,最优的验证组的 *MSE* 为 0.781 78,在 3 epoch 出现,但随着网络开始过度拟合训练数据,验证数据集的误差可能会增大,所以最佳模型对应于最小的 *MSE*。

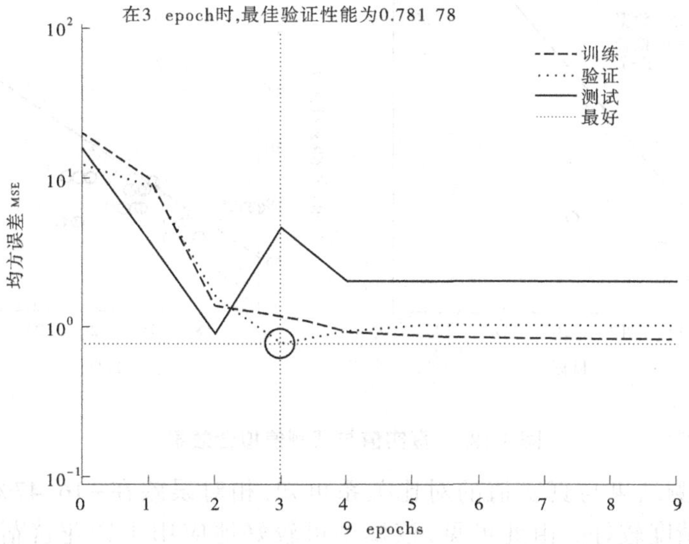

图 3-182　训练数据的梯度和均方误差之间的关系

2)模型率定

为了检验 Matlab 神经网络模型参数的可靠性,需对模型参数进行验证,将通过室内试验实测的粗蛋白含量数据与 Matlab 神经网络模型模拟的粗蛋白含量数据进行对比。

图 3-183 反映了真实值与训练集、验证集、测试集和总的值的输出值之间的拟合情况,*R* 为拟合优度,*R* 越接近于 1,说明拟合效果越好。证明取得的数据较为精确可靠,因此模型参数可以用于评价和优化灌水量与品质之间的关系。

3)模型评价与预测

以 2017 年总和对 2018 年第四茬的数据进行预测,利用 Matlab 中的 sim 函数预测得到其预测值。

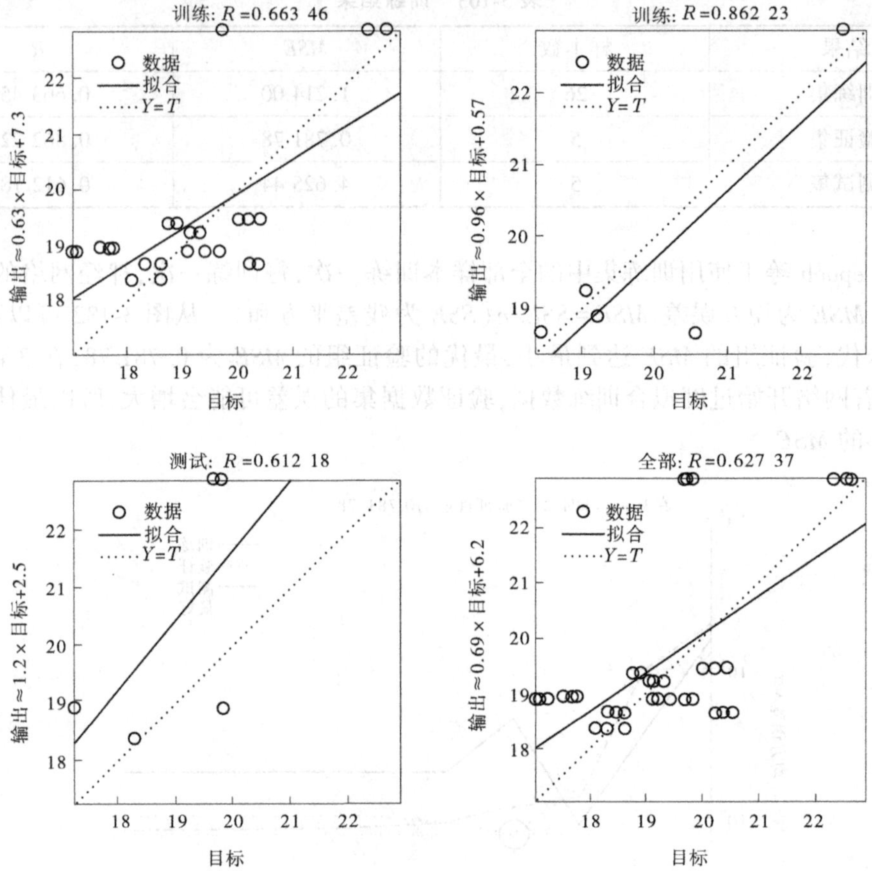

图 3-183　真实值与预测值拟合效果

由其模型预测结果与真实值的对比关系可知，相对误差在-16.47%～18.03%（见表 3-164），模拟精度较好。由此可见，该模型可较好地应用于紫花苜蓿粗蛋白含量的预测。

表 3-164　预测结果与真实值比较

茬次	处理	粗蛋白含量/%		相对误差/%
		真实值	预测值	
2017 年总和	PRD1	19.38	22.87	18.03
	PRD2	18.73	18.89	0.85
	PRD3	18.83	18.65	-0.97
2018 年第四茬	PRD1	23.00	19.36	-15.81
	PRD2	20.99	20.81	-0.85
	PRD3	21.87	18.27	-16.47

3.8.7.3　人工牧草灌溉制度的优化

为了得到合理的灌溉制度，用 IDL（Interactive Data Language）编程语言对紫花苜蓿进行灌溉制度优化，使作物产量下降最小，灌水效率最高。通过应用 IDL 编程语言，对紫花苜蓿全生育期的土壤水分消耗过程进行模拟。

编程过程以水量平衡原理为基础，采用的水量平衡方程为

$$W_j = W_{j-1} + P_{j-1} - ET_{j-1} \tag{7-83}$$

式中：W_j 为第 j 天土壤有效贮水量，mm；W_{j-1} 为第 $j-1$ 天土壤有效贮水量，mm；P_{j-1} 为第 $j-1$ 天的有效降水量，mm；ET_{j-1} 为第 $j-1$ 天实际作物蒸发蒸腾量，mm。

在试验现场，由于地下水位超过 25 m，地下水贡献可忽略不计，深层渗流量为 0。

1. 所需数据

（1）作物数据：作物生育期划分、计划湿润层深度。

（2）气象数据：参考作物蒸发蒸腾量、有效降水量、实际作物蒸发蒸腾量。

（3）土壤数据：田间持水量、初始土壤含水量、土壤分层情况。

（4）灌水资料：灌水方案的选择及供水限制。

2. 降水典型年的选择

对 1951—2020 年的年降水量系列资料进行排频计算，利用皮尔逊Ⅲ型曲线进行配线，得到各个频率情况下的年降水量值（见图 3-184）。因武威市石羊河属于温带大陆性干旱气候，所以取 $P=75\%$ 所对应的降水量作为枯水年的设计值，然后选择 1975 年的降水量作为代表年降水资料（因为其最接近设计值且年内分配最不利）。

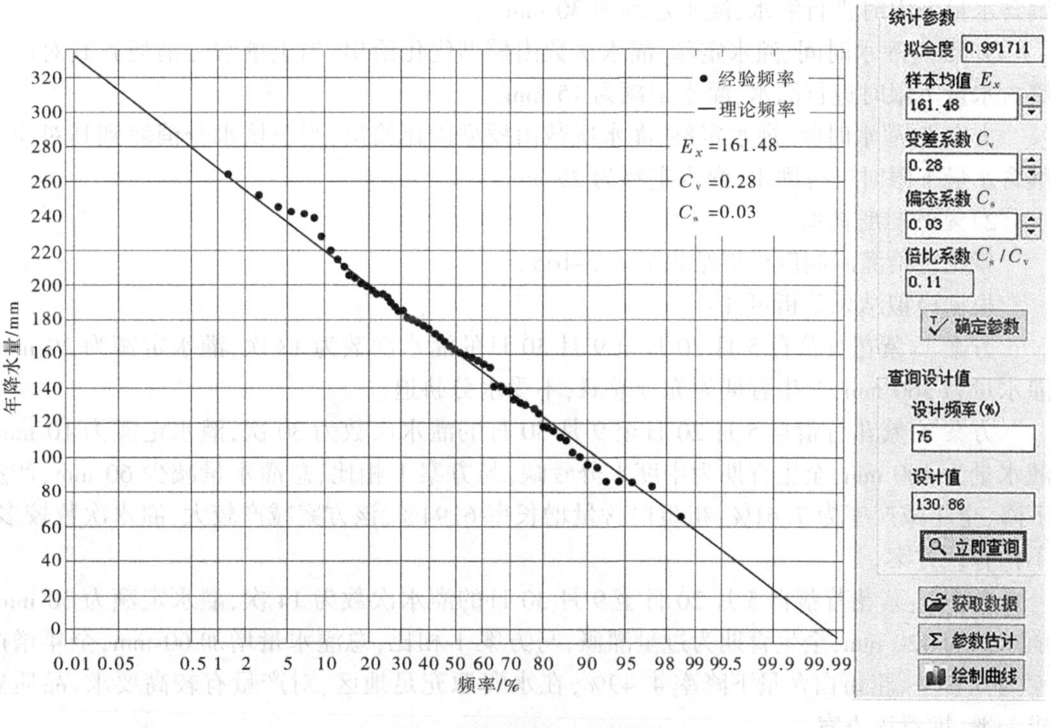

图 3-184　年降水量频率曲线拟合

3. 模拟数据的选取

选取2017年紫花苜蓿实际蒸发蒸腾量、土壤含水量进行模拟。

4. 灌溉制度的优化

1) 紫花苜蓿灌溉制度方案设计

灌水时间、灌水定额、灌水次数由模型优化给出,见表3-165。

表3-165　紫花苜蓿灌溉制度方案设计

方案设计	灌水时间	灌水次数	灌水定额
方案1	优化	优化	均为20 mm
方案2	优化	优化	均为10 mm
方案3	优化	优化	均为30 mm
方案4	优化	优化	均为15 mm
方案5	优化	优化	均为25 mm

方案1:灌水时间、灌水定额、灌水次数由模型优化给出,当土壤水分消耗到其对应土壤含水量下限时进行灌水,灌水定额为20 mm。

方案2:灌水时间、灌水定额、灌水次数由模型优化给出,当土壤水分消耗到其对应土壤含水量下限时进行灌水,灌水定额为10 mm。

方案3:灌水时间、灌水定额、灌水次数由模型优化给出,当土壤水分消耗到其对应土壤含水量下限时进行灌水,灌水定额为30 mm。

方案4:灌水时间、灌水定额、灌水次数由模型优化给出,当土壤水分消耗到其对应土壤含水量下限时进行灌水,灌水定额为15 mm。

方案5:灌水时间、灌水定额、灌水次数由模型优化给出,当土壤水分消耗到其对应土壤含水量下限时进行灌水,灌水定额为25 mm。

2) 灌溉制度模拟

紫花苜蓿灌溉制度模拟结果见表3-166。

根据模拟结果分析可知:

方案1:紫花苜蓿自5月20日至9月30日的灌水次数为18次,灌水定额为20 mm,灌水量为360 mm,全生育期为充分灌溉,不受水分胁迫。

方案2:紫花苜蓿自5月20日至9月30日的灌水次数为30次,灌水定额为10 mm,灌水量为300 mm,全生育期为中度水分亏缺,与方案1相比,总灌水量减少60 mm,产量下降,全年减产率为7.61%,粗蛋白含量增长率6.94%,该方案减产较大,灌水次数较多,不推荐该方案。

方案3:紫花苜蓿自5月20日至9月30日的灌水次数为14次,灌水定额为30 mm,灌水量为420 mm,全生育期为过量灌溉,与方案1相比,总灌水量增加60 mm,全年增产率为6.67%,粗蛋白含量下降率4.49%,在水资源充足地区,对产量有较高要求,品质要求一般,推荐该方案。

方案4:紫花苜蓿自5月20日至9月30日的灌水次数为22次,灌水定额为15 mm,

灌水量为 330 mm，全生育期为轻度水分亏缺，与方案 1 相比，总灌水量减少 30 mm，产量下降，全年减产率 3.69%，粗蛋白含量增长率 8.53%，该方案适合于水资源紧缺、允许一定减产、对牧草品质要求较高的地区。

方案 5：紫花苜蓿自 5 月 20 日至 9 月 30 日的灌水次数为 16 次，灌水定额为 25 mm，灌水量为 400 mm，与方案 1 相比，总灌水量增加 40 mm，产量增加，全年增产率 4.55%，粗蛋白含量下降率 4.22%，该方案相比于方案 3 增产较低，在水资源充分地区更推荐方案 3。

表 3-166　紫花苜蓿灌溉制度模拟结果

方案	灌水定额(mm)/灌水日期(月-日)										灌水量/mm	渗漏量/mm	灌水效率/%	产量下降率/%	粗蛋白含量增长率/%
方案1	1	2	3	4	5	6	7	8	9	10	360	0	100	0	0
	20	20	20	20	20	20	20	20	20	20					
	05-20	05-25	05-29	06-05	06-12	06-18	06-24	06-29	07-08	07-15					
	11	12	13	14	15	16	17	18							
	20	20	20	20	20	20	20	20							
	07-18	07-22	07-30	08-03	08-08	08-13	08-17	09-14							
方案2	1	2	3	4	5	6	7	8	9	10	300	0	100	-7.61	6.94
	10	10	10	10	10	10	10	10	10	10					
	05-20	05-23	05-25	05-27	05-29	06-01	06-06	06-11	06-15	06-19					
	11	12	13	14	15	16	17	18	19	20					
	10	10	10	10	10	10	10	10	10	10					
	06-23	06-26	06-29	07-05	07-10	07-14	07-17	07-19	07-21	07-27					
	21	22	23	24	25	26	27	28	29	30					
	10	10	10	10	10	10	10	10	10	10					
	07-30	08-01	08-04	08-06	08-10	08-13	08-15	08-17	08-20	09-29					
方案3	1	2	3	4	5	6	7	8	9	10	420	0	100	6.67	-4.49
	30	30	30	30	30	30	30	30	30	30					
	05-20	05-26	06-02	06-13	06-22	06-29	07-12	07-19	07-30	08-06					
	11	12	13	14											
	30	30	30	30											
	08-14	08-22	09-13	09-28											

续表 3-166

方案	灌水定额(mm)/灌水日期(月-日)										灌水量/mm	渗漏量/mm	灌水效率/%	产量下降率/%	粗蛋白含量增长率/%
方案4	1	2	3	4	5	6	7	8	9	10	330	0	100	-3.69	8.53
	15	15	15	15	15	15	15	15	15	15					
	05-20	05-24	05-27	05-31	06-07	06-12	06-17	06-22	06-26	07-03					
	11	12	13	14	15	16	17	18	19	20					
	15	15	15	15	15	15	15	15	15	15					
	07-09	07-14	07-17	07-20	07-28	07-31	08-04	08-08	08-12	08-15					
	21	22													
	15	15													
	08-19	09-29													
方案5	1	2	3	4	5	6	7	8	9	10	400	0	100	4.55	-4.22
	25	25	25	25	25	25	25	25	25	25					
	05-20	05-25	05-30	06-08	06-16	06-24	07-03	07-12	07-18	07-25					
	11	12	13	14	15	16									
	25	25	25	25	25	25									
	08-01	08-07	08-13	08-18	09-11	09-29									

3)灌溉制度方案优选

根据对紫花苜蓿灌溉制度方案模拟结果中灌水量、灌水次数、灌水效率、产量下降率、粗蛋白含量增长率等方面的分析,得出适宜当地的紫花苜蓿的灌溉制度为方案 3、方案 4,见表 3-167。

表 3-167　紫花苜蓿全年灌溉制度

方案	灌水次序	春灌	1	2	3	4	5	6	7	8	9
方案3	灌水定额/mm	70	30	30	30	30	30	30	30	30	30
	灌水日期（月-日）	—	05-20	05-26	06-02	06-13	06-22	06-29	07-12	07-19	07-30
	灌水次序	10	11	12	13	14	冬灌				
	灌水定额/mm	30	30	30	30	30	70				
	灌水日期（月-日）	08-06	08-14	08-22	09-13	09-28	—				
	灌溉定额/mm	560									
方案4	灌水次序	春灌	1	2	3	4	5	6	7	8	9
	灌水定额/mm	70	15	15	15	15	15	15	15	15	15
	灌水日期（月-日）	—	05-20	05-24	05-27	05-31	06-07	06-12	06-17	06-22	06-26
	灌水次序	11	12	13	14	15	16	17	18	19	20
	灌水定额/mm	15	15	15	15	15	15	15	15	15	15
	灌水日期（月-日）	07-09	07-14	07-17	07-20	07-28	07-31	08-04	08-08	08-12	08-15
	灌水次序	10	21	22	冬灌						
	灌水定额/mm	15	15	15	70						
	灌水日期（月-日）	07-03	08-19	09-29	—						
	灌水定额/mm	470									

方案 3：该方案适合于水资源充足、且追求高产量、品质要求一般的地区。

方案 4：该方案适合于水资源紧缺、允许一定减产、品质有较高要求的地区。

综合各影响因素，本试验武威地区首选方案 4。

第 4 章　内陆干旱草原区植被群落灌溉模式和灌溉制度优化研究

4.1　固定式喷灌植被群落氮素循环过程研究

4.1.1　试验目的、试验设计和指标测定

4.1.1.1　试验目的

水肥是限制牧草生长的主要因子。在农业生态系统中,水肥资源的不合理利用不仅造成资源浪费,而且严重威胁环境。因此,调节水分和肥料,使之处于合理的范围,以求达到"以水促肥、以肥调水"的目的,对节约资源和保护生态环境具有重要的现实意义。本章研究西北内陆干旱草原区人工草地水肥效应对土壤中铵态氮和硝态氮的含量与分布的影响,水肥效应对牧草氮、磷、钾养分吸收利用的影响,目的在于找出有利于牧草养分累积和提高土壤养分含量的水肥组合,为阐明植物对环境变化的适应能力及生态策略提供理论依据。

4.1.1.2　试验设计

试验设置种植模式、水分调控及施氮量 3 个因素,其中种植模式为 1 种单播(无芒雀麦,P1,播种量为 30 kg/hm^2)和 1 种混播(无芒雀麦+清水紫花苜蓿,P2,播种比例 1:1,播种量为 15 kg/hm^2),记为 F1 和 F2,以单播为对照。水分调控设置 7 种模式,分别在拔节期和抽穗期设低、中、高 3 种灌水下限(土壤体积含水量占田间持水量 FC 的百分比,计划湿润层深度为 60 cm,当计划湿润层含水量达到下限时开始灌水,上限为 85%田间持水量,单播和混播的灌水下限相同),以全生育期充分灌水为对照,即充分灌溉 CK(拔节期和抽穗期灌水下限均为 75%FC)、A1(拔节期灌水下限为 45%FC,抽穗期灌水下限为 75%FC)、A2(拔节期灌水下限为 55%FC,抽穗期灌水下限为 75%FC)、A3(拔节期灌水下限为 65%FC,抽穗期灌水下限为 75%FC)、A4(拔节期灌水下限为 45%FC,抽穗期灌水下限为 45%FC)、A5(拔节期灌水下限为 55%FC,抽穗期灌水下限为 55%FC)和 A6(拔节期灌水下限为 65%FC,抽穗期灌水下限为 65%FC)。施氮(纯氮,尿素)量设置 4 种水平,即无氮(0 kg/hm^2)、低氮(40 kg/hm^2)、中氮(80 kg/hm^2)和高氮(120 kg/hm^2),分别记为 N0、N1、N2 和 N3,在第一、第二和第三茬间的比例为 5:3:2。试验采取完全随机处理,共 56 个处理(具体试验处理设计见表 4-1),每个处理设 3 个重复,合计 168 个小区,小区面积为 5 m×5 m,小区间设 1 m 宽隔离行。试验采用喷灌,喷头喷射半径为 2~4 m,布设于小区正中心。无芒雀麦和紫花苜蓿于 2018 年 5 月 8 日播种,人工条播,播深 2 cm,行距 30 cm。试验期间,各处理除草、施肥、病虫害防治等与当地常规管理保持一致。

表 4-1 试验处理设计

处理序号	种植模式	施氮水平	水分调控
1	无芒雀麦单播	0 kg/hm^2	CK
2			A1
3			A2
4			A3
5			A4
6			A5
7			A6
8		40 kg/hm^2	CK
9			A1
10			A2
11			A3
12			A4
13			A5
14			A6
15		80 kg/hm^2	CK
16			A1
17			A2
18			A3
19			A4
20			A5
21			A6
22		120 kg/hm^2	CK
23			A1
24			A2
25			A3
26			A4
27			A5
28			A6

续表 4-1

处理序号	种植模式	施氮水平	水分调控
29	无芒雀麦与清水紫花苜蓿混播	0 kg/hm^2	CK
30			A1
31			A2
32			A3
33			A4
34			A5
35			A6
36		40 kg/hm^2	CK
37			A1
38			A2
39			A3
40			A4
41			A5
42			A6
43		80 kg/hm^2	CK
44			A1
45			A2
46			A3
47			A4
48			A5
49			A6
50		120 kg/hm^2	CK
51			A1
52			A2
53			A3
54			A4
55			A5
56			A6

4.1.1.3　指标测定

(1)土壤铵态氮与硝态氮含量的测定：采用 2 mol/L 的 KCl 浸提-分光光度法测量土壤铵态氮与硝态氮含量。

(2)牧草氮、磷、钾含量测定：于不同生育时期采集牧草样品，用 H_2SO_4-H_2O_2 消煮，采用凯氏定氮法测全氮含量，采用钒钼黄吸光光度法测全磷含量，采用火焰光度计法测全钾含量。

4.1.2　土壤铵态氮分布与运移

4.1.2.1　第一茬土壤铵态氮含量

图 4-1 为 2020 年不同水氮供应模式下第一茬牧草平均土壤铵态氮含量。首先比较

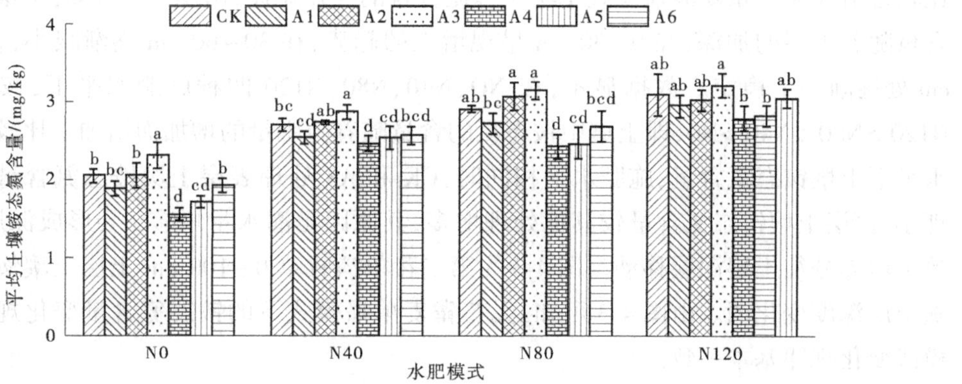

(a)苜蓿和无芒雀麦混播

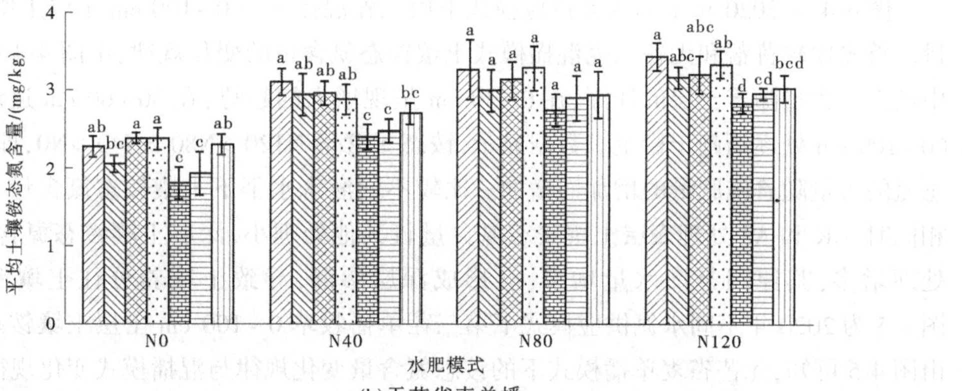

(b)无芒雀麦单播

注：小写字母表示同一施肥模式不同处理在 0.05 水平显著。N0、N40、N80、N120 分别为无肥、低肥、中肥和高肥。CK、A1、A2、A3、A4、A5、A6 分别为全生育期充分灌溉、拔节期重亏、拔节期中亏、拔节期轻亏、拔节期和初花期重亏、拔节期和初花期中亏与拔节期和初花期轻亏，下同。

图 4-1　2020 年不同水氮供应模式下第一茬牧草平均土壤铵态氮含量

苜蓿和无芒雀麦混播模式土壤平均铵态氮含量,4 个施肥水平土壤平均铵态氮含量 N120>N80>N40>N0,N40 与 N80、N80 与 N120 之间差异不显著,而 N0 与 N40、N80、N120 之间存在显著差异，相较于 N0，N40、N80、N120 三种施肥水平分别显著提高土壤累积铵态氮含量 36.6%、43.9%和 55.2%。比较不同灌水水平下土壤平均铵态氮含量,数据显示,施肥水平相同时，随着灌水量的增加，土壤中的铵态氮含量有增加的趋势,但 CK 灌水水平下，土壤平均铵态氮含量较 A3、A2 灌水水平下低，其原因是充分灌溉会造成土壤养分淋失和深层渗漏。单播无芒雀麦模式下,其土壤平均铵态氮含量的规律与混播模式一致，相较于 N0,N40、N80、N120 三种施肥水平分别显著提高土壤累积铵态氮含量 28.7%、40.4%和 45.0%,单播模式下土壤平均铵态氮累积量比混播模式高 1.01~1.84 mg/kg。

4.1.2.2　第二茬土壤铵态氮含量

图 4-2 为第二茬混播牧草 0~100 cm 土层土壤铵态氮含量随土层深度变化图。首先比较苜蓿和无芒雀麦混播模式土壤铵态氮含量的变化规律,由图 4-2 可知,土壤中铵态氮含量随着土层的加深,在 0~30 cm 呈现增大的趋势,在 30~60 cm 逐渐减小,在 60~100 cm 处逐渐趋于稳定。数据显示,在 N0、N40、N80、N120 四种施肥水平下,铵态氮含量 N120 >N80 >N40 >N0,即土壤中铵态氮的含量随着施肥量的增加而增加。比较不同灌水水平下土壤铵态氮含量,施肥水平相同时,CK 和 A3 处理表层土壤铵态氮含量较其他处理小,深层土壤铵态氮含量较其他处理增多,其原因是灌水量增多，会形成深层渗漏,导致土壤养分往土壤深层移动。图 4-3 为第二茬单播牧草 0~100 cm 土层土壤铵态氮含量随土层深度变化图。由图 4-3 可知,无芒雀麦单播模式下的铵态氮含量变化规律与混播模式变化规律基本一致。

4.1.2.3　第三茬土壤铵态氮含量

图 4-4 为 2020 年不同水氮供应模式下第三茬混播牧草 0~100 cm 土层土壤铵态氮含量。首先比较苜蓿和无芒雀麦混播模式土壤铵态氮含量的变化规律,由图 4-4 可知,土壤中铵态氮含量随着土层的加深,在 0~30 cm 呈现增大的趋势,在 30~60 cm 逐渐减小,在 60~100 cm 处逐渐趋于稳定。数据显示,铵态氮含量 N120 >N80 >N40 >N0,即土壤中铵态氮的含量随着施肥量的增加而增加。比较不同灌水水平下土壤铵态氮含量,施肥水平相同时,CK 和 A3 处理表层土壤铵态氮含量较其他处理小,深层土壤铵态氮含量较其他处理增多,其原因是灌水量增多,会形成深层渗漏,导致土壤养分往土壤深层移动。图 4-5 为 2020 年不同水氮供应模式下第三茬单播牧草 0~100 cm 土层土壤铵态氮含量。由图 4-5 可知,无芒雀麦单播模式下的铵态氮含量变化规律与混播模式变化规律一致。

相较于第二茬,第三茬土壤铵态氮含量有所减少,苜蓿与无芒雀麦混播时,N0、N40、N80 和 N120 处理累积铵态氮含量分别减少了 25.7%、35.6%、33.1%和 42.1%。无芒雀麦单播时,N0、N40、N80 和 N120 处理累积铵态氮含量分别减少了 14.9%、26.9%、34.1%和 47.1%。

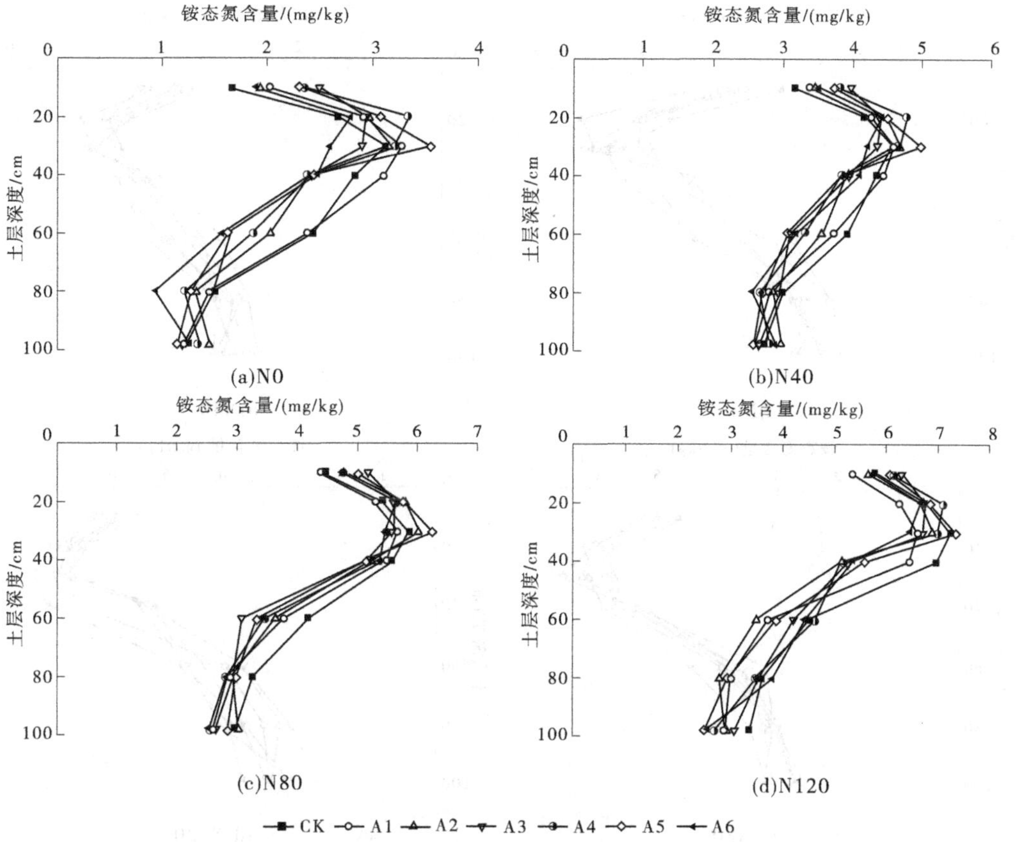

图 4-2　2020 年不同水氮供应模式下第二茬混播牧草 0~100 cm 土层土壤铵态氮含量

4.1.3　土壤硝态氮分布与运移

4.1.3.1　第一茬土壤硝态氮含量

图 4-6 为 2020 年不同水氮供应模式下第一茬牧草平均土壤硝态氮含量。首先比较苜蓿和无芒雀麦混播模式土壤平均硝态氮含量,数据显示,土壤平均硝态氮含量 N120>N80 >N40>N0,N40 与 N80、N80 与 N120 之间差异不显著,而 N0 与 N40、N80 和 N120 之间存在显著差异,相较于 N0,N40、N80 和 N120 三种施肥水平分别显著提高土壤累积硝态氮含量 12.8%、20.4%和 31.7%。比较不同灌水水平下土壤平均硝态氮含量,数据显示,施肥水平相同时,随着灌水量的增加,土壤中的硝态氮含量有增加的趋势,但 CK 灌水水平下,土壤平均硝态氮含量较 A3、A2 灌水水平下低,其原因是充分灌溉会造成土壤养分淋失和深层渗漏。单播无芒雀麦模式下,其土壤平均硝态氮含量的规律与混播模式一致,相较于 N0、N40、N80 和 N120 三种施肥水平分别显著提高土壤累积硝态氮含量 16.8%、26.4%和 36.3%,单播模式下土壤平均硝态氮累积量比混播模式高 0.34~1.27 mg/kg。

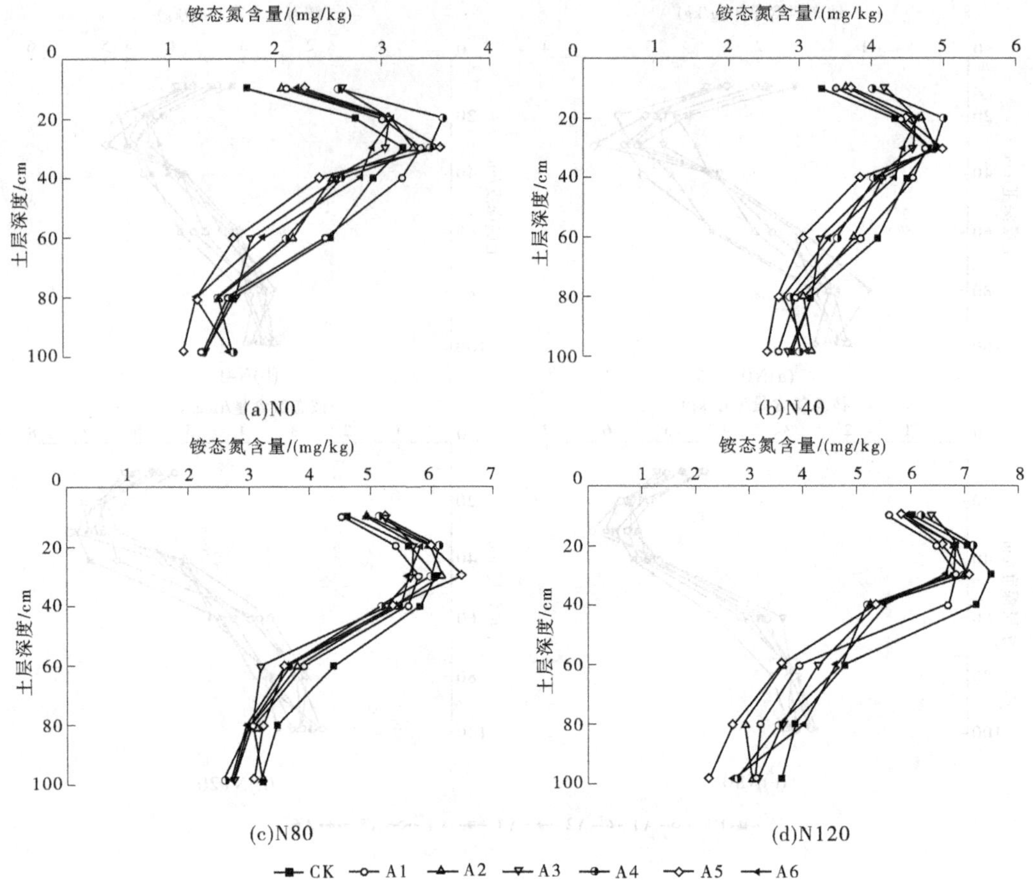

图 4-3　2020 年不同水氮供应模式下第二茬单播牧草 0~100 cm 土层土壤铵态氮含量

4.1.3.2　第二茬土壤硝态氮含量

图 4-7 为 2020 年不同水氮供应模式下第二茬混播牧草 0~100 cm 土层土壤硝态氮含量。首先比较苜蓿和无芒雀麦混播模式土壤硝态氮含量的变化规律,由图 4-7 可知,土壤中硝态氮含量随着土层的加深,在 0~30 cm 呈现增大的趋势,在 30~60 cm 逐渐减小,60~100 cm 处逐渐趋于稳定。数据显示,硝态氮含量 N120 >N80 >N40 >N0,即土壤中硝态氮的含量随着施肥量的增加而增加。比较不同灌水水平下土壤硝态氮含量,施肥水平相同时,CK 和 A3 处理表层土壤硝态氮含量较其他处理小,深层土壤硝态氮含量较其他处理增多,其原因是灌水量增多,会形成深层渗漏,导致土壤养分往土壤深层移动。图 4-8 为 2020 年不同水氮供应模式下第二茬单播牧草 0~100 cm 土层土壤硝态氮含量变化图。由图 4-8 可知,无芒雀麦单播模式下的硝态氮含量变化规律与混播模式变化规律一致。

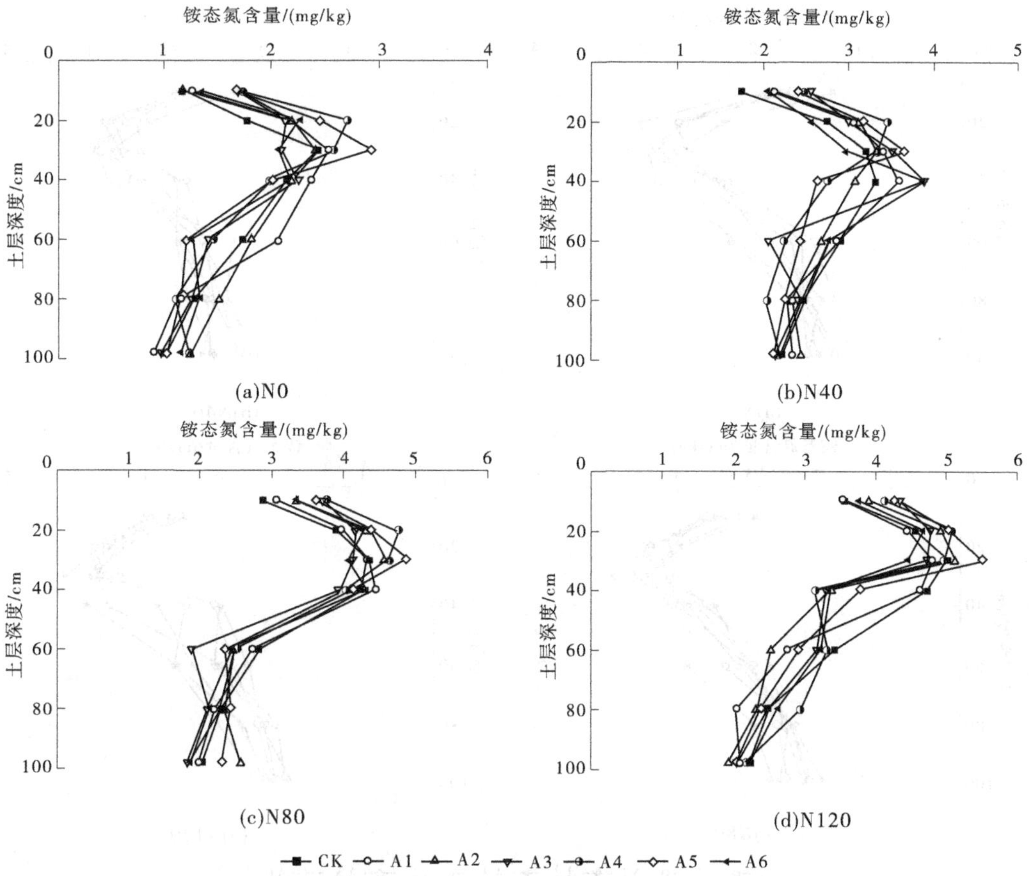

图 4-4　2020 年不同水氮供应模式下第三茬混播牧草 0~100 cm 土层土壤铵态氮含量

图 4-9 为 2020 年不同水氮供应模式下第三茬混播牧草 0~100 cm 土层土壤硝态氮含量。首先比较苜蓿和无芒雀麦混播模式土壤硝态氮含量的变化规律。由图 4-9 可知,土壤中硝态氮含量随着土层的加深,在 0~30 cm 呈现增大的趋势,在 30~60 cm 逐渐减小,60~100 cm 处逐渐趋于稳定。数据显示,硝态氮含量 N120 >N80 >N40 >N0,即土壤中硝态氮的含量随着施肥量的增加而增加。比较不同灌水水平下土壤硝态氮含量,施肥水平相同时,CK 和 A3 处理表层土壤硝态氮含量较其他处理小,深层土壤硝态氮含量较其他处理增多,其原因是灌水量增多,会形成深层渗漏,导致土壤养分往土壤深层移动。图 4-10 为 2020 年不同水氮供应模式下第三茬单播牧草 0~100 cm 土层土壤硝态氮含量。由图 4-10 可知,无芒雀麦单播模式下的硝态氮变化规律与混播模式变化规律一致。

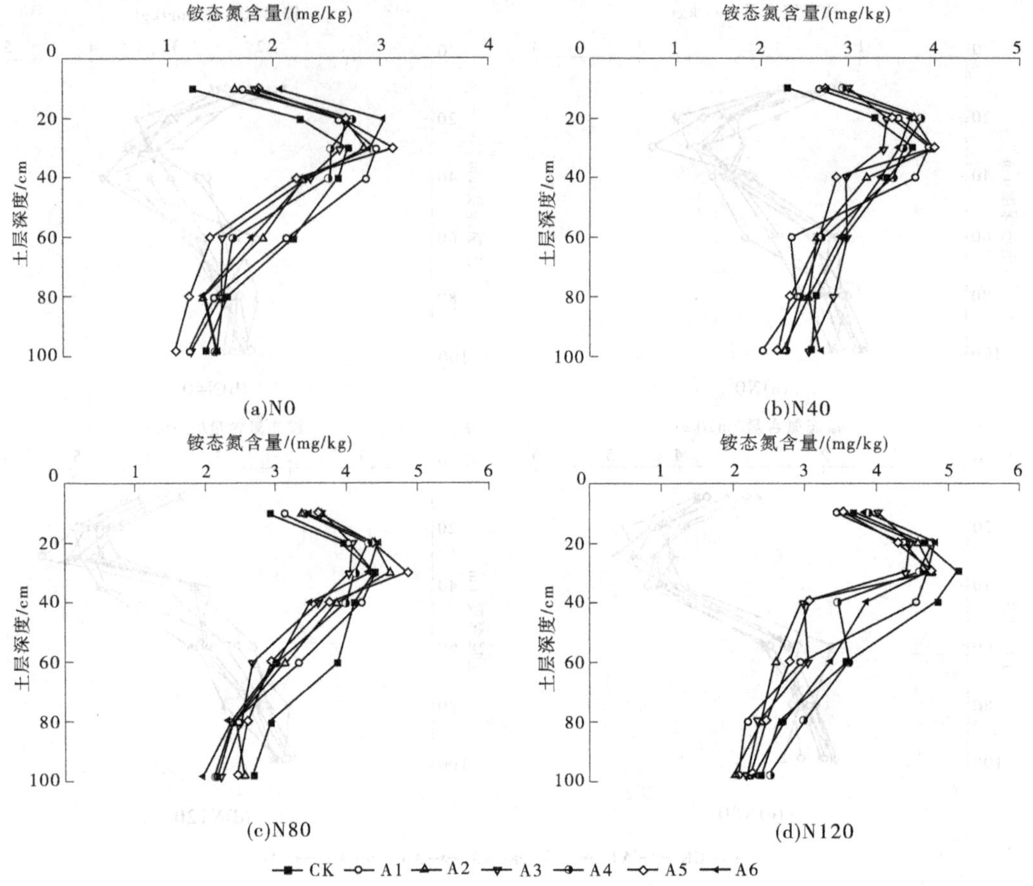

图 4-5　2020 年不同水氮供应模式下第三茬单播牧草 0~100 cm 土层土壤铵态氮含量

相较于第二茬,第三茬土壤硝态氮含量有所减少,苜蓿与无芒雀麦混播时,N0、N40、N80 和 N120 处理累积硝态氮含量分别减少了 18.4%、35.2%、46.8%和 50.1%。无芒雀麦单播时,N0、N40、N80 和 N120 处理累积硝态氮含量分别减少了 17.4%、40.3%、49.8%和 52.3%。

4.1.4　牧草氮素累积与分配

4.1.4.1　牧草植株氮素含量

1. 不同水氮模式第二茬抽穗期牧草植株氮素含量

同一灌水条件，随施氮量的增加,牧草植株氮素含量呈先增加后下降的趋势(见图 4-11)。

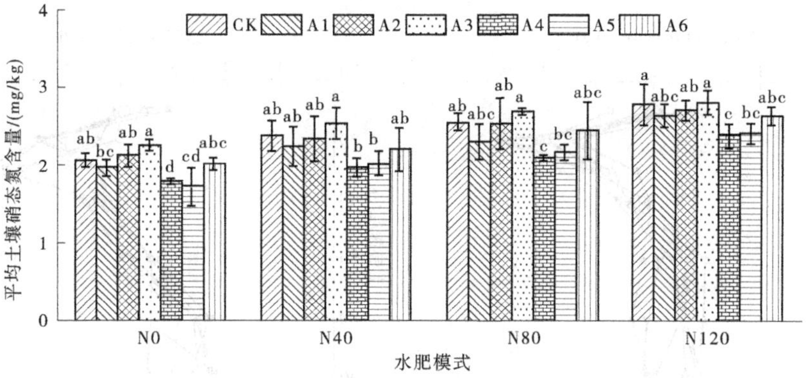

(a)苜蓿和无芒雀麦混播

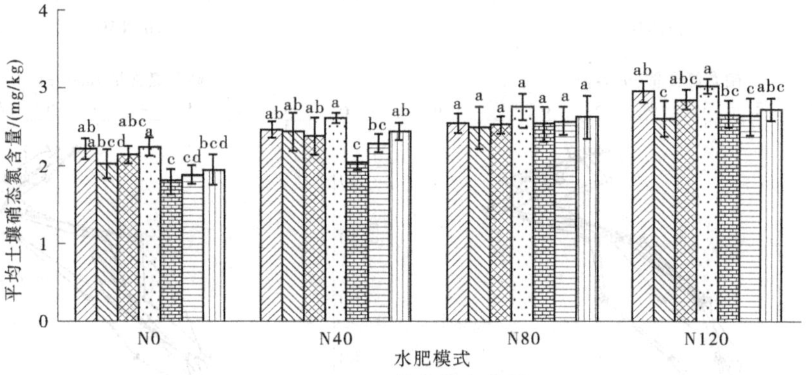

(b)无芒雀麦单播

图 4-6　2020 年不同水氮供应模式下第一茬牧草平均土壤硝态氮含量

如 A2 灌水处理,不同牧草在 N0、N40、N80 和 N120 处理下氮素含量分别是:单播无芒雀麦为 1.77%、1.96%、2.06%和 2.01%,混播苜蓿为 2.03%、2.49%、2.67%和 2.54%,混播无芒雀麦为 2.41%、2.55%、2.84%和 2.62%,说明施用 80 kg/hm^2 氮肥有利于提高植株氮素含量。

灌水显著提高植株氮素含量,但超过一定灌水量,其含量呈下降趋势。在不同的施氮处理下,对比 A1、A2 和 A3 灌水处理,植株氮素含量均随灌水量的增加而显著增加。如 N0 处理,不同牧草在 A1、A2 和 A3 处理下氮素含量分别是:单播无芒雀麦为 1.94%、1.96%和 2.22%,混播苜蓿为 2.30%、2.49%和 2.51%,混播无芒雀麦为 2.50%、2.55%和 2.99%。对比 CK、A3 和 A6 灌水处理,植株氮素含量差异不显著,且在 CK 处理下植株氮素含量呈轻微下降趋势,说明适当的水分胁迫有利于提高植株氮素含量。

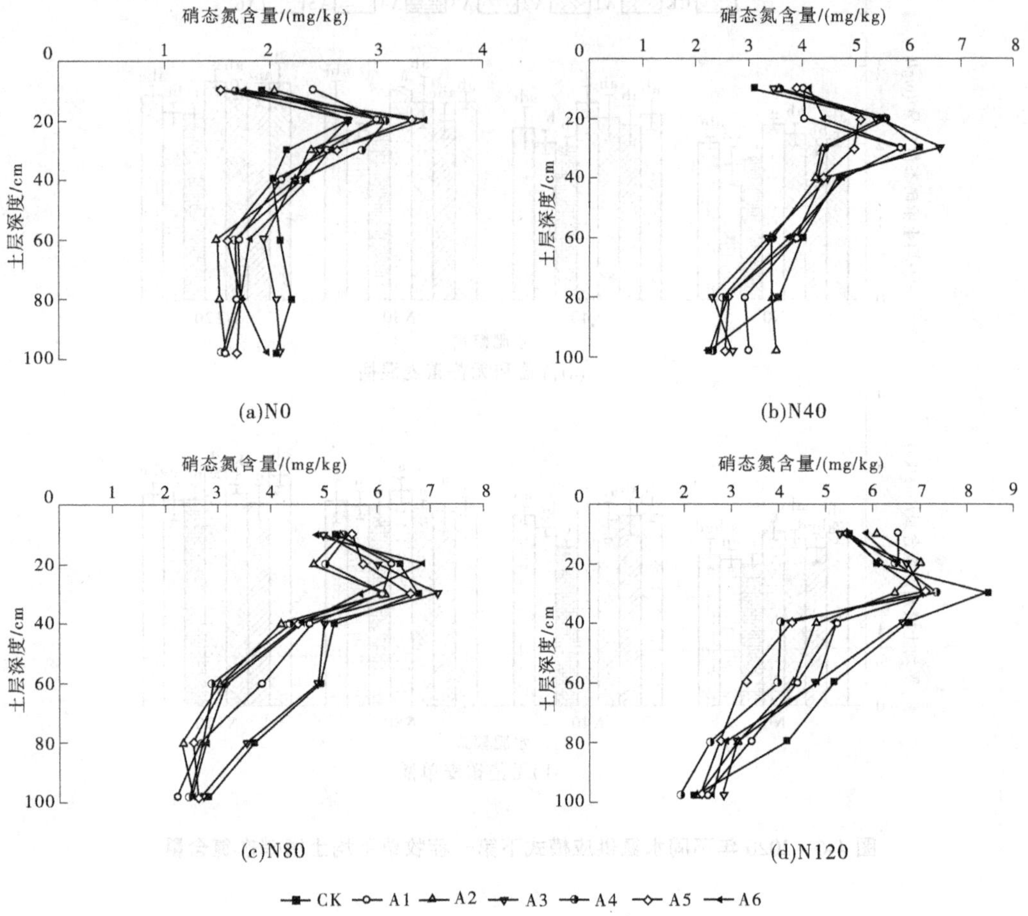

图 4-7　2020 年不同水氮供应模式下第二茬混播牧草 0~100 cm 土层土壤硝态氮含量

2. 不同水氮模式第二茬牧草主要生育时期植株氮素含量

在整个生育期,不同种植模式下牧草植株的氮素含量随植株生长均呈下降趋势(见图 4-12),分蘖期含量最高,抽穗期含量最低。

在牧草整个生育期施用氮肥有利于提高植株氮素含量,不同氮肥水平植株氮素含量差异显著。CK 处理,各生育期植株含氮量随氮肥施用量增加呈增加趋势[见图 4-12(a)、(c)、(e)],分蘖期 N120 处理植株含氮量较高,分别较 N0 显著增加 67.16%、20.93%和 21.93%,与 N80 差异不显著;抽穗期 N120 植株含氮量最高,单播条件下较 N0 显著增加 57.20%,混播苜蓿较 N0 提高 23.18%,混播无芒雀麦则在 N80 植株氮素含量达到最高,且与其他施氮处理差异不显著。

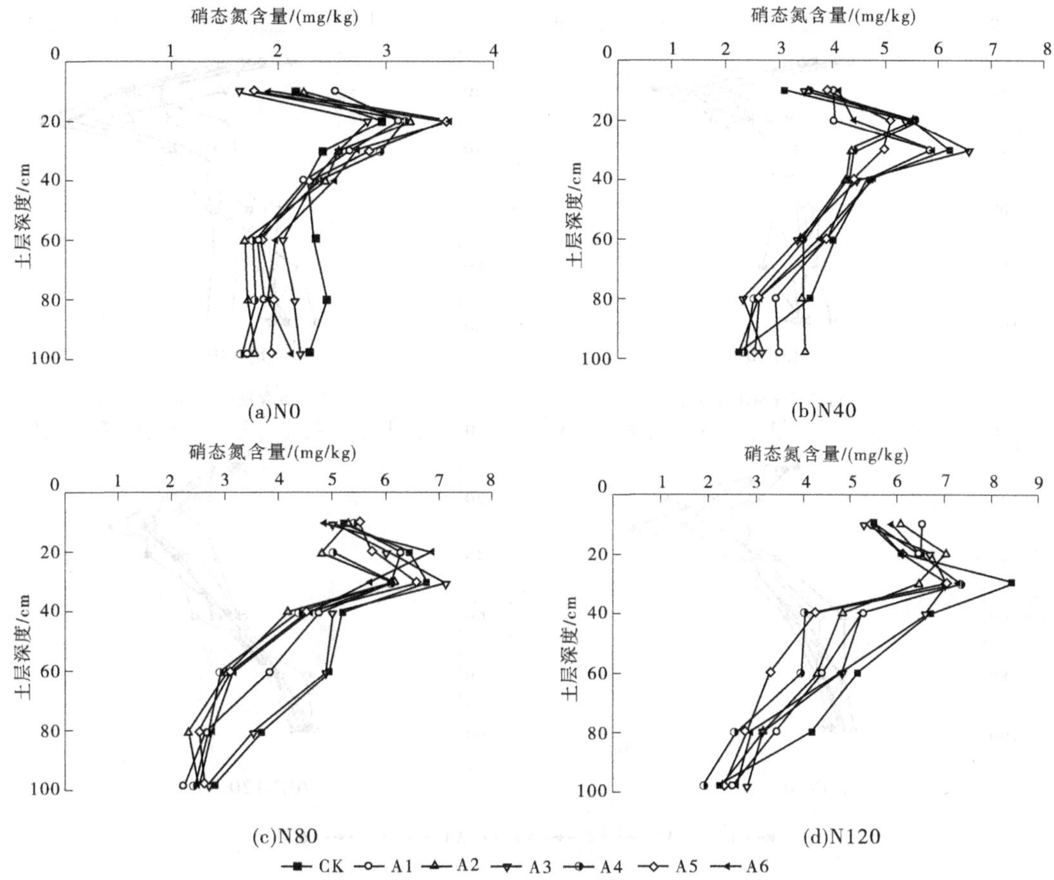

图 4-8　2020 年不同水氮供应模式下第二茬单播牧草 0~100 cm 土层土壤硝态氮含量

在牧草整个生育期增加灌水有利于提高植株氮素含量，不同灌水梯度植株氮素含量差异显著。如 N120 处理，CK 较 A2 处理在分蘖期单播、混播牧草植株氮素含量分别提高 10.88%、1.67%和 4.37%。

3. 不同水氮模式第三茬抽穗期牧草植株氮素含量

如图 4-13 所示，第三茬牧草植株氮素含量趋势与第二茬相一致，随施氮量和灌水量的增加，植株氮素含量先显著增加后下降。单播和混播无芒雀麦氮素含量均较第二茬显著下降，单播无芒雀麦 CK 处理，第三茬牧草植株氮素含量较第二茬下降 23.64%~74.34%，A2 处理，较第二茬下降 25.39%~36.72%；对于混播苜蓿，第二茬与第三茬植株氮素含量无显著差异。单播无芒雀麦氮素含量较混播无芒雀麦降低明显，且混播苜蓿氮素含量无明显下降，其可能原因是豆科牧草具有固氮作用，在氮肥流失的情况下，可为禾本科牧草提供部分所需氮量。

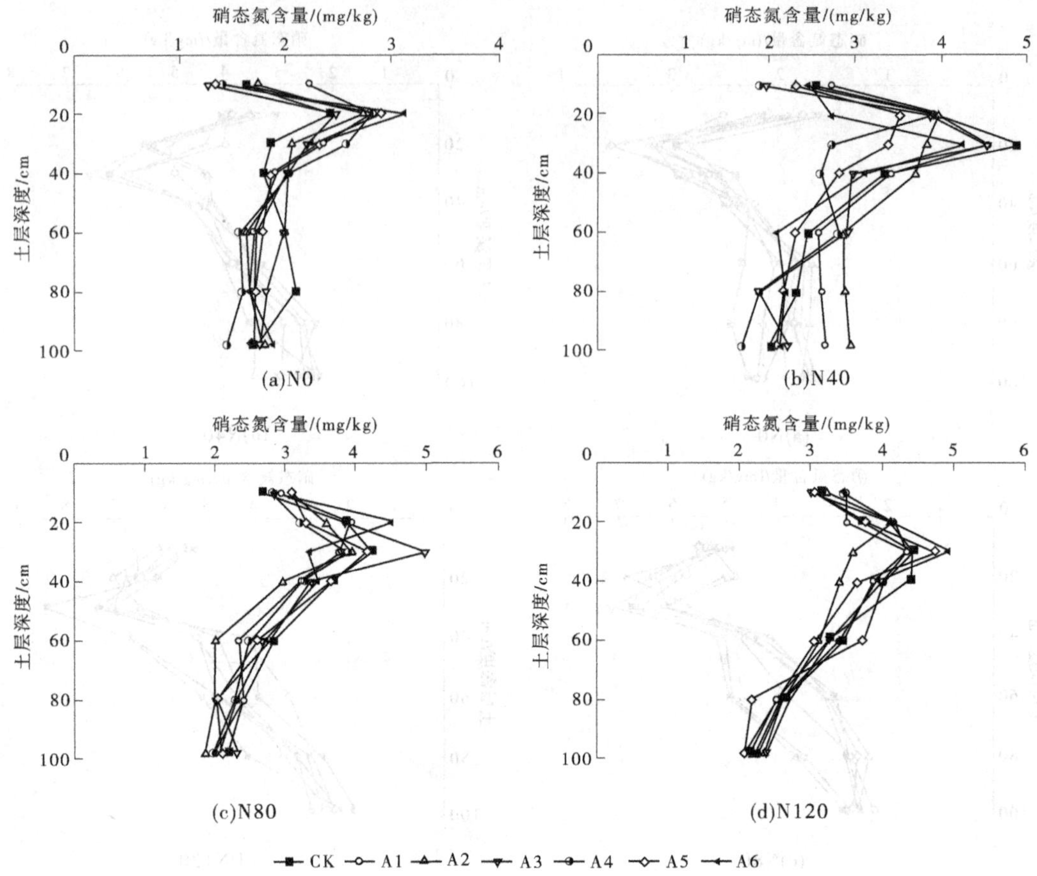

图 4-9 2020 年不同水氮供应模式下第三茬混播牧草 0~100 cm 土层土壤硝态氮含量

4.1.4.2 牧草植株氮素累积量

1. 不同水氮模式对第二茬抽穗期牧草植株氮素累积量的影响

同一灌水条件,对于单播牧草(见图 4-14),牧草植株氮素累积量随施氮量的增加呈先增加后下降趋势。对比 A1、A2 和 A3 灌水处理,N80 处理较 N0 处理氮素累积量分别显著提高 55.57%、73.95% 和 122.36%,较 N40 处理分别显著提高 16.95%、37.28% 和 42.94%,较 N120 处理分别显著提高 25.77%、13.79% 和 1.60%。说明水肥之间存在显著的耦合效应,即以肥调水,以水促肥。对于混播牧草(见图 4-15),同一灌水条件,牧草植株氮素累积量与施氮量成正比。如 A3 灌水处理下,从低肥到高肥植株氮素累积量分别为 48.62 kg/hm^2、62.75 kg/hm^2、75.12 kg/hm^2 和 87.77 kg/hm^2,其原因可能是施氮量显著增加苜蓿产量,使得植株氮素累积量显著增加。

同一施氮条件,灌水明显促进植株氮素吸收,随着灌水量的增加,牧草植株氮素含量呈逐渐增加的趋势。N80 处理,对比 A1、A2 和 A3 灌水处理,单播模式:A3 处理的植株氮

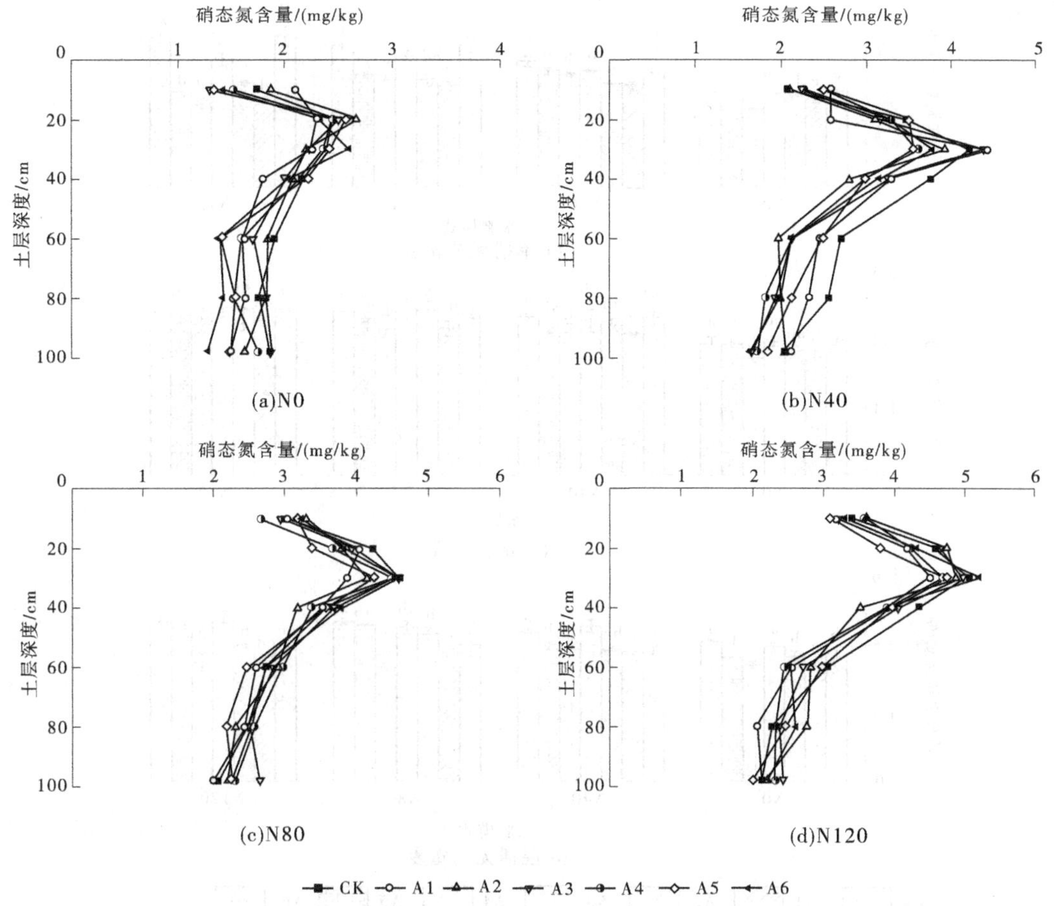

图 4-10　2020 年不同水氮供应模式下第三茬单播牧草 0~100 cm 土层土壤硝态氮含量

素含量分别是 A1、A2 处理的 1.74 倍和 1.42 倍；混播模式分别是 A1、A2 处理的 1.37 倍和 1.13 倍。

2. 不同水氮模式对第二茬牧草各生育期植株氮素累积量的影响

不同水氮模式第二茬单播牧草主要生育期的植株氮素累积量如图 4-16 所示。由图 4-16 分析可知，不同水氮处理的植株氮素累积量均表现为：随生育时期的推进逐渐增加，且不施氮处理始终低于施氮处理。

各处理下（见图 4-16 和图 4-17）分蘖期 N120 处理的植株氮素累积量分别较 N80 和 N40 平均提高 15.98% 和 64.49%、-8.00% 和 23.19%、5.12% 和 34.80%、-2.20% 和 14.51%；拔节期，分别平均提高 2.84% 和 68.84%、-5.42% 和 77.34%、1.89% 和 19.62%、-0.82% 和 14.97%；抽穗期，分别平均提高 10.68% 和 101.92%、4.48% 和 50.35%、-2.25% 和 11.93%、-11.79% 和 12.80%。

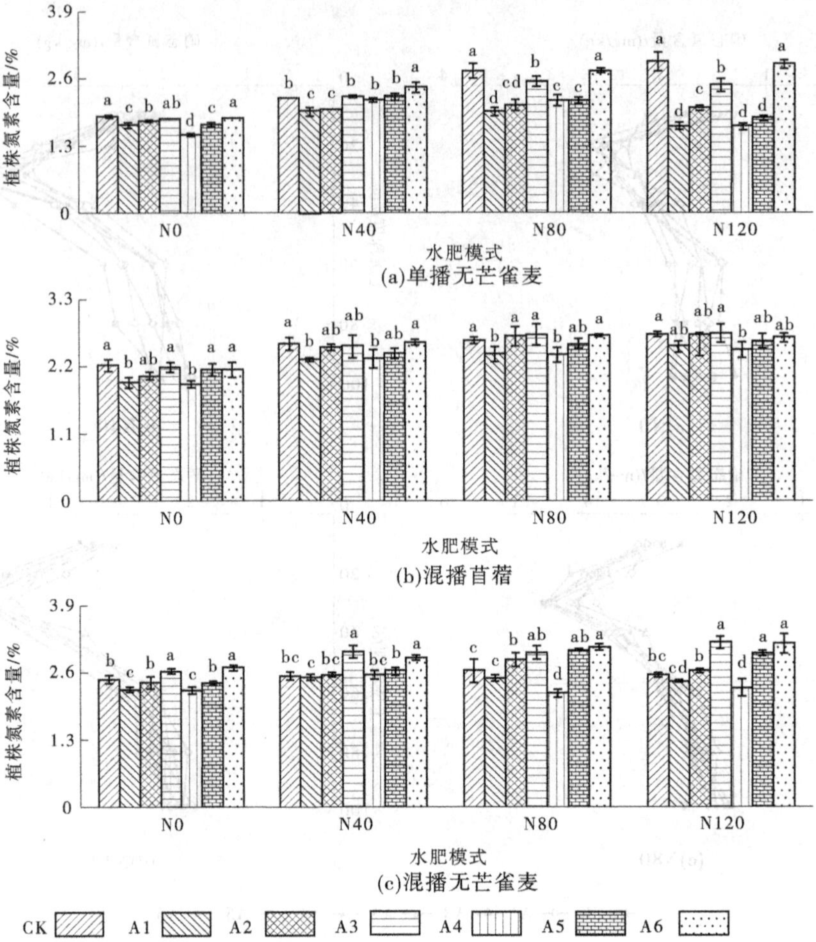

图 4-11　不同水氮模式第二茬抽穗期牧草植株全氮含量

3. 不同水氮模式对第三茬抽穗期牧草植株氮素累积量的影响

第三茬牧草植株氮素累积量趋势与第二茬牧草相一致,在不同灌水处理下,牧草氮素累积量均随施氮量的增加而显著增加,施氮量 80 kg/hm^2 与 120 kg/hm^2 差异不显著。在同一施氮处理下,牧草植株氮素累积量均随灌水量的增加而显著增加,见图 4-18、图 4-19。

4.1.4.3　牧草植株氮素分配

表 4-2~表 4-4 分别是不同牧草植株氮素含量、氮素累积量在茎和叶中的分配量及分配比例。由表 4-2~表 4-4 分析可知,不同水氮模式下,牧草植株氮素含量和氮素累积量在不同器官中的分配量和分配比例存在一定差异,且单播无芒雀麦和混播无芒雀麦变化规律基本相同,混播苜蓿则与之存在一定差异。同一水氮处理,植株器官氮素含量和氮素累积量总体表现为叶>茎。

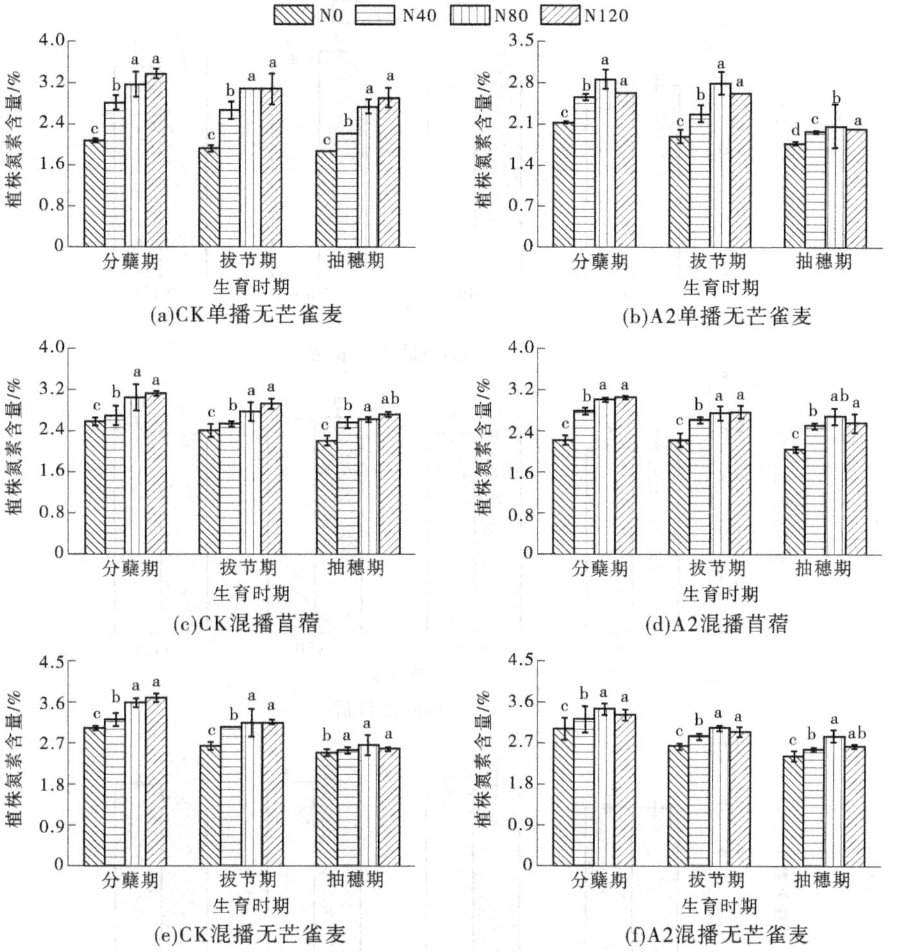

注:水分上限设置为田间持水量的 85%。充分灌水(CK):各生育时期灌水下限均为田间持水量的 75%;调亏灌水(A2):拔节期灌水下限为田间持水量的 55%,其余时期为田间持水量的 75%,下同。

图 4-12　不同水氮模式第二茬牧草主要生育时期植株氮素含量

无论单播、混播,在不同水氮处理下,茎的氮素含量与氮素累积量均低于叶片。单播无芒雀麦(见表 4-2)叶片氮素含量为 1. 36%~2. 25%,叶片氮素累积量为 16. 58~60. 27 kg/hm^2,占氮素累积总量的 84. 65%~88. 90%,显然其占比远高于茎,其原因是生长后期叶片进行光合作用,导致新陈代谢加快,大量营养物质流向叶片。

单播无芒雀麦和混播无芒雀麦(见表 4-2 和表 4-4):同一灌水处理,与不施肥相比,N40、N80 和 N120 处理均能显著提高茎和叶的氮素含量及氮素累积量,但 N120 与 N80 处理差异不显著。如单播 CK 处理,与不施肥相比,N80 和 N120 处理的平均叶片氮素累积量分别显著提高 3. 43 倍和 3. 62 倍;平均茎秆氮素累积量提高 2. 96 倍和 3. 11 倍;随着施氮量的增加,叶片氮素累积量占氮素累积总量的比例逐渐提高,从 N0 到 N120 依次为 84. 65%、85. 68%、86. 47%和 86. 52%。可见,施氮量的增加可以显著增加茎、叶氮素含量

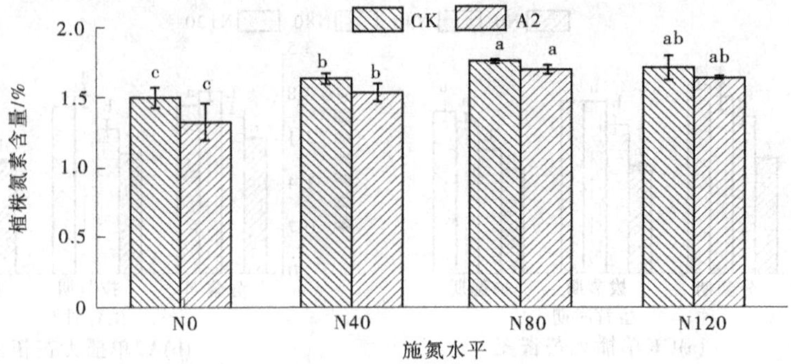

(a)单播无芒雀麦

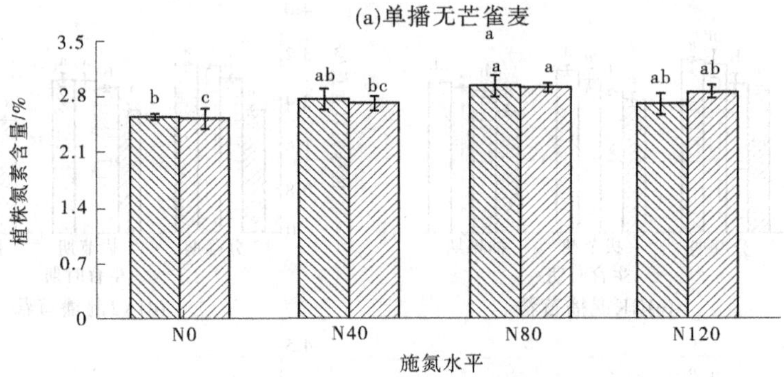

(b)混播苜蓿

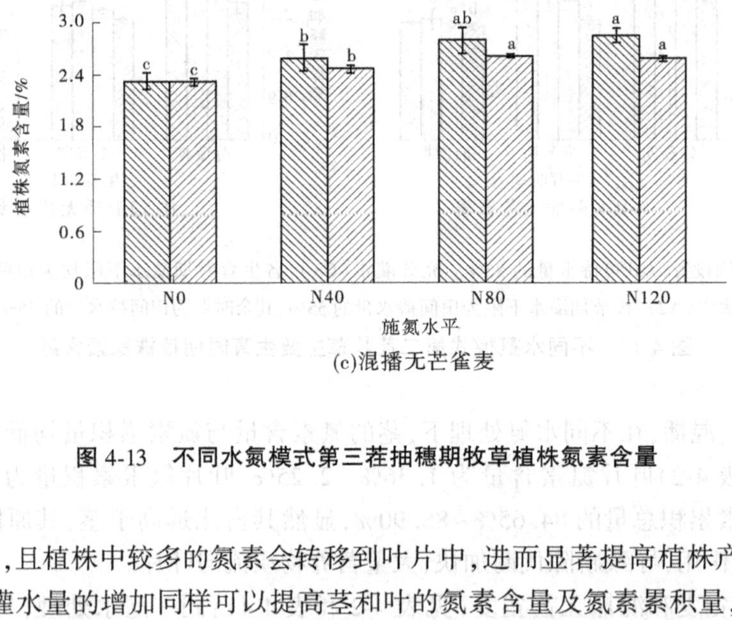

(c)混播无芒雀麦

图 4-13　不同水氮模式第三茬抽穗期牧草植株氮素含量

和氮素累积量,且植株中较多的氮素会转移到叶片中,进而显著提高植株产量。此外,同一施肥处理,灌水量的增加同样可以提高茎和叶的氮素含量及氮素累积量,但 A2 处理相比于 CK 更有利于氮素向叶片转移,从 N0 到 N120,两种灌水处理下叶片氮素累积量占氮素累积总量的比例分别为 84.65%和 86.17%、85.68%和 87.00%、86.47%和 88.78%、86.52%和 88.90%,说明较多的灌水量会造成牧草叶片徒长,而减少氮素向叶片的转移。

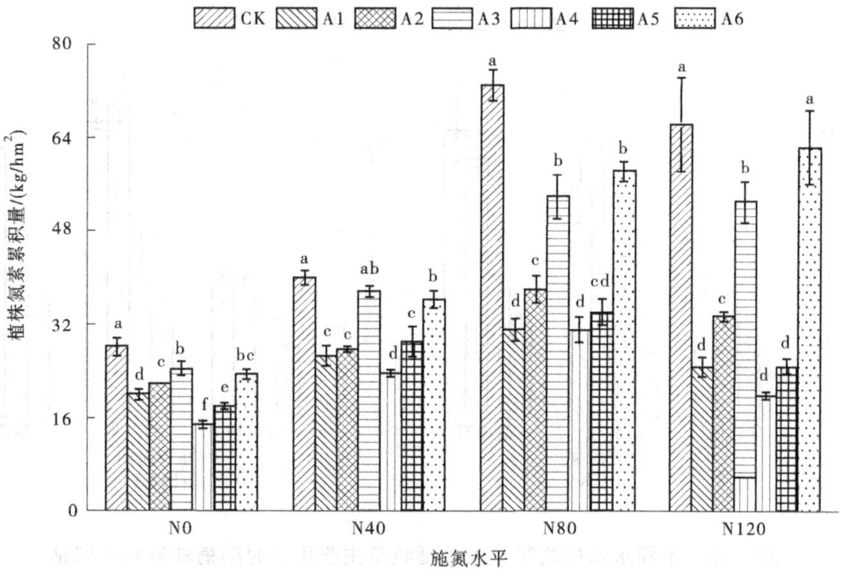

图 4-14　不同水氮模式第二茬抽穗期单播牧草植株氮素累积量

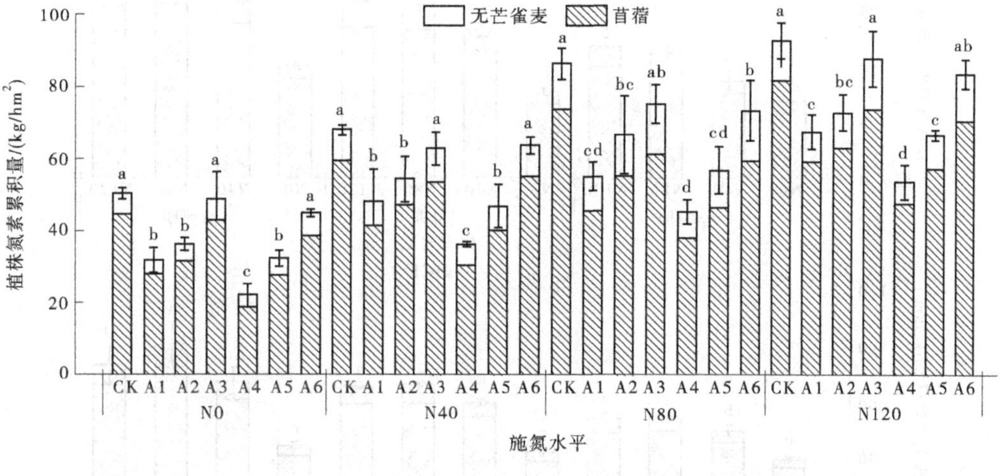

图 4-15　不同水氮模式第二茬抽穗期混播牧草植株氮素累积量

混播苜蓿(见表 4-3):在同一灌水处理下,除叶片氮素累积量随施肥量的增加存在显著差异外,茎、叶氮素含量与茎氮素累积量随施肥量的增加差异不显著,但均随施氮量的增加呈现增加的趋势。说明增施氮肥可以提高苜蓿茎的氮素含量,但效果不显著,且对茎的产量影响不明显,从而导致茎的氮素累积量差异不显著;而苜蓿叶片规律则与茎恰恰相反。因此,增施氮肥可以显著提高叶片氮素累积量占氮素累积总量的比例。

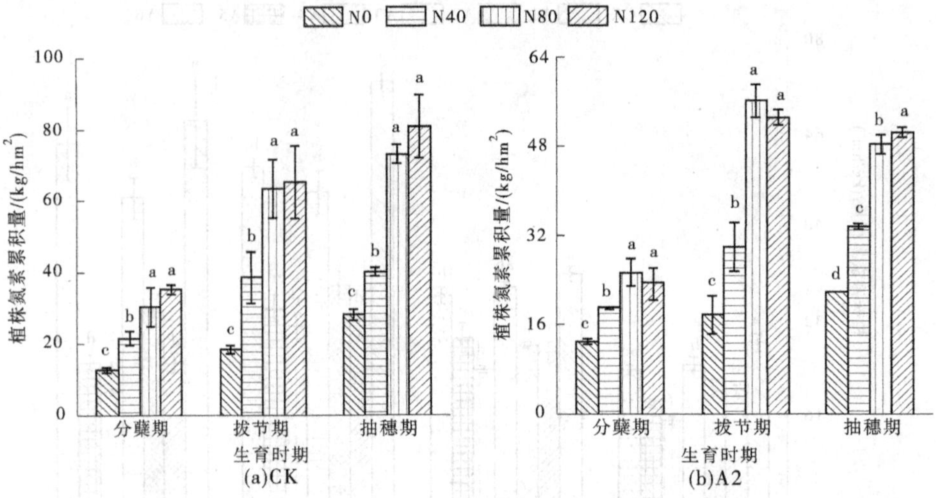

图 4-16　不同水氮模式第二茬单播牧草主要生育时期植株氮素累积量

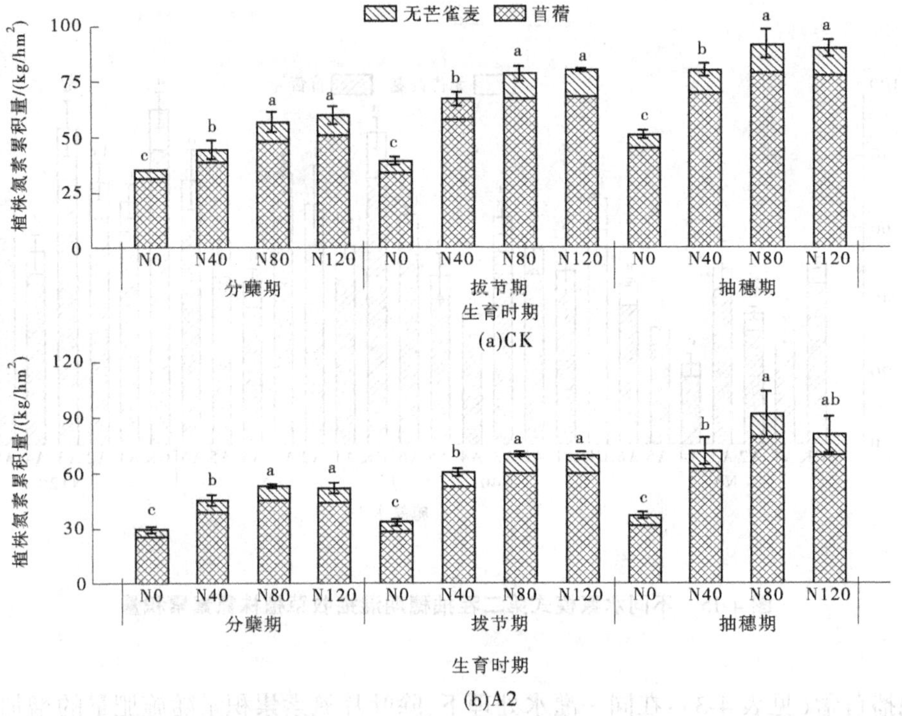

图 4-17　不同水氮模式第二茬混播牧草主要生育时期植株氮素累积量

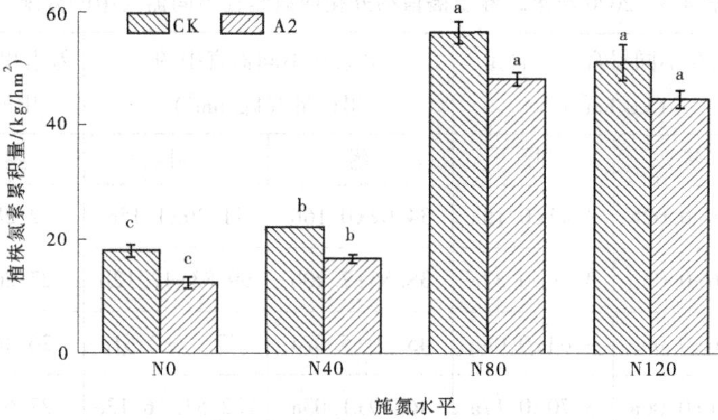

图 4-18　第三茬抽穗期单播牧草植株氮素累积量

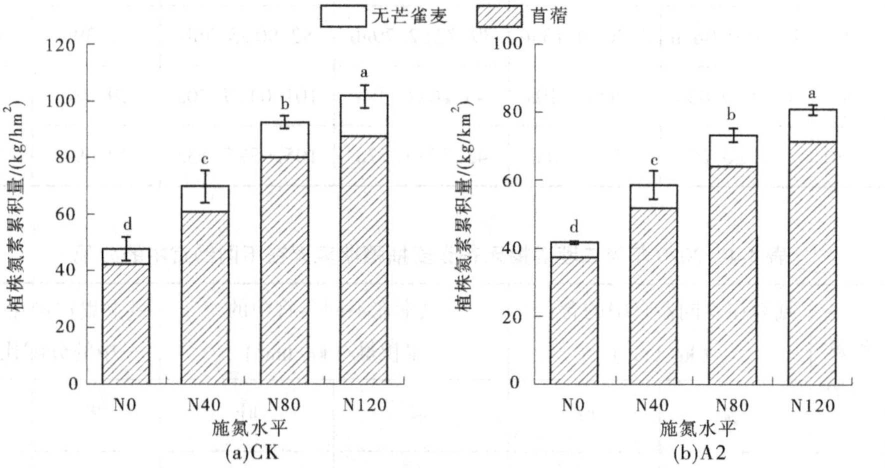

图 4-19　第三茬抽穗期混播牧草植株氮素累积量

表 4-2　2020 年第二茬单播无芒雀麦抽穗期氮素在不同器官中的分配

灌水梯度	施氮水平	氮素在不同器官中的含量/(kg/hm²)		氮素在不同器官中的累积量/(kg/hm²)		氮素累积量在不同器官中的分配比例/%	
		茎	叶	茎	叶	茎	叶
A	N0	0.90±0.03c	1.39±0.02c	3.02±0.09c	16.66±0.57c	15.35a	84.65c
	N40	1.21±0.04b	2.08±0.09b	6.80±0.45b	40.69±2.65b	14.32b	85.68b
	N80	1.47±0.02a	2.25±0.14a	8.95±0.61a	57.18±2.90b	13.53c	86.47a
	N120	1.51±0.10a	2.01±0.01b	9.39±0.58a	60.27±0.21a	13.48c	86.52a
C	N0	0.78±0.11c	1.36±0.06c	2.66±0.35c	16.58±1.29c	13.83a	86.17c
	N40	1.03±0.01b	1.74±0.10b	5.43±0.25b	36.35±1.88b	13.00a	87.00b
	N80	1.26±0.05a	1.96±0.03a	7.34±0.85a	58.06±1.93a	11.22b	88.78a
	N120	1.25±0.07a	1.80±0.05b	7.01±0.47a	56.16±2.48a	11.10b	88.90a

表 4-3　2020 年第二茬混播苜蓿开花期氮素在不同器官中的分配

灌水梯度	施氮水平	氮素在不同器官中的含量/(kg/hm^2)		氮素在不同器官中的累积量/(kg/hm^2)		氮素累积量在不同器官中的分配比例/%	
		茎	叶	茎	叶	茎	叶
A	N0	1.08±0.02b	3.47±0.15a	34.02±0.16b	71.36±1.15c	32.28a	67.72b
	N40	1.16±0.03b	3.59±0.32a	38.55±2.20b	99.83±12.12b	27.86b	72.14a
	N80	1.26±0.06a	3.64±0.08a	45.80±5.02a	127.32±2.81a	26.46c	73.54a
	N120	1.31±0.06a	3.70±0.17a	46.79±1.03a	122.53±16.13a	27.63b	72.37a
C	N0	1.09±0.06b	3.13±0.18b	32.92±1.46b	61.56±5.66c	34.84a	65.16c
	N40	1.20±0.08ab	3.30±0.13ab	39.72±2.79ab	82.90±5.36b	32.39b	67.61b
	N80	1.24±0.05a	3.54±0.10a	43.26±6.38a	101.04±7.40a	29.98c	70.02a
	N120	1.31±0.07a	3.54±0.08a	43.45±1.57a	105.93±7.13a	29.09c	70.91a

表 4-4　2020 年第二茬混播无芒雀麦抽穗期氮素在不同器官中的分配

灌水梯度	施氮水平	氮素在不同器官中的含量/(kg/hm^2)		氮素在不同器官中的累积量/(kg/hm^2)		氮素累积量在不同器官中的分配比例/%	
		茎	叶	茎	叶	茎	叶
A	N0	1.39±0.02c	2.41±0.04c	3.03±0.21b	13.03±0.74c	18.87a	81.13c
	N40	1.45±0.10bc	2.84±0.04b	3.51±0.41b	18.73±1.17b	15.78b	84.22b
	N80	1.55±0.04ab	3.00±0.04a	5.54±0.38a	31.70±2.59a	14.88c	85.12ab
	N120	1.62±1.62a	3.01±0.11a	5.97±0.67a	32.71±0.72a	15.43b	84.57a
C	N0	1.09±0.04c	2.38±0.04c	2.31±0.07b	12.65±1.02c	15.44a	84.56c
	N40	1.17±0.02b	2.70±0.11b	2.70±0.25b	15.69±0.91b	14.68b	85.32b
	N80	1.44±0.02a	2.95±0.06a	4.69±0.44a	31.20±1.76a	13.07c	86.93a
	N120	1.38±0.07a	2.79±0.07ab	4.47±0.10a	29.70±1.55a	13.08c	86.92a

4.1.5　牧草全钾累积与分配

4.1.5.1　牧草植株全钾含量

1. 不同水氮模式第二茬抽穗期牧草植株全钾含量

分析图 4-20,牧草全钾含量与全氮具有相同趋势。混播无芒雀麦全钾含量最高,混播苜蓿次之,单播无芒雀麦最低,其值范围依次是 1.78%~2.66%、1.37%~2.29%、1.21%~2.14%。其原因首先可能是混播牧草之间存在资源竞争,促进植株养分含量的摄取;其次,混播使得无芒雀麦株高明显高于单播,有利于植株进行光合作用,从而显著提高混播牧草的全钾含量。

与植株全氮含量相似,同一灌水梯度,牧草全钾含量随施氮量的增加先增加后下降,特别是在重度缺水条件(A1 和 A4)下,下降趋势尤为明显。如 A4 灌水条件,不同种植模式下,施氮 120 kg/hm^2 较 40 kg/hm^2 全钾含量依次降低 10.53%、11.57%和 7.07%。因为水肥之间存在水肥耦合效应,但当水分亏缺严重时,过量的肥力则不利于植株吸收利用,反而造成生态破坏和资源浪费。同样,同一施氮量,牧草全钾含量与全氮趋势一致。分析图 4-20 可知,A3N80 处理牧草全钾含量较高,与 A3N120 处理差异不显著。

2. 不同水氮模式第二茬牧草主要生育时期植株全钾含量

在整个生育时期,牧草全钾含量均随植株生长推进呈下降趋势(见图 4-21)。在不同施氮和灌水水平下植株全钾含量均差异显著,与牧草全氮含量趋势一致。同一灌水水平,牧草全钾含量在 N80 或 N120 处理下达到峰值,且两处理无显著性差异。同一施氮水平,相比于调亏灌溉,充分灌水下牧草全钾含量较高,说明增加灌水量有利于提高植株全钾含量。

3. 不同水氮模式第三茬抽穗期牧草植株全钾含量

分析图 4-22,植株全钾含量受施氮量和灌水量的显著影响。不同灌水水平下,牧草植株全钾含量均随施氮量的增加而显著增加,如单播无芒雀麦,CK 和 A2 灌水处理下,随施氮量的增加植株全钾含量的增幅依次为 8.82%、18.38%、21.01%和 8.20%、24.59%、26.23%,说明施氮有利于牧草植株全钾含量的增加。不同施氮水平下,增加灌水量同样可以显著增加牧草植株全钾含量,如单播无芒雀麦各施氮梯度下,CK 较 A2 处理植株全钾含量分别增加 11.47%、12.12%、5.92%和 8.44%,说明灌水有利于牧草植株全钾含量的增加。

4.1.5.2　牧草植株全钾累积量

1. 不同水氮模式对第二茬抽穗期牧草全钾累积量的影响

不同水氮模式牧草全钾累积量呈现如下规律(见图 4-23、图 4-24):施氮量从 0 kg/hm^2 增加到 80 kg/hm^2,牧草全钾累积量显著增加;施氮量为 120 kg/hm^2,全钾累积量较 N80 处理略有下降,特别是水分亏缺严重的处理,其下降趋势较为明显。如混播牧草各水分梯度,N120 较 N80 处理全钾累积量分别下降 27.82%、19.66%、17.44%、13.94%、26.49%、17.82%和 11.90%。说明以水调肥、以肥促水可以有效提高牧草全钾吸收,但水分亏缺严重时,过量的氮肥不仅无法促进牧草养分吸收,反而会影响牧草养分

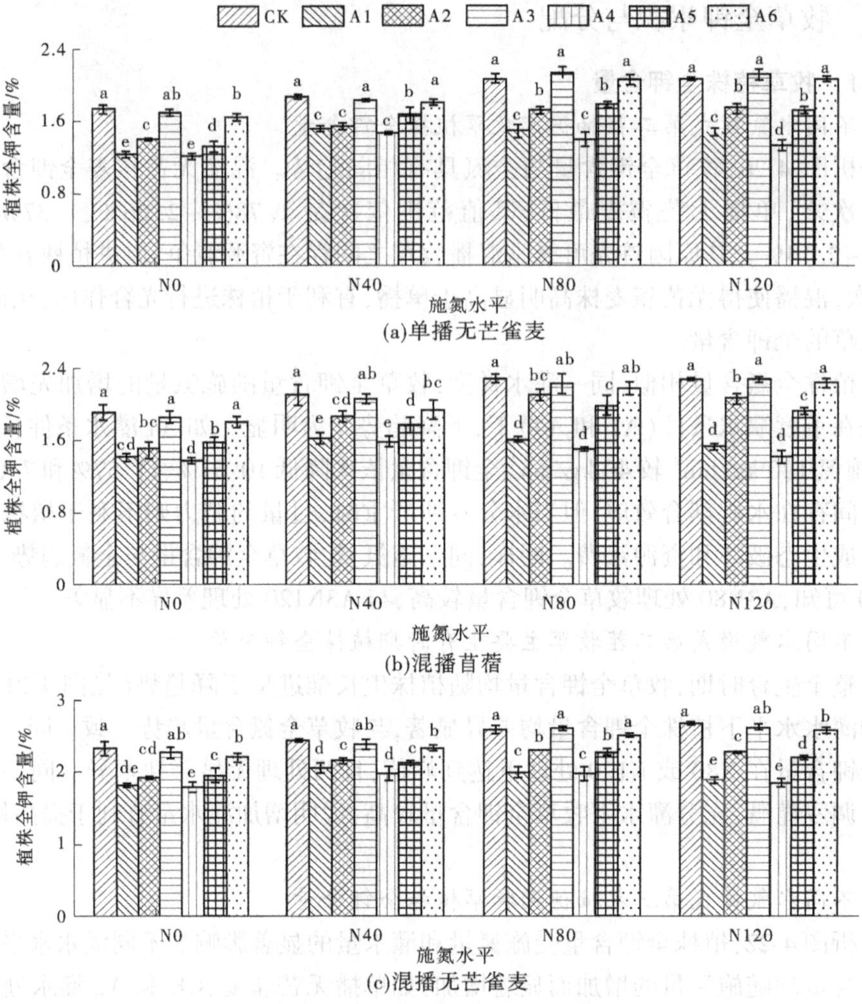

图 4-20 不同水氮模式第二茬抽穗期牧草植株全钾含量

含量及干物质产量，从而降低牧草全钾累积量。

2.不同水氮模式对第二茬牧草各生育时期植株全钾累积量的影响

分析图 4-25 和图 4-26 可知，无论是单播还是混播种植模式，植株全钾累积量在整个生育时期内随着时间的推进而递增，在分蘖期向拔节期过渡时，其增量尤为明显，在抽穗期全钾累积量达到最高。

在牧草整个生育期内施用氮肥有利于提高植株全钾的吸收，各灌水水平下，施氮 120 kg/hm^2 牧草全钾累积量最高，但与施氮 80 kg/hm^2 差异不显著，在单播 CK 和 A2 处理中，抽穗期各施氮处理（从低到高）较不施氮肥相比，全钾累积量分别显著增加 28.10%、109.61%、117.06%和 51.84%、132.76%、152.02%（见图 4-25）。说明同一灌水水平，增施氮肥可以有效提高植株全钾的吸收；另外，适当的调亏灌溉可以显著提高全钾累积量的增幅。

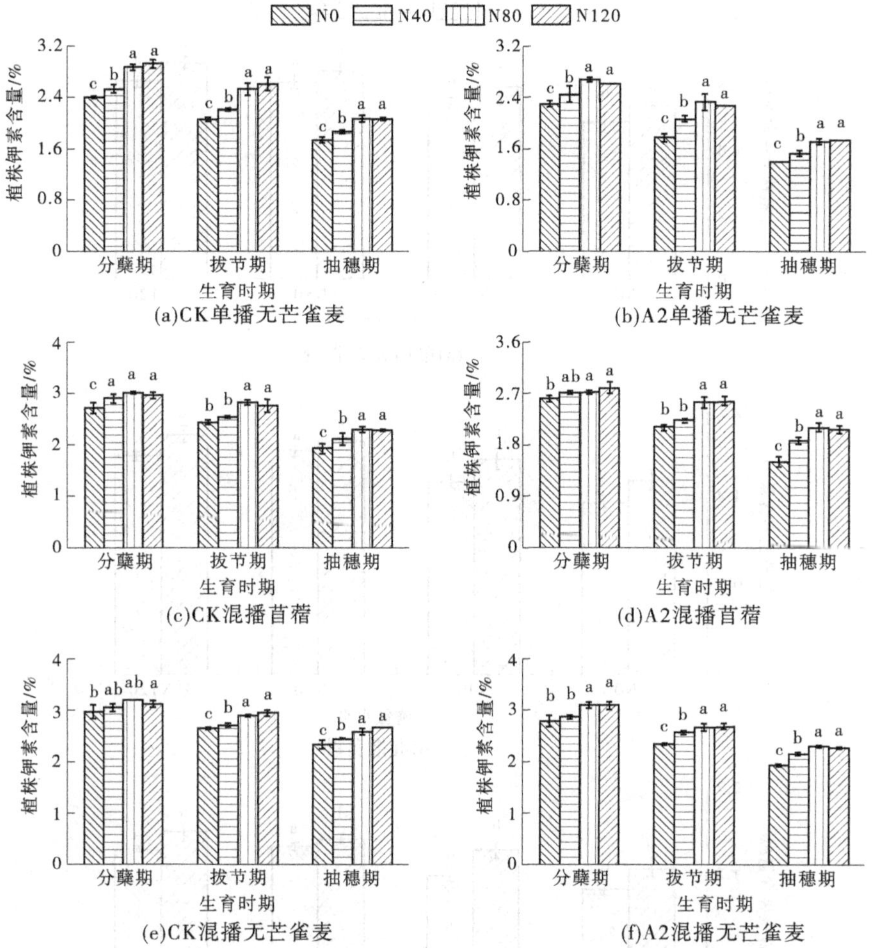

图 4-21　不同水氮模式第二茬牧草主要生育时期植株全钾含量

3. 不同水氮模式对第三茬抽穗期牧草植株全钾累积量的影响

分析图 4-27、图 4-28 可知，第三茬抽穗期牧草植株全钾累积量变化趋势与第二茬相似，即同一灌水水平下，增施氮肥有利于全钾累积量的增加，但超过一定范围后，其值反降不增；同一施氮水平下，增加灌水量可以显著增加牧草植株全钾累积量。如图 4-27 所示充分灌水条件，各施氮水平较不施氮处理全钾累积量分别显著增加 23. 01%、58. 24%和 53. 79%；不同施氮水平下，充分灌水较调亏灌水处理全钾累积量分别显著增加 43. 58%、40. 82%、19. 75%和 19. 00%。

4. 1. 5. 3　牧草植株全钾分配

表 4-5～表 4-7 分别是不同牧草全钾含量、全钾累积量在茎和叶中的分配量及分配比例，由表分析可知，牧草全钾分配与全氮基本相似。不同水氮模式，牧草全钾含量和全钾累积量在不同器官中分配量和分配比例存在一定差异，且单播无芒雀麦和混播无芒雀麦变化规律基本相同，混播苜蓿则与之存在一定差异。同一水氮处理，植株器官全钾含量和

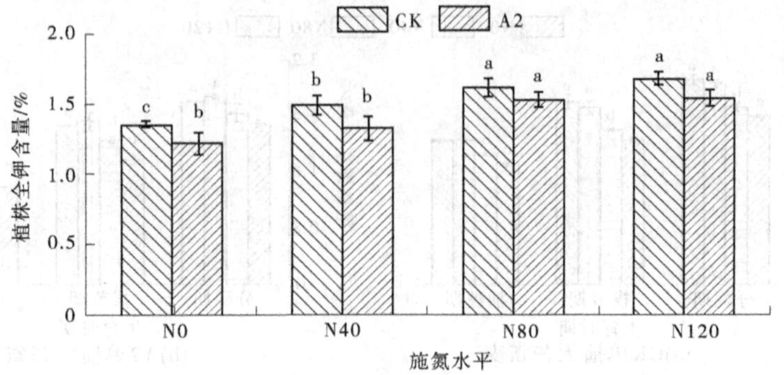

(a)单播无芒雀麦

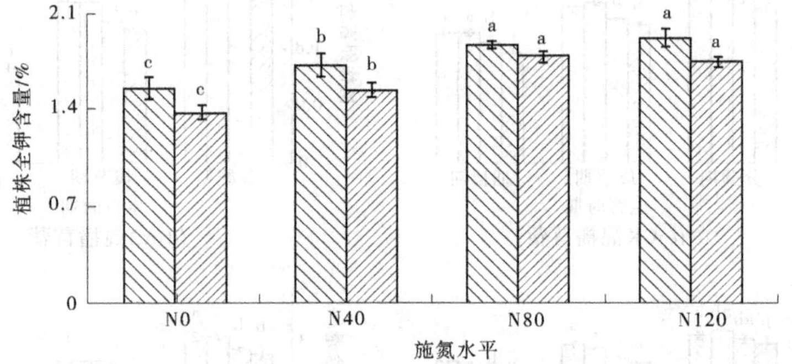

(b)混播苜蓿

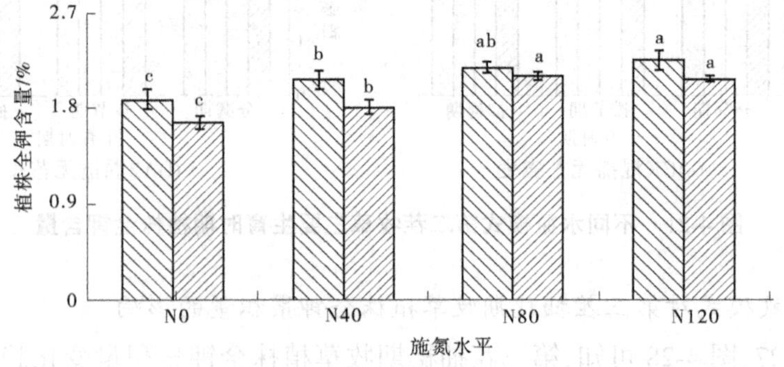

(c)混播无芒雀麦

图 4-22　不同水氮模式第三茬抽穗期牧草植株全钾含量

全钾累积量总体表现为叶>茎。

分析表 4-5，单播无芒雀麦茎、叶全钾含量及全钾累积量在不同水氮模式下具有显著性差异，且随着施氮量的增加，茎、叶全钾含量与全钾累积量均显著增加；随着灌水量的增加，其值同样显著增加。此外，叶片全钾累积量占比明显高于茎的占比，其原因可能是生长后期叶片进行光合作用，导致新陈代谢加快，大量营养物质流向叶片。

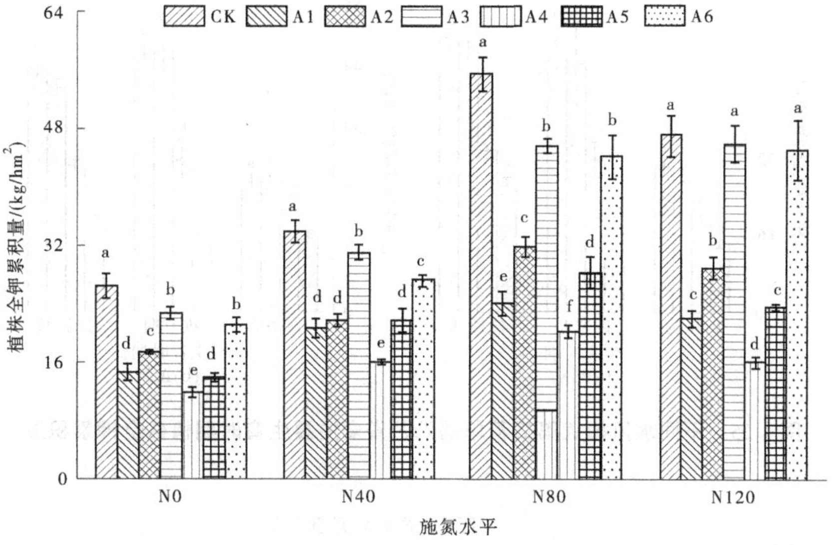

图 4-23　不同水氮模式第二茬抽穗期单播牧草植株全钾累积量

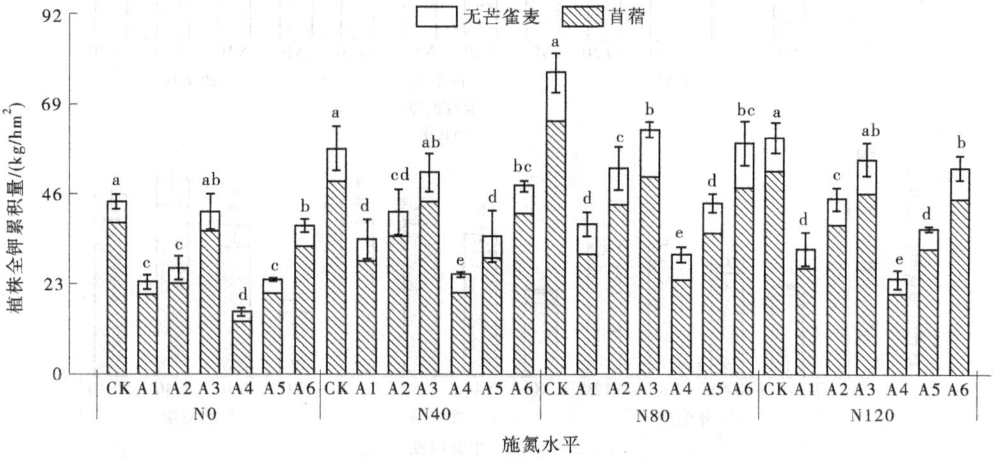

图 4-24　不同水氮模式第二茬抽穗期混播牧草植株全钾累积量

分析表 4-6，首先，混播苜蓿茎、叶全钾含量随施氮量的增加而增加，但差异不显著，随着灌水量的增加而显著增加，不同施氮水平，CK 较 A2 处理，茎和叶的全钾含量分别显著增加 44.44%、16.07%、7.63%、12.50%和 3.67%、6.72%、7.58%、9.17%，说明灌水更有利于植株不同器官对全钾的吸收。其次，苜蓿茎、叶全钾含量基本相同，茎的全钾累积量显著高于叶的全钾累积量，其可能原因是钾能增强作物的抗倒伏性，所以相较于牧草全氮在不同器官的分配特性，即叶片中的全氮含量远高于茎，其全钾在茎中的累积量则要高

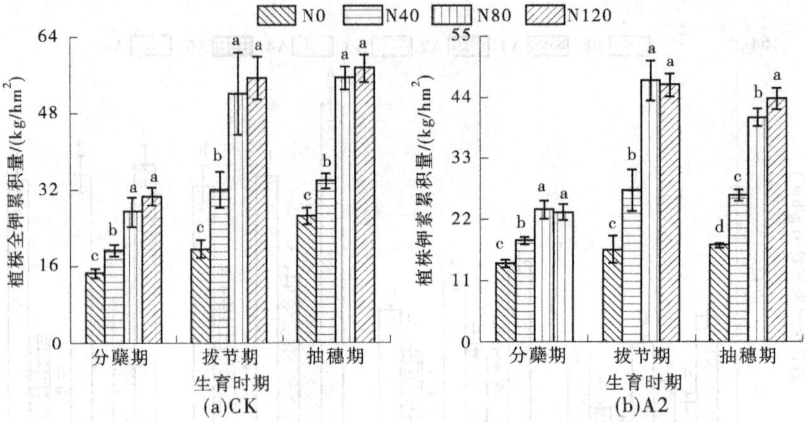

图 4-25　不同水氮模式第二茬单播无芒雀麦主要生育时期植株全钾累积量

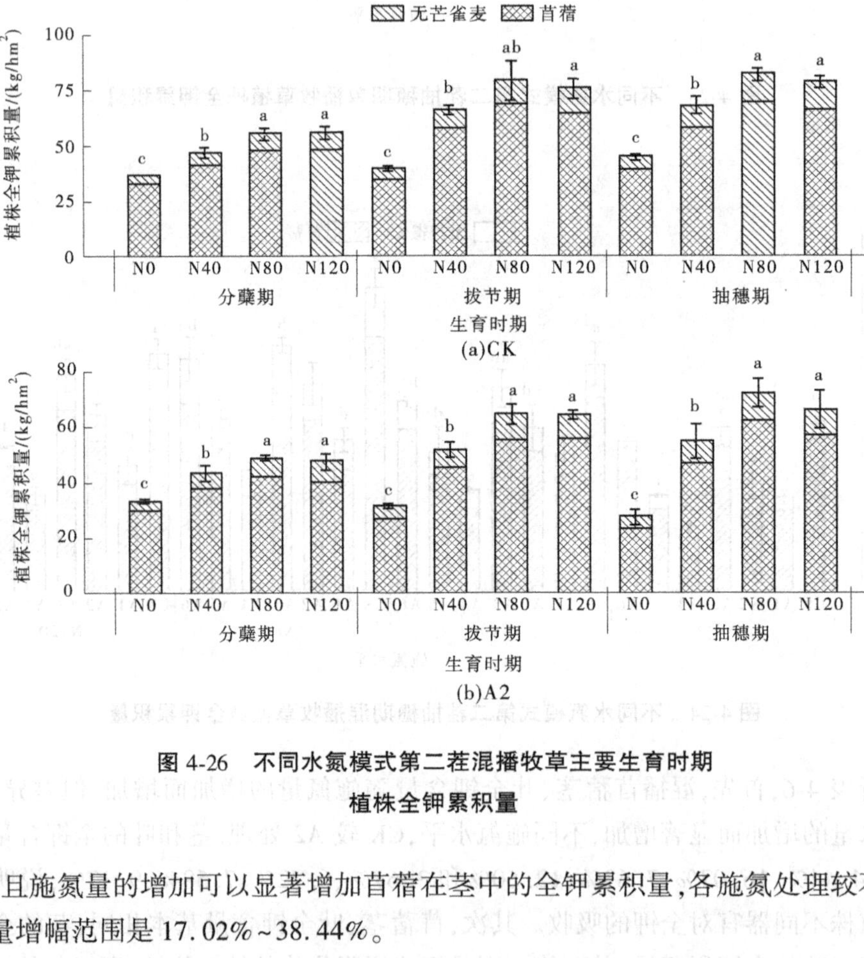

图 4-26　不同水氮模式第二茬混播牧草主要生育时期植株全钾累积量

于叶片，且施氮量的增加可以显著增加苜蓿在茎中的全钾累积量，各施氮处理较不施氮全钾累积量增幅范围是 17.02%~38.44%。

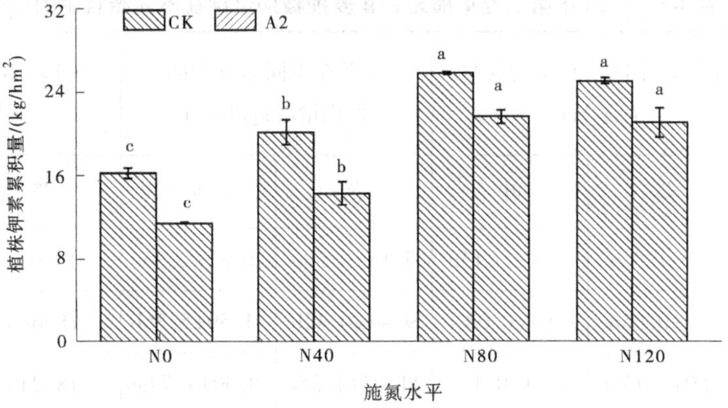

图 4-27　第三茬抽穗期单播牧草植株钾素累积量

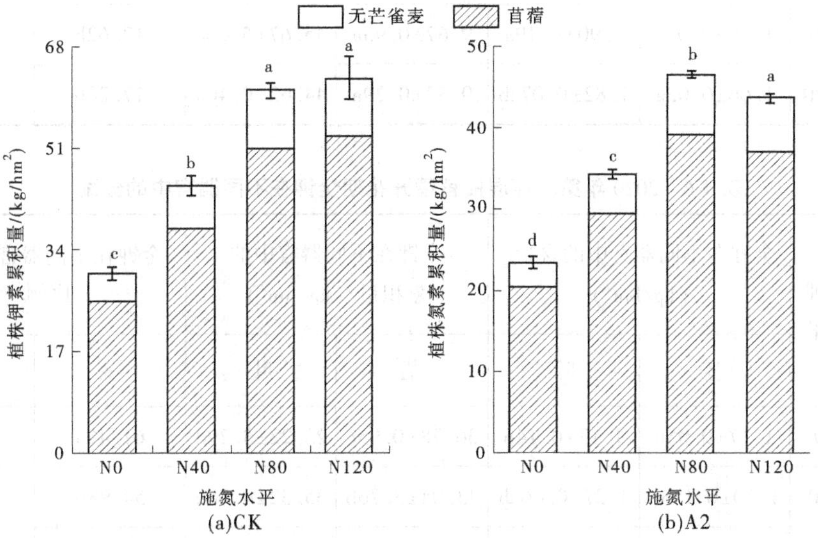

图 4-28　第三茬抽穗期混播牧草植株钾素累积量

分析表 4-7,混播无芒雀麦各器官全钾含量及累积量规律与单播相似,但是混播茎、叶全钾含量显著高于单播,如不同施氮水平,CK 处理下混播茎的全钾含量是单播的 1.22 倍、1.25 倍、1.28 倍和 1.17 倍,说明种间竞争使得植株充分利用资源,从而增加其不同器官的全钾含量。

表 4-5 2020 年第二茬单播无芒雀麦抽穗期全钾在不同器官中的分配

灌水梯度	施钾水平	全钾在不同器官中的含量/(kg/hm²)		全钾在不同器官中的累积量/(kg/hm²)		全钾在不同器官中的分配比例/%	
		茎	叶	茎	叶	茎	叶
CK	N0	1.55±0.12c	1.64±0.13b	5.18±0.58c	20.82±2.36c	19.94a	80.06b
	N40	1.67±0.05bc	1.84±0.08ab	9.44±0.42b	41.59±5.76b	18.68b	81.32b
	N80	1.80±0.12ab	1.94±0.11a	11.02±1.35a	49.30±1.74ab	18.24b	81.76b
	N120	1.91±0.01a	2.07±0.23a	11.90±0.13a	55.94±6.00a	17.64b	82.36a
A2	N0	1.48±0.08b	1.59±0.15b	5.05±0.27c	19.31±1.91c	20.81a	79.19b
	N40	1.53±0.08b	1.70±0.03ab	8.06±0.74b	35.62±2.06b	18.47b	81.54b
	N80	1.66±0.01a	1.90±0.19a	9.67±0.95a	45.67±5.06a	17.62b	82.38b
	N120	1.66±0.02a	1.82±0.07ab	9.32±0.29a	44.62±0.40a	17.28b	82.72a

表 4-6 2020 年第二茬混播苜蓿开花期全钾在不同器官中的分配

灌水梯度	施钾水平	全钾在不同器官中的含量/(kg/hm²)		全钾在不同器官中的累积量/(kg/hm²)		全钾在不同器官中的分配比例/%	
		茎	叶	茎	叶	茎	叶
CK	N0	1.17±0.05b	1.13±0.14b	36.78±0.95c	23.22±3.29d	61.42a	38.58c
	N40	1.30±0.15ab	1.27±0.06ab	43.04±3.76b	35.32±4.38c	54.98b	45.02b
	N80	1.41±0.01a	1.42±0.02a	50.92±3.76a	49.64±0.51b	50.59c	49.41a
	N120	1.35±0.08a	1.31±0.12a	48.19±3.75ab	43.20±3.87a	52.75bc	47.25ab
A2	N0	0.81±0.13b	1.09±0.12b	24.08±2.00b	21.41±2.44c	52.96a	47.04a
	N40	1.12±0.12a	1.19±0.01ab	37.02±2.64a	29.87±1.04b	55.31a	44.70a
	N80	1.31±0.12a	1.32±0.12a	45.97±8.28a	37.63±4.33a	54.84a	45.16a
	N120	1.20±0.01a	1.20±0.01ab	39.90±3.00a	35.80±2.18a	52.69a	47.31a

表 4-7　2020 年第二茬混播无芒雀麦抽穗期全钾在不同器官中的分配

灌水梯度	施钾水平	全钾在不同器官中的含量/(kg/hm^2)		全钾在不同器官中的累积量/(kg/hm^2)		全钾在不同器官中的分配比例/%	
		茎	叶	茎	叶	茎	叶
CK	N0	1.89±0.06c	1.92±0.06c	4.12±0.40b	10.41±0.85c	28.44a	71.56b
	N40	2.09±0.05b	2.28±0.12b	5.07±0.81b	15.09±1.58b	25.16b	74.84a
	N80	2.30±0.09a	2.41±0.09ab	8.23±0.57a	25.46±2.72a	24.55b	75.45a
	N120	2.23±0.03a	2.47±0.06a	8.21±0.60a	26.87±1.23a	23.41b	76.59a
A2	N0	1.78±0.15c	1.76±0.04b	3.79±0.29b	9.35±1.04c	28.92a	71.08b
	N40	1.97±0.07b	2.18±0.16a	4.57±0.52b	12.91±0.84b	26.13ab	73.87ab
	N80	2.15±0.01a	2.32±0.11a	6.97±0.61a	21.46±2.57a	24.56b	75.44a
	N120	2.14±0.02a	2.23±0.03a	6.94±0.52a	20.58±1.58a	25.26ab	74.74ab

4.1.6 牧草全磷累积

4.1.6.1 牧草植株全磷含量

1. 不同水氮模式第二茬抽穗期牧草植株全磷含量

由表 4-8 可知，牧草植株全磷含量随施氮量的增加呈小幅度增加趋势，随灌水量的增加而轻微增加，但全磷含量对施氮量和灌水量的响应方面，无显著的统计学差异。其可能原因是试验土地属于碱性土壤，磷可能被牧草不可用化合物所束缚，使得牧草对磷的吸收复杂化。混播无芒雀麦的全磷含量均高于单播，说明豆禾混播可以改善牧草对土壤养分的吸收利用。

表 4-8　不同水氮模式第二茬抽穗期牧草植株全磷含量

处理		全磷含量/(kg/hm^2)			处理		全磷含量/(kg/hm^2)		
施氮梯度	灌水水平	DW	HW	HM	施氮梯度	灌水水平	DW	HW	HM
N0	CK	0.24a	0.27a	0.13b	N80	CK	0.31a	0.34a	0.14b
	A1	0.23a	0.25ab	0.13b		A1	0.28a	0.32a	0.14b
	A2	0.24a	0.27a	0.13b		A2	0.31a	0.33a	0.14b
	A3	0.24a	0.28a	0.14a		A3	0.31a	0.33a	0.15a
	A4	0.21b	0.24b	0.11c		A4	0.28a	0.30b	0.13b
	A5	0.23a	0.26ab	0.12c		A5	0.29a	0.32a	0.13b
	A6	0.24a	0.27a	0.12c		A6	0.31a	0.33a	0.15a

续表 4-8

处理		全磷含量/(kg/hm²)			处理		全磷含量/(kg/hm²)		
施氮梯度	灌水水平	DW	HW	HM	施氮梯度	灌水水平	DW	HW	HM
N40	CK	0. 27a	0. 31a	0. 14a	N120	CK	0. 33a	0. 36a	0. 15a
	A1	0. 25b	0. 27c	0. 14a		A1	0. 31a	0. 33b	0. 13b
	A2	0. 28a	0. 29b	0. 13a		A2	0. 32a	0. 35a	0. 14ab
	A3	0. 27a	0. 32a	0. 14a		A3	0. 32a	0. 36a	0. 15a
	A4	0. 24b	0. 27c	0. 13a		A4	0. 30a	0. 29c	0. 13b
	A5	0. 27a	0. 29b	0. 13a		A5	0. 31a	0. 33a	0. 15a
	A6	0. 28a	0. 30a	0. 14a		A6	0. 31a	0. 35a	0. 14ab

注:DW 表示单播无芒雀麦;HW 表示混播无芒雀麦;HM 表示混播苜蓿,下同。

2. 不同水氮模式第二茬牧草主要生育时期植株全磷含量

分析表 4-9,单播和混播无芒雀麦在整个生育期内全磷含量随植株生长呈下降趋势,混播苜蓿全磷含量则无明显变化,其值在 0. 13%~0. 19%范围内波动,说明不同水氮模式苜蓿对全磷的吸收存在限制。对于无芒雀麦,拔节期单播水氮处理对全磷含量统计学差异不显著,其余则呈现同一灌水水平,增施氮肥可以显著增加牧草植株全磷含量,如单播 CK 处理,各施氮水平较不施氮处理相比,全磷含量依次增加 10. 71%、17. 86%和 25%;同一施氮水平,增加灌水同样可以增加牧草植株全磷含量。

表 4-9　不同水氮模式第二茬牧草主要生育时期植株全磷含量

施氮量	灌水模式	全磷含量/(kg/hm²)								
		分蘖期			拔节期			抽穗期		
		DW	HW	HM	DW	HW	HM	DW	HW	HM
N0	CK	0. 28c	0. 33c	0. 14b	0. 26a	0. 30c	0. 15b	0. 24b	0. 27d	0. 13b
	A2	0. 26b	0. 31d	0. 13c	0. 24b	0. 30b	0. 13c	0. 24c	0. 27c	0. 13a
N40	CK	0. 31b	0. 37b	0. 14b	0. 27a	0. 33bc	0. 18a	0. 27b	0. 31c	0. 14ab
	A2	0. 32a	0. 35c	0. 14bc	0. 25ab	0. 31b	0. 16b	0. 28b	0. 29bc	0. 13a
N80	CK	0. 33ab	0. 39ab	0. 17a	0. 27a	0. 35ab	0. 18a	0. 31a	0. 34b	0. 14ab
	A2	0. 33a	0. 38b	0. 15b	0. 26ab	0. 33b	0. 16b	0. 31a	0. 33ab	0. 13a
N120	CK	0. 35a	0. 41a	0. 18a	0. 28a	0. 38a	0. 19a	0. 33a	0. 36a	0. 15a
	A2	0. 34a	0. 41a	0. 17a	0. 27a	0. 37a	0. 18a	0. 32a	0. 35a	0. 14a

3. 不同水氮模式第三茬抽穗期牧草植株全磷含量

分析表 4-10,第三茬抽穗期牧草植株全磷含量规律与第二茬相似。对于单播和混播无芒雀麦,同一施氮水平,灌水量在一定程度上可以增加其全磷含量,但无显著性差异;同一灌水水平,施氮量对其全磷含量有响应,CK 处理存在显著性差异,A2 处理无差异,说明水氮耦合可以有效提高禾本科牧草全磷含量。对于混播苜蓿,全磷含量的值在 0. 14%~0. 17%,无统计学差异,说明水氮模式对苜蓿全磷吸收有限制。

表 4-10　不同水氮模式第三茬抽穗期牧草植株全磷含量

处理		氮素含量/(kg/hm²)		
施氮梯度	灌水水平	DW	HW	HM
N0	CK	0. 23c	0. 27c	0. 14b
	A2	0. 22b	0. 26b	0. 14a
N40	CK	0. 24c	0. 28bc	0. 15ab
	A2	0. 24ab	0. 27b	0. 15a
N80	CK	0. 26b	0. 30b	0. 15ab
	A2	0. 26a	0. 28b	0. 15a
N120	CK	0. 29a	0. 33a	0. 17a
	A2	0. 27a	0. 33a	0. 15a

4. 1. 6. 2　牧草植株全磷累积量

1. 不同水氮模式对第二茬抽穗期牧草植株全磷累积量的影响

不同水氮模式牧草植株全磷累积量如图 4-29 和图 4-30 所示。由图 4-29 和图 4-30 分析可知,不同种植模式,水氮耦合对牧草植株全磷累积量的影响均表现为:随施氮量的增加呈先增加后下降的趋势;随灌水量的增加而增加,且仅在拔节期亏水处理的牧草植株全磷含量均高于拔节期与抽穗期同时亏水的处理。

如图 4-29 所示的 A5 灌水处理,施氮 80 kg/hm^2 的全磷累积量分别较 N0、N40 和 N120 处理提高 87. 0%、32. 37%和 8. 79%;混播同样如此。这主要与牧草产量有关。由上述分析可知,牧草全磷含量差异性不显著,施用氮肥可以有效地提高牧草产量,从而使得全磷累积量具有显著性差异。如图 4-29 所示的 N80 处理,对比 A1、A2 和 A3 处理,A3 处理分别较 A1、A2 处理牧草植株全磷累积量增加 46. 09%和 15. 37%,说明随着灌水量的增加,牧草植株全磷累积量随之增加;A4、A5 和 A6 处理同样如此,但是其值与相应仅在拔节期进行亏水的处理(A1、A2 和 A3)相比分别小 9. 56%、23. 58%和-0. 31%。可能是因为拔节期与抽穗期是牧草营养器官生长的主要时期,拔节期亏水后在抽穗期进行复水补偿,有利于牧草营养物质的吸收。

2. 不同水氮模式对第二茬牧草各生育时期植株全磷累积量的影响

如图 4-31 和图 4-32 所示,在牧草整个生育时期内,植株全磷累积量随着生育期的推进逐渐增加,且施氮处理始终高于不施氮处理,调亏灌水处理始终低于充分灌水。

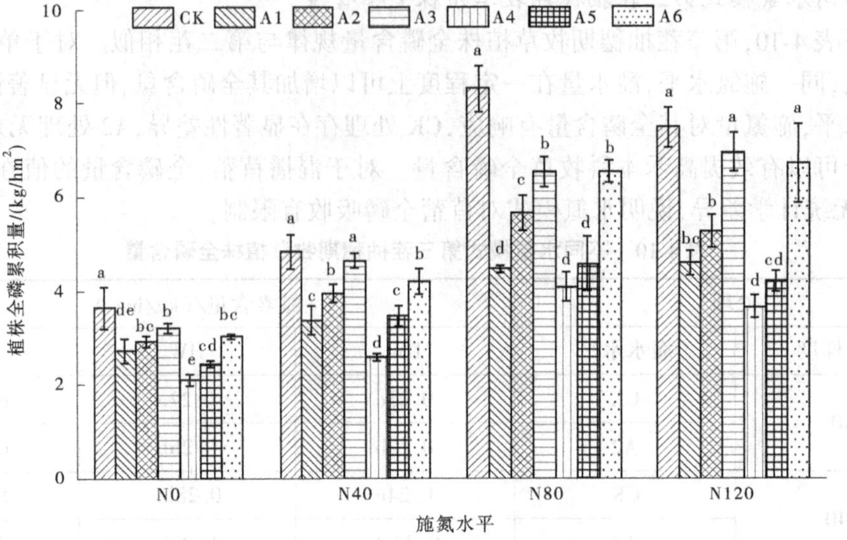

图 4-29　不同水氮模式第二茬抽穗期单播牧草植株全磷累积量

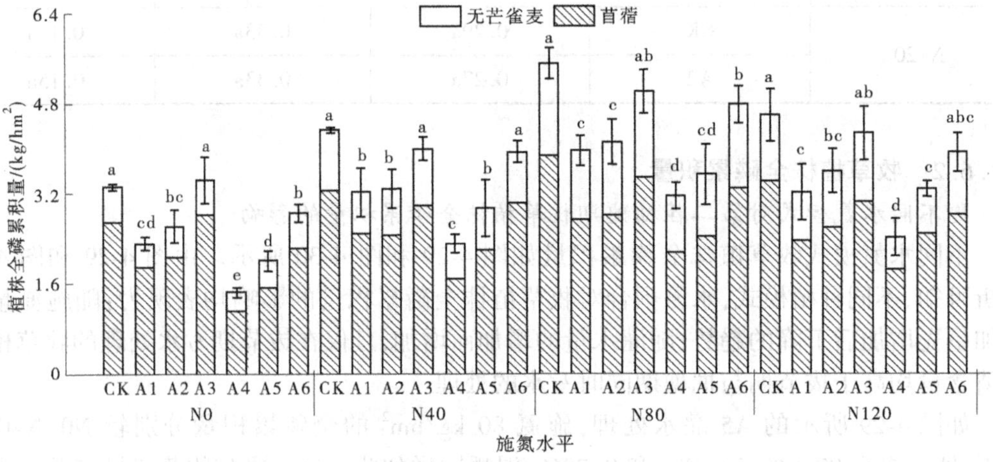

图 4-30　不同水氮模式第二茬抽穗期混播牧草植株全磷累积量

各生育时期,不同水氮处理牧草全磷累积量变化趋势均表现为:随着施氮量和灌水量的增加而显著增加。拔节期较分蘖期植株全磷累积量增幅最为明显,如混播(见图 4-32)A2 处理,各施氮水平牧草全磷累积量增幅分别是 21.31%、51.53%、46.93%和 49.27%,其原因可能是拔节期大气温度回升,日照充足,使得植株营养生长旺盛。

3. 不同水氮模式对第三茬抽穗期牧草植株全磷累积量的影响

第三茬牧草不同水氮模式下的全磷累积量变化趋势与第二茬相似(见图 4-33、图 4-34)。但无论单播还是混播,第三茬牧草全磷累积量均显著低于第二茬。第二茬单、混播种植模式,牧草植株全磷累积量范围分别是 2.93%~8.30%和 2.61%~5.51%;第三

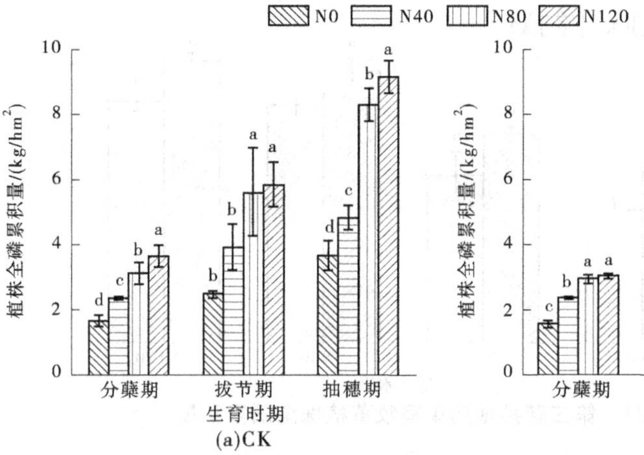

图 4-31　不同水氮模式第二茬单播无芒雀麦主要生育时期植株全磷累积量

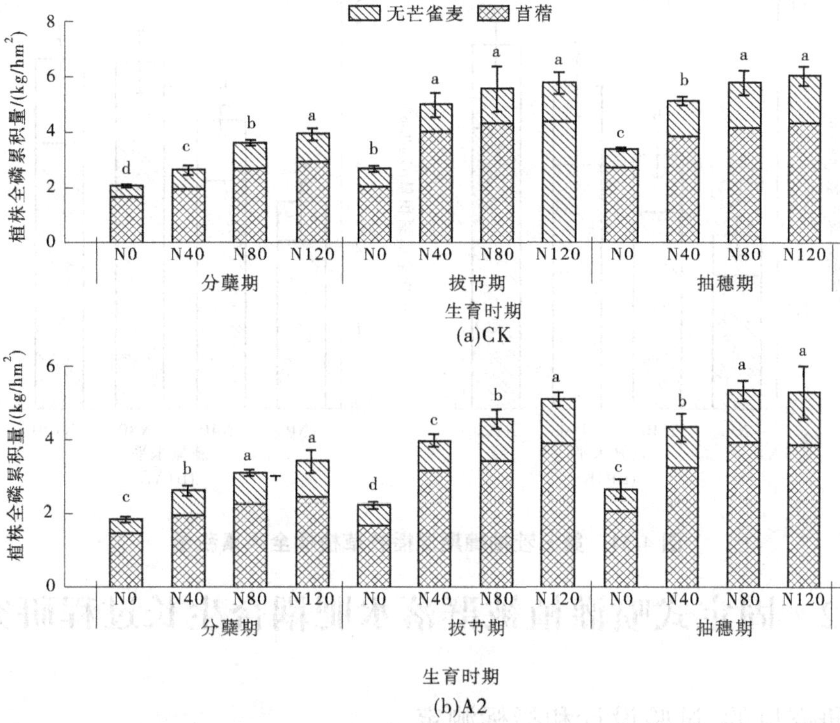

图 4-32　不同水氮模式第二茬混播牧草主要生育时期植株全磷累积量

茬的则分别是 2.05%～4.27%和 2.55%～5.43%，原因可能是第三茬未追施氮肥，前期所施氮肥部分被牧草吸收利用，部分随灌水淋溶流失，使得第三茬牧草全磷含量与干物质产量远低于第二茬，所以第三茬牧草植株全磷累积量显著低于第二茬。但灌水与施氮仍能显著增加牧草植株全磷累积量。

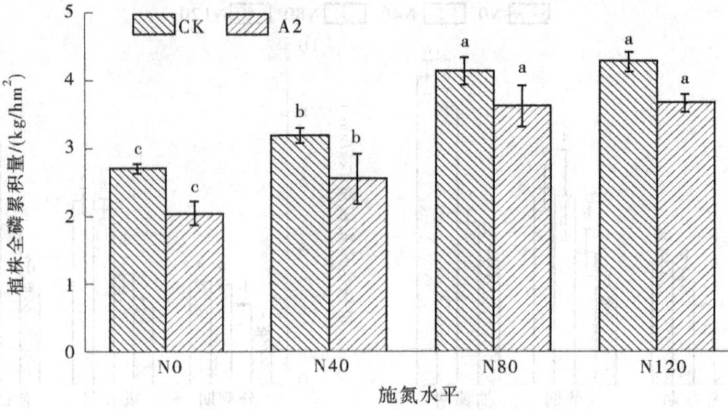

图 4-33 第三茬抽穗期单播牧草植株全磷累积量

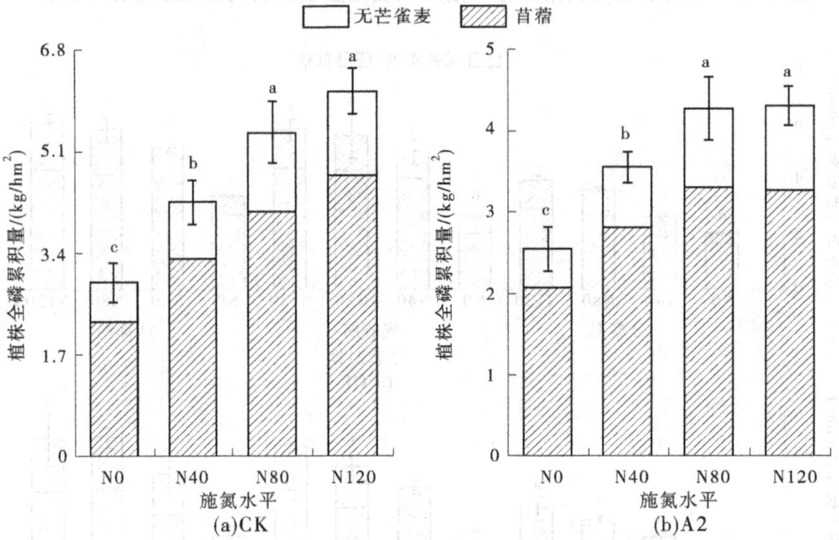

图 4-34 第三茬抽穗期混播牧草植株全磷累积量

4.2 固定式喷灌植被群落水肥耦合生长过程研究

4.2.1 研究目的、试验设计和指标测定

4.2.1.1 研究目的

基于植被生长冗余调控与缺水补偿效应理论，从营养干预的角度出发，通过设置水肥变化条件，研究土壤含水量的时空变化特征，植被群落（无芒雀麦单播和无芒雀麦与苜蓿混播）的耗水特性，以及牧草生长、生理指标的变化规律，为探究高产优质高效的水肥耦合调控模式奠定基础。

4.2.1.2 试验设计

试验设计同 4.1 节。

4.2.1.3　指标测定

常规气象参数:利用气象要素自动监测及远程传输系统和 Vantage Pro2 型自动气象站连续监测太阳辐射、气温、风速风向、空气相对湿度等主要气象因子,每 30 min 自动记录一组数据。

降水量:雨量筒测定。

土壤水分:分 0~20 cm、20~40 cm、40~60 cm、60~80 cm、80~100 cm 和 100~120 cm 共 6 个土层采用时域反射仪(time domain reflectometry,TDR)测定,从播种到收获每 7 d 测定一次,灌水前后和降水后加测,并定期采用土钻法对测定结果进行矫正。

株高:每隔 10 d 随机选取各小区牧草 10 株(混播处理分别选取 10 株),采用钢卷尺测定其伸直高度,取平均值。

茎粗:每隔 10 d 随机选取各小区牧草 10 株(混播处理分别选取 10 株),采用游标卡尺测定其茎粗,取平均值。

4.2.2　水肥调控对植被群落土壤含水量的影响

4.2.2.1　第一茬

1. 无芒雀麦单播

不同水氮条件下,第一茬无芒雀麦单播的土壤含水量如图 4-35(拔节期)、图 4-36(抽穗期)和图 4-37(开花期)所示。由图 4-35~图 4-37 分析可知,不同施氮水平下,7 种灌水模式的土壤含水量均随土层深度的增加呈先减少后增加的趋势,说明存在一定程度的地下水补给。

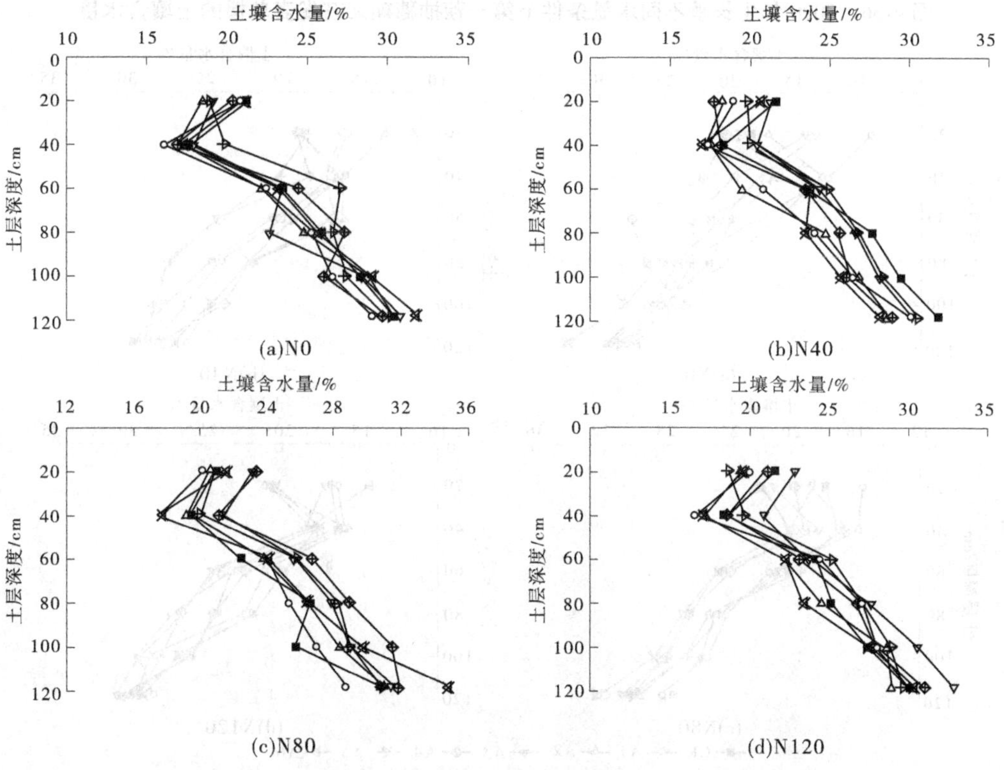

图 4-35　2020 年生长季不同水氮条件下第一茬拔节期无芒雀麦单播的土壤含水量

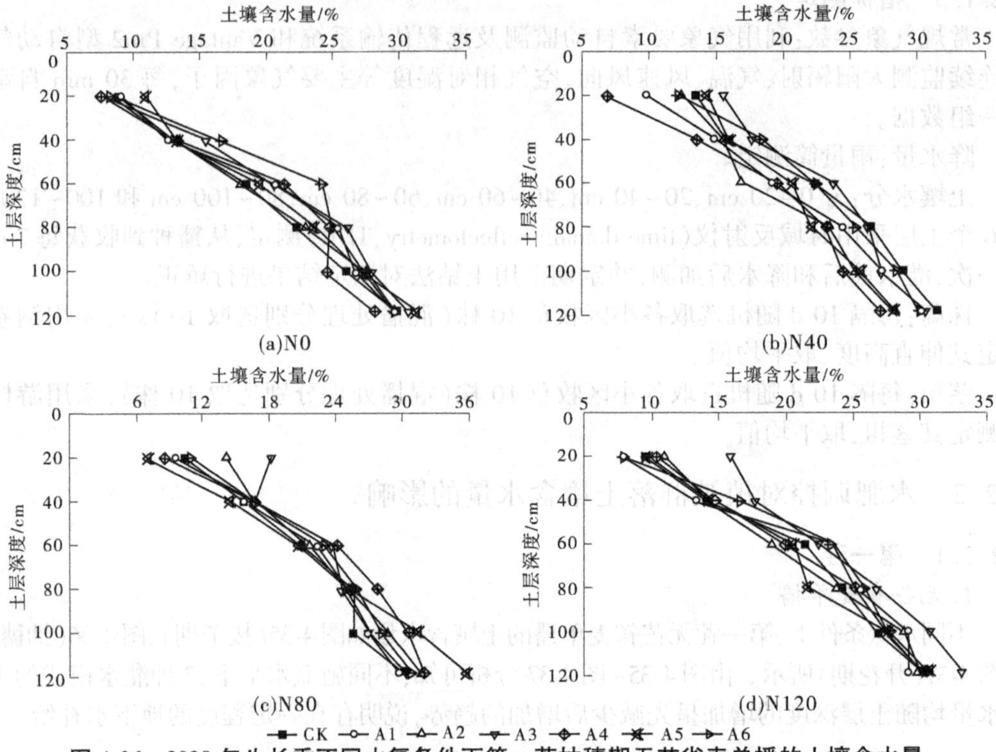

图 4-36 2020 年生长季不同水氮条件下第一茬抽穗期无芒雀麦单播的土壤含水量

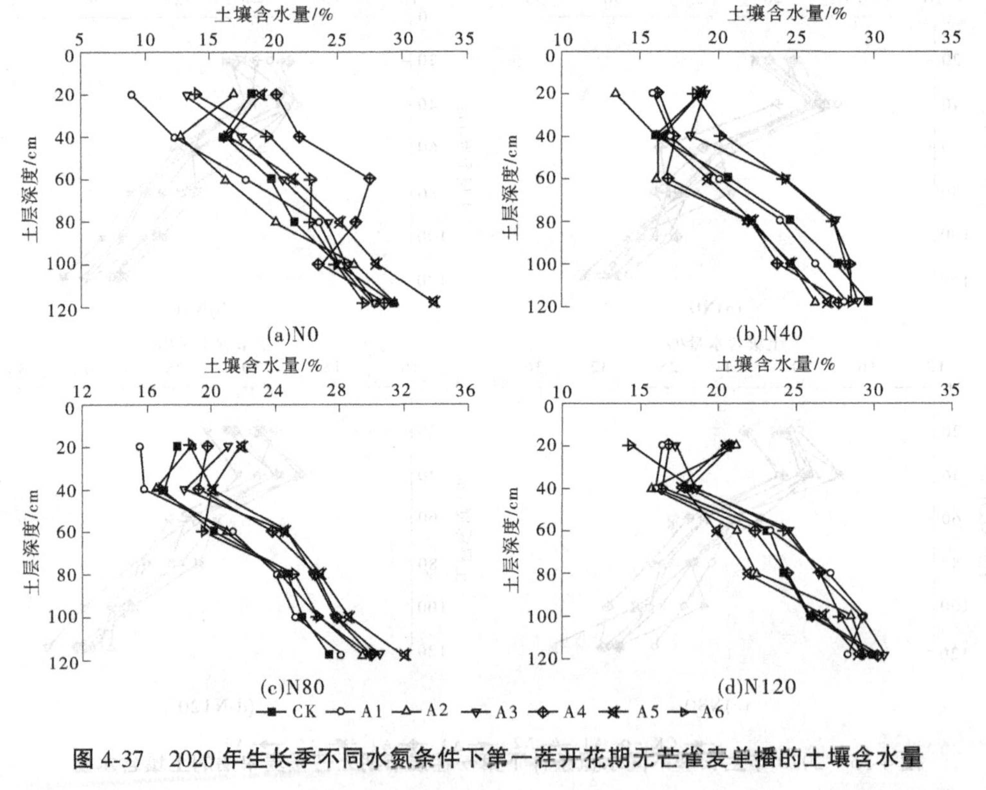

图 4-37 2020 年生长季不同水氮条件下第一茬开花期无芒雀麦单播的土壤含水量

2. 无芒雀麦与苜蓿混播

不同水氮条件下，第一茬无芒雀麦与苜蓿混播的土壤含水量如图4-38（拔节期）、图4-39（抽穗期）和图4-40（开花期）所示。由图4-38～图4-40分析可知，不同施氮水平下，7种灌水模式的土壤含水量均随土层深度的增加呈先减少后增加的趋势，说明存在一定程度的地下水补给。与无芒雀麦单播相比，无芒雀麦与苜蓿混播的土壤含水量整体偏低。

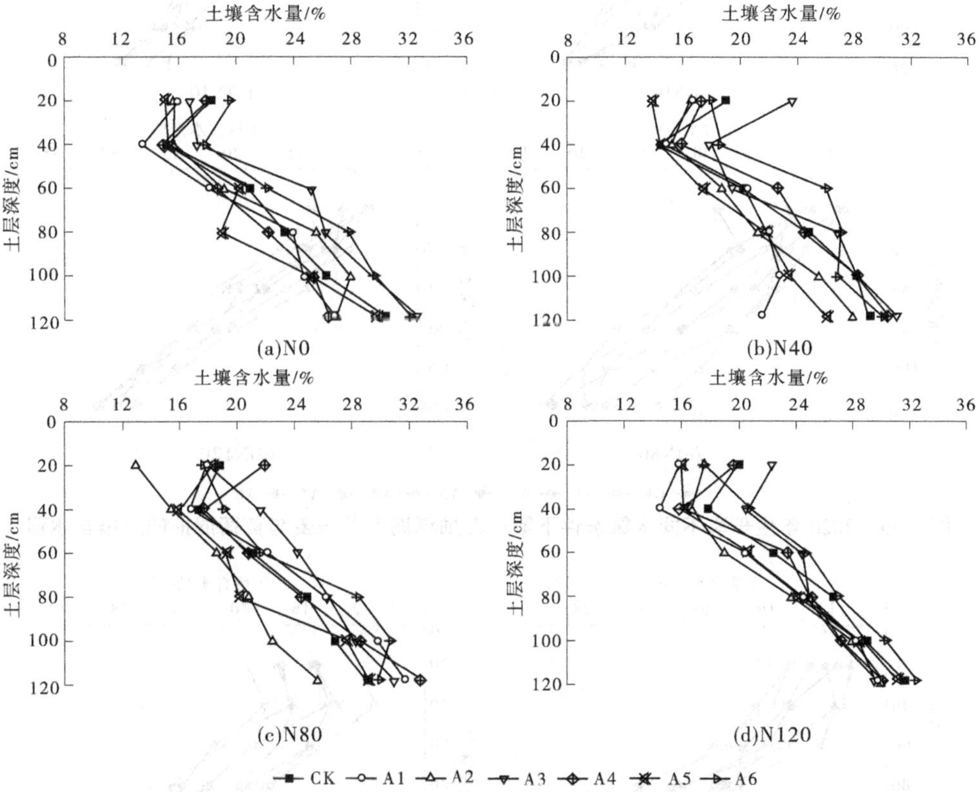

图4-38　2020年生长季不同水氮条件下第一茬拔节期无芒雀麦与苜蓿混播的土壤含水量

4.2.2.2　第二茬

1. 无芒雀麦单播

不同水氮条件下，第二茬无芒雀麦单播分蘖期、拔节期和抽穗期的土壤含水量分别如图4-41～图4-43所示。由图4-41～图4-43分析可知，在不同施氮水平下，7种灌水模式的土壤含水量均随土层深度的增加呈先减少后增加的趋势，说明存在一定程度的地下水补给。与抽穗期和开花期相比，分蘖处理间的土壤含水量差异较大。

2. 无芒雀麦与苜蓿混播

不同水氮条件下，第二茬无芒雀麦与苜蓿混播分蘖期、拔节期和抽穗期的土壤含水量分别如图4-44～图4-46所示。由图图4-44～图4-46分析可知，不同施氮水平下，7种灌水模式的土壤含水量均随土层深度的增加呈先减少后增加的趋势，说明存在一定程度的地下水补给。与无芒雀麦单播相比，无芒雀麦与苜蓿混播的土壤含水量整体偏低。与抽穗期和开花期相比，分蘖期处理间的土壤含水量差异较大。

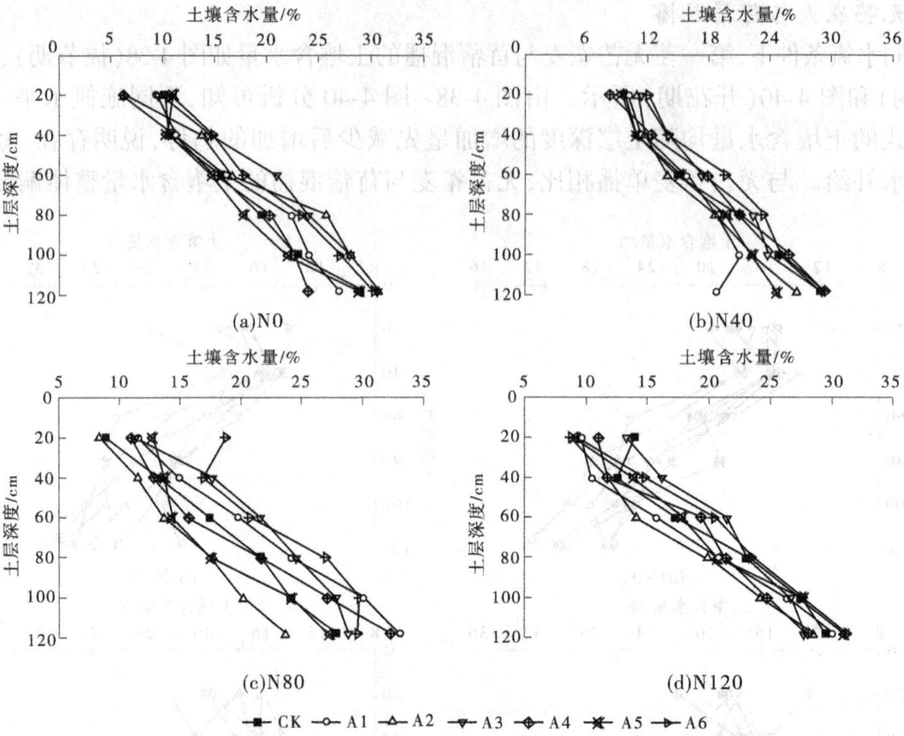

图 4-39 2020 年生长季不同水氮条件下第一茬抽穗期无芒雀麦与苜蓿混播的土壤含水量

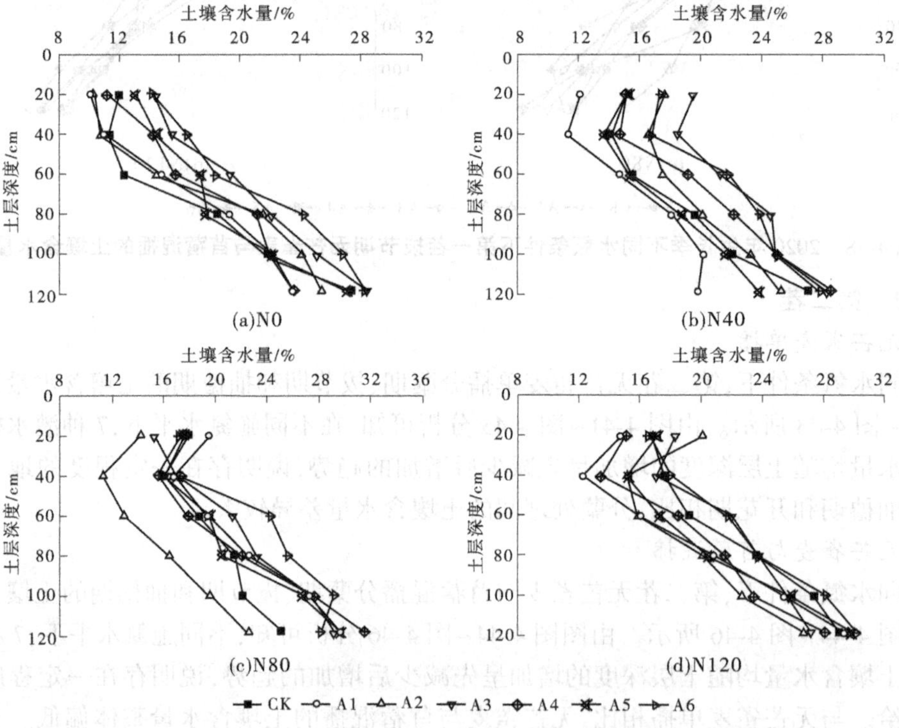

图 4-40 2020 年生长季不同水氮条件下第一茬开花期无芒雀麦与苜蓿混播的土壤含水量

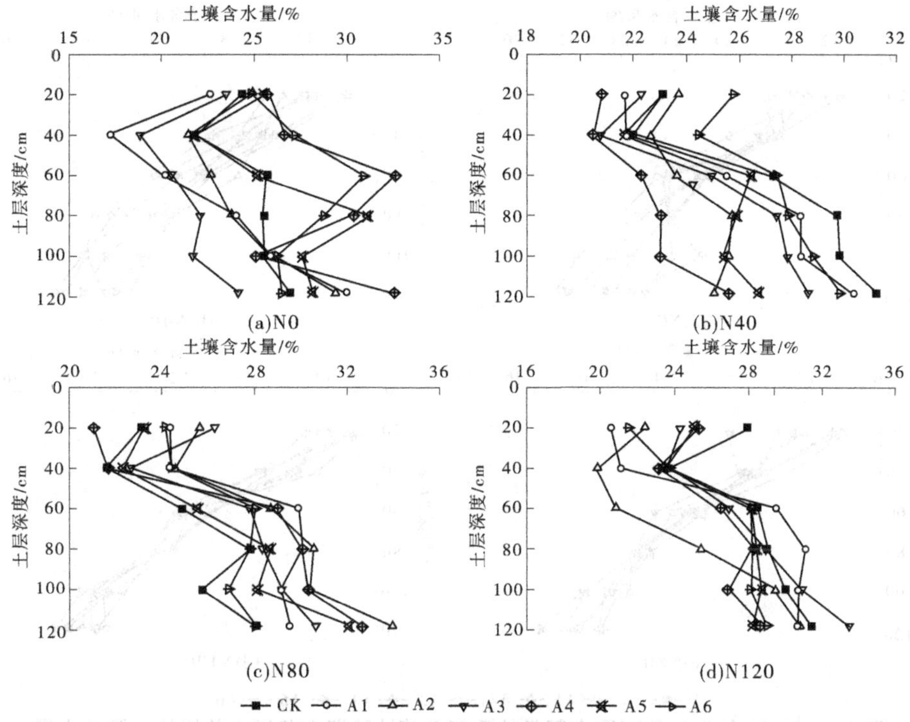

图 4-41　2020 年生长季不同水氮条件下第二茬分蘖期无芒雀麦单播的土壤含水量

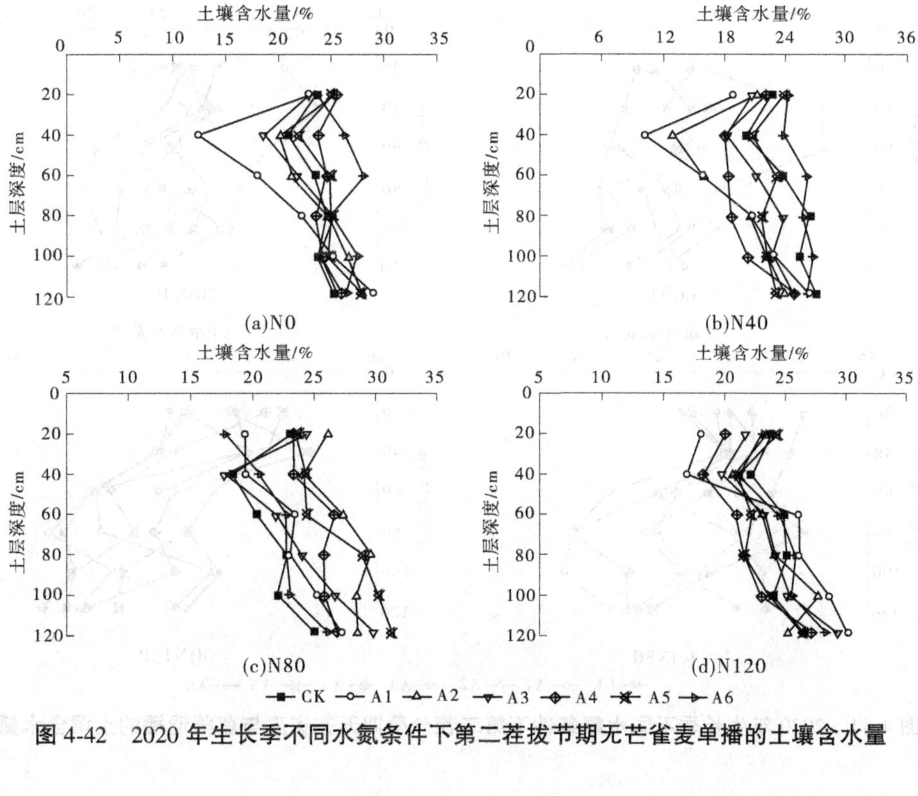

图 4-42　2020 年生长季不同水氮条件下第二茬拔节期无芒雀麦单播的土壤含水量

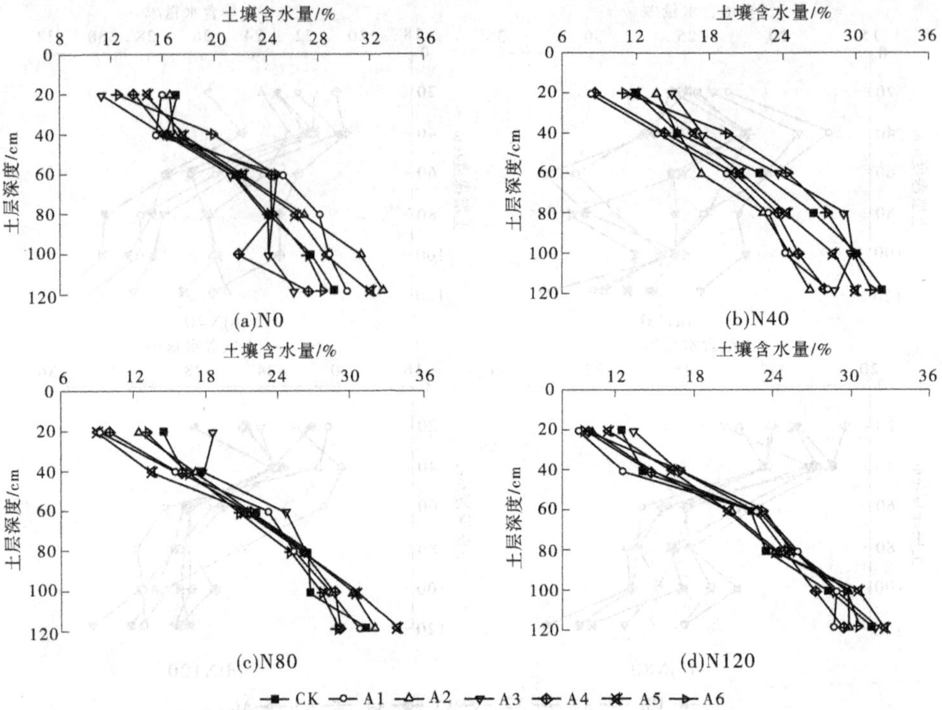

图 4-43　2020 年生长季不同水氮条件下第二茬抽穗期无芒雀麦单播的土壤含水量

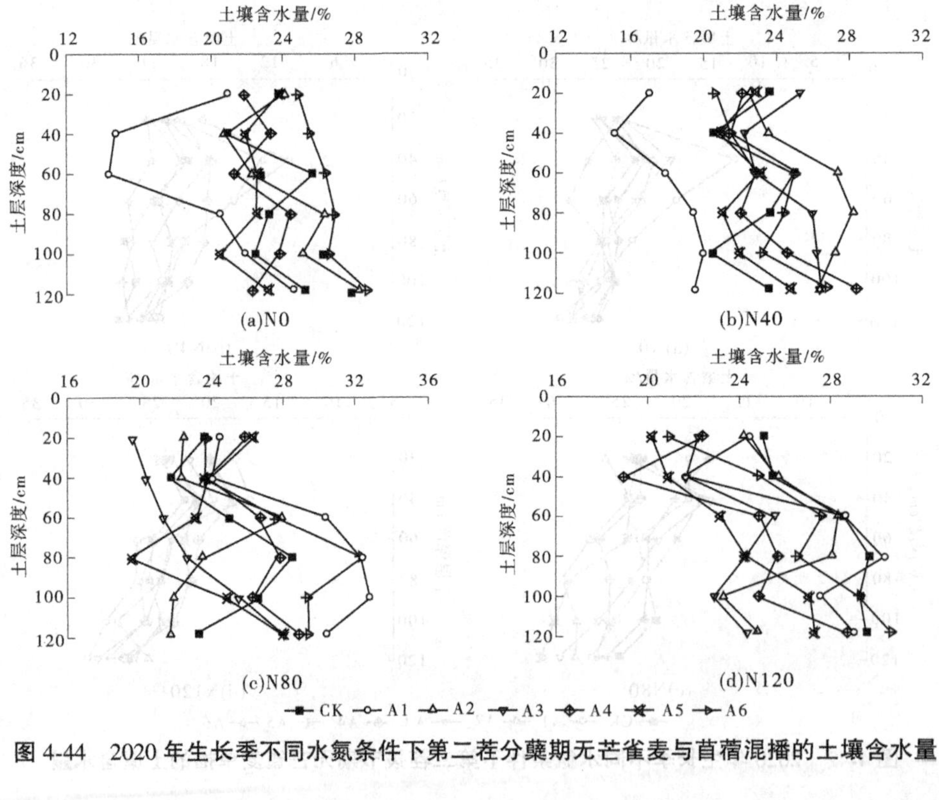

图 4-44　2020 年生长季不同水氮条件下第二茬分蘖期无芒雀麦与苜蓿混播的土壤含水量

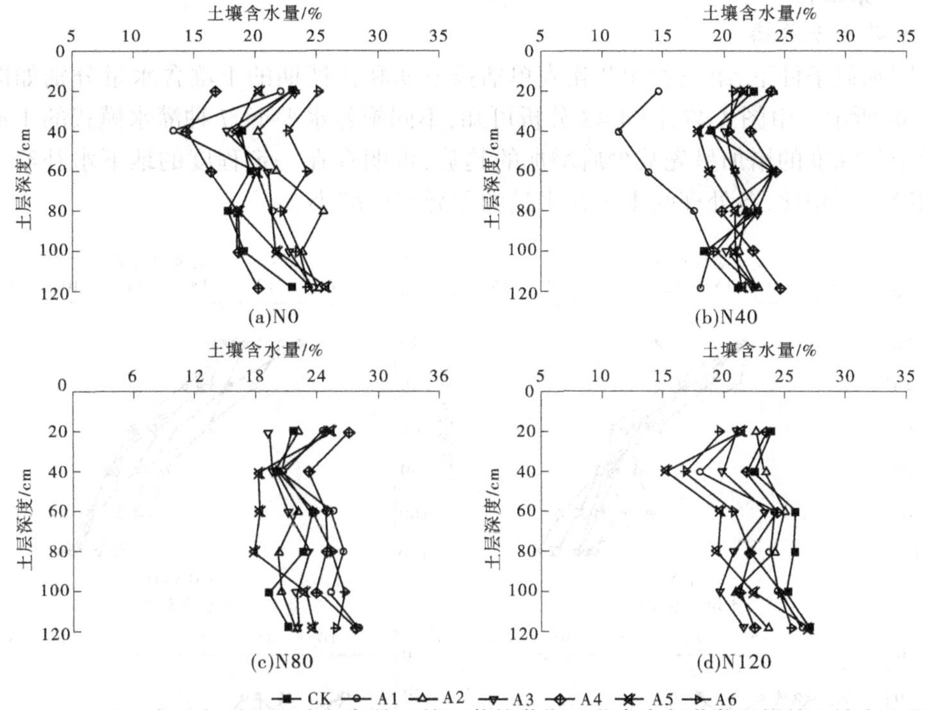

图 4-45　2020 年生长季不同水氮条件下第二茬拔节期无芒雀麦与苜蓿混播的土壤含水量

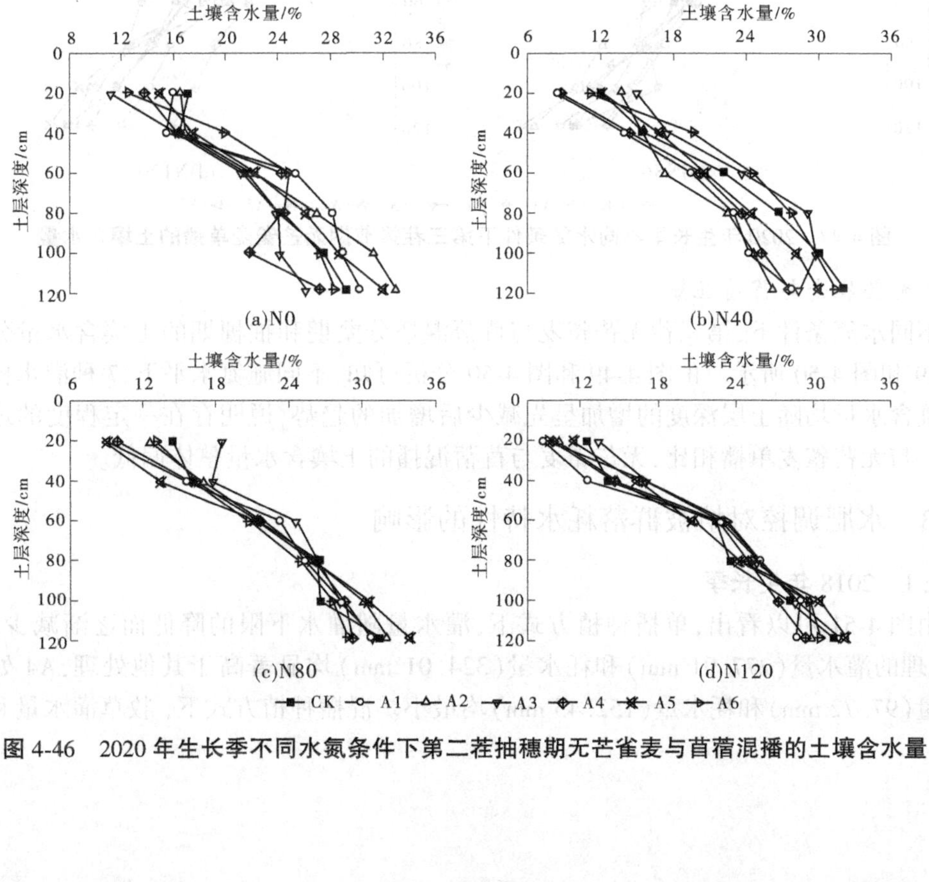

图 4-46　2020 年生长季不同水氮条件下第二茬抽穗期无芒雀麦与苜蓿混播的土壤含水量

4.2.2.3　第三茬

1. 无芒雀麦单播

不同水氮条件下,第三茬无芒雀麦单播拔节期和抽穗期的土壤含水量分别如图 4-47 和图 4-48 所示。由图 4-47、图 4-48 分析可知,不同施氮水平下,7 种灌水模式的土壤含水量均随土层深度的增加呈先减少后增加的趋势,说明存在一定程度的地下水补给。与第一茬和第二茬相比,各处理间土壤含水量的差异有所减小。

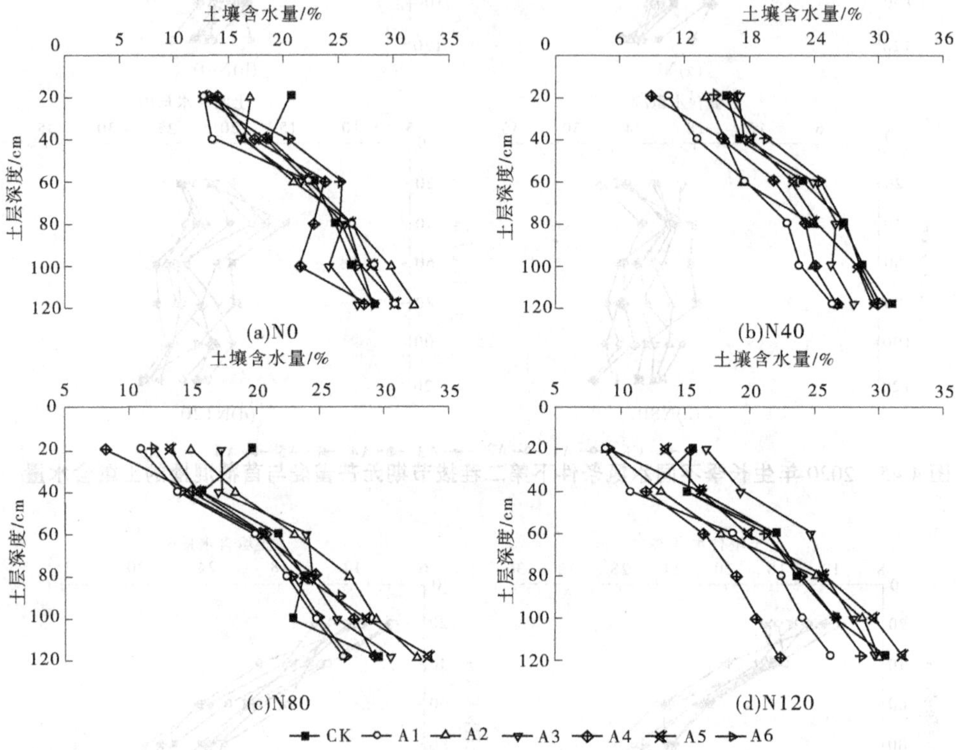

图 4-47　2020 年生长季不同水氮条件下第三茬拔节期无芒雀麦单播的土壤含水量

2. 无芒雀麦与苜蓿混播

不同水氮条件下,第三茬无芒雀麦与苜蓿混播分蘖期和抽穗期的土壤含水量分别如图 4-49 和图 4-50 所示。由图 4-49 和图 4-50 分析可知,不同施氮水平下,7 种灌水模式下的土壤含水量均随土层深度的增加呈先减少后增加的趋势,说明存在一定程度的地下水补给。与无芒雀麦单播相比,无芒雀麦与苜蓿混播的土壤含水量整体偏低。

4.2.3　水肥调控对植被群落耗水特性的影响

4.2.3.1　2018 年生长季

由图 4-51 可以看出,单播种植方式下,灌水量随灌水下限的降低而逐渐减少,其中 CK 处理的灌水量(277.91 mm)和耗水量(324.01 mm)均显著高于其他处理,A4 处理的灌水量(97.72 mm)和耗水量(152.45 mm)均最小。混播种植方式下,牧草灌水量和耗水

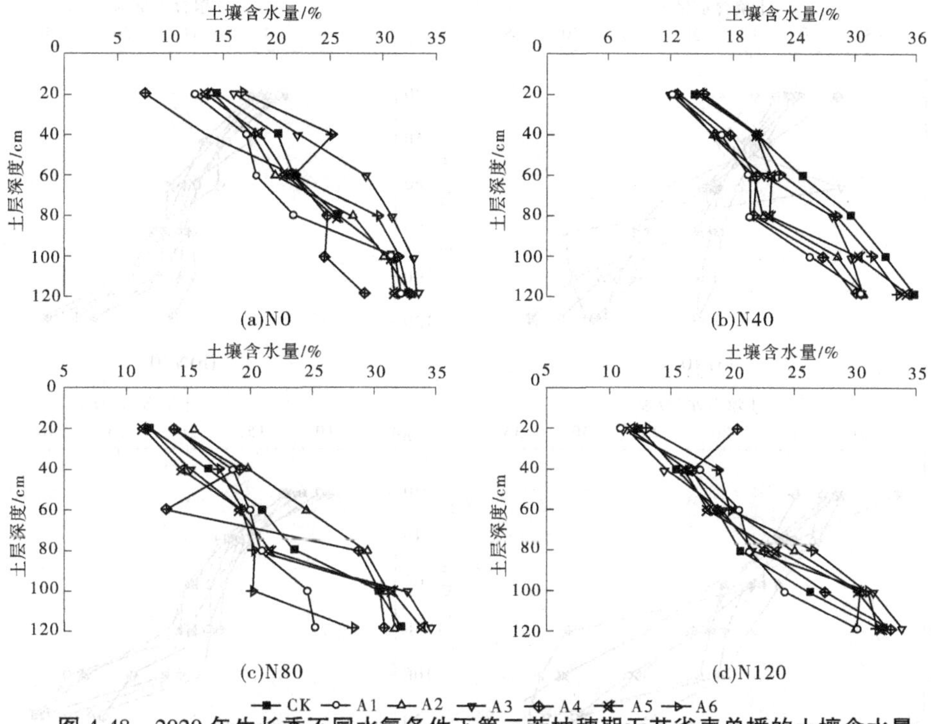

图 4-48　2020 年生长季不同水氮条件下第三茬抽穗期无芒雀麦单播的土壤含水量

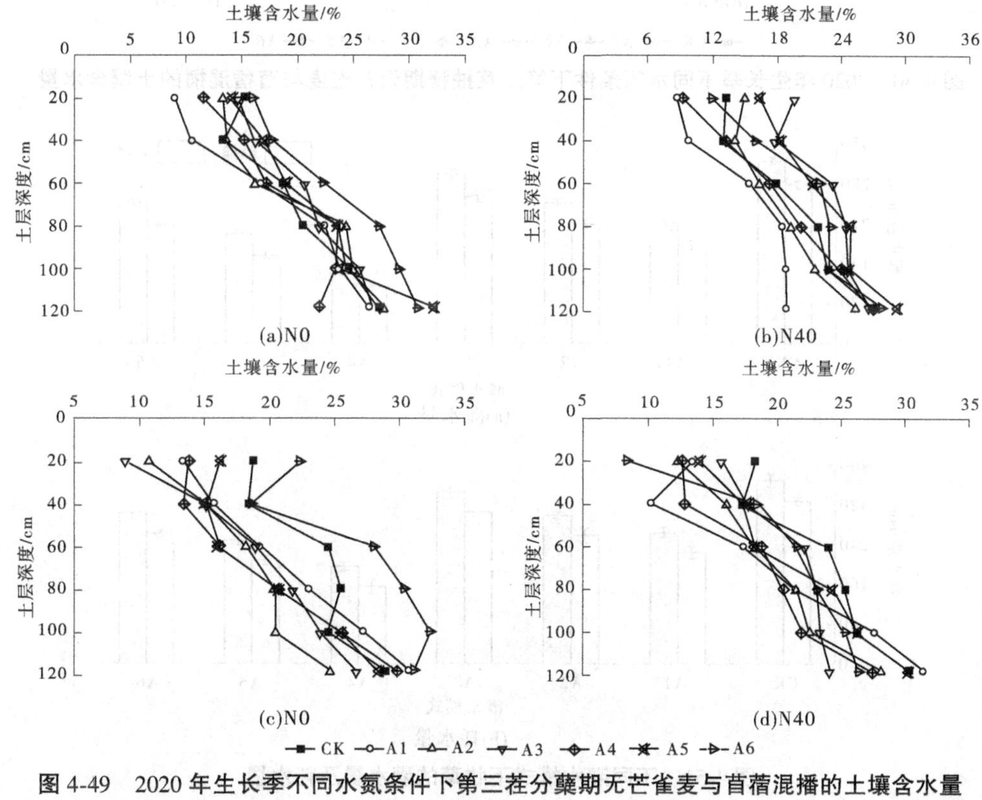

图 4-49　2020 年生长季不同水氮条件下第三茬分蘖期无芒雀麦与苜蓿混播的土壤含水量

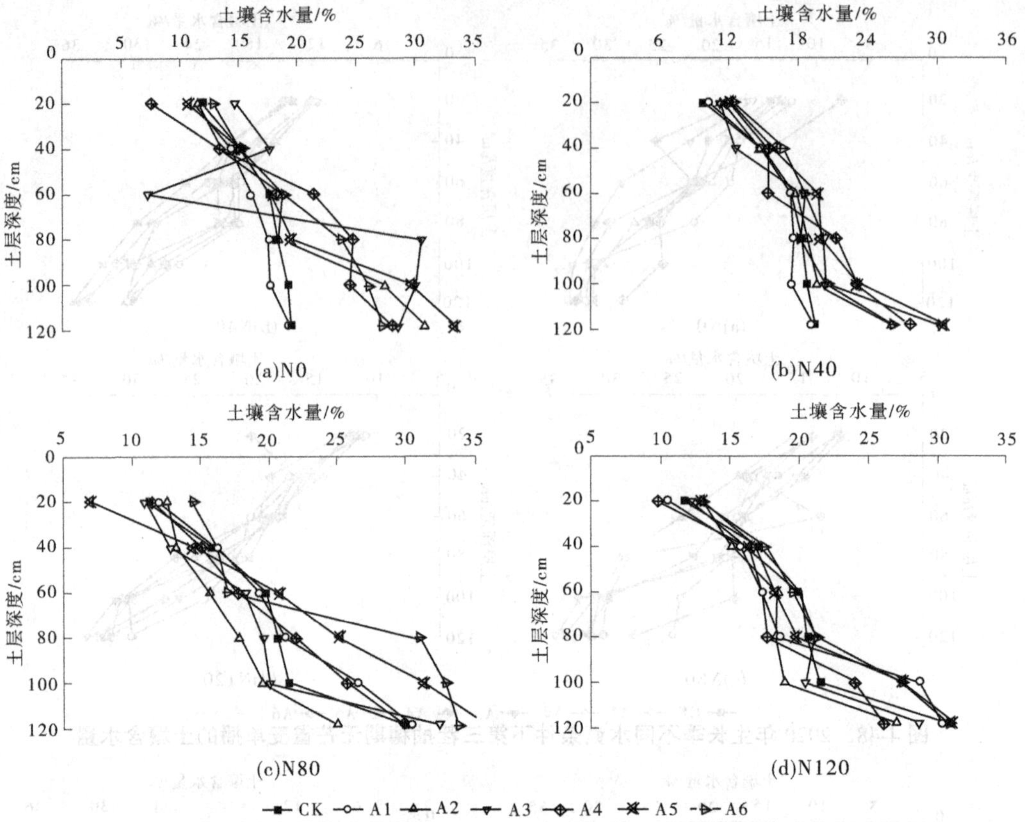

图 4-50　2020 年生长季不同水氮条件下第三茬抽穗期无芒雀麦与苜蓿混播的土壤含水量

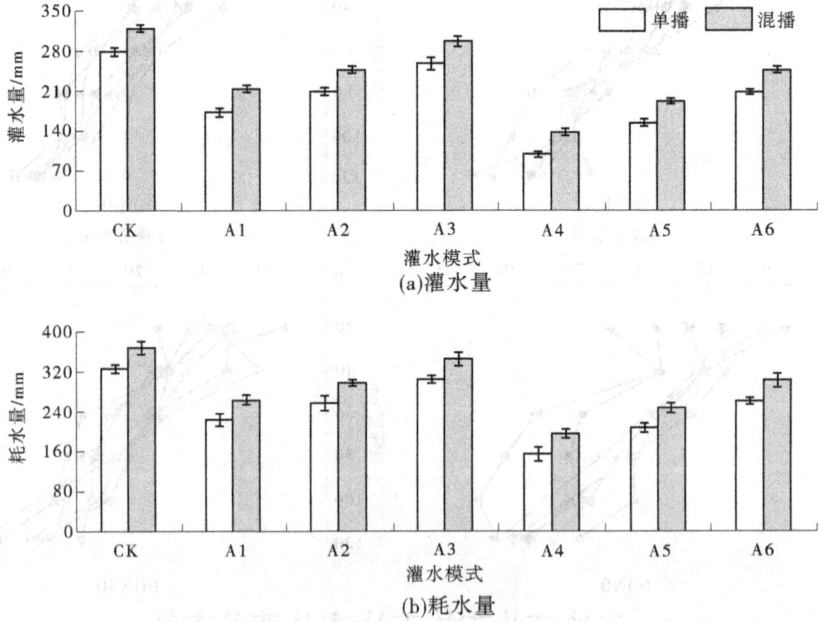

图 4-51　不同灌水模式下牧草的灌水量及耗水量

量的变化规律与单播类似,其中 CK 处理的灌水量(318.56 mm)和耗水量(365.66 mm)最大,A4 处理的灌水量(136.19 mm)和耗水量(193.01 mm)最小。可见,同一水分调控模式下,混播牧草的灌水量和耗水量均显著高于单播,且由于 2018 年牧草生长季降水较少,牧草耗水主要来源于灌水,单播和混播草地中灌水量占耗水总量的比例分别为 64.06%~85.77%和 83.78%~94.10%。

4.2.3.2　2019 年生长季

表 4-11 为 2019 年生长季不同灌水施氮模式下无芒雀麦单播的生育期耗水量。由表 4-11 分析可知,在不施氮条件下,第一茬、第二茬和第三茬的无芒雀麦生育期耗水量分别为 132.0~271.5 mm、107.9~231.4 mm 和 83.8~230.2 mm;在施氮量为 40 kg/hm^2 时,第一茬、第二茬和第三茬的无芒雀麦生育期耗水量分别为 152.3~291.1 mm、132.7~256.4 mm 和 93.4~240.3 mm;在施氮量为 80 kg/hm^2 时,第一茬、第二茬和第三茬的无芒雀麦生育期耗水量分别为 177.6~316.3 mm、157.6~281.2 mm 和 113.4~260.2 mm;在施氮量为 120 kg/hm^2 时,第一茬、第二茬和第三茬的无芒雀麦生育期耗水量分别为 202.1~341.3 mm、187.5~311.2 mm 和 133.5~280.2 mm。4 种施氮水平下,无芒雀麦生育期总耗水量分别为 323.7~733.2 mm、378.4~787.8 mm、448.6~857.7 mm 和 523.1~932.7 mm。可见,同一灌水模式下,耗水量随施氮量的提高呈增加趋势;同一施氮水平下,充分灌水的耗水量显著高于调亏灌水,其中 A4 灌水模式的耗水量最低。

表 4-11　2019 年生长季不同灌水施氮模式下无芒雀麦单播的生育期耗水量　单位:mm

施氮量	灌水模式	第一茬	第二茬	第三茬	总耗水量
N0	CK	271.5a	231.4a	230.2a	733.2a
	A1	189.5d	129.5f	118.3f	437.3e
	A2	215.5c	157.3d	144.8d	517.6d
	A3	245.3b	198.6b	197.1b	641.0b
	A4	132.0f	107.9g	83.8g	323.7f
	A5	166.4e	142.6e	127.7e	436.7e
	A6	211.2c	176.2c	171.9c	559.3c
N40	CK	291.1a	256.4a	240.3a	787.8a
	A1	209.2d	154.4f	128.3f	491.9e
	A2	235.5c	182.2d	154.5d	572.2d
	A3	265.3b	223.5b	207.1b	695.9b
	A4	152.3f	132.7g	93.4g	378.4f
	A5	186.6e	167.5e	137.5e	491.6e
	A6	231.2c	201.1c	181.7c	614.0c

续表 4-11

施氮量	灌水模式	第一茬	第二茬	第三茬	总耗水量
N80	CK	316. 3a	281. 2a	260. 2a	857. 7a
	A1	234. 2d	179. 5f	148. 2f	561. 9e
	A2	260. 5c	207. 2d	174. 5d	642. 2d
	A3	290. 3b	248. 5b	227. 1b	765. 9b
	A4	177. 6f	157. 6g	113. 4g	448. 6f
	A5	211. 4e	192. 6e	157. 5e	561. 5e
	A6	256. 1c	226. 1c	201. 5c	683. 7c
N120	CK	341. 3a	311. 2a	280. 2a	932. 7a
	A1	259. 3d	209. 2f	168. 3f	636. 8e
	A2	285. 2c	237. 1d	194. 5d	716. 8d
	A3	315. 3b	278. 4b	247. 3b	841. 0b
	A4	202. 1f	187. 5g	133. 5g	523. 1f
	A5	236. 8e	222. 4e	177. 4e	636. 6e
	A6	281. 6c	256. 1c	221. 6c	759. 3c

表 4-12 为 2019 年生长季不同灌水施氮模式下无芒雀麦与苜蓿混播的生育期耗水量。由表 4-12 分析可知,在不施氮条件下,第一茬、第二茬和第三茬的无芒雀麦生育期耗水量分别为 157. 4～310. 2 mm、132. 3～285. 4 mm 和 98. 1～234. 7 mm;在施氮量为 40 kg/hm^2 时,第一茬、第二茬和第三茬的无芒雀麦生育期耗水量分别为 167. 9～320. 9 mm、131. 1～253. 7 mm 和 103. 4～239. 3 mm;在施氮量为 80 kg/hm^2 时,第一茬、第二茬和第三茬的无芒雀麦生育期耗水量分别为 177. 6～330. 4 mm、141. 2～263. 3 mm 和 128. 2～264. 3 mm;在施氮量为 120 kg/hm^2 时,第一茬、第二茬和第三茬的无芒雀麦生育期耗水量分别为 207. 4～360. 1 mm、171. 1～293. 7 mm 和 148. 2～284. 4 mm。4 种施氮水平下,无芒雀麦生育期总耗水量分别为 387. 8～830. 3 mm、402. 4～813. 9 mm、447. 0～858. 0 mm 和 526. 7～938. 3 mm。可见,在一定灌水施氮条件下,无芒雀麦与苜蓿混播的耗水量高于无芒雀麦单播,同一灌水模式下,耗水量随施氮量的提高呈增加趋势;同一施氮水平下,充分灌水的耗水量显著高于调亏灌水,其中 A1 灌水模式的耗水量最低。

表 4-12　2019 年生长季不同灌水施氮模式下无芒雀麦与苜蓿混播的生育期耗水量　单位:mm

施氮量	灌水模式	第一茬	第二茬	第三茬	总耗水量
N0	CK	310.2a	285.4a	234.7a	830.3a
	A1	202.3d	177.4e	131.4f	511.1f
	A2	254.3c	229.5c	166.1d	649.9d
	A3	288.3b	263.2b	214.6b	766.1b
	A4	157.4e	132.3f	98.1g	387.8g
	A5	211.4d	186.3d	143.9e	541.6e
	A6	255.1c	230.4c	199.8c	685.3c
N40	CK	320.9a	253.7a	239.3a	813.9a
	A1	212.9e	156.3f	136.3f	505.5f
	A2	264.9c	199.2d	171.2d	635.3d
	A3	298.3b	227.9b	219.5b	745.7b
	A4	167.9f	131.1g	103.4g	402.4g
	A5	221.5d	180.4e	148.5e	550.4e
	A6	265.2c	217.2c	204.3c	686.7c
N80	CK	330.4a	263.3a	264.3a	858.0a
	A1	222.3e	166.2f	161.5f	550.0f
	A2	274.2c	209.1d	196.1d	679.4d
	A3	308.6b	237.4b	244.2b	790.2b
	A4	177.6f	141.2g	128.2g	447.0g
	A5	231.7d	190.3e	173.3e	595.3e
	A6	275.4c	227.1c	229.4c	731.9c
N120	CK	360.1a	293.7a	284.5a	938.3a
	A1	252.2e	196.3f	181.3f	629.8f
	A2	304.1c	239.2d	216.3d	759.6d
	A3	338.2b	267.9b	264.4b	870.5b
	A4	207.4f	171.1g	148.2g	526.7g
	A5	261.4d	220.4e	193.4e	675.2e
	A6	305.1c	257.2c	249.5c	811.8c

4.2.3.3　2020 年生长季

表 4-13 为 2020 年生长季不同灌水施氮模式下无芒雀麦单播的生育期耗水量。由表 4-13 分析可知，在不施氮条件下，第一茬、第二茬和第三茬的无芒雀麦生育期耗水量分别为 190.0～343.9 mm、151.1～252.1 mm 和 95.6～252.4 mm；在施氮量为 40 kg/hm^2 时，第一茬、第二茬和第三茬的无芒雀麦生育期耗水量分别为 212.0～344.1 mm、109.9～272.9 mm 和 125.9～235.1 mm；在施氮量为 80 kg/hm^2 时，第一茬、第二茬和第三茬的无芒雀麦生育期耗水量分别为 237.7～350.7 mm、136.8～295.6 mm 和 119.1～212.7 mm；在施氮量为 120 kg/hm^2 时，第一茬、第二茬和第三茬的无芒雀麦生育期耗水量分别为 191.2～412.5 mm、163.5～300.1 mm 和 153.7～280.1 mm。4 种施氮水平下，无芒雀麦生育期总耗水量分别为 436.7～848.4 mm、447.7～852.1 mm、493.6～858.9 mm 和 508.3～992.8 mm。可见，同一灌水模式下，耗水量随施氮量的提高呈增加趋势；同一施氮水平下，充分灌水的耗水量显著高于调亏灌水，其中 A4 灌水模式的耗水量最低。

表 4-13　2020 年生长季不同灌水施氮模式下无芒雀麦单播的生育期耗水量　　单位：mm

施氮量	灌水模式	第一茬	第二茬	第三茬	总耗水量
N0	CK	343.9a	252.1a	252.4a	848.4a
	A1	265.2e	169.7d	207.4b	642.4e
	A2	281.4d	198.2c	179.9c	659.4d
	A3	320.0b	231.0b	210.9b	761.9b
	A4	190.0f	151.1e	95.6e	436.7g
	A5	275.8d	174.3d	144.7d	594.7f
	A6	290.9c	194.5c	188.8c	674.3c
N40	CK	344.1a	272.9a	235.1a	852.1a
	A1	298.0d	135.9f	182.5c	616.4e
	A2	310.4c	175.1d	194.8b	680.2c
	A3	327.6b	226.8b	232.0a	786.4b
	A4	212.0f	109.9g	125.9e	447.7g
	A5	290.4d	151.8e	156.0d	598.2f
	A6	277.2e	194.5c	183.8c	655.5d
N80	CK	350.7a	295.6a	212.7a	858.9a
	A1	282.6c	187.6d	181.4c	651.6e
	A2	327.6b	216.8c	195.9b	740.3c
	A3	342.1a	243.5b	200.1ab	785.6b
	A4	237.7d	136.8e	119.1e	493.6g
	A5	288.8c	178.3d	162.0d	629.0f
	A6	280.7c	215.9c	194.4b	691.0d

续表 4-13

施氮量	灌水模式	第一茬	第二茬	第三茬	总耗水量
N120	CK	412.5a	280.1a	300.1a	992.8a
	A1	260.6c	168.6e	206.3e	635.4e
	A2	315.9b	190.9d	259.4c	766.2c
	A3	406.9a	228.9b	285.5b	921.3b
	A4	191.2e	153.7f	163.5f	508.3g
	A5	217.4d	160.4e	222.4d	600.2f
	A6	300.8b	203.7c	216.9de	721.4d

表 4-14 为 2020 年生长季不同灌水施氮模式下无芒雀麦与苜蓿混播的生育期耗水量。由表 4-14 分析可知，在不施氮条件下，第一茬、第二茬和第三茬的无芒雀麦生育期耗水量分别为 229.8~391.0 mm、157.8~251.4 mm 和 99.7~236.6 mm；在施氮量为 40 kg/hm^2 时，第一茬、第二茬和第三茬的无芒雀麦生育期耗水量分别为 255.4~407.5 mm、130.7~309.0 mm 和 113.5~232.7 mm；在施氮量为 80 kg/hm^2 时，第一茬、第二茬和第三茬的无芒雀麦生育期耗水量分别为 231.8~440.0 mm、154.5~292.7 mm 和 119.6~251.2 mm；在施氮量为 120 kg/hm^2 时，第一茬、第二茬和第三茬的无芒雀麦生育期耗水量分别为 258.7~420.9 mm、158.8~336.6 mm 和 113.0~261.7 mm。4 种施氮水平下，无芒雀麦生育期总耗水量分别为 487.3~873.9 mm、499.6~949.2 mm、505.8~983.9 mm 和 530.5~1019.1 mm。可见，在一定灌水施氮条件下，无芒雀麦与苜蓿混播的耗水量高于无芒雀麦单播，同一灌水模式下，耗水量随施氮量的提高呈增加趋势；同一施氮水平下，充分灌水的耗水量显著高于调亏灌水，其中 A1 灌水模式的耗水量最低。

表 4-14　2020 年生长季不同灌水施氮模式下无芒雀麦与苜蓿混播的生育期耗水量　单位：mm

施氮量	灌水模式	第一茬	第二茬	第三茬	总耗水量
N0	CK	391.0a	246.4a	236.6a	873.9a
	A1	303.5e	202.9c	137.5e	644.0d
	A2	339.2c	224.6b	177.6c	741.4c
	A3	352.1b	251.4a	202.8b	806.4b
	A4	229.8f	157.8e	99.7f	487.3f
	A5	315.3e	161.7e	132.8e	609.8e
	A6	329.0d	172.4d	156.8d	658.2d

续表 4-14

施氮量	灌水模式	第一茬	第二茬	第三茬	总耗水量
N40	CK	407.5a	309.0a	232.7a	949.2a
	A1	317.8c	219.8d	121.4e	659.0c
	A2	363.4b	275.6c	152.7c	791.6b
	A3	306.1d	283.1b	198.8b	787.9b
	A4	255.4f	130.7f	113.5e	499.6e
	A5	370.6b	275.1c	135.3d	780.9b
	A6	269.1e	160.1e	162.9c	592.1d
N80	CK	440.0a	292.7a	251.2a	983.9a
	A1	291.4e	214.2e	161.2e	666.8f
	A2	320.1c	257.1d	190.9c	768.0c
	A3	340.6b	280.1b	232.0b	852.7b
	A4	231.8f	154.5f	119.6f	505.8g
	A5	304.7d	247.5d	150.7e	702.8e
	A6	288.2e	268.7c	176.5d	733.5d
N120	CK	420.9a	336.6a	261.7a	1 019.1a
	A1	311.2e	192.3e	159.4d	662.9f
	A2	371.3c	219.9d	190.6c	781.8d
	A3	364.1cd	298.4b	224.6b	887.1b
	A4	258.7f	158.8f	113.0f	530.5g
	A5	359.5d	225.4d	144.9e	729.8e
	A6	405.8b	266.1c	161.7d	833.5c

4.2.4 水肥调控对植被群落生长指标的影响

4.2.4.1 2018 年生长季

2018 年为无芒雀麦和紫花苜蓿的建植年，仅收获一茬，各茬次牧草主要生育期的起止时间如表 4-15 所示。

表 4-15　2018 年生长季各茬次牧草主要生育期的起止时间

生育期	生育期开始时间(月-日)	生育期结束时间(月-日)	生育期天数/d
播种期—出苗期	05-08	05-19	12
出苗期—拔节期	05-20	06-18	29
拔节期—抽穗期	06-19	07-22	34
抽穗期—初花期	07-23	08-26	33

4.2.4.2　2019 年生长季

1. 生育进程

2019 年生长季牧草共收获三茬,各茬次牧草主要生育期的起止时间如表 4-16 所示。

表 4-16　2019 年生长季各茬次牧草主要生育期的起止时间

刈割茬次	生育期	生育期开始时间(月-日)	生育期结束时间(月-日)	生育期天数/d
第一茬	返青期—拔节期	04-12	04-23	11
	拔节期—抽穗期	04-24	05-13	20
	抽穗期—初花期	05-14	05-28	15
第二茬	再生期—拔节期	06-05	06-18	14
	拔节期—抽穗期	06-19	07-02	14
	抽穗期-初花期	07-03	07-20	17
第三茬	再生期—拔节期	07-26	08-08	15
	拔节期—抽穗期	08-09	08-25	17
	抽穗期—初花期	08-26	09-10	15

2. 株高

1)无芒雀麦

由表 4-17 可知,2019 年测量了第二茬现蕾期和初花期以及第三茬现蕾期的株高,分析结果如下:在同种施肥处理下,同一物候期,A3 灌水模式下牧草的生长状况相对最好,A4 灌水模式下牧草的生长状况相对最差;同时,在不同生育时期亏水时,株高值呈现出 A3>A6,A2>A5,A1>A4,即在抽穗期亏水不利于无芒雀麦的生长。在同种灌水模式下,同一物候期,N80 施肥处理下牧草的生长状况相对最好,N120 次之,N0(不施肥)处理下牧草的生长状况相对最差,由此可知,氮肥有利于植株的生长,但氮肥过多,会抑制无芒雀麦的生长。第三茬现蕾期牧草生长高度明显低于第二茬的高度,其主要原因是第三茬日照不充足。就单播与混播而言,无论是从灌水模式来讲,还是从施肥处理来讲,混播中的无芒雀麦明显比单播的长势好。

表 4-17　2019 年生长季不同灌水施氮模式下无芒雀麦的株高　单位：cm

施氮量	灌水模式	第二茬				第三茬	
		拔节期		抽穗期		拔节期	
		单播	混播	单播	混播	单播	混播
N0	CK	41. 1a	50. 5ab	50. 9ab	57. 3a	19. 9a	39. 6ab
	A1	37. 9	45. 7b	46. 5ab	54. 5a	19. 4a	33. 4b
	A2	38. 9a	48. 2ab	49. 8ab	56. 0a	19. 5a	36. 4ab
	A3	41. 7a	51. 8a	54. 6a	60. 8a	20. 1a	43. 2a
	A4	37. 6a	44. 5b	46. 1b	50. 2a	18. 8a	34. 5ab
	A5	38. 4a	47. 8ab	49. 5ab	56. 0a	19. 4a	36. 3ab
	A6	39. 4a	49. 8ab	49. 9ab	56. 7a	19. 6a	38. 9ab
N40	CK	45. 5a	57. 1ab	53. 5a	65. 2ab	21. 6ab	48. 6ab
	A1	34. 2b	48. 0b	45. 8ab	53. 7cd	18. 6bc	42. 7ab
	A2	35. 3bc	56. 2ab	48. 8ab	58. 4bcd	20. 4abc	45. 4ab
	A3	50. 8a	57. 2a	54. 9a	71. 0a	24. 3a	49. 5a
	A4	33. 6c	47. 8b	44. 9b	51. 7d	16. 9c	31. 4b
	A5	35. 6bc	48. 7b	47. 7ab	57. 0bcd	18. 8bc	43. 4ab
	A6	40. 2ab	56. 6ab	54. 8a	63. 9abc	20. 9abc	47. 4ab
N80	CK	50. 0ab	60. 3ab	62. 7ab	68. 9a	26. 6ab	52. 3ab
	A1	41. 5ab	47. 7b	56. 9ab	55. 9cd	20. 3b	42. 3bc
	A2	44. 1ab	52. 9ab	59. 3ab	60. 4bc	23. 3ab	46. 9ab
	A3	59. 0a	67. 3a	67. 1a	71. 5a	29. 6a	54. 5a
	A4	40. 3b	47. 2b	53. 0b	49. 3d	20. 0b	34. 1. 1c
	A5	42. 2ab	51. 4b	57. 7ab	57. 7bcd	22. 2ab	45. 6ab
	A6	49. 5ab	57. 1ab	62. 5ab	66. 4ab	26. 4ab	51. 3ab
N120	CK	48. 3ab	57. 2ab	63. 4a	65. 7a	27. 4a	48. 9ab
	A1	40. 0ab	43. 9c	51. 4ab	52. 2ab	22. 2a	35. 6c
	A2	44. 0ab	46. 7c	58. 9ab	55. 9ab	25. 4a	41. 1bc
	A3	57. 5a	64. 3a	63. 5a	66. 8a	27. 7a	51. 8a
	A4	35. 0b	43. 1c	47. 8b	50. 0b	22. 0a	33. 7c
	A5	39. 9ab	45. 9c	51. 4ab	55. 2ab	25. 4a	36. 4c
	A6	44. 2ab	53. 2bc	60. 1a	61. 3ab	25. 9a	42. 5abc

2）苜蓿

由表 4-18 可知，在同种施肥处理下，同一物候期，A3 灌水模式下苜蓿的长势相对最好,A4 灌水模式下苜蓿的长势相对最差;同时,在不同生育时期亏水,株高值总是呈现出 A3>A6,A2>A5,A1>A4,即在初花期亏水不利于苜蓿的生长。在同种灌水模式下,同一物候期,N80 施肥处理下牧草的生长状况相对最好,N120 次之,N0(不施肥)处理下牧草的生长状况相对最差,由此可知,氮肥有利于植株的生长,但氮肥过多,会抑制苜蓿的生长。

表 4-18 2019 年生长季不同灌水施氮模式下苜蓿的株高 单位:cm

施氮量	灌水模式	第二茬				第三茬	
		现蕾期		初花期		现蕾期	
		单播	混播	单播	混播	单播	混播
N0	CK	—	65. 3a	—	76. 7a	—	49. 9a
	A1	—	60. 9a	—	73. 0ab	—	45. 3ab
	A2	—	64. 1a	—	75. 1ab	—	48. 3ab
	A3	—	66. 2a	—	78. 2a	—	51. 3a
	A4	—	60. 8a	—	70. 6b	—	40. 6b
	A5	—	63. 2a	—	74. 4ab	—	47. 2ab
	A6	—	64. 3a	—	75. 3ab	—	48. 6ab
N40	CK	—	76. 2ab	—	79. 8ab	—	63. 5ab
	A1	—	66. 5ab	—	70. 6bc	—	55. 1b
	A2	—	73. 4ab	—	75. 0abc	—	60. 0ab
	A3	—	77. 9a	—	80. 8a	—	64. 5a
	A4	—	64. 7c	—	68. 8c	—	54. 1b
	A5	—	70. 3ab	—	75. 1bc	—	55. 9b
	A6	—	74. 5ab	—	77. 1abc	—	60. 4ab
N80	CK	—	77. 5a	—	84. 5ab	—	64. 6a
	A1	—	62. 4bc	—	66. 3c	—	61. 3a
	A2	—	73. 4ab	—	76. 0bc	—	63. 1a
	A3	—	85. 5a	—	96. 5a	—	65. 4a
	A4	—	58. 8c	—	60. 9c	—	46. 4b
	A5	—	72. 7ab	—	73. 3bc	—	61. 4a
	A6	—	77. 3a	—	79. 8bc	—	63. 2a
N120	CK	—	79. 1ab	—	80. 2a	—	67. 4ab
	A1	—	62. 2c	—	71. 8ab	—	64. 2ab
	A2	—	74. 5b	—	77. 8a	—	59. 0bc
	A3	—	80. 6a	—	82. 5a	—	68. 9a
	A4	—	53. 1d	—	60. 3b	—	54. 0c
	A5	—	70. 0bc	—	72. 8ab	—	54. 9c
	A6	—	76. 7b	—	79. 1a	—	68. 0ab

3. 茎粗

1）无芒雀麦

由表 4-19 可知，2019 年测量了第二茬抽穗期和第三茬拔节期的茎粗。分析结果如下：在同种施肥处理下，同一物候期，A3 灌水模式下牧草的茎相对最粗，A4 灌水模式下牧草的茎相对最细；同时，在不同生育时期亏水，茎粗的值总是呈现出 A3>A6，A2>A5，A1>A4，即在现蕾期亏水不利于无芒雀麦的生长。在同种灌水模式下，同一物候期，N80 施肥处理下牧草的茎粗相对最粗，N120 次之，N0（不施肥）处理下牧草的茎粗相对最细，由此可知，氮肥有利于植株的生长，但氮肥过多，会抑制无芒雀麦茎的生长。就单播与混播而言，无论是从灌水模式来讲，还是从施肥处理来讲，单播的无芒雀麦的茎比混播的要粗，其原因是混播中的无芒雀麦要与苜蓿竞争各种养分，因而其茎相对细小。

表 4-19　2019 年生长季不同灌水施氮模式下无芒雀麦的茎粗　　单位：mm

施氮量	灌水模式	第二茬抽穗期		第三茬拔节期	
		单播	混播	单播	混播
N0	CK	2.5ab	2.2ab	2.2a	2.2a
	A1	1.7c	1.7b	1.9ab	2.0a
	A2	2.1bc	2.1ab	1.9ab	2.1a
	A3	2.7a	2.5a	2.0ab	2.4a
	A4	1.7c	1.6b	1.6b	2.0a
	A5	2.1bc	1.9ab	2.4a	2.1a
	A6	2.8a	2.5a	2.3a	2.1a
N40	CK	2.3a	2.1ab	2.1ab	1.7a
	A1	1.8a	1.6b	1.8ab	2.4a
	A2	1.9a	2.0ab	2.0ab	2.2a
	A3	2.8a	2.3a	2.2a	1.8a
	A4	1.8a	1.6b	1.6b	1.9a
	A5	1.8a	1.7ab	1.9ab	2.3a
	A6	2.2a	2.1ab	2.0ab	1.5a
N80	CK	2.8a	2.5a	2.6a	2.4ab
	A1	2.6a	2.4a	2.4a	2.2b
	A2	2.7a	2.4a	2.5a	2.4ab
	A3	2.9a	2.7a	2.8a	2.7a
	A4	2.5a	2.4a	2.3a	2.2b
	A5	2.6a	2.4a	2.5a	2.3b
	A6	2.7a	2.5a	2.6a	2.4ab

续表 4-19

施氮量	灌水模式	第二茬抽穗期		第三茬拔节期	
		单播	混播	单播	混播
N120	CK	2. 4a	2. 3ab	2. 5ab	2. 1ab
	A1	1. 9a	1. 4b	1. 8ab	1. 7bc
	A2	2. 2a	2. 1ab	2. 0ab	1. 8bc
	A3	2. 7a	2. 6a	2. 8a	2. 2a
	A4	1. 5a	1. 7ab	1. 6b	1. 6c
	A5	2. 0a	1. 7ab	2. 1ab	1. 8bc
	A6	2. 3a	2. 0ab	2. 4ab	2. 0abc

2) 苜蓿

由表 4-20 可知,在同种施肥处理下,同一物候期,A3 灌水模式下苜蓿的茎相对最粗,A4 灌水模式下苜蓿的茎相对最细;同时,在不同生育时期亏水,茎粗的值总是呈现出 A3>A6,A2>A5,A1>A4,即在现蕾期亏水不利于苜蓿的生长。在同种灌水模式下,同一物候期,N80 施肥处理下苜蓿的茎粗相对最粗,N120 次之,N0(不施肥)处理下苜蓿的茎粗相对最细,由此可知,氮肥有利于植株的生长,但氮肥过多,会抑制苜蓿茎的生长。

表 4-20　2019 年生长季不同灌水施氮模式下苜蓿的茎粗　单位:mm

施氮量	灌水模式	第二茬初花期		第三茬现蕾期	
		单播	混播	单播	混播
N0	CK	—	3. 0a	—	2. 4a
	A1	—	2. 6a	—	2. 3a
	A2	—	2. 7a	—	2. 3a
	A3	—	3. 0a	—	2. 5a
	A4	—	2. 6a	—	2. 2a
	A5	—	2. 6a	—	2. 3a
	A6	—	2. 9a	—	2. 3a
N40	CK	—	3. 1a	—	2. 4a
	A1	—	2. 5a	—	2. 1a
	A2	—	2. 9a	—	2. 3a
	A3	—	3. 3a	—	2. 8a
	A4	—	2. 1a	—	2. 1a
	A5	—	2. 7a	—	2. 3a
	A6	—	3. 1a	—	2. 4a

续表 4-20

施氮量	灌水模式	第二茬初花期		第三茬现蕾期	
		单播	混播	单播	混播
N80	CK	—	3.8a	—	2.8a
	A1	—	3.0c	—	2.6a
	A2	—	3.2bc	—	2.7a
	A3	—	4.1a	—	2.9a
	A4	—	2.7d	—	2.5a
	A5	—	3.3bc	—	2.6a
	A6	—	3.5abc	—	2.7a
N120	CK	—	2.8a	—	2.5ab
	A1	—	2.6a	—	2.1ab
	A2	—	2.8a	—	2.3ab
	A3	—	3.2a	—	2.9a
	A4	—	2.4a	—	2.0b
	A5	—	2.7a	—	2.3ab
	A6	—	2.8a	—	2.4ab

4.2.4.3 2020 年生长季

1. 株高

1) 无芒雀麦

表 4-21 为 2020 年生长季不同灌水施氮模式和种植方式下无芒雀麦的株高。由表 4-21 分析可知，在同一茬次，同一物候期，混播中无芒雀麦的长势明显优于单播的无芒雀麦，混播无芒雀麦比单播无芒雀麦平均高出 9~12 cm。在同种施肥处理下，同一物候期，就灌水模式而言，A3 灌水模式下牧草的生长状况相对最好，表明在拔节期轻度亏水，有利于植株的生长；A4 灌水模式下牧草的生长状况相对最差。同时，在不同生育时期亏水时，株高值呈现出 A3>A6，A2>A5，A1>A4，即在抽穗期亏水不利于无芒雀麦的生长。在同种灌水模式下，同一物候期，就施肥水平而言，N80 施肥处理下牧草的生长状况相对最好，N120 次之，N0（不施肥）处理下牧草的生长状况相对最差，由此可知，氮肥有利于植株的生长，但氮肥过多，会抑制无芒雀麦的生长。

2) 苜蓿

表 4-22 为 2020 年生长季不同灌水施氮模式和种植方式下苜蓿的株高。由表 4-22 分析可知，在同种施肥处理下，同一物候期，就灌水模式而言，A3 灌水模式下苜蓿的长势相

表 4-21　2020 年生长季不同灌水施氮模式和种植方式下无芒雀麦的株高

单位:cm

施氮量	灌水模式	第一茬						第二茬					
		分枝期		现蕾期		初花期		分枝期		现蕾期		初花期	
		单播	混播	单播	混播	单播	混播	单播	混播	单播	混播	单播	混播
N0	CK	19. 73a	36. 87a	28. 33ab	62. 62a	40. 93ab	74. 78ab	19. 73a	31. 70ab	21. 15ab	40. 28a	26. 99ab	66. 72a
	A1	13. 76b	31. 46a	24. 51ab	62. 08a	33. 72b	69. 03ab	14. 68ab	25. 74ab	17. 66b	30. 61ab	23. 36b	61. 54ab
	A2	16. 36ab	33. 43a	25. 97ab	61. 66a	37. 87ab	73. 66ab	16. 25ab	28. 06ab	19. 13ab	34. 84ab	26. 27ab	62. 62ab
	A3	19. 96a	37. 38a	29. 71a	65. 53a	45. 75a	77. 37a	19. 87a	33. 58a	23. 49a	42. 25a	30. 70a	69. 32a
	A4	16. 44ab	31. 20a	23. 12b	57. 75a	32. 82b	68. 75b	14. 06b	22. 47b	17. 33b	27. 54b	21. 80b	53. 16b
	A5	16. 74ab	32. 32a	25. 24ab	60. 22a	35. 39ab	72. 82ab	15. 25ab	26. 27ab	17. 71b	34. 35ab	26. 27ab	62. 12a
	A6	17. 56ab	35. 64a	27. 33ab	62. 35a	39. 38ab	74. 68ab	19. 45ab	28. 72ab	20. 37ab	39. 18ab	26. 62ab	66. 38a
N40	CK	22. 28a	37. 47a	31. 42a	65. 05a	42. 98ab	79. 18ab	22. 44a	31. 43ab	23. 48a	42. 67a	44. 70a	66. 18ab
	A1	21. 20a	33. 23a	28. 90ab	58. 51a	36. 46b	73. 68ab	19. 0a	24. 41b	21. 63a	31. 06b	35. 14a	62. 55ab
	A2	22. 14a	34. 53a	30. 02ab	63. 59a	41. 32ab	74. 03ab	20. 37a	29. 53ab	22. 67a	40. 97ab	38. 47a	65. 81ab
	A3	22. 68a	37. 53a	31. 93a	67. 05a	46. 32a	79. 92a	22. 9	35. 29a	24. 97a	43. 52a	45. 69a	72. 87a
	A4	19. 77a	32. 86a	24. 83b	56. 98a	37. 25ab	69. 02b	18. 75a	23. 48b	20. 28a	30. 26b	34. 81a	61. 91b
	A5	21. 35a	32. 53a	25. 53b	60. 69a	41. 98ab	75. 81ab	20. 01a	25. 93b	22. 45a	38. 54ab	36. 85a	64. 85ab
	A6	22. 23a	36. 24a	30. 93a	64. 66a	42. 36ab	76. 94ab	20. 66a	30. 41ab	22. 83a	41. 54ab	39. 13a	65. 98ab

续表 4-21

施氮量	灌水模式	第一茬						第二茬					
		分枝期		现蕾期		初花期		分枝期		现蕾期		初花期	
		单播	混播	单播	混播	单播	混播	单播	混播	单播	混播	单播	混播
N80	CK	24. 87ab	38. 83ab	32. 93ab	66. 26a	46. 83ab	78. 77a	23. 37a	34. 95a	32. 22a	44. 12a	52. 66a	72. 51a
	A1	21. 79b	34. 80cd	28. 95d	60. 09ab	36. 90cd	73. 69a	20. 13a	27. 55a	26. 56a	36. 65ab	44. 85a	67. 59a
	A2	22. 06b	35. 65bcd	31. 14abcd	65. 13a	39. 00cd	78. 61a	22. 10a	30. 28a	30. 71a	42. 51ab	46. 93a	69. 67a
	A3	26. 27a	40. 42a	34. 14a	68. 37a	50. 53a	80. 18a	24. 87a	37. 55a	34. 16a	44. 62a	53. 03a	73. 13a
	A4	21. 57b	33. 52d	27. 42d	54. 09b	34. 03d	71. 35a	19. 36a	25. 55a	26. 37a	32. 65b	43. 88a	66. 48a
	A5	21. 93b	35. 43bcd	28. 96bcd	62. 94a	38. 02cd	76. 79a	21. 90a	29. 63a	27. 59a	37. 59ab	46. 35a	69. 52a
	A6	22. 99ab	38. 16abc	32. 51ab	65. 38a	43. 13bc	78. 68a	23. 34a	34. 32a	31. 81a	43. 93a	47. 27a	71. 43a
N120	CK	24. 26ab	34. 73ab	31. 77ab	64. 21a	47. 48a	78. 65a	23. 23a	35. 64a	27. 48a	45. 18a	46. 37a	69. 91a
	A1	21. 68b	29. 73bc	26. 02ab	60. 00a	42. 39ab	73. 71ab	20. 38a	27. 18ab	25. 10a	38. 47ab	41. 43ab	66. 49a
	A2	23. 98ab	32. 17bc	29. 51ab	61. 98a	45. 16ab	75. 66ab	21. 78a	29. 36ab	26. 13a	42. 53ab	45. 05ab	69. 22a
	A3	25. 13a	37. 29a	33. 83a	65. 84a	49. 63a	79. 04a	23. 74a	36. 70a	29. 73a	45. 22a	47. 13a	70. 31a
	A4	20. 98b	28. 34c	23. 50b	56. 77a	34. 48b	72. 62b	17. 01a	25. 28b	24. 78a	37. 51b	38. 48b	66. 23a
	A5	22. 89ab	30. 31bc	28. 09ab	61. 10a	44. 78ab	74. 45ab	20. 53a	27. 62ab	27. 48a	39. 62ab	43. 01ab	68. 83a
	A6	24. 13ab	33. 26abc	30. 94ab	63. 03a	45. 66ab	77. 19ab	21. 78a	34. 32ab	26. 88a	43. 77ab	45. 13ab	69. 83a

表 4-22　2020 年生长季不同灌水施氮模式和种植方式下苜蓿的株高

单位:cm

施氮量	灌水模式	第一茬						第二茬					
		分枝期		现蕾期		初花期		分枝期		现蕾期		初花期	
		单播	混播	单播	混播	单播	混播	单播	混播	单播	混播	单播	混播
N0	CK	—	36. 24a	—	64. 39a	—	85. 94a	—	40. 90a	—	61. 85a	—	85. 88a
	A1	—	32. 56b	—	62. 13ab	—	83. 18a	—	34. 52ab	—	56. 56a	—	80. 02a
	A2	—	35. 14a	—	62. 49ab	—	84. 83a	—	38. 41ab	—	58. 62a	—	83. 15a
	A3	—	36. 87a	—	66. 39a	—	86. 97a	—	41. 88a	—	64. 08a	—	89. 42a
	A4	—	32. 68b	—	58. 10b	—	82. 18a	—	29. 73b	—	54. 33a	—	78. 95a
	A5	—	34. 21ab	—	61. 33ab	—	83. 97a	—	36. 84ab	—	58. 17a	—	80. 69a
	A6	—	35. 26a	—	62. 59ab	—	84. 42a	—	39. 47a	—	61. 56a	—	83. 48a
N40	CK	—	36. 67ab	—	64. 43ab	—	87. 80a	—	41. 33ab	—	64. 68a	—	87. 46a
	A1	—	33. 72b	—	59. 76ab	—	82. 19ab	—	35. 40b	—	59. 27ab	—	83. 43a
	A2	—	35. 48ab	—	61. 56ab	—	87. 77a	—	40. 53ab	—	60. 98ab	—	84. 75a
	A3	—	37. 52a	—	66. 93a	—	89. 07a	—	42. 73a	—	64. 97a	—	88. 62a
	A4	—	31. 96b	—	59. 59b	—	81. 62b	—	34. 84b	—	57. 71b	—	82. 54a
	A5	—	34. 21ab	—	61. 03ab	—	82. 33ab	—	35. 52b	—	60. 53ab	—	84. 59a
	A6	—	36. 26ab	—	61. 61ab	—	87. 80a	—	40. 76ab	—	63. 59ab	—	86. 91a

续表 4-22

施氮量	灌水模式	第一茬						第二茬					
		分枝期		现蕾期		初花期		分枝期		现蕾期		初花期	
		单播	混播	单播	混播	单播	混播	单播	混播	单播	混播	单播	混播
N80	CK	—	39. 30a	—	65. 73a	—	88. 36ab	—	43. 48ab	—	62. 57ab	—	92. 43a
	A1	—	35. 28b	—	60. 64a	—	84. 28b	—	36. 76ab	—	57. 13b	—	81. 51b
	A2	—	37. 38ab	—	63. 68a	—	85. 71ab	—	38. 33ab	—	59. 49ab	—	87. 87ab
	A3	—	39. 86a	—	67. 73a	—	90. 08a	—	47. 20a	—	67. 14a	—	93. 28a
	A4	—	35. 88b	—	59. 77a	—	77. 93c	—	34. 10b	—	56. 08b	—	81. 92b
	A5	—	37. 38ab	—	62. 36a	—	85. 76ab	—	36. 89ab	—	57. 20b	—	84. 51ab
	A6	—	38. 56ab	—	64. 85a	—	85. 96ab	—	42. 43ab	—	61. 50ab	—	88. 18ab
N120	CK	—	36. 96a	—	63. 79ab	—	86. 99a	—	38. 04a	—	64. 67a	—	89. 24a
	A1	—	33. 49bc	—	59. 61b	—	83. 60a	—	35. 75a	—	60. 28a	—	84. 67a
	A2	—	35. 48ab	—	62. 47ab	—	85. 61a	—	36. 60a	—	62. 88a	—	85. 53a
	A3	—	37. 08a	—	66. 59a	—	89. 95a	—	42. 24a	—	66. 54a	—	93. 18a
	A4	—	32. 39c	—	59. 03b	—	82. 00a	—	33. 60a	—	59. 89a	—	81. 92a
	A5	—	34. 13bc	—	59. 98b	—	85. 57a	—	36. 46a	—	61. 52a	—	84. 69a
	A6	—	36. 72a	—	62. 70ab	—	85. 97a	—	36. 98a	—	63. 11a	—	85. 87a

对最好,表明在现蕾期轻度亏水,有利于植株的生长;A4 灌水模式下苜蓿的长势相对最差。同时,在不同生育时期亏水,株高值总是呈现出 A3>A6,A2>A5,A1>A4,即在初花期亏水不利于苜蓿的生长。在同种灌水模式下,同一物候期,N80 施肥处理下苜蓿的生长状况相对最好,N120 次之,N0(不施肥)处理下苜蓿的生长状况相对最差,由此可知,氮肥有利于植株的生长,但氮肥过多,会抑制苜蓿的生长。

2. 茎粗

1)无芒雀麦

表 4-23 显示了 2020 年生长季在不同灌水施氮模式下,无芒雀麦茎粗的变化。由表 4-23 分析可知,在同种施肥处理下,同一物候期,A3 灌水模式下无芒雀麦的茎相对最粗,A4 灌水模式下无芒雀麦的茎相对最细;同时,在不同生育时期亏水,茎粗的值总是呈现出 A3>A6,A2>A5,A1>A4,即在初花期亏水不利于无芒雀麦的生长。在同种灌水模式下,同一物候期,N80 施肥处理下无芒雀麦的茎粗相对最粗,N120 次之,N0(不施肥)处理下牧草的茎相对最细,由此可知,氮肥有利于植株的生长,但氮肥过多,会抑制无芒雀麦茎的生长。就单播和混播而言,单播的无芒雀麦的茎明显比混播中的无芒雀麦的茎要粗,其主要原因是混播的无芒雀麦要与混播组分中的苜蓿竞争水肥、光照及营养物质。

2)苜蓿

表 4-24 为 2020 年生长季不同灌水施氮模式下苜蓿的茎粗。由表 4-24 分析可知,在同种施肥处理下,同一物候期,A3 灌水模式下苜蓿的茎相对最粗,A4 灌水模式下茎相对最细;同时,在不同生育时期亏水,茎粗的值总是呈现出 A3>A6,A2>A5,A1>A4,即在初花期亏水不利于苜蓿的生长。在同种灌水模式下,同一物候期,N80 施肥处理下苜蓿的茎相对最粗,N120 次之,N0(不施肥)处理下茎相对最细,由此可知,氮肥有利于苜蓿的生长,但氮肥过多,会抑制其生长发育。就单播与混播而言,无论是从灌水模式来讲,还是从施肥处理来讲,单播的无芒雀麦的茎明显比混播的要粗,其原因是混播中的无芒雀麦要与苜蓿竞争各种养分,因而其茎相对细小。

4.2.5　水肥调控对植被群落生理指标的影响

4.2.5.1　**叶绿素含量**

表 4-25 为 2020 年生长季不同灌水施氮模式对单播牧草叶绿素含量的影响。由表 4-25 可知,在相同施肥水平下,A3 灌水模式下无芒雀麦叶绿素含量最高,A4 模式下最低,表明水分对叶绿素含量的影响显著。在同一物候期,灌水水平相同时,施肥处理为 N80(80 kg/hm^2)时叶绿素含量相对最高,且 N120>N40>N0,表明氮肥有利于叶绿素的积累,但氮肥过量,则不利于叶片中叶绿素的积累。

表 4-23 2020 年生长季不同灌水施氮模式下无芒雀麦的茎粗

单位：mm

施氮量	灌水模式	第一茬						第二茬					
		分枝期		拔节期		抽穗期		分枝期		拔节期		抽穗期	
		单播	混播	单播	混播	单播	混播	单播	混播	单播	混播	单播	混播
N0	CK	2.48b	2.37ab	2.52a	2.36a	2.56a	2.46ab	1.64ab	1.62a	1.82a	1.75a	2.21a	1.87ab
	A1	2.12b	2.13bc	2.16a	2.22a	2.46a	2.28ab	1.42b	1.40ab	1.62ab	1.52b	1.75b	1.67bc
	A2	2.32b	2.28abc	2.22a	2.31a	2.53a	2.38b	1.44b	1.51ab	1.71ab	1.69a	1.99ab	1.83bc
	A3	2.63a	2.53a	2.73a	2.64a	2.85a	2.74a	1.72a	1.70a	1.83a	1.79a	2.22a	2.08a
	A4	2.10b	2.02c	2.02a	1.71a	2.44a	1.80c	1.36b	1.25b	1.36b	1.32b	1.73b	1.35bc
	A5	2.31b	2.23abc	2.17a	2.29a	2.47a	2.36ab	1.44b	1.41ab	1.67ab	1.53ab	1.82b	1.68bc
	A6	2.32b	2.32abc	2.51a	2.34a	2.55a	2.43ab	1.58ab	1.56ab	1.75ab	1.69a	2.00ab	1.81ab
N40	CK	2.49a	2.52ab	2.63a	2.55a	2.68a	2.66ab	1.78a	1.71ab	1.88ab	1.83ab	2.12a	1.92a
	A1	2.27ab	2.05bc	2.32a	2.05ab	2.37a	2.13b	1.63a	1.35ab	1.66ab	1.56b	2.03a	1.62ab
	A2	2.43ab	2.45abc	2.47a	2.43ab	2.65a	2.47ab	1.68a	1.67ab	1.75ab	1.73ab	2.07a	1.78ab
	A3	2.83a	2.62a	2.85a	2.73a	2.98a	2.75a	1.81a	1.79a	1.93a	1.86a	2.24a	2.13a
	A4	2.13b	1.82c	2.28a	1.75b	2.34a	1.97b	1.55a	1.23b	1.61b	1.54c	1.94a	1.66b
	A5	2.35ab	2.13bc	2.37a	2.25ab	2.53a	2.35ab	1.66a	1.58ab	1.71ab	1.67ab	2.05a	1.73ab
	A6	2.46a	2.51ab	2.52a	2.43ab	2.69a	2.52ab	1.76a	1.68ab	1.87ab	1.81ab	2.09a	1.91ab

续表 4-23

施氮量	灌水模式	第一茬						第二茬					
		分枝期		拔节期		抽穗期		分枝期		拔节期		抽穗期	
		单播	混播	单播	混播	单播	混播	单播	混播	单播	混播	单播	混播
N80	CK	2. 92a	2. 77ab	3. 02ab	2. 69ab	3. 11a	2. 83a	1. 94a	1. 84a	2. 22a	2. 12a	2. 39a	2. 17a
	A1	2. 42c	1. 97de	2. 53b	2. 22ab	2. 63ab	2. 32a	1. 76ab	1. 57a	2. 11a	1. 83a	2. 24a	1. 88a
	A2	2. 54bc	2. 35bcd	2. 73ab	2. 41b	2. 80ab	2. 72a	1. 86a	1. 74a	2. 17a	1. 90a	2. 31a	2. 06a
	A3	2. 93a	2. 83a	3. 17a	2. 88a	3. 31a	2. 96a	1. 94a	1. 89a	2. 43a	2. 15a	2. 49a	2. 27a
	A4	2. 30c	1. 70e	2. 56b	2. 13b	2. 60b	2. 23a	1. 44b	1. 53a	2. 10a	1. 80a	2. 13a	1. 85a
	A5	2. 47c	2. 16cde	2. 59b	2. 22ab	2. 68ab	2. 64a	1. 81a	1. 63a	2. 15a	1. 86a	2. 25a	1. 97a
	A6	2. 79ab	2. 71abc	2. 84ab	2. 70ab	2. 87a	2. 87a	1. 88a	1. 77a	2. 18a	1. 94a	2. 32a	2. 15a
N120	CK	2. 85a	2. 72ab	2. 95a	2. 75a	3. 01a	2. 83a	1. 81a	1. 60a	2. 29a	1. 93a	2. 34a	2. 06a
	A1	2. 37bc	2. 29cd	2. 48a	2. 35a	2. 57a	2. 38a	1. 60a	1. 32a	2. 01a	1. 71a	2. 13a	1. 74a
	A2	2. 62a	2. 50abcd	2. 64a	2. 60a	2. 76a	2. 62a	1. 71a	1. 36a	2. 08a	1. 89a	2. 17a	1. 94a
	A3	2. 89a	2. 81a	3. 09a	2. 86a	3. 13a	2. 92a	1. 85a	1. 67a	2. 34a	2. 08a	2. 38a	2. 13a
	A4	2. 33c	2. 12d	2. 46a	2. 03a	2. 52a	2. 14a	1. 51a	1. 28a	1. 88a	1. 69a	1. 91a	1. 73a
	A5	2. 48ab	2. 35bcd	2. 58a	2. 58a	2. 62a	2. 60a	1. 67a	1. 36a	2. 09a	1. 80a	2. 16a	1. 84a
	A6	2. 75a	2. 56abc	2. 83a	2. 64a	2. 85a	2. 71a	1. 74a	1. 60a	2. 17a	1. 90a	2. 21a	1. 98a

表 4-24 2020 年生长季不同灌水施氮模式下苜蓿的茎粗

单位:mm

施氮量	灌水模式	第一茬						第二茬					
		分枝期		现蕾期		初花期		分枝期		现蕾期		初花期	
		单播	混播	单播	混播	单播	混播	单播	混播	单播	混播	单播	混播
N0	CK	—	2. 90a	—	3. 07ab	—	3. 31ab	—	2. 03ab	—	2. 50a	—	2. 76a
	A1	—	2. 62a	—	2. 72d	—	2. 89bc	—	1. 93ab	—	2. 22ab	—	2. 47a
	A2	—	2. 73a	—	2. 83bc	—	3. 18ab	—	1. 97ab	—	2. 37ab	—	2. 54a
	A3	—	2. 97a	—	3. 19a	—	3. 37a	—	2. 11a	—	2. 54a	—	2. 80a
	A4	—	2. 62a	—	2. 67d	—	2. 70c	—	1. 76b	—	2. 08b	—	2. 39a
	A5	—	2. 72a	—	2. 77bc	—	3. 06abc	—	1. 96ab	—	2. 36ab	—	2. 49a
	A6	—	2. 79a	—	2. 86bc	—	3. 30ab	—	2. 03ab	—	2. 42ab	—	2. 62a
N40	CK	—	2. 82ab	—	2. 94ab	—	3. 44ab	—	2. 05a	—	2. 47a	—	2. 83ab
	A1	—	2. 59b	—	2. 80ab	—	3. 28ab	—	1. 77b	—	2. 17a	—	2. 47bc
	A2	—	2. 84ab	—	2. 89ab	—	3. 32ab	—	1. 79b	—	2. 46a	—	2. 59abc
	A3	—	3. 00a	—	3. 18a	—	3. 57a	—	2. 14a	—	2. 56a	—	2. 84a
	A4	—	2. 23b	—	2. 33b	—	2. 91b	—	1. 63b	—	2. 15a	—	2. 34c
	A5	—	2. 78ab	—	2. 82ab	—	3. 30ab	—	1. 77b	—	2. 32a	—	2. 52bc
	A6	—	2. 80ab	—	2. 91ab	—	3. 36ab	—	2. 04a	—	2. 46a	—	2. 75ab

续表 4-24

施氮量	灌水模式	第一茬						第二茬					
		分枝期		现蕾期		初花期		分枝期		现蕾期		初花期	
		单播	混播	单播	混播	单播	混播	单播	混播	单播	混播	单播	混播
N80	CK	—	2. 96ab	—	3. 20a	—	3. 69a	—	2. 16a	—	2. 64a	—	2. 93a
	A1	—	2. 61b	—	2. 81ab	—	3. 27a	—	1. 83ab	—	2. 35a	—	2. 67a
	A2	—	2. 90ab	—	2. 87ab	—	3. 43a	—	1. 95ab	—	2. 43a	—	2. 89a
	A3	—	3. 09a	—	3. 27a	—	3. 74a	—	2. 23a	—	2. 66a	—	2. 94a
	A4	—	2. 56b	—	2. 77b	—	3. 15a	—	1. 75b	—	2. 26a	—	2. 71a
	A5	—	2. 66b	—	2. 85ab	—	3. 39a	—	1. 86ab	—	2. 37a	—	2. 80a
	A6	—	2. 91ab	—	3. 02a	—	3. 60a	—	1. 95ab	—	2. 55a	—	2. 94a
N120	CK	—	2. 84a	—	2. 92a	—	3. 46a	—	2. 13a	—	2. 47a	—	2. 63ab
	A1	—	2. 42ab	—	2. 61ab	—	3. 16a	—	1. 93a	—	2. 24a	—	2. 57ab
	A2	—	2. 62ab	—	2. 82a	—	3. 33a	—	2. 00a	—	2. 41a	—	2. 59ab
	A3	—	2. 91a	—	2. 98a	—	3. 50a	—	2. 14a	—	2. 61a	—	2. 86a
	A4	—	2. 15b	—	2. 56b	—	2. 93a	—	1. 84a	—	2. 24a	—	2. 37b
	A5	—	2. 59ab	—	2. 70ab	—	3. 31a	—	1. 94a	—	2. 37a	—	2. 57ab
	A6	—	2. 66ab	—	2. 84a	—	3. 42a	—	2. 02a	—	2. 45a	—	2. 60ab

表 4-25　2020 年生长季不同灌水施氮模式下对单播牧草叶绿素含量的影响　单位:mg/kg

施氮量	灌水模式	分枝期	现蕾期	初花期
		无芒雀麦	无芒雀麦	无芒雀麦
N0	CK	35. 30a	43. 53a	45. 13a
	A1	33. 93a	39. 09a	40. 08a
	A2	35. 06a	42. 66a	41. 41a
	A3	35. 36a	43. 63a	44. 98a
	A4	33. 27a	37. 31a	39. 91a
	A5	34. 38a	39. 89a	41. 28a
	A6	35. 27a	43. 02a	42. 28a
N40	CK	37. 83a	44. 91a	45. 33a
	A1	34. 40a	40. 68a	41. 17a
	A2	36. 99a	43. 49a	43. 50a
	A3	38. 85a	45. 18a	46. 34a
	A4	32. 69a	40. 23a	40. 49a
	A5	36. 55a	42. 14a	43. 44a
	A6	37. 33a	43. 85a	44. 71a
N80	CK	38. 34ab	46. 23a	46. 98a
	A1	36. 04b	41. 38a	42. 08a
	A2	36. 73b	45. 52a	43. 41a
	A3	42. 43a	46. 98a	47. 13a
	A4	35. 60b	41. 23a	41. 91a
	A5	36. 31b	44. 14a	45. 28a
	A6	38. 23ab	46. 05a	47. 28a
N120	CK	34. 90a	42. 70a	40. 94a
	A1	31. 73a	40. 82a	36. 27a
	A2	33. 96a	41. 23a	38. 28a
	A3	35. 48a	43. 38a	41. 07a
	A4	30. 51a	39. 24a	35. 87a
	A5	32. 95a	41. 05a	36. 94a
	A6	34. 58a	41. 37a	40. 94a

表 4-26 为 2020 年生长季不同灌水施氮模式下混播牧草的叶绿素含量。由表 4-26 可知,在相同施肥水平下,A3 灌水模式下混播牧草的叶绿素含量最高,而 A4 模式下最低,表明水分对叶绿素含量的影响显著。在同一物候期,灌水水平相同时,施肥处理为 N80(80 kg/hm^2)时叶绿素含量相对最高,且 N120>N40>N0,表明氮肥有利于叶绿素的积累,但氮肥过量,则不利于叶片中叶绿素的积累。混播中的苜蓿的叶绿素含量明显高于无芒雀麦的叶绿素含量,高出 8~20 mg/kg,在生长过程中,无芒雀麦叶绿素的累计量相对较小,每个物候期积累 1~3 mg/kg;苜蓿叶绿素含量相对较大,每个物候期积累 3~5 mg/kg。

表 4-26　2020 年生长季不同灌水施氮模式下混播牧草的叶绿素含量　单位:mg/kg

施氮量	灌水模式	分枝期		现蕾期		初花期	
		无芒雀麦	苜蓿	无芒雀麦	苜蓿	无芒雀麦	苜蓿
N0	CK	42.56a	58.32a	44.87a	61.88a	46.95a	64.38a
	A1	40.14a	54.57ab	41.53a	58.06a	42.64a	61.97a
	A2	41.04a	56.32ab	45.17a	59.23a	46.53a	63.25a
	A3	44.75a	59.49a	48.50a	63.75a	50.97a	66.56a
	A4	37.44a	52.92b	40.86a	56.24a	41.57a	61.77a
	A5	40.74a	54.71ab	42.64a	58.60a	43.16a	62.46a
	A6	42.53a	57.73a	46.03a	59.67a	46.26a	63.39a
N40	CK	44.79a	58.51a	45.09a	63.11a	46.00a	66.05ab
	A1	41.87ab	53.76a	42.83a	58.69a	43.88a	62.87ab
	A2	43.22ab	56.97a	44.35a	61.53a	47.21ab	64.09ab
	A3	45.36a	58.70a	46.86a	63.27a	47.99a	67.75a
	A4	35.51b	53.08a	37.73a	58.36a	42.36b	62.53b
	A5	41.88ab	54.59a	42.32a	59.25a	44.83ab	63.99ab
	A6	43.99ab	57.36a	45.77a	61.57a	47.76a	64.11ab
N80	CK	48.39a	59.09a	49.41ab	64.16a	50.25a	67.26a
	A1	43.12a	54.51a	44.52ab	61.46a	45.55a	63.41a
	A2	44.53a	56.19a	45.47ab	62.53a	46.08a	64.38a
	A3	49.30a	60.26a	50.23a	65.40a	51.49a	68.50a
	A4	41.10a	54.88a	42.92b	60.91a	43.85a	63.83a
	A5	44.08a	55.04a	45.21ab	61.96a	46.71a	64.62a
	A6	45.25a	57.78a	46.50ab	62.61a	48.33a	65.09a

续表 4-26

施氮量	灌水模式	分枝期		现蕾期		初花期	
		无芒雀麦	苜蓿	无芒雀麦	苜蓿	无芒雀麦	苜蓿
N120	CK	46.17a	57.33a	47.83a	61.17a	48.75ab	62.68a
	A1	43.43a	53.29a	44.04a	57.87a	44.48ab	59.68a
	A2	44.27a	55.99a	45.38a	58.55a	46.34ab	61.12a
	A3	47.91a	58.53a	48.46a	63.97a	49.22a	64.19a
	A4	39.83a	52.05a	40.97a	56.57a	41.24b	58.28a
	A5	43.99a	54.33a	44.23a	58.44a	45.56ab	60.43a
	A6	45.43a	57.31a	46.50a	58.73a	47.48ab	61.35a

4.2.5.2　光合有效辐射

图 4-52 为 2020 年生长季不同灌水施氮模式下第二茬牧草下冠层的光合有效辐射，其值越大，表明冠层透光率越高，冠层对地面的遮挡越小。由图 4-52 分析可知，不同处理之间的牧草光合有效辐射差异显著，整体表现为随灌水亏缺程度的加剧，光合有效辐射呈降低趋势，其中处理 CK 和 A3 无显著差异；同一灌水施氮模式下，混播的光合有效辐射整体低于单播；同一种植和灌水模式下，不同施氮水平之间差异较小。在施氮量为 0 kg/hm^2 时，单播和混播的光合有效辐射分别为 140.3～553.8 $\mu mol/(m^2 \cdot s)$ 和 95.1～449.9 $\mu mol/(m^2 \cdot s)$；在施氮量为 40 kg/hm^2 时，单播和混播的光合有效辐射分别为 130.2～503.5 $\mu mol/(m^2 \cdot s)$ 和 115.0～448.9 $\mu mol/(m^2 \cdot s)$；在施氮量为 80 kg/hm^2 时，单播和混播的光合有效辐射分别为 133.8～533.5 $\mu mol/(m^2 \cdot s)$ 和 105.1～449.4 $\mu mol/(m^2 \cdot s)$；在施氮量为 120 kg/hm^2 时，单播和混播的光合有效辐射分别为 123.8～502.3 $\mu mol/(m^2 \cdot s)$ 和 125.3～418.7 $\mu mol/(m^2 \cdot s)$。可见，仅拔节期水分亏缺尤其是轻度亏缺结合混播有助于降低下冠层的光合有效辐射，而施氮量对牧草下冠层的光合有效辐射影响较小。

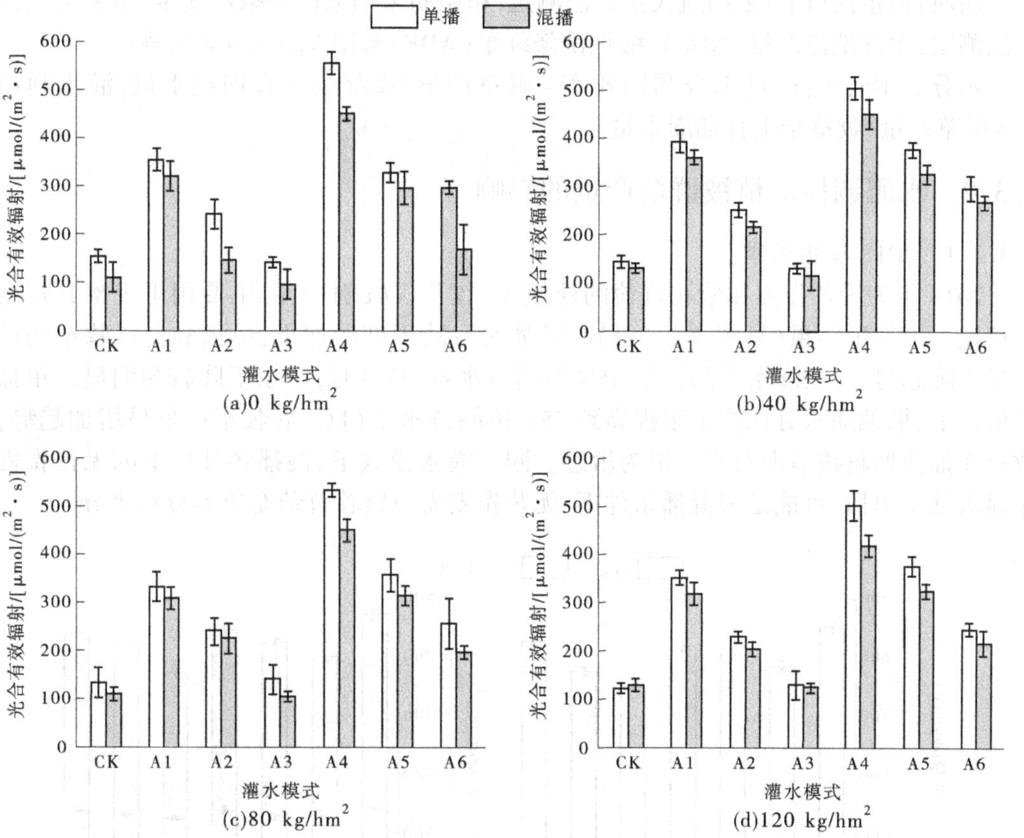

图 4-52　2020 年生长季不同灌水施氮模式下第二茬牧草下冠层的光合有效辐射

4.3　固定式喷灌植被群落水肥耦合生产效应研究

4.3.1　研究目的、试验设计和指标测定

4.3.1.1　研究目的

基于植被群落水分-品质-产量-生态效益多目标属性和植被生长冗余调控与缺水补偿效应理论，从营养干预的角度出发，通过设置水肥变化条件，研究土壤理化性状、牧草耗水特性与牧草生理生长及产量、品质、水分利用效率的响应机制，揭示水肥耦合对牧草增产提质的作用过程，获得基于不同预期目标的水肥耦合模式。

4.3.1.2　试验设计

试验设计同 4.2 节。

4.3.1.3　指标测定

干/鲜草产量：牧草收获时按小区实测鲜草产量，并选择一定的比例在 105 ℃下杀青 1 h，之后于 75 ℃烘干 48 h，冷却后计算干草产量。

品质：粗蛋白（CP）采用凯氏定氮法测定，粗脂肪采用索氏提取法测定，粗灰分采用灼烧法测定，中性洗涤纤维（NDF）、酸性洗涤纤维（ADF）采用 Van Sorest 法测定。

水分利用效率：产量水分利用效率＝鲜草产量/牧草全生育期耗水量，灌水利用效率＝鲜草产量/牧草全生育期灌水量。

4.3.2　水肥调控对植被群落产量的影响

4.3.2.1　2018 年生长季

2018 年为无芒雀麦和紫花苜蓿的建植年，牧草仅收割一茬，主要用于观察其初期生长情况。由产量结果（见图 4-53）可知，随灌水亏缺程度的加重，单播和混播牧草的产量均呈下降趋势，且当灌水下限低于 55%田间持水量（FC）时，产量下降较为明显。单播种植模式下，抽穗期水分调控下限提高到 75%田间持水量（FC）后牧草产量呈增加趋势，且牧草在抽穗期较拔节期对水分更为敏感。同一灌水模式下，混播各处理下的无芒雀麦产量显著低于单播，可能是因混播条件下，无芒雀麦需与紫苲苜蓿竞争养分和水分。

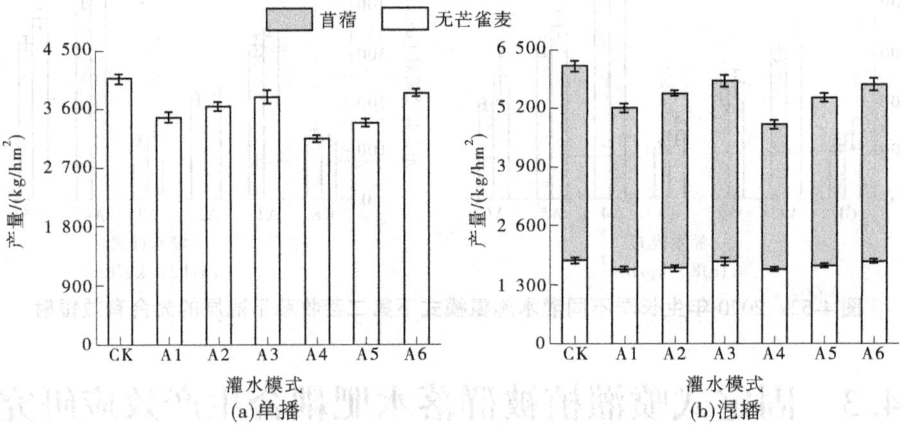

图 4-53　不同灌水模式下牧草的产量

4.3.2.2　2019 年生长季

水氮供应显著影响牧草产量（见表 4-27）。同一灌水模式下，一定范围内提高施氮量可显著提高单播和混播牧草产量，但当施氮量为 120 kg/hm² 时，产量有所降低。在同一施氮水平下，无论单播还是混播，均表现为随灌水亏缺程度的增加呈降低趋势，且在 A3 灌水条件下，牧草产量与充分灌水无显著差异，达到最大值。在一定灌水模式和施氮水平条件下，混播较单播可显著提高牧草产量。在第一茬中，单播牧草产量为 2 559.9～6 919.2 kg/hm²；混播牧草产量为苜蓿 4 154.8～11 398.9 kg/hm²、无芒雀麦 1 503.8～4 164.8 kg/hm²，牧草总产量为 5 658.6～15 563.7 kg/hm²。在第二茬中，单播牧草产量为 1 309.5～3 758.0 kg/hm²；混播牧草产量为苜蓿 2 079.0～5 772.6 kg/hm²、无芒雀麦 833.7～2 596.1 kg/hm²，牧草总产量为 2 912.7～8 368.7 kg/hm²。在第三茬中，单播牧草产量为 1 288.2～3 707.2 kg/hm²；混播牧草产量为苜蓿 1 965.3～5 554.7 kg/hm²、无芒雀麦 731.5～2 550.3 kg/hm²，牧草总产量为 2 696.8～8 055.0 kg/hm²。三茬均表现为混播条件下，A3 灌水模式结合 80 kg/hm² 施氮量可获得较高的牧草产量。

表 4-27　不同水氮条件下无芒雀麦和苜蓿的产量

单位:kg/hm^2

施氮量	灌水模式	单播						混播					
		第一茬		第二茬		第三茬		第一茬		第二茬		第三茬	
		苜蓿	无芒雀麦	苜蓿	无芒雀麦	苜蓿	无芒雀麦	苜蓿	无芒雀麦	苜蓿	无芒雀麦	苜蓿	无芒雀麦
N0	CK	—	3 844. 0a	—	2 087. 8a	—	2 059. 6a	6 332. 7a	2 313. 8a	3 207. 0a	1 442. 3a	3 086. 0a	1 389. 1a
	A1	—	3 070. 9c	—	1 461. 8d	—	1 390. 9d	4 779. 8e	1 607. 6d	2 413. 7d	940. 1cd	2 315. 5c	868. 6d
	A2	—	3 314. 3b	—	1 719. 0b	—	1 616. 4c	5 572. 6c	1 908. 2bc	2 828. 5c	1 130. 7b	2 702. 9b	1 062. 5c
	A3	—	3 617. 0a	—	1 980. 9a	—	1 917. 5ab	6 032. 0ab	2 281. 0a	3 094. 3ab	1 309. 2a	2 981. 6a	1 220. 5ab
	A4	—	2 559. 9d	—	1 309. 5e	—	1 288. 2e	4 154. 8f	1 503. 8e	2 079. 0e	833. 7d	1 965. 3d	731. 5e
	A5	—	3 041. 2c	—	1 563. 7c	—	1 494. 4d	5 243. 0d	1 818. 6c	2 568. 9d	1 018. 5c	2 433. 2c	901. 4cd
	A6	—	3 487. 8b	—	1 839. 4b	—	1 800. 1b	5 836. 7b	2 173. 1b	2 927. 3b	1 242. 8b	2 832. 3b	1 146. 8b
N40	CK	—	5 766. 0a	—	3 131. 7a	—	3 089. 4a	9 499. 1a	3 470. 7a	4 810. 5a	2 163. 4a	4 629. 0a	2 083. 6a
	A1	—	4 606. 3d	—	2 192. 7d	—	2 086. 3d	7 169. 6c	2 411. 3d	3 620. 6c	1 410. 1d	3 473. 2d	1 302. 9d
	A2	—	4 971. 4c	—	2 578. 6c	—	2 424. 6c	8 358. 8b	2 862. 3c	4 242. 8b	1 696. 0c	4 054. 4b	1 593. 7c
	A3	—	5 425. 5a	—	2 971. 4a	—	2 876. 3a	9 048. 0a	3 421. 5a	4 641. 4a	1 963. 8ab	4 472. 4a	1 830. 7ab
	A4	—	3 839. 9e	—	1 964. 2e	—	1 932. 3e	6 232. 2d	2 255. 7d	3 118. 5d	1 250. 6e	2 947. 9e	1 097. 2e
	A5	—	4 561. 9d	—	2 345. 5cd	—	2 241. 6cd	7 864. 5b	2 727. 9c	3 853. 4c	1 527. 8c	3 649. 8c	1 352. 1d
	A6	—	5 231. 7b	—	2 759. 1b	—	2 700. 2b	8 755. 0ab	3 259. 6b	4 390. 9b	1 864. 2b	4 248. 4b	1 720. 2b

续表 4-27

施氮量	灌水模式	单播						混播					
		第一茬		第二茬		第三茬		第一茬		第二茬		第三茬	
		苜蓿	无芒雀麦	苜蓿	无芒雀麦	苜蓿	无芒雀麦	苜蓿	无芒雀麦	苜蓿	无芒雀麦	苜蓿	无芒雀麦
N80	CK	—	6 919. 2a	—	3 758. 0a	—	3 707. 2a	11 398. 9a	4 164. 8a	5 772. 6a	2 596. 1a	5 554. 7a	2 500. 3a
	A1	—	5 527. 6c	—	2 631. 2d	—	2 503. 6d	8 603. 6d	2 893. 6d	4 344. 7d	1 692. 1d	4 167. 8d	1 563. 5e
	A2	—	5 965. 7b	—	3 094. 3c	—	2 909. 5c	10 030. 6b	3 434. 8b	5 091. 3b	2 035. 2b	4 865. 2c	1 912. 4c
	A3	—	6 510. 6a	—	3 565. 7ab	—	3 451. 6ab	10 857. 6a	4 105. 8a	5 569. 7a	2 356. 6a	5 366. 9ab	2 196. 8ab
	A4	—	4 607. 9d	—	2 357. 1e	—	2 318. 8e	7 478. 7e	2 706. 8e	3 742. 2e	1 500. 7e	3 537. 5e	1 316. 7f
	A5	—	5 474. 3c	—	2 814. 6cd	—	2 689. 9d	9 437. 4c	3 273. 4c	4 624. 0b	1 833. 3c	4 379. 7d	1 622. 5d
	A6	—	6 278. 0b	—	3 311. 0b	—	3 240. 3b	10 506. 0ab	3 911. 5a	5 269. 1b	2 237. 1b	5 098. 1b	2 064. 2b
N120	CK	—	5 535. 3a	—	3 006. 4a	—	2 965. 8a	9 119. 1a	3 331. 8a	4 618. 1a	2 076. 9a	4 443. 8a	2 000. 3a
	A1	—	4 422. 0d	—	2 104. 9c	—	2 002. 9d	6 882. 8e	2 314. 9d	3 475. 8d	1 353. 7e	3 334. 2e	1 250. 8d
	A2	—	4 772. 6c	—	2 475. 4b	—	2 327. 6c	8 024. 5c	2 747. 8c	4 073. 0b	1 628. 2c	3 892. 2c	1 529. 9 c
	A3	—	5 208. 5ab	—	2 852. 6a	—	2 761. 3ab	8 686. 1ab	3 284. 7ab	4 455. 8a	1 885. 3a	4 293. 5ab	1 757. 5b
	A4	—	3 686. 3e	—	1 885. 7d	—	1 855. 0e	5 983. 0f	2165. 4e	2 993. 8e	1 200. 6f	2 830. 0f	1 053. 3e
	A5	—	4 379. 4d	—	2 251. 7c	—	2 151. 9d	7 549. 9d	2 618. 7c	3 699. 2c	1 466. 6d	3 503. 8d	1 298. 0c
	A6	—	5 022. 4b	—	2 648. 8b	—	2 592. 2b	8 404. 8b	3 129. 2b	4 215. 3b	1 789. 7b	4 078. 4b	1 651. 4bc

4.3.2.3　2020 年生长季

不同水氮条件下，2020 年生长季无芒雀麦单播和无芒雀麦与苜蓿混播的牧草产量如图 4-54～图 4-59 所示。同一灌水模式下，一定范围内提高施氮量可显著提高单播和混播牧草产量，但当施氮量为 120 kg/hm^2 时，产量有所降低。在同一施氮水平下，无论单播还是混播，牧草产量均表现为随灌水亏缺程度的增加呈降低趋势，且在 A3 灌水条件下，牧草产量达到最大值。在一定灌水模式和施氮水平条件下，混播较单播可显著提高牧草产量。第一茬中，单播牧草产量为 2 108.6～7 898.8 kg/hm^2（见图 4-54）；混播牧草产量为苜蓿 3404.9～14 214.1 kg/hm^2、无芒雀麦 724.8～3 797.7 kg/hm^2，牧草总产量为 4 129.7～18 011.7 kg/hm^2（见图 4-55）。第二茬中，单播牧草产量为 1 967.5～5 354.1 kg/hm^2（见图 4-56）；混播牧草产量为苜蓿 3 270.0～10 095.5 kg/hm^2、无芒雀麦 412.1～1 610.1 kg/hm^2，牧草总产量为 3 682.1～11 705.2 kg/hm^2（见图 4-57）。第三茬中，单播牧草产量为 1 263.3～3 087.0 kg/hm^2（见图 4-58）；混播牧草产量为苜蓿 1 971.9～9 449.4 kg/hm^2、无芒雀麦 282.2～1 590.3 kg/hm^2，牧草总产量为 2 254.1～11 039.7 kg/hm^2（见图 4-59）。可见，充分灌水或施用高氮均不利于牧草产量的提高，适宜的水分亏缺可在减少灌水量的同时获得较高的牧草产量。

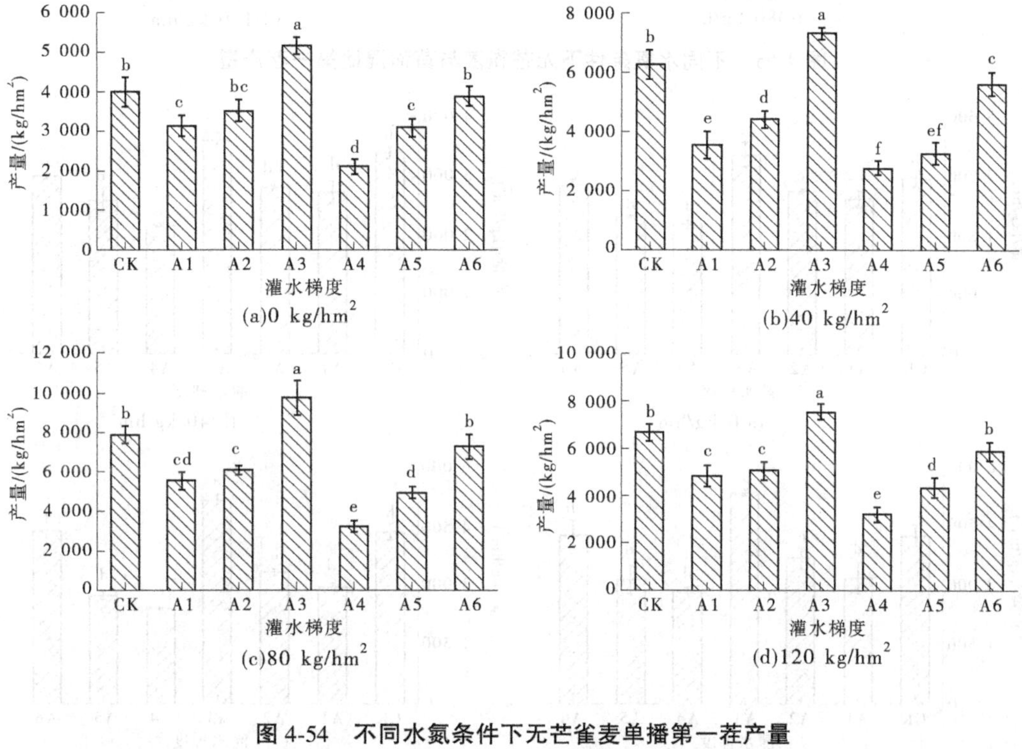

图 4-54　不同水氮条件下无芒雀麦单播第一茬产量

不同水氮条件下，无芒雀麦单播和无芒雀麦与苜蓿混播的牧草总产量如图 4-60 所示。由图 4-60 分析可知，无芒雀麦单播模式下，CK、A1、A2、A3、A4、A5 和 A6 灌水模式下

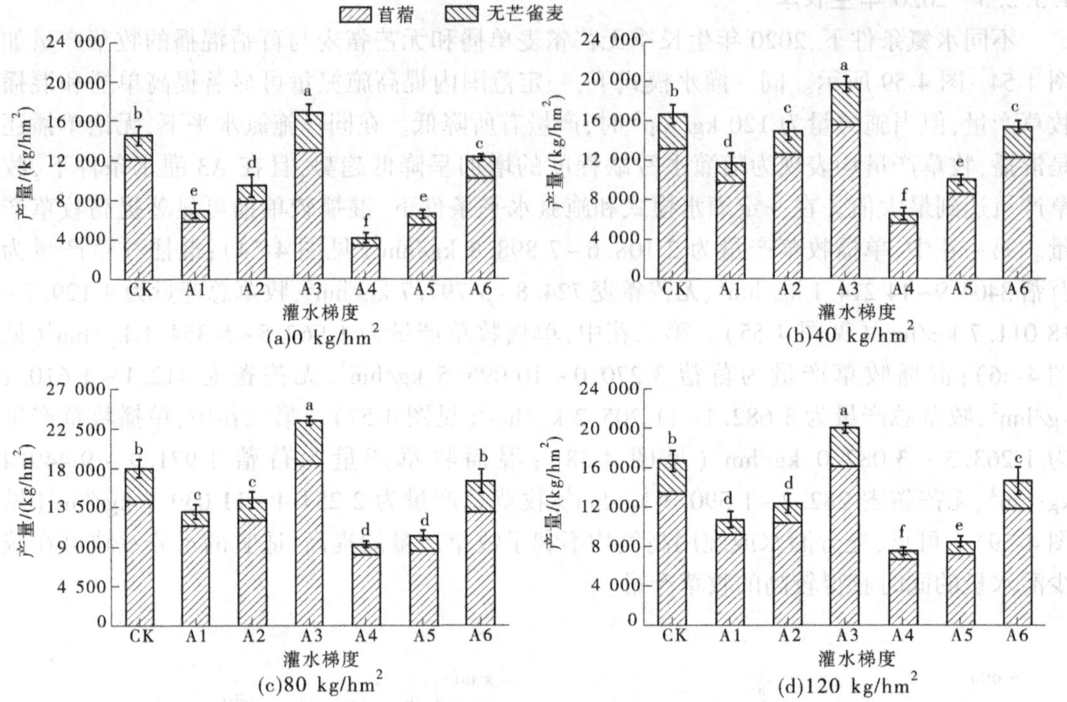

图 4-55 不同水氮条件下无芒雀麦与苜蓿混播第一茬产量

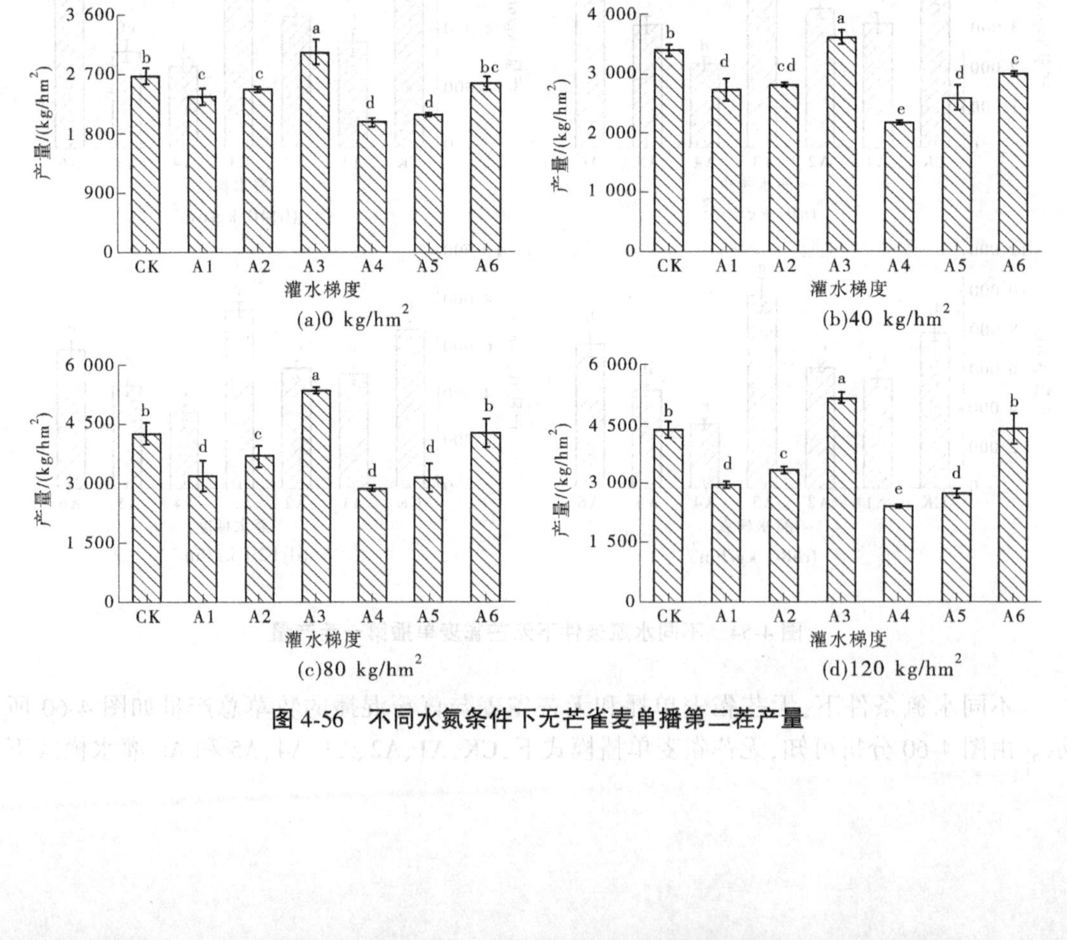

图 4-56 不同水氮条件下无芒雀麦单播第二茬产量

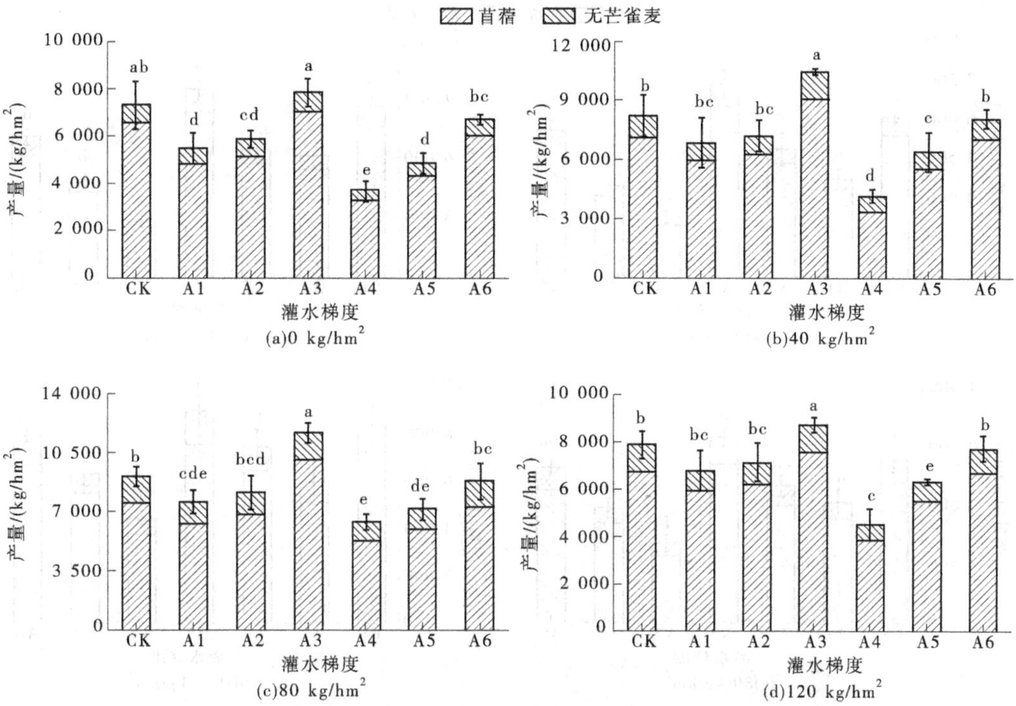

图 4-57　不同水氮条件下无芒雀麦与苜蓿混播第二茬产量

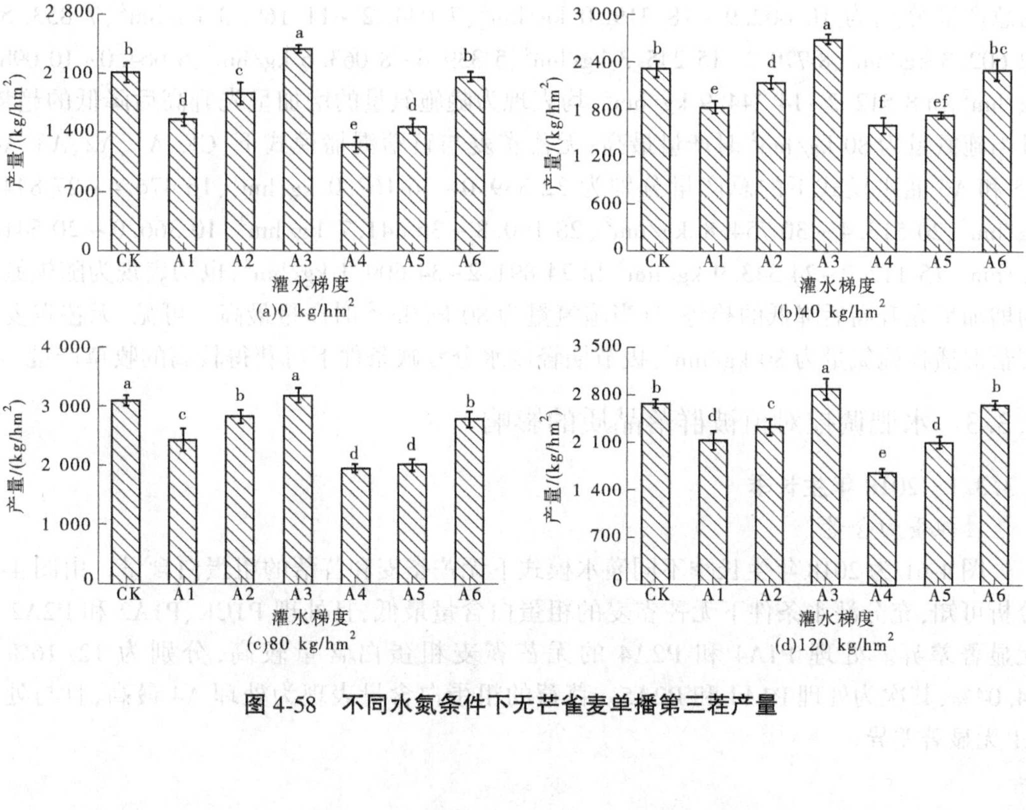

图 4-58　不同水氮条件下无芒雀麦单播第三茬产量

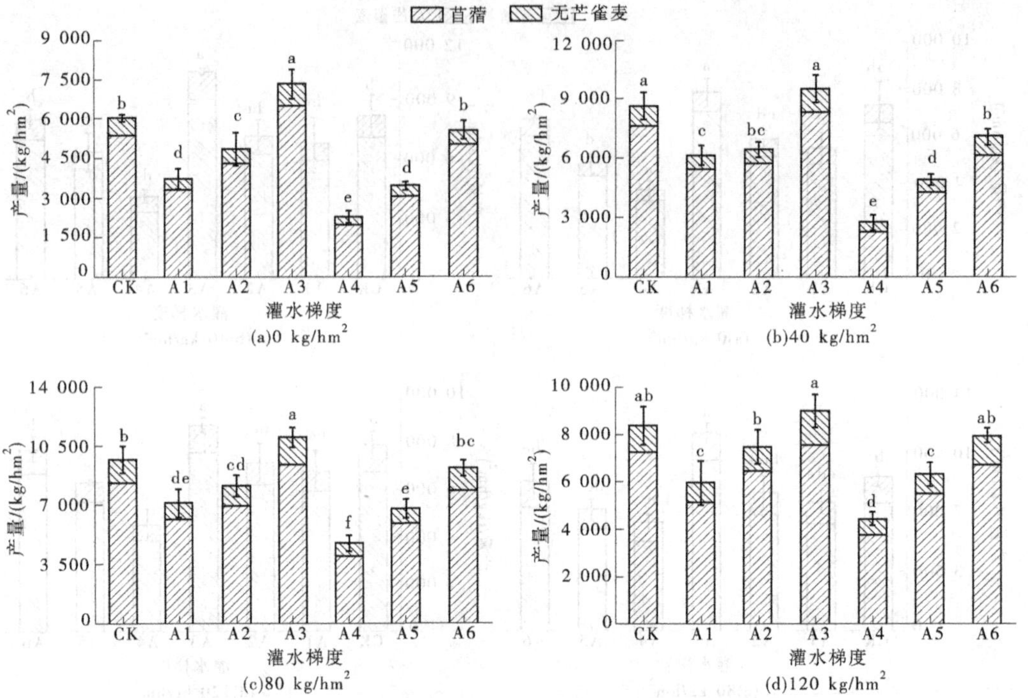

图 4-59　不同水氮条件下无芒雀麦与苜蓿混播第三茬产量

的总产量分别为 10 602.9~18 319.0 kg/hm²、7 044.2~11 169.3 kg/hm²、7 853.5~12 602.3 kg/hm²、8 770.3~15 245.3 kg/hm²、5 339.4~8 063.6 kg/hm²、6 664.0~10 098.6 kg/hm² 和 8 512.2~14 344.9 kg/hm²，均表现为随施氮量的增加呈先升高后降低的趋势，且当施氮量为 80 kg/hm² 时产量最高；无芒雀麦与苜蓿混播模式下，CK、A1、A2、A3、A4、A5 和 A6 灌水模式下的总产量分别为 32 339.0~36 167.0 kg/hm²、16 476.4~27 844.8 kg/hm²、20 513.4~30 754.8 kg/hm²、28 190.8~36 841.7 kg/hm²、10 366.0~20 541.6 kg/hm²、15 112.2~24 343.9 kg/hm² 和 24 891.2~34 609.1 kg/hm²，也均表现为随施氮量的增加呈先升高后降低的趋势，且当施氮量为 80 kg/hm² 时产量最高。可见，无芒雀麦与苜蓿混播在施氮量为 80 kg/hm²，拔节期轻度水分亏缺条件下可获得较高的牧草产量。

4.3.3　水肥调控对植被群落品质的影响

4.3.3.1　2018 年生长季

1. 粗蛋白含量

图 4-61 为 2018 年生长季不同灌水模式下无芒雀麦和苜蓿的粗蛋白含量。由图 4-61 分析可知，充分灌水条件下无芒雀麦的粗蛋白含量最低，且处理 P1CK、P1A2 和 P2A2 间无显著差异。处理 P1A4 和 P2A4 的无芒雀麦粗蛋白含量较高，分别为 12.16% 和 14.04%，其次为处理 P1A1 和 P2A5。苜蓿的粗蛋白含量表现为处理 A4 最高，且与处理 A1 无显著差异。

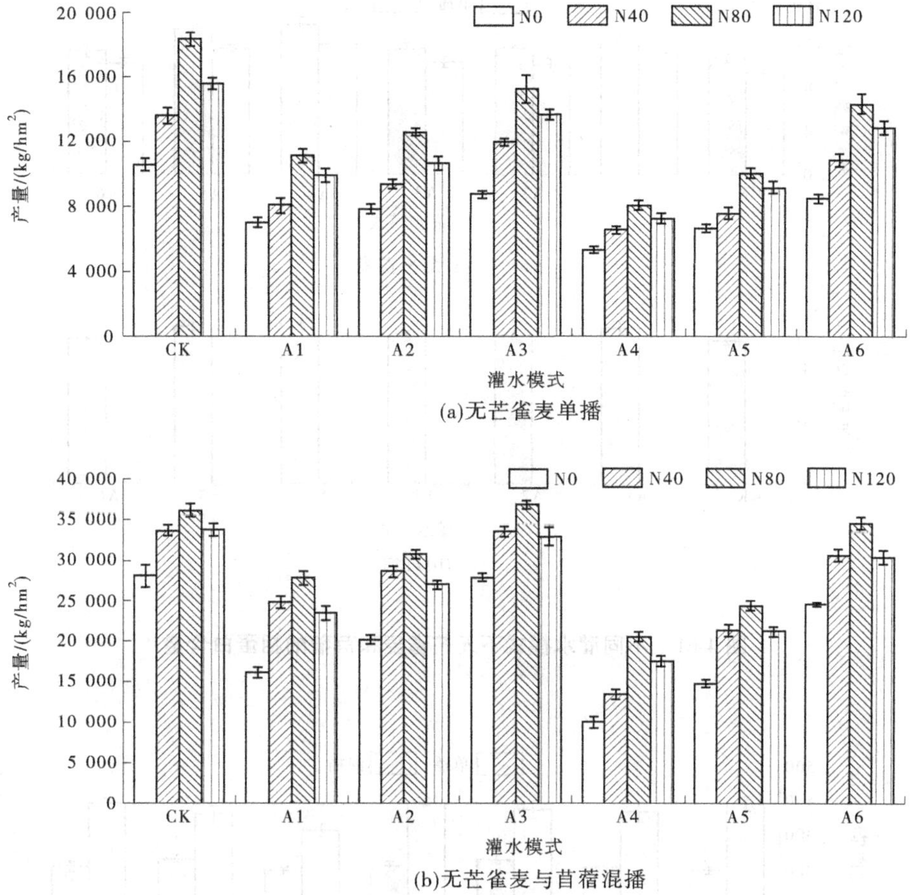

图 4-60 不同水氮条件下牧草总产量

2. 粗蛋白产量

牧草粗蛋白产量与干物质产量及蛋白含量密切有关。灌水模式和种植方式显著影响无芒雀麦和苜蓿的粗蛋白产量(见图 4-62)。同一灌水条件下,单播无芒雀麦的粗蛋白产量显著低于单播,前者为 315.22~398.48 kg/hm²,后者为 196.53~234.29 kg/hm²。单播条件下,处理 P1A3 与处理 P1CK 和 P1A6 的粗蛋白产量无显著差异,混播条件下,处理 P2A5 与处理 P2A2 和 P2A3 的粗蛋白产量无显著差异。苜蓿的粗蛋白产量表现为处理 CK(755.36 kg/hm²)最高,且与处理 A3 和 A5 无显著差异,处理 A4 的苜蓿粗蛋白产量最低。

3. 酸性洗涤纤维含量

牧草酸性洗涤纤维(ADF)是牧草中去除半纤维后的剩余部分,ADF 含量是评价牧草品质的主要因素之一,ADF 含量越高,牧草品质越差。2018 年各处理(见图 4-63)中,拔节期水分调控处理中,单播和混播的无芒雀麦 ADF 含量均表现为 A1>A2>A3,拔节期和抽穗期水分调控处理中,单播和混播的 ADF 含量均表现为 A4>A5>A6。同一水分调控下,混播无芒雀麦的 ADF 含量略低于单播,即适度水分亏缺结合混播有利于降低无芒雀

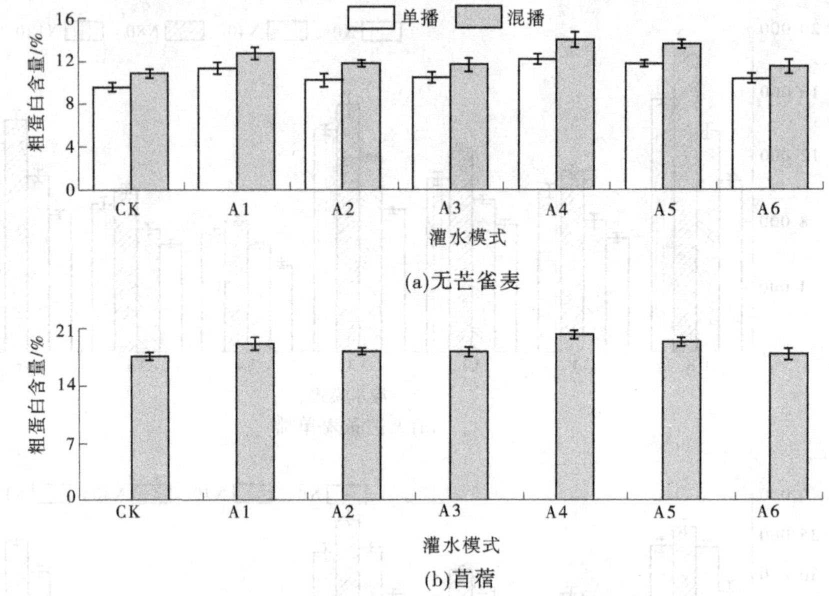

图 4-61　不同灌水模式下无芒雀麦和苜蓿的粗蛋白含量

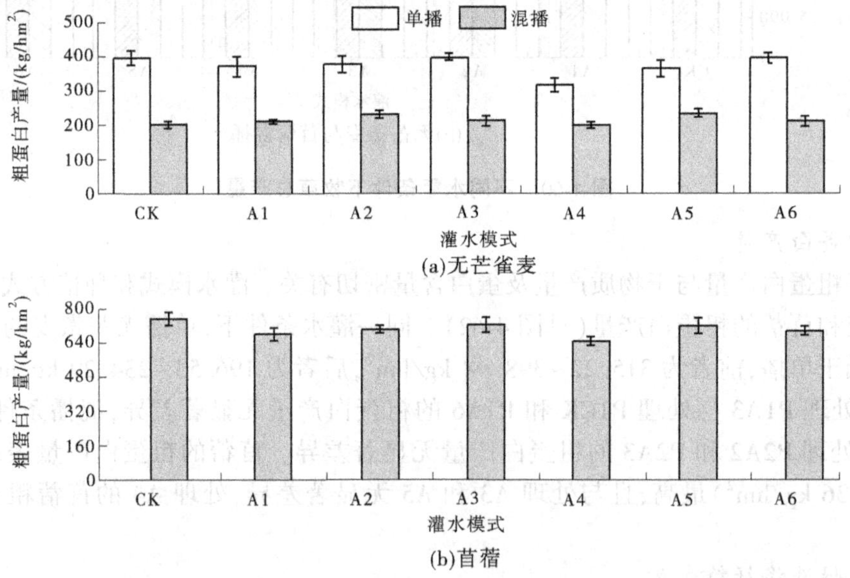

图 4-62　不同灌水模式下的无芒雀麦和苜蓿的粗蛋白产量

麦的 ADF 含量。各处理中,苜蓿的 ADF 含量为 30.40%~38.53%,其中处理 A4 最高,且与处理 CK 无显著差异,处理 A3 最低。

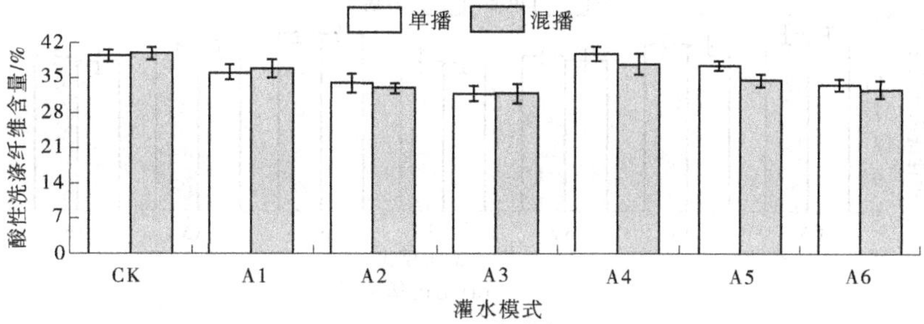

(a)无芒雀麦

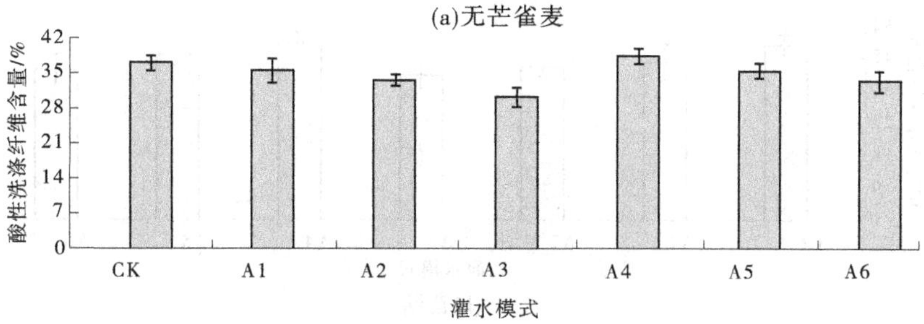

(b)苜蓿

图 4-63　不同灌水模式下的无芒雀麦和苜蓿的酸性洗涤纤维含量

4. 中性洗涤纤维含量

中性洗涤纤维(NDF)是牧草中粗纤维的细化测定指标,是评价牧草品质的重要因素之一。牧草 NDF 含量越低,越容易被牲畜吸收利用,牧草的品质越好。由不同灌水模式下无芒雀麦和苜蓿的中性洗涤纤维含量(见图 4-64)结果可知,无芒雀麦的中性洗涤纤维含量表现为单播略低于混播,随着灌水亏缺程度的增加,呈先减小后增大的趋势,A2、A3 和 A6 的 NDF 显著低于其他灌水处理。各处理中,苜蓿的 NDF 含量为 40.03%~49.23%,其中处理 A4 最高,且与处理 CK 无显著差异,处理 A3 最低。

4.3.3.2　2019 年生长季

1. 粗蛋白含量

2019 年生长季各处理无芒雀麦和苜蓿的粗蛋白含量变化规律与 2018 年生长季类似(见表 4-28)。粗蛋白含量整体表现为第三茬>第二茬>第一茬,且 A4 处理的粗蛋白含量最高,CK 处理的粗蛋白含量最低。同一种种植方式下,随着水分调控下限降低,粗蛋白含量呈现逐渐增加的趋势,说明水分胁迫有助于提高牧草的粗蛋白含量。单播条件下,在施氮量为 0 kg/hm^2、40 kg/hm^2、80 kg/hm^2 和 120 kg/hm^2 时,无芒雀麦的粗蛋白含量分别为 9.11%~13.47%、10.12%~14.97%、11.13%~16.47%和 10.52%~15.77%。混播条件下,在施氮量为 0 kg/hm^2、40 kg/hm^2、80 kg/hm^2 和 120 kg/hm^2 时,无芒雀麦的粗蛋白含量分别为 9.41%~13.62%、10.46%~15.48%、11.72%~17.34%和 10.88%~16.10%。混播条件下,在施氮量为 0 kg/hm^2、40 kg/hm^2、80 kg/hm^2 和 120 kg/hm^2 时,苜蓿的粗蛋白含量分别为 15.38%~20.71%、17.30%~23.30%、19.22%~25.89%和 18.26%~24.34%,即苜蓿的粗蛋白含量高于无芒雀麦,无芒雀麦的粗蛋白含量整体表现为混播>单播,且苜

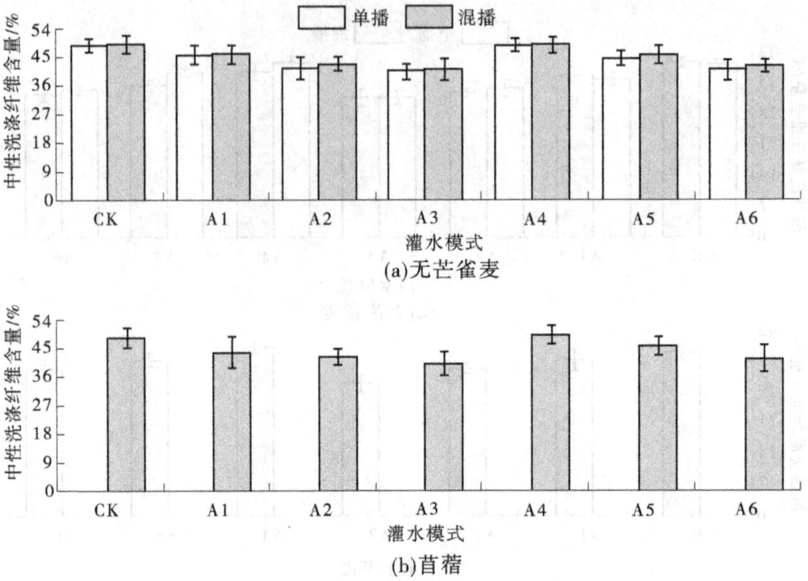

图 4-64 不同灌水模式下的无芒雀麦和苜蓿的中性洗涤纤维含量

蓿和无芒雀麦的粗蛋白含量均随施氮水平的提高呈先增加后降低的趋势，当施氮量为 80 kg/hm² 时，粗蛋白含量最高。可见，一定程度的水分调亏结合施氮量 80 kg/hm² 可获得较高的牧草粗蛋白含量。

2. 粗蛋白产量

牧草粗蛋白产量是粗蛋白含量与干物质产量的综合反映（见表 4-29）。2019 年生长季各处理无芒雀麦和苜蓿的粗蛋白产量整体表现为第一茬>第二茬和第三茬（二者差异较小）。单播条件下，在施氮量为 0 kg/hm²、40 kg/hm²、80 kg/hm² 和 120 kg/hm² 时，无芒雀麦的粗蛋白产量分别为 167. 49～369. 46 kg/hm²、279. 15～615. 77 kg/hm²、368. 48～812. 81 kg/hm² 和 281. 39～614. 78 kg/hm²。混播条件下，在施氮量为 0 kg/hm²、40 kg/hm²、80 kg/hm² 和 120 kg/hm² 时，无芒雀麦的粗蛋白含量分别为 99. 65～238. 02 kg/hm²、169. 85～396. 69 kg/hm²、228. 28～533. 15 kg/hm² 和 169. 57～396. 06 kg/hm²。混播条件下，在施氮量为 0 kg/hm²、40 kg/hm²、80 kg/hm² 和 120 kg/hm² 时，苜蓿的粗蛋白含量分别为 407. 05～995. 04 kg/hm²、686. 89～1 679. 12 kg/hm²、915. 86～2 238. 83 kg/hm² 和 688. 73～1 701. 51 kg/hm²。可以得出，随水分调控下限降低，牧草粗蛋白产量有下降趋势，但部分处理之间差异不显著。这是由于随着水分调控下限降低，牧草干物质产量降低，而粗蛋白含量提高。同一种植模式和灌水条件下，无芒雀麦和苜蓿的粗蛋白产量均表现为随施氮水平的提高呈先增加后降低的趋势，当施氮量为 80 kg/hm² 时，粗蛋白产量最高。可见，一定程度的水分调亏（以处理 A3 和 A6 较优）结合施氮量 80 kg/hm² 可获得较高的牧草粗蛋白产量。

表 4-28　2019 年生长季不同水氮条件下无芒雀麦和苜蓿的粗蛋白含量　%

施氮量	灌水模式	单播						混播					
		第一茬		第二茬		第三茬		第一茬		第二茬		第三茬	
		苜蓿	无芒雀麦	苜蓿	无芒雀麦	苜蓿	无芒雀麦	苜蓿	无芒雀麦	苜蓿	无芒雀麦	苜蓿	无芒雀麦
N0	CK	—	9. 11d	—	9. 78e	—	10. 00e	15. 38f	9. 41e	16. 38e	10. 09f	17. 10f	10. 07f
	A1	—	11. 03b	—	11. 74bc	—	12. 04b	17. 43bc	11. 39b	18. 56b	12. 11b	19. 39b	12. 15b
	A2	—	10. 15c	—	10. 82d	—	11. 10cd	16. 68d	10. 50cd	17. 77c	11. 17d	18. 57d	11. 20d
	A3	—	9. 92d	—	10. 60d	—	10. 83cd	16. 06e	10. 26d	17. 12d	10. 94e	17. 88e	10. 94e
	A4	—	12. 16a	—	13. 08a	—	13. 47a	18. 59a	12. 60a	19. 80a	13. 52a	20. 71a	13. 62a
	A5	—	11. 25b	—	12. 03b	—	12. 38b	17. 60b	11. 64b	18. 78b	12. 42b	19. 68b	12. 50b
	A6	—	10. 59c	—	11. 28c	—	11. 57c	17. 05c	10. 95c	18. 17bc	11. 65c	19. 00c	11. 67c
N40	CK	—	10. 12e	—	10. 87e	—	11. 11e	17. 30f	10. 46d	18. 43f	11. 21e	19. 23f	11. 44f
	A1	—	12. 25b	—	13. 04b	—	13. 38b	19. 61bc	12. 66b	20. 88c	13. 46b	21. 82c	13. 81c
	A2	—	11. 28c	—	12. 02cd	—	12. 33d	18. 77d	11. 67f	19. 99d	12. 41d	20. 89d	12. 73e
	A3	—	11. 02d	—	11. 78d	—	12. 03d	18. 07e	11. 40f	19. 26e	12. 16d	20. 12e	12. 43e
	A4	—	13. 51a	—	14. 53a	—	14. 97a	20. 92a	14. 00a	22. 28a	15. 02a	23. 30a	15. 48a
	A5	—	12. 50b	—	13. 37b	—	13. 76b	19. 80b	12. 93b	21. 13b	13. 80b	22. 14b	14. 20b
	A6	—	11. 77c	—	12. 53c	—	12. 85c	19. 18c	12. 17c	20. 44c	12. 94c	21. 38c	13. 26d

续表 4-28

施氮量	灌水模式	单播						混播					
		第一茬		第二茬		第三茬		第一茬		第二茬		第三茬	
		苜蓿	无芒雀麦	苜蓿	无芒雀麦	苜蓿	无芒雀麦	苜蓿	无芒雀麦	苜蓿	无芒雀麦	苜蓿	无芒雀麦
N80	CK	—	11. 13e	—	11. 96e	—	12. 22f	19. 22f	11. 72f	20. 48f	12. 67f	21. 37f	12. 81f
	A1	—	13. 48b	—	14. 3b4	—	14. 72c	21. 79bc	14. 18b	23. 20b	15. 21b	24. 24b	15. 47c
	A2	—	12. 41c	—	13. 22cd	—	13. 56e	20. 85d	13. 07d	22. 21d	14. 02d	23. 21d	14. 26
	A3	—	12. 12d	—	12. 96d	—	13. 23e	20. 08e	12. 77e	21. 40e	13. 74e	22. 35e	13. 92e
	A4	—	14. 86a	—	15. 98a	—	16. 47a	23. 24a	15. 68a	24. 75a	16. 97a	25. 89a	17. 34a
	A5	—	13. 75b	—	14. 71b	—	15. 14b	22. 00b	14. 48b	23. 48b	15. 59b	24. 60b	15. 90b
	A6	—	12. 95c	—	13. 78c	—	14. 14d	21. 31c	13. 63c	22. 71c	14. 62c	23. 75c	14. 85d
N120	CK	—	10. 52e	—	11. 77e	—	11. 67e	18. 26f	10. 88f	19. 25f	11. 66e	20. 09f	11. 90f
	A1	—	12. 74bc	—	14. 13b	—	14. 05b	20. 70b	13. 17b	21. 81c	14. 00b	22. 79c	14. 36b
	A2	—	11. 73d	—	13. 03cd	—	12. 95d	19. 81d	12. 14d	20. 88d	12. 91d	21. 82d	13. 24d
	A3	—	11. 46d	—	12. 77d	—	12. 63d	19. 08e	11. 86e	20. 12e	12. 65d	21. 01e	12. 93e
	A4	—	14. 05a	—	15. 77a	—	15. 72a	22. 08a	14. 56a	23. 27a	15. 62a	24. 34a	16. 10a
	A5	—	13. 00b	—	14. 49b	—	14. 45b	20. 90b	13. 45b	22. 07b	14. 35b	23. 12b	14. 77b
	A6	—	12. 24c	—	13. 59c	—	13. 49c	20. 24c	12. 66c	21. 35cd	13. 46c	22. 33cd	13. 79c

表 4-29 2019 年生长季不同水氮条件下无芒雀麦和苜蓿的粗蛋白产量

单位：kg/hm²

施氮量	灌水模式	单播						混播					
		第一茬		第二茬		第三茬		第一茬		第二茬		第三茬	
		苜蓿	无芒雀麦	苜蓿	无芒雀麦	苜蓿	无芒雀麦	苜蓿	无芒雀麦	苜蓿	无芒雀麦	苜蓿	无芒雀麦
N0	CK	—	350. 11ab	—	204. 25a	—	205. 94a	973. 72ab	217. 82b	525. 43a	145. 51a	527. 58a	139. 84a
	A1	—	338. 57b	—	171. 56b	—	167. 49c	833. 21d	183. 17c	447. 98d	113. 88c	449. 02d	105. 56b
	A2	—	336. 47b	—	185. 96b	—	179. 37b	929. 51c	200. 42b	502. 57b	126. 29b	501. 87b	119. 03b
	A3	—	358. 73ab	—	210. 02a	—	207. 61a	968. 98b	234. 03a	529. 74a	143. 28a	533. 11a	133. 50a
	A4	—	311. 26c	—	171. 24c	—	173. 56bc	772. 46e	189. 48c	411. 64e	112. 70c	407. 05e	99. 65c
	A5	—	342. 14b	—	188. 16b	—	185. 07b	922. 77c	211. 63c	482. 54c	126. 50b	478. 85c	112. 64b
	A6	—	369. 46a	—	207. 43a	—	208. 18a	995. 04a	238. 02a	531. 83a	144. 74a	538. 14a	133. 82a
N40	CK	—	583. 52ab	—	340. 42	—	343. 23a	1 643. 15a	363. 04b	886. 67a	242. 52a	890. 30a	238. 36a
	A1	—	564. 27b	—	285. 93	—	279. 15d	1 406. 03c	305. 27d	755. 98d	189. 80c	757. 71d	179. 93bc
	A2	—	560. 77b	—	309. 95	—	298. 95b	1 568. 53b	334. 03c	848. 09b	210. 47b	846. 92b	202. 88b
	A3	—	597. 89a	—	350. 03	—	346. 02a	1 635. 15a	390. 05a	893. 93a	238. 80a	899. 62a	227. 56a
	A4	—	518. 77c	—	285. 40	—	289. 27c	1 303. 53d	315. 80d	694. 65e	187. 84c	686. 89e	169. 85c
	A5	—	570. 24b	—	313. 59	—	308. 44b	1 557. 17b	352. 72b	814. 30c	210. 84b	808. 07c	192. 00b
	A6	—	615. 77a	—	345. 72	—	346. 98a	1 679. 12a	396. 69a	897. 46a	241. 23a	908. 10a	228. 10a

续表 4-29

施氮量	灌水模式	单播						混播					
		第一茬		第二茬		第三茬		第一茬		第二茬		第三茬	
		苜蓿	无芒雀麦	苜蓿	无芒雀麦	苜蓿	无芒雀麦	苜蓿	无芒雀麦	苜蓿	无芒雀麦	苜蓿	无芒雀麦
N80	CK	—	770. 25ab	—	449. 34a	—	453. 06a	2 190. 87a	487. 91b	1 182. 23a	328. 86a	1 187. 04a	320. 36a
	A1	—	744. 84bc	—	377. 42c	—	368. 48d	1 874. 72c	410. 29d	1 007. 97b	257. 37c	1 010. 27c	241. 83d
	A2	—	740. 22c	—	409. 13b	—	394. 62bc	2 091. 38c	448. 94c	1 130. 78ab	285. 40b	1 129. 21b	272. 66b
	A3	—	789. 21ab	—	462. 04a	—	456. 75a	2 180. 21a	524. 23a	1 191. 92a	323. 82a	1 199. 50a	305. 83a
	A4	—	684. 78d	—	376. 74c	—	381. 84c	1 738. 05d	424. 43cd	926. 19c	254. 71c	915. 86d	228. 28e
	A5	—	752. 72b	—	413. 94b	—	407. 14b	2 076. 23b	474. 04b	1 085. 72b	285. 88b	1 077. 41bc	258. 04c
	A6	—	812. 81a	—	456. 36a	—	458. 02a	2 238. 83a	533. 15a	1 196. 61a	327. 11a	1 210. 80a	306. 56a
N120	CK	—	582. 58ab	—	353. 87a	—	345. 98a	1 665. 06a	362. 45b	889. 04a	242. 13a	892. 66a	237. 99a
	A1	—	563. 36b	—	297. 49d	—	281. 39c	1 424. 77c	304. 79d	758. 00c	189. 50c	759. 72d	179. 64c
	A2	—	559. 88c	—	322. 56c	—	301. 34bc	1 589. 45b	333. 49c	850. 34b	210. 14b	849. 18b	202. 55b
	A3	—	596. 94a	—	364. 22b	—	348. 79a	1 656. 96a	389. 43a	896. 33a	238. 42a	902. 02a	227. 20a
	A4	—	517. 94d	—	297. 39d	—	291. 58c	1 320. 93d	315. 28cd	696. 51d	187. 54c	688. 73e	169. 57c
	A5	—	569. 32b	—	326. 27c	—	310. 91b	1 577. 93b	352. 14b	816. 46b	210. 49b	810. 22c	191. 69b
	A6	—	614. 78a	—	359. 89a	—	349. 75a	1 701. 51a	396. 06a	899. 86a	240. 85a	910. 50a	227. 73a

表4-30为不同灌水施氮模式下牧草的粗蛋白总产量。由表4-30分析可知,与各处理无芒雀麦和苜蓿的粗蛋白产量类似,粗蛋白总产量也整体表现为第一茬>第二茬和第三茬(二者差异较小)。单播条件下,在施氮量为0 kg/hm²、40 kg/hm²、80 kg/hm²和120 kg/hm²时,粗蛋白总产量分别为167.49~369.46 kg/hm²、279.15~615.77 kg/hm²、368.48~812.81 kg/hm²和281.39~614.78 kg/hm²。混播条件下,在施氮量为0 kg/hm²、40 kg/hm²、80 kg/hm²和120 kg/hm²时,粗蛋白含总产量分别为506.70~1 233.06 kg/hm²、856.74~2 075.81 kg/hm²、1 144.14~2 771.98 kg/hm²和858.30~2 097.57 kg/hm²。可见,与单播相比,混播可大幅度提高牧草粗蛋白产量;7种灌水模式中,处理CK、A3和A6在提高牧草粗蛋白产量方面效果较优;与不施氮相比,增加施氮量可提高牧草粗蛋白产量,且以施氮量为80 kg/hm²的效果最优。

表4-30 不同灌水施氮模式下牧草的粗蛋白总产量 单位:kg/hm²

施氮量	灌水模式	单播			混播		
		第一茬	第二茬	第三茬	第一茬	第二茬	第三茬
N0	CK	350.11ab	204.25a	205.94a	1 191.54a	670.94a	667.42a
	A1	338.57b	171.56b	167.49c	1 016.38	561.86c	554.58d
	A2	336.47b	185.96b	179.37b	1 129.93ab	628.86b	620.9b
	A3	358.73ab	210.02a	207.61a	1 203.01a	673.02a	666.61a
	A4	311.26c	171.24c	173.56bc	961.94b	524.34d	506.7e
	A5	342.14b	188.16b	185.07b	1 134.4ab	609.04b	591.49c
	A6	369.46a	207.43a	208.18a	1 233.06a	676.57a	671.96a
N40	CK	583.52ab	340.42	343.23a	2 006.19a	1 129.19a	1 128.66a
	A1	564.27b	285.93	279.15d	1 711.3c	945.78c	937.64c
	A2	560.77b	309.95	298.95b	1 902.56b	1 058.56b	1 049.8b
	A3	597.89a	350.03	346.02a	2 025.2a	1 132.73a	1 127.18a
	A4	518.77c	285.40	289.27c	1 619.33d	882.49d	856.74d
	A5	570.24b	313.59	308.44b	1 909.89b	1 025.14b	1 000.07b
	A6	615.77a	345.72	346.98a	2 075.81a	1 138.69a	1 136.2a
N80	CK	770.25ab	449.34a	453.06a	2 678.78a	1 511.09a	1 507.4a
	A1	744.84bc	377.42c	368.48d	2 285.01c	1 265.34d	1 252.1d
	A2	740.22c	409.13b	394.62bc	2 540.32b	1 416.18b	1 401.87b
	A3	789.21ab	462.04a	456.75a	2 704.44a	1 515.74a	1 505.33a
	A4	684.78d	376.74c	381.84c	2 162.48d	1 180.9e	1 144.14e
	A5	752.72b	413.94b	407.14b	2 550.27b	1 371.6c	1 335.45c
	A6	812.81a	456.36a	458.02a	2 771.98a	1 523.72a	1 517.36a

续表 4-30

施氮量	灌水模式	单播			混播		
		第一茬	第二茬	第三茬	第一茬	第二茬	第三茬
N120	CK	582.58ab	353.87a	345.98a	2 027.51a	1 131.17a	1 130.65a
	A1	563.36b	297.49d	281.39c	1 729.56c	947.5c	939.36c
	A2	559.88c	322.56c	301.34bc	1 922.94b	1 060.48b	1 051.73b
	A3	596.94a	364.22b	348.79a	2 046.39a	1 134.75a	1 129.22a
	A4	517.94d	297.39d	291.58c	1 636.21d	884.05d	858.3d
	A5	569.32b	326.27c	310.91b	1 930.07b	1 026.95b	1 001.91b
	A6	614.78a	359.89a	349.75a	2 097.57a	1 140.71a	1 138.23a

3. 酸性洗涤纤维(ADF)含量

不同处理下牧草 ADF 含量(见表 4-31)整体表现为第一茬>第二茬>第三茬。同一种种植方式和施氮水平下，随着水分调控下限的降低，ADF 含量呈现逐渐降低的趋势，且仅拔节期亏水处理整体低于拔节期和开花期亏水处理。单播条件下，在施氮量为 0 kg/hm^2、40 kg/hm^2、80 kg/hm^2 和 120 kg/hm^2 时，无芒雀麦的 ADF 含量分别为 25.31%～36.24%、24.04%～34.43%、23.04%～33.05%和 22.27%～31.89%。混播条件下，在施氮量为 0 kg/hm^2、40 kg/hm^2、80 kg/hm^2 和 120 kg/hm^2 时，无芒雀麦的 ADF 含量分别为 23.62%～34.47%、22.44%～32.75%、20.44%～31.39%和 20.79%～30.33%。混播条件下，在施氮量为 0 kg/hm^2、40 kg/hm^2、80 kg/hm^2 和 120 kg/hm^2 时，苜蓿的 ADF 含量分别为 22.51%～36.13%、21.38%～34.32%、20.48%～32.88%和 19.81%～31.79%，即苜蓿的 ADF 含量与无芒雀麦差异较小，单播和混播条件下，无芒雀麦的 ADF 含量较小，且苜蓿和无芒雀麦的 ADF 含量均表现为随施氮水平的提高呈降低趋势。可见，一定程度的水分调亏结合一定的施氮量可有效降低单播和混播牧草的 ADF 含量。

4. 中性洗涤纤维(NDF)含量

不同处理下牧草 NDF 含量(见表 4-32)整体表现为第一茬>第二茬>第三茬。同一种种植方式和施氮水平下，随着水分调控下限的降低，NDF 含量呈现逐渐降低的趋势，且仅拔节期亏水处理整体低于拔节期和开花期亏水处理。单播条件下，在施氮量为 0 kg/hm^2、40 kg/hm^2、80 kg/hm^2 和 120 kg/hm^2 时，无芒雀麦的 NDF 含量分别为 35.44%～47.85%、33.67%～45.46%、32.35%～43.54%和 31.19%～42.11%。混播条件下，在施氮量为 0 kg/hm^2、40 kg/hm^2、80 kg/hm^2 和 120 kg/hm^2 时，无芒雀麦的 NDF 含量分别为 34.67%～47.72%、32.94%～45.33%、31.55%～43.43%和 30.51%～41.99%。混播条件下，在施氮量为 0 kg/hm^2、40 kg/hm^2、80 kg/hm^2 和 120 kg/hm^2 时，苜蓿的 NDF 含量分别为 31.26%～45.67%、29.70%～43.39%、28.45%～41.56%和 27.51%～40.19%，即苜蓿的 NDF 含量与无芒雀麦差异较小，单播和混播条件下，无芒雀麦的 NDF 含量较小，且苜蓿和无芒雀麦的 NDF 含量均表现为随施氮水平的提高呈降低趋势。可见，一定程度的水分调亏结合一定的施氮量可有效降低单播和混播牧草的 NDF 含量。

表 4-31 不同水氮条件下无芒雀麦和苜蓿的酸性洗涤纤维含量 %

施氮量	灌水模式	单播						混播					
		第一茬		第二茬		第三茬		第一茬		第二茬		第三茬	
		苜蓿	无芒雀麦	苜蓿	无芒雀麦	苜蓿	无芒雀麦	苜蓿	无芒雀麦	苜蓿	无芒雀麦	苜蓿	无芒雀麦
N0	CK	—	36. 24a	—	34. 46a	—	32. 85a	36. 13a	34. 47a	34. 18a	32. 74a	31. 81a	31. 19a
	A1	—	33. 18c	—	31. 40c	—	29. 73c	33. 95c	31. 36c	30. 05c	29. 58c	28. 97c	28. 07c
	A2	—	30. 73e	—	28. 98e	—	27. 37e	31. 60d	28. 99e	28. 12d	27. 21e	26. 75d	25. 68e
	A3	—	28. 72f	—	27. 00f	—	25. 31f	28. 03f	27. 00f	24. 97f	25. 25f	22. 51f	23. 62f
	A4	—	35. 84a	—	34. 19a	—	32. 67a	36. 02a	34. 09a	33. 89a	32. 44a	32. 04a	30. 98a
	A5	—	34. 24b	—	32. 57b	—	31. 06b	34. 69b	32. 48b	32. 11b	30. 88b	30. 72b	29. 38b
	A6	—	31. 91d	—	30. 20d	—	28. 67d	29. 58e	30. 13d	25. 97e	24. 48d	24. 04e	26. 98d
N40	CK	—	34. 43a	—	32. 74a	—	31. 21a	34. 32a	32. 75a	32. 47a	31. 10a	30. 22a	29. 63a
	A1	—	31. 52c	—	29. 83c	—	28. 24c	32. 25b	29. 79bc	28. 55c	28. 10c	27. 52c	26. 67c
	A2	—	29. 19e	—	27. 53e	—	26. 00e	30. 02c	27. 54d	26. 71d	25. 85d	25. 41d	24. 40e
	A3	—	27. 28f	—	25. 65f	—	24. 04f	26. 63e	25. 65e	23. 72f	23. 99e	21. 38f	22. 44f
	A4	—	34. 05a	—	32. 48a	—	31. 04a	34. 22a	32. 39a	32. 20a	30. 82a	30. 44a	29. 43a
	A5	—	32. 53b	—	30. 94b	—	29. 51b	32. 96b	30. 86b	30. 50b	29. 34b	29. 18b	27. 91b
	A6	—	30. 31d	—	28. 69d	—	27. 24d	28. 10d	28. 62c	24. 67e	23. 26e	22. 84e	25. 63d

续表 4-31

施氮量	灌水模式	单播						混播					
		第一茬		第二茬		第三茬		第一茬		第二茬		第三茬	
		苜蓿	无芒雀麦	苜蓿	无芒雀麦	苜蓿	无芒雀麦	苜蓿	无芒雀麦	苜蓿	无芒雀麦	苜蓿	无芒雀麦
N80	CK	—	32. 98a	—	31. 36b	—	29. 89a	32. 88a	31. 37a	31. 10a	29. 79b	28. 95a	28. 38b
	A1	—	31. 52c	—	29. 83c	—	28. 24b	30. 89c	29. 79c	27. 35c	28. 10c	26. 36c	26. 67d
	A2	—	29. 19e	—	27. 53d	—	26. 00d	28. 76d	27. 54e	25. 59d	25. 85d	24. 34d	24. 40f
	A3	—	27. 28f	—	25. 65e	—	23. 04e	25. 51f	25. 65f	22. 72f	23. 99e	20. 48f	20. 44g
	A4	—	33. 05a	—	32. 48a	—	31. 04a	32. 78a	31. 39a	30. 84a	30. 82a	29. 16a	29. 43a
	A5	—	32. 53b	—	30. 94c	—	29. 51a	31. 57b	30. 86b	29. 22b	29. 34b	27. 96b	27. 91c
	A6	—	30. 31d	—	28. 69d	—	27. 24c	26. 92e	28. 62d	23. 63e	23. 26e	21. 88e	25. 63e
N120	CK	—	31. 89a	—	30. 32a	—	28. 91a	31. 79a	30. 33a	30. 08a	28. 81a	27. 99a	27. 45a
	A1	—	29. 20c	—	27. 63c	—	26. 16c	29. 88b	27. 60c	26. 44c	26. 03c	25. 49c	24. 70c
	A2	—	27. 04e	—	25. 50e	—	24. 09e	27. 81c	25. 51e	24. 75d	23. 94d	23. 54d	22. 60e
	A3	—	25. 27f	—	23. 76f	—	22. 27f	24. 67e	23. 76f	21. 97f	22. 22e	19. 81f	20. 79f
	A4	—	31. 54a	—	30. 09a	—	28. 75a	31. 70a	30. 00a	29. 82a	28. 55a	28. 20a	27. 26a
	A5	—	30. 13b	—	28. 66b	—	27. 33b	30. 53b	28. 58b	28. 26b	27. 17b	27. 03b	25. 85b
	A6	—	28. 08d	—	26. 58d	—	25. 23d	26. 03d	26. 51d	22. 85e	21. 54e	21. 16e	23. 74d

表 4-32　不同水氮条件下无芒雀麦和苜蓿的中性洗涤纤维含量

%

施氮量	灌水模式	单播						混播					
		第一茬		第二茬		第三茬		第一茬		第二茬		第三茬	
		苜蓿	无芒雀麦	苜蓿	无芒雀麦	苜蓿	无芒雀麦	苜蓿	无芒雀麦	苜蓿	无芒雀麦	苜蓿	无芒雀麦
N0	CK	—	47.85a	—	45.94a	—	44.00a	45.67a	47.72a	43.59a	46.03a	41.61a	44.07a
	A1	—	44.94c	—	43.14b	—	41.26c	42.79c	45.06b	40.52c	42.94c	38.45c	40.95c
	A2	—	41.80d	—	38.98c	—	36.79d	39.52d	41.52c	37.06d	39.47d	34.82d	37.46d
	A3	—	39.82f	—	36.86e	—	35.44e	37.22e	39.28d	34.21e	37.26f	31.26e	34.67e
	A4	—	47.78a	—	46.05a	—	44.23a	45.64a	47.28a	43.54a	45.93a	41.51a	44.04a
	A5	—	46.04b	—	43.61b	—	42.49b	43.84b	45.57b	41.56b	44.22b	39.59b	42.22b
	A6	—	40.84e	—	37.91d	—	35.96e	37.57e	41.04c	34.27e	38.29e	31.41e	35.36e
N40	CK	—	45.46a	—	43.64a	—	41.80a	43.39a	45.33a	41.41a	43.73a	39.53a	41.87a
	A1	—	42.69b	—	40.98b	—	39.20b	40.65b	42.81b	38.49b	40.79b	36.53b	38.90b
	A2	—	39.71c	—	37.03c	—	34.95c	37.54c	39.44c	35.21c	37.50c	33.08c	35.59c
	A3	—	37.83d	—	35.02d	—	33.67d	35.36d	37.32d	32.50d	35.40d	29.70d	32.94d
	A4	—	45.39a	—	43.75a	—	42.02a	43.36a	44.92ab	41.36a	43.63a	39.43a	41.84a
	A5	—	43.74b	—	41.43b	—	40.37ab	41.65b	43.29ab	39.48b	42.01b	37.61b	40.11ab
	A6	—	38.80cd	—	36.01cd	—	34.16c	35.69d	38.99cd	32.56d	36.38cd	29.84d	33.59d

续表 4-32

施氮量	灌水模式	单播						混播					
		第一茬		第二茬		第三茬		第一茬		第二茬		第三茬	
		苜蓿	无芒雀麦	苜蓿	无芒雀麦	苜蓿	无芒雀麦	苜蓿	无芒雀麦	苜蓿	无芒雀麦	苜蓿	无芒雀麦
N80	CK	—	43.54a	—	41.81a	—	40.04a	41.56a	43.43a	39.67a	41.89a	37.87a	40.10a
	A1	—	40.90b	—	39.26b	—	37.55b	38.94b	41.00b	36.87b	39.08b	34.99c	37.26b
	A2	—	38.04c	—	35.47c	—	33.48c	35.96c	37.78c	33.72c	35.92c	31.69d	34.09b
	A3	—	36.24d	—	33.54d	—	32.25d	33.87d	35.74d	31.13d	33.91d	28.45e	31.55c
	A4	—	43.48a	—	41.91a	—	40.25a	41.53a	43.02a	39.62a	41.80a	37.77a	40.08a
	A5	—	41.90b	—	39.69b	—	38.67b	39.89b	41.47b	37.82b	40.24b	36.03b	38.42b
	A6	—	37.16c	—	34.50cd	—	32.72d	34.19cd	37.35c	31.19d	34.84cd	28.58e	32.18c
N120	CK	—	42.11a	—	40.43a	—	38.72a	40.19a	41.99a	38.36a	40.51a	36.62a	38.78a
	A1	—	39.55b	—	37.96b	—	36.31b	37.66b	39.65b	35.66b	37.79b	33.84c	36.04b
	A2	—	36.78c	—	34.30c	—	32.38c	34.78c	36.54c	32.61c	34.73c	30.64d	32.96c
	A3	—	35.04d	—	32.44d	—	31.19d	32.75d	34.57d	30.10d	32.79d	27.51e	30.51d
	A4	—	42.05a	—	40.52a	—	38.92a	40.16a	41.61a	38.32a	40.42a	36.53b	38.76a
	A5	—	40.52b	—	38.38b	—	37.39b	38.58b	40.10ab	36.57b	38.91b	34.84c	37.15b
	A6	—	35.94cd	—	33.36cd	—	31.64d	33.06cd	36.12c	30.16d	33.70cd	27.64e	31.12cd

4.3.3.3　2020 年生长季

1. 粗蛋白含量

1) 无芒雀麦

灌水模式和施氮水平显著影响无芒雀麦的粗蛋白含量(见图 4-65～图 4-70)。在相同施肥与灌水模式下,混播无芒雀麦的粗蛋白含量整体高于单播(处理 A4N80 除外)。在同一种植和施肥模式下,随着水分调控下限降低,无芒雀麦粗蛋白含量呈现逐渐增加趋势,其中以 A4 灌水处理最高,CK 灌水处理最低。在同一种植和灌水模式下,无芒雀麦粗蛋白含量在 N0 处理下最低,随着施氮量的增加,粗蛋白含量呈先增加后降低的趋势,在 N80 处理下达到最高。说明一定的施氮量可有效提升无芒雀麦粗蛋白含量,进而提高牧草品质,但施氮过多,不但无法进一步提升牧草品质,还会造成资源浪费。

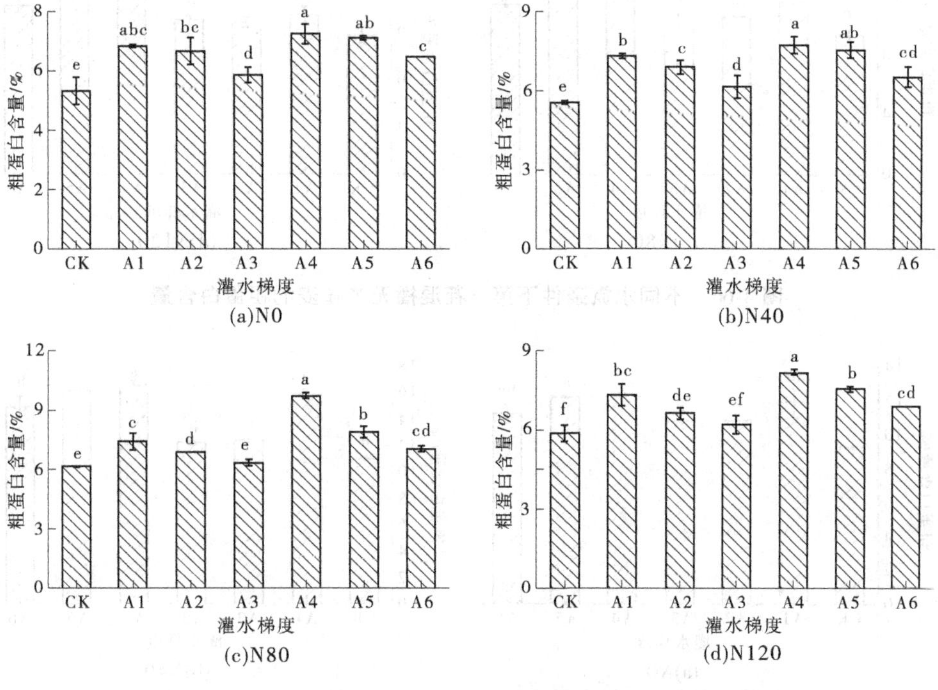

图 4-65　不同水氮条件下第一茬单播无芒雀麦的粗蛋白含量

2) 苜蓿

同一灌水施氮模式下,苜蓿的粗蛋白含量显著高于无芒雀麦(见图 4-71～图 4-73),但其粗蛋白含量变化规律与无芒雀麦基本一致。在拔节期控水处理 P2A1、P2A2 和 P2A3 中,随着灌水下限的降低,苜蓿粗蛋白含量逐渐提高。拔节期和抽穗期灌水下限相同的处理 P2A4、P2A5 和 P2A6 中,呈相同的变化规律。不同刈割茬次之间牧草粗蛋白含量表现为第二茬>第三茬>第一茬。

2. 粗蛋白产量

在第一茬、第二茬和第三茬中,单播与混播的无芒雀麦的粗蛋白产量(见表 4-33)均在处理 A6N80 下达到最大,分别为 514.94 kg/hm^2 和 407.31 kg/hm^2、799.61 kg/hm^2 和

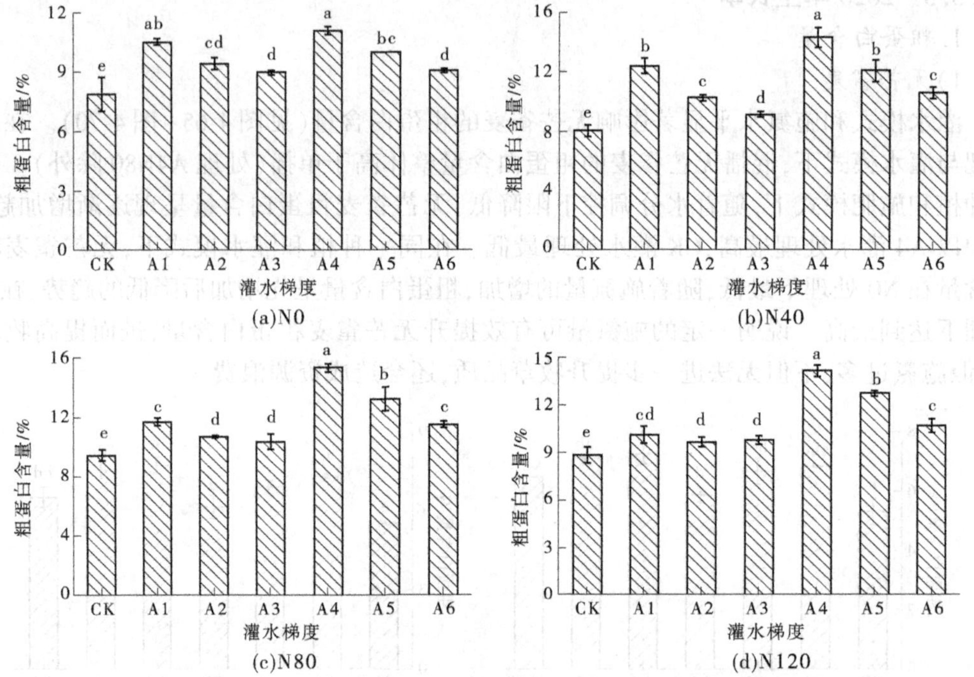

图 4-66 不同水氮条件下第一茬混播无芒雀麦的粗蛋白含量

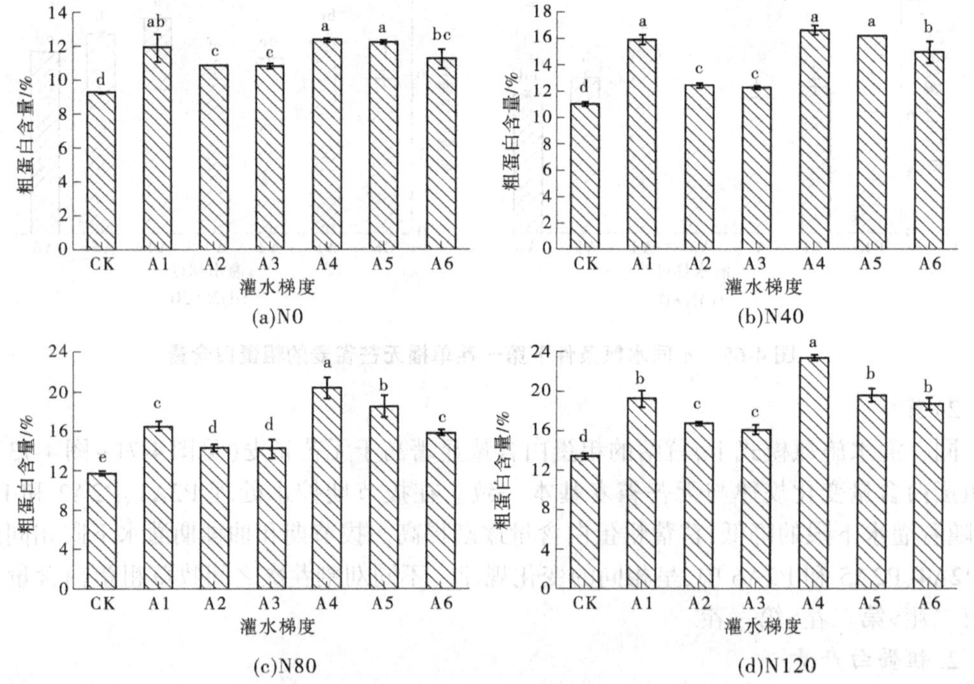

图 4-67 不同水氮条件下第二茬单播无芒雀麦的粗蛋白含量

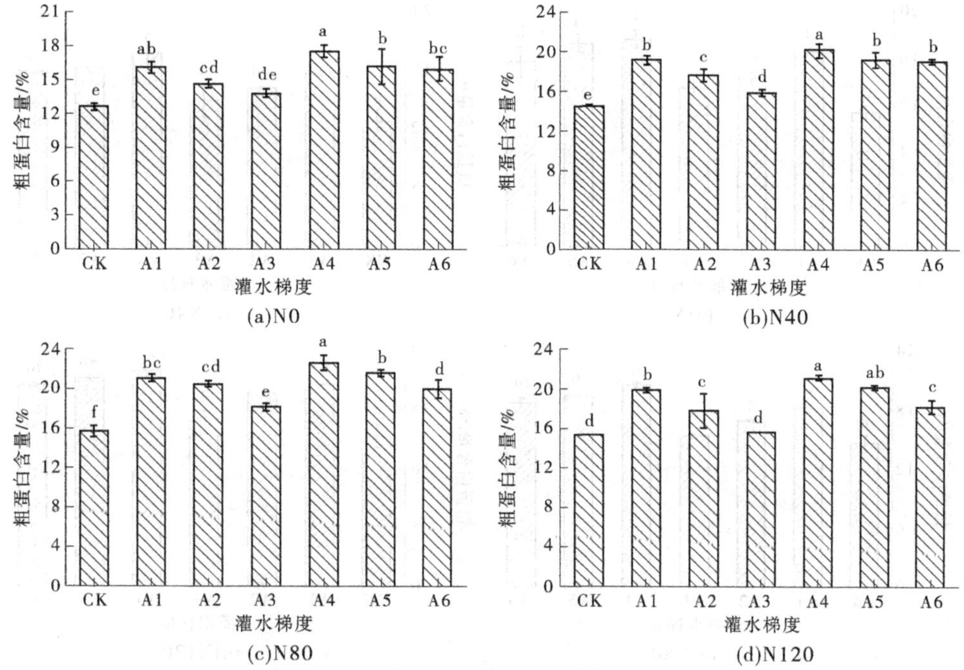

图 4-68　不同水氮条件下第二茬混播无芒雀麦的粗蛋白含量

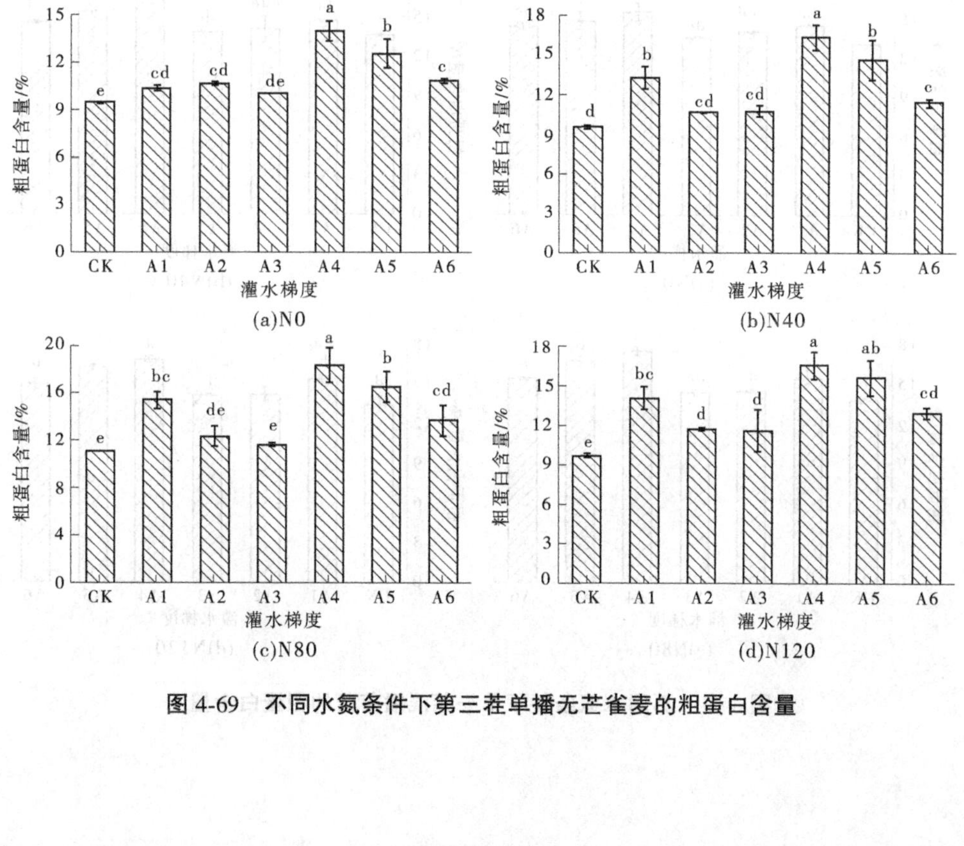

图 4-69　不同水氮条件下第三茬单播无芒雀麦的粗蛋白含量

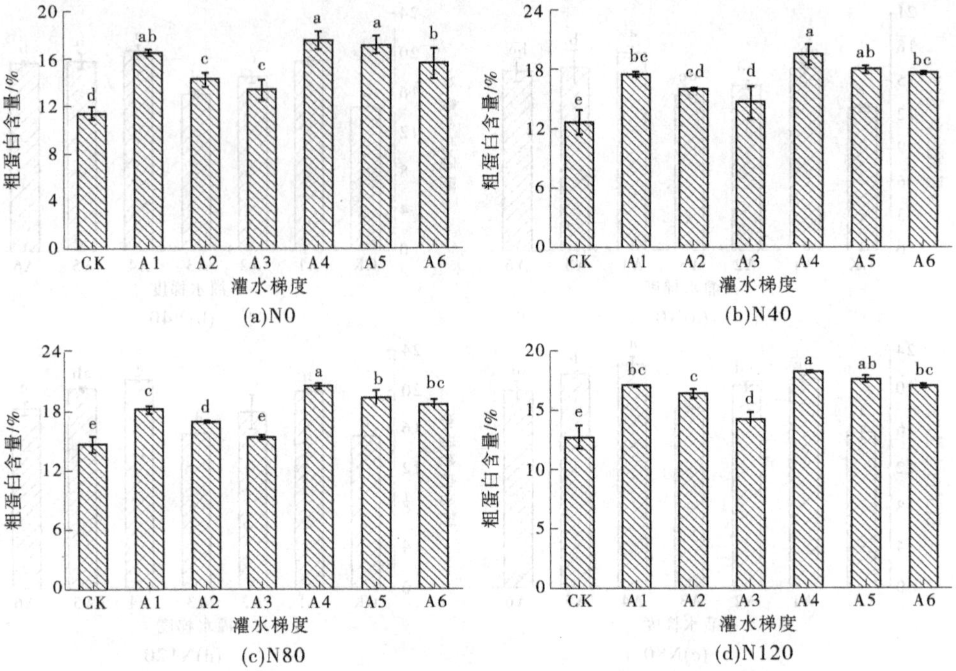

图 4-70　不同水氮条件下第三茬混播无芒雀麦的粗蛋白含量

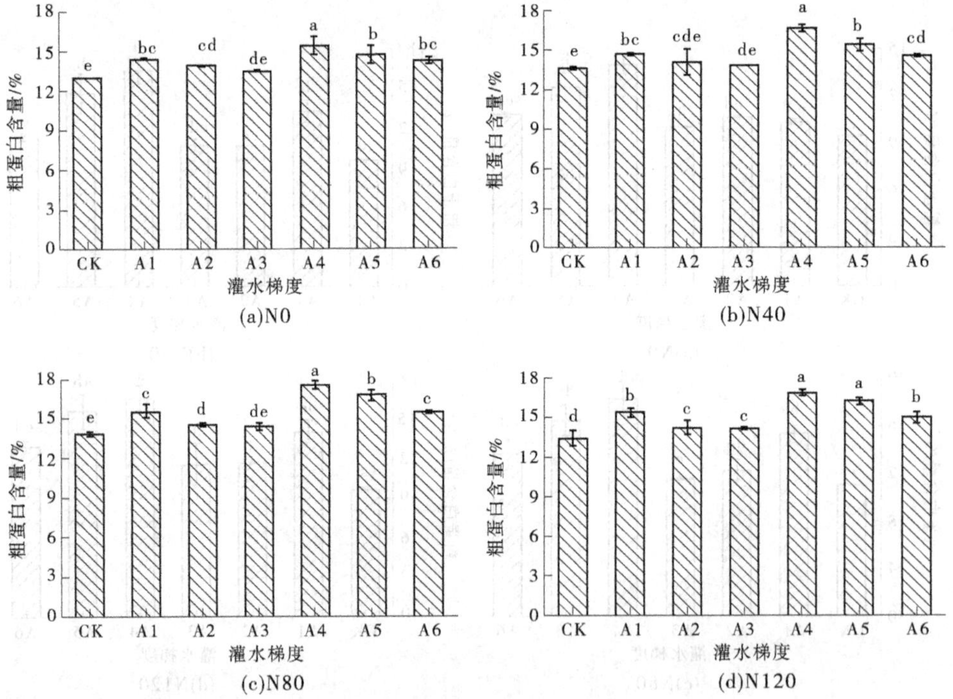

图 4-71　不同水氮条件下第一茬混播苜蓿的粗蛋白含量

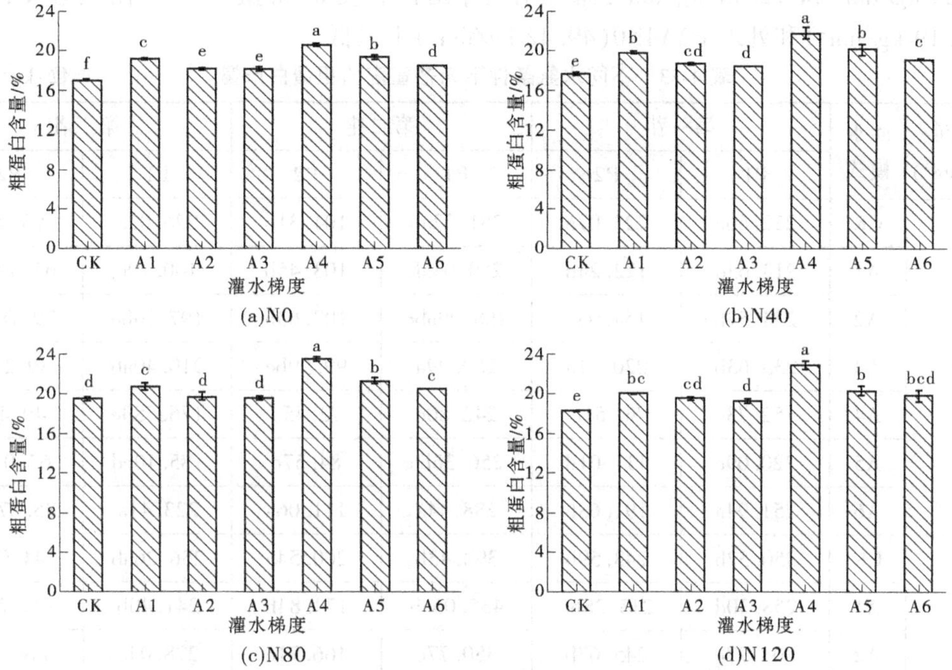

图 4-72　不同水氮条件下第二茬混播苜蓿的粗蛋白含量

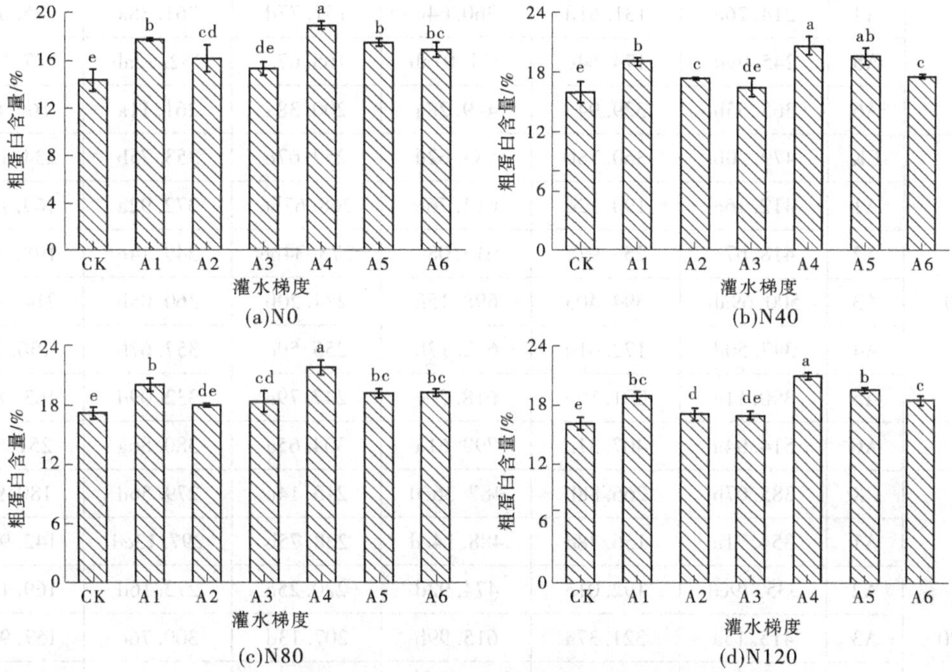

图 4-73　不同水氮条件下第三茬混播苜蓿的粗蛋白含量

304.65 kg/hm²、380.86 kg/hm² 和 251.90 kg/hm²。在第一茬和第二茬中，无芒雀麦的粗蛋白含量均在 P1CKN0 和 P2CKN0 处理下最低，分别为 152.73 kg/hm² 和 80.51 kg/hm²、

242.80 kg/hm² 和 72.45 kg/hm²；第三茬中，无芒雀麦的粗蛋白产量在处理 P1A1N0（160.19 kg/hm²）和处理 P2A4N0（49.42 kg/hm²）下最低。

表 4-33 不同水氮条件下无芒雀麦的粗蛋白产量 单位：kg/hm²

施氮量/（kg/hm²）	灌水模式	第一茬		第二茬		第三茬	
		P1	P2	P1	P2	P1	P2
0	CK	222.60c	223.07a	281.72ab	104.31b	226.02a	93.28a
	A1	213.65d	122.24d	280.04ab	103.45b	160.19e	67.50bcd
	A2	234.57b	154.08c	268.09abc	107.63b	197.56bc	79.78abc
	A3	233.63b	220.41a	289.99a	99.99bc	210.40ab	89.23ab
	A4	152.73e	80.51e	242.80c	72.45d	176.58de	49.42d
	A5	220.09c	111.01d	256.36bc	84.57c	185.10cd	62.01cd
	A6	251.94a	191.68b	288.44a	111.06a	223.41a	85.67abc
40	CK	350.52b	243.59b	398.43b	200.54a	256.26ab	144.04ab
	A1	258.30d	213.28bc	435.06ab	174.84b	241.40b	121.79bc
	A2	303.77c	245.67b	350.77c	166.71c	228.04c	114.33c
	A3	385.61a	325.05a	413.73ab	173.71b	247.42b	144.19ab
	A4	214.26e	131.61d	360.64c	157.77d	261.38a	85.62d
	A5	245.99d	174.64c	421.01ab	165.67c	252.72ab	117.63bc
	A6	365.55b	329.94a	449.28a	200.38a	261.11a	166.80a
80	CK	479.20b	360.78b	585.62d	252.67c	353.75b	234.11ab
	A1	412.16c	190.12d	614.76c	268.67bc	372.92a	169.19cd
	A2	418.67c	253.91c	616.08c	273.34bc	349.14c	198.46bc
	A3	500.69ab	394.40a	698.15b	284.20b	360.08b	214.62ab
	A4	347.50d	172.61d	672.17b	255.59c	357.67b	150.28d
	A5	390.11c	231.59c	618.20c	247.79c	332.09d	163.98cd
	A6	514.94a	407.31a	799.61a	304.65a	380.86a	251.90a
120	CK	385.07b	266.88b	487.36cd	215.14c	279.56d	180.93b
	A1	354.71c	156.78d	488.14cd	238.75b	297.13cd	142.92cd
	A2	335.79cd	192.01c	474.92d	220.25c	272.16d	169.16bc
	A3	415.13a	321.37a	615.99b	207.13d	309.76c	157.95bc
	A4	263.33e	114.59e	489.84cd	239.03b	272.86d	126.69d
	A5	328.55d	155.73d	506.92c	230.71bc	326.84b	140.01cd
	A6	404.64a	301.86a	691.97a	244.71a	343.30a	214.11a

不同水氮条件下苜蓿的粗蛋白产量如表 4-34 所示。由表 4-34 分析可知，三茬苜蓿的粗蛋白产量均在处理 CKN80 下达到最大，分别为 2 156.35 kg/hm²、1 973.19 kg/hm² 和 1 622.14 kg/hm²；在处理 A4N0 下最小，分别为 524.36 kg/hm²、670.07 kg/hm² 和 374.23 kg/hm²。仅拔节期水分调控各处理的粗蛋白产量基本表现为 A3>A2>A1，拔节期和抽穗期水分调控各处理的粗蛋白产量表现为 A6>A5>A4。同一灌水模式下，不同施氮水平之间苜蓿的粗蛋白产量为 N0<N40<N120<N80。

表 4-34　不同水氮条件下苜蓿的粗蛋白产量　　单位：kg/hm²

施氮量/(kg/hm²)	灌水模式	第一茬		第二茬		第三茬	
		P1	P2	P1	P2	P1	P2
0	CK	—	1 568.12ab	—	1 194.67a	—	790.14b
	A1	—	836.49d	—	926.93bc	—	588.83cd
	A2	—	1 095.26c	—	935.45bc	—	694.80bc
	A3	—	1 639.30a	—	1 192.61a	—	821.16ab
	A4	—	524.36e	—	670.07d	—	374.23e
	A5	—	801.95d	—	840.19cd	—	537.79d
	A6	—	1 462.28b	—	1 113.47ab	—	845.93a
40	CK	—	2 004.29a	—	1 257.19b	—	1 173.62ab
	A1	—	1472.62c	—	1 188.38bc	—	1 037.85bc
	A2	—	1 768.64b	—	1 178.86bc	—	993.50cd
	A3	—	1 823.30b	—	1 317.29a	—	1 259.90a
	A4	—	940.46d	—	736.78d	—	684.27e
	A5	—	1 321.54c	—	1 124.88c	—	834.73de
	A6	—	1 799.46b	—	1 354.71a	—	1 081.98bc
80	CK	—	2 156.35a	—	1 973.19a	—	1 622.14a
	A1	—	1 778.92b	—	1 324.63cd	—	1 238.74b
	A2	—	1 746.69b	—	1 354.74c	—	1 256.18b
	A3	—	2 042.07a	—	1 482.45bc	—	1 527.61a
	A4	—	1 442.43c	—	1 252.40d	—	876.73c
	A5	—	1 440.90c	—	1 288.33d	—	1 138.02b
	A6	—	2 009.73a	—	1 502.95b	—	1 511.26a

续表 4-34

施氮量/(kg/hm²)	灌水模式	第一茬		第二茬		第三茬	
		P1	P2	P1	P2	P1	P2
120	CK	—	1 876.91a	—	1 383.37a	—	1 214.19a
	A1	—	1 406.92b	—	1 182.45c	—	965.51c
	A2	—	1 480.22b	—	1 210.47b	—	1 101.37b
	A3	—	1 892.68a	—	1 302.06ab	—	1 230.09a
	A4	—	1 136.07c	—	1 108.18d	—	784.74d
	A5	—	1 181.85c	—	1 122.09d	—	1 077.56b
	A6	—	1 777.97a	—	1 325.99ab	—	1 238.18a

3. 酸性洗涤纤维(ADF)含量

由表 4-35 分析可知,无芒雀麦 ADF 含量整体表现为第一茬>第二茬>第三茬。同一施氮水平下,三茬无芒雀麦的 ADF 含量均在处理 CK 下达到最大。当不施氮肥时,三茬无芒雀麦的 ADF 含量均在处理 A3 下最低,分别为 29.62%和 36.78%、27.37%和 30.98%、25.73%和 27.40%;当施氮量为 40 kg/hm² 时,三茬无芒雀麦的 ADF 含量均在处理 A3 下最低,分别为 29.05%和 35.98%、25.58%和 29.81%、24.72%和 25.61%;当施氮量为 80 kg/hm² 时,第一茬无芒雀麦 ADF 含量分别在 A2 和 A3 处理下最低,第二、第三茬无芒雀麦 ADF 含量均在 A3 处理下最低;当施氮量为 120 kg/hm² 时,第一、第三茬无芒雀麦 ADF 含量均在 A3 处理下最低,第二茬单播无芒雀麦 ADF 含量在 A3 处理下最低。混播无芒雀麦 ADF 含量在处理 A3 和 A6 下较低。

表 4-35 不同水氮条件下无芒雀麦的酸性洗涤纤维含量 %

施氮量/(kg/hm²)	灌水模式	第一茬		第二茬		第三茬	
		P1	P2	P1	P2	P1	P2
0	CK	38.35a	43.66a	33.43a	40.47a	32.56a	36.72a
	A1	31.69d	41.15b	29.16c	34.56cd	27.96cd	31.22cd
	A2	30.83e	38.73d	28.97c	31.91de	26.32de	28.63e
	A3	29.62f	36.78e	27.37d	30.98e	25.73e	27.40e
	A4	35.75b	41.37b	30.79b	37.90ab	30.12b	34.62b
	A5	33.06c	41.01bc	29.59bc	36.03bc	28.77bc	32.12c
	A6	30.39e	40.04c	28.64cd	33.58cde	27.62cd	29.40de

续表 4-35

施氮量/(kg/hm²)	灌水模式	第一茬		第二茬		第三茬	
		P1	P2	P1	P2	P1	P2
40	CK	36. 33a	42. 78a	30. 51a	39. 01a	31. 29a	36. 07a
	A1	31. 30cd	39. 88bc	27. 71cd	33. 34cd	26. 72c	28. 56cd
	A2	29. 73ef	38. 59d	27. 07de	31. 28e	25. 12de	26. 03e
	A3	29. 05f	35. 98e	25. 58e	29. 81f	24. 72e	25. 61e
	A4	32. 73b	41. 11b	30. 1ab	36. 90b	29. 44b	33. 47b
	A5	32. 29bc	40. 66bc	28. 83bc	34. 76c	28. 34b	30. 29c
	A6	30. 92de	39. 49cd	27. 59cd	32. 95d	26. 19cd	27. 55de
80	CK	32. 94a	40. 34a	29. 61a	32. 18a	30. 53a	32. 95a
	A1	29. 79c	37. 66b	26. 79b	30. 52bc	26. 73c	27. 53c
	A2	26. 82e	36. 21c	25. 28cd	30. 22c	24. 82d	25. 18de
	A3	28. 12de	32. 11d	24. 50d	28. 90d	22. 67e	24. 33e
	A4	32. 67ab	39. 99a	29. 32a	31. 40ab	28. 46b	29. 65b
	A5	31. 32b	39. 90a	26. 13bc	30. 67bc	27. 21bc	27. 32c
	A6	28. 70cd	36. 27c	25. 82bc	30. 10c	24. 28d	26. 47cd
120	CK	33. 88a	41. 26a	30. 13a	36. 99a	31. 88a	33. 87a
	A1	30. 92c	39. 67b	27. 66bc	31. 74d	26. 36cd	28. 77c
	A2	29. 29d	36. 55d	26. 60c	30. 88de	25. 41de	26. 90d
	A3	28. 56d	36. 25d	24. 81d	30. 53e	23. 90e	25. 16e
	A4	32. 27b	40. 72a	29. 40ab	35. 12b	29. 72b	30. 42b
	A5	32. 42b	40. 67a	28. 15bc	33. 06c	27. 55c	29. 10bc
	A6	30. 82c	38. 48c	27. 42c	30. 53e	25. 13de	27. 86cd

由表 4-36 分析可知,同一施氮水平下,第一茬的苜蓿 ADF 含量在处理 P2CK 下达到最大值,在处理 P2A3 下达到最小值。仅拔节期水分调控各处理的苜蓿 ADF 含量呈现为 A1>A2>A3,拔节期和抽穗期水分调控各处理的苜蓿 ADF 含量呈现为 A4>A5>A6。在同一灌水模式下,苜蓿 ADF 含量在处理 N0 下最大,在处理 N80 下最小。各茬苜蓿 ADF 含量表现为第一茬>第二茬>第三茬。可见,适度的水分亏缺和一定范围内施用氮肥有利于降低苜蓿的 ADF 含量,提高苜蓿品质。

4. 中性洗涤纤维(NDF)含量

由表 4-37 分析可知,仅拔节期水分调控各处理的无芒雀麦 NDF 含量呈现为 A1>A2>A3,拔节期和抽穗期水分调控各处理的无芒雀麦 NDF 含量呈现为 A4>A5>A6。在同一灌水模式下，无芒雀麦 NDF 含量在 N0 处理下最大，在 N80 处理下最小。三茬无芒雀麦的 NDF 含量变化规律基本一致，且整体表现为第一茬>第二茬>第三茬。混播无芒雀麦 NDF 含量的变化规律与单播基本一致，且整体表现为混播>单播。可见，单播结合适度的水分调控和施用氮肥有利于降低无芒雀麦的 NDF 含量。

表 4-36 不同水氮条件下苜蓿的酸性洗涤纤维含量 %

施氮量/(kg/hm^2)	灌水模式	第一茬		第二茬		第三茬	
		P1	P2	P1	P2	P1	P2
0	CK	—	45.11a	—	44.89a	—	31.24a
	A1	—	40.19c	—	35.02cd	—	26.42cd
	A2	—	36.54e	—	33.74d	—	24.61d
	A3	—	35.01f	—	33.09d	—	22.04e
	A4	—	42.25b	—	39.31b	—	29.66ab
	A5	—	40.46c	—	36.37c	—	28.29bc
	A6	—	38.08d	—	34.50cd	—	25.72d
40	CK	—	42.35a	—	39.69a	—	30.66a
	A1	—	39.64c	—	34.62cd	—	26.83c
	A2	—	36.03e	—	33.06e	—	24.05d
	A3	—	33.92f	—	31.54f	—	22.28e
	A4	—	41.07b	—	37.99b	—	28.69b
	A5	—	40.33bc	—	35.89c	—	27.33bc
	A6	—	38.04d	—	33.76de	—	24.28d
80	CK	—	40.68a	—	35.53a	—	29.88a
	A1	—	39.06b	—	32.59bc	—	23.83c
	A2	—	32.33d	—	30.46de	—	22.12d
	A3	—	30.53e	—	29.47e	—	19.70e
	A4	—	38.19b	—	33.10b	—	25.47b
	A5	—	38.43b	—	33.30b	—	25.27b
	A6	—	36.93c	—	31.70cd	—	22.23d
120	CK	—	41.38a	—	36.04a	—	30.21a
	A1	—	39.33b	—	33.70b	—	25.30c
	A2	—	34.92d	—	31.38cd	—	23.27d
	A3	—	31.92e	—	30.01d	—	20.87e
	A4	—	40.74ab	—	35.60a	—	27.72b
	A5	—	39.11bc	—	33.75b	—	25.05c
	A6	—	37.53c	—	32.71bc	—	23.94cd

表 4-37　不同水氮条件下无芒雀麦的中性洗涤纤维含量　%

施氮量/(kg/hm²)	灌水模式	第一茬		第二茬		第三茬	
		P1	P2	P1	P2	P1	P2
0	CK	65.82a	76.96a	56.83a	66.92a	49.65a	56.92a
	A1	61.15b	70.47c	52.11bc	58.39c	46.36c	53.63bc
	A2	57.92c	67.60de	50.66cd	57.28c	43.87d	52.36c
	A3	54.01d	66.26e	49.72d	54.46d	41.99e	50.23d
	A4	64.60a	72.93b	52.58b	64.12b	48.69ab	54.42b
	A5	60.75b	72.09bc	52.57b	62.18b	47.98b	54.37b
	A6	59.75b	68.32d	51.96bc	57.29c	44.25d	53.88bc
40	CK	61.35a	72.93a	53.90a	62.28a	48.56a	55.48a
	A1	55.75b	69.53b	50.64b	57.45c	44.30cd	52.55bc
	A2	54.47c	67.34c	48.91cd	55.52d	42.56de	50.23d
	A3	52.69d	62.53d	48.04d	52.23e	41.34e	49.68d
	A4	61.05a	70.39b	51.57b	62.14a	46.86ab	53.62bc
	A5	56.10b	69.24b	50.78b	60.13b	45.67bc	53.80b
	A6	54.73c	68.83bc	50.45bc	55.88cd	43.89cd	52.11c
80	CK	59.65a	70.36a	53.53a	61.06a	46.72a	53.80a
	A1	54.44c	67.41bc	49.32cd	55.74b	42.86cd	51.02bc
	A2	51.90d	62.77e	48.27d	52.57c	40.74de	49.28d
	A3	52.21d	54.44f	45.18e	50.45d	39.36e	47.55e
	A4	57.14b	68.75b	50.80b	61.25a	45.43ab	52.11b
	A5	55.23c	67.29c	50.05bc	56.01b	43.70bc	51.81bc
	A6	54.61c	64.25d	48.96cd	51.59cd	41.31de	50.72c
120	CK	61.60a	72.29a	54.94a	64.25a	47.52a	54.69a
	A1	55.88d	69.67b	51.84b	58.55c	43.21c	52.65b
	A2	54.99e	63.90d	48.91d	56.48d	41.48d	50.15d
	A3	52.40f	61.76e	48.73d	54.07e	39.68e	48.67e
	A4	57.99b	67.87c	53.01b	62.24b	45.14b	53.24b
	A5	57.09c	67.86c	52.44b	62.09b	44.96b	52.87b
	A6	55.93d	64.30d	50.50c	57.89cd	42.68cd	51.25c

由表 4-38 分析可知，苜蓿中性洗涤纤维含量随施氮量的增加呈先减小后增大的趋

势。仅拔节期水分调控的处理A1、A2和A3与拔节期和抽穗期水分调控的处理A4、A5和A6的中性洗涤纤维含量均表现为随灌水下限的降低呈增大的趋势，即A1>A2>A3和A4>A5>A6，且均低于相同施氮水平下的处理CK。三茬中苜蓿NDF含量表现为第一茬>第二茬>第三茬。

表4-38 不同水氮条件下苜蓿的中性洗涤纤维含量 %

施氮量	灌水模式	第一茬		第二茬		第三茬	
		P1	P2	P1	P2	P1	P2
0	CK	—	45.11a	—	44.89a	—	31.24a
	A1	—	40.19c	—	35.02cd	—	26.42cd
	A2	—	36.54e	—	33.74d	—	24.61d
	A3	—	35.01f	—	33.09d	—	22.04e
	A4	—	42.25b	—	39.31b	—	29.66ab
	A5	—	40.46c	—	36.37c	—	28.29bc
	A6	—	38.08d	—	34.50cd	—	25.72d
40	CK	—	42.35a	—	39.69a	—	30.66a
	A1	—	39.64c	—	34.62cd	—	26.83c
	A2	—	36.03e	—	33.06e	—	24.05d
	A3	—	33.92f	—	31.54f	—	22.28e
	A4	—	41.07b	—	37.99b	—	28.69b
	A5	—	40.33bc	—	35.89c	—	27.33bc
	A6	—	38.04d	—	33.76de	—	24.28d
80	CK	—	40.68a	—	35.53a	—	29.88a
	A1	—	39.06b	—	32.59bc	—	23.83c
	A2	—	32.33d	—	30.46de	—	22.12d
	A3	—	30.53e	—	29.47e	—	19.70e
	A4	—	38.19b	—	33.10b	—	25.47b
	A5	—	38.43b	—	33.30b	—	25.27b
	A6	—	36.93c	—	31.70cd	—	22.23d
120	CK	—	41.38a	—	36.04a	—	30.21a
	A1	—	39.33b	—	33.70b	—	25.30c
	A2	—	34.92d	—	31.38cd	—	23.27d
	A3	—	31.92e	—	30.01d	—	20.87e
	A4	—	40.74ab	—	35.60a	—	27.72b
	A5	—	39.11bc	—	33.75b	—	25.05c
	A6	—	37.53c	—	32.71bc	—	23.94cd

4.3.4　水肥调控对植被群落水分利用效率的影响

4.3.4.1　2018 年生长季

干物质水分利用效率是衡量水分高效利用的重要指标,提高干物质水分利用效率可以使土壤水分最大限度地被植物吸收利用,减少水资源浪费。由图 4-74 可以看出,无芒雀麦单播时,不同灌水模式下水分利用效率为 12.5~20.7 kg/(hm^2·mm),其中仅拔节期水分调控和拔节期与抽穗期水分调控均表现为随灌水亏缺程度的降低,水分利用效率呈升高趋势,且仅拔节期水分调控各处理的水分利用效率整体高于拔节期与抽穗期水分调控。无芒雀麦与苜蓿混播时,不同灌水模式下水分利用效率为 16.8~25.1 kg/(hm^2·mm),与无芒雀麦单播类似,仅拔节期水分调控和拔节期与抽穗期水分调控均表现为随灌水亏缺程度的降低,水分利用效率呈升高趋势,且仅拔节期水分调控各处理的水分利用效率整体高于拔节期与抽穗期水分调控。两种种植模式下,A4 灌水模式的水分利用效率均最高。

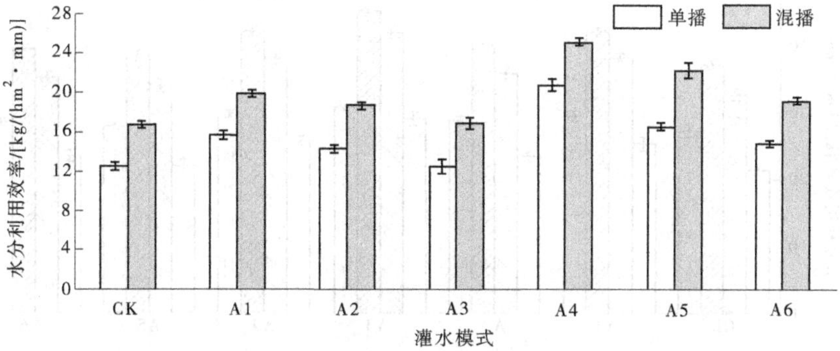

图 4-74　2018 年生长季不同灌水模式下牧草的水分利用效率

4.3.4.2　2019 年生长季

2019 年生长季不同水氮条件下,无芒雀麦单播和无芒雀麦与苜蓿混播的水分利用效率如图 4-75 所示。由图 4-75 分析可知,无芒雀麦单播模式下,CK、A1、A2、A3、A4、A5 和 A6 灌水模式下的水分利用效率分别为 10.9~16.8 kg/(hm^2·mm)、13.4~19.0 kg/(hm^2·mm)、12.8~18.6 kg/(hm^2·mm)、14.2~20.7 kg/(hm^2·mm)、13.8~19.6 kg/(hm^2·mm)、11.7~17.7 kg/(hm^2·mm)和 12.7~18.8 kg/(hm^2·mm),均表现为随施氮量的增加呈先升高后降低的趋势,且当施氮量为 80 kg/hm^2 时水分利用效率最高;无芒雀麦与苜蓿混播模式下,CK、A1、A2、A3、A4、A5 和 A6 灌水模式下的水分利用效率分别为 22.4~37.3 kg/(hm^2·mm)、25.3~42.3 kg/(hm^2·mm)、23.4~40.3 kg/(hm^2·mm)、29.1~45.4 kg/(hm^2·mm)、25.8~42.3 kg/(hm^2·mm)、22.1~38.5 kg/(hm^2·mm)和 23.6~39.7 kg/(hm^2·mm),也均表现为随施氮量的增加呈先升高后降低的趋势,且当施氮量为 80 kg/hm^2 时水分利用效率最高。可见,与充分灌水相比,水分调控有助于提高牧

草的水分利用效率，无芒雀麦与苜蓿混播结合施氮量为 80 kg/hm^2 和拔节期轻度水分亏缺可获得较高的牧草水分利用效率。

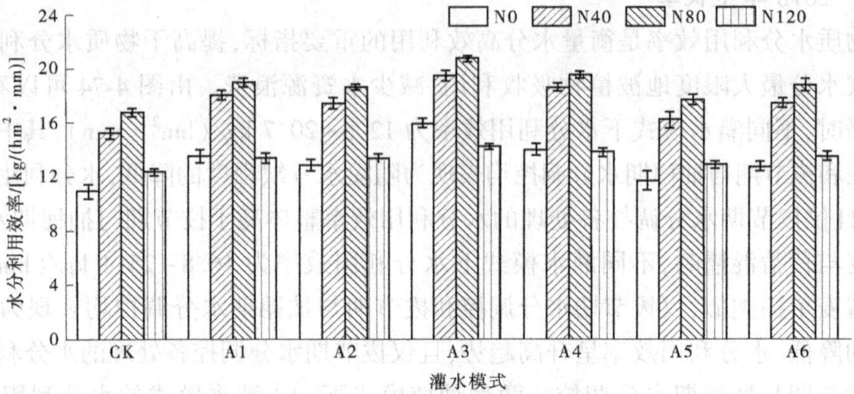

(a)无芒雀麦单播

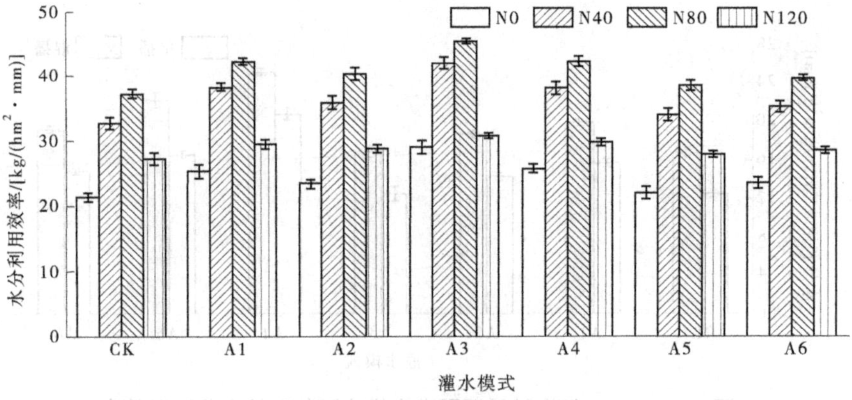

(b)无芒雀麦与苜蓿混播

图 4-75　2019 年生长季不同水氮条件下牧草的水分利用效率

4.3.4.3　2020 年生长季

2020 年生长季不同水氮条件下，无芒雀麦单播和无芒雀麦与苜蓿混播的水分利用效率如图 4-76 所示。由图 4-76 分析可知，无芒雀麦单播模式下，CK、A1、A2、A3、A4、A5 和 A6 灌水模式下的水分利用效率分别为 12.5～18.8 kg/(hm^2·mm)、11.0～17.1 kg/(hm^2·mm)、11.9～17.0 kg/(hm^2·mm)、12.6～21.3 kg/(hm^2·mm)、12.2～16.3 kg/(hm^2·mm)、11.2～16.1 kg/(hm^2·mm)和 11.5～19.4 kg/(hm^2·mm)，均表现为随施氮量的增加呈先升高后降低的趋势，且当施氮量为 80 kg/hm^2 时水分利用效率最高；无芒雀麦与苜蓿混播模式下，CK、A1、A2、A3、A4、A5 和 A6 灌水模式下的水分利用效率分别为 33.1～37.0 kg/(hm^2·mm)、25.6～41.8 kg/(hm^2·mm)、27.7～50.0 kg/(hm^2·mm)、36.4～51.8 kg/(hm^2·mm)、21.3～40.6 kg/(hm^2·mm)、24.8～34.6 kg/(hm^2·mm)和 35.0～43.2 kg/(hm^2·mm)，也均表现为随施氮量的增加呈先升高后降低的趋势，且当施

氮量为 80 kg/hm^2 时水分利用效率最高。可见，无芒雀麦与苜蓿混播结合施氮量为 80 kg/hm^2 和拔节期轻度水分亏缺可获得较高的牧草水分利用效率。

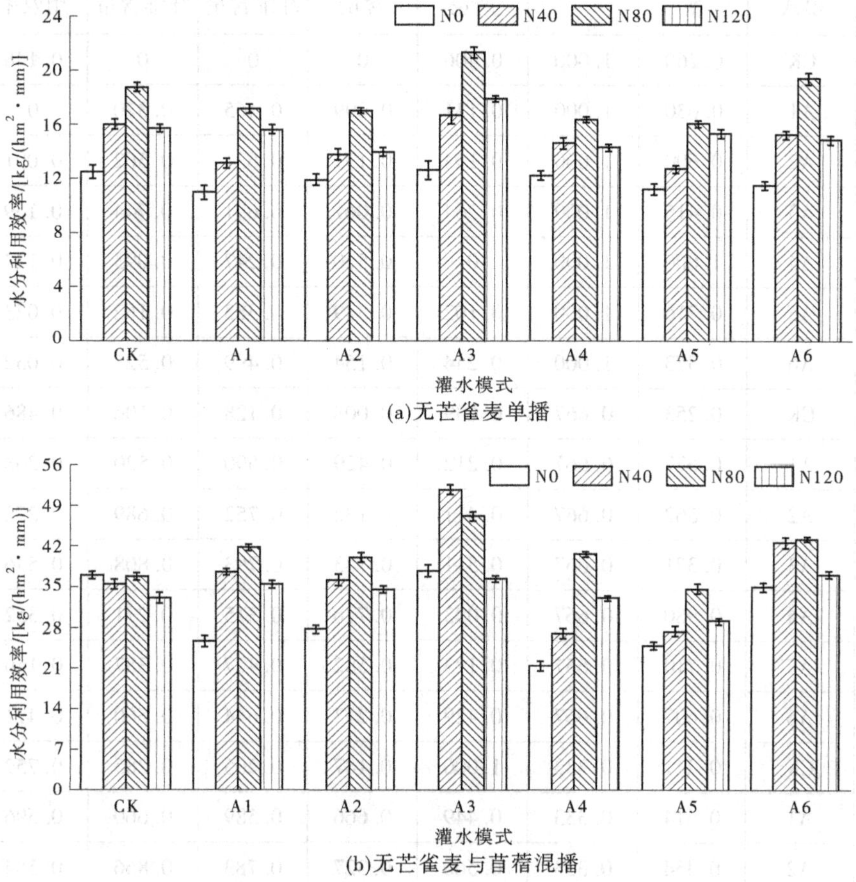

图 4-76　2020 年生长季不同水氮条件下牧草的水分利用效率

4.3.5　植被群落水肥耦合灌溉模式综合评价

针对无芒雀麦单播和无芒雀麦与苜蓿混播，选取耗水量、施氮量、牧草产量、粗蛋白含量、酸性洗涤纤维含量、中性洗涤纤维含量和水分利用效率等指标，采用熵权法对 7 种水分调控和 4 种施氮水平的草地进行综合评价。结果表明，对于无芒雀麦单播，各处理间综合指数(前三位)表现为 N0CK>N80A3>N80A5 和 N80A6(见表 4-39)；对于无芒雀麦与苜蓿混播，各处理间综合指数(前三位)表现为 N0CK>N80A3>N40A3、N80A2 和 N80A4(见表 4-40)。考虑到不施氮肥不利于草地生产力的持续提升，可以得出，无芒雀麦单播和无芒雀麦与苜蓿混播均在施氮量为 80 kg/hm^2 结合拔节期灌水下限为 65%FC，抽穗期灌水下限为 75%FC 的水分调控的综合效果最优。

表 4-39 无芒雀麦单播条件下水肥调控综合效应评价

施氮水平	灌水模式	耗水量	施氮量	牧草产量	粗蛋白含量	酸性洗涤纤维含量	中性洗涤纤维含量	水分利用效率	综合指数
N0	CK	0.260	1.000	0.406	0	0	0	0.148	0.025
	A1	0.630	1.000	0.131	0.099	0.465	0.320	0	0.006
	A2	0.600	1.000	0.194	0.131	0.631	0.562	0.091	0.009
	A3	0.415	1.000	0.264	0.061	0.691	0.744	0.159	0.011
	A4	1.000	1.000	0	0.510	0.247	0.093	0.122	0.008
	A5	0.716	1.000	0.102	0.349	0.383	0.162	0.023	0.010
	A6	0.573	1.000	0.244	0.154	0.499	0.525	0.052	0.009
N40	CK	0.253	0.667	0.639	0.008	0.128	0.106	0.486	0.006
	A1	0.677	0.667	0.212	0.429	0.590	0.520	0.208	0.006
	A2	0.562	0.667	0.311	0.132	0.752	0.689	0.272	0.009
	A3	0.371	0.667	0.511	0.143	0.793	0.808	0.546	0.011
	A4	0.980	0.667	0.093	0.776	0.315	0.271	0.352	0.009
	A5	0.710	0.667	0.173	0.582	0.427	0.387	0.166	0.011
	A6	0.607	0.667	0.429	0.213	0.644	0.560	0.411	0.009
N80	CK	0.241	0.333	1.000	0.187	0.205	0.285	0.752	0.010
	A1	0.614	0.333	0.449	0.666	0.589	0.660	0.596	0.011
	A2	0.454	0.333	0.560	0.327	0.783	0.866	0.584	0.014
	A3	0.373	0.333	0.763	0.249	1.000	1.000	1.000	0.018
	A4	0.898	0.333	0.210	1.000	0.415	0.410	0.517	0.014
	A5	0.654	0.333	0.367	0.797	0.541	0.578	0.490	0.016
	A6	0.543	0.333	0.694	0.477	0.837	0.810	0.815	0.016
N120	CK	0	0	0.789	0.027	0.069	0.207	0.456	0.009
	A1	0.643	0	0.353	0.518	0.627	0.626	0.449	0.005
	A2	0.407	0	0.413	0.255	0.723	0.794	0.289	0.009
	A3	0.129	0	0.643	0.244	0.876	0.969	0.668	0.011
	A4	0.871	0	0.148	0.796	0.287	0.438	0.320	0.008
	A5	0.706	0	0.296	0.691	0.507	0.456	0.419	0.011
	A6	0.488	0	0.583	0.392	0.751	0.677	0.375	0.010

表 4-40　无芒雀麦与苜蓿混播条件下水肥调控综合效应评价

施氮水平	灌水模式	耗水量	施氮量	牧草产量	粗蛋白含量	酸性洗涤纤维含量	中性洗涤纤维含量	水分利用效率	综合指数
	CK	0.273	1.000	0.671	0	0	0	0.515	0.033
	A1	0.705	1.000	0.228	0.517	0.431	0.388	0.142	0.007
	A2	0.522	1.000	0.379	0.278	0.615	0.535	0.210	0.010
N0	A3	0.400	1.000	0.666	0.180	0.774	0.760	0.542	0.012
	A4	1.000	1.000	0	0.650	0.154	0.195	0	0.009
	A5	0.770	1.000	0.177	0.540	0.316	0.263	0.115	0.011
	A6	0.679	1.000	0.542	0.409	0.537	0.409	0.449	0.010
	CK	0.131	0.667	0.881	0.174	0.051	0.097	0.465	0.007
	A1	0.677	0.667	0.549	0.654	0.525	0.420	0.534	0.007
	A2	0.428	0.667	0.693	0.460	0.747	0.664	0.488	0.011
N40	A3	0.435	0.667	0.877	0.320	0.839	0.775	1.000	0.014
	A4	0.977	0.667	0.127	0.872	0.242	0.280	0.185	0.009
	A5	0.448	0.667	0.422	0.713	0.432	0.336	0.199	0.008
	A6	0.803	0.667	0.769	0.572	0.674	0.563	0.699	0.010
	CK	0.066	0.333	0.975	0.372	0.214	0.214	0.508	0.008
	A1	0.662	0.333	0.664	0.754	0.694	0.637	0.671	0.008
	A2	0.472	0.333	0.773	0.553	0.863	0.802	0.615	0.014
N80	A3	0.313	0.333	1.000	0.485	1.000	1.000	0.849	0.016
	A4	0.965	0.333	0.391	1.000	0.537	0.506	0.634	0.014
	A5	0.595	0.333	0.533	0.770	0.642	0.530	0.438	0.012
	A6	0.537	0.333	0.917	0.739	0.805	0.727	0.719	0.013
	CK	0	0	0.884	0.191	0.162	0.156	0.388	0.007
	A1	0.670	0	0.500	0.616	0.580	0.488	0.462	0.004
	A2	0.446	0	0.633	0.467	0.743	0.705	0.435	0.009
N120	A3	0.248	0	0.853	0.329	0.916	0.890	0.496	0.011
	A4	0.919	0	0.278	0.810	0.410	0.344	0.385	0.008
	A5	0.544	0	0.414	0.684	0.577	0.490	0.253	0.008
	A6	0.349	0	0.757	0.592	0.675	0.620	0.519	0.008

4.4 地下滴灌苜蓿水肥耦合生长过程研究

4.4.1 试验目的、试验设计和指标测定

4.4.1.1 试验目的

水分和氮素是植物生长发育必需的元素,合理的灌溉和施氮量是影响苜蓿种植生产过程中的关键技术之一,研究水氮变化环境下紫花苜蓿的光合特性和荧光特性,阐明地下滴灌条件下水氮调控对苜蓿生长过程的作用规律,揭示水肥调控对苜蓿产量和品质的影响,构建适宜于区域苜蓿种植的水肥制度,对该地区苜蓿生产种植具有重要的技术指导意义。

4.4.1.2 试验设计

试验采用大田随机区组设计,设灌水和施肥 2 个因素,水分调控设 4 个梯度,分别为重度水分调控 SD(土壤水分下限占田间持水量的 45%~55%)、中度水分调控 MD(土壤水分下限占田间持水量的 55%~65%)、轻度水分调控 LD(土壤水分下限占田间持水量的 65%~75%)、充分灌溉 CK(土壤水分下限占田间持水量的 75%~85%);参考当地施肥用量,施肥设 4 个水平,施肥种类为尿素[$CO(NH_2)$($N \geqslant 46.6\%$)],施氮量为 0 kg/hm^2(N_1)、60 kg/hm^2(N_2)、120 kg/hm^2(N_3)、180 kg/hm^2(N_4),分 4 次施用,每次施肥占比为 40%、30%、20%、10%,分别于返青期(4 月 8 日)后、第一茬(6 月 6 日)、第二茬(7 月 14 日)、第三茬(8 月 22 日)刈割后结合灌溉施入,以充分灌溉不施肥(W_3N_0)处理为对照。共 16 个处理,每个处理 3 个重复,共 48 个小区,每个小区面积为 25 m^2(5 m×5 m)。

相邻小区开挖深 1.0 m、宽 0.5 m 的防水隔离带,采用防渗膜隔离后用原土回填进行防水隔离处理,采用滴灌方式进行灌水,每个小区安装阀门和水表(精度 0.000 1 m^3)控制灌溉水量,全生长期每个小区施相同量的磷钾复合肥(磷酸二氢钾 10 kg/亩,$P_2O_5 \geqslant 20\%$、$K_2O \geqslant 34\%$),于第一茬返青后随灌溉施入,管理同普通大田。当各小区 0.6 m 以上土层的土壤体积含水量占田间持水量的百分比达到所在处理的设计水分下限时开始灌水。

4.4.1.3 试验测定

指标与方法同 3.5 节。

4.4.2 水肥调控对苜蓿耗水特性的影响

不同水肥处理下不同茬次苜蓿草地耗水量和灌水量如表 4-41 所示。由表 4-41 可知,相同水肥处理下灌水量均表现为第一茬>第四茬>第三茬>第二茬,耗水量表现为第一茬>第二茬>第三茬>第四茬。相同施肥水平下,同一茬次不同水分调控处理下的灌水量和耗水量基本表现为 CK>LD>MD>SD,灌溉量和耗水量均随着水分调控程度的加重呈降低趋势。苜蓿全生长期在 CKN_3 处理下总灌水量最高,为 498.83 mm;CKN_1 处理下总耗水量最高,为 1 027.70 mm;SDN_4 处理下总灌水量最低,为 267.53 mm;SDN_2 处理下总耗水量最低,为 705.94 mm。相同水肥处理下第二茬次苜蓿灌水量最低,主要可能是其他茬次苜蓿生育时期较第二茬次历时相对较长,且第二茬次降雨较其他茬次多的原因造成的。

表 4-41　试验期间各处理不同茬次苜蓿草地平均灌水量和耗水量　单位:mm

处理	第一茬		第二茬		第三茬		第四茬		总灌水量	总耗水量
	灌水量	耗水量	灌水量	耗水量	灌水量	耗水量	灌水量	耗水量		
CKN_1	209.00	287.65	85.22	265.54	89.12	241.25	108.90	233.25	492.24	1 027.70
CKN_2	211.51	278.62	93.44	247.22	88.34	218.74	103.54	216.32	496.83	960.91
CKN_3	223.15	273.90	89.26	255.81	87.16	219.26	99.26	231.03	498.83	980.00
CKN_4	213.14	278.35	83.25	261.72	90.23	241.55	105.66	237.76	492.28	1 019.38
LDN_1	170.61	264.16	76.27	250.31	78.23	221.99	97.61	200.44	422.72	936.89
LDN_2	160.00	242.19	72.65	230.95	76.15	212.27	93.25	206.29	402.05	891.70
LDN_3	168.56	240.37	71.32	228.79	73.15	200.66	96.51	174.87	409.54	844.69
LDN_4	161.92	233.74	67.26	213.46	77.66	195.65	89.62	195.67	396.46	838.52
MDN_1	154.60	249.69	61.90	229.53	72.48	203.12	71.36	196.12	360.34	878.46
MDN_2	162.31	226.99	58.56	226.70	71.05	202.24	72.65	180.22	364.57	836.15
MDN_3	151.01	233.20	53.12	225.34	69.25	190.99	77.85	171.79	351.23	821.32
MDN_4	149.26	251.77	56.58	230.12	68.44	199.57	79.26	203.80	353.54	885.25
SDN_1	121.02	214.27	43.23	206.96	55.69	178.89	58.61	149.62	278.55	749.74
SDN_2	116.00	198.51	38.40	188.96	54.63	175.47	59.22	143.01	268.25	705.94
SDN_3	119.20	203.51	39.21	197.38	58.64	166.27	57.32	146.05	274.37	713.21
SDN_4	108.56	197.49	46.23	193.65	57.14	160.76	55.60	165.03	267.53	716.92

4.4.3　水肥调控对苜蓿生长指标的影响

4.4.3.1　水肥调控对苜蓿株高的影响

不同灌水量和施氮水平对不同茬次苜蓿株高的影响不同(见图 4-77)。从图 4-77 可以看出,同一水肥处理下,不同茬次株高表现为第一茬>第二茬>第三茬>第四茬。同一施肥水平下,不同茬次株高随着水分调控程度的减轻基本呈递增趋势,在高肥 N_4 和充分灌溉处理下最大,分别为 111 cm、106 cm、100 cm 和 80 cm,且显著高于其他水分处理($P<0.05$)。N3 施肥处理下,第一茬苜蓿株高随水分调控梯度减轻呈递增趋势,CK 处理下株高为 108 cm,高于 LD 处理 104 cm,但差异不显著;第二、第三、第四茬苜蓿 CK 处理下株高显著高于其他处理,表明 N_3 处理下,适当的水分调控对第一茬次苜蓿株高影响不显著。CK 和 LD 处理下,不同茬次株高随施肥量的增加基本呈递增趋势;MD 和 SD 处理下,株高

随施肥量的增加基本呈先增加后降低的趋势；各茬次在 SDN_4 处理下，苜蓿株高最低，分别为 72 cm、60 cm、48 cm 和 36 cm，表明适当的水肥处理对苜蓿株高影响显著，有利于降低水分和施肥用量。

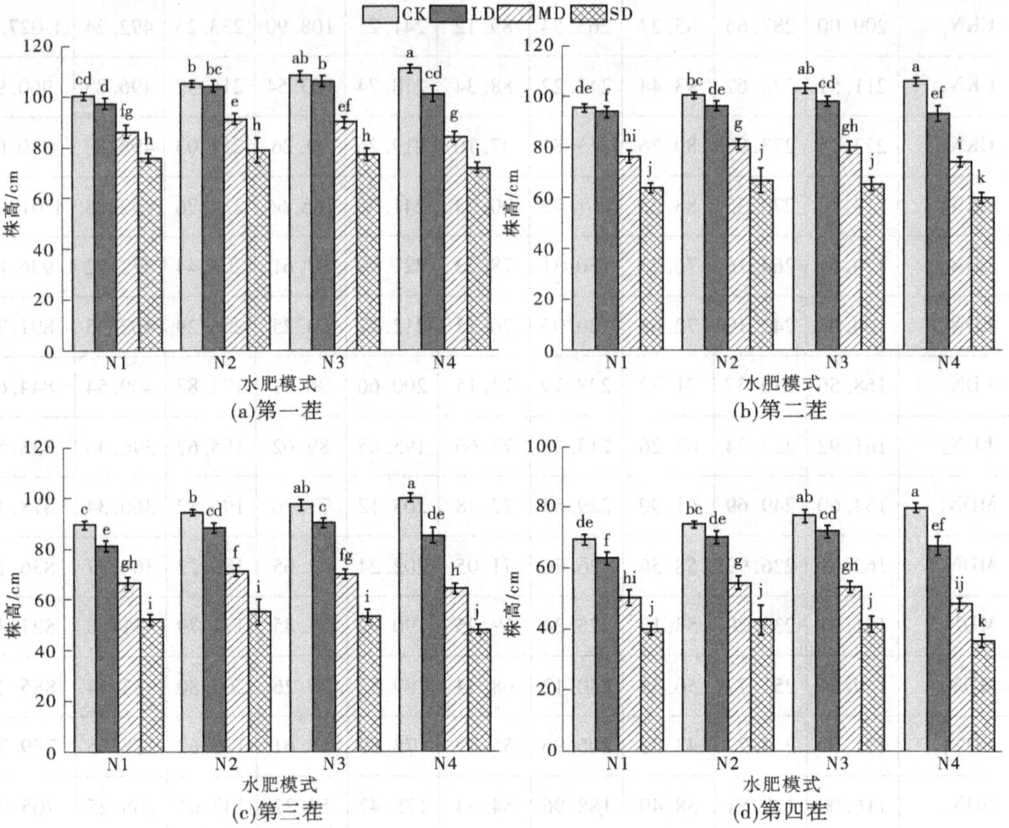

图 4-77 水肥调控处理对不同茬次苜蓿株高的影响

4.4.3.2 水肥调控对苜蓿茎粗的影响

植株茎秆是输送水分和养分的重要部位，反映植株生长的健壮程度。表 4-42 为不同水分调控和施氮水平对不同茬次苜蓿茎粗的影响。从表 4-42 可以看出，相同水分调控和施氮水平下，不同茬次之间苜蓿茎粗表现为第一茬>第二茬>第三茬>第四茬。相同水分调控梯度下，CK、LD、MD、SD 各处理下苜蓿各茬次茎粗随施肥量的增加基本呈先增加后降低的趋势，与不施肥(N_1)相比，施氮肥均能提高苜蓿各茬次平均茎粗。同一施肥水平下，N_2 处理下各茬次茎粗随水分调控梯度的减轻呈增加的趋势；N_3、N_4 处理下，各茬次茎粗随水分调控梯度的减轻呈先增加后降低的趋势，表明施氮量过多将抑制苜蓿茎秆横向生长。LDN_3 处理下，第一茬次茎粗为 4.07 mm，显著高于其他处理，但与 CKN_3 处理不显著($P>0.05$)；第二、第三、第四茬次在 LDN_3 处理下茎粗低于 CKN_3 处理，但差异不显著，表明同一施肥水平下，适当的水分调控可提高苜蓿茎粗，LDN_3 处理下进行灌水施氮，有利于水分养分运输和地上茎秆生物量的累积。

表 4-42　试验期间各处理不同茬次茎粗

水肥模式	茎粗/mm			
	第一茬	第二茬	第三茬	第四茬
CKN_1	3. 73def	3. 50e	3. 07f	3. 06c
CKN_2	3. 93bc	3. 69bc	3. 20bcd	3. 11b
CKN_3	4. 02ab	3. 81a	3. 29a	3. 18a
CKN_4	3. 85cd	3. 74b	3. 24abc	3. 12b
LDN_1	3. 60fghi	3. 42f	3. 01g	2. 86f
LDN_2	3. 90bc	3. 61d	3. 14de	2. 92e
LDN_3	4. 07a	3. 75ab	3. 25ab	3. 05c
LDN_4	3. 90bc	3. 65cd	3. 18cd	2. 98d
MDN_1	3. 47i	3. 32g	3. 00g	2. 78g
MDN_2	3. 56ghi	3. 51e	3. 14de	2. 83f
MDN_3	3. 75de	3. 63cd	3. 23abc	2. 94e
MDN_4	3. 66efgh	3. 54e	3. 19bcd	2. 83f
SDN_1	3. 30j	3. 10i	2. 82h	2. 63i
SDN_2	3. 52i	3. 25h	2. 98g	2. 74h
SDN_3	3. 68efg	3. 49e	3. 12ef	2. 91e
SDN_4	3. 53hi	3. 35g	3. 09ef	2. 86f

4. 4. 4　水肥调控对苜蓿生理指标的影响

4. 4. 4. 1　水肥调控对苜蓿光合日变化的影响

光合速率是反映作物光合作用的重要指标之一。图 4-78 表明,净光合速率(P_n)的日变化表现为典型的双峰型曲线,第 1 高峰出现在 12:00 左右,第 2 高峰出现在 16:00 前后,16:00 以后紫花苜蓿光合速率明显下降,表现出明显的光合“午休”现象。不同水氮处理下紫花苜蓿光合速率有所差异,净光合速率 P_n 变化趋势为 CKN_4>CKN_3>CKN_2>LDN_4>CKN_1>LDN_2>LDN_3>LDN_1>MDN_2>MDN_3>MDN_1>MDN_4>SDN_2>SDN_1>SDN_3>SDN_4,基本表现为同一施氮处理下,充分灌溉>轻度水分胁迫>中度水分胁迫>重度水分胁迫;充分灌溉水平下,N_4> N_3> N_2> N_1;轻度水分胁迫下,N_4> N_2> N_3> N_1;中度水分胁迫下,N_2> N_3> N_1> N_4;重度水分胁迫下,N_2> N_3> N_1> N_4;随着水分胁迫的加剧,高氮对作物的光合作用有明显抑制作用。

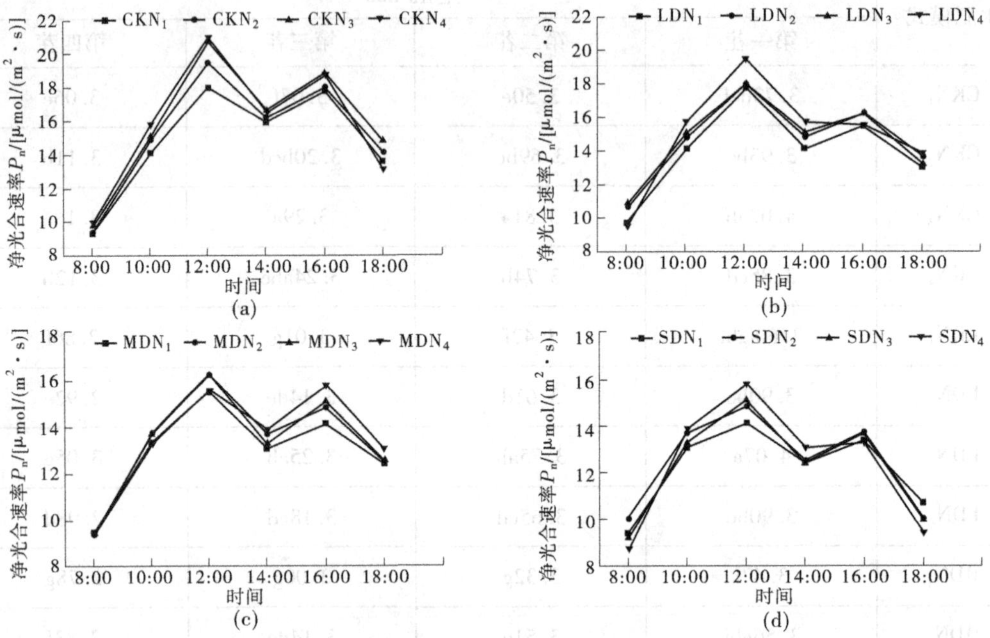

图 4-78　水肥调控对苜蓿叶片净光合速率的影响

4.4.4.2　水肥调控对苜蓿叶片气孔导度的影响

由图 4-79 可知，气孔导度 G_s 的日变化也表现为典型的双峰型曲线，第 1 峰出现在 12:00 左右，12:00～16:00 气孔导度表现为先降低后升高的变化特性，第 2 高峰出现在 16:00 前后，16:00 以后紫花苜蓿气孔导度明显下降。不同水氮处理下紫花苜蓿气孔导度 G_s 变化趋势表现为 $CKN_4>CKN_3>CKN_2>LDN_4>CKN_1>LDN_2>LDN_3>LDN_1>MDN_2>MDN_3>MDN_1>MDN_4>SDN_2>SDN_1>SDN_3>SDN_4$。不同水氮处理下紫花苜蓿气孔导度和光合速率变化规律相同，均表现为高水高氮>高水低氮、低水低氮>低水高氮，且高水高氮>低水低氮。

4.4.4.3　水肥调控对苜蓿叶片胞间 CO_2 浓度的影响

由图 4-80 胞间 CO_2 浓度 C_i 日变化可知，胞间 CO_2 浓度呈倒双峰型变化规律，其最大值出现在 8:00，第 1 峰谷出现在 12:00，第 2 峰谷出现在 16:00，16:00 以后紫花苜蓿的胞间 CO_2 浓度有明显上升趋势。不同水氮处理下紫花苜蓿的胞间 CO_2 浓度变化趋势表现为 $CKN_4<CKN_3<CKN_2<LDN_4<CKN_1<LDN_2<LDN_3<LDN_1<MDN_2<MDN_3<MDN_1<MDN_4<SDN_2<SDN_3<SDN_4<SDN_1$。胞间 CO_2 浓度变化趋势和气孔导度、净光合速率的变化趋势相反，表现为高水高氮<高水低氮、低水低氮<低水高氮，且高水高氮<低水低氮。

4.4.4.4　水肥调控对苜蓿叶片蒸腾速率的影响

由图 4-81 可知，蒸腾速率 T_r 日变化规律与净光合速率 P_n 相似，也呈典型的双峰型，但低水高氮的蒸腾速率日变化幅度较小，高水高氮下的蒸腾“午休”现象有所减缓，重度水分胁迫对紫花苜蓿的蒸腾速率抑制比较明显。

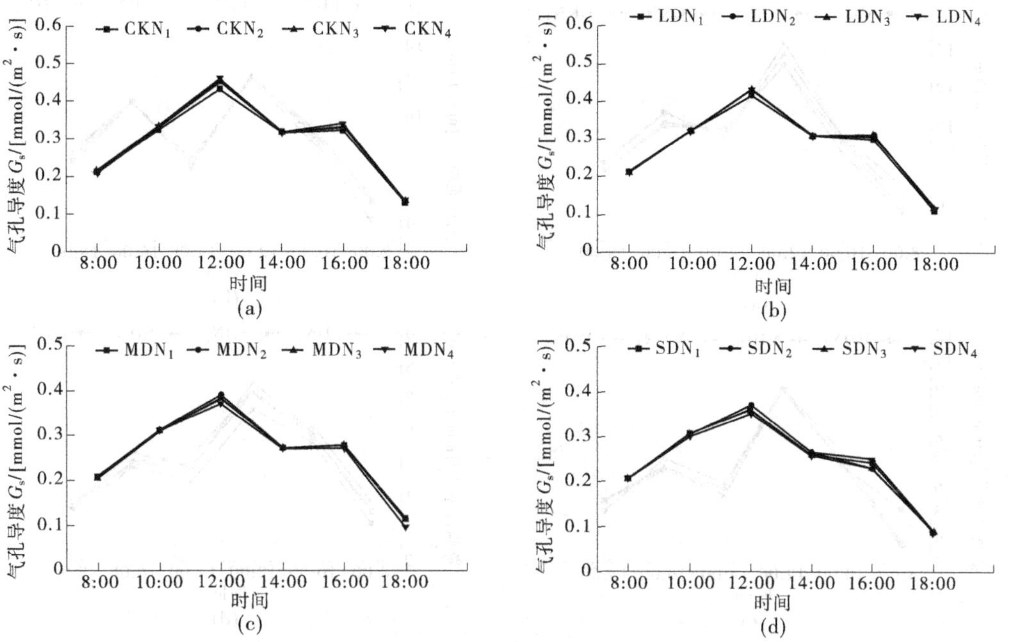

图 4-79　水肥调控对苜蓿叶片气孔导度的影响

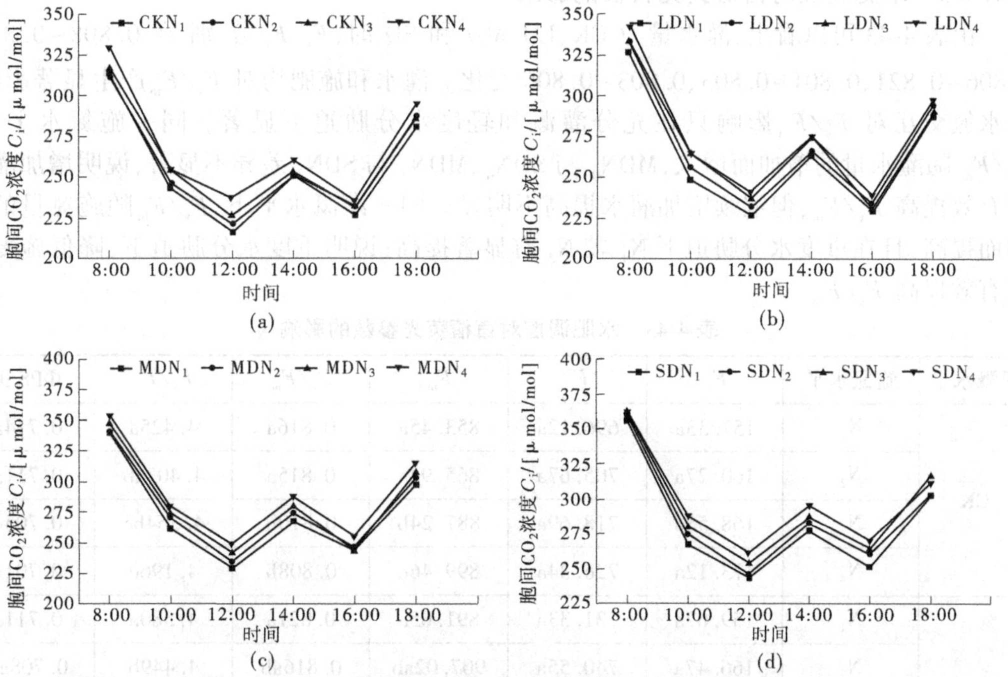

图 4-80　水肥调控对苜蓿叶片胞间 CO_2 浓度的影响

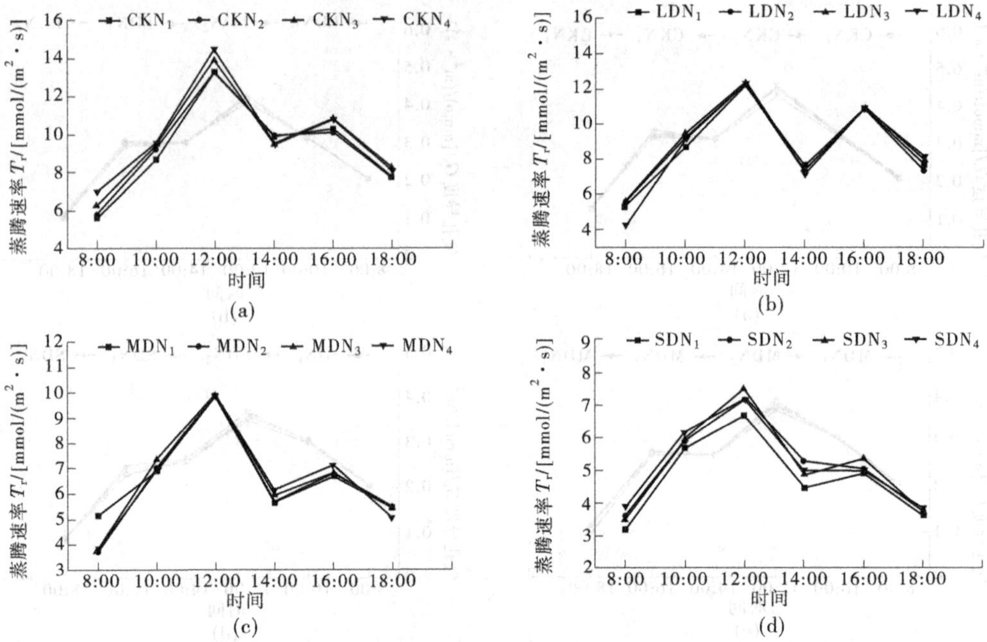

图 4-81　水肥调控对苜蓿叶片蒸腾速率的影响

4.4.4.5　水肥调控对苜蓿荧光特性的影响

由表 4-43 可以看出,灌水量为 CK、LD、MD 和 SD 时,F_v/F_m分别在 0.808~0.816、0.806~0.821、0.801~0.803、0.803~0.806 变化。灌水和施肥均对 F_v/F_m产生显著影响,而水氮交互对 F_v/F_m影响只在充分灌溉和轻度水分胁迫下显著。同一施氮水平下,F_v/F_m 随灌水量的增加而增大,MDN_4 与 SDN_4、MDN_3 与 SDN_3 差异不显著,说明增加灌水可有效提高 F_v/F_m,但继续增加灌水提高不明显。同一灌溉水平下,F_v/F_m随施氮量的增加而提高,且在重度水分胁迫下 N_1 较 N_3 有显著提高,说明重度水分胁迫下,降低施氮量可有效提高 F_v/F_m。

表 4-43　水肥调控对苜蓿荧光参数的影响

灌溉水平	施氮水平	F_o	F_v	F_m	F_v/F_m	F_v/F_o	ΦPSⅡ
CK	N_1	157.33a	696.12a	853.45a	0.816a	4.425a	0.714a
	N_2	160.27a	705.67a	865.94a	0.815a	4.403ab	0.711a
	N_3	168.55a	718.69a	887.24b	0.810b	4.264bc	0.705c
	N_4	173.12a	726.34a	899.46c	0.808b	4.196c	0.701c
LD	N_1	159.67a	731.33a	891.05a	0.821a	4.580a	0.711a
	N_2	166.47a	740.55a	907.02ab	0.816ab	4.449b	0.708ab
	N_3	178.22a	749.29a	927.51bc	0.808bc	4.204c	0.706abc
	N_4	182.17a	757.16a	939.33c	0.806c	4.156c	0.698c

续表 4-43

灌溉水平	施氮水平	F_o	F_v	F_m	F_v/F_m	F_v/F_o	ΦPSⅡ
MD	N_1	188.33a	765.33a	953.66a	0.803a	4.064a	0.711a
	N_2	190.22a	772.59a	962.81ab	0.802a	4.062a	0.702ab
	N_3	193.58a	780.12a	973.71bc	0.801a	4.030b	0.695bc
	N_4	195.68a	787.46a	983.14c	0.801a	4.024b	0.687c
SD	N_1	189.67a	789.87a	979.54a	0.806a	4.164a	0.701a
	N_2	193.13a	793.69a	986.82ab	0.804b	4.110ab	0.691ab
	N_3	195.67a	799.48a	995.15bc	0.803b	4.086bc	0.682bc
	N_4	198.25a	807.28a	1 005.53abc	0.803c	4.072c	0.677c

注：不同小写字母表示在 0.05 水平上差异显著（$p<0.05$）。

灌水量对紫花苜蓿 ΦPSⅡ影响极显著，CKN_1 处理下获得最大 ΦPSⅡ，为 0.714。在 CK、LD 处理下，ΦPSⅡ分别在 0.701~0.714、0.698~0.711 变化。同一施氮水平下，ΦPSⅡ随灌水量增加而提高，但处理 LDN_3 显著高于 CKN_3，说明过量灌水降低了 ΦPSⅡ；在 SD 处理下的 ΦPSⅡ明显低于其他处理，说明低水分胁迫对 ΦPSⅡ的影响比其他时期更严重。在同一灌水量下，ΦPSⅡ随着施氮量增加而增加，说明增加施氮量有利于 ΦPSⅡ提高，增加有效光合效率。

4.5　地下滴灌苜蓿水肥耦合生产效应研究

4.5.1　试验目的、试验设计和指标测定

4.5.1.1　试验目的

基于地下滴灌条件下水氮调控苜蓿生长过程规律，揭示水肥调控对苜蓿产量和品质的影响，构建适宜于区域苜蓿种植的水肥耦合制度，可为指导地下滴灌苜蓿草地生产提供科学依据，也可为完善不同生态区苜蓿节水高效生产技术体系提供支撑。

4.5.1.2　试验设计和试验测定

指标与方法同 4.4 节。

4.5.2　水肥调控对苜蓿产量的影响

4.5.2.1　水肥调控对生长期紫花苜蓿干草产量的影响

表 4-44 为不同水肥调控处理对不同茬次紫花苜蓿干草产量的影响。在水分处理一定的条件下，第一茬和第二茬苜蓿干草产量总体表现为 $N_3>N_4>N_2>N_1$，呈先增加后减少的趋势，第三茬苜蓿在充分灌溉（W_3）处理下干草产量随施肥量表现为 $N_4>N_3>N_2>N_1$，第四茬苜蓿干草产量也表现为 $N_4>N_3>N_2>N_1$，随施肥量呈递增的变化趋势；各相同水分处理在中肥 120 kg/hm²（N_3）水平下干草产量显著高于不施肥 0 kg/hm²（N_1）、施低肥 60

kg/hm^2(N_2)和施高肥 180 kg/hm^2(N_4)处理(P<0.05),说明适度的增施氮肥有利于苜蓿干草产量的提高。在 N_2 处理下,第一、第二、第三茬苜蓿干草产量总体表现为 LD>CK>MD>SD,第四茬苜蓿干草产量呈 CK>LD>MD>SD,在 N_1、N_2、N_4 处理下各茬次苜蓿干草产量都呈 CK>LD>MD>LD,表明苜蓿干草产量随水分调控程度的减轻呈递增趋势,施中肥轻度水分调控处理有利于提高第一、第二、第三茬干草产量。

表 4-44 水肥调控对生长期紫花苜蓿干草产量的影响

灌水处理	施肥处理	干草产量/(kg/hm^2)			
		第一茬	第二茬	第三茬	第四茬
SD	N_1	3 042.63d	3 362.36d	2 906.47b	1 907.63c
	N_2	3 493.72c	3 712.37c	3 447.40ab	2 288.17b
	N_3	3 988.74a	4 272.60a	3 599.23a	2 616.13a
	N_4	3 732.57b	4 056.34b	3 367.31ab	2 845.57a
MD	N_1	3 620.48d	3 819.38c	3 379.94c	2 532.86b
	N_2	3 904.30c	4 384.35b	3 911.30ab	2 792.64ab
	N_3	4 500.75a	4 831.32a	4 094.74a	3 006.91a
	N_4	4 229.66b	4 358.51b	3 779.85b	3 080.06a
LD	N_1	3 830.27d	4 141.91b	3 673.25b	2 589.62b
	N_2	4 189.91c	4 468.11b	4 106.83ab	3 217.53a
	N_3	4 927.66a	5 158.43a	4 524.38a	3 262.37a
	N_4	4 534.60b	4 578.15b	4 196.06a	3 444.63a
CK	N_1	3 998.33c	4 371.11c	3 971.26b	2 727.36c
	N_2	4 625.03b	4 671.98b	4 133.81b	3 033.44ab
	N_3	4 875.44a	5 141.21a	4 406.77a	3 504.64a
	N_4	467 625b	4 998.36ab	4 613.10a	3 379.45a

注:同列同一水分调控下施肥处理和处理平均值(水分或施肥)后的不同字母表示差异显著(P<0.05)。

4.5.2.2 水肥调控对紫花苜蓿全生长期干草产量的影响

对不同处理间苜蓿全生长期干草产量进行多重方差分析表明,不同水肥处理对苜蓿全生长期干草产量影响差异显著(见图 4-82),通过 F 检验分析,水分[(F=14.99**(**表明差异极显著 P<0.01)]、施肥(F=2.17)和水分×施肥(F=0.16),说明水分对苜蓿全生长期干草产量的影响达到极显著水平,施肥和水肥交互作用对紫花苜蓿全生长期干草产量影响不显著,因此水肥交互作用下紫花苜蓿全生长期产量对水分的响应较施肥作用更加敏感。苜蓿全生长期干草产量最大值表现为 $CKN_3 \approx LDN_3 \approx CKN_4$,产量最高为 17 928.05 kg/hm^2,但 LDN_3 处理产量为 17 872.84 kg/hm^2,两者差异不显著(P>0.05),合理的水肥组合不会导致苜蓿减产,反而起到增产的作用。

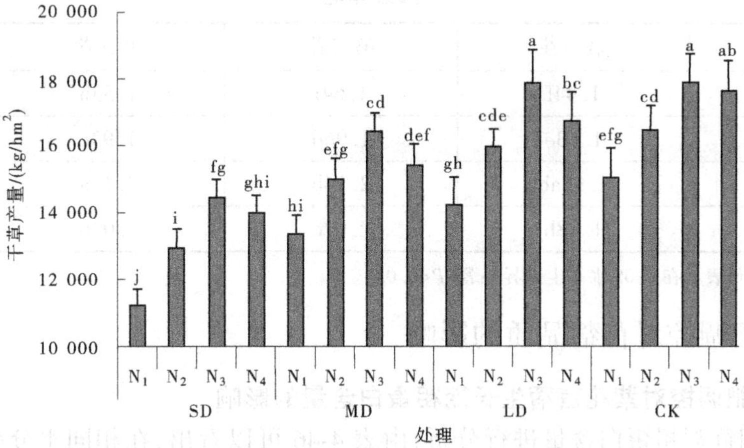

图 4-82　水肥调控对紫花苜蓿全生长期干草产量的影响

4.5.3　水肥调控对苜蓿水分利用效率的影响

表 4-45 反映了不同水肥处理对 4 茬次苜蓿水分利用效率的影响。由表 4-45 可知，同一水肥处理下，不同茬次苜蓿水分利用效率表现为第二茬>第三茬>第一茬>第四茬。同一施肥水平下，各茬次苜蓿水分利用效率基本随水分调控程度的减轻呈先增加后降低的趋势，表现为 LD>MD>SD>CK，表明适当的水分调控可提高苜蓿水分利用效率。同一水分处理下，各茬次苜蓿水分利用效率随施肥量的增加呈先增加后降低的趋势，表现为 N_3>N_4>N_2>N_1。各茬次苜蓿在 LDN_3 处理下水分利用效率最高，分别为 2.01 kg/m³、2.23 kg/m³、2.12 kg/m³、1.86 kg/m³。

表 4-45　水肥调控对不同茬次苜蓿水分利用效率的影响　　单位：kg/m³

处理	第一茬	第二茬	第三茬	第四茬
CKN_1	1.40f	1.66h	1.45i	1.21i
CKN_2	1.66de	1.88g	1.67g	1.40g
CKN_3	1.78c	2.01c	1.77e	1.53e
CKN_4	1.69de	1.92f	1.72f	1.46f
LDN_1	1.45f	1.65hi	1.53h	1.26h
LDN_2	1.73cd	1.94e	1.76e	1.56e
LDN_3	2.01a	2.23a	2.12a	1.86a
LDN_4	1.92b	2.15b	1.94c	1.74b
MDN_1	1.45f	1.65hi	1.55h	1.29h
MDN_2	1.75cd	1.94ef	1.84d	1.54e
MDN_3	1.92b	2.14b	2.02b	1.74b
MDN_4	1.68de	1.89g	1.76e	1.54e

续表 4-45

处理	第一茬	第二茬	第三茬	第四茬
SDN_1	1.44f	1.64i	1.53h	1.27h
SDN_2	1.63e	1.96d	1.93c	1.61d
SDN_3	1.95ab	2.14b	2.11a	1.73bc
SDN4	1.88b	2.02c	2.03b	1.69c

注：不同小写字母表示在 0.05 水平上差异显著($P<0.05$)。

4.5.4 水肥调控对苜蓿品质的影响

4.5.4.1 水肥调控对紫花苜蓿生长期粗蛋白含量的影响

对生长期苜蓿粗蛋白含量进行分析，由表 4-46 可以看出，在相同水分处理下，第一、第二、第三茬苜蓿粗蛋白含量在重度(SD)和中度(MD)水分调控处理下整体表现为 $N_3>N_2>N_4>N_1$，粗蛋白含量随施肥量增加呈先增加后降低趋势，但差异不显著($P>0.05$)，表明重度(SD)和中度(MD)水分调控处理下，增施氮肥对第一、第二、第三茬苜蓿粗蛋白含量的影响不大；在轻度水分调控(LD)处理下，各茬苜蓿粗蛋白含量中肥(N_3)处理较不施肥处理(N_1)平均提高了 4.0%，各处理间差异显著($P<0.05$)；在充分灌溉处理下，施高肥(N_4)处理第二、第三、第四茬苜蓿粗蛋白含量较施中肥(N_3)处理的含量低，但差异不显著，说明在轻度水分调控下，适度地提高施肥水平可以提高苜蓿粗蛋白含量。同一施肥水平下，苜蓿粗蛋白含量基本表现为 LD>MD>CK>SD，随着水分调控程度的减轻，粗蛋白含量呈先增加后降低趋势，表明过量灌溉影响了紫花苜蓿生长，不利于蛋白的积累。整体来看，不同茬次苜蓿粗蛋白含量在轻度水分调控中肥(LDN_3)处理下粗蛋白最高，各茬次分别为 23.24%、24.49%、21.60%和 22.40%，显著高于充分灌溉不施肥(CKN_1)处理($P<0.05$)，表明适度的水分调控可以促进苜蓿对养分的吸收和转化，进而提高紫花苜蓿的粗蛋白含量。

表 4-46 水肥调控对生长期紫花苜蓿粗蛋白含量的影响

灌水处理	施肥处理	粗蛋白含量/%			
		第一茬	第二茬	第三茬	第四茬
SD	N_1	16.65a	17.24a	15.62b	16.87c
	N_2	18.23a	18.87a	18.51ab	20.35a
	N_3	18.92a	19.17a	19.572a	18.20ab
	N_4	18.09a	17.26a	17.21ab	16.15c
MD	N_1	17.97a	18.73b	17.38a	17.00b
	N_2	19.49a	20.11ab	19.39a	19.50ab
	N_3	20.86a	21.52a	20.56a	20.84a
	N_4	19.07a	18.87b	19.24a	20.24ab

续表 4-46

灌水处理	施肥处理	粗蛋白含量/%			
		第一茬	第二茬	第三茬	第四茬
LD	N_1	18.88b	19.80b	17.80b	18.80b
	N_2	19.84b	20.52b	19.91ab	18.88b
	N_3	23.24a	24.49a	21.60a	22.40a
	N_4	20.46ab	20.18b	18.51ab	20.80ab
CK	N_1	16.15c	17.66a	14.81b	16.50c
	N_2	19.38ab	17.94a	18.73a	17.39bc
	N_3	20.88a	1986a	16.75ab	21.26a
	N_4	17.57bc	19.52a	14.98b	20.78ab

注：同列同一水分调控下施肥处理和处理平均值（水分或施肥）后的不同字母表示差异显著（$P<0.05$）。

4.5.4.2　水肥调控对生长期紫花苜蓿酸性洗涤纤维和中性洗涤纤维含量的影响

由表 4-47 可以看出，在相同水分处理下，第一茬苜蓿酸性洗涤纤维含量在充分灌溉（CK）、重度（SD）和中度（MD）水分调控处理下表现为 $N_4>N_1>N_3>N_2$，随施肥量呈先减小后增大的趋势，轻度水分调控（LD）处理下表现为 $N_1>N_4>N_2>N_3$，施中肥（N_3）处理酸性洗涤纤维含量显著低于不施肥（N_1）和施高肥（N_4）处理（$P<0.05$）；相同水分处理下第二、第三、第四茬苜蓿酸性洗涤纤维含量随施肥水平的提高基本也呈先减小后增加的趋势，在充分灌溉（CK）下各施肥水平处理酸性洗涤纤维含量差异不显著，但在轻度水分调控（LD）中肥（N_3）处理下酸性洗涤纤维含量显著低于其他水平的施肥处理组（$P<0.05$），说明增加施肥量可以降低苜蓿酸性洗涤纤维含量，但施肥过量会延长苜蓿生育期，推迟成熟，进而提高酸性洗涤纤维含量。施肥水平一定的条件下，苜蓿酸性洗涤纤维含量随水分调控程度的减轻呈先降低后增加的趋势，说明适度的水分调控可以降低苜蓿的酸性洗涤纤维含量。生长期苜蓿酸性洗涤纤维含量在轻度水分调控施中肥（LDN_3）组合下显著低于其他施肥处理组，各茬次分别为 24.94%、21.89%、19.32%和 16.55%。

表 4-47　水肥调控对生长期紫花苜蓿酸性洗涤纤维含量的影响

灌水处理	施肥处理	酸性洗涤纤维含量/%			
		第一茬	第二茬	第三茬	第四茬
SD	N_1	30.59b	31.45a	25.57ab	25.20a
	N_2	28.97b	25.63b	23.86b	19.73b
	N_3	29.56b	26.40b	24.659ab	20.57b
	N_4	33.52a	32.36a	30.97a	23.89a

续表 4-47

灌水处理	施肥处理	酸性洗涤纤维含量/%			
		第一茬	第二茬	第三茬	第四茬
MD	N_1	30.05a	30.58a	25.14b	24.15a
	N_2	27.34b	25.34b	23.41b	18.75c
	N_3	28.63ab	24.85b	24.55b	19.29bc
	N_4	30.89a	31.02a	30.38a	23.24ab
LD	N_1	29.86a	29.44a	22.90b	21.22a
	N_2	26.73bc	25.03b	19.32b	17.57b
	N_3	24.94c	21.89c	28.35c	16.55b
	N_4	28.69ab	27.37ab	28.35a	21.61a
CK	N_1	31.50b	29.21a	24.52a	24.58a
	N_2	28.83ab	27.45a	22.94a	24.04a
	N_3	30.10ab	28.87a	27.70a	24.81a
	N_4	34.71a	29.20a	31.70a	25.59a

注：同列同一水分调控下施肥处理和处理平均值(水分或施肥)后的不同字母表示差异显著($P<0.05$)。

对生长期苜蓿中性洗涤纤维含量进行分析(见表 4-48)，可以看出，在水分处理一定的条件下，充水灌溉(CK)处理下第一、第三、第四茬苜蓿中性洗涤纤维含量呈 $N_3<N_1<N_2<N_4$，重度(SD)和中度(MD)水分调控处理下第三、第四茬苜蓿中性洗涤纤维含量表现为 $N_4>N_1>N_3>N_2$，轻度(LD)水分调控处理下中性洗涤纤维含量也表现为 $N_3<N_1<N_2<N_4$，说明中性洗涤纤维含量随施肥量也呈先减小后增大的趋势，适量地增加施氮肥可以降低苜蓿中性洗涤纤维含量。在相同施肥水平下，生长期苜蓿中性洗涤纤维含量基本表现为CK>SD>MD>LD，随水分调控程度的加重呈先降低后增加的趋势，表明适度的水分调控也可降低苜蓿中性洗涤纤维含量。整体来看，在轻度水分调控施中肥(LDN_3)组合下苜蓿中性洗涤纤维含量低于其他施肥组合处理组，各茬次分别为 34.28%、31.26%、29.83%和27.96%。

表 4-48　水肥调控对生长期紫花苜蓿中性洗涤纤维含量的影响

灌水处理	施肥处理	中性洗涤纤维含量/%			
		第一茬	第二茬	第三茬	第四茬
SD	N_1	37.44b	36.75c	35.811a	33.95a
	N_2	39.58ab	38.12bc	35.06a	31.97a
	N_3	40.68ab	39.66b	35.45a	32.60a
	N_4	44.32a	42.93a	41.10a	35.87a

续表 4-48

灌水处理	施肥处理	中性洗涤纤维含量/%			
		第一茬	第二茬	第三茬	第四茬
MD	N_1	37.36b	35.71ab	35.29a	33.20ab
	N_2	38.23ab	35.90ab	33.55a	31.31c
	N_3	37.15b	33.44b	32.82a	31.88bc
	N_4	41.07a	40.39a	37.24a	34.18a
LD	N_1	36.47ab	35.27b	31.11a	28.08b
	N_2	37.52ab	35.66b	34.31a	30.82ab
	N_3	34.28b	31.26c	29.83b	27.96b
	N_4	40.16a	39.98a	36.85a	33.39a
CK	N_1	38.57c	37.61a	36.07b	34.07a
	N_2	41.19b	38.15a	37.48b	35.99a
	N_3	37.79c	39.64a	35.77b	32.51a
	N_4	43.05a	42.41a	42.63a	36.99a

注：同列同一水分调控下施肥处理和处理平均值（水分或施肥）后的不同字母表示差异显著（$P<0.05$）。

4.5.4.3　水肥调控对生长期紫花苜蓿相对饲喂价值的影响

通过对不同处理间苜蓿全生长期相对饲喂价值进行多重方差分析表明，不同水肥组合处理对苜蓿全生长期相对饲喂价值的影响差异显著（见图 4-83）。通过 F 检验分析，水分［$F=7.44^{**}$（** 表明差异极显著，$P<0.01$）］、施肥（$F=0.32$）和水分×施肥（$F=0.36$），说明水分对苜蓿全生长期对饲喂价值的影响达到极显著水平，因此水肥交互作用下紫花苜蓿全生长期饲喂价值对水分的响应较施肥作用更加敏感。全生长期苜蓿在轻度水分调控施中肥（LDN_3）处理下相对饲喂价值的值最高，为 221.39，显著高于不施肥（LDN_1）、施低肥（LDN_2）和施高肥（LDN_4）处理；在重度水分亏缺和中度水分亏缺处理下，施高肥（N_4）处理苜蓿相对饲喂价值显著低于不施肥（N_1）、施低肥（N_2）和施中肥（N_3）处理；在充分灌溉施高肥（CKN_4）和重度水分调控施高肥（SDN_4）处理下全生长期相对饲喂价值的值最小，分别为 148.09 和 149.67，说明过量的灌水和施肥提高了苜蓿酸性洗涤纤维和中性洗涤纤维含量，从而降低了苜蓿的相对饲喂价值，不利于苜蓿营养价值的提高。

4.5.5　苜蓿水肥耦合灌溉模式综合评价

水分和养分影响苜蓿生长（根、茎、叶等）、干草产量、品质（粗蛋白含量、粗纤维、ADF 和 NDF 等）和经济效益（水分利用效率）。为进一步探明水分调控和施肥对苜蓿干草产量、粗蛋白含量、ADF、NDF 和水分利用效率的影响，克服从单一性状（如产量或粗蛋白含量）来衡量评价苜蓿生长及品质好坏的短板，选择多性状影响指标来客观反映水肥对苜蓿生产性能的综合影响，基于水分-品质-产量-效益的目标，采用灰色关联度分析方法对紫花苜蓿生产性能综合评价分析，得出适宜于区域苜蓿生产种植的水肥耦合灌溉模式。

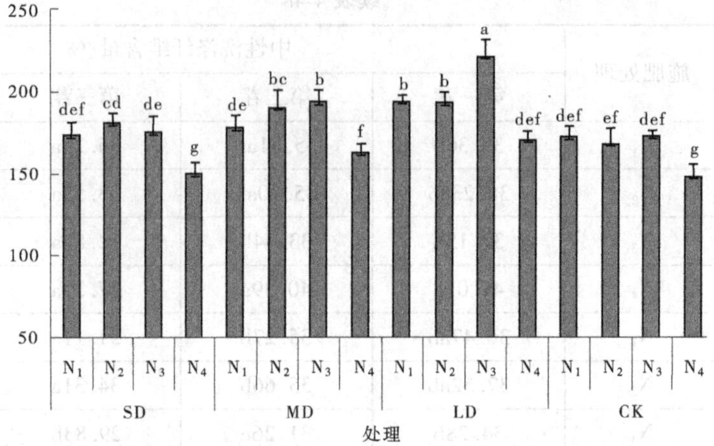

图 4-83　水肥调控对紫花苜蓿全生长期相对饲喂价值的影响

紫花苜蓿干草产量大小直观地反映了水分作用的高低，干草水分利用效率是研究作物生长与水分关系的重要参数，粗蛋白含量是反映苜蓿营养品质的重要指标，ADF 和 NDF 分别反映了牧草适口性和可消化性。本书同时选取了生育期内苜蓿平均干草产量、干草水分利用效率、粗蛋白含量、ADF 及 NDF 等 5 项指标，并将 5 项指标看作一个灰色系统整体进行权重比较和灰色关联度综合分析评价。选取不同水肥处理下各项指标的最优值为参考列，参考数列记为$\{X_0(k)\}(k=1,2,3,\cdots,N)$，比较数列记为$\{X_i(k)\}(i=1,2,3,\cdots,m;k=1,2\cdots,n)$，不同水肥调控处理用 X 表示，性能指标用 k 表示，各水肥调控处理 X 在性能指标 k 处的值构成比较数列 X_i。首先采用极差法对原始数据进行无量纲处理，根据公式分别求出各自的绝对离差、关联系数、等权关联度，采用灰色系统关联度理论的权重决策法，参考判断矩阵法给各指标赋权重，进而计算加权关联度。

关联系数计算公式为

$$\xi_i(k)=\frac{\min_i\min_k|X_0(k)X_i(k)|+\rho\max_i\max_k|X_0(k)X_i(k)|}{|X_0(k)X_i(k)|+\rho\max_i\max_k|X_0(k)X_i(k)|} \tag{4-1}$$

式中：$\min_i\min_k|X_0(k)-X_i(k)|$ 为二级最小差；$\max_i\max_k|X_0(k)-X_i(k)|$ 为二级最大差；ρ 为分辨系数，其取值范围在(0,1]，为提高其关联系数间的差异显著性，此处取值 0.5，认为同等重要。

采用以下公式计算绝对离差：

$$\Delta_i(k)=|X_0(k)-X_i(k)| \tag{4-2}$$

为了方便比较过于分散的信息，对供试处理的关联系数进行等权平均，由以下公式计算得到等权关联度：

等权关联度计算公式为

$$r_i=\frac{1}{n}\sum_{k=1}^{n}\xi_i(k)\quad(n\text{ 为样本}) \tag{4-3}$$

权重系数计算公式为

$$w_i = \frac{r_i}{\sum r_i} \tag{4-4}$$

加权关联度计算公式为

$$r'_i = \sum_{k=1}^{n} w_i(k) \xi_i(k) \tag{4-5}$$

不同水肥处理各项性状指标平均值如表 4-49 所示,无量纲化处理、关联系数值、关联度和排序分别见表 4-50 ~ 表 4-52。

表 4-49 为不同水肥处理各性状指标的平均值,分别从中选取牧草产量、粗蛋白含量及水分利用效率的最大值,酸性洗涤纤维含量和中性洗涤纤维含量的最小值作为参考数列的最优值,参考数列为 $\{X_0\} = \{17\ 928.05, 22.93, 20.68, 30.83, 2.06\}$。表 4-50 为各指标数值无量纲化处理。

表 4-49　不同水肥处理各性状指标平均值

处理	牧草产量/(kg/hm²)	粗蛋白含量/%	酸性洗涤纤维含量/%	中性洗涤纤维含量/%	水分利用效率/(kg/m³)
SDN_1	11 219.09	16.60	28.20	35.99	1.47
SDN_2	12 941.66	18.99	24.54	36.18	1.78
SDN_3	14 476.69	18.96	25.29	37.10	1.98
SDN_4	14 001.79	17.18	30.18	41.05	1.91
MDN_1	13 352.66	17.77	27.48	35.39	1.49
MDN_2	14 992.59	19.62	23.71	34.75	1.77
MDN_3	16 433.72	20.95	24.33	33.82	1.96
MDN_4	15 448.07	19.35	28.88	38.22	1.72
LDN_1	14 235.25	18.82	25.86	33.48	1.47
LDN_2	15 982.37	19.79	22.86	34.58	1.75
LDN_3	17 872.84	22.93	20.68	30.83	2.06
LDN_4	16 753.43	19.99	26.51	37.59	1.94
CKN_1	15 068.05	16.28	27.45	36.58	1.43
CKN_2	16 464.25	18.36	25.82	38.20	1.65
CKN_3	17 928.05	19.69	27.87	36.43	1.77
CKN_4	17 667.16	18.21	30.30	41.27	1.70

表 4-50 数值无量纲化处理

处理	牧草产量	粗蛋白含量	酸性洗涤纤维含量	中性洗涤纤维含量	水分利用效率
SDN_1	0. 625 8	0. 723 6	1. 363 8	1. 167 4	0. 715 3
SDN_2	0. 721 9	0. 828 0	1. 187 0	1. 173 7	0. 867 4
SDN_3	0. 807 5	0. 826 9	1. 223 2	1. 203 3	0. 964 7
SDN_4	0. 781 0	0. 749 0	1. 459 8	1. 331 7	0. 927 0
MDN_1	0. 744 8	0. 774 9	1. 329 0	1. 148 0	0. 722 6
MDN_2	0. 836 3	0. 855 6	1. 146 6	1. 127 1	0. 860 1
MDN_3	0. 916 6	0. 913 3	1. 176 7	1. 097 1	0. 951 3
MDN_4	0. 861 7	0. 843 9	1. 396 7	1. 239 7	0. 835 8
LDN_1	0. 794 0	0. 820 7	1. 250 4	1. 086 0	0. 716 5
LDN_2	0. 891 5	0. 862 7	1. 105 7	1. 121 5	0. 850 4
LDN_3	0. 996 9	1. 000 0	1. 000 0	1. 000 0	1. 000 0
LDN_4	0. 934 5	0. 871 4	1. 281 9	1. 219 4	0. 942 8
CKN_1	0. 840 5	0. 709 9	1. 327 6	1. 186 4	0. 695 9
CKN_2	0. 918 4	0. 800 5	1. 248 5	1. 239 1	0. 804 1
CKN_3	1. 000 0	0. 858 5	1. 347 8	1. 181 5	0. 862 5
CKN_4	0. 985 4	0. 794 0	1. 465 3	1. 338 6	0. 826 0

表 4-51 为不同处理各指标关联系数 ξ、等权关联度及权重系数，各指标的权重系数由大到小分别为牧草产量、水分利用效率、粗蛋白含量、中性洗涤纤维含量、酸性洗涤纤维含量。

表 4-51 不同处理各指标关联系数 ξ、等权关联度及权重系数

处理	牧草产量	粗蛋白含量	酸性洗涤纤维含量	中性洗涤纤维含量	水分利用效率
SDN_1	0. 383 4	0. 457 0	0. 390 0	0. 581 5	0. 449 7
SDN_2	0. 455 5	0. 575 0	0. 554 3	0. 572 6	0. 636 9
SDN_3	0. 547 2	0. 573 4	0. 510 3	0. 533 6	0. 868 3
SDN_4	0. 515 1	0. 481 0	0. 336 0	0. 412 3	0. 761 2
MDN_1	0. 476 9	0. 508 2	0. 414 2	0. 611 2	0. 456 2
MDN_2	0. 586 9	0. 617 0	0. 613 5	0. 646 6	0. 624 5
MDN_3	0. 736 2	0. 728 4	0. 568 3	0. 705 5	0. 827 0

续表 4-51

处理	牧草产量	粗蛋白含量	酸性洗涤纤维含量	中性洗涤纤维含量	水分利用效率
MDN_4	0.627 1	0.598 4	0.369 6	0.492 6	0.586 2
LDN_1	0.530 4	0.564 7	0.481 6	0.730 2	0.450 8
LDN_2	0.681 9	0.628 9	0.687 5	0.656 9	0.608 6
LDN_3	0.986 9	1.000 0	1.000 0	1.000 0	1.000 0
LDN_4	0.780 3	0.644 1	0.452 2	0.514 7	0.802 7
CKN_1	0.593 2	0.445 0	0.415 2	0.555 1	0.433 4
CKN_2	0.740 2	0.538 3	0.483 5	0.493 1	0.542 9
CKN_3	1.000 0	0.621 8	0.400 8	0.561 7	0.628 6
CKN_4	0.941 1	0.530 4	0.333 3	0.407 2	0.572 2
等权关联度	0.634 7	0.615 4	0.589 9	0.668 0	0.666 5
权重系数	0.221 3	0.198 9	0.167 5	0.198 1	0.214 3

表 4-52 为不同处理的加权关联度及排序。处理 LDN_3 的加权关联度最高，为 0.997 1，其次为处理 MDN_3、CKN_3，施肥处理 N_3 在灰色关联度综合评价中表现较优，加权关联度基本都在 0.61~0.99。

表 4-52　不同处理的加权关联度及排序

处理	加权关联度	排序
SDN_1	0.452 6	16
SDN_2	0.557 9	10
SDN_3	0.612 4	7
SDN_4	0.510 7	13
MDN_1	0.494 8	14
MDN_2	0.617 2	6
MDN_3	0.719 9	2
MDN_4	0.542 9	12
LDN_1	0.551 6	11
LDN_2	0.651 6	4
LDN_3	0.997 1	1
LDN_4	0.650 4	5

续表 4-52

处理	加权关联度	排序
CKN_1	0.492 2	15
CKN_2	0.565 8	9
CKN_3	0.658 0	3
CKN_4	0.572 8	8

4.5.6 苜蓿地下滴灌水肥耦合灌溉制度

以 2019 年降水条件下,基于灰色关联综合分析紫花苜蓿生长、水分、产量及水分生产效率等指标,得出全生长期苜蓿地下滴灌水肥耦合灌溉制度为:全生长期(4 茬)灌溉定额 420 mm,在苜蓿生育时期共计灌水 16 次,施肥量为 120 kg/hm^2,具体水肥耦合灌溉制度见表 4-53。

表 4-53 各茬次苜蓿适宜生产的水肥耦合灌溉制度

灌水施肥时间	第一茬				第二茬			第三茬			第四茬		
	返青期	分枝期	现蕾期	初花期	分枝期	现蕾期	初花期	分枝期	现蕾期	初花期	分枝期	现蕾期	初花期
施肥量(N)/(kg/hm^2)		48			36			24			12		
灌水次数/次	1	2	1	1	1	1	1	2	1	1	2	1	1
灌水定额/mm	35	35	30	25	30	20	20	20	25	25	30	20	20
灌溉定额/mm	35	70	30	25	30	20	20	40	25	25	60	20	20

第 5 章　内陆干旱草原区植被群落高效用水调控技术研究

5.1　固定式喷灌植被群落高效用水调控技术

5.1.1　不同水平年降水变化特征

试验区见 1.3 节。根据区域年降水量或年径流量的多少分为平水年和枯水年 2 个水平年。枯水年(也叫少水年、干旱年)为在实测资料系列中,年降水量或年径流量比较小(较干旱)的一些年份。设计枯水年的频率相当于年降水量或年径流量频率曲线上大于 75%的频率。

平水年(中水年、一般年)为在实测资料系列中,年降水量或年径流量一般大的一些年份。设计平水年的频率相当于年降水量或年径流量频率曲线上的频率,为 50%左右。

表 5-1 为张掖市降水频率分布表。从表 5-1 中可以看出,降水量介于 76.6~216.30 mm,降水量 200 mm 以上的频率为 3.23%,属干旱区,降水量较少,灌溉主要以地下水为主。

表 5-1　张掖市降水频率分布

年份	降水总和/mm	排序	频率	年份	降水总和/mm	排序	频率
2007	216.30	1	3.23%	1994	128.80	16	51.61%
1993	195.50	2	6.45%	2003	127.80	17	54.84%
2019	171.60	3	9.68%	1995	127.00	18	58.06%
2017	166.50	4	12.90%	2000	126.20	19	61.29%
2005	165.40	5	16.13%	2013	125.10	20	64.52%
2010	163.80	6	19.35%	2020	122.90	21	67.74%
1991	160.20	7	22.58%	2014	122.80	22	70.97%
2008	153.50	8	25.81%	2006	121.40	23	74.19%
1998	149.90	9	29.03%	2018	118.20	24	77.42%
2002	148.20	10	32.26%	2001	114.90	25	80.65%
2009	137.30	11	35.48%	1999	87.70	26	83.87%
2012	136.80	12	38.71%	2004	81.40	27	87.10%
1996	136.40	13	41.94%	2016	81.00	28	90.32%

续表 5-1

年份	降水总和/mm	排序	频率	年份	降水总和/mm	排序	频率
2015	131.40	14	45.16%	2011	79.30	29	93.55%
1992	130.70	15	48.39%	1997	76.60	30	96.77%

注:25%为丰水年,50%为平水年,75%为枯水年。

5.1.2　植被群落配置技术

由 3.1~3.3 节的研究结果可知,综合产量、品质、水分利用效率适宜于绿洲-荒漠交错区的群落配置模式为无芒雀麦+苜蓿、无芒雀麦+红豆草、无芒雀麦+苜蓿+长穗偃麦草、无芒雀麦+红豆草+长穗偃麦草,未水分亏缺条件下无芒雀麦+苜蓿+长穗偃麦草组合产量最大,第一年、第二年、第三年的产量分别为:该组合中紫花苜蓿蛋白含量均最高,第一年、第二年、第三年较其他播种组合分别提高了 36.9%~56.2%、22.1%~37.1%、21.1%~50.9%;该组合水分利用效率最高,第一年、第二年、第三年分别提高了 4.79 kg/(hm^2 · mm)、5.66 kg/(hm^2 · mm)、5.65 kg/(hm^2 · mm)。

该混播组合不仅显著提高了牧草密度、盖度、草产量,而且显著提高了无芒雀麦的分蘖数、根冠比、茎叶比和长穗偃麦草的干鲜比。同时,该混播组合显著降低了杂草对牧草的危害,在杂草多样性指数、均匀度指数以及丰富度指数中均最低,对杂草的抑制能力高于混播组合。

"紫花苜蓿+无芒雀麦+长穗偃麦草"组合的紫花苜蓿蛋白含量均最高,第一年为 19.2%,较其他播种组合提高了 36.9%~56.2%;第二年为 15.1%,较其他播种组合提高了 22.1%~37.1%;第三年为 13.9%,较其他播种组合提高了 21.1%~50.9%。

混播不同程度地提升了牧草的出苗率、成苗率和越冬率;人工草地建植第二年牧草干物质产量显著高于草地建植当年,且混播对于牧草干物质产量提升显著。所有混播处理中,MBE 混播处理牧草年总干物质产量处于领先水平;人工草地建植第二年,各混播处理牧草第一茬产量均占年总产量的 56%以上,并且随着刈割茬次的增加,牧草产量逐渐降低;MBE 混播处理显著提高了混播群落叶面积指数,且混播群落叶面积指数随着刈割茬次的增加逐步下降;混播在不同程度上提升了清水紫花苜蓿和无芒雀麦的牧草高度以及豆科牧草的分枝数,牧草高度随着刈割茬次的增加逐步下降,牧草分枝数或分蘖数随刈割茬次呈先增后降的单峰型变化趋势;主成分分析表明,人工草地建植当年,牧草干物质产量主要突出了牧草分枝数或分蘖数和牧草株高的贡献;人工草地建植第二年,牧草干物质产量主要突出了牧草株高和牧草群落叶产量的贡献。人工草地建植当年,各混播组合内牧草的竞争作用主要为种内竞争,群落内各牧草以扩大自己种群数量为主。人工草地建植第二年,从综合竞争力上看,各牧草竞争力大小顺序为清水紫花苜蓿>无芒雀麦>红豆草>长穗偃麦草>草地早熟禾;从竞争时间动态上看,随着刈割次数的增加,清水紫花苜蓿的竞争呈"V"字形结构,无芒雀麦的竞争呈倒"V"字形结构,红豆草和长穗偃麦草的竞争呈直线上升结构。清水紫花苜蓿的竞争作用主要为种内竞争,红豆草、无芒雀麦和长穗偃麦草的竞争作用主要为种间竞争。

5.1.3　植被群落水分调控技术

5.1.3.1　植被群落生育时期划分

根据豆科和禾本科牧草生长情况，按照多年生牧草刈割 3 茬，植被群落生育期划分如表 5-2 所示。

表 5-2　不同刈割茬次植被群落生育期划分

名称	刈割茬次	生育期	生育天数
植被群落	1 茬	返青—分枝(分蘖)	04-05—04-15,10 d
		分枝(分蘖)—现蕾(抽穗)	04-15—05-15,30 d
		现蕾(抽穗)—初花	05-15—06-10,25 d
	2 茬	分枝(分蘖)—现蕾(抽穗)	06-10—07-05,25 d
		现蕾(抽穗)—初花	07-05—07-31,25 d
	3 茬	分枝(分蘖)—现蕾(抽穗)	08-01—08-25,25 d
		现蕾(抽穗)—初花	08-25—09-25,30 d

5.1.3.2　草地营建和灌溉系统选择

(1)铺设安装喷灌系统管道→施底肥→深翻地→旋耕机旋耕碎土(翻地时注意避开管道系统)→圆盘耙耙耱地→牧草专用播种机播种(带镇压)。深耕深度 20～30 cm,旋耕深度一般为 12～15 cm,播深为 2～3 cm。

(2)选择配电柜、变频柜、水泵、过滤设备、压力表、施肥机(罐)、首部控制系统、田间喷灌管道、喷头等喷灌灌溉系统,选用塑料蝶形喷头,喷头压力为 100～250 kPa,流量为 0.8～1.3 m^3/h,射程为 3.0～6.0 m,灌溉时应注意风力在 3 级以上不能进行灌溉;晴天高温时应避开 11:00 至 15:30 这段时间,避免水汽漂移和蒸发。

5.1.3.3　灌溉

采用喷灌技术进行灌溉,平水年:4 月初灌水 3 次,灌水量均为 20 mm;5 月灌水 3 次,灌水量均为 25 mm;6 月灌水 3 次,灌水量均为 30 mm;7 月灌水 4 次,灌水量均为 30 mm;8 月灌水 4 次,灌水量均为 30 mm;9 月灌水 2 次,灌水量均为 25 mm;累计灌水 19 次,合计灌水 515 mm(343 m^3/亩)。

干旱年:4 月灌水 3 次,灌水量均为 20 mm;5 月灌水 3 次,灌水量均为 25 mm;6 月灌水 4 次,灌水量均为 35 mm;7 月灌水 4 次,灌水量均为 35 mm;8 月灌水 4 次,灌水量均为 35 mm;9 月灌水 3 次,灌水量均为 25 mm;灌水 21 次,合计灌水 630 mm(420 m^3/亩)。

5.1.4　植被群落水肥耦合技术

结合 4 月初第 2 次灌水追施[$(NH_4)_2HPO_4$,N≥18%、P_2O_5≥46%]2～4 kg/亩,结合 6 月灌水追施[$(NH_4)_2HPO_4$,N≥18%、P_2O_5≥46%]2～4 kg/亩,结合 8 月灌水追施[$(NH_4)_2HPO_4$,N≥18%、P_2O_5≥46%]2～4 kg/亩,累计施肥[$(NH_4)_2HPO_4$]6～12 kg/亩。

5.1.5　植被群落田间管理技术

5.1.5.1　播种

春播(4 月):混播组分:两组分、三组分、四组分;混播比例:1∶1、1∶1∶1和1∶1∶1∶1;混播草种:清水紫花苜蓿、红豆草、无芒雀麦、扁穗冰草、草地早熟禾;播量:混播播量按播种比例对照单播播量计算(单播播量:清水紫花苜蓿 1.5 kg/亩、红豆草为 2 kg/亩、无芒雀麦为 2.2 kg/亩、扁穗冰草为 1.5 kg/亩、草地早熟禾为 1 kg/亩);播种方式:同行条播,行距 25 cm,播种深度为 2~4 cm。

5.1.5.2　混播模式

优选模式:清水紫花苜蓿+无芒雀麦+扁穗冰草、无芒雀麦+清水紫花苜蓿、红豆草+清水紫花苜蓿+无芒雀麦+扁穗冰草、无芒雀麦+红豆草+扁穗冰草、无芒雀麦+红豆草。

5.1.5.3　病虫草害防治

(1)利用混播组合种间优势防治杂草发生,苗期结合人工锄草。杂草严重区域,播种前或出苗前可采用环保型除草剂进行化学防治,或用一年生禾本科作物进行保护种植。

(2)病害主要有锈病、白粉病等;虫害主要有蚜虫、蓟马、黏虫等。

(3)锈病和白粉病防治:适时刈割,适量追施磷、钙肥,夏季忌施高氮化肥;虫害防治:以灯光诱杀等物理防治为主,环保型防病虫药剂为辅。

5.1.5.4　收获及仓储

(1)以豆科牧草生育时期为参考,每茬选择在初花期刈割;刈割时留茬 5 ~8 cm;为了保证牧草正常越冬和第二年返青,要注意最后一茬留茬高度在 8~10 cm 以及留 30 d 以上的生长期,使根部积累一定量的碳水化合物,刈割后适时灌水追肥,足量冬灌保证越冬。

(2)干草打捆仓储:一般采用晾晒风干牧草方式储存牧草,在牧草含水量降到 15%~20%时进行打捆储存。

干草打捆:割草→摊草晾晒风干→搂草→网络丝打捆绳打捆。其优点主要是高产优质,适口性好,经济性高,但受天气变化影响大。

5.1.6　植被群落高效用水调控技术模式

依据水分与产量、品质、水分利用效率的关系,提出植被群落高效用水调控模式。当以产量最大为目标时,水分梯度的关系为充分灌溉>轻度水分亏缺>中度水分亏缺>重度水分亏缺,产量的变化规律为两组分>单播>三组分>四组分,单播中苜蓿> 红豆草>无芒雀麦>长穗偃麦草,但混播中红豆草组合优于苜蓿组合。当以品质最优为目标时,水分梯度的关系为轻度水分亏缺>充分灌溉>中度水分亏缺>重度水分亏缺,混播能够提高牧草中的蛋白含量,蛋白含量的变化规律为四组分>三组分>两组分>单播,单播中苜蓿> 红豆草>长穗偃麦草>无芒雀麦;水分利用效率的变化规律为两组分>三组分>四组分>单播,单播中苜蓿> 红豆草>无芒雀麦>长穗偃麦草。这里仅以产量最大为例,说明灌溉用水量变化情况下,水分梯度的选择以及植被群落配置。

(1)当灌溉可用水量满足牧草需水量时(土壤含水量为田间持水量的 75%以上),以产量最大为目标,可采用当根系层土壤含水量降至田间持水量的 75%时即实施灌溉,灌水量为补充根系层土壤水分至田间持水量的85%，施氮量为80 kg/hm²，群落配置模式可选择无芒雀麦+苜蓿、无芒雀麦+红豆草、无芒雀麦+苜蓿+长穗偃麦草、无芒雀麦+红豆草+长穗偃麦草。采用该技术后，无芒雀麦+苜蓿总产量为18 212.1 kg/hm²，粗蛋白含量中无芒雀麦为12.8%、苜蓿为21.7%，水分利用效率为24.14 kg/(hm²·mm)；无芒雀麦+红豆草总产量为19 497.4 kg/hm²，粗蛋白含量中无芒雀麦为12.9%、红豆草为12.5%，水分利用效率为25.53 kg/(hm²·mm)；无芒雀麦+苜蓿+长穗偃麦草总产量为16 060.1 kg/hm²，粗蛋白含量中无芒雀麦为12.9%、苜蓿为21.4%、长穗偃麦草为14.2%，水分利用效率为20.10 kg/(hm²·mm)；无芒雀麦+红豆草+长穗偃麦草总产量为17 236.9 kg/hm²，粗蛋白含量中无芒雀麦为13.1%、红豆草为12.7%、长穗偃麦草为13.6%，水分利用效率为23.88 kg/(hm²·mm)。

(2)当灌溉可用水量满足牧草需水量90%时(土壤含水量为田间持水量的65%~75%以上)，以产量最大为目标，可采用当根系层土壤含水量降至田间持水量的65%时即实施灌溉，灌水量为补充根系层土壤水分至田间持水量的75%，施氮量为80 kg/hm²，群落配置模式可选择无芒雀麦+苜蓿、无芒雀麦+红豆草、无芒雀麦+苜蓿+长穗偃麦草、无芒雀麦+红豆草+长穗偃麦草。采用该技术后，无芒雀麦+苜蓿总产量为16 518.46 kg/hm²，粗蛋白含量中无芒雀麦为13.4%、苜蓿为22.2%，水分利用效率为26.72 kg/(hm²·mm)；无芒雀麦+红豆草的总产量为19 048.0 kg/hm²，粗蛋白含量中无芒雀麦为13.5%、红豆草为13.8%，水分利用效率为29.36 kg/(hm²·mm)；无芒雀麦+苜蓿+长穗偃麦草总产量为16 152.6 kg/hm²，粗蛋白含量中无芒雀麦为13.5%、苜蓿为22.5%、长穗偃麦草为15.1%，水分利用效率为26.11 kg/(hm²·mm)；无芒雀麦+红豆草+长穗偃麦草总产量为16 831.3 kg/hm²，粗蛋白含量中无芒雀麦为13.6%、红豆草为13.9%、长穗偃麦草为14.2%，水分利用效率为26.36 kg/(hm²·mm)。

(3)当灌溉可用水量满足牧草需水量80%时(土壤含水量为田间持水量的55%~65%以上)，以产量最大为目标，可采用当根系层土壤含水量降至田间持水量的55%时即实施灌溉，灌水量为补充根系层土壤水分至田间持水量的65%，施氮量为80 kg/hm²，群落配置模式可选择无芒雀麦+苜蓿、无芒雀麦+红豆草。采用该技术后，无芒雀麦+苜蓿的总产量为14 638.53 kg/hm²，粗蛋白含量中无芒雀麦为13.1%、苜蓿为22.0%，水分利用效率为24.68 kg/(hm²·mm)；无芒雀麦+红豆草总产量为15 411.53 kg/hm²，粗蛋白含量中无芒雀麦为11.9%、红豆草为13.1%，水分利用效率为29.87 kg/(hm²·mm)。

(4)当灌溉可用水量满足牧草需水量70%时(土壤含水量为田间持水量的45%~55%以上)，以产量最大为目标，可采用当根系层土壤含水量降至田间持水量的45%时即实施灌溉，灌水量为补充根系层土壤水分至田间持水量的55%，施氮量为40 kg/hm²，群落配置模式可选择无芒雀麦单播、长穗偃麦草单播。采用该技术后，无芒雀麦产量为5 331.43 kg/hm²，粗蛋白含量为9.6%，水分利用效率为12.34 kg/(hm²·mm)；长穗偃麦草产量为2 276.05 kg/hm²，粗蛋白含量为11.9%，水分利用效率为5.23 kg/(hm²·mm)。

5.2 地下滴灌苜蓿高效用水调控技术

5.2.1 不同水平年水资源变化特征

根据区域年降水量或年径流量的多少分为平水年和枯水年 2 个水平年。永昌县降水频率分布见表 5-3。

表 5-3 永昌县降水频率分布

年份	降水总和/mm	排序	频率	年份	降水总和/mm	排序	频率
2019	358.70	1	3.23%	1992	211.00	16	51.61%
2014	309.90	2	6.45%	1994	210.70	17	54.84%
2007	294.60	3	9.68%	2009	206.90	18	58.06%
1993	278.50	4	12.90%	2016	204.30	19	61.29%
2002	269.70	5	16.13%	2012	203.00	20	64.52%
2011	255.00	6	19.35%	2005	200.80	21	67.74%
2018	242.30	7	22.58%	1999	200.70	22	70.97%
1998	235.30	8	25.81%	2001	195.00	23	74.19%
2006	230.40	9	29.03%	2008	194.70	24	77.42%
2004	229.80	10	32.26%	2003	192.30	25	80.65%
2017	229.80	11	35.48%	1997	188.20	26	83.87%
1996	223.60	12	38.71%	2010	183.90	27	87.10%
1995	222.80	13	41.94%	2013	167.70	28	90.32%
2000	216.00	14	45.16%	2020	156.40	29	93.55%
2015	215.70	15	48.39%	1991	110.50	30	96.77%

注:25%为丰水年,50%为平水年,75%为枯水年。

5.2.2 地下滴灌苜蓿水分调控技术

5.2.2.1 苜蓿生育时期划分

参考《苜蓿生产与管理指南》中苜蓿生长发育划分标准,苜蓿生育时期分为营养生长和生殖生长两个阶段:营养生长是苜蓿的根、茎(包括分枝)、叶等营养器官不断形成和发育的过程。通常返青 10~15 d 后一直到现蕾期进行营养生长,为生长旺盛期,主要表现为叶片增大增多,株高增加,植株主茎上叶腋内的叶芽不断产生分枝,次级分枝进行多级分枝,经历分枝期,逐渐形成茂盛的植株丛;生殖生长阶段主要包括植株花蕾形成、开花和结果 3 个生长过程。参考《紫花苜蓿产业化生产技术问答》,结合当地紫花苜蓿实际生长生育进程,紫花苜蓿主要划分返青期、分枝期、现蕾期、初花期等生育阶段。

分枝期:苜蓿返青后,经过一段时间的生长,从主茎枝条的叶腋处长出新的叶芽分枝,这个时期表明苜蓿进入分枝期,开始营养生长,一般为20~30 d。

现蕾期:当苜蓿80%以上的枝条上形成花蕾时,称为现蕾期。现蕾期一般为14~20 d。

初花期:苜蓿具有无限期开花习性,开花期时间较长,一般长达40~60 d,因此又分为初花期和盛花期,田间有5%~20%的小花开花时称为初花期,国内外苜蓿干草生产兼顾其营养价值和产量,而现蕾期到初花期是苜蓿干草和营养物质总量达到最佳值的时间,因此选择初花期为苜蓿最佳刈割时期。

根据试验种植实际情况,主要生育阶段划分如表5-4所示。

表5-4　不同刈割茬次紫花苜蓿生育阶段划分

名称	刈割茬次	生育时期	生育天数
紫花苜蓿	1茬	返青—分枝	03-25—04-10,15 d
		分枝—现蕾	04-10—05-20,35 d
		现蕾—初花	05-20—06-05,15 d
	2茬	分枝—现蕾	06-25—07-17,22 d
		现蕾—初花	07-18—07-31,14 d
	3茬	分枝—现蕾	08-14—09-11,29 d
		现蕾—初花	09-12—09-29,18 d

5.2.2.2　草地营建和灌溉系统选择

(1)施底肥→深翻地→旋耕机旋耕碎土→圆盘耙耙耱地→机械镇压→地埋式滴灌苜蓿专用播种机播种(带镇压)。深耕深度20~30 cm,旋耕深度一般为12~15 cm;播深为2~3 cm,行距为15~30 cm。

(2)选择配电柜、变频柜、水泵、过滤设备、压力表、施肥机(罐)、首部控制系统等滴灌灌溉系统,应选用滴灌带内径16 mm,壁厚0.4 mm,滴头流量2.0~3.0 L/h,滴头间距30~40 cm;额定工作压力不大于0.15 MPa,砂质土推荐采用流量较大的滴灌带,壤质土推荐采用流量较小的滴灌带。滴灌带埋深10~20 cm,间距40~60 cm,滴灌带铺设长度为30~60 m。

5.2.2.3　灌溉

平水年:3月底至4月初第一茬返青期灌水1次,4月中旬至下旬灌水2次,灌水量均为20 mm;5月灌水3次,灌水量均为20 mm;6月灌水3次,7月灌水3次,灌水量均为25 mm;8月灌水3次;灌水量均为25 mm;9月灌水3次,灌水量均为20 mm,不追肥。合计灌水18次,合计灌水405 mm(270 m^3/亩)。

干旱年:3月底至4月初第一茬返青期灌水1次,4月中旬至下旬灌水2次,灌水量为20 mm;5月灌水3次,灌水量均为25 mm;6月灌水3次,7月灌水4次,灌水量均为25 mm;8月灌水4次,灌水量均为25 mm;合计灌水20次,合计灌水485 mm(323 m^3/亩)。

5.2.3 地下滴灌苜蓿水肥耦合技术

结合4月第2次灌水追氮肥(2~3 kg/亩,尿素N≥46.6%)和施磷酸二氢钾(P_2O_5≥20%、K_2O≥34%)4~5 kg/亩。结合6月第1次灌水追氮肥(2~3 kg/亩,尿素N≥46.6%)和施磷酸二氢钾(P_2O_5≥20%、K_2O≥34%)4~5 kg/亩。结合7月中下旬灌水追氮肥(5~8 kg/亩,尿素N≥46.6%)和施磷酸二氢钾(P_2O_5≥20%、K_2O≥34%)4~5kg/亩。累计施氮肥6~8 kg/亩,施磷酸二氢钾12~15 kg/亩。

5.2.4 紫花苜蓿田间管理技术

5.2.4.1 播种

4—8月覆黑膜播种,早播当年可以收割2茬,晚播保证冬季越冬即可。亩播量1.0~1.5 kg,播深1.5~2.0 cm,条播,行距20~30 cm。

5.2.4.2 病虫草害防治

(1)利用覆黑膜抑制杂草生长。

(2)病害主要有蚜虫、蓟马、根腐病等。

(3)苜蓿蚜虫和蓟马,采用氯氟氰菊酯(5 g/亩)和咪虫啶(1.5~2 g/亩)混合使用,喷雾防治;根腐病防治方法:选育抗病品种种植,加强水肥田间管理。(注意:使用化学药物防治后,15 d内不可放牧或刈割晒制干草)

5.2.4.3 收获及仓储

(1)干草打捆仓储:一般采用晾晒风干牧草储存苜蓿,在苜蓿含水量降到15%~20%时进行打捆储存。

(2)干草打捆:割草→摊草晾晒风干→搂草→网络丝打捆绳打捆。其优点主要是高产优质,适口性好,经济性高,但受天气变化影响大。

5.2.5 苜蓿高效用水调控技术模式

依据水分与产量、品质、水分利用效率的关系,提出苜蓿高效用水调控模式。当以产量最大为目标时,水分梯度的关系为充分灌溉>轻度水分亏缺>中度水分亏缺>重度水分亏缺,产量的变化规律为两组分>单播>三组分>四组分,单播中苜蓿> 红豆草>无芒雀麦>长穗偃麦草,但混播中红豆草组合优于苜蓿组合。当以品质最优为目标时,水分梯度的关系为轻度水分亏缺>充分灌溉>中度水分亏缺>重度水分亏缺,混播能够提高牧草中的蛋白含量,蛋白含量的变化规律为四组分>三组分>两组分>单播,单播中苜蓿> 红豆草>长穗偃麦草>无芒雀麦;水分利用效率的变化规律为两组分>三组分>四组分>单播,单播中苜蓿> 红豆草>无芒雀麦>长穗偃麦草。这里仅以产量最大为例,说明灌溉用水量变化情况下,水分梯度的选择以及植被群落配置。

(1)当灌溉可用水量满足苜蓿需水量90%时(土壤含水量为田间持水量的75%以上),以产量最大为目标,可采用当根系层土壤含水量降至田间持水量的75%时即实施灌溉,灌水量为补充根系层土壤水分至田间持水量的85%,施氮量为120 kg/hm^2。采用该技术后,产量为17 928.06 kg/hm^2,粗蛋白含量为21.7%,水分利用效率为24.14 $kg/(hm^2 \cdot mm)$。

(2)当灌溉可用水量满足苜蓿需水量 90%时(土壤含水量为田间持水量的 65%~75%以上),以产量最大为目标,可采用当根系层土壤含水量降至田间持水量的 75%时即实施灌溉,灌水量为补充根系层土壤水分至田间持水量的 85%,施氮量为 120 kg/hm^2。采用该技术后,产量为 17 872. 84 kg/hm^2,粗蛋白含量为 21. 7%,水分利用效率为 24. 14 $kg/(hm^2 \cdot mm)$。

(3)当灌溉可用水量满足苜蓿需水量 80%时(土壤含水量为田间持水量的 55%~65%以上),以产量最大为目标,可采用当根系层土壤含水量降至田间持水量的 55%时即实施灌溉,灌水量为补充根系层土壤水分至田间持水量的 65%,施氮量为 120 kg/hm^2。采用该技术后,产量为 16 433. 72 kg/hm^2,粗蛋白含量为 21. 7%,水分利用效率为 24. 14 $kg/(hm^2 \cdot mm)$。

(4)当灌溉可用水量满足苜蓿需水量 70%时(土壤含水量为田间持水量的 45%~55%以上),以产量最大为目标,可采用当根系层土壤含水量降至田间持水量的 45%时即实施灌溉,灌水量为补充根系层土壤水分至田间持水量的 55%,施氮量为 80 kg/hm^2。采用该技术后,产量为 14 476. 7 kg/hm^2,粗蛋白含量为 21. 7%,水分利用效率为 24. 14 $kg/(hm^2 \cdot mm)$。

5. 3　分根交替灌溉苜蓿高效用水调控技术

(1)当灌溉定额为 570 mm 时,即每周灌水 1 次,共灌水 19 次,每次灌水定额为 20 mm,以产量最大为目标。采用该技术后,产量为 13 575. 60 kg/hm^2,粗蛋白含量为 19. 15%,水分利用效率为 15. 47 $kg/(hm^2 \cdot mm)$。

(2)当灌溉定额为 380 mm 时,即每周灌水 1 次,共灌水 19 次,每次灌水定额为 20 mm,以产量最大为目标。采用该技术后,产量为 11 715. 74 kg/hm^2,粗蛋白含量为 18. 30%,水分利用效率为 18. 53 $kg/(hm^2 \cdot mm)$。

(3)当灌溉定额为 190 mm,即每周灌水 1 次,共灌水 19 次,每次灌水定额为 10 mm,以产量最大为目标。采用该技术后,产量为 8 178. 27 kg/hm^2,粗蛋白含量为 20. 21%,水分利用效率为 16. 86 $kg/(hm^2 \cdot mm)$。

第 6 章　内陆干旱草原区绿色高效节水灌溉装备引进及适用性研究

针对内陆干旱草原区的地形、地貌条件,开展基于灌溉条件下节水灌溉装备选型研究,引进内陆干旱草原区绿色能源信息化智能控制灌溉系统及绿色能源喷微灌设备与水肥一体化自控装备,建立示范区进行各类设备的应用,监测其运行情况,复核相关技术参数,并从生态经济效益、运行状况、水肥利用效率及智能化控制等方面对其在内陆干旱草原区的适用性进行研究。

6.1　重点试验研究区概况

研究区项目实施地位于甘肃省张掖市肃南县明花乡前滩村,肃南县明花乡地处河西走廊中部,巴丹吉林沙漠边缘,兰新铁路及临清高速公路北侧。东与高台县接壤,西与酒泉市肃州区毗邻。东西长 70 km,南北宽 36 km,总面积 1 704.8 km^2。平均海拔 1 300～1 450 m,年降水量 66～87 mm,年平均蒸发量达 2 800 mm,属典型的内陆沙漠型气候区,也是肃南县唯一的平川地区。冬季寒冷,夏季炎热,温差大,日照充足,蒸发量大,年日照时数达 3 408.2 h,年平均气温 9.6 ℃,无霜期 166 d。土壤类型为灰钙土,质地为中壤,成土母质为洪积黄土。降水量偏少,且年内分配不均匀,水资源短缺。

在重点试验研究区建设完成高标准研究试验基地 1 处,面积 600 亩,田块规整,近似为长方形,灌溉方式分别为地埋滴灌 200 亩、固定式喷灌 200 亩、中心支轴式喷灌 200 亩,作物为紫花苜蓿与天然草场恢复,种植模式为大田种植。具体见表 6-1。

表 6-1　研究区情况

研究区地点	灌溉方式	研究区/亩	作物品种	种植模式
甘肃省张掖市肃南县明花乡前滩村重点试验区	地埋滴灌	200	紫花苜蓿	大田种植
	固定式喷灌	200	紫花苜蓿	大田种植
	中心支轴式喷灌	200	天然草场恢复	天然草场恢复
合计		600		

研究区水源为地下井水,通过深水泵提灌后,经离心叠片全自动过滤器(见图 6-1)过滤后进行入管网系统,分别到重点试验区各区域,可以施用液体肥,并通过水肥药一体化装备(见图 6-2)注入灌溉系统中。研究区内作物为紫花苜蓿,因此喷灌强度不宜过大,且研究区内蒸发量大,经常有大风天气,因此喷灌强度较大、抗风能力差的卷盘式喷灌机不宜在该地区示范应用。在不影响机械化收割的情况下可以使用固定式喷灌系统,具有操作简便、喷灌均匀度较高的特点。中心支轴式喷灌和地埋滴灌则相比其他灌溉方式体现出更加优异的性能和高适用性。图 6-3 为重点试验研究区布置图。

图 6-1　重点试验区离心叠片全自动过滤器

图 6-2　重点试验区两通道比例施肥机

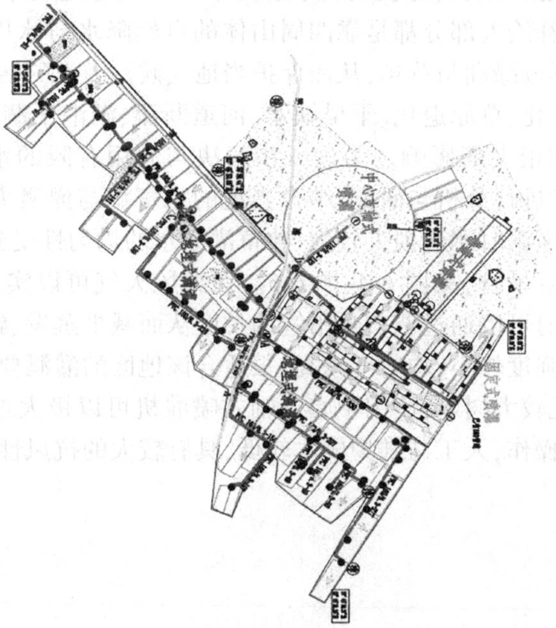

图 6-3　重点试验研究区布置

6.2 研究目的、试验设计和指标测定

6.2.1 研究目的

我国节水灌溉历经 30 多年的快速发展,已形成较完备的科技创新、产业发展、经营流通体系,国产节水灌溉技术产品与以色列、美国等发达国家差距日益缩小,对进口产品替代率快速增长,不少前沿技术研究取得了突破性进展。但是,因受传统灌溉思想的影响,牧区节水灌溉重视程度不够,在内陆干旱草原区普遍照搬农区灌溉装备和技术理论,片面追求生产效益,导致现有灌溉装备无法匹配干旱草原区特有的生态环境,使得灌溉后牧区水资源利用依旧不合理,灌溉面积少并且难以扩大,现有灌溉装备无法广泛普及等诸多问题,严重制约了内陆干旱草原区节水灌溉技术应用和发展。为此,开展内陆干旱草原区绿色高效节水灌溉装备引进及适应性研究,有望在灌溉理论和制度方面、节水灌溉模式和调控手段研发,以及绿色、智能、自动化饲草料作物灌溉装备引进和应用体系方面取得较大突破。

因此,研究不同绿色高效节水灌溉装备的经济效益及在内陆干旱草原区的适用性,对灌溉装备在草原区的大规模推广应用具有十分重要的理论和实际意义。

6.2.2 节水灌溉装备选型研究

为了更好地进行各类灌溉装备的比较,选择出适合内陆干旱草原区的灌溉方式,对不同的灌溉方式进行了对比与分析,见表 6-2。

内陆干旱生态环境较脆弱,易损伤,恢复难度大,年降水量除较高山区外,基本都在 200 mm 以下,水源的补给大部分都是靠四周山体的自然降水与冰川融水,通过河道径流与地下水输送出去,形成绿洲与草场,从而保护当地气候。人类的活动或气候的变化引起土地荒漠化、土壤盐渍化、草原退化、干旱缺水、河道断流、湖泊干涸、冰川萎缩、湿地功能退化,生态多样性受到很大的影响。为进一步解决与利用有限的水资源,结合表 6-2 可知,对不同的灌溉方式进行分析与研究,结合当地的水资源与灌溉方式:中心支轴式喷灌机由于在有风天气下灌溉时飘逸损失较大,牧草灌溉水的均匀性受到很大影响,在此使用了自主研发的可伸缩悬吊管,见图 6-4、图 6-5。在大风天气可以实现喷头高度的进行调节。当出现大风天气时可以通过调节悬吊管的长度从而减少蒸发、飘逸损失,同时配套选用的尼尔森喷头喷灌强度较小,均匀度较高,很适合该地区的灌溉要求。内陆干旱草原区地广人稀,且研究区无较大树木,使用中心支轴式喷灌机可以极大地减少人力和物力,较卷盘式喷灌机更容易操作,人工与维护成本较低,具有较大的抗风性能。

表 6-2　常用灌溉方式差异

灌溉模式	微喷带	地埋滴灌	卷盘式喷灌	中心支轴式喷灌	固定式喷灌	半固定式喷灌
适用范围	适用于高度较矮、密植、抗打击能力较强的行栽作物，非机械化作业、投资较小的小型作物种植区域	适用于牧区各种作物类型，土壤脆弱、水土流失严重的，特别是缺水严重的地区，不适宜在结冻期灌溉	适用于玉米、牧草等作物，风力不是很大的、各种牧区地形灌溉	苜蓿、玉米及其他谷物，灌区内不得有树及其他遮挡物。短跨距的中心支轴式喷灌用于陡坡、沟渠和梯田，长跨距的用于平地	适用于灌水次数频繁、经济价值较高的牧区经济作物，不受地形的影响	适用于灌水不频繁、劳动力充足的小型作物种植区域
输配水方式	地下(表)水+地表管道	地下(表)水+地埋管道	地下(表)水/取水栓	地下(表)水+地埋管道、蓄水池二次提水	地下(表)水+地埋管道	地下(表)水+地埋管道+移动软管
配套设施	水泵、过滤器、阀门、管道、微喷带	水泵、过滤器、阀门、管道、滴灌带	水泵、过滤器、阀门、牵引车+卷盘式喷灌机	水泵、过滤器、阀门、管道、中心支轴式喷灌机(折射式喷头、末端喷枪)	水泵、过滤器、阀门、管道、立管、喷头	水泵、过滤器、阀门、支架、喷头
布置要求	额定压力 0.1～0.2 MPa，微喷带按一定间距布置，不同地形微喷带长短不同	工作压力 0.05～0.15 MPa，滴头间距与管道压力有关，埋深与诸多因素有关	低仰角、高均匀性摇臂式喷头，需有 2～4 m 作业道路	喷灌机安装在田块中心，折射式喷头选型与管道压力有关，末端需安装喷枪	喷头组合布置，不可移动	无
使用弊端	影响收割，喷灌强度大，均匀度低。微喷带易老化，污染。更换需要大量人工费	滴头容易堵塞，滴灌带均匀度随铺设长度增大而降低	大型牧场需多次灌溉，入机压力大，喷灌均匀度受风影响大，耗能多	需接电，工程造价高，不宜有树等其他遮挡物，不规则田块、小型田块不适用	设备利用率较低、耗材多、投资大，一次性投资较大	劳动强度大，人工成本高，不适用于大规模灌溉
是否适用于内陆干旱草原区	不适用于机械化作业的大型作物种植区域	适合于可接受投资较高的西北牧区	适合各种地形、少风地区	适合无特大风天气的大型作物种植区域	适合西北牧区较经济的作物	不适用于劳动力不足的大型作物种植区域

图 6-4　安装有可伸缩悬吊管的指针式喷灌机

图 6-5　指针式喷灌机可伸缩悬吊管的调节

固定式喷灌是使用较多个数的、一定布置间距的、一定高度的喷头进行大田作物的组合喷灌。为降低大风对喷灌性能的影响，可以通过调整摇臂式喷头仰角、喷头高度、组合间距来实现较高的喷灌均匀度。因其特有的灌溉区内分布，有安装较方便、灌溉方式较灵活、喷灌均匀度较高、可覆盖灌溉面积较广、适合各种田块及地形等多个优点，非常适合内陆干旱草原区的水肥药一体化灌溉工作，见图 6-6。

图 6-6　固定式喷灌试验区

地埋滴灌是将滴灌带埋在地下的一种微灌形式，通过地埋毛管上的灌水器缓慢渗入附近土壤，再借助毛细管作用或重力扩散到整个作物根层的灌溉技术。由于灌溉过程中对土壤结构的破坏轻，有利于保持作物根层疏松通透，并能减少水分的蒸发损失，可大量节省劳力和能源，水的利用系数较高，施肥方便，肥料利用率高，节约肥料。地埋滴灌系统由于滴灌管网埋入地下，土壤表面的蒸发量大幅下降，用水效率进一步得到提高。地埋滴灌受风力的影响较小，表面水分较低，还可以抑制田间杂草，减少病虫害发生，节约农药的使用量，因此非常适合内陆干旱草原区的水肥一体化灌溉工作，见图 6-7。

图 6-7　地埋滴灌试验区

由于内陆干旱草原区地广人稀，没有充足的劳动力，因此在牧区作物种植区域的种植、播种、收割等工作多采用机械化作业，微喷带、半固定式喷灌不适合该地区的灌溉工作。

由于内陆干旱草原区多以暗栗钙土、栗钙土及淡栗钙土为主，是发育在洪积黄土母质上的一种沙壤土类型，且经常发生大风天气，因此要求的地表喷灌强度较小。而卷盘式喷灌机装配的是大流量摇臂式喷头，其喷灌强度较大，容易形成地表径流。同时，常规的卷盘式喷灌机入机压力较大，能耗较大，在喷洒的过程中会发生大量蒸发、飘逸损失，导致喷灌水量分布不均且射程降低，使得部分地块喷洒不到等较多不适宜的地方，因此卷盘式喷灌机不宜在缺乏能源、多大风天气的地区进行大规模灌溉使用。

相比卷盘式喷灌机，中心支轴式喷灌机、固定式喷灌、地埋滴灌则具有较强的适用性。

根据以上分析，中心支轴式喷灌、固定式喷灌、地埋滴灌各有特点，能满足内陆干旱草原区的高效节水灌溉要求，因此选择中心支轴式喷灌、固定式喷灌、地埋滴灌三种灌溉模式进行适应性研究。

6.2.3　中心支轴式喷灌试验设计与指标测定

6.2.3.1　**灌溉装备选型**

为减少能源消耗且起到较好的研究作用，本次研究区应用中心支轴式喷灌机的面积为100亩，研究区形状大致为方形，装配1台中心支轴式喷灌机即可，适配的其他设备如下。

1.中心支轴式喷灌机机架参数

中心支轴式喷灌机共2跨，每跨64.5 m，末端悬臂长度为10 m，喷枪射程为15 m，整机长度为139 m，低隙为2.75 m，塔架车轮距为8 m，塔架车电机功率为2.4 kW，悬吊软管长度为2 m，其中可伸缩长度为1.5 m，见图6-8。

图6-8　中心支轴式喷灌机

2.喷头

研究区土壤为沙壤土，土壤允许灌溉强度不超过15 mm/h。选用喷灌均匀度较高的尼尔森折射型D3000低压喷头，喷头工作压力为0.04~0.3 MPa，喷洒半径约为2.88 m。桁架上布置喷头个数为48个，喷头间距为2.88 m。组合喷灌均匀度在85%以上，雾化指标可以达到2 500~3 000。

3. 水泵

水源类型为地表水，因此选用离心泵进行灌溉供水。根据喷头工作参数、布置方式及土壤允许灌溉强度，中心支轴式喷灌机入机压力为 0. 28 MPa。选择水泵流量 Q 为 100 m^3/h，扬程 H 为 40 m。电机功率为 22 kW，电机转速为 2 600 r/min。

4. 过滤设备

在中心支轴式系统中所引用的水源为地下井水，需要过滤水中的杂质，因此为避免堵塞折射式喷头，过滤器设备选择为离心叠片组合过滤器。通过水井前期检测与实际查看，细沙较严重，为了节省整体费用，把过滤器的叠片部分加大，增大过滤面积。为了更好地保证过流量满足灌溉需要，离心叠片全自动过滤器允许流量为 120 m^3/h，叠片过滤器目数为 120。

5. 比例施肥机

以提高施肥均匀度为目的，以控制施肥浓度响应时间和肥料浓度控制精度为手段，通过改进传感及系统软件，开发的牧区多通道比例施肥机植入主要牧草施肥制度，施肥机浓度响应时间≤10 s，施肥控制精度 0. 1%。

6. 可伸缩悬吊管

以适应不同时期牧草高度为目的，开发出的中心支轴式喷灌机用可伸缩悬吊装置，具有较好的密封性及耐候性，总体性能指标良好，实现喷头升降幅度达 1 m，实现了牧草全生育期“贴合式喷灌”。不仅如此，所开发的悬吊管抗风能力强，在较大风力下仍能使喷头保持着高喷灌均匀度的良好性能。

7. 多值域可调式压力调节器

由于距离中心支轴不同位置处的喷头压力不同，为使得各个位置的喷头喷灌特性保持相同，应添加压力调节器，以满足牧区对高喷灌均匀度的要求。引进多值域可调式压力调节器，是可以满足灌溉要求的。

8. 输水管道

为满足中心支轴式喷灌机在强光照、昼夜温差大等恶劣气候中保持良好特性，需要对输水管道进行防护，引进牧区防紫外线涂层管材，可以提高露晒 PVC 管材抗老化性能，使用寿命可提高 25%以上。

9. 太阳能光伏供电系统

太阳能光伏供电系统是利用电池组件将太阳能直接转变为电能的装置系统。在光照条件下，太阳能电池组件产生一定的电动势，通过组件的串并联形成太阳能电池方阵，使得方阵电压达到系统输入电压的要求。通过充放电控制器对蓄电池进行充电，将由光能转换而来的电能储存起来。晚上，蓄电池组为逆变器提供输入电，通过逆变器的作用，将直流电转换成交流电，输送到配电柜，由配电柜的切换作用进行供电。蓄电池组的放电情况由控制器进行控制，保证蓄电池的正常使用。

综上所述，详细的中心支轴式喷灌系统参数选型及测试后的喷灌效果如表 6-3 所示。

表 6-3　中心支轴式喷灌设备参数选型

设备及系统组成	控制面积/亩		100
	整机长度/m		139
	跨数/跨		2
	塔架车(轮距~电机功率)/m~kW		8~0.55
	水泵电动机功率/kW		22
	水泵	类型	地下井水
			深井潜水泵
		扬程/m	65
		流量/(m^3/h)	100
	入机压力/bar		0.28
	末端悬臂长度/m		10
	末端喷枪射程/m		15
	低隙/m		2.75
	过滤设备	形式	离心叠片全自动
		精度/目	100
		流量/(m^3/h)	200
	管道	内径/mm	103.2
		长度/(m/节)	12
	喷头	喷头型号	D3000
		喷头间距/m	2.88
		喷头个数	48
		喷头工作压力/bar	0.4~1.7
	悬吊软管	长度/m	1+1(可伸缩长度)
灌溉效果	喷灌强度/mm		12~15
	喷灌均匀度		>85%
	雾化指标		2 500~3 000
比例施肥机	外形尺寸(不含混肥桶)		长×宽×高(1 200 mm×800 mm×1 000 mm)
	EC/pH 调节响应时间		<30 s
	介质 EC 值调节范围		0~9 mS/cm
	介质酸碱度调节范围		0~14

续表 6-3

	名称	规格型号	单位	数量	备注
太阳能光伏供电系统	太阳能电池板	36 V/250 W	块	32	多晶硅
	太阳能控制器	96 V/100 A	台	1	MPPT
	逆变器	96 V/5 kW	台	1	工频正弦波
	蓄电池	12 V/200 AH	只	24	胶体电池
	光伏支架	8 kWP	套	1	镀锌支架
	蓄电池支架	50 mm	套	1	镀锌角铁
	配电柜	600 mm×800 mm	只	1	华晨配电柜
	电缆线	2×16^2	m	50	光伏专用
		部件		组成	
	胶体蓄电池	8 000 W 太阳能电池阵列		多晶硅电池板(32 块 250 W)	
		胶体电解液式阀控免维护铅酸蓄电池组		单体胶体电池(24 个 12 V/200 Ah)	

6.2.3.2　试验设计

试验设计参照《农业灌溉设备中心支轴式和平移式喷灌机 水量分布均匀度的测定》(GB/T 19797—2012)。研究区引入装配光伏驱动中心支轴式喷灌机,对其水力性能进行测定,主要包括灌水深度 d(mm)、水分利用率(%)、喷灌均匀度 CUH 3 个指标。

1. 试验材料与设备

1)喷灌机

选用两跨指针式喷灌机,跨长度为 64.5 m,尾跨为 10 m,尾枪为 15 m,共计 139 m。喷灌机动力为太阳能,通过 25 块(约 24 m^2)太阳能板,经充放电控制器向 40 块蓄电池充电,逆变器将 120 V 电压转化为 380 V 电压,再通过充放电控制器向喷灌机提供动力。太阳能供电系统总电压可达 410 V,功率为 5 kW,能完全满足设备正常运转。

2)小型气象站

试验过程中监测风速、风向、太阳辐射,见图 6-9。

3)雨量筒

雨量筒是在进行水量分布试验中用于收集水的容器,通过测量在一排雨量筒中,每个雨量筒中集存的水量与雨量筒中被蒸发掉的平均水量之和,除以雨量筒的开口面积,即可计算出灌水深度。

确保试验用的所有雨量筒相同,并且其形状能防止外面的水溅到筒内或筒内的水溅到外面;确保雨量筒的高度至少为 120 mm,开口直径为其高度的 0.5~1 倍,且不小于 60 mm,开口边缘均匀无缺陷。

4)另配计时器、量筒、卷尺等工具

计时器用来测量喷灌机喷灌时间等数据,风向仪用来检测试验时的风向及风力,温度计用来测量试验时的温度高低,从而衡量雨量筒中蒸发量的多少,米尺用来规范雨量筒摆放位置。量筒和量杯是测量雨量筒中集存水量多少的试验设备。

图 6-9　小型气象站

2. 试验布设

如图 6-10 所示，将雨量筒均匀地布置在与喷灌机行走方向垂直的 2 半径上，确保 2 条相邻半径上末端雨量筒之间的距离不大于 50 m，各条直线上的雨量筒间距 2 m；为了将系统误差降低到最小，相邻雨量筒排上的雨量筒位置互相错开，错开的距离为 1 m。确保雨量筒间距不是喷头间距的整倍数。雨量筒不应放置在喷灌机的轮辙上。记录雨量筒的安放位置。

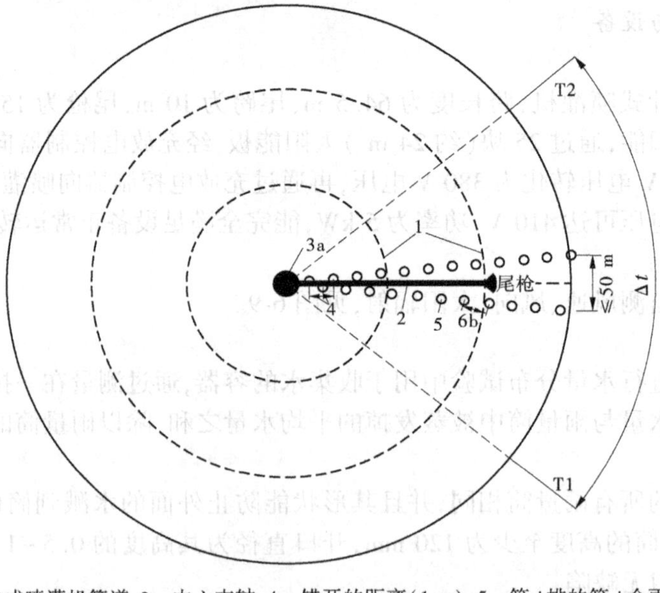

1—轮辙；2—中心支轴式喷灌机管道；3—中心支轴；4—错开的距离（1 m）；5—第 j 排的第 i 个雨量筒（与另一排错开）；6—雨量筒间距；a—Si 的基准点；b—喷头最大间距，3 m。

图 6-10　中心支轴式喷灌机水力性能测试试验布设

雨量筒的安放位置应避免牧草冠等障碍物对测量水量分布产生影响。当障碍物高于雨量筒开口,但低于喷头喷嘴时,保持雨量筒排两侧无障碍物的水平距离至少是障碍物高度的 2 倍[见图 6-11(a)]。对喷灌机运行时喷头喷嘴低于牧草冠的情况,保持雨量筒两侧的无障碍物水平距离至少是喷头射程的 1.25 倍[见图 6-11(b)]。

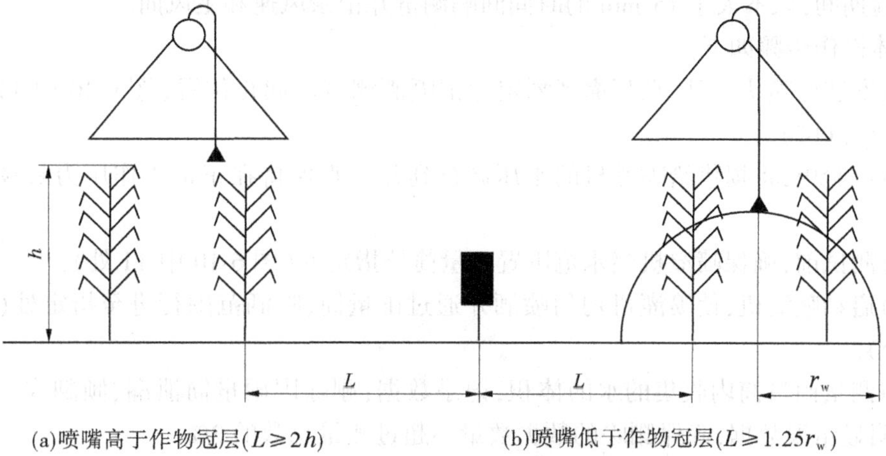

图 6-11　中心支轴式喷灌机水力性能测试试验布设

确保雨量筒开口保持水平,雨量筒开口相对于地面或牧草冠的高度应不大于 30 cm(牧草较高时,可制作升降杆吊托雨量筒)。确保喷头的喷嘴高度至少比雨量筒开口高 1 m,记录喷头喷嘴的高度和雨量筒开口高度。图 6-12 为中心支轴式喷灌机水力性能测试实际测试图。

图 6-12　中心支轴式喷灌机水力性能测试实际测试

3. 测定方法

选择当地灌溉季节进行试验,其中以风速为影响因素,选择无风、微风(1~3 m/s)、较大风速(3~5 m/s)条件下进行。

以太阳辐射为影响因素,选择早上日出前(7:00—8:00)、中午(12:00—13:00)、下午

(15:00—16:00)各测一次。

牧草全生育期共测试3个时期,量筒底面离底面高度分别为返青前(平地)、拔节(10 cm左右)、收获前(35 cm左右)。

试验期间,取不大于15 min的时间间隔测量并记录风速和主风向。

具体操作步骤如下:

(1)安装好喷头组件,在喷灌区划定标记喷洒测试区起止位置(图6-10中T1、T2,喷洒圆心角为60°)。

(2)试验中,将提供给喷灌机的水压调整到并一直保持在正常工作压力±5%的误差范围内。

(3)测试前,确保喷灌机喷水范围置于量筒外指定处(图6-10中T1处)。

(4)启动喷灌机,使喷灌机均匀喷洒并通过雨量筒,喷洒范围行进至指定处(图6-10中T2处)。

(5)测量雨量筒内收集的水的体积,记录数据;删除因雨量筒泄漏、倾翻或其他原因引起的明显错误数据,确保删除的数据数量不超过测量总数的3%。

4.计算

1)灌水深度

灌水深度依据下式计算:

$$d_i = 10\frac{W_i}{A_i} \tag{6-1}$$

式中:d_i为第i点的灌水深度,mm;W_i为第i个量雨筒的水量,mL;A_i为第i个量雨筒的开口面积,cm^2。

喷灌机的平均灌水深度用下式计算:

$$d = \frac{\sum_{i=1}^{n} d_i A_i}{\sum_{i=1}^{n} A_i} \tag{6-2}$$

式中:n为雨量筒数量,个。

2)水分利用率

水分利用率按下式计算:

$$\eta = \frac{36W_{总}}{100\Delta t \cdot q} = \frac{36\sum_{i=1}^{n} d_i \cdot S_i}{100\Delta t \cdot q} \tag{6-3}$$

式中:$W_{总}$为小区总喷水量,cm^3:q为喷头流量,L/h;Δt为灌水时间,s;d_i为第i个小区灌水深度,mm;S_i为第i个小区面积,cm^2[计算公式见式(6-4),布置如图6-13所示]。

$$S_i = \frac{\pi(R_{i1}^2 - R_{i2}^2) \times 60°}{360°} \tag{6-4}$$

式中:R_{i1}、R_{i2}分别为第i个雨量筒所控制面积的外边缘直径和内边缘半径,cm。

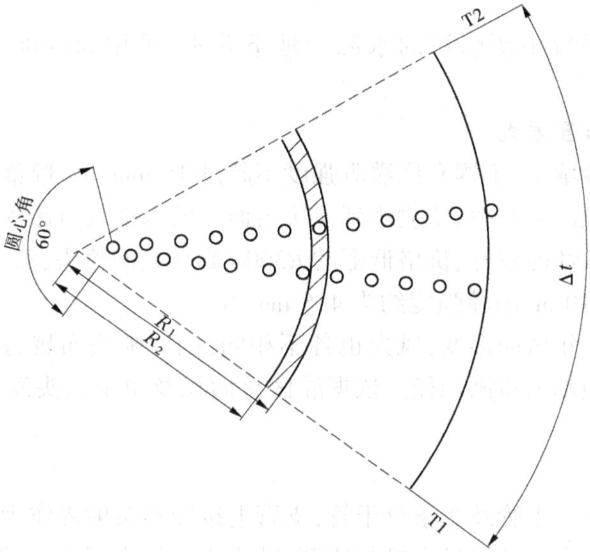

图 6-13　雨量筒控制面积布置

3) 水量分布均匀度系数

对中心支轴式喷灌机，水量分布均匀度系数依据修正后的赫尔曼-海因公式计算：

$$C_{UH} = 100 \times \left[1 - \frac{\sum_{i=1}^{n} |d_i - \overline{d_m}| S_i}{\sum_{i=1}^{n} d_i S_i} \right] \tag{6-5}$$

式中：C_{UH} 为赫尔曼-海因水量分布均匀度系数；n 为用于数据分析的雨量筒个数，个；i 为雨量筒标识变量，通常从距中心支轴最近的那个雨量筒（$i=1$）开始，到距中心支轴最远的那个雨量筒（$i=1$）结束；d_i 为第 i 个雨量筒内收集的水的水深，cm；S_i 为第 i 个雨量筒距中心支轴的距离，cm；$\overline{d_m}$ 为所收集水的水深加权平均值，按下式计算：

$$\overline{d_m} = \frac{\sum_{i=1}^{n} d_i S_i}{\sum_{i=1}^{n} S_i} \tag{6-6}$$

6.2.3.3　指标测定

对研究区内水力性能进行测定，主要包括灌水深度 d(mm)、水分利用率(%)、喷灌均匀度 C_{UH} 共 3 个指标。

6.2.4　固定式喷灌试验设计与指标测定

6.2.4.1　灌溉装备选型

固定式喷灌系统主要组成设备有过滤器、管道、喷头立管、喷头、电动阀门等。为减少能源消耗且起到较好的研究作用，本次研究区内应用固定式喷灌系统的面积为 100 亩。

1. 过滤设备

在固定式喷灌系统中所引用的水源为地下井水，采用 60～80 目网式过滤器过滤即可。

2. 喷头选型及布置方式

研究区土壤为沙壤土，土壤允许灌溉强度不超过 15 mm/h。喷灌工程中，组合喷灌强度不应超过土壤的允许入渗率，使喷洒到土壤表面上的水能及时渗入土壤中，而不形成积水和径流。选用喷灌性能较好、价格低廉的 *R*3000 旋转喷洒喷头，喷头工作压力为 1～3.4 MPa，喷洒半径约为 10 m，喷灌强度约为 4.5 mm/h。

研究区所在地全年风向多变，风力也各不相同，因此喷头布置方式为多支管“丰”字形，喷头间距、行间距都为喷洒半径。依据灌区总面积及单个喷头灌溉面积，选取喷头个数为 1 340 个。

3. 轮灌区划分

输水管道为 1 条主干管及 2 条分干管，支管上按照喷头射程作为喷头间距进行布置。为使控制灌溉面积与水源的可供水量相协调，减小水泵供水压力、能源损耗、管材消耗，对灌区进行轮流灌溉，因此需要对轮灌区进行划分。

为避免作物干枯，应在 8 d 内完成灌区的灌溉工作，因此每日需要工作的喷头个数至少为 168 个。单次灌水时间最大为 2.96 h，由于水泵每日最多工作 20 h，则每日轮灌的次数最多为 6.75 次，也就是 6 次。考虑到电控设备成本、出水口个数、控制难易程度等，将轮灌区划分为 20 个，单次工作的喷头数为 67 个，每日工作 6 次，灌溉周期缩短为 4 d，出水口个数为 20 个。

4. 水泵选型

水源类型为地表水，因此选用离心泵进行灌溉供水。

水泵流量 Q 为 90 m^3/h，扬程 H 为 48 m，电机功率为 20 kW，电机转速为 2 600 r/min。选择干管为 PVC DN90/2.8－0.6 MPa，内径为 84.4 mm，支管规格选为 DN32/1.0－0.6 MPa，内径为 30 mm。

5. 比例施肥机

比例施肥机同 6.2.3。

6. 快速连接阀

为方便牧区机械化作业，应避免有喷头立管干扰，在固定式喷灌中的喷头立管底部安装快速连接阀，连接喷头立管与地埋输水管道。当进行作物收割作业时，研究区工人将喷头立管拔出即可，不会影响收割机作业。当收割作业结束后，将喷头立管再安装回快速连接阀处即可。这样的结构设计有利于机械化作业，但也增加了部分劳动成本。

7. 太阳能光伏供电系统

太阳能光伏供电系统同 6.2.3。

综上所述，详细的固定式喷灌系统参数选型及测试后的喷灌效果如表 6-4 所示。

表 6-4　固定式喷灌系统参数选型及测试后的喷灌效果

<table>
<tr><td colspan="3">控制面积/亩</td><td>200</td></tr>
<tr><td rowspan="22">设备及系统组成</td><td colspan="2">水泵电动机功率/kW</td><td>20</td></tr>
<tr><td rowspan="4">水泵</td><td rowspan="2">类型</td><td>地表水</td></tr>
<tr><td>离心泵</td></tr>
<tr><td>扬程/m</td><td>48</td></tr>
<tr><td>流量/(m^3/h)</td><td>90</td></tr>
<tr><td rowspan="3">过滤设备</td><td>形式</td><td>砂石+网式</td></tr>
<tr><td>精度/目</td><td>100</td></tr>
<tr><td>流量/(m^3/h)</td><td>100</td></tr>
<tr><td rowspan="4">管道</td><td>管材类别</td><td>PVC 管</td></tr>
<tr><td>干管选型/mm</td><td>DN90</td></tr>
<tr><td>支管选型/mm</td><td>DN32</td></tr>
<tr><td>支管布置方式</td><td>“丰”字形布置,间距 16 m</td></tr>
<tr><td rowspan="3">灌溉方式</td><td>轮灌周期/d</td><td>4</td></tr>
<tr><td>轮灌组个数</td><td>20</td></tr>
<tr><td>单次工作喷头数</td><td>67</td></tr>
<tr><td rowspan="5">喷头</td><td>喷头型号</td><td>*R*3000</td></tr>
<tr><td>喷头间距/m</td><td>10</td></tr>
<tr><td>喷头工作压力/bar</td><td>0.05~3.0</td></tr>
<tr><td>喷头安装高度/m</td><td>1.2</td></tr>
<tr><td>喷头个数</td><td>1 340</td></tr>
<tr><td rowspan="3">灌溉效果</td><td colspan="2">喷灌强度/mm</td><td>12~15</td></tr>
<tr><td colspan="2">组合喷灌均匀度</td><td>>85%</td></tr>
<tr><td colspan="2">雾化指标</td><td>2 000~3 000</td></tr>
<tr><td rowspan="4">比例施肥机</td><td colspan="2">外形尺寸(不含混肥桶)</td><td>长×宽×高(1 200 mm×800 mm×1 000 mm)</td></tr>
<tr><td colspan="2">EC/pH 调节响应时间</td><td><30 s</td></tr>
<tr><td colspan="2">介质 EC 值调节范围</td><td>0~9 mS/cm</td></tr>
<tr><td colspan="2">介质酸碱度调节范围</td><td>0~14</td></tr>
</table>

续表 6-4

	名称	规格型号	单位	数量	备注
太阳能光伏供电系统	太阳能电池板	36 V/250 W	块	32	多晶硅
	太阳能控制器	96 V/100 A	台	1	MPPT
	逆变器	96 V/5 kW	台	1	工频正弦波
	蓄电池	12 V/200 AH	只	24	胶体电池
	光伏支架	8 kWP	套	1	镀锌支架
	蓄电池支架	50 mm	套	1	镀锌角铁
	配电柜	600 mm×800 mm	只	1	华晨配电柜
	电缆线	2×16^2	m	50	光伏专用
	胶体蓄电池	部件		组成	
		8 000 W 太阳能电池阵列		多晶硅电池板（32 块 250 W）	
		胶体电解液式阀控免维护铅酸蓄电池组		单体胶体电池（24 个 12 V/200 Ah）	

6.2.4.2　试验设计

试验在甘肃省酒泉市金塔县鼎新镇节水灌溉试验地块进行，固定式喷灌系统最主要的在于管网的布置、轮灌组的划分。图 6-14 为试验设计图。

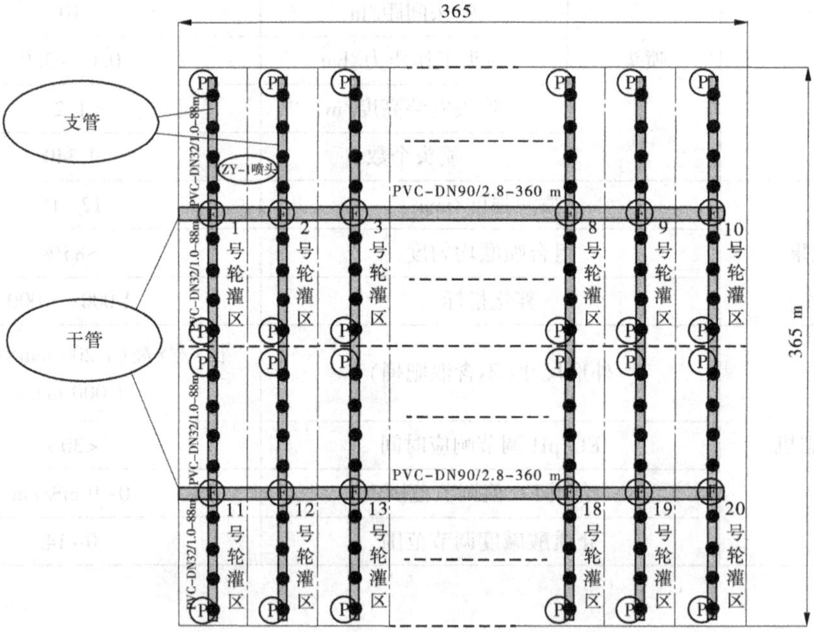

图 6-14　试验设计图

固定式喷灌采用射程为 24 m 的摇臂式喷头,喷头材质为铝合金,竖管为镀锌钢管,布置方式为 20 m×20 m,共布置喷头 41 个,控制灌溉面积 200 亩。

1. 试验材料与设备

(1)喷头及布置方式:固定式喷灌采用射程为 24 m 的摇臂式喷头,最大流量为 40 m^3/h,喷头材质为铝合金,竖管为镀锌钢管,布置方式为 18 m×18 m,试验共布置 16 个喷头。

(2)小型气象站:试验过程中监测风速风向、太阳辐射。

(3)雨量筒:确保试验用的所有雨量筒相同,并且其形状能防止外面的水溅到筒内或筒内的水溅到外面;确保雨量筒的高度至少为 120 mm,开口直径为其高度的 0.5~1 倍,且不小于 60 mm,开口边缘均匀无缺陷。

(4)另配秒表、量筒、卷尺等工具。

2. 试验布设

如图 6-15 所示,将雨量筒均匀地布置在喷灌区域中心 4 个喷头之间,布置模式 2 m×2 m,雨量筒的安放位置应避免牧草冠等障碍物对测量水量分布产生影响。当障碍物高于雨量筒开口,但低于喷头喷嘴时,保持雨量筒排两侧无障碍物的水平距离至少是障碍物高度的 2 倍。

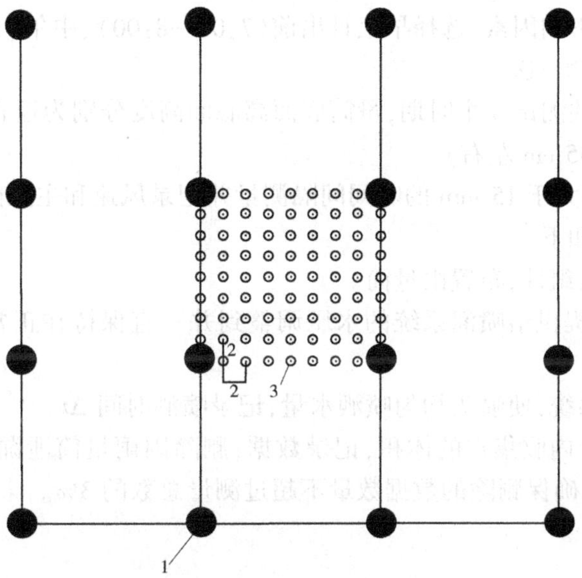

1—喷头;2—雨量筒间距;3—雨量筒。

图 6-15　固定式喷灌水力性能测试试验布设

图 6-16 为固定式喷灌水力性能测试试验实测图,确保雨量筒开口保持水平,当试验中的风速大于 2 m/s 时,雨量筒开口相对于地面或牧草冠的高度应不大于 0.3 m。确保喷头的喷嘴高度至少比雨量筒开口高 1 m。记录喷头喷嘴的高度和雨量筒开口高度。

图 6-16 固定式喷灌水力性能测试试验实测图

3. 测定方法

选择当地灌溉季节进行试验，其中以风速为影响因素，选择无风、微风（1~3 m/s）、较大风速（3~5 m/s）条件下进行。

以太阳辐射为影响因素，选择早上日出前（7:00—8:00）、中午（12:00—13:00）、下午（15:00—16:00）各测一次。

牧草全生育期共测试 3 个时期，量筒底面离底面高度分别为返青前（平地）、拔节（10 cm 左右）、收获前（35 cm 左右）。

试验期间，取不大于 15 min 的时间间隔测量并记录风速和主风向。

具体操作步骤如下：

（1）安装好喷头组件，布置雨量筒。

（2）试验中，将提供给喷灌系统的水压调整到并一直保持在正常工作压力±5%的误差范围内。

（3）启动喷灌系统，使喷头均匀喷洒水量，记录喷洒时间 Δt。

（4）测量雨量筒内收集水的体积，记录数据；删除因雨量筒泄漏、倾翻或其他原因引起的明显错误数据，确保删除的数据数量不超过测量总数的 3%。

4. 计算

计算同 6.2.3。

6.2.4.3 指标测定

试验区引入装配固定式喷灌，对其水力性能进行测定，主要包括单喷头、喷头间距组合灌水深度 d(mm) 测试。

6.2.5 地下滴灌试验设计与指标测定

6.2.5.1 灌溉装备选型

地埋滴灌系统主要组成设备有过滤器、水泵、施肥机、管道、滴灌带等。为减少能源消耗且起到较好的研究作用,本次研究区内应用地埋滴灌系统的面积为100亩。

1. 过滤设备

在地埋滴灌系统中所引用的水源为地下井水,需要过滤水中的砂石颗粒等杂质,与喷灌不同的是,微灌对水质的要求非常高。为避免堵塞滴头,过滤器的选择显得尤为重要。选用的过滤器组合方式为开发的牧区灌溉专用塑料离心叠片组合过滤器,过滤目数为120目,流量为100 m^3/h。经过测试(见表6-5),分离效率提高20%以上,耐磨程度和使用寿命均优于铁制离心过滤器。

表6-5　牧区灌溉专用塑料离心叠片组合过滤器性能测试

过滤器组	可分离粒径范围/mm	分离效率/kg	椎体寿命/月	承压性能/MPa	平均流量/(m^3/h)	0.1 MPa压差反洗时间间隔/min
本产品	0.3~2.0	10	6	1.5	65.0	60

2. 滴灌带选型

输水管道为1条主干管及2条分干管,滴灌带按照"丰"字形布置在分干管两侧,埋深为10~15 cm,引进的是大禹节水集团自主研发的低成本牧草地浅埋排根防负压避鼠型地下灌水器及滴灌管,规格为ϕ16×0.6×500,滴头工作压力为0.05~0.3 MPa,流量为3 L/h。滴灌带布置间距为1.2 m,滴头间距为0.4 m,总共布置滴灌带长度约为110 000 m,滴头个数为277 552个。

3. 轮灌区划分

为使控制灌溉面积与水源的可供水量相协调,减小水泵供水压力、能源损耗、管材消耗,对灌区进行轮流灌溉,因此需要对轮灌区进行划分。在8 d内完成灌区的灌溉工作,因此每日需要工作的喷头个数至少为34 694个。考虑到电控设备成本、出水口个数、控制难易程度等,将轮灌区划分为12个,单次工作的滴头数为17 347个,每日工作2次,出水口个数为12个。

4. 水泵选型

水源类型为地下水-井水,因此选用深井潜水泵进行灌溉供水。根据滴头工作参数、布置方式及土壤允许灌溉强度,选用水泵流量Q为100 m^3/h,扬程H为86 m,电动机功率为22 kW,电动机转速为2 600 r/min。

5. 管道选型

选择干管为PVC管DN75/2.3-0.6 MPa,内径为110 mm。灌区形状大致为方形,一条主干管不能满足灌溉需要,因此需要分出2个分干管,分干管与主干管大小相同,同时在分干管上呈"丰"字形布置方式设置支管。

6. 比例施肥机

比例施肥机同6.2.3。

综上所述,详细的地埋滴灌系统参数选型及灌溉效果如表6-6所示。

表 6-6　地埋滴灌系统参数选型及灌溉效果

控制面积/亩			200
设备及系统组成	水泵电动机功率/kW		11
	水泵	类型	地表水 离心泵
		扬程/m	42
		流量/(m^3/h)	55
	过滤设备	形式	砂石+叠片
		精度/目	200
		流量/(m^3/h)	100
	管道	管材类别	PVC 管
		干管选型/mm	75
		滴灌带选型/mm	16
		滴灌带布置方式	“丰”字形布置,间距 1.2 m
		滴灌带埋深/cm	10
	灌溉方式	轮灌周期/d	8
		轮灌组个数	8
		单次工作滴头数	17 347
	灌水器	灌水器型号	压力补偿式滴头
		灌水器流量/(L/h)	3
		灌水器工作压力/bar	0.5~2.5
		滴头间距/m	0.4
		行距/m	1.2
灌溉效果	灌水均匀度		>90%
比例施肥机	外形尺寸(不含混肥桶)		长×宽×高(1 200 mm×800 mm×1 000 mm)
	EC/pH 调节响应时间		<30 s
	介质 EC 值调节范围		0~9 mS/cm
	介质酸碱度调节范围		0~14

6.2.5.2　试验设计

试验在甘肃省酒泉市金塔县鼎新镇节水灌溉试验地块进行,地下滴灌系统最主要的在于滴灌带的布置及轮灌区的划分;其中共有 2 条主干管 DN75,分别控制研究区的 100 亩地。铺设的内径为 16 mm 滴灌带呈“丰”字形布置方式,并与干管相连,引进的是大禹节水集团自主研发的低成本牧草地浅埋排根防负压避鼠型地下灌水器及滴灌管，埋深 20 cm。

1. 试验布置

选用研发的牧草地浅埋排根防负压避鼠型地下滴灌管，壁厚 0.4 mm，滴头间距 30 cm，滴头流量分为 1.38 L/h、2.0 L/h、3.0 L/h，共 3 个水平，毛管间距设为 60 cm、90 cm，共 2 个水平，埋深设为 10 cm、20 cm 和 30 cm，共 3 个水平，灌水定额以《荒漠化草原紫花苜蓿地埋滴灌技术规程》（DB 15/T 907—2015）中的灌水定额为参照，设定为 15 m^3/亩，最终确定 18 个处理的组合方案，具体如表 6-7 所示。

表 6-7　地埋式滴灌带布置模式测试

序号	灌水定额/（m^3/亩）	滴头流量/（L/h）	埋深/cm	间距/cm
1	15	1.38	10	60
2	15	1.38	20	60
3	15	1.38	30	60
4	15	2.0	10	60
5	15	2.0	20	60
6	15	2.0	30	60
7	15	3.0	10	60
8	15	3.0	20	60
9	15	3.0	30	60
10	15	1.38	10	90
11	15	1.38	20	90
12	15	1.38	30	90
13	15	2.0	10	90
14	15	2.0	20	90
15	15	2.0	30	90
16	15	3.0	10	90
17	15	3.0	20	90
18	15	3.0	30	90

2. 试验材料与设备

土钻（1.2 m）、铝盒、烘箱、天平（0.1 g）、螺丝刀、大锤。

3. 测定指标及方法

试验以测定滴灌后土壤水分分布特征为主，具体方法如下：

灌水后 24 h 采用取土烘干法测定，测点布置如图 6-17 所示。在各测点用土钻分别打钻至土层 10 cm、20 cm、30 cm、40 cm、50 cm、60 cm、70 cm、80 cm 处，将各层土样分别装至对应的铝盒内（提前测定对应铝盒质量 w_1），称其湿土及铝盒质量（w_2），随后放至恒温烘箱内（105 ℃）烘烤 12 h，至恒重不变时，再称其干土及铝盒质量（w_3），然后利用式（6-7）测定该点各层土壤含水量（质量含水量），最终获取所测滴头下土壤各层的土壤含水量。

$$\theta_{ij} = \frac{w_2 - w_1}{w_3 - w_1} \times 100\% \tag{6-7}$$

式中：θ_{ij} 为第 i 测点第 j 层（i、j=1,2,3,…,7,8）的土壤含水量（%）；w_1 为铝盒质量，g；w_2 为湿土及铝盒质量，g；w_3 为干土及铝盒质量，g。

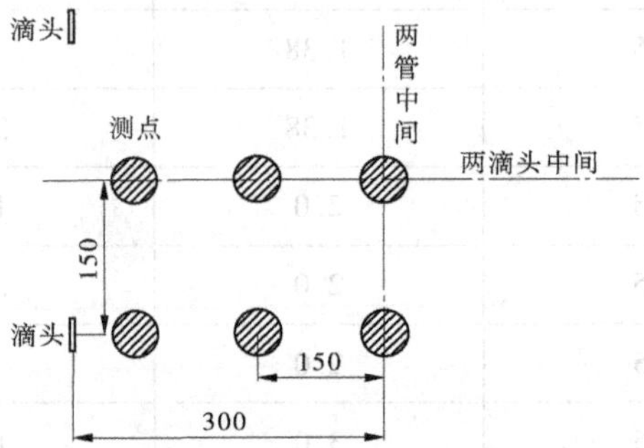

图 6-17　土壤水分分布特征测点布置　（单位：cm）

6.2.5.3　**指标测定**

选用设计生产牧草地浅埋排根防负压避鼠型地下滴灌管，壁厚 0.4 mm，滴头间距 30 cm，滴头流量为 2 L/h，试验田建设毛管间距 60 cm，埋深设为 20 cm。

1. 防根侵抗堵塞避鼠咬地埋滴灌管指标测定

1）工作压力流量校核

滴灌系统前端（主管进口处）安装精密压力表（至少 0.4 级）、流量计（至少 0.4 级）复核滴灌系统的工作压力和流量。

在试验区对埋设的流量规格为 2 L/h 的地埋滴灌带在 100 kPa 额定工作压力下灌水运行 1 h，通过水表计算出实际流量并对照标准压力-流量曲线，计算出在 100 kPa 工作压力下滴头实际流量与设计流量的偏差，如表 6-8 所示。

表 6-8　实际流量与设计流量偏差计算

灌水器规格/（L/h）	压力/kPa	实际滴头流量/（L/h）	设计滴头流量/（L/h）	流量偏差/%
2	100	1.98	2.04	2.94

由表 6-8 数据分析可得，滴头实际流量与设计流量偏差均在 5%以内，均在相关国家标准要求允许的偏差范围内，既满足国家标准要求，也完全能够达到牧区使用要求。

2)田间灌水均匀度测试

灌水后24 h采用取土烘干法测定。根据毛管布设情况,选取离干管近距离、中近距离、中等距离、中远距离和远距离的毛管作为测定对象;对选定的每条毛管选取离支管近点、中近点、中等点、中远点和远点的5个滴头作为测试滴头(共25个滴头)。在选定滴头与相邻两滴灌带中心之间,等距布设一定数量的测点(根据实际情况,测点间距L根据毛管铺设长度确定,L可选为10 cm)。

在各测点用土钻分别打钻至土层10 cm、20 cm、30 cm、40 cm、50 cm、60 cm处,将各层土样分别装至对应的铝盒内(提前测定对应铝盒质量w_1),称其湿土及铝盒质量(w_2),随后放至恒温烘箱内(105 ℃)烘烤12 h,至恒重不变时,再称其干土及铝盒质量(w_3),然后利用下式测定该点各层土壤含水量(质量含水量)。

$$Cu = 1 - \frac{\overline{\Delta\theta}}{\bar{\theta}} \tag{6-8}$$

$$\overline{\Delta\theta} = \frac{\sum_{i=1}^{N} |\theta_i - \bar{\theta}|}{N} \tag{6-9}$$

式中:Cu为土壤水分分布均匀度系数;$\bar{\theta}$为平均土壤含水量(%);$\overline{\Delta\theta}$为每个取样点实际土壤含水量与平均值之差的绝对值的平均值,即平均差(%);θ_i为每个取样点的实际土壤含水量(%);N为取样点个数。

$$\theta_i = \frac{\sum_{j=1}^{6} \theta_{ij}}{6} \tag{6-10}$$

$$\bar{\theta} = \frac{\sum_{i=1}^{N} \theta_i}{N} \tag{6-11}$$

式中符号意义同前。

根据测点布置图(见图6-18)进行土样采集,共计450个土样,测得各个测点的土壤含水量,通过公式

$$\theta_i = \frac{\sum_{j=1}^{6} \theta_{ij}}{6} \tag{6-12}$$

计算出每个取样点的实际含水量。

2.牧草种植用地埋滴灌管件指标测定

管件是灌溉系统管网的连接件和配套产品,管件性能的好坏直接影响到整个管网系统的使用,使用的管件能否与地埋滴灌管网配套,在长期使用过程中地埋管件与地埋管网的连接的可靠性、外界环境对地埋滴灌管件的影响、管件材料及设计结构的合理性,需要通过长期的田间测试来验证。

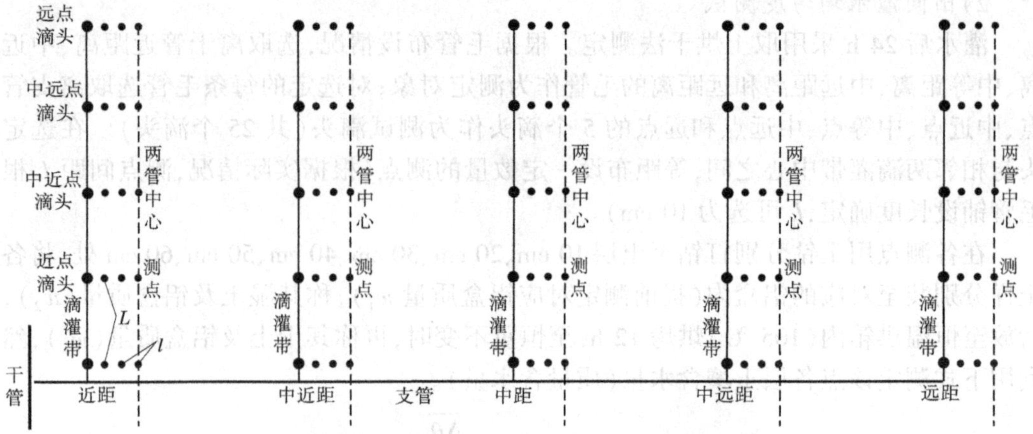

图 6-18　土壤水分分布均匀性测点布置

6.3　创新型高效节水装备性能研究

6.3.1　太阳能光伏供电系统

6.3.1.1　工作原理与系统组成

太阳能光伏供电系统是利用电池组件将太阳能直接转变为电能的装置系统。在光照条件下,太阳能电池组件产生一定的电动势,通过组件的串并联形成太阳能电池方阵,使得方阵电压达到系统输入电压的要求。通过充放电控制器对蓄电池进行充电,将由光能转换而来的电能储存起来。晚上,蓄电池组为逆变器提供输入电,通过逆变器的作用,将直流电转换成交流电,输送到配电柜,由配电柜的切换作用进行供电。蓄电池组的放电情况由控制器进行控制,保证蓄电池的正常使用。单套太阳能光伏发电系统组成见表 6-9。

表 6-9　单套太阳能光伏发电系统组成

序号	名称	规格型号	单位	数量	说明
1	太阳能电池板	36 V/250 W	块	32	多晶硅
2	太阳能控制器	96 V/100 A	台	1	MPPT
3	逆变器	96 V/5 kW	台	1	工频正弦波
4	蓄电池	12 V/200 AH	只	24	胶体电池
5	光伏支架	8 kWP	套	1	镀锌支架
6	蓄电池支架	50 mm	套	1	镀锌角铁
7	配电柜	600 mm×800 mm	只	1	华晨配电柜
8	电缆线	2×16^2	m	50	光伏专用
9	其他配件		套	1	附加件

6.3.1.2　胶体蓄电池

该风光互补供电系统的太阳能电池阵列总功率为 8 kW，由 32 块 250 W 的多晶硅电池板组成，研究区使用 1 套 12 V/200Ah 胶体电解液式阀控免维护铅酸蓄电池组作为储能电池，该电池组由 24 个 12 V/200 Ah 单体胶体蓄电池（见表 6-10）串联而成，其性能符合德国 DIN 40742 标准及 IEC60896−2 标准。胶体电池采用 U 形双层纵向包膜方式和紧装配技术，能有效防止极板应力对隔膜弹性的影响。采用大直径铜芯极柱，导电性好。极板增设塑料护套，能有效防止电池正、负极短路和极板弯曲变形。电池组安装时，单体电池间预留散热空间，以防止电池出现热失控。电池以 C10、C3、C1、C0.5 小时率放电的容量分别达到 200 Ah、150 Ah、110 Ah、100 Ah。经测试，该太阳能光伏供电系统的胶体电池组目前工作性能稳定，并且体现出可靠性高、无须维护等优点。

表 6-10　胶体蓄电池

项目	研究区运行环境	
温度	−15~45 ℃	
相对湿度	≤80%	
部件	组成	功能
8 000 W 太阳能电池阵列	多晶硅电池板（32 块 250 W）	光电转换
胶体电解液式阀控免维护铅酸蓄电池组	单体胶体电池（24 个 12 V/200 Ah）	储能

6.3.1.3　太阳能资源测试

选定研究区中心区域为代表点，进行了太阳能资源测试，测试结果见表 6-11。由表 6-11 可以看出，研究区每年 6 月太阳能辐射最强，12 月太阳能辐射最低。

表 6-11　太阳能各月辐射值

月份		1	2	3	4	5	6	7	8	9	10	11	12
2017 年	平均辐射量/（kW · h/m²）	2.2	3.5	5.7	6.1	5.7	8.2	5.0	4.6	5.8	3.5	2.9	1.8
2018 年	平均辐射量/（kW · h/m²）	2.1	3.4	5.8	6.0	5.8	8.1	4.9	4.7	5.7	3.6	2.8	1.6
2019 年	平均辐射量/（kW · h/m²）	2.3	3.6	5.6	6.2	5.9	8.3	5.1	4.8	5.9	3.4	2.7	1.9

6.3.1.4 太阳能供用电运行情况

经测试,该太阳能光伏发电系统日均转换电量为 320 kW·h,年均转换电量为 116 868 kW·h,胶体蓄电池日蓄电能力为 460.8 kW·h,可满足太阳辐射较强的蓄能。研究区引进 8 套中心支轴式喷灌机,根据研究区苜蓿灌溉制度,中心支轴行走年年均耗电 39 912 kW·h,末端喷射系统提水年耗电 20 736 kW·h。经计算,在满足苜蓿灌水的情况下,研究区的太阳能光伏供电系统年均剩电 56 220 kW·h,见表 6-12。

表 6-12 太阳能供用电情况

太阳能光伏发电系统	日均转换电量	年均转换电量
	320 kW·h	116 868 kW·h
胶体蓄电池	日蓄电能力	
	460.8 kW·h	
8 套中心支轴式喷灌机	中心支轴行走年年均耗电	末端喷射系统提水年耗电
	39 912 kW·h	20 736 kW·h
总结	年均剩电	
	56 220 kW·h	

6.3.2 比例施肥机

6.3.2.1 比例施肥机原理及组成

由于牧区环境恶劣,水源条件差,灌溉施肥难度大,常规的施肥技术大多为精量施肥,不能适应牧区的环境。为此,针对试验区生态文明建设中存在的灌溉施肥设备稀缺、技术落后等问题,通过分析对比传统施肥方法存在的优缺点,在先进的农牧业灌溉智能控制系统理念基础上设计开发了一款大流量施肥系统,采用理论分析与试验研究相结合的方法,基于 PLC(可编程逻辑控制器)为控制中心,利用梯形图编程语言进行编程,综合 PID 控制技术、模糊控制技术、检测传感技术、变频技术、无线传输技术、云技术等学科知识,设计出一套适合牧区优质牧草种植用的多通道比例调节施肥系统,该灌溉施肥机提高了水肥耦合效应和水肥利用效率。

施肥系统框架采用铝合金型材制作,其机械强度好、结构轻盈、美观大方。每个通道分别安装有耐腐蚀的小型自吸泵,自吸泵前端安装有小型过滤器,可避免未溶解肥料进入泵体发生堵塞,后端安装有流量计和止逆阀,流量计可对吸入肥液流量进行微调,止逆阀避免肥液回流。施肥泵采用不锈钢多级离心泵,因其高能效特性,既能够保证必要的注入压力,又能够有足够的注入流量。母液桶是肥水混配,储存容器均设置有机械搅拌装置,内部安装有液位传感器。混肥桶是各母液混合配比的容器,内部安装有液位传感器。管路由 PVC 管材、管件及其他耐腐蚀塑料配件连接而成,具有良好的机械性能及耐腐蚀性能。图 6-19 和图 6-20 为多通道比例施肥机的结构示意图和实物图。

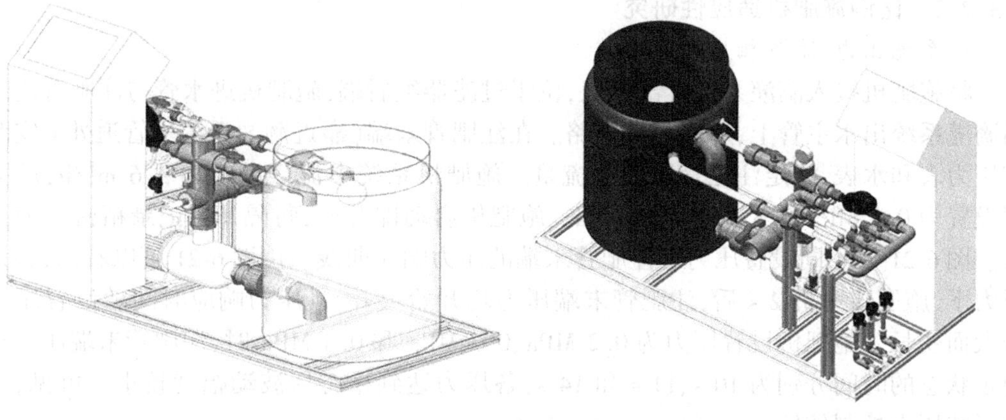

图 6-19　多通道比例施肥机结构示意图

图 6-20　多通道比例施肥机实物图

比例施肥机主要性能指标参数如表 6-13 所示。

表 6-13　比例施肥机主要性能指标参数

外形尺寸(不含混肥桶)	长×宽×高(1 200 mm×800 mm×1 000 mm)
EC/pH 调节响应时间	<30 s
输出营养液 EC 调控准确度	EC 检测值的最大值、最小值与设定值的差值在±10%以内
输出营养液 pH 调控准确度	pH 检测值的最大值、最小值与设定值的差值在±10%以内
介质 EC 值调节范围	0~9 mS/cm
介质酸碱度调节范围	0~14

6.3.2.2 比例施肥机适应性研究

1. 系统压力、流量相应测试

将施肥机接入滴灌系统首部枢纽,位于过滤器组后端,施肥机进水管与注肥管均连接到滴灌系统出水主管上,形成闭合回路。在注肥管末端(靠近滴灌系统主管道处)安装精密压力表和水表,测定注肥管压力和流量。施肥机系统中流量设施为 3.6 m^3/h,压力分别设置为 0.2 MPa、0.3 MPa、0.4 MPa。施肥机启动即开始,每隔 1 s 记录精密压力表读数。图 6-21 为不同设置压力下注肥管末端的压力响应曲线。由图 6-21 可以看出,各设置压力下,施肥机开机 2 s 后,注肥管末端压力均开始上升,且压力响应时间随设置压力的增大而变长。施肥机设置压力为 0.2 MPa、0.3 MPa 和 0.4 MPa 时,注肥管末端压力达到稳定状态的时间分别为 10 s、11 s 和 14 s,各压力达到稳态后波动幅度较小。可见,施肥机系统压力控制较好。

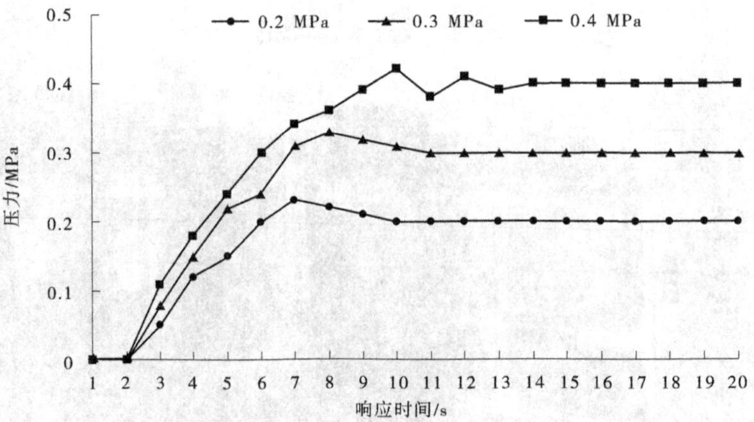

图 6-21 不同设置压力下注肥管末端的压力响应曲线

施肥机设置压力调整为 0.3 MPa,流量分别设置为 1.8 m^3/h、3.6 m^3/h、5.4 m^3/h、7.2 m^3/h。施肥机启动即开始,每隔 1 s 记录精密水表读数。图 6-22 为不同设置流量下注肥管末端的流量响应曲线。由图 6-22 可以看出,各设置流量下,施肥机开机 1 s 后,注肥管末端流量均开始上升,且流量响应时间随设置流量的增大而变长。施肥机设置流量为 1.8 m^3/h、3.6 m^3/h、5.4 m^3/h 和 7.2 m^3/h 时,注肥管末端流量达到稳定状态的时间分别为 7 s、10 s、12 s 和 13 s,各流量达到稳态后波动幅度较小。可见,施肥机系统流量控制也较为稳定。

2. EC/pH 响应测试

在注肥管末端安装 EC 计(分辨率 0.01 mS/cm)和 pH 计(精度±0.01),分别进行 EC/pH 响应测试,测定施肥机的控制精度(误差)和浓度调节响应时间。试验中,施肥机系统设置压力为 0.3 MPa,流量设置为 3.6 m^3/h。首先,以中量元素水溶肥(800 倍稀释)为试材,在施肥机上分别将 EC 值设为 0.5~3.0 m^3/cm,每 0.5 m^3/cm 分为一档,通过 EC 计分别测试注肥管末端实际 EC 值;再以腐殖酸液体肥(600 倍稀释)为试材,在施肥机上分别将 pH 设为 5.5~6.5(作物生长适宜范围),每 0.2 分为一档,通过 pH 计分别测试注肥管末端实际 pH。

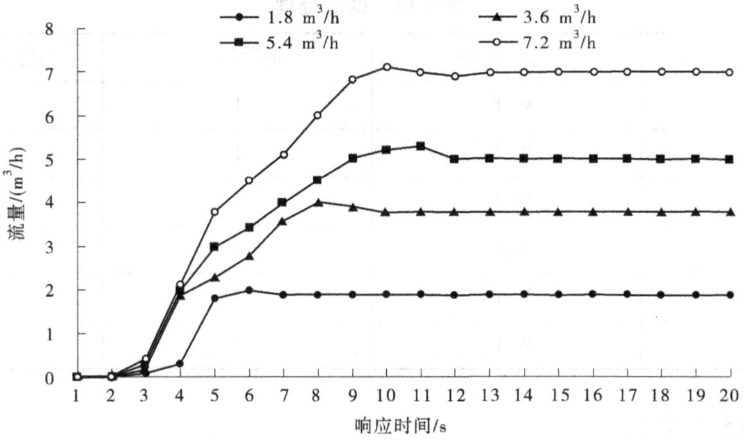

图 6-22 不同设置流量下注肥管末端的流量响应曲线

如表 6-14 所示，测试范围内，施肥机 EC 控制精度在 3.0%~6.0% 内小幅度波动，浓度调节响应时间在 106~118 s；pH 控制精度在 0.08~0.09 内小幅度波动，浓度调节响应时间也在 106~118 s；EC/pH 控制精度和浓度调节响应时间均达到了较为先进的水平。可见，该施肥机 EC/pH 控制性能较优，能够满足大田及温室水肥一体化需求。

表 6-14 EC/pH 响应测试

试验序号	EC/(mS/cm)		控制精度/%	响应时间/s	pH		控制精度/%	响应时间/s
	设定值	测试值			设定值	测试值		
1	0.5	0.52	6.0	106	5.5	5.54	-0.06	108
2	1.0	1.04	5.0	113	5.7	5.60	0.07	106
3	1.5	1.57	5.2	111	5.9	5.95	-0.05	117
4	2.0	1.92	4.5	109	6.1	6.00	0.08	113
5	2.5	2.57	3.3	115	6.3	6.35	-0.07	118
6	3.0	3.08	3.0	118	6.5	6.58	-0.09	116
平均	—	—	4.5	112	—	—	±0.07	113

3. 大田使用性能测试

本试验采用双因素随机区组设计，设施肥次数和施肥方式 2 个因素，其中施肥次数设 2 个水平，分别为生长期施肥 1 次和生长期施肥 2 次，用 W_1、W_2 表示，施肥总量相同，为 15 kg/亩；施肥方式分别为传统的压差式施肥、三通道智能施肥机施肥和不施肥，用 F_1、F_2 和 F_3 表示，见表 6-15。试验区进行防雨隔离处理，灌水方式为滴灌，灌水量统一由水表控制。苜蓿生长初期使用除草剂严格控制杂草。

表 6-15 试验处理

组别	试验处理	施肥次数	施肥量/(kg/次)
1	W_1F_1	1	15
2	W_1F_2	1	15
3	W_1F_3	1	15
4	W_2F_1	2	7.5
5	W_2F_2	2	7.5
6	W_2F_3	2	7.5

1)测定指标及方法

对研究区苜蓿样方地进行刈割,样方大小为0.5 m×0.5 m,每小区3次重复,将刈割的苜蓿装入塑料袋中现场称重计算鲜重之后,将草样带回实验室,在65 ℃烘箱中烘至恒重,测其干重。肥料的利用效率用偏生产力来表示。肥料偏生产力,指单位投入的肥料所产生的作物产量(*PFP*)。

$$PFP = Y/F \tag{6-13}$$

式中:Y为施肥后所获得的作物产量,kg/亩;F为化肥的投入量,kg/亩。

2)结果与分析

由表6-16可以看出,W_2的苜蓿干物质产量高于W_1,增加了5.6%,即在施肥总量相同的条件下,少量多次的施肥方式效果更好。由表6-17可以看出,F_2的苜蓿干物质产量明显高于F_1,增加了36.1%,即使用三通道智能施肥机施肥苜蓿的产量明显高于压差式施肥的产量;F_2的苜蓿干物质产量明显高于F_3,增加了47.4%,即使用比例施肥机施肥苜蓿的产量明显高于不施肥苜蓿的产量。

表 6-16 施肥次数对苜蓿产量及肥料利用效率的影响

处理	第一茬产量/(kg/亩)	第二茬产量/(kg/亩)	第三茬产量/(kg/亩)	总产量/(kg/亩)	肥料偏生产力/(kg/kg)
W_1	398	287	207	892	59.47
W_2	413	298	231	942	62.80

表 6-17 施肥方式对苜蓿产量及肥料利用效率的影响

处理	第一茬产量/(kg/亩)	第二茬产量/(kg/亩)	第三茬产量/(kg/亩)	总产量/(kg/亩)	肥料偏生产力/(kg/kg)
F_1	410	293	225	928	61.87
F_2	535	428	300	1 263	84.20
F_3	378	285	194	857	0

6.3.3 牧区SPAC系统信息管理与预警预报平台

6.3.3.1 功能概述

平台主要包括数据采集模块、信息传输模块、控制模块及系统软硬件成套设备，集成基于互联网的制备需水量自动监测、传输预报和无线控制系统。

结合不同草原植被灌溉制度与灌溉目标，不同自然地形、水文气象、草原植被、灌溉水源和灌溉方法等实际境况，构建灌溉管网输配水安全调控模拟仿真模型，系统分析不同安全调控模式下输配水灌溉管网的布置形式、管材选型、配水方案、建设标准，适用于灌溉管网的减压、稳压、稳流等安全运行调节与控制关键设备。

6.3.3.2 主要功能模块

1. 平台首页

采用图文形式系统介绍SPAC土壤植物大气连续监测系统工作原理，展示牧区项目现场图片，介绍牧区系统主要功能和工作内容，见图6-23。

图6-23 平台首页

2. 场景模拟一

根据现场实际情况，展示牧区整体灌溉模拟图，通过增加控制功能，实现用户通过模拟图可远程查看牧区水阀、水泵等设备在线状态和工作情况，实现远程监测管理，见图6-24。

3. 场景模拟二

通过与流量计、气象站等现场设备对接，实现牧区现场环境数据实时监测，为工作人员牧草维护提供有效数据支撑，达到数据化管理运营的目的，见图6-25。

4. 灌溉策略

通过针对不同牧草制定不同的灌溉策略，实现自动化运营监管，通过灌溉方案制定牧

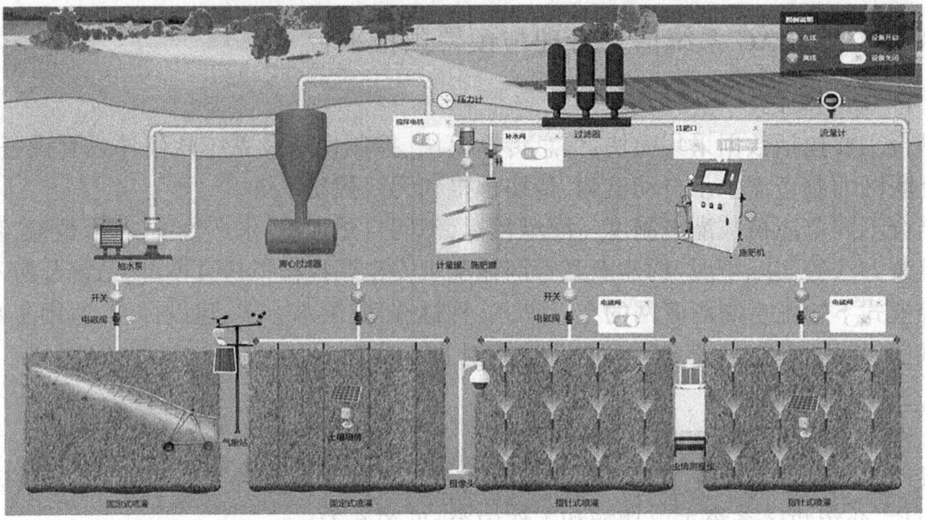

图 6-24　场景模拟界面(一)

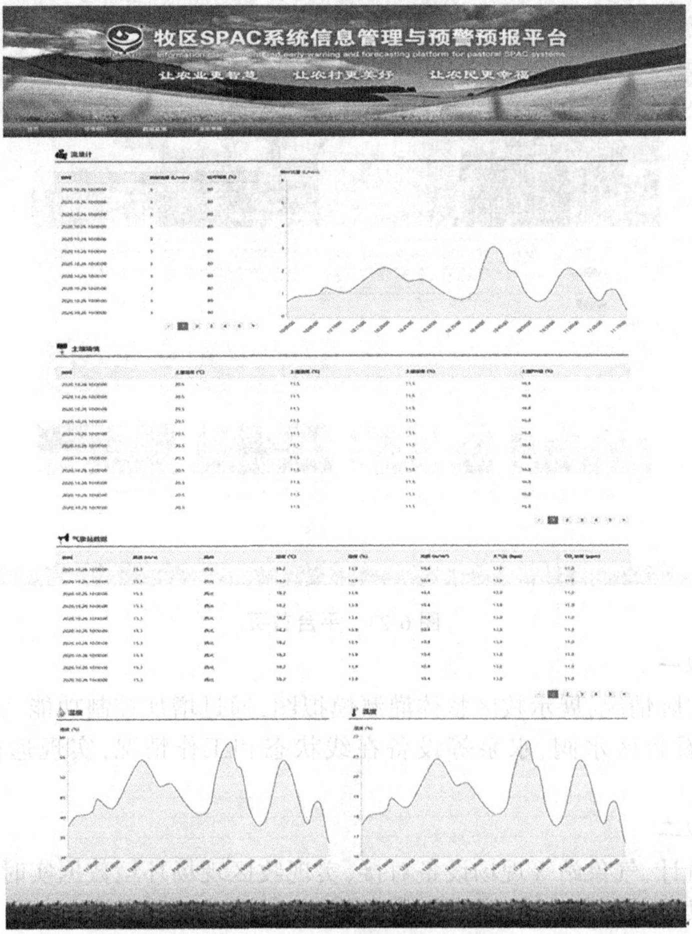

图 6-25　场景模拟界面(二)

草灌溉策略，关联对应水阀，水肥机设定自动开启关闭时间，实现自动化灌溉，有效提高牧区牧草灌溉效率和节省人工成本，见图 6-26。

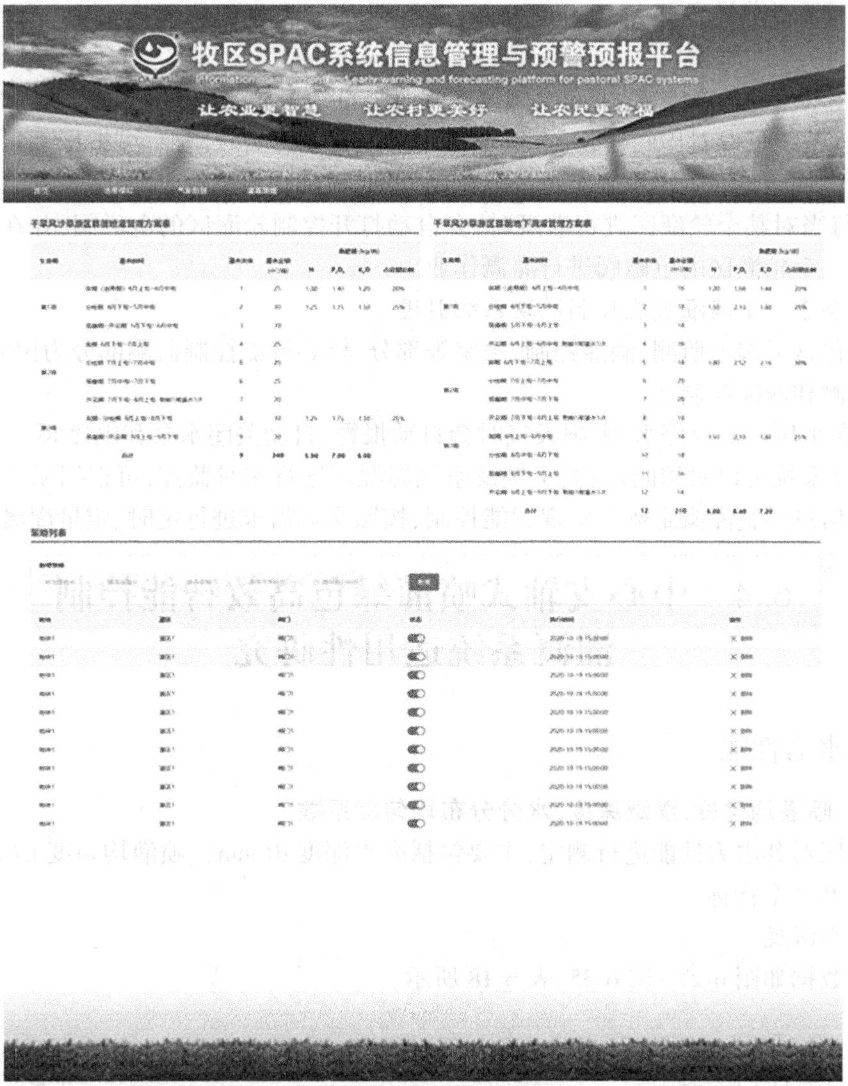

图 6-26　灌溉策略界面

6.3.3.3　不同灌溉模式下智能系统引进

1. 适合于中心支轴式喷灌智能控制系统引进

引进中心支轴式喷灌智能控制系统，可以实现以下功能：

(1) 在水压过低或停水、大雨大风等天气时会自动报警，自动关闭喷灌机和水泵，并在喷灌机工作时自动控制实现压力补偿，提高喷灌均匀性的同时精确控制灌水定额。

(2) 实时监测土壤墒情、作物需水需肥状况等信息，实现自动化灌溉，自动调节行走速度，按照需求进行定时、定量灌溉。

(3) 具有故障报警系统。可对喷灌机在工作过程中的运行状态进行实时监测，出现任何故障将第一时间停机并报警。

2. 适合于固定式喷灌智能控制灌溉系统引进

为实现固定式喷灌系统的智能控制,引进了基于无线传感器网络的自动灌溉控制系统。

(1)在水压过低或停水、大雨大风等天气时会自动报警,自动关闭水泵和电磁阀。

(2)该系统可以对田间作物、土壤及空气温湿度进行实时监控,可根据采集到的农田需水需肥信息调整灌溉定额来实现智能控制,按照实际需求进行定时、定量灌溉。

(3)每当对某个轮灌区进行灌溉时,会自动打开控制轮灌区的电磁阀,并在灌溉完成时开启下一个轮灌区的电磁阀进行灌溉作业。

3. 适合于地下滴灌智能控制灌溉系统引进

系统包含了湿度监测、滴灌控制、报警等部分,核心智能控制监测部分为田间数据、湿度土壤监测和滴灌控制。

(1)在水压过低或停水、大雨天气时会自动报警,自动关闭水泵和电磁阀。

(2)该系统可以对田间作物、土壤及空气温湿度进行实时监控,可根据采集到的农田需水需肥信息调整灌溉定额来实现智能控制,按照实际需求进行定时、定量灌溉。

6.4 中心支轴式喷灌绿色高效智能控制灌溉系统适用性研究

6.4.1 水力性能

6.4.1.1 喷灌均匀度、灌溉深度、水分分布均匀度系数

研究区对其水力性能进行测定,主要包括灌水深度 d(mm)、喷灌均匀度 CUH、水分利用率(%)共 3 个指标。

1. 灌水深度

试验数据如图 6-27~图 6-35、表 6-18 所示。

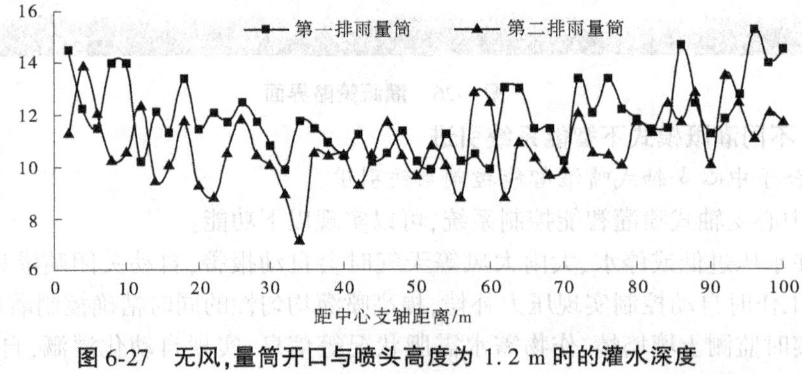

图 6-27 无风,量筒开口与喷头高度为 1.2 m 时的灌水深度

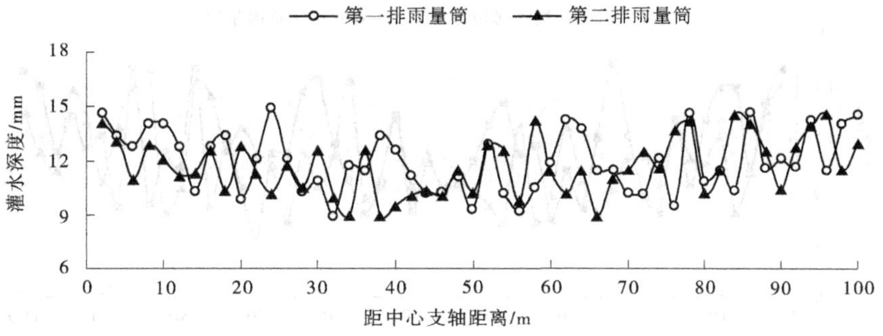

图 6-28　无风,量筒开口与喷头高度为 1.0 m 时的灌水深度

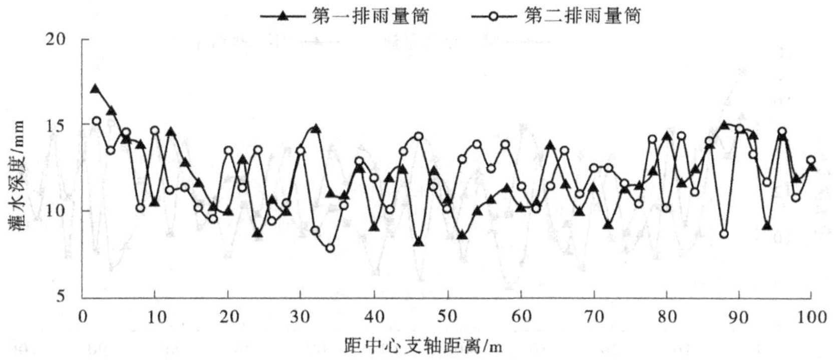

图 6-29　无风,量筒开口与喷头高度为 0.8 m 时的灌水深度

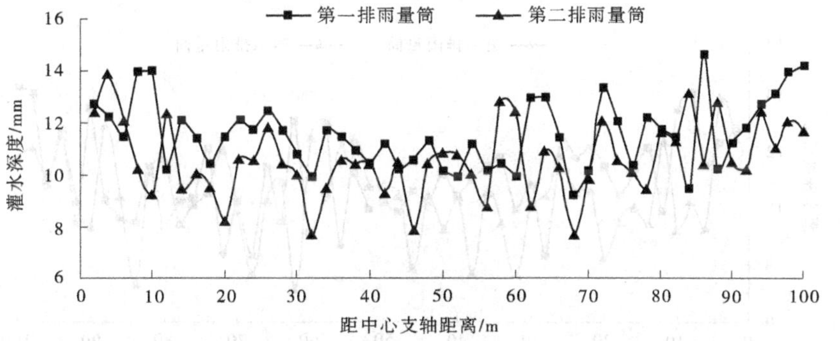

图 6-30　微风,量筒开口与喷头高度为 1.2 m 时的灌水深度

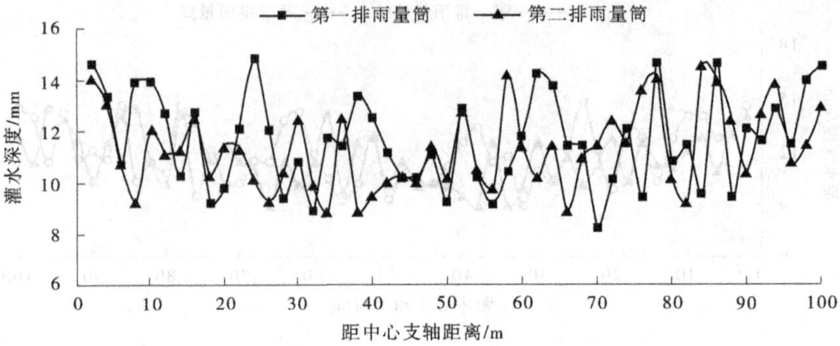

图 6-31 微风,量筒开口与喷头高度为 1.0 m 时的灌水深度

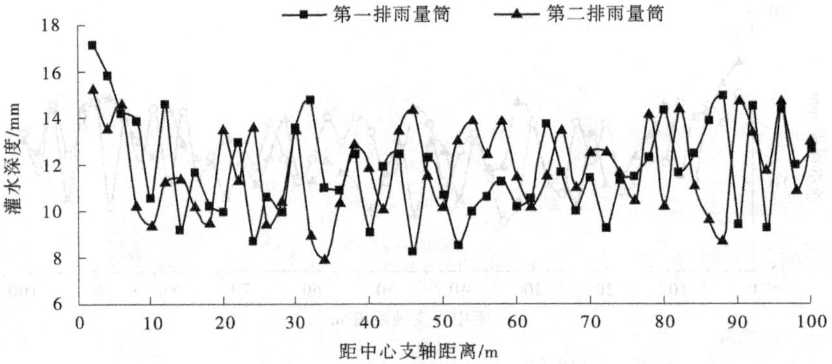

图 6-32 微风,量筒开口与喷头高度为 0.8 m 时的灌水深度

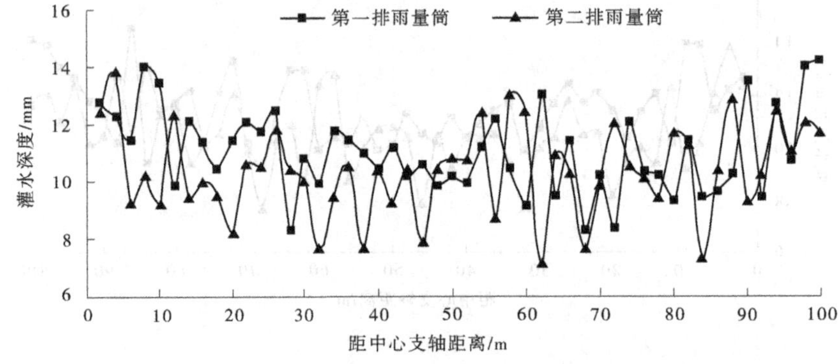

图 6-33 较大风,量筒开口与喷头高度为 1.2 m 时的灌水深度

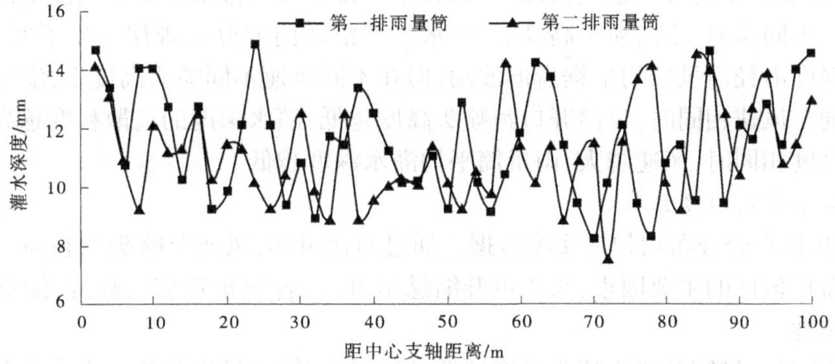

图 6-34　较大风，量筒开口与喷头高度为 1.0 m 时的灌水深度

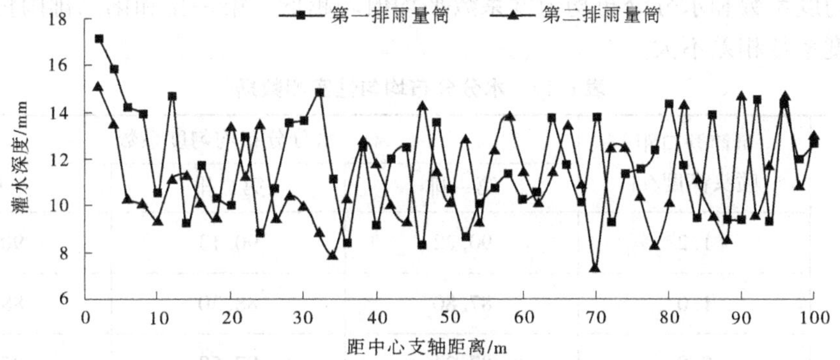

图 6-35　较大风，量筒开口距喷头高度为 0.8 m 时的灌水深度

表 6-18　不同风速不同量筒离地面高度下的灌水深度

风速	量筒开口距喷头高度/m	雨量筒平均灌水深度/mm		
		第一排	第二排	平均值
无风	1.2	11.90	10.82	11.36
	1.0	11.94	11.69	11.82
	0.8	12.00	12.04	12.02
微风	1.2	11.57	10.63	11.10
	1.0	11.67	11.38	11.53
	0.8	11.82	11.85	11.84
较大风	1.2	11.05	10.40	10.73
	1.0	11.50	11.20	11.35
	0.8	11.74	11.25	11.50

风速相同时，量筒开口距喷头高度越低，第一排和第二排雨量筒平均灌水深度和平均值均越高。不同风速、不同喷头高度下，灌水深度沿径向的分布规律发生了明显变化，表现为灌水深度沿径向虽然均呈锯齿形波动，但在不同风速不同喷头高度下，灌水深度的离散程度不同。风速相同时，量筒开口距喷头高度越低，灌水深度的离散程度越高。量筒开口距喷头高度相同时，风速越大，雨量筒平均灌水深度越低。

2. 水分分布均匀度系数

表 6-19 是水分分布均匀性实测数据。通过对比可知，风速及喷头安装高度是影响喷灌水分分布均匀性的主要因素，采用可升缩悬吊管，可合理布置喷头高度，能够有效提高水分布均匀性。

风速相同时，量筒开口距喷头高度越低，第一排和第二排雨量筒的水分分布均匀度系数和平均值均越低。量筒开口距喷头高度相同时，风速越大，第一排和第二排雨量筒的水分分布均匀度系数和水分分布均匀度系数平均值均越低。第一排和第二排雨量筒的水分分布均匀度系数相差不大。

表 6-19　水分分布均匀性实测数据

风速	量筒开口距喷头高度/m	水分分布均匀度系数		
		第一排	第二排	平均值
无风	1.2	90.22	90.13	90.18
	1.0	87.80	88.30	88.05
	0.8	87.24	87.59	87.42
微风	1.2	89.83	90.10	89.97
	1.0	87.40	88.20	87.80
	0.8	87.18	87.26	87.22
较大风	1.2	88.20	88.40	88.30
	1.0	86.70	87.30	87.00
	0.8	85.90	85.70	85.80

3. 水分利用率

表 6-20 是水分利用率实测数据。通过对比可知，风速及喷头安装高度是影响喷灌水分利用率的主要因素，量筒开口距喷头的高度对水分利用率的影响十分显著。

当风速相同时，量筒开口距喷头高度越低，水分利用率的平均值越高，第一排和第二排的水分利用率没有明显的规则。当量筒开口距喷头高度相同时，风速越大，第一排和第二排的水分利用率及水分利用率平均值越低。第一排和第二排的水分利用率相差不大。

表 6-20　水分利用率实测数据

风速	量筒开口距喷头高度/m	水分利用率		
		第一排	第二排	平均值
无风	1.2	0.80	0.73	0.77
	1.0	0.79	0.79	0.79
	0.8	0.80	0.81	0.81
微风	1.2	0.78	0.72	0.75
	1.0	0.78	0.77	0.78
	0.8	0.78	0.80	0.79
较大风	1.2	0.73	0.70	0.72
	1.0	0.76	0.76	0.76
	0.8	0.77	0.75	0.76

通过现场试验的方法对中心支轴式喷灌机的水力性能进行测定，结果显示，无风条件下测得的喷洒均匀度系数大于有风时的喷洒均匀度系数，因此在喷灌机实际运行过程中，风速是影响灌溉质量的一个重要因素。在相同的风速下，量筒离喷头距离越大，则灌溉均匀度越好，其原因是随着高度的增加，水滴在空气中的运动时间延长，且当较大液滴碎裂产生较小粒径的水滴时，改变了原有的飞行轨迹，使较为集中的水量得以充分扩散。相反地，随着高度的降低，水滴在空气中的运动时间较短，水量扩散不充分，减少了喷洒水滴的实际飞行时间，增加了实际喷洒水量与承接水量之间的偏差。在相同的风速下，量筒离喷头距离越大，灌溉水分利用率越低，其原因是随着高度的增加，水滴在空气中停留的时间越长，水分飘逸损失和蒸发越大。

综上，试验区在风速不同这一复杂情况下的灌水深度、水量分布均匀度、水分利用率等指标显示，中心支轴式喷灌机的灌水均匀性良好，喷灌均匀度系数平均为 88%，能够很好地满足灌溉要求，喷灌系统在该研究区适应性良好。

4. 喷灌性能参数测试

通过测试不同风速、不同行走速度、不同悬吊管高度下的喷灌性能参数，分析评价中心支轴式喷灌机在试验区的适用范围。

1) 风速为 0.2 m/s(风级 0，无风)

由于风力较小，且喷头安装高度越高，喷灌均匀性越好，因此调节悬吊管使得喷头底端距地面 150 cm。

表 6-21 为喷灌机工作参数表，根据灌溉定额确定工作参数，对该风速下的喷灌机性能参数进行测量，得到试验结果如表 6-22 所示。

表 6-21 喷灌机工作参数

工作参数	水泵流量/(m^3/h)	入机压力/bar	最大行走速度下灌溉一圈时间/h
大小	100	0.28	3

表 6-22 喷灌机试验结果(一)

风速/(m/s)		0.2	
喷头底端距地面高度/cm		150	
行走速度占最大行走速度的比例/%		100	80
灌水深度/mm	第 1 排	11.23	11.54
	第 2 排	10.54	10.73
	平均值	10.89	11.14
水分分布均匀度系数/mm	第 1 排	90.14	91.43
	第 2 排	89.95	91.21
	平均值	90.05	91.32
水分利用率	第 1 排	0.80	0.82
	第 2 排	0.82	0.84
	平均值	0.81	0.83

根据试验结果,风速为 0.2 m/s(风级 0)时,可使得喷头底端距地面高度在 150 cm,这种情况下喷灌机的喷灌均匀度系数最好,且喷灌机行走速度能够达到最大行走速度,灌水深度、水分分布均匀系数和水分利用率也符合要求。

2)风速为 1.5 m/s(风级 1,软风)

由于风力较小,且喷头安装高度越高,喷灌均匀性越好,因此调节悬吊管使得喷头底端距地面 150 cm。

表 6-23 为喷灌机工作参数表,根据灌溉定额确定工作参数,对该风速下的喷灌机性能参数进行测量,得到试验结果如表 6-24 所示。

表 6-23 喷灌机工作参数

工作参数	水泵流量/(m^3/h)	入机压力/bar	最大行走速度下灌溉一圈所需时间/h
大小	100	0.28	3

表 6-24　喷灌机试验结果(二)

风速/(m/s)		1.5	
喷头底端距地面高度/cm		150	
行走速度占最大行走速度的比例/%		100	80
灌水深度/mm	第 1 排	10.45	11.13
	第 2 排	9.82	10.04
	平均值	10.14	10.59
水分分布均匀度系数/mm	第 1 排	89.77	90.25
	第 2 排	88.85	90.03
	平均值	89.31	90.14
水分利用率	第 1 排	0.81	0.84
	第 2 排	0.80	0.80
	平均值	0.81	0.82

根据试验结果,风速为 1.5 m/s(风级 1)时,可使得喷头底端距地面高度在 150 cm,灌机行走速度达到最大的行走速度。这种情况下喷灌机的喷灌面积最大,速度最快,耗电最少,同时能够满足水分利用率达到 80%的要求,灌水深度和水分分布均匀度系数也能得到保障。

3)风速为 3.3 m/s(风级 2,轻风)

由于有一定的风,且喷头安装高度越高,喷灌均匀性越好,因此调节悬吊管使得喷头距离地面分别为 150 cm、130 cm、110 cm,略微降低喷灌机行驶速度。

表 6-25 为喷灌机工作参数表,根据灌溉定额确定工作参数,对该风速下的喷灌机性能参数进行测量,得到试验结果如表 6-26 所示。

表 6-25　喷灌机工作参数

工作参数	水泵流量/(m^3/h)	入机压力/bar	最大行走速度下灌溉一圈所需时间/h
大小	100	0.28	3

表 6-26　喷灌机试验结果(三)

风速/(m/s)	3.3								
喷头底端距地面高度/cm	150			130			110		
行走速度占最大行走速度的比例/%	100	80	60	100	80	60	100	80	60

续表 6-26

灌水深度/mm	第 1 排	11.08	11.47	11.96	11.32	11.54	12.04	11.63	11.90	12.17
	第 2 排	11.12	11.53	11.95	11.31	11.55	12.02	11.63	11.87	12.11
	平均值	11.10	11.50	11.96	11.32	11.55	12.03	11.63	11.89	12.14
水分分布均匀度系数/mm	第 1 排	84.04	87.11	89.78	82.15	84.46	86.67	81.35	83.21	85.01
	第 2 排	84.00	87.08	89.83	82.10	84.48	86.73	81.30	83.27	85.97
	平均值	84.02	87.10	89.81	82.13	84.47	86.70	81.33	83.24	85.94
水分利用率	第 1 排	0.78	0.78	0.83	0.83	0.84	0.83	0.85	0.87	0.89
	第 2 排	0.66	0.72	0.73	0.79	0.82	0.87	0.83	0.86	0.87
	平均值	0.72	0.75	0.78	0.81	0.83	0.85	0.84	0.87	0.88

根据试验结果,风速为 3.3 m/s(风级 2)时,悬吊管高度应在 130 cm 及以下才能满足水分利用率的要求。喷头底端距地面高度在 110 cm,喷灌机行走速度为最大行走速度的 80%时,水分利用率最高。

喷头底端距地面高度在 150 cm,喷灌机行走速度为最大行走速度的 60%时,水分分布均匀度系数最高,为 89.81;喷头底端距地面高度在 110 cm,喷灌机行走速度为最大行走速度的 100%时,水分分布均匀度系数最低,为 81.33。

喷头底端距地面高度在 110 cm,喷灌机行走速度为最大行走速度的 60%时,灌水深度最高,为 12.14;喷头底端距地面高度在 150 cm,喷灌机行走速度为最大行走速度的 100%时,灌水深度最低,为 11.10。

4)风速为 5.4 m/s(风级 3,微风)

由于风速较大,为使喷灌均匀性良好和获得较大的喷灌面积,因此调节悬吊管使喷头底端距离地面分别为 130 cm、90 cm、50 cm,略微降低喷灌机行驶速度。

表 6-27 为喷灌机工作参数表,根据灌溉定额确定工作参数,对该风速下的喷灌机性能参数进行测量,得到试验结果如表 6-28 所示。

表 6-27 喷灌机工作参数

工作参数	水泵流量/(m^3/h)	入机压力/bar	最大行走速度下灌溉一圈所需时间/h
大小	100	0.28	3

表 6-28 喷灌机试验结果(四)

风速/(m/s)	5.4								
喷头底端距地面高度/cm	130			110			90		
行走速度占最大行走速度的比例/%	100	80	60	100	80	60	100	80	60

续表 6-28

灌水深度/mm	第 1 排	10.65	11.02	11.46	11.96	11.24	11.45	11.20	11.41	11.56
	第 2 排	10.60	10.98	11.45	11.01	11.19	11.50	11.13	11.37	12.02
	平均值	10.63	11.00	11.44	10.98	11.21	11.47	11.16	11.39	11.59
水分分布均匀度系数/mm	第 1 排	83.53	86.65	89.02	81.67	83.46	86.44	81.21	82.85	85.51
	第 2 排	83.51	86.62	88.01	81.61	84.94	86.42	81.25	82.81	85.55
	平均值	83.52	86.64	89.02	81.64	83.98	86.43	81.23	82.83	85.53
水分利用率	第 1 排	0.70	0.74	0.73	0.76	0.74	0.79	0.83	0.79	0.83
	第 2 排	0.75	0.72	0.76	0.72	0.76	0.75	0.77	0.85	0.87
	平均值	0.73	0.73	0.75	0.74	0.75	0.77	0.80	0.82	0.85

根据试验结果，风速为 5.4 m/s(风级 3)时，喷头底端距地面高度在 90 cm 及以下时才能够满足水分利用率的要求。喷头底端距地面高度在 90 cm，喷灌机行走速度为最大行走速度的 60%时，水分利用率最高。

喷头底端距地面高度在 130 cm，喷灌机行走速度为最大行走速度的 60%时，水分分布均匀度系数最高，为 89.02；喷头底端距地面高度在 110 cm，喷灌机行走速度为最大行走速度的 100%时，水分分布均匀度系数最低，为 81.23。

喷头底端距地面高度在 90 cm，喷灌机行走速度为最大行走速度的 60%时，灌水深度最高，为 11.59；喷头底端距地面高度在 130 cm，喷灌机行走速度为最大行走速度的 100%时，灌水深度最低，为 10.63。

5) 风速大于 5.4 m/s

当风速达到 5.4 m/s 以上时，智能监控系统启动报警，将对喷灌设备进行停机处理，这时水泵停机，喷灌机发动机、减速机等停止工作，并记录下喷灌停止时所在位置。当风速小于 5.4 m/s 时并不立刻启动，而是小于 5 m/s 时开始启动喷灌系统，紧接上次停机位置继续喷灌作业。

6) 小结

风速和悬吊管高度一定时，行走速度越快，灌水深度、水分分布均匀度系数和水分利用率越低。

风速和行走速度一定时，悬吊管高度越高，灌水深度和水分利用率越低，水分分布均匀度系数越高。

悬吊管高度和行走速度一定时，风速越大，灌水深度、水分分布均匀度系数和水分利用率越低。

中心支轴式喷灌机在不同风速、不同行走速度、不同悬吊管高度下的适用范围及运行性能分析如表 6-29 所示。

表 6-29 中心支轴式喷灌机不同情况下运行性能

风速	建议使用范围		灌水深度最优		水分分布均匀度系数最优		考虑运行速率，最优适用范围	
	喷头底端距地面高度/cm	行走速度占最大行走速度的比例/%	喷头底端距地面高度/cm	行走速度占最大行走速度的比例/%	喷头底端距地面高度/cm	行走速度占最大行走速度的比例/%	喷头底端距地面高度/cm	行走速度占最大行走速度的比例/%
风速 0.2 m/s（风级 0）	≤150	≤100	150	80	150	80	150	100
风速 1.5 m/s（风级 1）	≤150	≤100	150	80	150	80	150	100
风速 3.3 m/s（风级 2）	≤130	≤100	110	60	150	60	130	100
风速 5.4 m/s（风级 3）	≤90	≤100	90	60	130	60	90	100
风速大于 5.4 m/s（风级 4 及以上）	不建议使用							

6.4.1.2 灌溉水利用系数

传统灌溉中灌溉水利用系数为 0.53。苜蓿的年需水量相同，但由于土壤含水量、年降水量等有较大的差异，且苜蓿的种植密度也有增大，因此每年的净灌溉定额不同，毛灌溉定额也不同，经测量、计算得到的 2017—2019 年灌溉水利用系数如表 6-30 所示。

表 6-30 2017—2019 灌溉水利用系数一览

年份	净灌溉定额/(m^3/亩)	毛灌溉定额/(m^3/亩)	灌溉水利用系数	灌溉水利用系数增加值
2017	368.63	586.67	0.63	0.10
2018	379.52	566.67	0.69	0.16
2019	376.48	543.34	0.71	0.18

6.4.2 工作性能（选取相应指标进行分析）

6.4.2.1 运行状况

1. 运行工作参数

为了解中心支轴式喷灌系统在研究区实际运行时的工作性能，对喷灌系统的流量、入机压力、灌溉一圈所需时间及喷灌强度等参数进行了测试。在测试中，喷头运行良好，未出现喷头堵塞和部分田块未被灌溉的现象，在喷灌机行驶过程中，可以实现调速智能控制、停机等功能。

参数测试结果（风速为 0.4 m/s 以下）如表 6-31 所示。

表 6-31　参数测试结果

工作参数	水泵流量/(m^3/h)	入机压力/bar	灌溉一圈最短时间/h	最小灌溉水深/mm
测试值	99.7	2.8	7.08	5.2
	99.4	2.8	7.10	5.3
	100.1	2.8	7.04	5.4
	98.9	2.8	6.95	5.1
	99.6	2.8	7.15	5.2
	99.8	2.8	6.85	5.1

2. 不同风速下的喷灌性能参数

测试时处于苜蓿的返青前，分数次进行，株高为 1～3 cm，灌溉需水量为 55 mm，在喷灌过程中选取了一段角度的喷灌工作作为喷灌性能的研究对象，喷灌机行驶速度为最快工况。

1）0.2 m/s 西南风

由于风力较小，且喷头安装高度越高，喷灌均匀性越好，因此调节悬吊管使喷头距离地面 2 m。

根据灌溉定额确定工作参数，见表 6-32。

表 6-32　根据灌溉定额确定工作参数（一）

工作参数	水泵流量 /(m^3/h)	入机压力/bar	灌溉一圈所需时间/h
大小	100	2.8	7.1

对该风速下的喷灌机性能参数进行测量，得到试验结果如图 6-36 所示。

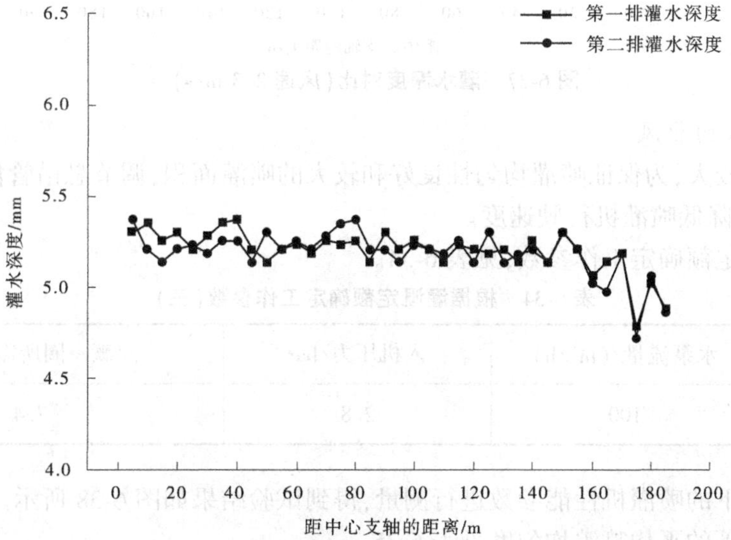

图 6-36　灌水深度对比（风速 0.2 m/s）

2)2.3 m/s 西北风

由于有一定的风,且喷头安装高度越高,喷灌均匀性越好,因此调节悬吊管使得喷头距离地面 1 m,略微降低喷灌机行驶速度。

根据灌溉定额确定工作参数,见表 6-33。

表 6-33 根据灌溉定额确定工作参数(二)

工作参数	水泵流量/(m^3/h)	入机压力/bar	灌溉一圈所需时间/h
大小	100	2.8	7.2

对该风速下的喷灌机性能参数进行测量,得到试验结果如图 6-37 所示。

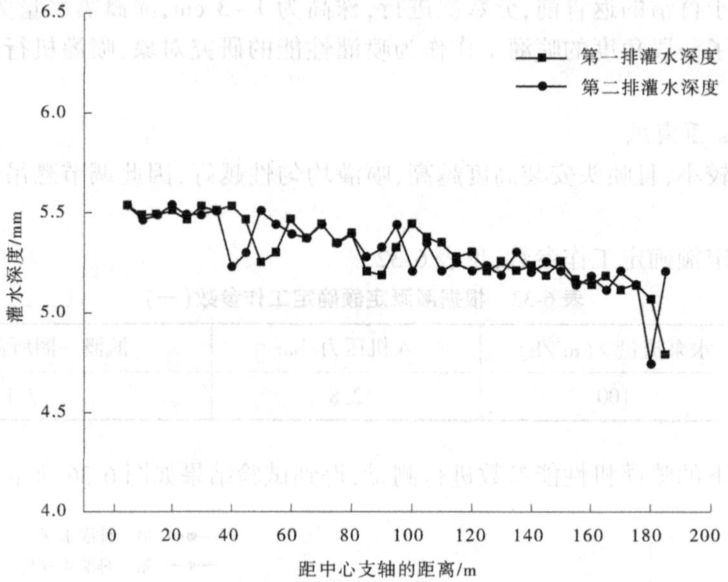

图 6-37 灌水深度对比(风速 2.3 m/s)

3)5.4 m/s 西北风

由于风力较大,为保证喷灌均匀性良好和较大的喷灌面积,调节悬吊管使喷头距离地面 0.5 m,同时降低喷灌机行驶速度。

根据灌溉定额确定工作参数,见表 6-34。

表 6-34 根据灌溉定额确定工作参数(三)

工作参数	水泵流量/(m^3/h)	入机压力/bar	灌溉一圈所需时间/h
大小	100	2.8	7.4

对该风速下的喷灌机性能参数进行测量,得到试验结果如图 6-38 所示。

不同风速下的平均喷灌均匀度见表 6-35。

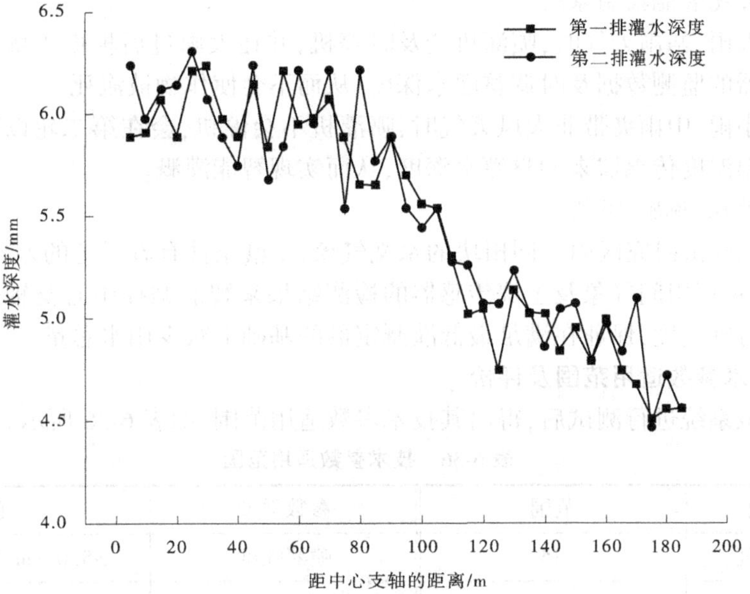

图 6-38　灌水深度对比(风速 5.4 m/s)

表 6-35　不同风速下的平均喷灌均匀度

风速	喷头离地面高度/m	雨量筒平均灌水深度/mm			平均喷灌均匀度/%		
		第一排	第二排	平均值	第一排	第二排	平均值
0.2 m/s 西南风	2	5.20	5.19	5.19	92.10	91.03	91.58
2.3 m/s 西北风	1	5.28	5.31	5.30	87.96	85.76	86.86
4.6 m/s 西北风	0.5	5.36	5.40	5.38	82.63	81.05	81.84

4)5.4 m/s 风速以上

当风速达到 5.4 m/s 以上时,智能监控系统启动报警,将对喷灌设备进行停机处理,这时水泵停机,喷灌机发动机、减速机等停止工作,并记录下喷灌停止时所在位置。当风速小于 5.4 m/s 时并不立刻启动,而是小于 5 m/s 时开始启动喷灌系统,紧接上次停机位置继续喷灌作业。

3. 灌水时间段

由于喷灌产生的雾滴在光照强度大、气温高时的蒸发量特别大,即使增大灌溉强度,所收到的成效也很小。不仅如此,在夜晚时常伴有大风出现,因此灌溉时间有一定的限制。经过常年观测及实际测试,规定每日 6:00—13:00、15:00—4:00 进行灌溉作业时可以有效地减少蒸发、大风带来的影响,且有利于减少水泵的负荷,提高整个系统的耐用性。

4. 雨雪天气智能控制系统

当出现大雨、暴雨天气时，喷灌机会及时停机，并在大雨过后根据土壤传感器及空气温湿度传感器的监测数据及时调整灌水深度，从而不会使作物被淹死。

当出现小雨、中雨夹带非大风天气时，喷灌机不会停机，会在第二轮以后根据土壤传感器及空气温湿度传感器来调整灌水深度，从而实现智能灌溉。

5. 变量灌溉、施肥、喷药

由于在 200 亩研究区内不同田块的水文气象、土壤条件有着一定的差异，因此在灌溉的过程中，会根据田间气象及土壤传感器的检测结果来智能调控中心支轴式喷灌机在不同田块下的行驶速度，保证在满足最低灌溉定额的基础上减少用水总量。

6.4.2.2 技术参数适用范围及评价

通过对该系统进行测试后，得出其技术参数适用范围，如表 6-36 所示。

表 6-36 技术参数适用范围

参数类型	范围	参数类型	范围
地面平整度	<15°	喷灌强度	>5.0 mm/h，<15 mm/h
风速范围	<5.4 m/s	喷灌均匀度	>80%
灌溉一周最短时间	7 h	雾化指标	>2 500
灌溉覆盖度	>96%	施肥比例	0~5%
控制系统响应时间	10~20 s	灌水时间段	6:00—13:00，15:00—4:00

通过性能测试，本设备可以实现在 10~20 s 内完成对整个系统的控制，在土地较为平整的研究区完成每日 20 h 的灌溉作业，灌溉一周的时间最少为 7 h。在风速低于 5.4 m/s 时，可以保证灌溉水的覆盖度达到 96%。喷灌强度可调，随着灌溉一周时间的增大而增大，当灌溉一周时间为 7 h 时，喷灌强度为 5 mm，同时灌溉一周时间不得超过 21 h，以免超过土壤允许入渗强度 15 mm/h。该系统可以实现喷灌均匀度达到 80%以上，雾化指标达到 2 500 以上，施肥比例可以实现 0~5%的精准调节。

6.4.3 经济效益

6.4.3.1 亩均产量及收入

通过对紫花苜蓿干草进行称重及抽样检测后，得到 2017—2019 年的亩均产量及收入情况。

2017 年紫花苜蓿亩产干草 1 380 kg，粗蛋白含量经抽检均在 16%以上，属于二级以上优质苜蓿干草，且二级干草数量占比最大，为 48%。

2018 年紫花苜蓿亩产干草 1 393 kg，粗蛋白含量都在 18%以上，较 2017 年一级以上干草的占比明显增加，优级、特级干草占比达 20%。

2019 年紫花苜蓿亩产干草 1 421 kg，粗蛋白含量都在 18%以上，优级、特级干草占比达到 30%。

表 6-37 为 2017—2019 年的紫花苜蓿亩均产量及收入统计表。

表 6-37　2017—2019 年的紫花苜蓿亩均产量及收入统计

年份	亩均产量/kg	平均单价/(元/t)	亩均收入/元
2017	1 380	2 081	2 872
2018	1 393	2 165	3 016
2019	1 421	2 204	3 132

而传统的雨养灌溉(包括人工施肥、喷药)的紫花苜蓿亩产甘草 1 240 kg,且粗蛋白产量较低,价格每吨约为 1 800 元(草捆价格),亩产总收入仅为 2 232 元。

6.4.3.2　经济效益对比分析

为了更好地研究中心支轴式喷灌系统的优势之处,进行了与传统灌溉的亩均经济效益对比分析,见表 6-38。

表 6-38　中心支轴式喷灌系统与传统灌溉的亩均经济效益对比分析

收支类型	项目类型	每亩收支费用/[元/(hm² · a)]			
		中心支轴式喷灌系统			传统灌溉
		2017 年	2018 年	2019 年	
总投入	租地	600	600	600	600
	固定资产折旧成本	188	188	188	0
	整地	40	40	40	40
	肥料	150	150	150	210
	播种	60	60	60	60
	农药	48	48	48	60
	运营成本	536	546	554	500
总收入		2 872	3 016	3 132	2 232
净收入		1 251	1 384	1 492	762

表 6-39 为 2017—2019 年研究区内投入与收入对比分析表。

表 6-39　2017—2019 年研究区内投入与收入对比分析

收支类型	收支费用/元			
	中心支轴式喷灌系统			传统灌溉
	2017 年	2018 年	2019 年	
亩均总投入	1 621	1 632	1 640	1 470
总投入	324 200	326 400	328 000	294 000
总收入	574 400	603 200	626 400	446 400
净收入	250 200	276 800	298 400	152 400

由 2017—2019 年的年利润求平均值,可得税前年利润为 312 733 元,投资回报率为 39.59%,投资回报年限为 2.53 年,但由于该系统的本身属性,随着年限的增加,其维护、维修费用也会随之增加,因此前三年的投资回报率是最高的,年数越久,投资回报率越低。

6.4.4 其他效益(省工、省电、节肥节药)

6.4.4.1 亩均节水量

大水漫灌年用水量平均达 14 万 m^3,较传统灌溉大水漫灌,中心支轴式喷灌系统可以极大地减少作物用水量。表 6-40 为 2017—2019 年亩均节水量一览表。

表 6-40 2017—2019 年亩均节水量一览

年份	总灌溉用水量/万 m^3	总节水量/万 m^3	节水率/%	亩均节水量/m^3
2017	11.73	2.27	16.21	113.5
2018	11.33	2.67	19.07	133.5
2019	10.87	3.13	22.36	156.5

从表 6-40 中可以看出,年均节水量和节水率不断增加,这不仅是因为喷灌带来的田间气候、低质改善的有利影响,还取决于控制系统运用能力的提高和管理者的经验优势。因此,对于田间运营管理的水平、控制系统的准确性有着较高的要求。

6.4.4.2 亩均增产量

传统大水漫灌的亩均产量为 1 240 kg,因此研究区内的亩均增产量如表 6-41 所示。

表 6-41 2017—2019 年亩均增产量一览(紫花苜蓿干草重量)

年份	总产量/t	增产量/t	增产率/%	亩均增产量/kg
2017	276.0	28	11.29	140
2018	278.6	30.6	12.34	153
2019	284.2	36.2	14.60	181

6.4.4.3 肥料、农药减少量

在传统灌溉的条件下,施肥、药工作大都依靠人工或无人机施洒。中心支轴式喷灌系统中配有的智能施肥机等水肥一体化装备可以直接通过管道输送,利用喷头完成田间的施肥、药的工作,极大地减少了肥料、农药的施用量。

北方地区的土壤缺磷、少氮、富钾,苜蓿属于高蛋白牧草,自身根瘤可以固氮,但是植物合成蛋白质,除氮元素外,磷也是关键元素,所以施肥应以磷肥为主。苜蓿生产最佳 pH 为 6.5~7.5,研究区土壤 pH 为 8.78,所以施入有机肥 pH 值应为 3.5~4.5。表 6-42 为中心支轴式喷灌系统每年亩均肥料施用量的统计表。

表 6-42　亩均肥料施用量

肥料种类	施用量/kg	单价/(元/t)	施用总投入/元
过磷酸钙	25	1 200	150
硫酸钾	6	2 300	
尿素	8	2 200	
腐殖酸有机肥	60	1 100	
生物有机肥	20	1 100	

在苜蓿的生产栽培过程中,会受到有害生物的侵害,其中害虫是影响苜蓿产量和品质的重要因素。目前对苜蓿害虫的防治,除采用种植抗性品种、合理使用栽培措施、利用自然天敌等外,化学防治也是很重要的治理措施。表 6-43 为中心支轴式喷灌系统苜蓿每年亩均农药施用量统计表。

表 6-43　亩均农药施用量统计

肥料种类	施用量	单价	施用总投入/元
苜蓿净	0.2 kg	6 000 元/t	48
氯氰菊酯	180 mL	8 元/L	
吡虫啉	120 mL	20 元/L	
毒死蜱	240 mL	80 元/L	

6.4.4.4　节能省工

1. 节省电能

相比传统灌溉,中心支轴式喷灌系统采用的水泵会根据实际作物需水量科学选用,功率较传统提水电泵要小得多,同时智慧灌溉会减少水泵实际运行时间,节省大量电能。表 6-44 为传统大水漫灌的水泵电费统计表。

表 6-44　传统大水漫灌的水泵电费统计

灌溉方式	水泵功率/kW	全年运行时间/h	电费单价/[元/(kW·h)]	电费总量/元
大水漫灌	28.5	1 285	0.19	6 958

据表 6-44 可知,传统灌溉时,一年潜水泵提水所付电费高达近 7 000 元,比搭载了智能控制系统的喷灌机耗电量还要大,因此可以减少约 17%的电费消耗。

2. 节省人力

中心支轴式喷灌机不需要人工施肥、喷药,可以大量节省人力,同时大田管理全是智能控制设备,2 名管理人员就可以完成苜蓿生产期的灌水、施肥、喷药等,大大提高了劳动生产率。与传统灌溉的工时数对比分析如表 6-45 所示。

表 6-45　工时数对比分析

灌溉方式	项目	工时数/h	工时工资/(元/h)	人工费/元
中心支轴式喷灌	灌水	2 260	10	22 600
	施肥	0		
	喷洒农药	0		
大水漫灌	灌水	5 140	10	72 700
	施肥(人工)	880		
	喷洒农药(人工)	1 250		

6.4.4.5　影响评价

1. 环境影响评价

中心支轴式喷灌缩短了灌水周期 7~10 d,使紫花苜蓿的播种期和出苗期提前 7~10 d;提高低温 1~2 ℃,使返青期提前 3~4 d;改善了田间小气候,充分利用光、热、水、气等气候资源,为农业增产创造了有利条件。

中心支轴式喷灌促进了根系生长和产量提高。较大水漫灌,紫花苜蓿的成熟期前生根多 2 条以上,返青期多 1.5~2 条。产量较大水漫灌更高,且苜蓿质量更好。

2. 水土保持评价

中心支轴式喷灌有利于土壤最佳团粒结构的保持和形成,使得土壤容重减小,总孔隙度有显著增大。灌水后地表大、中、小裂缝平均长度较大水漫灌降低,土层总渗透量更大,使得土壤通透性、保墒蓄水能力和深耕性都得到了加强,减弱了地表积盐速度。减少了水土流失,使得地表疏松呈海绵状,协调了土壤固、液、气的关系,给作物的根系生长创造了良好的生态环境。

6.4.5　适用性评价小结

综上所述,得出整个系统的适用性评价,如表 6-46 所示。

表 6-46　系统的适用性评价

评价目标	评价系统	评价指标	属性值		
			2017 年	2018 年	2019 年
过程评价	前期工作评价	—	优秀	—	—
	建设实施评价	—	优秀	—	—
	运行管理评价	—	优秀	优秀	优秀

续表 6-46

评价目标	评价系统	评价指标	属性值		
			2017 年	2018 年	2019 年
经济评价	效果评价	灌溉水利用系数	0.63	0.69	0.71
		亩均节水量/m^3	113.5	133.5	156.5
		亩均增产量/kg	140	153	181
		肥料投入减少量/元	60	60	60
		农药投入减少量/元	12	12	12
		能源消耗减少率/%	14.47	17.46	20.84
		省工/万元	5.01	5.01	5.01
影响评价	环境影响评价	土壤环境	改良	改良	改良
		生态环境	改良	改良	改良
综合评价	水土保持评价	—	改良	改良	改良
	评价结论	—	非常适合		
	存在问题及建议	—	抗风能力较差，需要调节喷头高度		

6.5　固定式喷灌绿色高效智能控制灌溉系统适用性研究

6.5.1　水力性能

6.5.1.1　单喷头性能适用性研究

本次试验选择在微风条件下进行单喷头性能测试，试验场地选择在试验区，所选喷头为自主研发的 DY-01 塑料可控角摇臂式喷头。

此次试验测试单喷头水量分布的雨量筒布置方式采用辐射线法，由于雨量筒数量有限，以喷头为中心在 0°、90°、180°、270°四条直线上每间隔 1 m 布置雨量筒，每条直线上共放置 10 个雨量筒。

本试验对扫描后各射线上测点雨量筒承接水量的数据进行分析整理，可以得到不同射线上灌水深度曲线，以 0.3 MPa 压力下灌水深度曲线为例可以看出，在顺风与逆风条件下，虽然 Cu 不受影响，但在顺风与逆风各测点上灌水深度受明显影响，如图 6-39 所示。

计算出此款喷头在 0.1 MPa 压力下水量分布均匀系数 Cu = 88.14%，灌溉强度为 0.8 mm/h，均能够满足《节水灌溉工程技术标准》(GB/T 50363—2018)的要求，但水量在径向

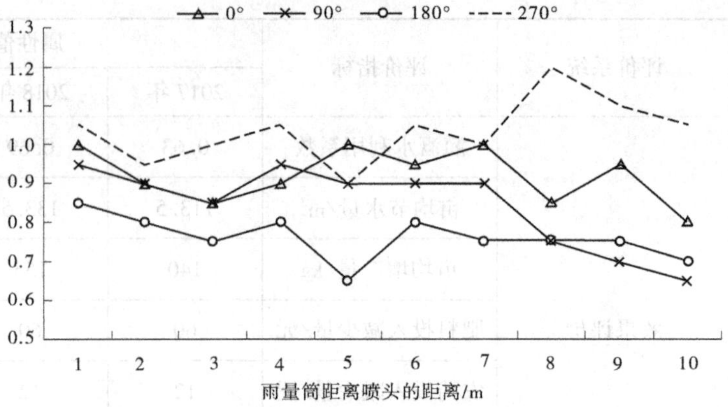

图 6-39　**灌水深度曲线**

上呈逐渐减小的趋势,并且分布不均匀。

在试验过程中,在不同压力下测试的数据的曲线如下:

在 0.1 MPa、0.2 MPa、0.3 MPa 三个压力测试下,发现在 0.3 MPa 时曲线相对于 0.1 MPa 和 0.2 MPa 都更加平稳,原因是在 0.1 MPa 和 0.2 MPa 压力下由于压力过小,距离喷头近端水量分布较大而在远端水量分布较小,在 0.3 MPa 下能够均匀喷洒。

6.5.1.2　**喷头间距组合测试**

如前所述,单喷头水量分布是不均的,在灌溉较大的面积时单靠一个喷头是不行的,系统设计时需要分析单个喷头的水量分布,通过喷头组合,获得一定的水量重叠,才能满足植物需求和提高水利用效率。

本次试验喷头组合采用矩形布置方式,由于试验在室外进行,考虑到了风的影响,矩形布置具有抗风的优点,矩形布置长度为 20 m、宽度为 18 m,在矩形边框的四个角上各布置一个喷头。以矩形其中的一条长边为试验对象,在 0.1 MPa、0.2 MPa、0.3 MPa 三个压力下测得灌水深度曲线,可以看出,在四个喷头叠加区域灌水强度曲线均呈现波动趋势,见图 6-40。

其次,通过试验测定出了矩形布置条件下在 0.1 MPa、0.2 MPa、0.3 MPa 三个压力下喷灌强度分别为 3.2 mm/h、3.5 mm/h、3.7 mm/h。

在不同工作压力(0.15 MPa、0.20 MPa、0.25 MPa、0.30 MPa、0.35 MPa、0.40 MPa)下测得相应的流量如图 6-41 所示。

6.5.1.3　**灌溉水利用系数**

苜蓿的年需水量相同,但由于土壤含水量、年降水量等有较大的差异,且苜蓿的种植密度也有增大,因此每年的净灌溉定额不同,毛灌溉定额也不同,经计算得到的 2017—2019 年灌溉水利用系数如表 6-47 所示。

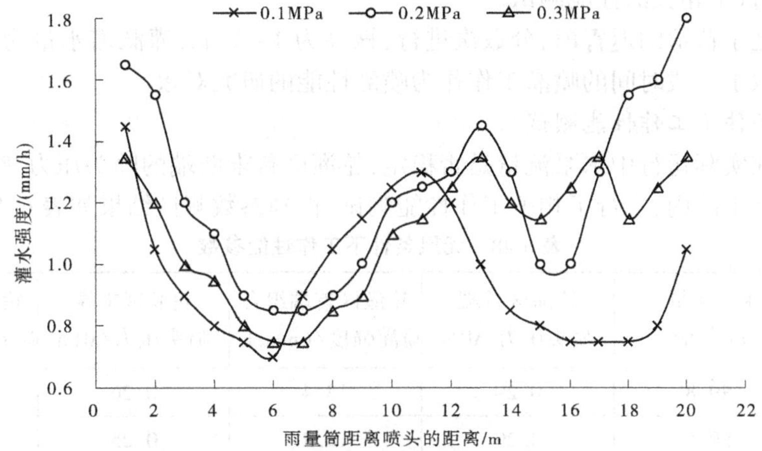

图 6-40　不同压力下喷头叠加区域灌水强度曲线

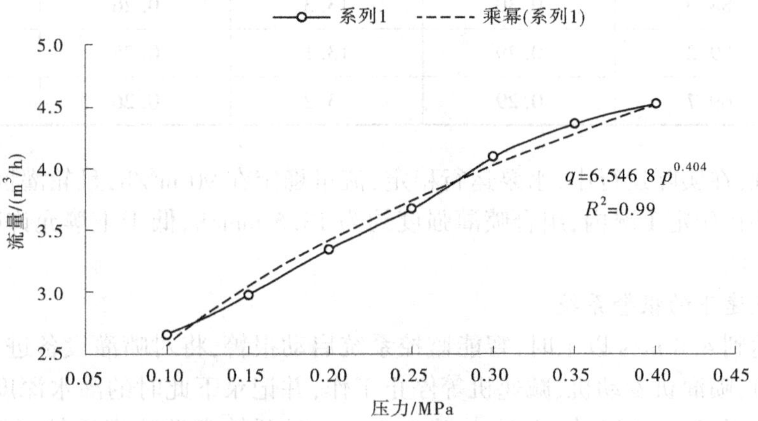

图 6-41　喷头压力与流量曲线

表 6-47　2017—2019 年灌溉水利用系数

年份	净灌溉定额/(m³/亩)	毛灌溉定额/(m³/亩)	灌溉水利用系数
2017	368.63	573.34	0.64
2018	379.52	566.67	0.67
2019	376.48	553.34	0.68

由表 6-47 可知，2017 年、2018 年、2019 年灌溉水利用系数分别为 0.64、0.67、0.68，表现为持续增长趋势。

6.5.2　工作性能（选取相应指标进行分析）

6.5.2.1　运行状况

为研究固定式喷灌系统在实际运行中的工作参数是否符合设计参数，是否满足在智能控制系统的搭载下完成对喷灌系统的参数调节，是否满足作物在轮灌周期内的需水量的供应等，进行了相关的性能测试。

测试时处于苜蓿的返青前，分数次进行，株高为 1～3 cm，灌溉需水量为 55 mm，在喷灌过程中选取了一段时间的喷灌工作作为喷灌性能的研究对象。

1. 无风条件下工作性能测试

为研究在实际运行中水泵流量是否稳定，轮灌区首末两端的喷头压力、喷灌强度是否在喷头的正常工况内，进行了相关工作性能测试，得到参数测试结果如表 6-48 所示。

表 6-48　无风条件下工作性能参数

工作参数	水泵流量/(m^3/h)	轮灌区首端喷头压力/MPa	轮灌区首端组合喷灌强度/(mm/h)	轮灌区末端喷头压力/MPa	轮灌区末端组合喷灌强度/(mm/h)
测试值	89.8	0.29	13.4	0.26	13.6
	89.6	0.29	13.2	0.25	13.5
	90.5	0.29	13.4	0.25	13.5
	88.9	0.30	13.3	0.26	13.6
	89.2	0.29	13.1	0.25	13.5
	69.7	0.29	13.2	0.26	13.7

结果发现，在实际运行中，水泵运行稳定，流量稳定在 90 m^3/h，且轮灌区内首末两端的喷头压力都在额定工况内，组合喷灌强度约为 13.5 mm/h，低于土壤允许喷灌强度，是符合灌溉要求的。

2. 较大风速下的报警系统

当风速达到 4.8 m/s 以上时，智能监控系统启动报警，将对喷灌设备进行停机处理，这时水泵停机，喷灌机发动机、减速机等停止工作，并记录下此时的灌水深度。当风速小于 4.8 m/s 时并不立刻启动，而是小于 4.5 m/s 时开始启动喷灌系统，继续上次喷灌作业。

3. 灌水时间段

由于喷灌产生的雾滴在光照强度大、气温高时的蒸发量特别大，即使增大灌溉强度，所收到的成效也很小。不仅如此，在夜晚时常伴有大风出现，因此灌溉时间有一定的限制。经过常年观测及实际测试，规定每日 6:00—13:00、15:00—4:00 进行灌溉作业时可以有效地减少蒸发、大风带来的影响，且有利于减少水泵的负荷，提高整个系统的耐用性。

4. 雨雪天气智能控制系统

当出现大雨、暴雨天气时，喷灌系统会及时停机，并在大雨过后根据土壤传感器及空气温湿度传感器的监测数据及时调整灌水深度，从而不会使作物被淹死。

当出现小雨、中雨夹带非大风天气时，喷灌系统根据土壤传感器及空气温湿度传感器来减少灌溉时间，从而实现智能灌溉。

5. 智能控制变量灌溉、施肥、喷药

由于在 200 亩研究区内不同田块的水文气象、土壤条件有着一定的差异，因此在灌溉的过程中，会根据田间气象及土壤传感器的反馈结果来智能调控固定式喷灌系统在不同轮灌区的灌溉时间，以保证在满足最低灌溉定额的基础上减少用水总量。当一个轮灌区灌溉完成后会立刻关闭该轮灌区的支管阀门，随即控制下一个轮灌区阀门的开启，同时会进行该轮灌区的精量灌溉。

6.5.2.2　技术参数适用范围及评价

通过对该系统进行测试，得出其技术参数适用范围见表 6-49。

表 6-49　技术参数适用范围

参数类型	范围	参数类型	范围
风力范围	<5.4 m/s	喷灌强度	13.5 mm/h
灌溉覆盖度	>92%	喷灌均匀度	>80%
控制系统响应时间	10~20 s	雾化指标	>2 500
施肥比例	0~5%	灌水时间段	6:00—13:00,15:00—4:00

通过性能测试，该设备可以实现在 10~20 s 内完成对整个系统的控制，每日 20 h 的灌溉作业。在风力低于 5.4 m/s 时，可以保证灌溉水的覆盖度达到 92%。喷灌强度不可调，约为 13.5 mm，该系统可以实现喷灌均匀度达到 80%以上，雾化指标达到 2 500 以上，施肥比例可以实现 0~5%的精准调节。

6.5.3　经济效益

6.5.3.1　亩均产量及收入

2017 年紫花苜蓿亩产干草 1 392 kg，粗蛋白含量经抽检均在 16%以上，属于二级以上优质苜蓿干草，且二级干草数量占比最大；2018 年紫花苜蓿亩产干草 1 453 kg，粗蛋白含量都在 18%以上，较 2016 年一级以上占比明显增加，优级、特级干草占比达 30%；2019 年紫花苜蓿亩产干草 1 419 kg，粗蛋白含量都在 18%以上，优级、特级干草占比达到 26%。表 6-50 为 2017—2019 年紫花苜蓿亩均产量及收入统计表。

表 6-50　2017—2019 年紫花苜蓿亩均产量及收入统计

年份	亩均产量/kg	平均粗蛋白含量/%	平均单价/(元/t)	亩均收入/元
2017	1 392	18.43	2 081	2 896
2018	1 453	19.86	2 165	3 146
2019	1 419	20.15	2 204	3 127

6.5.3.2　经济效益对比分析

为了更好地研究固定式喷灌系统的优势，进行了与传统灌溉的亩均经济效益对比分析，见表 6-51。

表 6-51 固定式喷灌系统与传统灌溉的亩均经济效益对比分析

收支类型	项目类型	每亩收支费用/[元/(hm^2·a)]			
		固定式喷灌系统			传统灌溉（第一茬）
		2017 年	2018 年	2019 年	
总投入	租地	600	600	600	600
	设备折旧成本	196	196	196	0
	肥料	40	40	40	40
	播种	150	150	150	210
	除草	60	60	60	60
	农药	48	48	48	60
	运营成本	528	535	543	500
总收入		2 896	3 146	3 127	2 232
净收入		1 274	1 517	1 490	762

表 6-52 为 2017—2019 年研究区内投入与收入对比分析表。

表 6-52 2017—2019 年研究区内投入与收入对比分析

收支类型	收支费用/元			
	固定式喷灌系统			传统灌溉
	2017 年	2018 年	2019 年	
亩均总投入	1 622	1 629	1 637	1 470
总投入	324 400	325 800	327 400	294 000
总收入	579 200	629 200	625 400	446 400
净收入	254 800	303 400	298 000	152 400

由 2017—2019 年的年利润求得平均值，可得税前年利润为 324 600 元，投资回报率为 41.09%，投资回报年限为 2.43 年，但由于该系统的本身属性，随着年限的增加，其维护、维修费用也会随之增加，因此前三年的投资回报率是最高的，年数越久，投资回报率越低。

6.5.4 其他效益

6.5.4.1 亩产节水量

固定式喷灌系统搭配地埋管道，将灌溉水输送到田间喷洒在作物冠层，可以极大地减少作物用水量。表 6-53 为 2017—2019 年亩均节水量一览表。

表 6-53　2017—2019 年亩均节水量一览

年份	总灌溉用水量/万 m^3	总节水量/万 m^3	节水率/%	亩均节水量/m^3
2017	11.47	2.53	18.07	126.5
2018	11.33	2.67	19.07	133.5
2019	11.07	2.93	20.93	146.5

从表 6-53 中可以看出，年均节水量和节水率不断增加，这不仅是因为喷灌带来的田间气候、底质改善的有利影响，还取决于控制系统运用能力的提高和管理者的经验优势。因此，对于田间运营管理的水平、控制系统的准确性有着较高的要求。

6.5.4.2　亩均增产量

传统大水漫灌的亩均产量为 1 240 kg，因此研究区内的亩均增产量如表 6-54 所示。

表 6-54　2017—2019 年亩均增产量一览（紫花苜蓿干草质量）

年份	总产量/t	增产量/t	增产率/%	亩均增产量/kg
2017	278.4	30.4	12.26	152
2018	290.6	42.6	17.18	213
2019	283.8	35.8	14.44	179

6.5.4.3　肥料、农药减少量

在传统灌溉条件下，施肥、喷药工作大都依靠人工或无人机施洒。固定式喷灌系统中配有智能施肥机等水肥一体化装备，可以直接通过管道输送肥料、农药，利用喷头完成田间施肥（药）工作，极大地减少了肥料、农药的施用量（见表 6-55、表 6-56）。由于该节水灌溉施肥系统都属于喷灌，且各项性能较为相似，因此亩均施肥及喷药量大致相同，同样为每亩节肥量 60 元、节药量 12 元。

表 6-55　亩均肥料施用量

肥料种类	施用量/kg	单价/（元/t）	施用总投入/元
过磷酸钙	25	1 200	150
硫酸钾	6	2 300	
尿素	8	2 200	
腐殖酸有机肥	60	1 100	
生物有机肥	20	1 100	

表 6-56　亩均农药施用量

肥料种类	施用量	单价	施用总投入/元
苜蓿净	0.2/kg	6 000 元/t	48
氯氰菊酯	180 mL	8 元/L	
吡虫啉	120 mL	20 元/L	
毒死蜱	240 mL	80 元/L	

6.5.4.4 节能省工

1. 节能

相比传统灌溉,固定式喷灌系统采用的水泵会根据实际作物需水量科学选用,功率较传统提水电泵要小得多,同时智慧灌溉会减少水泵实际运行时间,节省大量电能。传统灌溉时一年潜水泵提水所付电费高达 7 000 元,因此使用固定式喷灌系统可以减少 28%的电费消耗,同时耗电量也小于中心支轴式喷灌系统。

2. 省工

固定式喷灌不需要人工施肥、喷药,可以大量节省人力,同时大田管理全是智能控制设备,这就意味着 2 名管理人员就可以完成苜蓿生产期的需水、需肥、需药等,大大提高了劳动生产率。节省人工费用大致与中心支轴式喷灌机相同。

与传统灌溉的工时数对比分析如表 6-57 所示。

表 6-57 工时数对比分析

灌溉方式	项目	工时数/h	工时工资/(元/h)	人工费/元
固定式喷灌	灌水	2 270	10	22 700
	施肥	0		
	喷洒农药	0		
大水漫灌	灌水	5 140	10	72 700
	施肥(人工)	880		
	喷洒农药(人工)	1 250		

6.5.4.5 影响评价

1. 环境影响评价

固定式喷灌缩短了灌水周期 7~10 d,使紫花苜蓿的播种期和出苗期提前 7~10 d;提高低温 1~2 ℃,使得返青期提前 3~4 d;改善了田间小气候,充分利用光、热、水、气等气候资源,为农业增产创造了有利条件。

固定式喷灌促进了根系生长和产量提高。较大水漫灌,紫花苜蓿的成熟期前生根多 2 条以上,返青期多 1.5~2 条。产量较大水漫灌更高,且苜蓿质量更好。

2. 水土保持评价

固定式喷灌有利于土壤最佳团粒结构的保持和形成,使得土壤容重减小,总孔隙度有显著增大。灌水后地表大、中、小裂缝平均长度较大水漫灌降低,土层总渗透量更大,使得土壤通透性、保墒蓄水能力和深耕性都得到了加强,减弱了地表积盐速度。减少了水土流失,使得地表疏松呈海绵状,协调了土壤固、液、气的关系,给作物的根系生长创造了良好的生态环境。

6.5.5 适用性评价小结

综上所述,得出整个系统的适用性评价,如表 6-58 所示。

表 6-58　适用性评价

评价目标	评价系统	评价指标	属性值		
			2017 年	2018 年	2019 年
过程评价	前期工作评价	—	优秀	—	—
	建设实施评价	—	优秀	—	—
	运行管理评价	—	优秀	优秀	优秀
经济评价	效果评价	灌溉水利用系数	0.64	0.67	0.68
		亩均节水量/m^3	126.5	133.5	146.5
		亩均增产量/kg	152	213	179
		肥料投入减少量/元	60	60	60
		农药投入减少量/元	12	12	12
		能源消耗减少率/%	26.91	27.76	29.40
		省工/万元	5	5	5
影响评价	环境影响评价	土壤环境	改良	改良	改良
		生态环境	改良	改良	改良
	水土保持评价	—	改良	改良	改良
综合评价	评价结论	—	非常适合		
	存在问题及建议	—	抗风能力较差,喷头高度难调节		

6.6　地埋滴灌绿色高效智能控制灌溉系统适用性研究

6.6.1　水力性能

6.6.1.1　流量均匀度

根据《塑料节水灌溉器材 第 3 部分:内镶式滴灌管及滴灌带》(GB/T 19812.3—2017)分别对 1.38 L、2 L、3 L 滴灌带流量均匀度进行检测,见表 6-59。

表 6-59　滴灌带流量均匀度检测结果

额定流量/(L/h)	测定平均流量/(L/h)	试样平均流量相对于额定流量的偏差/%
1.38	1.382	0.14
2	1.984	0.80
3	3.050	1.92

《塑料节水灌溉器材 第 3 部分:内镶式滴灌管及滴灌带》(GB/T 19812.3—2017)要求流量均匀度偏差在±7%以内,根据检测结果,均满足标准要求。

6.6.1.2 压力与流量关系

分别在 50 kPa、60 kPa、70 kPa、80 kPa、90 kPa、100 kPa、110 kPa、120 kPa 压力下测得 3 L、2 L、1.38 L 滴灌带的压力-流量关系曲线，如图 6-42 所示。

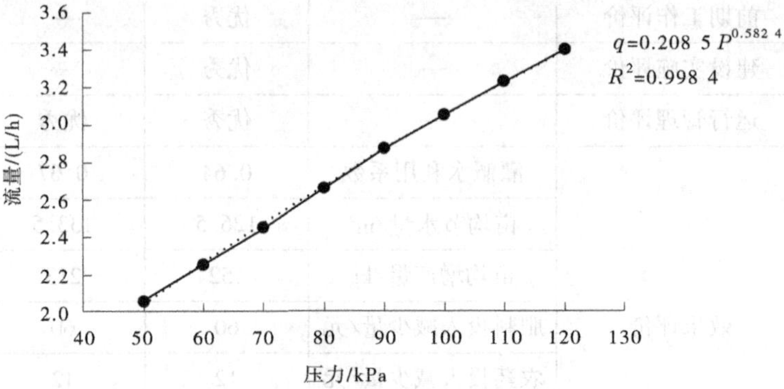

(a)3 L滴灌带

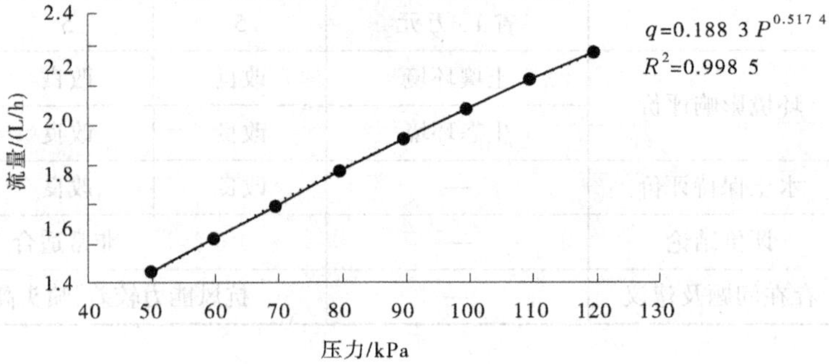

(a)2 L滴灌带

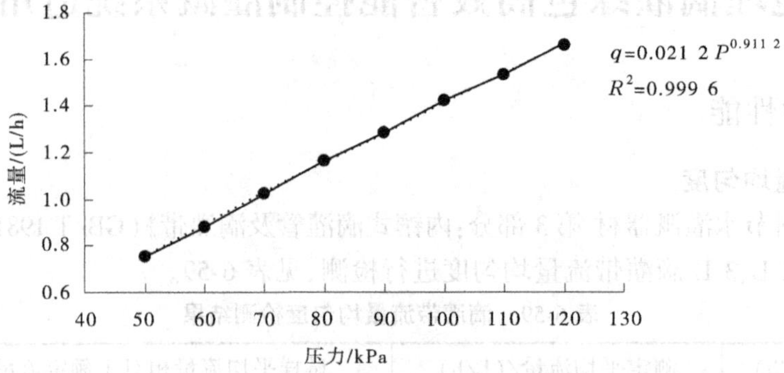

(c)1.38 L滴灌带

图 6-42 压力-流量关系

在试验田分别对 3 L、2 L、1.38 L 滴灌带在 100 kPa 压力下滴灌 1 h 通过水表计算出流量，并与压力-流量关系式在 100 kPa 所计算出的流量进行对比，结果如表 6-60 所示。

表 6-60 滴灌带流量偏差

规格/(L/h)	压力/kPa	试验田 1 h 水表换算为每个滴头的流量/(L/h)	压力-流量关系曲线计算流量/(L/h)	流量偏差/%
1.38	100	1.36	1.41	3.55
2	100	1.98	2.04	2.94
3	100	3.02	3.05	0.98

6.6.1.3 田间抗堵塞性能测试

根据试验小区的布置,通过安装在滴灌毛管进水口的压力表,读取每条滴灌带实际工作压力,并通过压力-流量关系曲线计算滴灌带的理论流量值,记录为 q_0;通过在滴灌毛管进水口安装水表记录进入滴灌带总过流量,依据滴灌带的滴头个数平均值计算滴灌带的实际流量,记录为 q_i,然后计算出流量偏差 Δq_i,由此直观地评估出滴灌带的抗堵塞性能,具体按式(6-14)进行计算,最后通过整个试验测试阶段的全部测量数据,计算流量偏差。

$$\Delta q_i = \frac{q_0 - q_i}{q_0} \times 100\% \tag{6-14}$$

式中符号意义同前。

由式(6-14)及表 6-61、图 6-43 计算可得 2 L/h 滴灌管流量偏差 Δq_i 为 1.63%,常规滴灌管流量偏差 Δq_i 为 3.73%。通过两年的跟踪测试及测试结果分析表明,牧草地埋排根防负压避鼠型地下滴灌管在田间使用后可以大幅有效地降低滴灌管堵塞概率,提升了滴灌系统的可靠性,延长了滴灌管的使用寿命。

表 6-61 2 L/h 滴灌管累计使用流量

累计使用时间/月	常规滴灌管(2 L/h)		专用排根抗堵滴灌管(2 L/h)	
	灌水流量/(m^3/h)	初始灌水流量/(m^3/h)	灌水流量/(m^3/h)	初始灌水流量/(m^3/h)
2	36.35	36.21	35.66	35.96
4	36.21		35.59	
6	36.09		35.52	
8	35.88		35.39	
10	35.75		35.41	
12	35.42		35.10	
14	34.86		34.96	

注:在试验区,地埋滴灌系统每年使用 6 个月(4—9 月),在试验基地对地埋滴灌试验田进行两年多的数据监测记录。滴灌系统使用过程中依据滴灌系统运行流程,定期对滴灌系统的毛管进行冲洗。

6.6.1.4 田间灌水均匀度

根据 4.2.5,可计算出每个取样点的实际含水量,如表 6-62 所示。

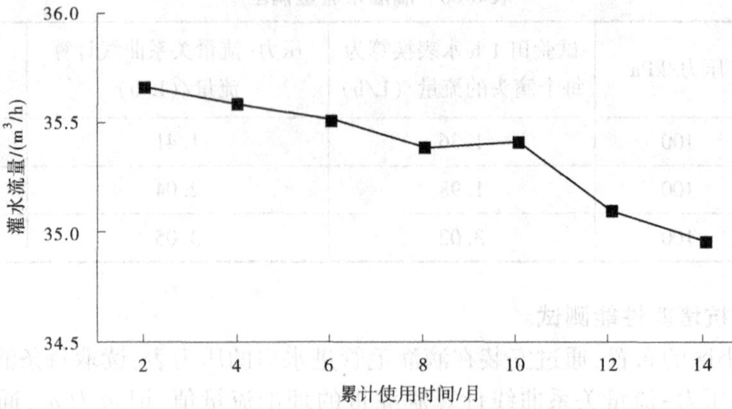

图 6-43 2 L/h 滴灌管累计使用流量变化趋势

表 6-62 每个取样点实际含水量

毛管 干管	干管近距			干管中近距			干管中距			干管中远距			干管远距		
	距离滴头水平间距/cm			距离滴头水平间距/cm			距离滴头水平间距/cm			距离滴头水平间距/cm			距离滴头水平间距/cm		
	5	15	30	5	15	30	5	15	30	5	15	30	5	15	30
毛管近距	15.86	14.71	13.73	15.27	14.83	13.89	15.46	14.83	14.00	15.06	14.42	13.52	15.74	15.05	14.21
毛管中近距	15.29	14.58	14.00	15.43	14.16	12.83	13.43	13.54	13.62	16.14	15.21	14.75	16.14	15.21	14.75
毛管中距	14.32	12.44	12.39	14.09	12.80	12.13	14.42	12.84	12.48	13.97	12.74	12.04	14.34	12.44	12.39
毛管中远距	14.55	13.60	12.89	14.17	13.99	13.52	15.06	14.14	13.70	13.99	13.28	12.65	15.06	14.14	13.70
毛管远距	14.26	13.30	12.09	13.89	12.93	11.57	14.18	12.58	11.91	14.37	13.50	13.06	14.18	12.58	11.91

通过计算得出土壤水分分布均匀度系数 $Cu = 92.18\%$，灌水均匀度是衡量滴灌系统灌水质量的一项重要指标，能够很好地反映滴灌系统内每个滴头流量偏离平均流量的程度。由此可见，使用设计生产的牧草地埋排根防负压避鼠型地下滴灌管进行苜蓿滴灌，土壤水分分布均匀性很好，能够满足苜蓿的灌溉要求。

6.6.1.5　牧草种植用地埋滴灌管件指标

1. 现场适用效果测试分析

通过引进地埋滴灌管件和常规的地埋管件分别安装进行对比试验，在使用一年后对连接管件进行随机抽样测试，主要查看管件连接处是否有渗漏或滑脱现象。记录测试结果，如表 6-63 所示。

表 6-63　连接管件田间性能测试

滴灌带壁厚/mm	产品类型	样品编号									
0.3	地埋滴灌用管件	A_1	A_2	A_3	A_4	A_5	A_6	A_7	A_8	A_9	A_{10}
		无渗漏、无滑脱	无渗漏、无滑脱	无渗漏、无滑脱	无渗漏、无滑脱	无渗漏、无滑脱	无渗漏、无滑脱	无渗漏、无滑脱	无渗漏、无滑脱	无渗漏、无滑脱	无渗漏、无滑脱
	地面滴灌用管件	a_1	a_2	a_3	a_4	a_5	a_6	a_7	a_8	a_9	a_{10}
		无渗漏、无滑脱	无渗漏、无滑脱	滑脱	无渗漏、无滑脱	无渗漏、无滑脱	无渗漏、无滑脱	滑脱	无渗漏、无滑脱	无渗漏、无滑脱	无渗漏、无滑脱
0.4	地埋滴灌用管件	B_1	B_2	B_3	B_4	B_5	B_6	B_7	B_8	B_9	B_{10}
		无渗漏、无滑脱	无渗漏、无滑脱	无渗漏、无滑脱	无渗漏、无滑脱	无渗漏、无滑脱	无渗漏、无滑脱	无渗漏、无滑脱	无渗漏、无滑脱	无渗漏、无滑脱	无渗漏、无滑脱
	地面滴灌用管件	b_1	b_2	b_3	b_4	b_5	b_6	b_7	b_8	b_9	b_{10}
		无渗漏、无滑脱	无渗漏、无滑脱	无渗漏、无滑脱	无渗漏、无滑脱	滑脱	无渗漏、无滑脱	无渗漏、无滑脱	无渗漏、无滑脱	无渗漏、无滑脱	无渗漏、无滑脱

在试验区经过一年的灌溉后，对地埋滴灌专用管件随机抽样检测，管件与相对壁厚的地埋滴灌带连接可靠，所抽样检测的样件均未出现漏水和滑脱现象；常规地埋滴灌管件出现个别漏水和滑脱现象，表明地埋滴灌管件适用性较好，能够在当地推广使用。

2. 先进性及成熟度分析

地埋滴灌连接管件产品结构确定后，根据产品使用性能和产品技术要求，利用微孔注塑成型机制，进行设备改进和产品试制，并组织试验、生产技术人员进行了成型工艺完善、性能检测分析、生产改进，通过采用倒刺连杆的结构设计，杜绝地埋滴灌“跑”“冒”“漏”的问题。在整个产品试验阶段，反复进行了数百次成型工艺调试试验，最终确定了一种新型地埋滴灌连接管件结构及微孔注塑成型设备及工艺方法，既降低了管件的生产成本，又增加了管件的使用寿命。

6.6.1.6　灌溉水利用系数

苜蓿的年需水量相同，但由于土壤含水量、年降水量等有较大的差异，且苜蓿的种植密度也有增大，因此每年的净灌溉定额不同，毛灌溉定额也不同，经测量、计算得到的 2017—2019 年灌溉水利用系数如表 6-64 所示。

表 6-64 2017—2019 年灌溉水利用系数一览

年份	净灌溉定额/(m^3/亩)	毛灌溉定额/(m^3/亩)	灌溉水利用系数	增加值
2017	368.63	420.00	0.88	0.35
2018	369.52	394.67	0.93	0.40
2019	366.48	388.67	0.94	0.41

由表 6-64 可知,2017 年、2018 年、2019 年灌溉水利用系数分别为 0.88、0.93、0.94。

6.6.2 工作性能(选取相应指标进行分析)

6.6.2.1 运行状况

地下滴灌系统最主要的在于滴灌带的布置及轮灌区的划分:其中共有 2 条主干管 DN75,分别控制研究区的 100 亩地。铺设的内径为 16 mm 滴灌带呈"丰"字形布置方式,并与干管相连,引进的是大禹节水集团自主研发的低成本牧草地浅埋排根防负压避鼠型地下灌水器及滴灌管,埋深 15~20 cm。

1. 工作性能参数测试

为研究地埋滴灌系统在实际运行中的工作参数是否符合设计参数,是否满足在智能控制系统的搭载下完成对滴灌系统的参数调节,是否满足作物在轮灌周期内需水量的供应等,进行了相关的性能测试。轮灌区参数测试结果如表 6-65 所示。

表 6-65 轮灌区参数测试结果

工作参数	水泵流量/(m^3/h)	轮灌区首端滴头处压力/MPa	轮灌区首端滴头流量/(L/h)	轮灌区末端滴头处压力/MPa	轮灌区末端滴头流量/(L/h)
测试值	55.8	0.25	4	0.10	3.9
	54.6	0.26	4.1	0.11	4.0
	54.5	0.25	4	0.11	3.9
	53.9	0.24	4	0.10	4.0
	55.2	0.24	4.1	0.10	3.9
	54.7	0.24	4	0.09	3.7

测试结果表明,水泵在实际应用中运行良好,在轮灌区首末两端的滴头压力满足设计要求,滴头出水流量接近相等,表明其灌溉均匀度较高,符合原设计要求。

2. 雨雪天气智能控制系统

当出现大雨、暴雨雪天气时,滴灌系统会及时停机,并在大雨过后根据土壤传感器及空气温湿度传感器的监测数据及时调整灌水深度,从而不会使作物被淹死。

当出现小雨、中雨雪天气时,滴灌系统根据土壤传感器及空气温湿度传感器来减小灌溉时间,从而实现智能灌溉。

3. 智能控制变量灌溉、施肥

由于在 200 亩研究区内不同田块的水文气象、土壤条件有着一定的差异,因此在灌溉过程中,会根据田间气象及土壤传感器的检测结果来智能调控地埋滴灌系统在不同轮灌区的灌溉时间,保证在满足最低灌溉定额的基础上减少用水总量。当一个轮灌区灌溉完成后会立刻关闭该轮灌区的支管阀门,随即控制下一个轮灌区阀门的开启,同时会进行该轮灌区的精量灌溉。

6.6.2.2　技术参数适用范围及评价

对该系统测试后,得出其技术参数适用范围,如表 6-66 所示。

表 6-66　技术参数适用范围

参数类型	范围	参数类型	范围
灌溉覆盖度	>99%	施肥比例	0~5%
控制系统响应时间	5~15 s	灌水均匀度	>90%

通过性能测试,该设备可以实现在 5~20 s 内完成对整个系统的控制,每日 20 h 的灌溉作业,灌溉水的覆盖度达 99%,灌水均匀度达到 90%以上,施肥比例可以实现 0~5%的精准调节。

6.6.3　经济效益

6.6.3.1　亩均产量及收入

2017 年紫花苜蓿亩产干草 1 427 kg,粗蛋白含量经抽检均在 16%以上,属于一级以上优质苜蓿干草,且一级干草数量占比最大,为 38%;2018 年紫花苜蓿亩产干草 1 453 kg,粗蛋白含量都在 18%以上,较 2017 年一级以上占比明显增加,优级、特级干草占比达 32. 8%;2019 年紫花苜蓿亩产干草 1 468 kg,粗蛋白含量都在 18%以上, 优级、特级干草占比达到 34. 1%。

表 6-67 为 2017—2019 年紫花苜蓿亩均产量及收入统计表。

表 6-67　2017—2019 年紫花苜蓿亩均产量及收入统计

年份	亩均产量/kg	平均单价/(元/t)	亩均收入/元
2017	1 427	2 206	3 148
2018	1 453	2 267	3 293
2019	1 468	2 308	3 388

6.6.3.2　经济效益对比分析

为了更好地研究地埋滴灌系统的优势之处,进行了与传统灌溉的亩均经济效益对比分析,见表 6-68。

表 6-68　地埋滴灌系统与传统灌溉的亩均经济效益对比分析

收支类型	项目类型	每亩收支费用/[元/(hm^2·a)]			
		地埋滴灌系统			传统灌溉
		2017 年	2018 年	2019 年	
总投入	租地	600	600	600	600
	固定资产折旧成本	188	188	188	0
	整地	40	40	40	40
	肥料	120	120	120	210
	播种	60	60	60	60
	农药	60	60	60	60
	运营成本	621	620	620	500
总收入		3 148	3 293	3 388	2 232
净收入		1 459	1 605	1 700	762

表 6-69 为 2017—2019 年研究区内投入与收入对比分析表。

表 6-69　2017—2019 年研究区内投入与收入对比分析

收支类型	收支费用/元			
	地埋滴灌系统			传统灌溉
	2017 年	2018 年	2019 年	
亩均总投入	1 679	1 678	1 678	1 470
总投入	337 800	337 600	337 600	294 000
总收入	627 600	656 600	675 600	446 400
净收入	291 800	321 000	340 000	152 400

由 2017—2019 年的年利润求得平均值，可得税前年利润为 355 200 元，投资回报率为 44.97%，投资回报年限为 2.23 年，但由于该系统的本身属性，随着年限的增加，其维护、维修费用也会随之增加，因此在前三年的投资回报率是最高的，年数越久，投资回报率越低。

6.6.4　其他效益

6.6.4.1　亩均节水量

大水漫灌年用水量平均达 14 万 m^3，较传统灌溉（大水漫灌），地埋滴灌系统可以极大地减少作物用水量。表 6-70 为 2017—2019 年亩均节水量一览表。

表 6-70　2017—2019 年亩均节水量一览

年份	总灌溉用水量/万 m^3	总节水量/万 m^3	节水率/%	亩均节水量/m^3
2017	8.40	5.60	40.00	280.0
2018	7.89	6.11	43.62	305.3
2019	7.77	6.23	44.48	311.3

从表 6-70 中可以看出,年均节水量和节水率不断增加,这不仅是因为喷灌带来的田间气候、低质改善的有利影响,还取决于控制系统运用能力的提高和管理者的经验优势,因此对于田间运营管理的水平、控制系统的准确性有着较高的要求。

6.6.4.2　亩均增产量

传统大水漫灌的亩均产量为 1 240 kg,因此研究区内的亩均增产量如表 6-71 所示。

表 6-71　2017—2019 年亩均增产量一览(紫花苜蓿干草质量)

年份	总产量/t	增产量/t	增产率/%	亩均增产量/kg
2017	285.4	37.4	15.08	187
2018	290.6	42.6	17.18	213
2019	293.6	45.6	18.39	228

6.6.4.3　肥料减少量

在传统灌溉的条件下,施肥、喷药工作大都依靠人工或无人机施洒。滴灌系统中配有的智能施肥机等水肥一体化装备可以直接通过管道输送,利用滴头完成田间作物根部的营养供给,极大地减少了肥料的施用量。使用该节水灌溉施肥系统,每亩节肥量约 90 元。表 6-72 为地埋滴灌系统每年亩均肥料施用量统计表。

表 6-72　地埋滴灌系统每年亩均肥料施用量统计

肥料种类	施用量/kg	单价/(元/t)	施用总投入/元
过磷酸钙	20	1 200	120
硫酸钾	4.8	2 300	
尿素	6.4	2 200	
腐殖酸有机肥	48	1 100	
生物有机肥	16	1 100	

6.6.4.4　节能省工

1. 节省电能

相比传统灌溉,地埋滴灌系统采用的水泵会根据实际作物需水量科学选用,功率较传统提水电泵要小得多,同时智慧灌溉会减少水泵实际运行时间,节省大量电能。传统灌溉时一年潜水泵提水所付电费近 7 000 元,因此可以减少约 43%的电费消耗。

2. 节省人力

地埋滴灌系统不需要人工施肥,可以大量节省人力,同时大田管理全是智能控制设备,2 名管理人员就可以完成苜蓿的生产期的需水、需肥等,大大提高了劳动生产率。但由于不具备喷药的功能,因此还需要自行喷药。

6.6.4.5 影响评价

1. 环境影响评价

由于地埋滴灌是一种通过灌水器将灌溉水肥缓慢渗入附近土壤,再借助毛细管作用或重力扩散到整个作物根层的灌溉技术,节省大量水、肥资源,有着良好的生态效益,大大减少了水资源的损失和污染地下水的风险。作物生长的地表面始终保持干燥,不利于病虫害发生。

但随着滴灌带使用时间的增大,将会发生滴灌带老化的不良现象,因此会造成大量白色污染,因此需要对地埋滴灌带进行不定期的质量检查和更换。

2. 水土保持评价

地埋滴灌条件下,地埋滴头以上土壤中的水分仅依靠毛细作用上升浸润土壤,不会对表层土壤形成大水量的浸泡饱和,有效避免了棵间蒸发,降低了作物根部以上土壤中的水分含量,从而节约了水资源,减弱地表积盐速度。相对于大田漫灌,地埋滴灌对作物供水持续均匀,土壤水分向下渗漏的速度缓慢,田间持水时间延长,避免了水分的快速渗漏,能够较好地解决内陆干旱草原区水资源漏失的实际问题。

6.6.5 适用性评价小结

综上所述,得出适用性评价,如表 6-73 所示。

表 6-73 适用性评价

评价目标	评价系统	评价指标	属性值		
			2017 年	2018 年	2019 年
过程评价	前期工作评价	—	优秀	—	—
	建设实施评价	—	优秀	—	—
	运行管理评价	—	良好	良好	良好
经济评价	效果评价	灌溉水利用系数	0.88	0.93	0.94
		亩均节水量/m^3	280	305.3	313.3
		亩均增产量/kg	187	213	228
		肥料投入减少量/元	90	90	90
		农药投入减少量/元	0	0	0
		能源消耗减少率/%	40.00	43.61	44.47
		省工/万元	3.1	3.1	3.1

续表 6-73

评价目标	评价系统	评价指标	属性值		
			2017 年	2018 年	2019 年
影响评价	环境影响评价	土壤环境	改良	改良	改良
		生态环境	改良	改良	改良
	水土保持评价	—	改良	改良	改良
综合评价	评价结论	—	非常适合		

第7章 内陆干旱草原区高效节水灌溉技术集成与应用示范

7.1 内陆干旱草原区自然条件变化状况研究

7.1.1 内陆干旱草原区气候条件状况

甘肃干旱草原区深居西北内陆,大部分地区气候干燥,属大陆性温带季风气候。冬季寒冷漫长,春夏界线不分明,夏季短促,气温高,秋季降温快。各草原区年平均气温为0~16 ℃,年降水量为36.6~734.9 mm,大致从东南向西北递减,乌鞘岭以西降水明显减少,受季风影响,降水大多集中在6—8月,占全年降水总量的50%~70%。平均气温陇南和酒泉西部最高,甘南和乌鞘岭地区最低。

新疆作为我国五大牧区之一,天然草原资源相当丰富,共有草原面积5 730万 hm^2,草原区四周有高山阻隔,海洋气流不易到达,形成明显的温带大陆性气候。新疆是我国日照最长、光热资源最丰富的地区之一,年日照时数达2 550~3 500 h,居全国首位,太阳辐射总量530.7~637.9 kJ/(cm^2·a),仅次于青藏高原,且年际变化小,年平均降水量为150 mm,仅占全国平均年降水量的23%。

甘肃省和新疆维吾尔族自治区气候特征见图7-1~图7-6。

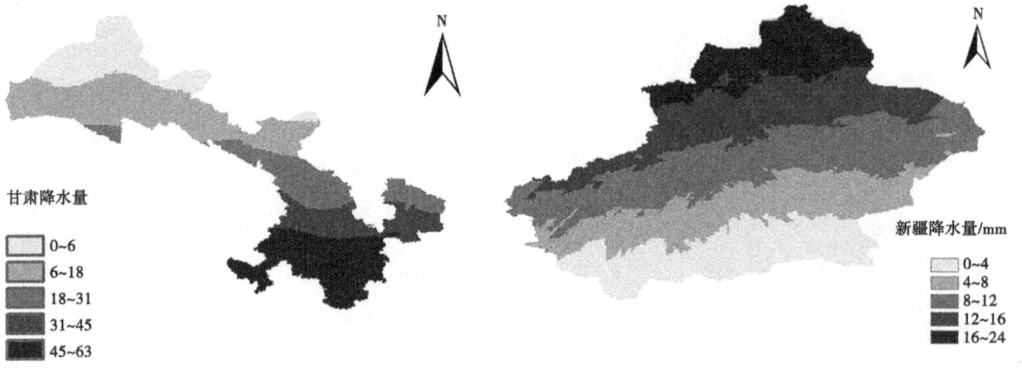

图7-1 甘肃省和新疆维吾尔族自治区降水量空间分布

7.1.2 内陆干旱草原区地形地貌状况

甘肃干旱草原区地处黄土高原、青藏高原和内蒙古高原三大高原的交汇地带。境内地形复杂,山脉纵横交错,海拔悬殊,地貌复杂多样,高山、盆地、平川、沙漠和戈壁等兼而有之,是山地型高原地貌。地势自西南向东北倾斜,地形狭长,东西长1 659 km,南北宽

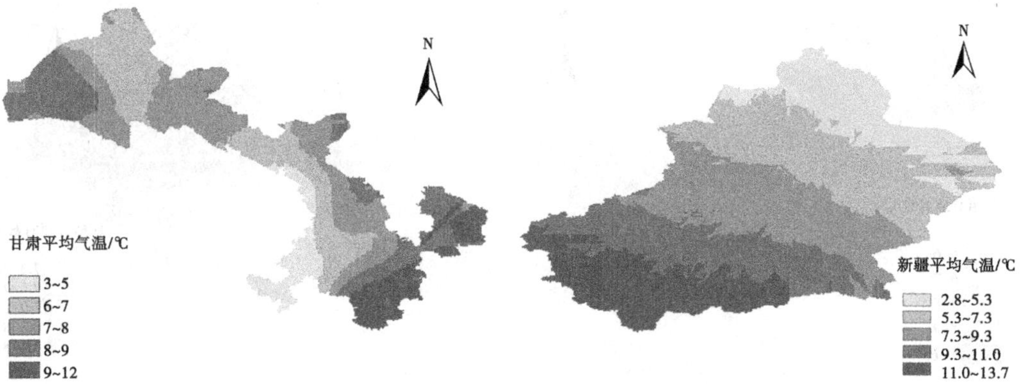

图 7-2　甘肃省和新疆维吾尔族自治区平均气温空间分布

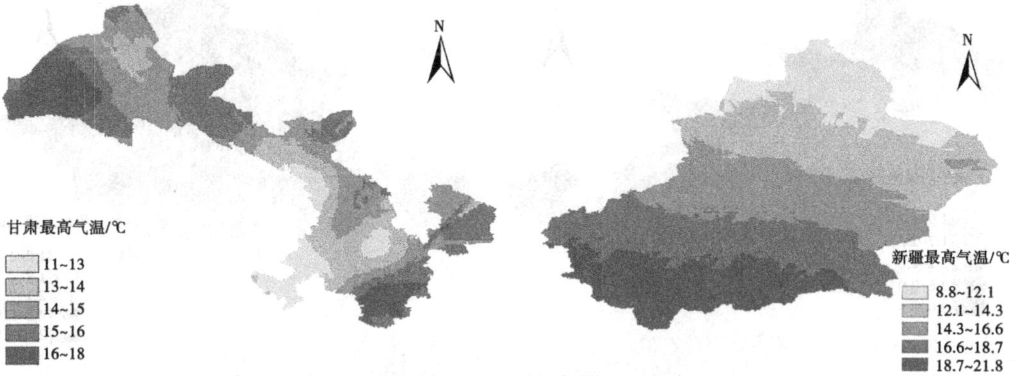

图 7-3　甘肃省和新疆维吾尔族自治区最高气温空间分布

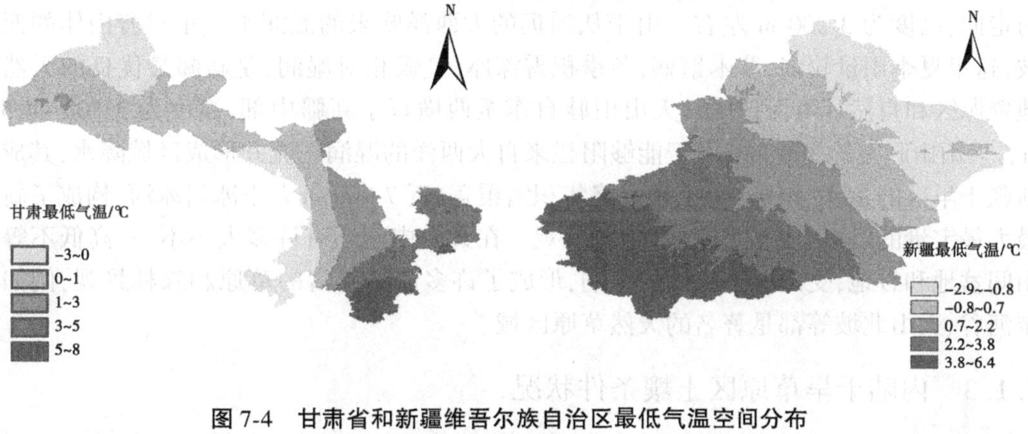

图 7-4　甘肃省和新疆维吾尔族自治区最低气温空间分布

530 km，大致可分为各具特色的六大区域。海拔大多在 1 000 m 以上，四周为群山峻岭所环抱。北有六盘山和龙首山，东为岷山、秦岭和子午岭，西接阿尔金山和祁连山，南壤青泥岭。

新疆是我国第三大草原省区，草原面积约 $5.7×10^6$ hm^2，“三山夹两盆”的地理环境特征，使新疆的自然生态环境具有明显地域分布特点和多样性。每个山系和盆地都有各自

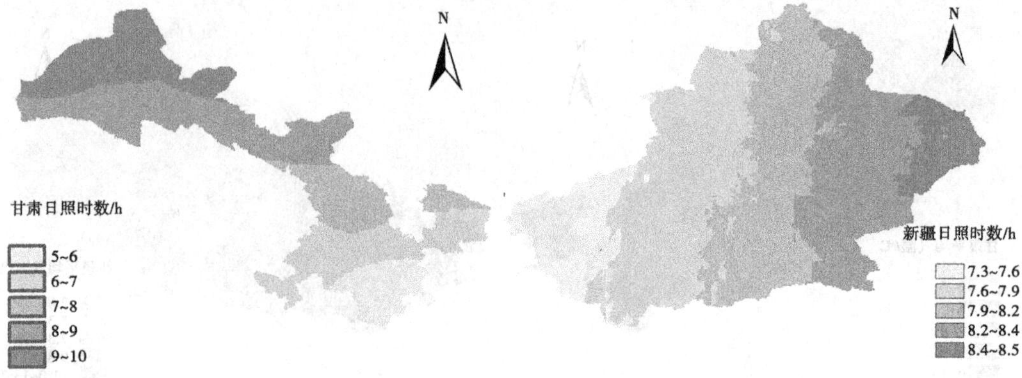

图 7-5 甘肃省和新疆维吾尔族自治区日照时数空间分布

图 7-6 甘肃省和新疆维吾尔族自治区平均风速空间分布

独特的自然生态景观和区域气候特征。阿尔泰山雄居于新疆的北部和东北部，呈西北东南走向，高度为 3 200 m 左右。由于从遥远的大西洋吹来的湿润水气正对着山体的西南坡，这里夏季雨量较多，草木繁盛，冬季积雪深厚，气候相对湿润，是新疆最优良的天然草地资源区和自然环境保护区。天山山脉自东至西横亘于新疆中部，高度为 3 500～4 500 m。天山山脉宽约 300 km，由于能够阻拦来自大西洋的湿润气流并形成区域降水，其成为新疆干旱区的主要“湿岛”。山顶上终年积雪覆盖，近 7 000 条大小冰川冰河，构成了新疆最大最宝贵的“固体淡水水库”和独特景观。在天山中间还有许多大小不一、高低不等的山间盆地和谷地，受山区小气候的影响，形成了许多产草丰富的草原和森林景观，例如伊犁河谷、天山北坡等都是著名的天然草原区域。

7.1.3 内陆干旱草原区土壤条件状况

甘肃省土地面积约为 45.44 万 km^2，省内土壤分布大致为：陇南黄棕壤、棕壤、褐土地区；陇东黄绵土、黑垆土地区；陇中麻土、黄白绵土地区；甘南草甸土、草甸草原土地区；河西漠土、灌漠土。由于地质作用及侵蚀的影响，土壤母质较为复杂，大致可划分为三种母质类型：坡积-残积母质，主要分布在陇南山地，为千枚岩、第三系红土色砂岩、片岩等母质。该母质特点是山体海拔高，植被覆盖率高，山体为石质山地，部分坡面岩石裸露，构成山体的岩石较为复杂。黄土母质，主要分布在陇东和陇中两地区，母质质地均一、疏松多孔，富含石灰。冲积-洪积母质，分布在河西走廊、甘南高原一带的河流沿岸及山前冲积-洪积扇。河西走廊一带多为砂砾冲积物、砂砾洪积物、冰水沉积物、风积洪积物等母质，甘南高原多半为壤质冲积物、石灰岩冲积物、沉积物等母质。

新疆干旱草原区主要分布在天山、伊犁河流域、阿尔泰山、准噶尔盆地、塔城盆地和托里谷地等，涉及的土壤类型包括黑钙土、栗钙土、棕钙土和灰钙土四个土类。这些土类主要形成于禾本科草本草原和干草原植被下，有着强烈的生物积累和钙化过程，土体上部腐殖质积累强度从黑钙土向栗钙土、棕钙土、灰钙土逐渐减弱，表层有机质含量由黑钙土的14.68%到棕钙土的1.6%；碳酸钙淀积层出现的深度则相反。黑钙土主要分布于托木尔峰北坡，海拔2 050 m森林带以下，天山北坡和西部天山1 780 m，伊犁河流域昭苏盆地阳坡森林带下部，丘陵和洪积冲积扇中部，以及准噶尔西部塔城北山等地，多为黄土状母质。栗钙土主要分布在伊犁河流域特克斯县、新源县、巩乃斯谷地，准噶尔盆地以西的托果-库薄谷地、布克谷地、塔城盆地等，母质为黄土状物质或是第四纪沉积物砂砾质洪积物。棕钙土分布面积较大，主要广布北疆准噶尔西部山地、塔城盆地、额尔齐斯河南岸以及中部天山北麓山前洪积-冲积扇上部和中部地区，自然植被为荒漠草原和草原化荒漠两大组合，土壤上部进行着一定的生物积累过程，腐殖质积累过程相对较弱。灰钙土位于伊犁河谷地两侧的山前平原上，覆盖着黄土状物质，植被属于半荒漠类型的短命植物。

7.1.4　内陆干旱草原区水资源条件状况

甘肃干旱草原区水资源主要分属黄河、长江、内陆河3个流域、9个水系。黄河流域有洮河、湟水、黄河干流（包括大夏河、庄浪河、祖厉河及其他直接入黄河干流的小支流）、渭河、泾河等5个水系；长江流域有嘉陵江水系；内陆河流域有石羊河、黑河、疏勒河（含苏干湖水系）3个水系。年总地表径流量174.5亿 m^3，流域面积27万 km^2，自产地表水资源量286.2亿 m^3，纯地下水8.7亿 m^3。河流年总径流量415.8亿 m^3，其中1亿 m^3 以上的河流有78条。黄河流域除黄河干流纵贯省境中部外，支流就有36条。该流域面积大、水利条件优越。然而，流域内绝大部分地区为黄土覆盖，植被稀疏，水土流失严重，河流含沙量大。长江水系包括省境东南部嘉陵江上源支流的白龙江和西汉水，水源充足，年内变化稳定，冬季不封冻，河道坡降大，且多峡谷，蕴藏有丰富的水能资源。

新疆三大山脉的积雪、冰川孕育汇集为500多条河流，分布于天山南北的盆地，其中较大的有塔里木河、伊犁河、额尔齐斯河、玛纳斯河、乌伦古河、开都河等，多年平均总径流量884亿 m^3/a。新疆有大于1 km^2 的天然湖泊139个，总面积约5 500 km^2，主要有博斯腾湖、乌伦古湖、赛里木湖、艾比湖、阿牙克库木湖及艾丁湖。新疆是我国冰川资源较多的省（区、市）之一，共有冰川18 600多条，主要分布在天山、昆仑山、阿尔泰山和帕米尔高原，冰川总面积为26 091.68 km^2，占全国冰川总面积的46.2%，冰雪储量28 275亿 m^3，占全国冰川储量的49.5%。新疆平原区地下水补给资源量385.29亿 m^3/a，山丘区地下水补给资源量409.40亿 m^3/a。山区与平原区地下水重复补给量165.13亿 m^3/a，全区地下水补给总量为629.555 4亿 m^3/a。

7.2 高效节水灌溉系统技术集成体系构建

7.2.1 内陆干旱草原区种植牧草草种选取

7.2.1.1 甘肃

甘肃省现有人工种草面积 2 212 万亩,其中多年生人工种草面积 1 807 万亩,主要种植紫花苜蓿(935 万亩),红豆草、三叶草、老芒麦、披碱草等种植面积也较大。一年生人工种草面积 405 万亩,以箭筈豌豆、燕麦、毛苕子等为主。甘肃省人工种草规模化程度不断提高,在酒泉、张掖、金昌、白银、庆阳、定西等地形成了较为明显的优势产业带。甘肃省牧草规模化种植主要集中在三个区域,河西走廊优质草产品生产加工区(酒泉、张掖、金昌、武威)、陇中黄土高原草畜转化及草产品生产区(白银、定西)和陇东地区草畜转化及草产品生产区(庆阳、平凉)。河西走廊地处青藏高原和内蒙古高原的过渡地带,气候干旱,日照充足,日温差大,降水稀少,种植业主要靠祁连山雪水和地下水灌溉。土地总面积 27.8 万 km^2,有可利用草地面积 12 860 万亩。该地区牧草草种应以苜蓿单播或苜蓿与无芒雀麦混播为主要种植模式。陇中地区属黄土高原西端,气候温和干旱,大部分地区干旱少雨,蒸发量大。土地总面积 7.94 万 km^2,坡耕地面积大,草地面积 4 230 万亩,主要分布在退耕还草区和水土流失严重区。该地区牧草草种应以苜蓿单播或红豆草单播或苜蓿与无芒雀麦混播或无芒雀麦与红豆草混播为主要种植模式。陇东地区以庆阳、平凉地区为主,属黄土高塬沟壑区,气候类型多样,大部分地区属暖温带半湿润大陆性气候,光热资源丰富。土地总面积 3.45 万 km^2,有可利用草地面积 2 140 万亩。该地区牧草草种应以苜蓿单播或红豆草单播或苜蓿与无芒雀麦混播或无芒雀麦与红豆草混播为主要种植模式。

7.2.1.2 新疆

新疆北疆地区栽培草地的种植从地域上分为两大类,即平原与山区栽培草地,平原以绿洲农区、农牧交错带及牧民定居点为主,该地区牧草草种应以苜蓿单播或苜蓿与无芒雀麦混播为主要种植模式。山区水资源主要依靠天然降水,该地区牧草草种应以苜蓿单播或红豆草单播或苜蓿与无芒雀麦混播或红豆草与无芒雀麦混播为主要种植模式。新疆南疆主要包括巴州(1 个县级市、7 个县、1 个自治县)、阿克苏(8 个县 1 个市)、克州(3 个县 1 个市)、喀什(县级市)和和田(7 个县 1 个市)五个地区,以及新疆生产建设兵团,农一师(16 个农牧团场)、农二师(17 个农牧团场)、农三师(18 个农牧团场)和十四师(4 个农牧团场)。巴州拥有牧草地 836.74 万 hm^2,由大、小珠勒图斯两个高位山间盆地和山区丘陵草场组成,草原东西长 270 km,南北宽 136 km,总面积 23 835 km^2,可利用草场面积 20 519 km^2,平均海拔在 1 500~2 500 m,为典型的高寒草原草场、高寒草甸草场、高寒沼泽草场和山地草甸草场,其中人工草地 1.17 万 hm^2。阿克苏地区的牧草地为 467.79 万 hm^2。克州是以山地草原畜牧业为主的自治州,草场面积达 5 000 余万亩,草料地种草 6 000 亩左右,是开发高寒高原建设高标准的人工草料地。喀什地区全区现有牧草地 161 万 hm^2,可利用草场 11.48 万 hm^2,其中改良草场 2.96 万 hm^2、围栏草场 1.38 万 hm^2,水域面积 79.9 万 hm^2。和田地区大部分为难以利用的裸岩荒山,有可利用草场 3 288.9 万亩。

南疆牧草草种应以苜蓿单播为主要种植模式。

7.2.2　内陆干旱草原区灌溉装备确定

内陆干旱草原区属多风地区，且日照充足，喷灌飘逸损失大是影响喷灌技术应用推广的限制因素。圆形喷灌机喷头垂直向下，可以根据作物生长情况调节喷头距地面的高度，可有效减少喷灌飘逸损失。喷灌技术自动化程度高，在夜间可进行喷灌，遇大风天气可停止喷灌。此外，在风速为 3.4~5.4 m/s 的区域，大型指针式喷灌高效节水灌溉系统的喷灌均匀度为 0.85，可满足内陆干旱草原区的气候条件和实际生产的要求。

地下滴灌高效节水灌溉系统技术有诸多优点。例如：采用管道输水，可减少输水损失，节水效果明显；可将肥料或农药直接输送到作物根区附近，减少对土壤和地下水的污染；可明显降低地表湿度并保持较高的土壤温度，为作物生长创造良好的环境；肥料利用率高，能够适时适量地将营养元素和农药精确地直接输送到作物根区，被作物根系很好地吸收；地表相对干燥，可有效抑制杂草生长；降低地面灌溉对土壤的冲刷和对土壤结构的破坏，有利于保持作物耕层疏松通透的土壤环境；不影响地面的各种农事活动，管理方便等。此外，地下滴灌高效节水灌溉系统技术对气候条件和地形地貌没有严格的要求，适用于内陆干旱草原区人工草地的种植。

7.2.3　内陆干旱草原区农机农艺配套技术

7.2.3.1　甘肃

土壤耕作：整体包括清除残茬、杂草、杂物，耕耙整平，利于种植、出苗、生长和收获。在牧草播种前，要求地面平整，土块细碎，无杂草，墒情好，深翻土地。播种：播种前应晒种 2~3 d，以打破休眠，提高发芽率和幼苗整齐度。种植应尽量选用纯度高、净度高、千粒重、含水量适宜、发芽率高和种子用价高和无病虫害的优质种子。

7.2.3.2　新疆

在北疆地区，播种时间采用春播、夏播、秋播均可，技术流程是在平整的土地上按 30 cm 左右的行距干播，播种深度控制在 0.5~1 cm，播后采用喷灌或滴灌等灌溉方法确保出苗率，播量较传统种植模式大幅减少，一般应控制在 15 kg/hm^2 左右。北疆山区苜蓿每年可收割 2 茬，平原区可收获 3~4 茬。红豆草播前要精细整地，清除田间杂草，保持田间清洁，使土地细碎平整，一般按 60 kg/hm^2（带荚）播种，撒播和条播均可，行距 15~30 cm，播深 2~3 cm。调制干草在初花期刈割，留茬高度为 5~7 cm，以利再生，收种应在 50%的豆荚变成褐色时收获，以免落粒。禾本科牧草无芒雀麦作为饲用植物，虽然营养价值很高并且草食动物非常喜食，但由于产量相对较低，加之受牧草价格等客观因素的制约，在北疆平原地区很少有大规模种植的情况，一般是在山区小块较为平整的土地上种植，播种时间一般选择在春末夏初。

目前，新疆南疆兵团团场在牧草生产种植、收获、运输、加工过程中都实现了机械化，每个团场都有若干台专门机械设备，用于牧草的收获、加工，配套的机械设备有压扁割草机、方捆打孔机、圆盘搂草机。大型奶牛养殖场配有先进的 TMR 饲喂系统和挤奶系统。在南疆喀什地区，麦盖提县等县政府为农民集体购置了配套的小型机械，如粉碎机、裹包机、打捆机三位一体的机械,实现了牧草的青贮,并严格执行长草短喂、短草精喂的原则。麦盖提县用的主要机械型号为:RC500 型揉搓机、MK5050-G 型青贮圆捆机、天津尤耐特裹包机[三机一共 4.8 万元,包膜/卷:260 元;麻绳/卷:106 元;每包一度电成本,每小时可打 60 包,每包 60~80 kg(视水分含量不同),不含人力成本,每包成本(仅材料成本)3 元]。麦盖提县大力建设青贮窖,维护检修青贮加工机械,使牧草得到高效利用。

7.2.4 内陆干旱草原区水肥一体化技术

在牧草单播或混播条件下,拔节期 65%田间持水量、抽穗期 75%田间持水量的灌水模式结合施氮量 80 kg/hm^2(土壤基础养分含量为全氮 0.94 g/kg、硝态氮 76.01 mg/kg、速效磷 25.22 mg/kg、速效钾 131.97 mg/kg)是内陆干旱草原区适宜的水肥一体化模式。

7.2.5 内陆干旱草原区工程运行管理技术

在牧草种植中,应加强工程运行管理工作。播种前应将土壤精细平整,达到播种要求,种子应选用籽粒饱满的优良品种。施肥通过灌水均匀进入牧草耕层土壤。在牧草生长期间,如出现病害、虫害及杂草,应及时采取措施。晴天刈割,在田间晾晒,用搂草机翻晒搂草。每个苜蓿生长年结束后应将灌水器和灌水管道中残留的水排干净,以免发生冻害。每个苜蓿生长年开始时应仔细检查灌水器和灌水管道是否完好,以免出现漏水、渗水等现象。

7.3 内陆干旱草原区大型指针式喷灌高效节水灌溉系统技术应用示范

7.3.1 示范区概况

永昌县隶属于甘肃省金昌市,位于甘肃省西北部,地处河西走廊东部、祁连山北麓、阿拉善台地南缘。东邻武威,北接金川,西迎山丹,南与肃南接壤。地理坐标为东经 101°04′~102°43′,北纬 37°47′~38°39′。东西最长距离 144.8 km,南北最宽距离 144.55 km,总面积 7 439.27 km^2。永昌县境内地势以山地、平原为主,与戈壁沙漠东西展开,南北山岭夹峙,相间排列,山地平川交错,绿洲荒漠绵延。最低海拔 1 452 m,最高海拔 4 442 m,平均海拔 2 000 m,耕地海拔 1 452~2 400 m。

永昌县属温带大陆性气候,冬无严寒,夏无酷暑,年平均气温 4.8 ℃,年平均降水量 185.1 mm,无霜期 134 d,年平均日照 2 884.2 h,日照率 65%,年平均蒸发量 2 000.6 mm。

7.3.2 示范内容

在金昌市永昌县示范 4 000 亩地采用大型指针式喷灌机、一套新开发大田施肥机和绿色自动化智能控制系统(自动报警、故障报警、实时监测土壤墒情、作物需水需肥状况)的苜蓿种植区。示范内容包括喷灌灌水技术、苜蓿种植模式、喷灌灌溉制度、水肥一体化技术、喷灌自动化管理运行等。苜蓿(清水苜蓿)于 2017 年 8 月 12 日播种,播种量为 26 kg/hm^2,播深 2 cm,行距 30 cm。苜蓿的除草、施肥、病虫害防治等与当地常规管理保持一致。

7.3.3 示范区灌溉制度研究

在金昌市永昌县示范区,苜蓿种植采用分枝期 65%田间持水量、开花期 75%田间持水量,其余生育期充分灌水(土壤含水量为田间持水量的 75%)的灌水模式。2018—2020 年金昌市永昌县示范区苜蓿生育期灌溉情况如表 7-1~表 7-4 所示。

表 7-1 2018 年金昌市永昌县示范区苜蓿生育期灌溉情况

灌水日期	灌水方法	次灌水量/mm	灌水总量
2018 年 4 月 15 日	喷灌	40	11 次 580 mm
2018 年 4 月 30 日	喷灌	60	
2018 年 5 月 15 日	喷灌	60	
2018 年 5 月 30 日	喷灌	60	
2018 年 6 月 14 日	喷灌	60	
2018 年 6 月 30 日	喷灌	60	
2018 年 7 月 24 日	喷灌	60	
2018 年 8 月 14 日	喷灌	60	
2018 年 8 月 29 日	喷灌	40	
2018 年 9 月 14 日	喷灌	40	
2018 年 10 月 01 日	喷灌	40	

表 7-2 2019 年金昌市永昌县示范区苜蓿生育期灌溉情况

灌水日期	灌水方法	次灌水量/mm	灌水总量
2019 年 4 月 8 日	喷灌	40	14 次 560 mm
2019 年 4 月 22 日	喷灌	40	
2019 年 5 月 4 日	喷灌	40	
2019 年 5 月 15 日	喷灌	40	
2019 年 5 月 27 日	喷灌	40	
2019 年 6 月 11 日	喷灌	40	
2019 年 6 月 24 日	喷灌	40	
2019 年 7 月 2 日	喷灌	40	
2019 年 7 月 14 日	喷灌	40	
2019 年 7 月 22 日	喷灌	40	
2019 年 8 月 2 日	喷灌	40	
2019 年 8 月 13 日	喷灌	40	
2019 年 9 月 23 日	喷灌	40	
2019 年 10 月 4 日	喷灌	40	

表 7-3 2020 年金昌市永昌县示范区苜蓿生育期灌溉情况

灌水日期	灌水方法	次灌水量/mm	灌水总量
2020 年 4 月 5 日	喷灌	30	12 次 540 mm
2020 年 4 月 23 日	喷灌	30	
2020 年 5 月 5 日	喷灌	60	
2020 年 5 月 26 日	喷灌	60	
2020 年 6 月 13 日	喷灌	60	
2020 年 6 月 30 日	喷灌	60	
2020 年 7 月 17 日	喷灌	40	
2020 年 8 月 5 日	喷灌	40	
2020 年 8 月 25 日	喷灌	40	
2020 年 9 月 10 日	喷灌	40	
2020 年 9 月 23 日	喷灌	40	
2020 年 10 月 2 日	喷灌	40	

表 7-4 金昌市永昌县示范区苜蓿灌溉制度

茬次	生育期	日期	灌水定额/mm	灌水次数/次	灌溉定额/mm
第一茬	返青期	4 月 5 日至 4 月 14 日	30~40	1~2	30~60
	分枝期	4 月 15 日至 5 月 12 日	30~40	2~3	90~120
	现蕾期	5 月 13 日至 5 月 28 日	40~60	1~2	40~80
	初花期	5 月 29 日至 6 月 3 日	40~60	1~2	40~80
第二茬	分枝期	6 月 4 日至 7 月 1 日	40~60	2~3	80~120
	现蕾期	7 月 2 日至 7 月 15 日	40~60	1~2	40~80
	初花期	7 月 16 日至 8 月 2 日	40~60	1~2	40~80
第二茬	分枝期	8 月 3 日至 8 月 23 日	40	1~2	40~80
	现蕾期	8 月 24 日至 9 月 12 日	40	1~2	40~80
	初花期	9 月 13 日至 9 月 25 日	40	1~2	40~80
合计				11~14	540~580

7.3.4 示范区水肥一体化技术

在金昌市永昌县示范区，采用大型指针式喷灌机和一套新开发大田施肥机实现苜蓿种植的水肥一体化。每个苜蓿生长年度施氮（尿素）总量为 80 kg/hm^2（纯氮量），在 3 茬中的分配比例为 5:3:2，并于每次分枝期随灌水施入。

7.3.5 示范区水土环境监测

于2018—2020年示范期间,每年苜蓿收获后监测示范区水土环境指标,其中水样指标包括地下水埋深和0~100 cm土层土壤含水量,土样指标包括示范区苜蓿根区土壤和当地农民自种苜蓿土壤的理化性状。

在金昌市永昌县示范区,地下水埋深平均在100 m以下,随时间呈持续缓慢下降的态势。2018—2020年示范期间草地0~100 cm土层平均土壤含水量如图7-7所示。由图7-7分析可知,2018年示范区建植时,草地0~100 cm土层平均土壤含水量较低(10.1%),之后采用地下滴灌严格控制土壤水分含量,草地0~100 cm土层平均土壤含水量稳定维持在15.5%~17.6%。

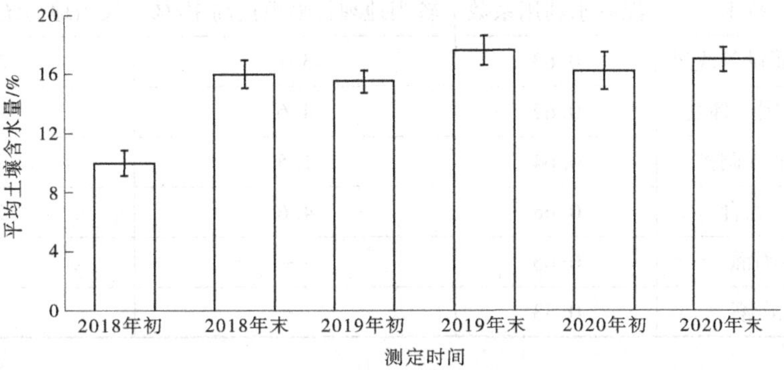

图7-7　2018—2020年金昌市永昌县示范区0~100 cm土层平均土壤含水量

2018年示范区苜蓿建植时、2020年示范区苜蓿刈割后和当地农民自种苜蓿地耕层(0~30 cm)土壤平均养分含量如表7-5所示。由表7-5分析可知,2018年示范区苜蓿建植时、2020年示范区苜蓿刈割后和当地农民自种苜蓿地耕层土壤的全氮、全磷和全钾含量无显著差异或差异较小。土壤有机质、碱解氮、速效磷和速效钾含量均表现为当地农民自种苜蓿地>2020年示范区苜蓿刈割后>2018年示范区苜蓿建植时。土壤有机质含量表现为2020年示范区苜蓿刈割后>当地农民自种苜蓿地>2018年示范区苜蓿建植时。可见,当地农民自种苜蓿地的肥料施用量远高于牧草需求量,导致土壤中残留有大量的营养物质;示范区水肥一体化管理模式基本可以实现肥料的供给与消耗的平衡,同时维持较高的土壤有机质含量。

表7-5　不同测点耕层(0~30 cm)土壤平均养分含量(质量比)

土样来源	有机质/(g/kg)	全氮/(g/kg)	全磷/(g/kg)	全钾/(g/kg)	碱解氮/(mg/kg)	速效磷/(mg/kg)	速效钾/(mg/kg)
1	13.22b	0.40ab	0.53a	12.56a	54.53a	1.43a	30.45a
2	10.20c	0.34b	0.55a	13.10a	20.89c	0.65c	19.34c
3	16.21a	0.45a	0.50a	12.32a	43.65b	1.04b	23.98b

注:1代表当地农民自种苜蓿地土样,2代表2018年示范区苜蓿建植时土样,3代表2020年示范区苜蓿刈割后土样。

7.3.6 示范区综合效益评价

7.3.6.1 经济效益

1. 灌溉水利用系数

苜蓿种植示范区全部采用喷灌，由于每年的降水量与降水分布差异较大，因此每年的净灌溉定额和毛灌溉定额不同。2018 年、2019 年和 2020 年计算的灌溉水利用系数分别为 0.63、0.69 和 0.71，三年平均为 0.68。与当地现行喷灌和当地传统漫灌相比，采用该喷灌技术可分别提高灌溉水利用系数 4.6%和 28.3%（见表 7-6）。可见，喷灌能显著提高灌溉水利用效率，减少单位面积草地的灌水量，增加草地灌溉面积。

表 7-6 灌溉水利用系数提升情况

类别	技术	灌溉水利用系数	较当地现行喷灌提高率/%	较当地传统漫灌提升率/%
示范区	喷灌设备改进	0.63	3.1	18.9
	水肥一体化	0.62	4.6	17.0
	水分调控	0.64	1.5	20.8
	综合	0.68	4.6	28.3
当地现行喷灌		0.65	—	—
当地传统漫灌		0.53	—	—

2. 节水量

传统大水漫灌苜蓿的年用水量为 10 500 m^3/hm^2，在 2018 年、2019 年和 2020 年采用喷灌的苜蓿年灌水量分别为 8 700 m^3/hm^2、8 400 m^3/hm^2 和 8 100 m^3/hm^2，三年平均苜蓿年灌水量为 8 400 m^3/hm^2。与当地现行喷灌和当地传统漫灌相比，采用该喷灌技术可分别节约灌水量 7.5%和 20.0%（见表 7-7）。

表 7-7 灌溉用水节约情况

类别	技术	灌水量/(m^3/hm^2)	较当地现行喷灌提高率/%	较当地传统漫灌提升率/%
示范区	喷灌设备改进	8 650	4.7	17.6
	水肥一体化	8 730	3.9	16.9
	水分调控	8 580	5.5	18.3
	综合	8 400	7.5	20.0
当地现行喷灌		9 080	—	—
当地传统漫灌		10 500	—	—

3. 牧草产量

在金昌市永昌县示范区，每个苜蓿生长年度中，共刈割 3 茬，2018 年苜蓿干草产量为

17 690 kg/hm², 2019 年苜蓿干草产量为 17 840 kg/hm², 2020 年苜蓿干草产量为 18 290 kg/hm², 平均年苜蓿产量为 17 940 kg/hm²。与当地现行喷灌和当地传统漫灌相比,采用该喷灌技术可分别提高苜蓿产量 6.5%和 12.6%(见表 7-8),增产效果显著,有利于提高农民种植牧草的积极性。

表 7-8 苜蓿产量提升情况

类别	技术	苜蓿产量/(kg/hm²)	较当地现行喷灌提高率/%	较当地传统漫灌提升率/%
示范区	喷灌设备改进	17 190	2.0	7.9
	水肥一体化	17 450	3.6	9.5
	水分调控	17 130	1.7	7.5
	综合	17 940	6.5	12.6
当地现行喷灌		16 845	—	—
当地传统漫灌		15 933	—	—

4. 水分生产力

在金昌市永昌县示范区,2018 年水分生产力为 2.03 kg/m³, 2019 年水分生产力为 2.12 kg/m³, 2020 年水分生产力为 2.26 kg/m³,三年平均为 2.14 kg/m³。与当地现行喷灌和当地传统漫灌相比,采用该喷灌技术可分别提高苜蓿草地水分生产力 15.1%和 40.8%(见表 7-9),提升效果显著。

表 7-9 水分生产力提升情况

类别	技术	水分生产力/(kg/m³)	较当地现行喷灌提高率/%	较当地传统漫灌提升率/%
示范区	喷灌设备改进	1.99	7.0	30.9
	水肥一体化	2.00	7.6	31.6
	水分调控	2.00	7.5	31.5
	综合	2.14	15.1	40.8
当地现行喷灌		1.86	—	—
当地传统漫灌		1.52	—	—

5. 灌溉效率

示范区采用的大型指针式喷灌设备可实现在 10~20 s 内完成对整个系统的控制,在土地较为平整的田块完成每日 20 h 的灌溉作业,灌溉 200 亩草地所需的时间为 6.85~7.15 h。在风力低于 5.4 m/s 时,可保证灌溉水覆盖度达到 96%,喷灌均匀度达到 80%以上,雾化指标达到 2 500 以上。在使用绿色高效智能控制喷灌设备的同时,示范区采用适宜苜蓿生长规律的非充分灌溉制度(调亏灌溉)。在苜蓿生产中,采用调亏灌溉较充分灌溉可减少灌水量 9 m^3/hm^2。现阶段,就灌溉单位面积所需时间而言,传统喷灌结合充分灌溉为 0.041 h/亩,该示范区为 0.037 h/亩,灌溉效率提高了 10.8%。

6. 苜蓿粗蛋白含量

在金昌市永昌县示范区,2018 年、2019 年和 2020 年对苜蓿干草抽样检测发现,粗蛋白含量分别为 17.5%、18.3%和 17.9%,三年平均苜蓿粗蛋白含量为 17.9%。与当地现行喷灌和当地传统漫灌相比,采用该喷灌技术可分别提高苜蓿粗蛋白含量 11.2%和 14.0%(见表 7-10),粗蛋白含量提高效果明显。

表 7-10 苜蓿粗蛋白含量提升情况

类别	技术	苜蓿粗蛋白含量/%	较当地现行喷灌提高率/%	较当地传统漫灌提升率/%
示范区	喷灌设备改进	16.4	1.9	4.5
	水肥一体化	17.0	5.6	8.3
	水分调控	17.3	7.5	10.2
	综合	17.9	11.2	14.0
当地现行喷灌		16.1	—	—
当地传统漫灌		15.7	—	—

7. 肥料、农药减少量

在传统灌溉条件下,施肥、喷药工作大都依靠人工或无人机施洒。喷灌系统中配有的智能施肥机等水肥一体化装备可以实现直接通过管道输送,利用喷头完成田间的施肥和喷药工作,大幅度减少肥料、农药的使用量。

8. 节能省工

相比传统灌溉,喷灌系统采用的水泵能够根据实际作物需水量科学选用,功率较传统提水电泵要小很多,此外智慧灌溉会减少水泵实际运行时间,节省大量电能。传统灌溉一年潜水泵提水应付电费高达近 7 000 元,喷灌较传统灌溉每年可减少用电量约 17%。喷灌机无须人工施肥、喷药,可以大量节省人力。此外,大田管理全部为智能控制设备,2 名管理人员即可完全胜任苜蓿生长期间的灌水、施肥、喷药等工作,劳动生产率大幅度提升。

9. 综合经济效益

在金昌市永昌县示范区,2018 年、2019 年和 2020 年苜蓿草地亩均收入分别为 2 311.5 元、2 331.1 元和 2 389.9 元,3 年平均苜蓿草地亩均收入为 2 344.2 元。与当地现行喷灌相比,采用该喷灌技术可使肥料节省 9.2 元/亩,水电费节省 17.5 元/亩,人工费节约成本 70 元/亩,设备成本增加 42 元/亩,合计节约成本 54.7 元/亩,综合效益提升 197.8 元/亩。与当地传统漫灌相比,采用该喷灌技术可使肥料节省 50 元/亩,水电费节省 30 元/亩,农药节省 12 元/亩,人工费节约成本 200 元/亩,设备成本增加 80 元/亩,合计节约成本 212 元/亩,综合效益提升 474.2 元/亩。

7.3.6.2　社会效益

1. 符合水利现代化要求

示范区的大型指针式喷灌高效节水灌溉系统经过严格论证后实施,工程建设完全符合喷灌工程设计规范,工程的运行管理基本实现了智能化和自动化,符合水利现代化要求的程度较为显著。

2. 符合区域农业结构调整

大型指针式喷灌高效节水灌溉系统的应用有利于农业生产的规模化运行和连片经营,可有效促进区域农业结构调整及规模化、区域化经营,对加快区域农业向节水农业、设施农业、现代农业发展及由粮经二元种植模式向粮经饲三元种植模式转变具有一定的示范带动作用。

3. 提升农业用水管理

好的节水灌溉技术可为当地农业用水管理体制、管理方法、改善和提高政策产生一定的积极作用。通过实施喷灌高效节水灌溉工程,对农业用水管理者进行培训,从而提高农业用水管理水平。

4. 提高节水意识

提高节水意识是高效节水灌溉工程长效运行的有力保障。受多种因素的影响,农民的用水意识过去一直停留在大田漫灌的误区中,认为水分和作物之间的关系为水越多越好。随着高效节水灌溉知识的不断普及,可使农民逐渐意识到水分过多会对作物生长产生不利影响,提高节水意识。

7.3.6.3　生态效益

1. 草地覆盖度

在金昌市永昌县示范区,2018 年苜蓿生育期平均草地覆盖度为 52.9%,2019 年苜蓿生育期平均草地覆盖度为 50.3%,2020 年苜蓿生育期平均草地覆盖度为 53.4%,三年平均为 52.2%。与当地现行喷灌和当地传统漫灌相比,采用该喷灌技术可分别提高草地覆盖度 15.2%和 21.1%(见表 7-11)。

表 7-11　草地覆盖度提升情况

类别	技术	草地覆盖度/%	较当地现行喷灌提高率/%	较当地传统漫灌提升率/%
示范区	喷灌设备改进	46.8	3.3	8.6
	水肥一体化	50.5	11.5	17.2
	水分调控	49.6	9.5	15.1
	综合	52.2	15.2	21.1
当地现行喷灌		45.3	—	—
当地传统漫灌		43.1	—	—

2. 生态环境效应

大型指针式喷灌高效节水灌溉工程技术实施后亩均节省肥料 10%~20%、节电 20%~30%,提高水资源有效利用率,使农业生态环境质量得到明显改善。新的农田生态系统有利于调节气候、降低风速、减轻干热风、减少土壤次生盐碱化、净化空气、美化环境、保护生物多样性等多种生态防护作用。

3. 水土环境效应

喷灌有利于土壤最佳团粒结构的保持和形成,使得土壤容重减小,总孔隙度有显著增大。灌水后地表大、中、小裂缝平均长度较大水漫灌降低,土层总渗透量更大,使得土壤通透性、保墒蓄水能力和深耕性都得到了加强,减弱地表积盐速度。减少了水土流失,使得地表疏松呈海绵状,协调了土壤固、液、气的关系,为作物的根系生长创造了良好的生态环境。

7.4 内陆干旱草原区地下滴灌高效节水灌溉系统技术应用示范

7.4.1 示范区概况

7.4.1.1 酒泉市金塔县

金塔县位于我国西北部,归酒泉市管辖,地处东经 98°1′24.68″~100°13′20.24″、北纬 39°47′32.17″~40°58′2.08″,东西长 250 km,南北宽 400 km。东、北与内蒙古额济纳旗毗连,西与甘肃嘉峪关、玉门、肃北接壤,南与酒泉市和张掖地区的高台县为邻。金塔县地势平坦,南北环山,内居平川,海拔在 1 260 m,平均海拔 379 m 左右,农业区平均海拔 478 m 左右。金塔县属温带大陆性气候,年平均气温 18 ℃,年平均降水量 60 mm,年平均日照总时数为 3 193.2 h,平均太阳辐射总量 153 kcal /cm^2。

7.4.1.2 武威市黄羊镇

黄羊镇隶属于甘肃省武威市凉州区,位于区域东端,与武南镇毗邻,距武威市城区东南 35 km,是甘肃省十大集镇之一。镇域面积 172.84 km^2,南北长 30 km、东西宽 17 km,总人口 76 200 人(2017 年),城镇化率达 36.7%。全镇辖 1 个街道办事处、3 个社区居民委员会,23 个村民委员会,218 个村民小组,现有耕地 10.3 万亩,人均耕地 2.4 亩。2018 年 9 月,黄羊镇入选农业产业强镇示范建设名单。黄羊镇属大陆性气候,干旱少雨,年平均气温 8 ℃,年日照时数 2 532.7 h,低年日照时数 1 664.4 h,平均日照率 57%,年平均降水量 154.6 mm,年平均蒸发量 2 021 mm,风力 8 级,最大冻土深度 1.42 m。

7.4.2 示范内容

于 2018—2020 年分别在酒泉市金塔鼎鑫和武威市黄羊河农场示范 1 500 亩和 2 000 亩采用地埋滴灌系统、一套新开发大田施肥机和绿色自动化智能控制系统(湿度监测、滴灌控制、报警等)的苜蓿种植区。示范内容包括地下滴灌灌水技术、苜蓿种植模式、滴灌灌溉制度、水肥一体化技术、滴灌自动化管理运行等。在酒泉金塔鼎鑫示范区，选用的苜蓿品种为美国进口的阿帝那(具有返青快、产量与品质俱高的优点)，播种量为 45 kg/hm^2，播种深度大约 2 cm，行距为 20 cm，其他管理措施同一般高产人工草地。苜蓿于 2018 年 4 月上旬播种，每年刈割 3 茬，第一茬在 6 月初刈割，第二茬在 8 月初刈割，第三茬在 10 月初刈割。

在武威市黄羊河农场示范区，选用的苜蓿品种为冲击波紫花苜蓿，播种量为 22.5 kg/hm^2，播种深度大约 2 cm，行距为 20 cm。苜蓿生育期间的主要病害为锈病、霜霉病；虫害为蚜虫；草害为反枝苋、藜，均及时加以人工防治，其他管理措施同一般高产人工草地。苜蓿于 2018 年 4 月 15—20 日播种，每年刈割 4 茬，第一茬在 5 月 20—28 日刈割，第二茬在 7 月 5—10 日刈割，第三茬在 8 月 25 日至 9 月 2 日刈割，第四茬在 10 月 6—10 日刈割。

7.4.3　示范区灌溉制度研究

在酒泉金塔鼎鑫和武威黄羊河农场示范区均采用苜蓿全生育期轻度水分调控(土壤含水量为田间持水量的 55%～65%)的灌水模式。

7.4.3.1　酒泉市金塔县

在酒泉市金塔鼎鑫示范区，采用地下水进行灌溉。2018—2020 年苜蓿生育期灌溉情况如表 7-12～表 7-15 所示。

表 7-12　2018 年酒泉金塔鼎鑫示范区苜蓿生育期灌溉情况

灌水日期	灌水方法	次灌水量/mm	灌水总量
2018 年 4 月 1 日	滴灌	30	17 次 510 mm
2018 年 4 月 17 日	滴灌	30	
2018 年 5 月 1 日	滴灌	30	
2018 年 5 月 14 日	滴灌	30	
2018 年 5 月 22 日	滴灌	30	
2018 年 6 月 2 日	滴灌	30	
2018 年 6 月 13 日	滴灌	30	
2018 年 6 月 24 日	滴灌	30	
2018 年 7 月 2 日	滴灌	30	
2018 年 7 月 12 日	滴灌	30	
2018 年 7 月 24 日	滴灌	30	
2018 年 8 月 3 日	滴灌	30	
2018 年 8 月 15 日	滴灌	30	
2018 年 8 月 28 日	滴灌	30	
2018 年 9 月 12 日	滴灌	30	
2018 年 9 月 26 日	滴灌	30	
2018 年 10 月 5 日	滴灌	30	

表 7-13　2019 年酒泉金塔鼎鑫示范区苜蓿生育期灌溉情况

灌水日期	灌水方法	次灌水量/mm	灌水总量
2019 年 4 月 1 日	滴灌	30	16 次 480 mm
2019 年 4 月 17 日	滴灌	30	
2019 年 5 月 1 日	滴灌	30	
2019 年 5 月 14 日	滴灌	30	
2019 年 5 月 28 日	滴灌	30	
2019 年 6 月 12 日	滴灌	30	
2019 年 6 月 23 日	滴灌	30	
2019 年 7 月 2 日	滴灌	30	
2019 年 7 月 13 日	滴灌	30	
2019 年 7 月 22 日	滴灌	30	
2019 年 8 月 1 日	滴灌	30	
2019 年 8 月 13 日	滴灌	30	
2019 年 8 月 26 日	滴灌	30	
2019 年 9 月 8 日	滴灌	30	
2019 年 9 月 21 日	滴灌	30	
2019 年 10 月 4 日	滴灌	30	

表 7-14　2020 年酒泉金塔鼎鑫示范区苜蓿生育期灌溉情况

灌水日期	灌水方法	次灌水量/mm	灌水总量
2020 年 4 月 1 日	滴灌	30	18 次 540 mm
2020 年 4 月 13 日	滴灌	30	
2020 年 4 月 25 日	滴灌	30	
2020 年 5 月 4 日	滴灌	30	
2020 年 5 月 13 日	滴灌	30	
2020 年 5 月 24 日	滴灌	30	
2020 年 6 月 3 日	滴灌	30	
2020 年 6 月 12 日	滴灌	30	
2020 年 6 月 23 日	滴灌	30	
2020 年 7 月 2 日	滴灌	30	
2020 年 7 月 13 日	滴灌	30	
2020 年 7 月 22 日	滴灌	30	
2020 年 8 月 1 日	滴灌	30	
2020 年 8 月 13 日	滴灌	30	
2020 年 8 月 26 日	滴灌	30	
2020 年 9 月 11 日	滴灌	30	
2020 年 9 月 23 日	滴灌	30	
2020 年 10 月 4 日	滴灌	30	

表 7-15　酒泉金塔鼎鑫示范区苜蓿灌溉制度

茬次	生育期	日期	灌水定额/mm	灌水次数/次	灌溉定额/mm
第一茬	返青期	4 月 5 日至 4 月 14 日	30	1~2	30~60
	分枝期	4 月 15 日至 5 月 12 日	30	2~3	60~90
	现蕾期	5 月 13 日至 5 月 28 日	30	2	60
	初花期	5 月 29 日至 6 月 3 日	30	1	30
第二茬	分枝期	6 月 4 日至 7 月 1 日	30	2	60
	现蕾期	7 月 2 日至 7 月 15 日	30	2	60
	初花期	7 月 16 日至 8 月 2 日	30	2	60
第三茬	分枝期	8 月 3 日至 8 月 23 日	30	1~2	30~60
	现蕾期	8 月 24 日至 9 月 12 日	30	2	60
	初花期	9 月 13 日至 9 月 25 日	30	2	60
合计				16~18	480~540

7.4.3.2　武威市黄羊河农场

在武威市黄羊河农场示范区,采用地下水进行灌溉。2018—2020 年苜蓿生育期灌溉情况如表 7-16~表 7-19 所示。

表 7-16　2018 年武威市黄羊河农场示范区苜蓿生育期灌溉情况

灌水日期	灌水方法	次灌水量/mm	灌水总量
2018 年 4 月 1 日	滴灌	30	14 次 420 mm
2018 年 4 月 27 日	滴灌	30	
2018 年 5 月 12 日	滴灌	30	
2018 年 5 月 29 日	滴灌	30	
2018 年 6 月 12 日	滴灌	30	
2018 年 6 月 24 日	滴灌	30	
2018 年 7 月 2 日	滴灌	30	
2018 年 7 月 14 日	滴灌	30	
2018 年 7 月 28 日	滴灌	30	
2018 年 8 月 15 日	滴灌	30	
2018 年 8 月 28 日	滴灌	30	
2018 年 9 月 12 日	滴灌	30	
2018 年 9 月 26 日	滴灌	30	
2018 年 10 月 5 日	滴灌	30	

表 7-17　2019 年武威市黄羊镇示范区苜蓿生育期灌溉情况

灌水日期	灌水方法	次灌水量/mm	灌水总量
2019 年 4 月 1 日	滴灌	30	13 次 390 mm
2019 年 4 月 27 日	滴灌	30	
2019 年 5 月 15 日	滴灌	30	
2019 年 5 月 30 日	滴灌	30	
2019 年 6 月 14 日	滴灌	30	
2019 年 6 月 28 日	滴灌	30	
2019 年 7 月 12 日	滴灌	30	
2019 年 7 月 24 日	滴灌	30	
2019 年 8 月 8 日	滴灌	30	
2019 年 8 月 25 日	滴灌	30	
2019 年 9 月 8 日	滴灌	30	
2019 年 9 月 22 日	滴灌	30	
2019 年 10 月 4 日	滴灌	30	

表 7-18　2020 年武威市黄羊镇示范区苜蓿生育期灌溉情况

灌水日期	灌水方法	次灌水量/mm	灌水总量
2020 年 4 月 1 日	滴灌	30	15 次 450 mm
2020 年 4 月 27 日	滴灌	30	
2020 年 5 月 12 日	滴灌	30	
2020 年 5 月 24 日	滴灌	30	
2020 年 6 月 8 日	滴灌	30	
2020 年 6 月 20 日	滴灌	30	
2020 年 7 月 1 日	滴灌	30	
2020 年 7 月 12 日	滴灌	30	
2020 年 7 月 24 日	滴灌	30	
2020 年 8 月 5 日	滴灌	30	
2020 年 8 月 18 日	滴灌	30	
2020 年 8 月 29 日	滴灌	30	
2020 年 9 月 11 日	滴灌	30	
2020 年 9 月 23 日	滴灌	30	
2020 年 10 月 5 日	滴灌	30	

表 7-19　武威市黄羊镇示范区苜蓿灌溉制度

茬次	生育期	日期	灌水定额/mm	灌水次数/次	灌溉定额/mm
第一茬	返青期	4 月 5 日至 4 月 14 日	30	1	30
	分枝期	4 月 15 日至 5 月 12 日	30	1~2	30~60
	现蕾期	5 月 13 日至 5 月 28 日	30	1~2	30~60
	初花期	5 月 29 日至 6 月 3 日	30	1	30
第二茬	分枝期	6 月 4 日至 7 月 1 日	30	2~3	60~90
	现蕾期	7 月 2 日至 7 月 15 日	30	1~2	30~60
	初花期	7 月 16 日至 8 月 2 日	30	1~2	30~60
第三茬	分枝期	8 月 3 日至 8 月 23 日	30	1~2	30~60
	现蕾期	8 月 24 日至 9 月 12 日	30	2	60
	初花期	9 月 13 日至 9 月 25 日	30	2	60
合计				13~15	390~450

7.4.4　示范区水肥一体化技术

在酒泉市金塔鼎鑫和武威黄羊河农场示范区均采用地埋滴灌系统和一套新开发大田施肥机实现苜蓿种植的水肥一体化。

7.4.4.1　酒泉市金塔县

每个苜蓿生长年度施氮(尿素)总量为 80 kg/hm²(纯氮量),在 3 茬中的分配比例为 5∶3∶2,并于每次分枝期随灌水施入。

7.4.4.2　武威市黄羊镇

每个苜蓿生长年度施氮(尿素)总量为 80 kg/hm²(纯氮量),在 3 茬中的分配比例为 5∶3∶2,并于每次分枝期随灌水施入。

7.4.5　示范区水土环境监测

于 2018—2020 年示范期间,每年苜蓿收获后监测示范区水土环境指标,其中水样指标包括地下水埋深和 0~100 cm 土层土壤含水量,土样指标包括示范区苜蓿根区土壤和当地农民自种苜蓿土壤的理化性状。

7.4.5.1　酒泉市金塔县

在酒泉市金塔鼎鑫示范区,2018 年地下水埋深为 15 m,2020 年地下水埋深为 15.3 m。2018—2020 年示范期间草地 0~100 cm 土层平均土壤含水量如图 7-8 所示。由图 7-8 分析可知,2018 年示范区建植时,草地 0~100 cm 土层平均土壤含水量较低(12.0%),之后采用地下滴灌严格控制土壤水分含量,草地 0~100 cm 土层平均土壤含水量稳定维持在 15.5%~16.2%。

2018 年示范区苜蓿建植时、2020 年示范区苜蓿刈割后和当地农民自种苜蓿地耕层

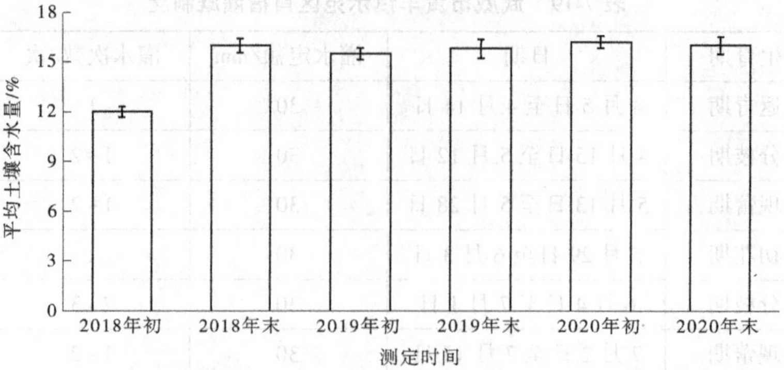

图 7-8　2018—2020 年酒泉金塔鼎鑫示范区 0~100 cm 土层平均土壤含水量

(0~30 cm)土壤平均养分含量如表 7-20 所示。由表 7-20 分析可知,2018 年示范区苜蓿建植时、2020 年示范区苜蓿刈割后和当地农民自种苜蓿地耕层土壤的全氮、全磷和全钾含量无显著差异。这一方面可能是由于牧草生育期间施用化学肥料,全氮、全磷和全钾的分解与补充基本达到平衡;另一方面可能是由于土壤的全氮、全磷和全钾较为稳定,在短时间内不会发生明显变化。土壤有机质、碱解氮、速效磷和速效钾含量均表现为当地农民自种苜蓿地>2020 年示范区苜蓿刈割后>2018 年示范区苜蓿建植时。这表明当地农民自种苜蓿地的肥料施用量偏高,不能很好地被牧草吸收,易造成肥料流失;2018 年示范区苜蓿建植时土壤肥力较差,通过施用一定的肥料改善土壤养分状况,以满足苜蓿生长的需求。

表 7-20　不同测点耕层(0~30 cm)土壤平均养分含量(质量比)

土样来源	有机质/(g/kg)	全氮/(g/kg)	全磷/(g/kg)	全钾/(g/kg)	碱解氮/(mg/kg)	速效磷/(mg/kg)	速效钾/(mg/kg)
1	19.30a	0.85a	0.59a	14.00a	60.55a	1.21a	28.96a
2	18.20c	0.84a	0.58a	13.90a	50.43c	0.70c	20.52c
3	18.65b	0.83a	0.61a	14.05a	53.01b	0.88b	25.54b

注:1 代表当地农民自种苜蓿地土样,2 代表 2018 年示范区苜蓿建植时土样,3 代表 2020 年示范区苜蓿刈割后土样。

7.4.5.2　武威市黄羊镇

武威市黄羊镇示范区 2018—2020 年间的地下水埋深均为 70~90 m。2018—2020 年示范期间草地 0~100 cm 土层平均土壤含水量如图 7-9 所示。由图 7-9 分析可知,2018 年示范区建植时,草地 0~100 cm 土层平均土壤含水量较低(10.1%),之后采用地下滴灌严格控制土壤水分含量,草地 0~100 cm 土层平均土壤含水量稳定维持在 14.0%~16.2%。

在武威市黄羊镇示范区,2018 年示范区苜蓿建植时、2020 年示范区苜蓿刈割后和当地农民自种苜蓿地耕层(0~30 cm)土壤平均养分含量变化特征(见表 7-21)与酒泉金塔鼎鑫示范区类似。

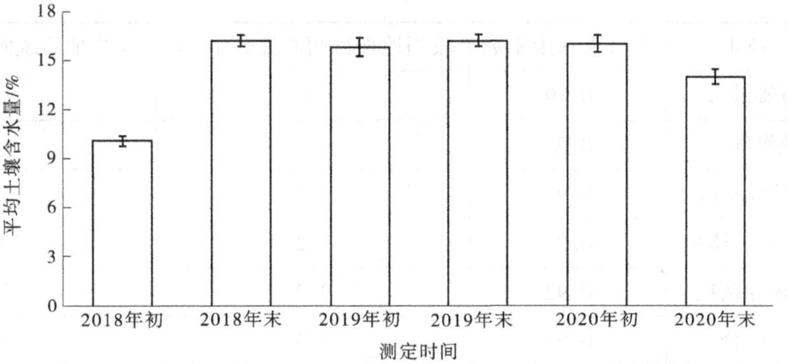

图 7-9　2018—2020 年武威市黄羊镇示范区 0~100 cm 土层平均土壤含水量

表 7-21　不同测点耕层(0~30 cm)土壤平均养分含量(质量比)

土样来源	有机质/(g/kg)	全氮/(g/kg)	全磷/(g/kg)	全钾/(g/kg)	碱解氮/(mg/kg)	速效磷/(mg/kg)	速效钾/(mg/kg)
1	19. 29a	0. 85a	0. 56a	13. 88a	76. 98a	0. 89a	32. 10a
2	18. 34c	0. 88a	0. 58a	13. 79a	50. 54c	0. 62c	20. 15c
3	19. 05b	0. 84a	0. 60a	13. 91a	60. 34b	0. 77b	24. 87b

注:1 代表当地农民自种苜蓿地土样,2 代表 2018 年示范区苜蓿建植时土样,3 代表 2020 年示范区苜蓿刈割后土样。

7.4.6　示范区综合效益评价

7.4.6.1　经济效益

1. 灌溉水利用系数

苜蓿种植示范区全部采用滴灌,由于每年的降水量与降水分布差异较大,因此每年的净灌溉定额和毛灌溉定额不同。在酒泉金塔鼎鑫示范区,2018 年、2019 年和 2020 年计算的灌溉水利用系数分别为 0. 90、0. 93 和 0. 94,三年平均为 0. 92。与当地现行滴灌和当地传统漫灌相比,采用该滴灌技术可分别提高灌溉水利用系数 3. 4%和 73. 6%。在武威市黄羊镇示范区,2018 年、2019 年和 2020 年计算的灌溉水利用系数分别为 0. 92、0. 92 和 0. 94,三年平均为 0. 93。与当地现行滴灌和当地传统漫灌相比,采用该滴灌技术可分别提高灌溉水利用系数 3. 3%和 75. 5%(见表 7-22)。可见,滴灌能显著提高灌溉水利用效率,减少单位面积草地的灌水量,增加草地灌溉面积。

表 7-22　灌溉水利用系数提升情况

类别	技术	灌溉水利用系数	较当地现行滴灌提升率/%	较当地传统漫灌提升率/%
鼎鑫示范区	滴灌设备改进	0. 90	1. 1	69. 8
	水肥一体化	0. 90	1. 1	69. 8
	水分调控	0. 91	2. 2	71. 7
	综合	0. 92	3. 4	73. 6

续表 7-22

类别	技术	灌溉水利用系数	较当地现行滴灌提升率/%	较当地传统漫灌提升率/%
当地现行滴灌		0.89	—	—
当地传统漫灌		0.53	—	—
黄羊镇示范区	滴灌设备改进	0.91	1.1	71.7
	水肥一体化	0.92	2.2	73.6
	水分调控	0.92	2.2	73.6
	综合	0.93	3.3	75.5
当地现行滴灌		0.90	—	—
当地传统漫灌		0.53	—	—

2. 节水量

在酒泉金塔鼎鑫示范区，2018 年、2019 年和 2020 年采用滴灌的苜蓿年灌水量分别为 7 650 m^3/hm^2、7 200 m^3/hm^2 和 8 100 m^3/hm^2，三年平均苜蓿年灌水量为 7 650 m^3/hm^2。与当地现行滴灌和当地传统漫灌相比，采用该滴灌技术可分别节约灌水量 9.0%和 29.2%。在武威黄羊镇示范区，2018 年、2019 年和 2020 年采用滴灌的苜蓿年灌水量分别为 6 300 m^3/hm^2、5 850 m^3/hm^2 和 6 750 m^3/hm^2，3 年平均苜蓿年灌水量为 6 300 m^3/hm^2。与当地现行滴灌和当地传统漫灌相比，采用该滴灌技术可分别节约灌水量 8.8%和 30.0%（见表 7-23）。

表 7-23　灌溉用水节约量情况

类别	技术	灌水量/(m^3/hm^2)	较当地现行滴灌提升率/%	较当地传统漫灌提升率/%
鼎鑫示范区	滴灌设备改进	7 830	6.9	27.5
	水肥一体化	7 760	7.7	28.1
	水分调控	7 890	6.2	26.9
	综合	7 650	9.0	29.2
当地现行滴灌		8 410	—	—
当地传统漫灌		10 800	—	—
黄羊镇示范区	滴灌设备改进	6 550	5.2	27.2
	水肥一体化	6 480	6.2	28.0
	水分调控	6 600	4.5	26.7
	综合	6 300	8.8	30.0
当地现行滴灌		6 910	—	—
当地传统漫灌		9 000	—	—

3. 牧草产量

在酒泉金塔鼎鑫示范区,每个苜蓿生长年度中,共刈割3茬,2018年苜蓿干草产量为17 195 kg/hm^2,2019年苜蓿干草产量为16 195 kg/hm^2,2020年苜蓿干草产量为16 695 kg/hm^2,平均年苜蓿产量为16 695 kg/hm^2。与当地现行滴灌和当地传统漫灌相比,采用该滴灌技术可分别提高苜蓿产量6.3%和14.0%。在武威黄羊镇示范区,每个苜蓿生长年度中,共刈割4茬,2018年苜蓿干草产量为16 800 kg/hm^2,2019年苜蓿干草产量为17 300 kg/hm^2,2020年苜蓿干草产量为18 100 kg/hm^2,平均年苜蓿产量为17 400 kg/hm^2。与当地现行滴灌和当地传统漫灌相比,采用该滴灌技术可分别提高灌溉水利用系数6.0%和12.7%(见表7-24)。

表7-24 苜蓿产量提升情况

类别	技术	苜蓿产量/(kg/hm^2)	较当地现行滴灌提升率/%	较当地传统漫灌提升率/%
鼎鑫示范区	滴灌设备改进	16 080	2.4	9.8
	水肥一体化	16 110	2.6	10.0
	水分调控	16 030	2.1	9.5
	综合	16 695	6.3	14.0
当地现行滴灌		15 706	—	—
当地传统漫灌		14 645	—	—
黄羊镇示范区	滴灌设备改进	16 890	2.9	9.4
	水肥一体化	17 100	4.2	10.8
	水分调控	17 010	3.6	10.2
	综合	17 400	6.0	12.7
当地现行滴灌		16 415	—	—
当地传统漫灌		15 439	—	—

4. 水分生产力

在酒泉金塔鼎鑫示范区,2018年水分生产力为2.25 kg/m^3,2019年水分生产力为2.25 kg/m^3,2020年水分生产力为2.06 kg/m^3,三年平均为2.18 kg/m^3。与当地现行滴灌和当地传统漫灌相比,采用该滴灌技术可分别提高水分生产力16.8%和60.9%。在武威黄羊镇示范区,2018年水分生产力为2.67 kg/m^3,2019年水分生产力为2.96 kg/m^3,2020年水分生产力为2.68 kg/m^3,三年平均为2.75 kg/m^3。与当地现行滴灌和当地传统漫灌相比,采用该滴灌技术可分别提高水分生产力16.2%和60.2%(见表7-25)。

表 7-25　水分生产力提升情况

类别	技术	水分生产力/(kg/m³)	较当地现行滴灌提升率/%	较当地传统漫灌提升率/%
鼎鑫示范区	滴灌设备改进	2.05	9.9	51.4
	水肥一体化	2.08	11.1	53.1
	水分调控	2.03	8.7	49.8
	综合	2.18	16.8	60.9
当地现行滴灌		1.87	—	—
当地传统漫灌		1.36	—	—
黄羊镇示范区	滴灌设备改进	2.58	9.0	50.3
	水肥一体化	2.64	11.6	53.8
	水分调控	2.58	8.9	50.2
	综合	2.75	16.2	60.2
当地现行滴灌		2.37	—	—
当地传统漫灌		1.72	—	—

5. 灌溉效率

示范区采用的地下滴灌设备可实现在 5~20 s 内完成对整个系统的控制，在土地较为平整的田块完成每日 20 h 的灌溉作业，灌溉水覆盖度达 99%，灌水均匀度达 90%以上，施肥比例可实现 0~5%的精准调节。在使用绿色高效智能控制滴灌设备的同时，示范区采用适宜苜蓿生长规律的非充分灌溉制度（调亏灌溉）。在苜蓿生产中，采用调亏灌溉较充分灌溉可减少灌水量 8 m^3/hm^2。现阶段，就单位流量可灌溉面积而言，传统滴灌结合充分灌溉为 0.033 8 亩/m^3，该示范区为 0.037 5 亩/m^3，灌溉效率提高了 10.9%。

6. 牧草粗蛋白含量

通过对苜蓿干草抽样检测发现，在酒泉金塔鼎鑫示范区，2018 年、2019 年和 2020 年的苜蓿粗蛋白含量分别为 18.1%、18.0%和 17.6%，3 年平均苜蓿粗蛋白含量为 17.9%。与当地现行滴灌和当地传统漫灌相比，采用该滴灌技术可分别提高苜蓿粗蛋白含量 10.5%和 14.0%。在武威市黄羊镇示范区，2018 年、2019 年和 2020 年的苜蓿粗蛋白含量分别为 18.4%、17.8%和 18.1%，三年平均苜蓿粗蛋白含量为 18.1%。与当地现行滴灌和当地传统漫灌相比，采用该滴灌技术可分别提高苜蓿粗蛋白含量 11.0%和 15.3%（见表 7-26）。

表 7-26 苜蓿粗蛋白含量提升情况

类别	技术	苜蓿粗蛋白含量/%	较当地现行滴灌提升率/%	较当地传统漫灌提升率/%
鼎鑫示范区	滴灌设备改进	16.6	2.5	5.7
	水肥一体化	17.1	5.6	8.9
	水分调控	17.2	6.2	9.6
	综合	17.9	10.5	14.0
当地现行滴灌		16.2	—	—
当地传统漫灌		15.7	—	—
黄羊镇示范区	滴灌设备改进	16.8	3.1	7.0
	水肥一体化	17.3	6.1	10.2
	水分调控	17.2	5.5	9.6
	综合	18.1	11.0	15.3
当地现行滴灌		16.3	—	—
当地传统漫灌		15.7	—	—

7. 肥料、农药减少量

在传统灌溉条件下,施肥、喷药工作大都依靠人工或无人机施洒。滴灌系统中配有的智能施肥机等水肥一体化装备可以直接通过管道输送,利用滴头完成田间作物的施肥和喷药工作,大幅度减少肥料、农药的使用量。

8. 单位面积土地经济效益

在苜蓿种植中采用滴灌高效节水灌溉系统,可减少输水渠道等输配水环节中的土地占用量,使土地当量比达到1.09,从而提高土地利用率和生产率,提高单位面积土地的经济效益。

9. 综合经济效益

在酒泉金塔鼎鑫示范区,2018年、2019年和2020年苜蓿草地亩均收入分别为2 063.4元、1 943.4元和2 003.4元,三年平均为2 003.4元。与当地现行滴灌相比,采用该滴灌技术可使肥料节省11.4元/亩,水电费节省18.9元/亩,人工费节约成本70元/亩,设备成本增加35元/亩,合计节约成本65.3元/亩,综合效益提升184.0元/亩。与当地传统漫灌相比,采用该喷灌技术可使肥料节省90元/亩,水电费节省40元/亩,农药节省12元/亩,人工费节约成本200元/亩,设备成本增加90元/亩,合计节约成本252元/亩,综合效益提升498.0元/亩。在武威市黄羊镇酒泉金塔鼎鑫示范区,2018年、2019

年和2020年苜蓿草地亩均收入分别为2 251.2元、2 318.2元和2 425.4元,三年平均为2 331.6元。与当地现行滴灌相比,采用该滴灌技术可使肥料节省11.4元/亩,水电费节省16.5元/亩,人工费节约成本70元/亩,设备成本增加35元/亩,合计节约成本62.9元/亩,综合效益提升194.9元/亩。与当地传统漫灌相比,采用该滴灌技术可使肥料节省80元/亩,水电费节省45元/亩,农药节省12元/亩,人工费节约成本200元/亩,设备成本增加90元/亩,合计节约成本247元/亩,综合效益提升509.8元/亩。

7.4.6.2 社会效益

1. 符合水利现代化要求

示范区的地下滴灌高效节水灌溉系统经过严格论证后实施,工程建设完全符合滴灌工程设计规范,工程的运行管理基本实现了智能化和自动化,符合水利现代化要求的程度较为显著。

2. 符合区域农业结构调整

地下滴灌高效节水灌溉系统的应用有利于农业生产的规模化运行和连片经营,可有效促进区域农业结构调整及规模化、区域化经营,对加快区域农业向节水农业、设施农业、现代农业发展及由粮经二元种植模式向粮经饲三元种植模式转变具有一定的示范带动作用。

3. 提升农业用水管理

好的节水灌溉技术可为当地农业用水管理体制、管理方法、改善和提高政策产生一定的积极作用。通过实施滴灌高效节水灌溉工程,对农业用水管理者进行培训,从而提高农业用水管理水平。

4. 提高节水意识

提高节水意识是高效节水灌溉工程长效运行的有力保障。受多种因素的影响,农民的用水意识过去一直停留在大田漫灌的误区中,认为水分和作物之间的关系为水越多越好。随着高效节水灌溉知识的不断普及,可使农民逐渐意见到水分过多会对作物生长产生不利影响,提高节水意识。

7.4.6.3 生态效益

1. 草地覆盖率

在酒泉金塔鼎鑫示范区,2018年苜蓿生育期平均草地覆盖率为52.6%,2019年苜蓿生育期平均草地覆盖率为53.2%,2020年苜蓿生育期平均草地覆盖率为52.0%,三年平均为52.6%。与当地现行滴灌和当地传统漫灌相比,采用该滴灌技术可分别提高草地覆盖率15.6%和20.9%。在武威市黄羊镇示范区,2018年苜蓿生育期平均草地覆盖率为53.4%,2019年苜蓿生育期平均草地覆盖率为51.8%,2020年苜蓿生育期平均草地覆盖率为54.0%,三年平均为53.1%。与当地现行滴灌和当地传统漫灌相比,采用该滴灌技术可分别提高草地覆盖率15.7%和21.8%(见表7-27)。

表 7-27　草地覆盖率提升情况

类别	技术	草地覆盖率/%	较当地现行滴灌提升率/%	较当地传统漫灌提升率/%
鼎鑫示范区	滴灌设备改进	46.8	2.9	7.6
	水肥一体化	50.1	10.1	15.2
	水分调控	49.3	8.4	13.3
	综合	52.6	15.6	20.9
当地现行滴灌		45.5	—	—
当地传统漫灌		43.5	—	—
黄羊镇示范区	滴灌设备改进	46.8	2.0	7.3
	水肥一体化	50.9	10.9	16.7
	水分调控	49.6	8.1	13.8
	综合	53.1	15.7	21.8
当地现行滴灌		45.9	—	—
当地传统漫灌		43.6	—	—

2. 环境影响评价

地下滴灌是一种通过灌水器将灌溉水肥缓慢渗入附近土壤，再借助毛细管作用或重力扩散到整个作物根层的灌溉技术，可节省大量水、肥资源，具有良好的生态效益，能够大大减少水资源损失和污染地下水的风险。作物生长的地表面始终保持干燥，有效防止病虫害发生。但随着滴灌带使用时间的延长，将会发生滴灌带老化等不良现象，造成大量的白色污染，因此需要对地埋滴灌带进行不定期的质量检查和更换。

3. 水土保持效应

地下滴灌条件下，滴头以上土壤中的水分仅依靠毛细管作用上升浸润土壤，不会对表层土壤形成长期浸泡，可有效避免棵间蒸发，降低作物根部以上土壤中的水分含量，从而节约水资源，减弱地表积盐速度。相对于大田漫灌，地下滴灌对作物供水持续均匀，土壤水分向下渗漏的速度缓慢，田间持水时间延长，可有效避免水分的快速渗漏，能够较好地解决内陆干旱草原区水资源短缺的实际问题。